高等学校交通运输与工程类专业教材建设委员会规划教材

Structure and Calculation of Pontoon Bridge
舟桥结构与计算

陈启飞　黄亚新　**主　编**
程建生　陈徐均　**副主编**

人民交通出版社股份有限公司
北　京

内 容 提 要

本书以舟桥结构与计算的基本理论为主要线索,以舟艇、门桥和浮桥等渡河工程结构物为研究对象,对舟桥(舟艇)的结构与计算以及制式舟桥器材论证、设计、制造的理论与技术基础知识进行了系统介绍。全书分为六个部分:第一部分为舟桥结构,包括第一章至第四章,介绍桥脚舟结构和桥跨结构及其连接结构,浮桥河中部分和漕渡门桥与岸边的连接结构等;第二部分为舟艇计算,包括第五章至第八章,介绍舟艇的形状与主尺度,以及舟艇的浮性、稳性、抗沉性、舟体总纵弯曲强度和局部弯曲强度计算的原理与方法;第三部分为门桥计算,即第九章,介绍漕渡门桥的浮性、稳性和桥跨结构强度的计算理论与方法;第四部分为浮桥计算,包括第十章至第十三章,介绍简支体系浮桥、铰接体系浮桥与连续体系浮桥河中部分与过渡部分及浮桥末段的计算理论与方法;第五部分为浮桥固定,即第十四章,介绍浮(门)桥所受水平力计算及其固定系统选择与校核的方法;第六部分为制式舟桥器材设计与制造,即第十五章,简要介绍了制式舟桥的设计与制造。

本书可作为交通运输与工程类专业本科生"舟桥结构与计算"课程用教材,也可作为相关专业工程技术人员的参考书。

图书在版编目(CIP)数据

舟桥结构与计算 / 陈启飞,黄亚新主编. — 北京:人民交通出版社股份有限公司,2022.11

ISBN 978-7-114-17470-4

Ⅰ.①舟… Ⅱ.①陈… ②黄… Ⅲ.①浮桥—桥梁结构 ②浮桥—桥梁工程—计算 Ⅳ.①U448.19

中国版本图书馆 CIP 数据核字(2021)第 132570 号

高等学校交通运输与工程类专业教材建设委员会规划教材
Zhouqiao Jiegou yu Jisuan

书　　名:	舟桥结构与计算
著 作 者:	陈启飞　黄亚新
责任编辑:	卢俊丽
责任校对:	孙国靖　宋佳时
责任印制:	刘高彤
出版发行:	人民交通出版社股份有限公司
地　　址:	(100011)北京市朝阳区安定门外外馆斜街 3 号
网　　址:	http://www.ccpcl.com.cn
销售电话:	(010)59757973
总 经 销:	人民交通出版社股份有限公司发行部
经　　销:	各地新华书店
印　　刷:	北京虎彩文化传播有限公司
开　　本:	787×1092　1/16
印　　张:	35.75
字　　数:	915 千
版　　次:	2022 年 11 月　第 1 版
印　　次:	2022 年 11 月　第 1 次印刷
书　　号:	ISBN 978-7-114-17470-4
定　　价:	89.00 元

(有印刷、装订质量问题的图书,由本公司负责调换)

前言

制式舟桥器材是舟桥部(分)队遂行渡河工程保障任务时常用的渡河器材,门桥渡河与浮桥渡河又是舟桥部(分)队遂行渡河工程保障任务时经常使用的主要渡河方法。因此,门桥、浮桥和构成门桥与浮桥浮游桥脚的桥脚舟以及汽艇、冲锋舟和橡皮舟等是渡河工程保障实践中经常需要结构、架设和使用的渡河工程结构物。舟桥结构与计算是关于舟艇、门桥与浮桥的结构,舟艇、门桥与浮桥的计算,浮桥固定结构与计算的统称。

道路桥梁与渡河工程专业作为全国许多高校开设的本科专业,在道路、桥梁方向均有成熟的教学内容和丰富的教材、参考书等教学资源,但渡河方向由于融合了桥梁与船舶领域知识,之前一直在军事院校开设且面向部队分配学员,在地方高校中没有正式开课。在全面深化改革和实施军民融合的时代背景下,原来接收军事院校毕业学员的军队研究院所、军事代表局(室)等以文职人员为主的单位只能面向地方高校招聘;舟桥装备生产厂家由专职生产改为研制竞标后,也急需舟桥设计计算方面的人才。为接续好专业人才培养、补齐专业建设短板、拓展学生就业渠道,地方高校道路桥梁与渡河工程专业迫切需要开展渡河方向课程教学。本书正是为满足此需要,根据军事院校多年教学实践和改革经验总结而编写的。

本书主要包括以下内容:舟桥结构、舟艇计算、门桥计算、浮桥计算、浮桥固定、制式舟桥器材设计与制造。

全书由陈启飞和黄亚新主编。编写分工为:第一、二、五、十一、十二章由陈启飞编写;第三、四、十五章由黄亚新编写;第六、七、八章由程建生编写;第九章由段金辉和焦经纬编写;第十章由申玫和王儒编写;第十三章由陈徐均编写;第十四章由洪娟和焦经纬编写。全书由陈启飞统稿并绘制了全部插图。

在编写过程中,编者曾先后到有关院校、科研所和工厂学习调研和搜集资料,参阅了大量文献资料,得到了相关单位和同行的大力支持,在此向被引文的作者和提供资料的有关人员表示衷心的感谢。

由于编者水平有限,编写时间仓促,书中缺点和不妥之处在所难免,诚请读者批评指正。

编 者

2022 年 1 月于南京

目录

第一部分　舟桥结构

第一章　舟桥概述 ……………………………………………………………… 3
第一节　基本概念 ………………………………………………………………… 3
第二节　舟桥的分类 ……………………………………………………………… 8
第三节　桥脚舟的分类、组成 …………………………………………………… 20
第四节　门桥的用途、分类与结构组成、特点和使用时机 …………………… 28
第五节　浮桥的分类、组成、特点和使用时机 ………………………………… 33
第六节　浮桥的主要体系 ………………………………………………………… 38
第七节　制式舟桥器材的战术技术要求 ………………………………………… 45
第八节　舟桥装备的发展概况 …………………………………………………… 51
复习思考题 ………………………………………………………………………… 57

第二章　桥脚舟结构 …………………………………………………………… 58
第一节　桥脚分置式舟桥桥脚舟的结构 ………………………………………… 60
第二节　带式舟桥桥脚舟的结构 ………………………………………………… 63
第三节　浮箱式桥脚舟的结构 …………………………………………………… 71
复习思考题 ………………………………………………………………………… 74

第三章　浮桥河中部分与漕渡门桥的结构 …………………………………… 75
第一节　桥脚分置式浮桥河中部分与漕渡门桥的桥跨结构 …………………… 75
第二节　带式浮桥河中部分及带式漕渡门桥的结构 …………………………… 98
复习思考题 ………………………………………………………………………… 105

第四章　浮桥河中部分和漕渡门桥与岸边连接的结构 ……………………… 106
第一节　桥础结构 ………………………………………………………………… 108

1

第二节　固定桥脚栈桥、码头的结构 ··· 111
第三节　浮游栈桥和码头结构 ·· 119
第四节　岸边舟带桥脚的栈桥结构 ··· 122
第五节　岸边舟式栈桥结构 ··· 125
复习思考题 ··· 128

第二部分　舟艇计算

第五章　舟艇的浮性 ··· 131
第一节　舟艇的形状与主尺度 ·· 131
第二节　舟艇的平衡条件 ··· 140
第三节　舟体近似计算 ··· 142
第四节　排水体积和浮心坐标的计算 ·· 147
第五节　舟艇重量和重心的计算 ··· 152
第六节　每厘米吃水吨数 ··· 153
第七节　储备浮力 ··· 154
复习思考题 ··· 155

第六章　舟艇的稳性 ··· 156
第一节　舟艇的稳性概述 ··· 156
第二节　初稳性方程 ·· 158
第三节　稳心高度的计算 ··· 160
第四节　重物移动对舟艇稳性的影响 ·· 164
第五节　重物装卸对舟艇稳性的影响 ·· 166
第六节　自由液面对舟艇稳性的影响 ·· 169
第七节　静水力性能曲线 ··· 170
第八节　倾斜试验 ··· 171
第九节　大倾角稳性基本概念 ·· 173
第十节　横倾力矩 ··· 178
第十一节　稳性衡准标准 ··· 180
复习思考题 ··· 180

第七章　舟艇的抗沉性 ·· 183
第一节　抗沉性概述 ·· 183
第二节　应用增加荷载法计算舱内进水的浮性和稳性 ···························· 184

第三节	应用损失浮力法计算舱内进水的浮性和稳性	185
第四节	计算例题	187
复习思考题		189

第八章 舟艇的强度 191
第一节	舟体总纵弯曲的弯矩和剪力计算	191
第二节	舟体总纵弯曲强度计算	208
第三节	舟体结构局部强度计算	217
第四节	舟体外板计算	241
复习思考题		255

第三部分 门桥计算

第九章 门桥和码头的计算 259
第一节	用绝对刚性法计算门桥	259
第二节	考虑桥跨柔度计算门桥	271
第三节	码头的计算	278
第四节	跳板计算	282
第五节	计算例题	285
复习思考题		289

第四部分 浮桥计算

第十章 简支体系浮桥的计算 293
第一节	简支体系浮桥河中部分计算	293
第二节	简支体系浮桥过渡部分的计算	297
第三节	计算例题	298
复习思考题		300

第十一章 铰接体系浮桥的计算 302
第一节	用绝对刚性法计算铰接体系浮桥河中部分	302
第二节	考虑桥跨柔度法计算铰接体系浮桥河中部分	322
第三节	铰接体系浮桥过渡部分的计算	334
第四节	铰接体系浮桥河中部分末段的计算	346
第五节	铰接体系短浮桥的计算	353
第六节	由水位变化引起的附加因素计算	359
复习思考题		361

第十二章 弹性基础梁 ... 363
第一节 弹性基础梁概述 ... 363
第二节 无限长梁和半无限长梁的计算 ... 366
第三节 短梁的计算 ... 381
第四节 弹性基础梁的临界长度及内力和变位的计算 ... 387
复习思考题 ... 395

第十三章 连续体系浮桥的计算 ... 397
第一节 无限长连续体系浮桥河中部分中段的计算 ... 397
第二节 短浮桥及临界长度的计算 ... 407
第三节 浮桥河中部分末段的计算 ... 412
第四节 连续体系浮桥扭转计算 ... 427
第五节 连接间隙对连续体系浮桥的影响 ... 432
第六节 计算例题 ... 441
复习思考题 ... 444

第五部分 浮桥固定

第十四章 浮桥固定 ... 449
第一节 桥脚舟水阻力 ... 449
第二节 浮桥和门桥的水动力稳定性 ... 455
第三节 浮桥和门桥上的风压力及活载引起的水平力 ... 462
第四节 浮桥的水平固定 ... 467
复习思考题 ... 505

第六部分 制式舟桥器材设计与制造

第十五章 制式舟桥设计与制造简介 ... 509
第一节 制式舟桥设计 ... 509
第二节 制式舟桥制造 ... 520
复习思考题 ... 529

附表 钢索、麻绳和塑料绳力学性能 ... 531

参考文献 ... 563

PART1 第一部分

舟桥结构

第一章
舟桥概述

第一节 基本概念

一、舟桥的基本概念

舟桥(pontoon bridge)是中国古代的一种大型浮桥,即以船代桥,较宽的水面可用若干船只,用时即连,用毕即拆(图1-1)。舟桥变一般桥梁的固定性为活动性,为中国古人的创造。据周制,舟桥为天子专有,庶人乘泭(木筏渡河)(《尔雅·释水》)。春秋战国时,各诸侯国打破旧制,舟桥使用渐广。中国古代最早的长江大桥和黄河大桥,均为舟桥。北宋开宝七年(974年),赵匡胤为灭南唐,在今安徽当涂采石矶长江水面造大型浮桥,用"黄黑龙船"近千艘,连以巨大竹絙,全桥长约6km,堪为中国古代舟桥之冠。

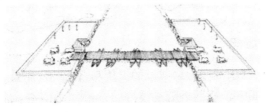

图1-1 蒲津浮桥示意图

舟桥可以理解为用数个并列停泊的船只或浮体,以及供人员和车辆通行的面道连接而成的跨越水障碍的浮桥(图1-2~图1-5)。船只和浮体可以是若干有效排水量相近的普通民船、有效排水量完全相同的制式舟(图1-2),或者是能直接承受车辆荷载和有效排水量完全相同的平直甲板舟、并列刚性密接的浮箱(图1-3);供人员和车辆通行的面道可以是上承式或下承式桁架桥结构(图1-2),也可以是桥桁加桥面的桥跨结构(图1-4),还可以是能直接承受车辆荷载和有效排水量完全相同的舟或并列刚性密接的浮箱的平直甲板(图1-5)。

图1-2 某特种舟桥架设的浮桥

图1-3 某重型舟桥架设的浮桥(1)

图1-4 某重型舟桥架设的浮桥(2)

图1-5 标准浮箱架设的浮桥

但长期以来人们已经形成了一种共识,普遍认为舟桥是一种由批量的就便或制式浮体作为门桥或浮桥的浮游桥脚,再加上配置的桥桁加桥面的桥跨结构组成的,用以结构门桥和架设浮桥的装备或器材。这种舟桥装备或器材主要由就便或制式浮游桥脚舟、桥桁、桥板、浮桥固定设备、陆地运载车辆和水上动力设备组成(图1-6),或者主要由能直接承受车辆荷载和有效排水量完全相同的平直甲板舟或并列刚性密接的浮箱、浮桥固定设备、陆地运载车辆和水上动力设备组成(图1-7),也可以主要由浮桥与门桥的桥体结构(车辆通行的面道)、陆地运载车辆和水上动力设备三者合为一体组成(图1-8)。它们分别称为桥脚分置式舟桥、带式舟桥和自行舟桥。

二、桥脚舟的基本概念

利用舟桥装备或器材结构的门桥和架设的浮桥与普通的民用桥梁及带固定桥脚的桥梁相比,最大的区别就在于门桥和浮桥的桥脚是浮游的,是利用浮体作为桥脚的。这种浮游桥脚通常称为桥脚舟或浮游桥脚舟,即桥脚舟是作为门桥和浮桥浮游桥脚的浮体。

图1-6　某重型舟桥桥脚舟、桥桁和桥板运输状态　　　图1-7　四折带式舟桥河中舟运输状态

桥脚舟或者浮游桥脚舟可以是独立配置的浮筏、有效排水量相近的民船、有效排水量完全相同的制式舟(图1-9),也可以是能直接承受车辆荷载和有效排水量完全相同的平直甲板舟、并列刚性密接的浮箱(图1-10),还可以是浮桥与门桥的桥体结构(车辆通行的面道)、陆地运载车辆和水上动力设备三者合为一体的自行舟桥载体(图1-11)。

图1-8　履带自行舟桥运输和展开状态　　　　　图1-9　某重型舟桥桥脚舟

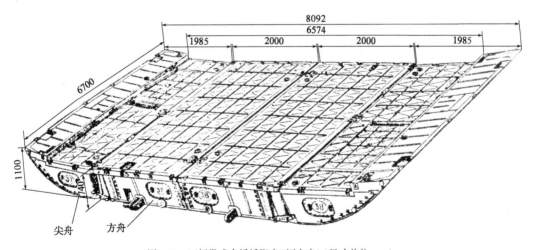

图1-10　四折带式舟桥桥脚舟(河中舟)(尺寸单位:mm)

图 1-11　履带自行舟桥

三、门桥的基本概念

由数个并列分置的桥脚舟和支承在其上的刚性连续桥跨组成的浮游结构物，或者由数个具有能直接承受车辆荷载的平直甲板舟、浮箱并列刚性密接所组成的浮游结构物称为门桥。前者称为桥脚分置式门桥（图 1-12），后者称为带式门桥（图 1-13）。门桥内的桥脚舟通常为 2～6 个，视门桥的载重量和舟的有效排水量而定。

图 1-12　桥脚分置式门桥

图 1-13　带式门桥

门桥是军队遂行门桥渡河任务时使用的浮游结构物，该词因我国早期使用的分置式门桥中二舟门桥的正面形状似"水上的门"而产生，沿袭至今，以区别于民用公路渡船。外国称其为舟筏（raft）。它相当于民用渡口上使用的渡驳或渡船（图 1-14）。门桥主要用于在江河两岸之间渡送军队中的人员、车辆和技术兵器,保障军队的机动;而民用渡驳或渡船主要用于在江河两岸之间渡送人员和车辆,保障人民群众的日常生活和物资的运输。

图1-14　民用渡船

四、浮桥的基本概念

浮桥(floating bridge)是河中部分浮在水面上的桥梁,是以浮体作为中间桥脚的桥梁或者完全以浮体直接铺过水障碍所构成的水上通道。构成浮桥的浮体可以是民舟、制式舟和筏。由于浮桥具有固定桥脚桥梁所没有的许多优点,很久以前就已是军用桥梁的主要形式之一,并在战争实践中得到广泛使用和不断发展。在未来战争中,军用浮桥对于保障军队兵力、车辆和技术兵器的高速机动仍然具有重要的作用。浮桥渡河将继续作为军队渡河的重要手段被广泛使用。

浮桥是古老的桥梁类型之一,由于它具有受水深、河幅、河底土质影响较小,架设和撤收速度快,通行能力大等优点,在军事上一直被广泛使用。浮桥按桥脚的配置方式不同可分为桥脚分置式浮桥和带式浮桥;按使用器材不同可分为制式器材浮桥、就便器材浮桥和混合浮桥;按河中部分桥跨的连接方式不同可分为简支体系浮桥、铰接体系浮桥和连续体系浮桥。

桥脚分置式浮桥的浮游桥脚之间有一定间距,其优点是载重吨位变化多,对流水的阻力较小;缺点是浮体、桥桁、桥板等各成一体,构件繁多,架设作业费时、费力。带式浮桥是用桥脚舟紧密排列而结构成的浮桥。这种桥脚舟将舟体、桥桁和桥板等合为一体,每个桥脚舟就是浮桥或门桥的一段。这种浮桥的优点是架设作业省时、省力,通行能力大;缺点是阻水面较大,对浮桥固定的要求高。

制式器材浮桥是用军队装备的舟桥器材架设的浮桥,其特点是架设、撤收速度快,陆地和水上机动性能好。就便器材浮桥是用就地搜集的器具材料架设的浮桥,其特点是可就地取材,材料来源广泛。混合浮桥是用不同型号的制式舟桥器材,或制式舟桥器材与就便器材,或制式舟桥器材与军用桥梁器材混合架设的浮桥。通常在一种器材不能满足桥梁长度需要时采用。

浮桥的桥跨之间的连接方式不同,其体系也不同。浮桥采用的体系,是根据使用要求、获得器材的状况等确定的。架设载重吨位较大的浮桥获得的桥脚舟载重吨位较小且不要求经常更换浮桥的位置和改变渡河方法时,通常采用连续体系浮桥;当要求浮桥能迅速分解,经常转移渡口位置或经常改变渡河方法时,通常采用铰接体系浮桥;当搜集的单个桥脚舟有足够的载重量，桥桁的断面尺寸较小，不考虑门桥渡河与浮桥渡河的方法转换时，通常采用简支体系。利用制式舟桥器材架设的浮桥，运用了更好的连接技术，较好地解决了门桥与门桥的相互连接问题，能迅速地分解、结合，故采用连续体系。对用于架设浮桥的制式舟桥器材的要求是：架设、撤收迅速，稳定性和抗损性好，通行能力大。

民舟浮桥(floating bridge of civil boats)是用民用船只作桥脚架设的浮桥(图1-15)。当舟的总体或局部强度不足时，可根据具体情况进行加强。民舟浮桥这种桥梁类型历史悠久，直到17世纪30年代才在欧洲的战争中出现专用浮桥器材——浮桥船。此前的军用浮桥基本上都是民舟浮桥。用民舟作桥脚架设军用浮桥，通常是用就地征集的木船、水泥船或钢质驳船作桥脚，用木材、竹材、钢材等加工制作上部结构构件和其他构件，架设成桥脚分置式浮桥。随着平时交通战备工作的开展，有些国家发展了平战结合的民用船舶，战时可以用来方便地架设浮桥。例如，武汉长江航运局于1983年在汉江上用300吨级分节驳船架成长280m的民舟带式浮桥，架设时间只用了几十分钟，并通过了中型坦克，展示了沿江河地区交通战备工作的重要作用。

(a)梅州浮桥　　　　　　　　　　(b)黄河浮桥

图1-15　民舟浮桥

第二节　舟桥的分类

一、按是否制式分类

（一）制式舟桥装备

制式舟桥装备是专门设计的由军队正式命名并配发舟桥部(分)队使用的舟桥装备，主要有重型舟桥、中型舟桥、轻型舟(门)桥、特种舟桥和自行舟桥等，是部队遂行渡河工程保障任务时进行门桥渡河、浮桥渡河的主要舟桥装备。

（二）就便器材舟桥

在战时，根据需要临时征集各种就便器材用来架设浮桥、结构门桥等，这些就便器材包括：可以用作浮游桥脚舟的各类民舟，主要征集钢质民船(运输船、驳船、拖船、工程船等)、木质民船(运输船、捕鱼船、工程船)、钢筋混凝土民船等,以及用于构筑小吨位的浮桥或者徒步桥的、具有一定浮力的汽油桶、木筏等并进行现场的整置与加强;可以用作桥桁的各类桁材,主要征集各类型钢、施工脚手架、万能杆、钢轨、木材等材料进行现场加工;可以用作桥板的各类板材,主要征集各种钢质板材、木质板材等材料进行现场加工。

二、按使用用途分类

(一)公路舟桥

运用公路舟桥可以架设通行各种公路行驶车辆的浮桥(图1-16)。公路浮桥可以是施工临时使用的浮桥,也可以是半永久(洪水时分解)使用的浮桥。公路舟桥可以是带式(箱式)结构,也可以是桥脚分置式结构。公路浮桥一般设计成双车道浮桥,以方便使用。公路舟桥的设计荷载按照公路荷载规范来选取,或者根据需要来选用。

图1-16 公路浮桥

(二)铁路舟桥

铁路舟桥用于在特定的条件下架设铁路浮桥(图1-17)。铁路舟桥主要用于战时铁路抢修,平时抢险救灾,克服江河障碍,保障铁路运输畅通,是短期应急通车的一种临时手段。它还可以用于新建铁路临时通车和新建铁路施工。

图1-17 铁路浮桥

铁路舟桥一般设计成桥脚分置式舟桥。运用铁路舟桥架设的浮桥基础是浮墩,荷载通过浮墩传到水面,依靠水对浮墩的浮力来承受,因而架设铁路浮桥时不需修建复杂的深水固定基础,浮桥的结构和架设方法不受水深和河床地质的影响。

运用铁路舟桥架设铁路浮桥时,浮桥的拼组架设方法简单,可以有较多的作业面,并且浮桥的各个分段桥节和其他浮桥结构物可预先在远离桥址处结合好,然后由水路运到桥址就位,拼装与架设速度快,施工工期短。

运用铁路舟桥架设的铁路浮桥还可根据需要及时拆除和架设,具有一定的快速性和机动性。

(三)其他特殊用途的舟桥

俄罗斯军事专家将该国先进技术用于建造民用舟桥,设计了舟桥器材,并成功利用这种舟桥器材架设了世界上第一座能通行多节火车的"超级万能"浮桥(图1-18)。

这座浮桥的设计结构十分独特,虽然表面看来结构单薄,但实际上它可以承受数百吨重量产生的压力,各种汽车、履带式交通工具及火车等陆地上行驶的交通工具都可以在它上面自由通行。因此,设计者为它起名为"超级万能"浮桥。

"超级万能"浮桥全长780m。当出现洪水等自然灾害时,"超级万能"浮桥可在拖船的帮助下直接在水面上进行组装,用特殊钢索进行连接加固,架设浮桥耗时不超过3d。这样,就能在最短的时间内为受灾地区运送物资、疏散灾民。

图1-18 "超级万能"浮桥

根据特殊需要设计的舟桥还包括能够架设游览浮桥、游船靠泊浮桥、输送管路浮桥等的舟桥器材。

三、按载重量分类

(一)重型舟桥

运用重型舟桥装备架设的浮桥的载重量为40t以上,主要保障各种重型装备克服江河障碍。例如,德军FFB2000带式舟桥,可以在流速为3.5m/s的江河中使用,其承载能力达70军用吨级,在特殊情况下可达80军用吨级。

(二)中型舟桥

运用中型舟桥装备架设的浮桥的载重量为25～40t,主要保障各种中型装备克服江河障碍。俄罗斯ЛПП舟桥纵列是在第二次世界大战末期发展的一种轻型舟桥器材,可架设12～40t浮桥,并结合25t、40t漕渡门桥,保障军队人员和轻型车辆、技术兵器渡河。该舟桥纵列曾用来替换当时装备部队使用的ДЛП舟桥纵列。现已被ПМП带式舟桥所取代,但有些国家如越南等仍在使用。

(三)轻型舟(门)桥

轻型舟桥的载重量为25t以下,主要保障各种轻型装备克服江河障碍。例如,LMS轻型舟桥是由捷克自行研制的一种轻型舟桥。河中舟和岸边舟均为铝质。河中舟为全封闭式的,而岸边舟则有一个敞开式甲板。浮桥在水中时就已装配好,桥桁用螺栓固定好。随后铺上车辙道,它们可以是全宽车行道,或是双车辙道。双车辙道桥更为普遍。LMS 轻型舟桥还可以结构成 10t、15t、20t 和 24t 门桥。门桥采用 1 台 16kW(22 马力)舷外机作为水上动力,其最大航速可达 11km/h。该器材用于结构门桥和架设浮桥,保障 24t 以下的车辆和技术兵器渡河。该器材的桥脚舟为开口舟,采用硬铝制造,车辙板为木制。该器材于 1952 年定型,后装备捷克工程兵部队使用。

(四)徒步舟桥

运用徒步舟桥装备架设的浮桥的载重量为 16t 以下,可以结构轻型门桥和架设徒步浮桥(图 1-19),保障作战人员克服小江河(河幅在 50m 以下)障碍。该装备可以人工搬运,使用时也可以人工架设。

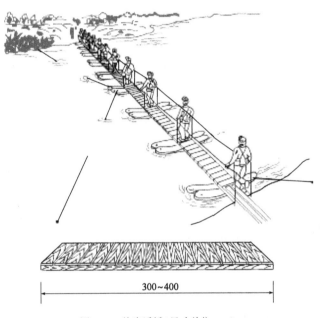

图 1-19 徒步浮桥(尺寸单位:mm)

1. 苏联 T3 徒步舟桥

T3 徒步舟桥是苏联军队在第二次世界大战时研究制造的,现仍装备部队使用,作为原华约(华沙条约组织)部队的装备器材。除了保障人员渡河外,还可以结构成载重量为 1t 的门桥用于漕渡轻型车辆。桥脚由内部充填稻草或干草的涂橡胶织物密封袋浮体构成,每个浮体的质量为 30~40kg,尺寸(长×宽×高)为 2.74m×0.48m×0.7m。上部结构由木板组成。

2. 法国 49/63 型步兵舟桥

49/63 型步兵舟桥(图 1-20)是法国在 20 世纪 40 年代开始研制的舟桥装备,1949 年定型为 49 型步兵舟桥,1963 年在 49 型步兵舟桥的基础又进行了改进,定型为 49/63 型步兵舟桥。上部结构由地面兵器工业集团所属塔布制造厂生产,舟由昂热万尼和儒埃莱-图尔工业公司生产。桥脚舟为尼龙橡皮舟，上部结构由铝合金材料制成。49/63 型步兵舟桥器材也可结合轻型门桥，漕渡轻型车辆和装备，水上动力采用舷外机。

图 1-20　法国 49/63 型步兵舟桥

四、按结构形式分类

（一）桥脚分置式舟桥

所谓桥脚分置式舟桥，是指运用此类舟桥装备所架设的浮桥或结构的门桥，其浮桥或门桥的各个桥脚舟之间有一定距离，在桥脚舟上再架设主梁、铺设桥面板等。这类舟桥具有结构简单、形式变化多、适应流速大等优点，但是也存在作业步骤多、作业量大、架设速度慢等缺点。

1. 苏联 ТПП 重型舟桥纵列

苏联在第二次世界大战后发展了 ТПП 重型舟桥纵列（图 1-21、图 1-22），1948 年开始装备部队。它是苏联军队 20 世纪 50 年代的主要舟桥装备，起初装备到集团军舟桥团，20 世纪 50 年代中期装备到机械化师，20 世纪 60 年代又装备到步兵师。ТПП 重型舟桥纵列现已被 ПМП 带式舟桥所取代，现有器材只用在后方，但有些国家目前仍将其作为制式装备。

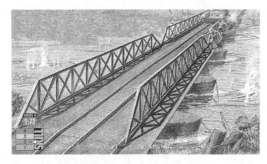
图 1-21　苏联 ТПП 重型舟桥纵列

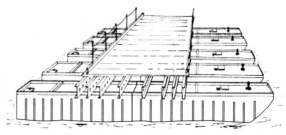
图 1-22　结合成的 ТПП 重型舟桥桥节门桥

2. 英国马比舟桥

马比舟桥（图 1-23）由英国马比·约翰逊有限公司于 1974 年开始研制，1977 年投入使用，主要用于后方架设浮桥和构筑门桥渡口，保障后勤运输。马比舟桥的桥脚舟有两种类型：一种高 1.3m、排水量 10t；另一种高 2.1m、排水量 30t，为钢质闭口舟。上部结构为马比·约翰逊钢质桁架。

3. 我国某重型舟桥

图 1-24 是我国在苏联 ТПП 重型舟桥纵列的基础上仿制的一种舟桥器材。可架设承载量不超过履带式荷载 700kN、轮式荷载轴压力 150kN 的浮桥或者漕渡门桥,适应最大流速为 3m/s,目前已经淘汰。

图 1-23　英国马比舟桥

图 1-24　某重型舟桥架设的长江浮桥

(二)带式舟桥

带式舟桥由一个个箱形桥脚舟直接连接而成,具有舟桁板合为一体、作业步骤少、劳动强度低、作业速度快、浮桥通行性能好、桥节门桥与漕渡门桥结构相同等优点,但是其水阻力较大。我国和外国都研制了各种带式舟桥(图 1-25、图 1-26)。

图 1-25　我国二折带式舟桥架设的浮桥

图 1-26　法国 PFM-F1 带式舟桥架设的浮桥

(三)自行舟桥

自行舟桥主要用于行进间渡河和强渡江河,保障武器装备快速克服江河障碍。其舟、车、桥合一,水陆自行,可直接泛水,迅速结构门桥或架设浮桥。

1. 法国自行舟桥

最早的自行桥是第二次世界大战初期法国的 BAC 自行门桥(图 1-27)。第二次世界大战末期,法国陆军上校季洛瓦曾用美国 DUKW 水陆两用汽车架设过浮桥和门桥。法国在 BAC 自行门桥的基础上,于 1950 年研制成季洛瓦自行舟桥,随后又发展了更先进的季洛瓦-2 自行舟桥和 EFA 自行舟桥,以取代季洛瓦自行舟桥。

图1-27 法国BAC自行门桥

EFA自行舟桥(图1-28)车体由轻合金制成。车辆的顶部两侧各有一块12m长的轻合金跳板。入水前,两侧挡板下的气囊充气并浮起。该车有4个大的低压轮胎。在水中行进时,用2个喷水泵推进。这2个喷水泵在车尾两侧各有1个,均可作360°旋转。该舟车既可架设浮桥,也可结构门桥。架设浮桥时,有23.5m的净跨,承载力达70t级,适应流速为3.0m/s。结构门桥时,承载力可达95t。

(a)行军状态　　　　　　　　　　　　(b)展开状态

图1-28 法国EFA自行舟桥

2. 德国自行舟桥

德国对发展自行舟桥提出了自己的要求:单舟门桥能漕渡轻型车辆;两舟或多舟门桥可漕渡重型车辆;可用漕渡门桥直接架设浮桥;不采用法国季洛瓦自行舟桥的浮囊结构作为浮体。为此,德国研制了M2自行舟桥,自1966年开始生产。其特点是大型的舟形桥体与其自行机构巧妙地结合,能自行机动、自行下水,既可结构漕渡门桥也可架设浮桥。车体用铝合金制造,车轮为全轮驱动。下水后,舟体浮箱左右展开。展开后全长7.62m、宽5.49m。用作漕渡门桥时,可3辆车连接成门桥,运送50t载重渡河。水上推进动力为2个横向螺旋桨和1个操舵用的螺旋桨。

德国陆军通过几十年的实践,认为自行舟桥是一种快速、高效的舟桥器材。后来,德国又同英国合作研制了M3自行舟桥[图1-29(a)],2辆车就可连接成载重60t的门桥[图1-29(b)]。M3自行舟桥架设的浮桥的承载力达70t级。根据桥车数量(n),架设浮桥的长度为 $L = n \times 11.5 + 8.35(m)$。目前M3自行舟桥装备了多国军队。

M3自行舟桥与M2自行舟桥无论结构还是架设方法都大体相同,主要改进部分有:M3不论在水中还是在陆上,驾驶室都在车体的前面,而M2在水中驾驶时,驾驶室在车体的后面;M3

的跳板由4块变为3块,并且每台桥车在架设长度方面都增加了2.3m;M3采用四轮全操纵,轮胎气压可调节;M3水上推进不采用螺旋桨而采用喷水式;M3的作业人员也减少了。

(a)行军状态　　　　　　　　　　　　(b)漕渡门桥

图1-29　德国M3自行舟桥

3. 日本自行舟桥

日本陆上自卫队的70式自行舟桥与M2自行舟桥属同一类型,为水陆两栖式,装备方面军工兵团。在陆上行驶状态时,长11.4m、全宽2.4m、全高3.5m。车体由三元合金(铝、镁、锌)制造,上面装有3块桥板。当车辆到达渡河地点时,舟体浮箱左右展开并开入河中,用车体上的吊车使桥板与别的桥节连接。这样每辆车就构成了约长8.5m的桥节。用作漕渡门桥时,可3辆车连接成门桥,能运送38t载重渡河。现在陆上自卫队继70式自行舟桥后,正在研制用于90式坦克渡河的新型自行舟桥,该桥可架设长100m、载重50t的平底型浮桥。

4. 苏联自行舟桥

苏联从20世纪50年代起开始研制自行舟桥。最初的ГСП-55自行门桥,是用K-61履带式水陆两用输送车作为基础车进行改装的,20世纪60年代进行了多次改进。1967年6月,将其定为师工兵团渡河连的制式装备。后来主要装备师士兵营登陆渡河连和集团军登陆渡河营自行门桥连。在1973年中东战争中,埃及军队强渡苏伊士运河时起了一定的作用。它主要装备师工兵营登陆渡河连和集团军登陆渡河营自行门桥连。

20世纪80年代以后,苏军又研制装备了两种自行舟桥器材:一种是以轮式车辆作底盘车的自行门桥,西方简称为ABS(W);另一种是以履带车辆作为底盘车的自行舟桥,西方简称为ABS(T)。ABS(W)只在检阅时展示过,之后再无相关报道。ABS(T)即现装备于俄罗斯、乌克兰等国军队的ПММ-2自行舟桥(图1-30),西方称PMM-2自行舟桥,用于代替早期的ГСП-55自行门桥。另外,美国军队、日本军队也研制了自己的自行舟桥,但是总体性能和技术水平都不高。

图1-30　ПММ-2自行舟桥

苏联的ΠMM-2自行舟桥,由于底盘是T64坦克的延长型(有7个负重轮),自然就成了目前各国现役中最大的自行舟桥。浮桥的构造基本上与M2自行舟桥相同,只是在展开左右舟体浮箱时装了液压操纵的车辆登陆用的跳板,这是70式自行舟桥和M2自行舟桥所没有的。而且作业作业人员不用出来,在坐舱内操作即可完成所有作业。用1辆这种自行舟桥就可结构成载重50t的漕渡门桥。

另外美国等国军队也研制了自己的自行舟桥。

五、按运输方式分类

根据运输方式,舟桥可以分为由越野车辆运输的舟桥、由牵引车辆运输的舟桥、可空运空投的舟桥、可人工搬运的舟桥和可水上机动的舟桥。

(一)由越野车辆运输的舟桥

舟桥装备通常由越野车作为底盘车,该底盘车可以是轻型底盘车、中型底盘车或重型底盘车,一般都是全轮驱动,其泛水装车均由该底盘车上的机构来完成。因此,这类舟桥机动性能好,可以适应不良道路、河岸等地形,但是由于要提高其越野性能,一般底盘车的有效荷载小、单车架设的舟桥长度较短,往往因超载使用而影响底盘车的寿命。

1. 美国的带式舟桥

美国于1969年6月开始研制带式舟桥(图1-31)。美国陆军机动装备研究与发展中心根据苏联ΠMΠ带式舟桥的有关资料,采用铝合金仿制苏联带式舟桥,其质量比ΠMΠ减轻1/3,舟桥运输只需用5t越野车。美军的带式舟桥配有专用货盘,可以使舟车做到一车多用。

2. 德国的FSB带式舟桥

德国的带式舟桥与美国的有所不同,它使用公制单位,其一系列改进符合德国的要求,增强了可靠性并易于维修。通过对跳板液压提升系统进行改进,可以对其进行调节,以适应不同的岸高,并使用无污染的液压油。图1-32所示为由德国、葡萄牙和比利时军队使用的FSB带式舟桥在MAN(6×6)7t卡车后部运输。

图1-31 美国带式舟桥用M923卡车运载状态

图1-32 德国FSB带式舟桥河中舟运输状态

(二)由牵引车辆运输的舟桥

法国PFM F1型带式舟桥亦称F1摩托化舟桥(图1-33、图1-34),它是一种带式舟桥,可通过连接跳板与陆地相连。其底盘车采用Renault TRM 10000(6×6)牵引车,因此每辆车所运输的河中桥节达到10m,岸边桥节达到12m。所有架设过程全部机械化作业,而且舟桥自身配有舷外机。

图1-33 PFM F1摩托化舟桥河中桥节运输

图1-34 PFM F1摩托化舟桥岸边桥节运输

(三)可空运空投的舟桥

可空运空投的舟桥要求自重轻、结构紧凑(充气型、折叠型)、功能多样、便于固定和展开等(图1-35)。因此,其桥脚舟、桥跨结构一般采用铝合金、橡胶或复合材料制作。

英国16级空运桥(图1-36)的桥跨由高强度铝锌镁合金制成,可作为有效跨度为15.2m的桥梁使用,也可架设长58m的浮桥(由40块箱形车辙板、2对铰接构件、2对跳板和浮筒架设而成)或最大航行速度为6节的动力门桥,保障人员和轻型车辆渡河。架设好后,其防滑车行道宽3.3m。该桥的基础构件是箱形车辙板、跳板、铰接部件、充气浮筒和舷外机支架。箱形车辙板将桥桁、横梁和浮筒结合起来,形成了浮游能力,箱形车辙板的上部为桥梁甲板。这些部件一般由轻型汽车运输,它还可牵引1辆单轴拖车。5辆轻型汽车和拖车可运输一座浮桥的所有部件,24人的装配小队用45min可架设完成。根据需要,浮桥的长度还可以增加。该桥重量轻,易于人工架设,还可用直升机吊运和架设。Puma直升机可以运输16级空运桥的任何部件,而C-130运输机则可运输架设一座门桥所需的所有部件。

图1-35 美国空投舟桥

图1-36 英国16级空运桥

(四)可人工搬运架设的舟桥

舟桥的桥脚舟、桥跨结构和辅助器材在公路上用汽车运输,当接近执行任务区域附近时,可以通过作业手肩扛、手抬、背负等方式运输到河边,并且进行人工充气、拼装、架设等作业。这类舟桥一般都是轻型舟桥或徒步桥,采用铝合金、橡胶、复合材料制作(图1-37)。

可人工搬运架设的舟桥要求单件重量轻、结构紧凑(充气型、折叠型)、功能多样、便于人工搬运等,如日本的轻型(铝质)徒步桥桥身用铝合金制成,桥体中填充了泡沫橡胶,防止桥体下沉。一套徒步桥器材由 2 辆 2.5t 的卡车运输,由 21 块活动铺板和 42 个浮体组成,可提供长 76m、人行道宽 0.55m 的徒步桥,每分钟可通过 75 人的队伍。它由 45 人的作业小队在 11min 内装配完毕。此外,加强的 25.2m 长的徒步桥宽 1.65m,每分钟可通行 150 人的两支队伍。它由 45 人在 18min 内装配完毕。

图 1-37 充气式舟桥

六、按建造材料分类

(一)橡胶气囊舟桥

这类舟桥一般都用来架设轻型浮桥或徒步浮桥,其浮体部分采用橡胶气囊的结构形式,重量轻,便于运输,但是装载量不是太大,且橡胶容易老化、刺伤(图 1-38)。

图 1-38 橡胶气囊舟桥

(二)钢质舟桥

绝大部分舟桥采用钢质材料,而且材料强度越来越高。早期采用 Q235 钢,目前用到 DB685、PS700 等,强度增加到 3 倍左右(图 1-39)。

(三)木质舟桥

这类舟桥一般都是就便器材舟桥,用来架设民舟浮桥或者景观浮桥,古老的浮桥以木船为浮体架设的居多（图1-40）。20世纪70—80年代还大量生产了一批水泥船，以水泥船为浮体架设的浮桥为水泥混凝土浮桥，但是上部结构以钢、木居多。

图1-39　钢质舟桥

图1-40　木质舟桥

（四）塑料舟桥

这类舟桥以景观人行浮桥或浮游平台为主，色彩亮丽、造型多样，但是要注意安全（图1-41）。

图1-41　塑料舟桥

（五）铝合金舟桥

美军第一代带式舟桥就是采用铝合金制作的（图1-42），与钢材相比，其重量轻、承载能力大、防锈蚀性能好。我军很少采用铝合金舟桥，主要是其桥面防滑耐磨技术不过关。

图1-42　铝合金舟桥

(六)复合材料舟桥

玻璃钢、碳纤维等复合材料目前在小吨位舟桥装备中已经采用。如图1-43所示的轻型门桥装备,也可以架设浮桥。

图1-43 复合材料舟桥

第三节 桥脚舟的分类、组成

一、桥脚舟的分类

按结构类型,桥脚舟可分为桥脚分置式舟桥桥脚舟和带式舟桥桥脚舟两种。

桥脚分置式舟桥的桥脚舟可以是制式舟、民用和浮游材料组成的筏。舟的结构材料可以是金属、木材、纤维增强塑料和气密的橡胶织物。筏的结构材料通常采用木材、竹材及汽油桶之类的就便浮游材料。

带式舟桥的桥脚舟由一系列被称为河中舟的箱形浮体组成,每个河中舟本身就是门桥或浮桥的承重结构,其甲板面就是门桥或浮桥的载面部分。这种浮游桥脚、承重结构、载面部分三位一体的桥脚舟,使门桥或浮桥在结构或架设过程中不需要像桥脚分置式舟桥那样,需要花费较多的时间和较大的作业量来结合门桥或浮桥中的桥节,只需要在桥轴线上将被称为河中舟的舟节逐次接长。拼装工序和作业量的减少使得使用带式舟桥结构门桥和架设浮桥所用的人力和时间大大减少,保证了快速架设并显著缩短渡口准备时限。

二、桥脚舟的组成

(一)桥脚分置式舟桥桥脚舟的组成

根据所结构的漕渡门桥和架设的浮桥吨位不同,桥脚分置式舟桥的桥脚舟可以是一节舟,也可以多节舟拼组。制式门桥或浮桥的桥脚舟通常都是由多节舟组合而来的。一方面,制式门桥或浮桥需要分解后装车在陆上机动;另一方面,门桥或浮桥要设计成架设多种吨位,因此由不同数量的舟节组成的桥脚舟可以结构或架设不同吨位的门桥或浮桥。

例如,某重型舟桥16t浮桥采用的单节舟(尖舟或方舟)、50t浮桥采用的双节舟(1个尖舟、1个方舟或者2个尖舟)、50t加强型浮桥采用的3节舟(2尖1方或者1尖2方)、70t大面积专用漕渡门桥采用的4节舟(2尖2方)分别如图1-44~图1-47所示。

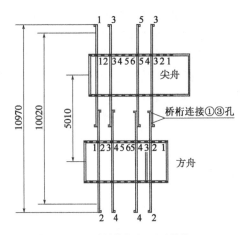

图 1-44　16t 浮桥单节舟(尺寸单位:mm)

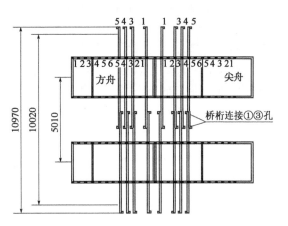

图 1-45　50t 浮桥双节舟(尺寸单位:mm)

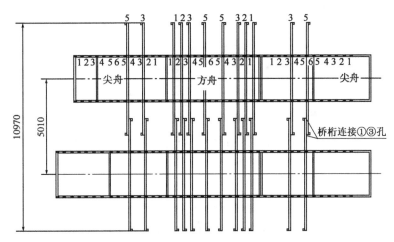

图 1-46　50t 加强型浮桥 3 节舟(尺寸单位:mm)

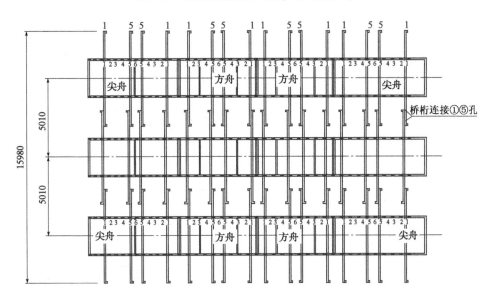

图 1-47　70t 大面积专用漕渡门桥 4 节舟(尺寸单位:mm)

再如,某特种舟桥的桥脚舟采用6节舟形式(图1-48),即每个桥脚舟由1节首舟、1节尾舟、4节中间舟组成,其中4节中间舟结构相同且可以互换,1个桥脚舟在陆上运输时需要6辆汽车。对于桥脚分置式舟桥的桥脚舟,由于门(浮)桥上的荷载是通过桥跨传递到桥脚舟上,因此要求舷缘结构能够承载桥跨的压力,舟体的舷板、底板和端板承受水压力,甲板承受人员及器材的作用力。桥脚舟拼组连接后,舟的纵向强度需要计算和校核,各种纵向连接接头需要设计。

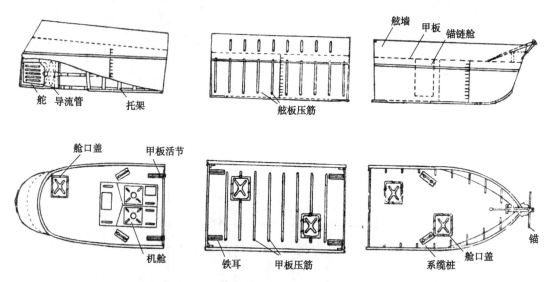

图1-48 某特种舟桥的桥脚舟(从左至右分尾舟、中舟、首舟)

(二)带式舟桥桥脚舟的组成

带式舟桥桥脚舟与桥脚分置式舟桥桥脚舟的主要区别如下:

(1)带式舟桥桥脚舟一般由单体、两折、三折、四折和五折组成,其中双数舟组合的桥脚舟在使用时可以中间分开,架设小吨位的浮桥。尽管如此,带式舟桥的门桥或浮桥的吨位变化仍然比较少。

(2)由于带式舟桥桥脚舟是舟、桁、板合为一体,不再有桥跨结构,因此桥脚舟的纵横向骨架要能够承受总纵弯曲和局部弯曲的受力,同时要兼顾桥脚舟的密封。

(3)带式舟桥桥脚舟由于空间更小,因此舾装件的设计和布置要求更加紧凑。

(4)由于带式舟桥桥脚舟沿桥轴线方向是逐个舟连接而成,因此桥脚舟的横向(架设浮桥后沿桥轴线的纵向)受力是主要受力方向,其拼装连接受力大、连接要求高、互换性好。

带式舟桥桥脚舟可以由单个节舟(单体)、两个节舟(两折)、三个节舟(三折)、四个节舟(四折)和五个节舟(五折)分别构成。桥脚舟的舟体划分形式如下。

1. 横向单体划分

按照门桥或浮桥纵向分段、横向单体划分的带式舟桥(图1-49),其桥脚舟结构简单,桥脚舟的长度就是门桥或浮桥的宽度,桥节舟的宽度就是门桥或浮桥的长度。泛水后将若干桥脚舟横向相连就构成漕渡门桥或桥节门桥,而若干桥节门桥在纵向相连后就是浮桥。

运用这种桥脚舟舟体划分形式的舟桥结构门桥或架设浮桥时,连接作业量少,架设速度快;但由于桥脚舟是单体形式,因此只能够架设一种吨位的浮桥,而且由于单体舟的长度较长,在装车时需要采用斜向装车方式或者两舟叠放拖车运输(图1-50、图1-51),所以陆上机动性能较差。

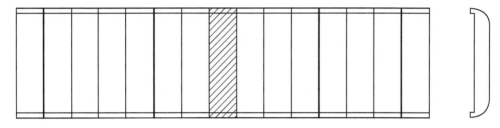

图1-49 纵向分段、横向单体划分的带式舟桥单元

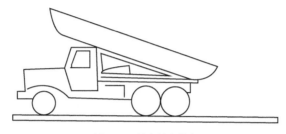

图1-50 单舟斜向装车

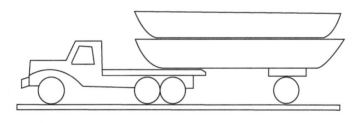

图1-51 两舟叠放拖车运输

2. 横(纵)向两折划分

按照门桥或浮桥纵向分段、横向两折划分的桥脚舟应用较为广泛,图1-52所示两折重型舟桥采用的就是这种形式。运用这种桥脚舟舟体划分形式的舟桥可以架设两种吨位的浮桥,即单节舟架设小吨位的浮桥,首尾舟连接成全形舟后架设大吨位的浮桥(或者双车道浮桥)。

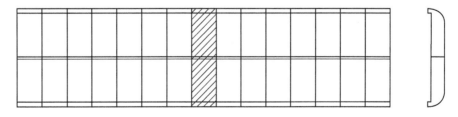

图1-52 横向两折划分的带式舟桥单元

尽管都是两折形式,但是装车运输方式有很多种。第一种带式舟桥采用两折交叉叠放(舟首一前一后,图1-53),尾舟在下、首舟在上,泛水时两舟同时入水,装车时采用两根钢索按规定路线绕挂后,将两舟同时装车,但是由于底盘车落后、带桥脚的岸边舟作业烦琐、木质车辙

护板容易损坏、装车方式比较复杂等原因已经被淘汰。另外还有两舟叠放、舟首朝后(图1-54),两舟竖放、中央铰接(图1-55)等多种形式。

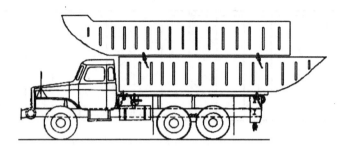

图1-53 两折带式舟桥舟首尾颠倒叠装

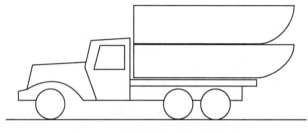

图1-54 两折带式舟桥首部朝后叠装

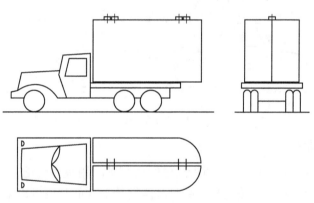

图1-55 两折带式舟桥竖向叠装

波兰PP-64带式舟桥也采用两折带式桥的形式,但是它采用两舟铰接、斜跨舟车两侧的方式(图1-56)。这种装车方式泛水时展开方便,两舟的连接只需要在甲板上进行,作业量小,但是装车后重心较高,舟的宽度受到限制(否则超高)。

两舟竖(斜)放、中央铰接的形式适合沿浮桥纵向划分的两折带式舟桥,如图1-55~图1-57所示。

3. 横向三折划分

按照门桥或浮桥纵向分段、横向三折划分的桥脚舟架设带式浮桥的桥面应该比二折划分的要宽,通行性能要好。三折舟在车上的运输分为前后叠放(图1-58)和左右叠放(图1-59)两种,其侧舟的展开通常采用液压机构,液压机构的动力来自舟车。这种结构的缺点是只能架设一种吨位的浮桥。

图 1-56　两折带式舟桥斜向叠装

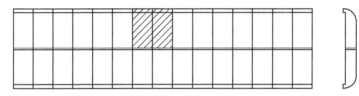

图 1-57　纵向两折划分的带式舟桥单元

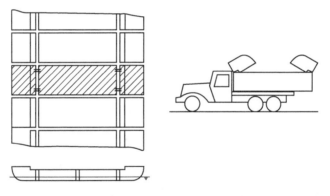

图 1-58　横向三折划分带式舟桥的单元和装车(两侧舟在车上前后叠放)

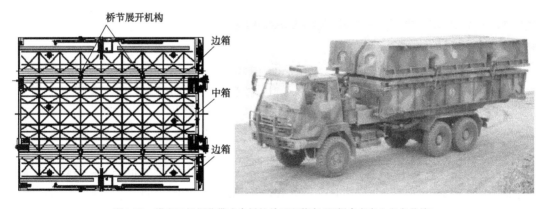

图 1-59　横向三折划分带式舟桥的单元和装车(两侧舟在车上左右叠放)

4. 横向四折划分

按照门桥或浮桥纵向分段、横向四折划分的桥脚舟舟体划分形式是运用最普遍的。世界各主要军事强国都采用这种带式舟桥桥脚舟形式。我国四折带式舟桥的桥脚舟采用的就是这种形式(图1-60～图1-62)。而某重型舟桥改进型虽然采用了这种舟体划分形式,但为了便于运载车辆在山岳丛林地带的机动,在舟桥器材运输的装车方式上,采用了尖舟在上、方舟在下,尖舟与方舟用甲板铰链连接,在舟车平台上尖舟预展后进行泛水,两台舟车上的桥脚舟横向连接成为四折带式舟桥。

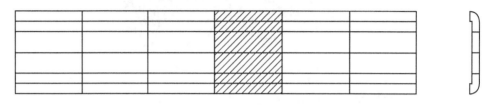

图1-60 纵向分段、横向四折划分的带式舟桥桥脚舟单元

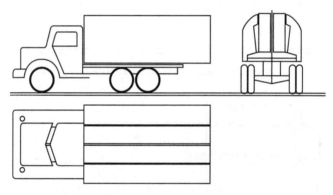

图1-61 四折带式舟桥的装车

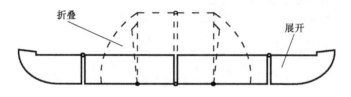

图1-62 四折带式舟桥的折叠与展开

5. 横向五折划分

按照门桥或浮桥纵向分段、横向五折划分的桥脚舟舟体划分形式运用较少,但也有运用。法国F1摩托化舟桥是一种典型的五折带式舟桥(图1-63、图1-64)。其河中舟由1个中心舟节、2个边舟节和2个压载舟节组成,是一种独特设计的五折节套舟。岸边跳板由一个坚固的构架和车行道扩宽件组成,跳板的升降由液压油缸调节。中心舟节、边舟节和跳板用铝合金制造,压载舟节用复合材料制成。

五折舟的长度达到10m,采用拖车运输,边舟节与压载舟节的展开采用液压机构。这种舟桥的横向尺度较大,浮桥的宽度大、通行性能好;每个舟节长度大,每百米长浮桥需要的舟车数量较少;压载舟节还采用了动力舟的形式,自身机动性能好;岸边桥节达到12m,岸边适应性能好等。但是也存在三层叠放、拖车运输、陆上机动性能差;五折展开、机构比较复杂;桥型无变化,只能架设一种形式的浮桥等缺点。

图 1-63　纵向分段、横向五折划分的带式舟桥单元(法国 F1 舟桥)

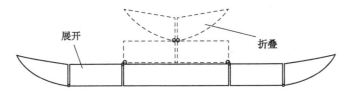

图 1-64　五折带式舟桥的折叠和展开横截面

6. 其他划分形式

联邦德国的箱形结构舟桥由尖舟(端部舟)和方舟(中间舟)组合而成,变化较多。舟宽 2100mm,高 730mm,尖舟长 4725mm,方舟长 4200mm,舟体为板架形式。通过组合拼装可以架设 30t 浮桥、50t 浮桥(单车道 50t,双车道单位面积承载量 4MPa)和 80t 浮桥(单车道通行 80t,双车道通行 30t,三车道通行 12t,图 1-65),还可以结合 50t 漕渡门桥。该型带式舟桥结构简单、变化多样、适应性好,但由于是单舟拼装式,因此舟单元需要量大,人工拼装作业步骤多,结合架设速度慢。

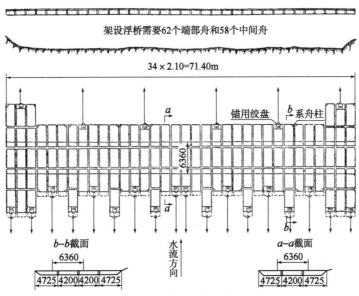

图 1-65　箱式结构舟桥 80t 浮桥(尺寸单位:mm)

俄罗斯的 ПП-91 舟桥可以将 2 个四折带式舟桥横向连接,架设 120t 浮桥(双车道浮桥,图 1-66),或者结合相同截面的漕渡门桥(图 1-67)。这种带式舟桥是四折带式舟桥的拓展,具有以下特点:一是桥面加宽,水平横向抗弯刚度增加,抵抗流速的能力增加;二是浮桥的整体稳定性有所增加;三是因两座浮桥合并为一座浮桥,所以两岸的道路、下河坡路只需要构筑一条,减少了两岸道路的构筑量。存在的问题就是战时遭敌打击后的生存率降低。结合双车道浮桥的关键技术在于如何将四折带式浮桥横向连接为双车道带式浮桥。

图 1-66　2 个四折带式舟桥组成的带式浮桥横截面

图 1-67　俄罗斯 ПП-91 舟桥双车道漕渡门桥

第四节　门桥的用途、分类与结构组成、特点和使用时机

一、门桥的用途

根据用途和设备的不同,门桥可分为桥节门桥、闭塞门桥、漕渡门桥和工程作业门桥。

桥节门桥是浮桥河中部分划分成门桥形式的桥节(图 1-68)。用舟桥器材在岸边预先结合成若干个桥节门桥,依序引入桥轴线上连接即成浮桥河中部分。显然,桥节门桥的结构与浮桥河中部分完全相同。

图 1-68　带式浮桥的桥节门桥

闭塞门桥，是架设浮桥时最后一个引入桥轴线的桥节门桥（图1-69）。桥节门桥在桥轴线方向上的长短依据浮桥架设时最后闭塞的空间长度而定。闭塞门桥的结构与浮桥河中部分完全相同。

图1-69 闭塞门桥

漕渡门桥，是用来在两岸码头（系泊点）间往返渡送人员、车辆、技术兵器的门桥（图1-70）。其工作过程类似于公路渡船（图1-71），有靠此岸、装载、离此岸、航行、靠对岸、卸载、离对岸、向此岸航行8个步骤。完成上述步骤为一个航次，周而复始，往返渡送。

(a)桥脚分置式漕渡门桥

(b)带式漕渡门桥

图1-70 漕渡门桥

图1-71 民用公路渡船

工程作业门桥，是将门桥的结构有针对性地改变并安装专门的设备，从事水上作业的门桥。如用于清淤的作业门桥（图1-72）、将低水桥桥脚植入河床的打桩门桥、浮运低水桥桥跨的楔架门桥、打捞翻沉器材的打捞门桥、投（起）重锚固定长浮桥段的锚定门桥等。

图 1-72　清淤作业门桥

二、门桥的分类与结构组成

以下分类中的门桥通常指漕渡门桥。

(一)按结构类型可分为桥脚分置式和带式两种

两种漕渡门桥的结构组成分别与桥脚分置式浮桥和带式浮桥河中部分相同。尽管漕渡门桥在航渡中活载是停在门桥中部的,但将装载和对岸卸载两个步骤连贯起来看,活载总是从门桥桥跨结构车行部的一端走向另一端,和浮桥的工作过程实质相同。所以漕渡门桥可以认为是最短的浮桥河中部分,其结构组成必然基本相同。这为漕渡门桥迅速转换为桥节门桥、门桥渡河迅速转变为浮桥渡河以及提高根据情况灵活运用两种渡河方法的制式舟桥器材的兼容性从结构上奠定了基础。

(二)按构成的器材、构件来源分为制式漕渡门桥和就便器材漕渡门桥

制式漕渡门桥是用军队编制装备的舟桥器材按其使用规范结构而成的。桥脚分置式制式漕渡门桥可以由数个节套舟在水中旋转展开桥跨构件并组装而成,也可以由分别运输的节舟、桥跨结构拼组而成。我国某重型舟桥器材的漕渡门桥由节套舟组装而成;某特种舟桥和早期使用过的 H2Π 舟桥器材的漕渡门桥是后者的例子。还可以由舟体与运载它的车辆底盘合成一体,其上配置有桥跨结构的数台桥车在水中展开拼组而成。桥跨结构在陆上运输时顺车长方向并拢或重叠配置,在水中展开时通过桥车上的吊臂或旋转机构将其展开于垂直车长方向配置。数台桥车的桥跨结构刚性连接即成漕渡门桥。美国 MAB 自行舟桥的漕渡门桥(图 1-73)就是这样的例子。

(a)并拢状态

(b)展开状态

图 1-73　美国 MAB 自行舟桥的桥车

制式带式漕渡门桥通常由带式舟桥的 2~5 个河中舟并列刚性密接而成[图 1-74(a)],特殊情况下也可结合更大吨位的漕渡门桥[图 1-74(b)]。还可以由一辆自行舟桥桥车在水中展

开而成,在水中展开时通过桥车的动力驱动展开、折叠机构将两个侧翼浮体翻转成水平位置,并与桥车舟体并列刚性密接。例如,某自行舟桥一辆桥车展开后就是一个带式漕渡门桥(图1-75)。还可以与另一辆自行舟桥的桥车在水中展开并列刚性密接,成为载重量更大的带式漕渡门桥。

(a)110t漕渡门桥

(b)170t漕渡门桥

图1-74 带式漕渡门桥

图1-75 自行舟桥漕渡门桥

在使用制式浮箱器材时,可以由若干浮箱端部刚性密接、舷部并列刚性密接后拼装成带式漕渡门桥(图1-76)。没有制式舟桥器材或者制式舟桥器材不足、在部队的后方渡口需要替换正在使用的制式舟桥器材时,可以用当地的民船、浮箱及缴获的敌军制式舟作为浮游桥脚,用当地征集到的原木、型钢、装配式公路钢桥及缴获的敌军桥梁器材作为桥跨结构,构筑与结构漕渡门桥。

图1-76 海上浮运渡驳(由浮箱结构而成)

(三)按车、舟、桥一体化的程度可分为自行漕渡门桥和非自行漕渡门桥

陆上运输车辆的底盘与门桥的一个舟体融为一体,不可拆分;车辆的动力也是门桥水上航

行的动力;车舟合一体上连接有可展开、折叠的侧翼浮体或桥跨结构。由一辆或几辆这样的桥车结合的漕渡门桥就是自行门桥。它的桥车可以克服松软泥泞地自行入水,在水中展开,彼此连接为漕渡门桥。渡送完毕在水中分解,桥车各自折叠后自行出水登岸。德国的 M3 自行舟桥甚至可以在岸上隐蔽处展开门桥,并在岸上装载需要渡送的车辆驶入水中漕渡(图1-77)。

图 1-77　德国 M3 自行舟桥展开状态及两舟漕渡门桥

与非自行门桥相比,自行门桥极大地缩短了渡口构筑、渡送和撤收时间,还减少了门桥器材的运输车辆和行军距离,增强了陆地上的机动性,更适合于对进攻的机械化部队伴随保障,可以跟上进攻部队对下一条江河实施渡河工程保障。自行门桥主要用于渡送强渡江河进攻战斗第一阶段,最先渡送第一梯队坦克。

多数舟桥器材的运输车辆只起到使器材具有陆上机动性能和在岸边装卸器材的作用,其动力与舟桥的水上动力无关。这类舟桥器材结合的漕渡门桥称为非自行门桥。某些宽大江河上专用的舟桥装备的浮游桥脚舟的尾舟上装有动力和水上推进器,其漕渡门桥在水中可自行,但不是上述意义上的自行门桥。多数非自行漕渡门桥依靠动力艇或操舟机做水上动力,动力艇可以顶推、牵引或旁带门桥漕渡。

(四) 按保障对象分为轻型漕渡门桥和重型漕渡门桥

轻型门桥的最大载重量为 12～16t,通常设计成兼顾架设长度不大的轻型浮桥、徒步浮桥并进行单舟登陆渡河。如美军轻型战术门桥,其最大载重量定为 12t,且能架设浮桥和单舟登陆渡河。

既能用于门桥渡河又能用于浮桥渡河的重型舟桥装备是按架设一定长度的浮桥来编配成套的,器材数量很多,战时既能配属给重装部队伴随保障,也能定点保障大量部队渡河。任务的多样性需要结合成不同载重量的漕渡门桥以适应部队不同载重量的装备渡河,以充分发挥一套器材的效能。

三、门桥的特点

与民用渡口使用渡船(图1-71)和短驳相比较,军用门桥(特指漕渡门桥)具有以下特点:

(1) 结构简单。由于渡船或渡驳是民用船只,大多数情况下都在水面较宽阔的江河上使用,尤其是吨位比较大的,因此,一般的渡船(驳)结构和动力设备都比较复杂。相对来讲,由于漕渡门桥在水面上航行的动力是专门配置的操舟机(舷外机)或汽艇,漕渡门桥的结构比较简单,特别是带式门桥,结构就更简单。

(2) 漕渡门桥的目标小,机动性大,便于疏散隐蔽和转移,但渡送能力小。

四、门桥的使用时机

漕渡门桥主要用于强渡江河过程中,运用门桥渡河方法渡送第一梯队的自行火炮、坦克等战斗车辆,也可在缺乏架桥装备、架桥时间不足或敌情顾虑大,不能使用桥梁渡河时采用,还可在桥梁载重不够时,使用漕渡门桥渡送超载的车辆和技术兵器。

第五节 浮桥的分类、组成、特点和使用时机

一、浮桥的分类

按照浮桥的结构形式不同,浮桥可以分为桥脚分置式浮桥和带式浮桥。

(一)桥脚分置式浮桥

桥脚分置式浮桥的浮游桥脚可以是制式舟、民舟或浮游材料组成的筏。舟的结构材料可以是金属、木材、纤维增强塑料或气密的橡胶织物;筏的结构通常采用木材、竹材或诸如汽油桶之类的就便浮游材料。

支承在桥脚舟中央或舟舷上的桥跨结构,又由载面部分(车行部)和支撑它的承重结构组成。承重结构通常由各种型钢桥桁、木质桥桁或桁架组成,桥桁或桁架可以成对地用横向联结系连成桁联,也可以单根、单片地使用。有时桥跨的承重结构和截面部分被预制成整体构件,组成车辙或直接做成整体式桥跨结构。无论哪种桥跨结构,单个承重构件在桥跨横断面的配置均可采用等间距排列、不等间距排列以及车辙式配置。

桥脚分置式浮桥河中部分的跨度,即桥轴线上浮游桥脚轴线间的距离,可以在较大的幅度内变化。在由型钢和方木、圆木桥桁组成的浮桥中,跨度通常在 4~6m 内变化;而承重结构是金属桁架的浮桥,其跨度可超过 10m。

桥脚分置式浮桥的优点在于单个构件的结构简单、质量轻、便于制造和更换。其最大优点是在结合成不同载重量的浮桥方面具有较大的灵活性:既可以用改变桥跨横断面内的桥桁、桁架的数量来达到变化浮桥载重能力的目的,也可以用增减浮游桥脚内舟节的数量和变化跨度值来达到变化载重能力的目的。

但是这种浮桥的构件种类繁多,形成大量的连接件,因此在架设浮桥时要花费较多的时间完成大量细小的工序,而且难以实现机械化作业。

(二)带式浮桥

带式浮桥的河中部分直接由一系列被称为河中舟的箱形浮体组成,每个河中舟本身就是浮桥的承重结构,其甲板面就是浮桥的载面部分。这种浮游桥脚、承重结构、载面部分三位一体的结构组成,使浮桥在架设中不需要预先结合桥节,只需要在桥轴线上逐个接长桥段。拼装工序的减少使得带式浮桥架设所用的人力和时间大大减少,保证了快速架设并显著地缩短了渡口准备时间。同时,带式浮桥箱形浮体的整个横断面都参加工作,因而浮桥的垂直刚度很大,载面部分很宽阔,这不仅允许单向行驶的车辆以较高的速度通过浮桥,而且可以为轮式车辆提供双行道。

带式浮桥在结构处理上比桥脚分置式浮桥复杂得多,在用作漕渡门桥时水阻力也将增大,而载重量变化的灵活性也不如桥脚分置式浮桥,往往只能用改变带式浮桥横向宽度的办法来实现。

用当地浮游工具组成的带式浮桥,其河中部分是用排水量200t以上的驳船或公路渡船组成的。将其纵轴(长度方向)垂直水流方向设置,车辆沿其甲板纵方向行驶。对于载重量较大、甲板面首尾齐平的相同驳船或渡船,在流速不大的江河上架设这种带式浮桥既经济又简单,可大大减少在甲板面上构筑车行部的作业量。

二、浮桥的组成

无论哪种浮桥,在总体上都由河中部分、连岸部分和水平固定系统三部分组成(图1-78)。

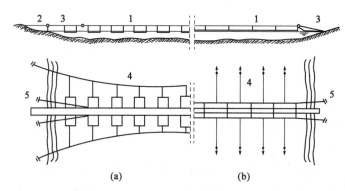

图1-78 浮桥的组成
1-河中部分;2-固定栈桥;3-浮游栈桥(岸边舟);4-横向固定(投锚和横张纲);5-纵向固定

(一)河中部分

河中部分是浮桥跨越水障碍的浮游主体部分,决定着整个浮桥的承载能力和使用性能。它通常位于桥轴线上水深较大的地段。

浮桥的河中部分可以由若干彼此相距一定距离的浮游桥脚,以及被它们支承的桥跨结构组成;也可以由一系列既能提供浮力,又能作为承重结构和载面部分的箱形浮体沿桥轴线方向密接而成。前者叫作桥脚分置式浮桥[图1-78(a)],后者叫作带式浮桥[图1-78(b)]。

(二)连岸部分

浮桥的连岸部分是支承河中部分末端并使之与河岸平缓过渡,保障浮桥在通载和水位变化时正常使用的两岸端部分。

连岸部分有三种基本形式,即梁式过渡桥跨、一端固定的岸边浮游桥节和固定栈桥。前两种又称为浮桥的过渡部分,第三种称为岸边部分。根据河岸的实际情况,连岸部分可由其中一种单独组成,也可由固定栈桥和岸边浮游桥节或者固定栈桥和梁式过渡桥跨组成。

在单独使用固定栈桥作为连岸部分时,它的水侧固定桥脚就是河中部分末端的支承。在联合组成连岸部分的情况下,固定栈桥设置在岸边,可将其看成河岸的延伸,而其水侧桥脚是岸边浮游桥节和梁式过渡桥跨岸侧一端的刚性支点。

由于固定栈桥的架设作业比较费时费力,通常只有在浅滩过长不能设置浮游桥脚,或者河岸高陡需要由较高的接近路向较低的河中部分末端平缓过渡,或者浮游桥脚数量不足三种情况下才采用这种形式。

1. 连岸部分固定栈桥

连岸部分固定栈桥由岸边桥础、固定桥脚和梁式桥跨组成(图1-78)。整个栈桥根据岸滩情况和浮游桥脚数量,可以设置成单跨或多跨栈桥。它们的水侧固定桥脚通常设置在水深不大于1.0~1.5m的地方。为了适应水位的变化,水侧的几个固定桥脚被构筑成高度上是可以调整的,并且有升降桥跨结构的装置。这种桥脚的数量是根据水位变化幅度和桥面允许纵向坡度值来确定的。在制式舟桥器材中,固定桥脚被预制成架柱桥脚、滚筒桥脚和三角桥脚等形式。在就便器材中则常常采用列柱桥脚、架柱桥脚和木杆层桥脚做固定栈桥的桥脚。

为尽量缩短固定栈桥的长度,桥础设置在尽量靠近水边的干硬地点,并且离岸边陡坎有一定的安全距离,以防止被水淹没或陡坎塌方。

固定栈桥的桥跨结构可以采用与浮游部分桥跨结构相同的组成,整个固定栈桥可以容许有不大于8%的纵向坡度,大于此值的纵向坡度将会妨碍车辆的通行并增大车辆对栈桥的冲击。

2. 岸边浮游桥节

岸边浮游桥节可以被认为是河中浮游部分合乎实际的延伸(图1-78),它既能适应水位的变化,又能支承河中部分末端,保障河中部分末端不至于出现比河中部分中央大的吃水和应力。在桥脚分置式浮桥中,岸边浮游桥节由配置在水侧一端的一个或两个浮游桥脚和支承在它们上面的桥跨结构组成。其一端刚性支承在岸边桥础或者固定栈桥的水侧固定桥脚上,水侧一端则伸出浮游桥脚舟舷,形成悬臂,用铰和河中部分末端连接,这种岸边浮游桥节称为浮游栈桥。在带式浮桥中,岸边浮游桥节一端直接支承在岸滩上(没有桥础),另一端为与河中部分末端连接的岸边舟。此种岸边舟的端部具有加强的舟舷和舟底,以便能直接将活载的压力传递到岸滩上。

3. 梁式过渡桥跨

梁式过渡桥跨是连岸部分的一种简单形式。它由载面部分和若干根桥桁或数片桁架组成,一端支承在岸边桥础或固定栈桥的水侧桥脚上,另一端支承在河中部分末端。

当梁式过渡桥跨简单支承在河中部分末端上时(图1-92),它不能起到支承河中部分末端的作用,反而使河中部分末端负载,因此必须在河中部分末端增设辅助浮游桥脚,以减少末端的沉降吃水,此时梁式过渡桥跨主要以其长度来减少连岸部分的纵向坡度。只有当梁式过渡桥跨采用特殊的铰接装置——带限制器铰和河中部分末端连接时,它才能起到支承河中部分末端的作用(图1-91)。

上述连岸部分与河中部分末端连接时,其连接形式是多种多样的,主要取决于河中部分的体系和结构组成。实际上,有的浮桥没有固定栈桥部分,有的浮桥没有过渡部分,而且近代浮桥(尤其在连续梁体系浮桥)中,这两部分已融合成一个整体而难以区分。

(三)水平固定系统

平衡浮桥所受的各种水平力,保持浮桥在水平面稳定的一系列固定设施,统称为浮桥的水平固定系统。它由横向固定和纵向固定两部分组成:横向固定部分平衡浮桥所受到的垂直桥轴线方向的水阻力和风阻力;纵向固定部分承受车辆沿桥轴线运动时的制动力和斜向水流对浮桥的冲击力以及顺桥轴线方向的风力。

浮桥的横向固定通常采用投锚固定、横张纲系留固定和张纲固定等形式。采用投锚固定形式时,横向固定由若干个彼此相距一定距离、在浮桥上下流投下的锚和相应数量的顺水流方向固定在浮桥两侧固定装置上的锚纲组成。

用横张纲系留固定浮桥时,将浮桥固定在河岸上,此时横向固定是由在浮桥上流和下流,横过河面张拉的主索和一系列顺沿水流方向设置的系留索组成的,系留索一端固定在主索上,另一端固定在浮桥上,主索在岸上用塔架支撑并固定在埋设于土壤中的固定装置上。

采用张纲固定浮桥时,用一系列与水流方向成一定角度的斜张纲将浮桥固定在两岸,它也分为上流固定和下流固定。

浮桥的纵向固定通常由岸边系留纲和在桥砧前后植入土壤中的系留桩所组成,此时桥砧与桥桁的末端应牢固联结。

浮桥的水平固定系统是浮桥赖以生存的重要组成部分,应根据当时当地的河流水文、地质、气象和固定的材料等情况慎重确定。

三、浮桥的用途

浮桥(图1-79、图1-80)主要用于在作战过程中保障军队中的人员、车辆与技术兵器快速克服江河障碍,以及在抗震救灾、防汛抢险、反恐防排爆等应急状态下保障人员车辆通行,保障救灾物资输送。在无通航、江河流速较缓等特定的地理环境条件下,也可用于保障人民群众的日常生活(图1-81)。

图1-79 某重型舟桥架设的长江浮桥

图1-80 四折带式舟桥架设的浮桥

图1-81 民舟浮桥

四、浮桥的特点

与固定桥脚桥梁比较,浮桥具有下列优点:

(1)不需要在水深较大的河底上设置中间的固定桥脚,只设置预先制作好的浮游桥脚,河流的水深、河底地形和土壤性质不会对浮桥的架设带来很大的困难,因而浮桥对各种各样的河流适应性强。

(2)浮游桥脚的设置简单而迅速。它的设置过程实际上又是浮运桥跨结构架设桥段的过程,使浮桥的架设和分解都具有简单性和快速性,能够在比固定桥脚桥梁短得多的期限里开设好渡场。

(3)根据战斗情况的需要可以将浮桥拆成若干桥段,灵活地变浮桥渡河为宽大正面上的门桥渡河,或者相反。在需要变更架桥点时还可以实施水上转移。

(4)架设浮桥的主要构件,即浮游桥脚,在江河上易于获得,而且在损坏后也易于补充和更换,使浮桥具有广泛使用的可能性。

浮桥在长期使用中,存在以下缺点:

(1)在江河冰冻期和流冰期,浮桥难以生存。特别是在流冰期,浮桥前面流冰的壅塞将导致其水平固定设施的破坏。

(2)江河水位的变化将导致浮游部分高程的改变,浮桥必须增减桥段或者变更桥础的高度。在水位变化较大、较频繁的时期(洪水期),保证浮桥正常使用的维护作业量相当大。

(3)浮桥桥面高出水面很少,浮桥的使用将会中断江河的通航。为了保证通航,必须分解浮桥中部并引出若干桥节门桥以开放桥门,而桥门的开放又必然使浮桥的通载停顿。

(4)通过荷载时浮桥有较大的变形,将限制荷载通过浮桥的速度,这会影响浮桥的通行能力。

从以上优缺点不难看出,将浮桥作为永久性民用桥梁长期使用时,上述缺点是难以克服的,与固定桥脚桥梁相比,架设浮桥是不利的。但是在战争中经常需要在短时间内快速架设所需使用的桥梁,并且要能迅速分解、撤收和转移,在这种情况下,浮桥的缺点是不显著的,而优点则是十分突出的,因此采用浮桥作为军用桥梁是很适宜的。

尽管浮桥存在某些重大的缺点,但是当现地条件有利于架设浮桥而不利于架设固定桥脚桥梁时,如在河水很深、河底松土层很厚的江河条件下,仍然可以使用浮桥作为民用桥梁。

五、浮桥的使用时机

军用浮桥通常在下列时机中使用:

(1)在强渡江河战斗的第二阶段,即第一梯队占领并巩固登陆场之后,敌军的步机枪等直射火器不能射击我岸门桥结合场地时,可迅速架设浮桥保障主力渡河。特别是强渡河幅在100m以内的江河时,一旦等到第一梯队的分队占领对岸第一道地形顶界限后,最宜使用浮桥渡送主力,而不宜采用门桥渡河。

(2)在部队机动路线上的主要渡口,有可靠的对空中、水面和地面防御措施时,可在夜暗和能见度不良时架设浮桥,保障部队渡河。

(3)在战役或战术后方,渡口因水深、河底土壤坚硬而不适宜架设固定桥脚桥梁或该种桥梁缺乏时,可架设制式浮桥、民舟浮桥或混合浮桥。

民用浮桥通常在水位变化不大、流速较小、没有流冰和没有通航要求的情况下使用。

第六节　浮桥的主要体系

浮桥的体系(图1-82)由其河中部分的结构力学体系来确定。在桥脚分置式浮桥中,其河中部分可以采用简支梁体系[图1-82(a)]、铰接悬臂梁体系[图1-82(b)]和连续梁体系[图1-82(d)];除此之外,在制式浮桥中还采用过带限制器铰的铰接体系[图1-82(f)],它是介于铰接悬臂梁体系和连续梁体系之间的一种体系。

在带式浮桥中,河中部分的结构力学体系只有两种,即铰接体系和连续体系。用纵轴垂直水流方向设置的渡船或驳船架设的带式浮桥,其河中部分只能采用铰接体系[图1-82(c)],由于船只的衔接处构成刚性连接是很困难的,因而不能采用连续体系。制式的带式浮桥常用承载能力较高、通行性能好的连续体系[图1-82(e)];由浮箱架设的带式海岸长浮栈常采用长门桥铰接体系。

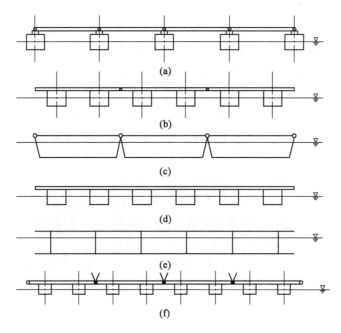

图1-82　浮桥体系简图

一、简支体系

简支体系河中部分是浮游桥脚上的多跨简支梁桥,它的浮游桥脚可以是民舟和筏,还可以是门桥和纵轴垂直于水流方向设置的驳船和渡船;桥跨结构自由地支承在上述浮游桥脚上。其支承方式可以是支承在浮游桥脚的中央(图1-83),也可以是支承在桥脚的中央两侧(图1-84)。后一种支承方式只在桥脚舟宽度较大,如门桥和驳船、渡船等情况时采用。

简支体系是静定体系,浮桥每跨的工作与其他跨无关,其受力与变形既简单又明确。由于简支体系浮桥结构简单,受力与变形明确,在第一次世界大战中,国外曾广泛采用这种体系作为军用制式浮桥。但是简支体系浮桥在单个活载作用下,其浮游桥脚所受到的压力和刚性支座简支梁一样,接近于活载的质量。对于质量较大的活载,浮游桥脚必然具有很大尺寸,以至于无法用车辆载运这种桥脚实施机动。这是简支体系的主要缺点,也是现代制式浮桥器材中不采用这种体系的重要原因之一。

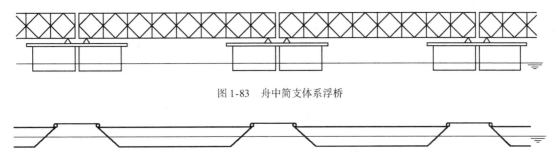

图1-83　舟中简支体系浮桥

图1-84　舷侧支撑的简支体系浮桥

不适于快速架设浮桥,是简支体系的另一缺点。在绝大多数情况下,简支体系浮桥不能采用门桥架设法,而必须在桥头配桁以逐次推出的方式逐跨架设,显著地缩小了作业正面,增加了架设时间。只有在采用民舟门桥和驳船、渡船作为浮游桥脚的情况下,才可以对此缺陷做一些弥补,但也不可能是根本的克服。这一缺点使简支体系不能满足现代军用浮桥迅速实现浮桥渡河与门桥渡河互相转换的战术要求。

在跨度比较小而桥脚吃水比较大的时候,简支体系浮桥上的活载会使相邻桥跨互相形成很大的折角,桥面形成很大的纵向坡度,这就会降低车辆沿浮桥行驶的速度并增大车辆对浮桥的动载冲击作用。

简支体系浮桥的抗损性很低。一个浮游桥脚的损坏会导致两个桥跨的破坏,从而导致浮桥停止使用。

上述一系列缺点使简支体系在现代制式浮桥器材中不被采用,但是在由当地浮游工具和就便材料组成的浮桥中,简支体系仍然有其价值。在可以获得载重量较大的船只和可分解钢桁架桥(如装配式公路桁架桥)的桁架时,采用简支体系架设载重量较大的大跨度浮桥,应当认为是适宜和切实可行的。这不仅减少了浮游桥脚的使用数量,而且减少了桥面的纵向坡度,可以改善简支体系浮桥的通行性能。

用载重量较大、甲板面首尾平齐的驳船和渡船,以其纵轴垂直于水流方向设置,船只衔接处以跳板或梁式桥跨简单连接,这样组成的简支体系浮桥具有结构简单、架设方便和使用浮游工具少的特点,在流速不大的条件下,其使用效果也是比较好的。

简支体系浮桥的连岸部分(图1-85)采用梁式过渡桥跨。该桥跨一端简单支承在岸边浮游桥脚上,另一端支承在岸边桥础上。其特点是结构简单,能适应水位的变化。从组成上来看,它是河中部分的延长,可以采用相同的桥跨组成。

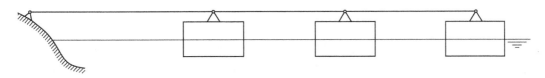

图1-85　简支体系浮桥的连岸部分

二、铰接体系

浮桥河中部分各桥节彼此用铰连接所组成的体系称为铰接体系。铰接体系的每个桥节又是浮桥的架设单元，它可以是桥脚分置式门桥或连续的长桥段。由于这种桥节的桥跨结构两端伸悬在边浮游桥脚外，铰安装在此悬臂上，故称这种铰接体系为铰接悬臂梁体系。在流速不大的江河上，还可以是纵轴垂直于水流方向设置的渡船和驳船，此时组成的铰接体系浮桥是带式浮桥。

在由桥脚分置式门桥组成的铰接体系浮桥中，由配置在一个桥节门桥范围内的单个活载所引起的压力会通过铰传递到相邻的桥节门桥上去（图1-86），因此桥节门桥中每个浮游桥脚所受到的压力比简支体系浮桥小得多。纵轴垂直于水流方向设置的渡船和驳船，在组成铰接体系浮桥时，由活载引起的吃水值也小于组成简支体系浮桥时由同一活载引起的吃水值。这是它比简支体系浮桥优越的一个方面。

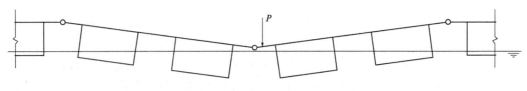

图1-86　铰接体系浮桥的变形

铰接体系的每个桥节是准备好了的浮桥段，只需在桥轴线上用铰将它们连接起来，这就允许以宽大的正面高效率地架桥，还可以实现迅速地由浮桥渡河变为门桥（或渡船）渡河。而且由于每个桥节的载重能力和整个浮桥的载重量是相同的，变为门桥（或渡船）渡河时，不会降低载重能力，这是铰接体系的最主要优点。

铰连接的存在还使这种体系的浮桥具有较好的抗损性，其中一个桥节破损后不至于使整个桥节沉没，也不会使桥节完全失去承载能力，因而可以不停顿桥上的通载，只需降低载重量使用。

因此，桥脚分置式铰接体系在第二次世界大战中被作为制式浮桥的主要体系。当时，它的上述优点在很大程度上满足了军用制式浮桥的战术技术要求，我国曾使用过的H2Π（恩二波）浮桥就采用了这种体系。

但是它和简支体系一样，当荷载沿浮桥行驶时，桥面会在铰接接头处形成折角，从而降低了车辆的行驶速度，因此桥面纵向坡度值较大是这种体系浮桥的主要缺点。此外，铰接体系浮桥中由活载引起的弯矩比同样跨度或者同样驳船、渡船组成的简支体系浮桥的要大。

随着军用荷载重量的增加，铰接体系在现代已经不被制式浮桥所采用，原因是铰接体系浮桥通行现代军用荷载时，每个浮游桥脚上承受的压力仍然很大，不得不采用尺度较大且不便于车辆运输的桥脚舟。所以铰接体系只是在就便器材浮桥中得到采用，在可获得较大载重能力的民舟时，利用铰接体系的上述优点架设铰接体系军用浮桥是很适宜的。

为了克服上述缺点，外军制式浮桥中曾采用过带限制器铰的铰接体系。带限制器铰的典型样式如图1-87所示，当载重P作用在限制器铰上时，可以看成先有一部分活载重量迫使铰转动φ角，此铰接接头变成了刚性接头，铰两边的桥节成了一个加倍长的桥节。它们共同承受剩下的那一部分活载重量。因此活载作用位置下的浮游桥脚只需承受较小的压力和吃水，桥面的纵向坡度也会变得平缓一些。

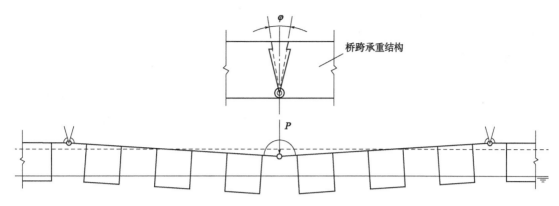

图1-87 有限制铰的铰接体系浮桥

但是,这种铰接接头只适于桥跨承重结构内只有两片桁架或者两片板梁的情况。在每片桁架或板梁的端部构成这种接头比较容易;对于高度较低的桥桁,这种接头很难构成,即使能够构成,由于每根桥桁端部都要构成这种接头,当桥跨横断面内桥桁数量较多时,很难保证它们同时参加工作。这也是此种体系没有得到推广使用的直接原因。

桥脚分置式铰接体系浮桥的连岸部分可以单独由浮游栈桥构成,也可以由固定栈桥和浮游栈桥联合组成,这主要取决于浅滩的长度和桥础基面与河中部分浮游桥脚顶面的高差。

图1-88中,浮游栈桥的悬臂端用铰和河中部分末端连接,栈桥内引入浮游桥脚的目的是使浮游栈桥起到支承河中部分末端的作用,使河中部分末端桥节和远处的桥节有相似的工作条件,减少河中部分最边上的浮游桥脚的吃水值,不使它的吃水值超过河中部分中央的浮游桥脚吃水值。因此,有时栈桥内只引入一个浮游桥脚是不够的,而需要引入两个桥脚。

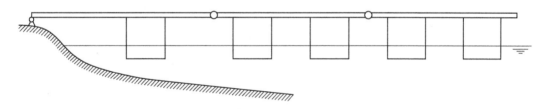

图1-88 铰接悬臂梁体系浮桥的过渡部分

这种连岸部分还可以保证河中部分末端在承载时能自由地垂直移动,并且在水位变化不大时能保障浮桥正常工作。因此它在制式浮桥和就便器材浮桥中均得到采用。

这种连岸部分的缺点在于活载位于河中部分末段上时,栈桥的岸端有脱离桥础而翘起的可能,因而必须采取牢靠的固定措施。

由纵轴垂直于水流方向设置的驳船和渡船组成的带式铰接体系浮桥,其连岸部分可以单独由梁式过渡桥跨组成,也可以由固定栈桥和梁式过渡桥跨联合组成。无论是单独使用还是联合组成,梁式过渡桥跨的水侧一端都简单支承在岸边船只上,其支承点应选在尽量离开该船只靠近岸边一端的位置上,以便减少活载上下浮桥时所引起的岸边船只的纵倾角。

三、连续体系

河中部分是连续体系浮桥跨越水障碍的浮游主体部分,决定着整个浮桥的承载能力和使用性能。它通常位于桥轴线上水深较大的地段上。

连续体系浮桥根据其河中部分组成的不同,可以区分为桥脚分置式浮桥[图1-82(d)]和带式浮桥[图1-82(e)]。

连续体系浮桥的连岸部分由三种基本形式构成,即固定栈桥、一端固定的岸边浮游桥节和梁式过渡桥跨。但是河中部分末端与上述连岸部分的连接样式是多种多样的,形成了连岸部分对河中部分末端多种样式的支承,其目的是使连续体系河中部分末段由活载引起的最大吃水和最大弯矩小于或等于河中部分中段的最大吃水和最大弯矩,从而使河中部分全部采用同样的结构形式。

1. 桥脚分置式连续体系浮桥的连岸部分

(1)刚性支承河中部分末端的固定栈桥连岸部分(图1-89)。

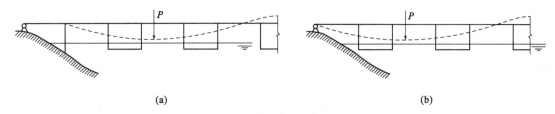

图1-89　连续体系浮桥河中部分末端刚性支承时的变形

在这种连岸部分里,河中部分末端与连岸部分的连接最简单。固定栈桥的水侧固定桥脚是河中部分末端的刚性支点,河中部分末端直接支承在此固定桥脚上[图1-89(a)]。当岸边水深比较大,河中部分末端可以直接达到桥础位置时,这种连岸部分具有最简单的样式——只有桥础和跳板,而河中部分末端直接支承在桥础上。

这种连岸部分和连接样式的缺点在于:活载 P 行驶到末段上时,末段承重结构由于一端刚性支承而具有很大的弯曲度,承重结构由活载引起的弯矩会超过河中部分中间段的弯矩,从而要求末段的承重结构比中间段的承重结构更刚强。因此,两部分不能采用组成形式相同的承重结构。

这种连岸部分只能在河中部分中间段承重结构的强度有较大富余(如浮桥上通行的活载小于设计活载)时采用,此时末段采用与中间段相同的承重结构组成形式[图1-89(b)],其强度上也是足够的。

在水位变化时,如果不调整固定桥脚(桥础)的高度,会导致末端出现较大的附加弯矩,因此固定栈桥的水侧固定桥脚(桥础)应做成高度上可以调整的,以便适应水位的变化,保证浮桥不间断地使用。

(2)带预留垂直间隙的固定栈桥连岸部分(图1-90)。

将固定栈桥的桥跨承重结构用铰与河中部分末端桥跨承重结构连接起来,在固定栈桥水侧固定桥脚上表面与河中部分末端承重结构的下表面之间预先留有间隙 Δ [图1-90(a)],就构成了这种连岸部分。当岸边水深较大,河中部分末端可以直接达到桥础位置时,连岸部分具有最简单的样式——只有桥础和跳板,河中部分末端与跳板连接,末端与桥础上表面之间预留间隙 Δ [图1-90(b)]。在这两种情况下,水侧固定桥脚(桥础)起到限制末端过大沉降的作用,被叫作限制桥脚。

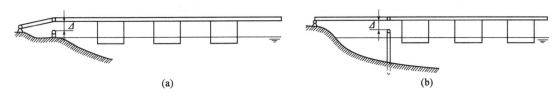

图1-90 带预留间隙的连岸部分

这种连岸部分和连接样式不仅在制式器材中使用,而且在就便器材浮桥中也广泛使用,这首先是由于其结构和设置作业都比较简单。另一个优点是正确选择预留间隙 Δ 值以后,河中部分末段浮游桥脚由活载引起的最大吃水和承重结构中由活载引起的弯矩值都不会超过河中部分中间段的,因而末端和中间段可以采用完全相同的结构组成。这是因为和无预留间隙的刚性支承末段(图1-89)相比较,限制桥脚上预留间隙的存在将导致固定桥脚由活载引起的压力大大减小,而末段几个浮游桥脚的吃水和反力增大,以浮游桥脚的充分吃水换取了固定桥脚的压力(或反力)减小,因而这种情况下河中部分末段某一断面的弯矩将比相同条件下无预留间隙连岸部分中的小,而某一浮游桥脚的吃水却相应地变大。

正确地选择预留间隙值,将会使河中部分末段的最大弯矩、最大吃水和河中部分中间段的相应值基本相同。

在水位变化时,限制桥脚应保持上述预留垂直间隙值不变,因此限制桥脚应做成高度上可以调整的。

(3)带限制角的梁式过渡桥跨连岸部分(图1-91)。

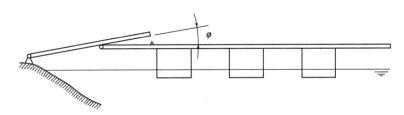

图1-91 带限制角的梁式过渡桥跨连岸部分

过渡桥跨连岸部分梁式过渡桥跨的承重结构用铰与河中部分末端连接,过渡桥跨的一端伸向末段范围内,与末段组成角度 φ,末段上设置一根限制过渡桥跨承重结构转动时超过 φ 角的横梁,就构成了这种连岸部分。当末段在活载作用下沉降到一定程度时,限制角 φ 闭合,梁式过渡桥跨与末端的铰接转变为刚性接头,梁式过渡桥跨变成了末段桥跨的延长部分,使河中部分末段直接支承在河岸上,从而起到限制末段浮游桥脚吃水过大的作用。

这种连岸部分和带限制桥脚固定栈桥的连岸部分一样,也能使河中部分末段最大弯矩和最大吃水限制在中间段的相应值以内,从而使末段和中间段采用相同的结构组成。这点需要通过正确选择限制角 φ 值来达到。

采用这种连岸部分可以不需要构筑固定桥脚,避免了繁重的作业,这是它的另一个优点。但是,限制角 φ 的构成带来一些诸如限制横梁和调整 φ 角用的千斤顶一类的辅助构件,并且过渡桥跨承受的弯矩值较大,需要增加承重结构的抗弯能力,使其广泛采用受到一定的限制。

(4)梁式过渡桥跨简支在末端部分上的连岸部分(图1-92)。

采用这种连岸部分时,应在过渡桥跨支承点下增设辅助桥脚,支承点也应尽量离开河中部分的端部,以减少末端的吃水。其优点是结构简单,缺点是需要增设辅助舟和不能充分利用河中部分长度,在河岸比较低的情况下使用也有一定的困难,故通常只在河岸高于桥面较多时采用。

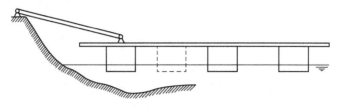

图1-92　带辅助舟的梁式桥跨连岸部分

(5)浮游栈桥连岸部分。

它和铰接体系的浮游栈桥连岸部分相同,浮游栈桥的水侧一端用铰与河中部分末端连接,岸侧一端支承在岸边的桥础上。在连续体系浮桥中,浮游栈桥不和固定栈桥联合使用,因为既然设置了固定栈桥,那么完全可以用第二种连岸部分来解决河中部分末端与岸边的连接,没有必要再设置浮游栈桥。

2.带式连续体系浮桥的连岸部分

(1)用带限止器铰连接的岸边舟连岸部分(图1-93)。

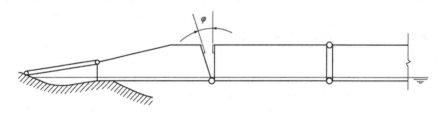

图1-93　带限制角的岸边舟

这种连岸部分中的制式岸边舟,用安装在底部的铰接接头与河中部分末端连接,顶部用限止器保持一定的距离,构成限制角 φ,岸边舟的一端直接支承在河岸上(不需设置桥础),用跳板和此端部连接,以便于车辆上下浮桥。

在活载作用下,连岸部分的预留限制角 φ 会逐渐减小。当 φ 角尚未完全闭合时,岸边舟的工作情况与浮游栈桥类似,起到弹性支承河中部分末端的作用;当 φ 角完全闭合、结合部的顶部顶紧承压时,整个结合部转变成刚性接头,岸边舟成了河中部分末段的延长部分。通过它,河中部分末段得以支承在河岸,此时连岸部分的工作情况又类似于带限制角的梁式过渡桥跨。

和完全铰接的连岸部分相比较,限制角 φ 的存在避免了河中部分末段吃水过大,φ 角关闭后可以使活载的一部分被传递到河岸上,从而减轻河中部分末段的负担。

和刚性结合部相比较,预留限制角 φ 会减少岸端的支反力,从而使河中部分末段的浮游桥节多承受一点活载,获得比较充分的沉降吃水,其结果是使末端部分由活载引起的弯矩比刚性结合部连岸部分的末段弯矩要小。

因此,这种连岸部分具有一定的优点:正确地选择限制角 φ 的大小,完全可以使河中部分末段的最大弯矩、最大吃水不超过河中部分中间段的,整个河中部分可以采用相同的河中舟组成,不必对末段采用特殊的河中舟。

岸边舟的浮游性和与河中部分末端的连接简单也是这种连岸部分的优点,它使架设岸边桥节的作业既方便又迅速,在岸边桥节和河中部分同时开始架设的情况下不会影响河中部分的架设作业。

应当指出,随着水位的变化,原有限制角会增大或减小,因此结合部顶部的距离应该能进行调整,使水位变化时限制角保持不变,这通常是用带螺纹的顶紧装置限止器来实现的。

(2)河中部分末端与河底有预留垂直间隙的跳板连岸部分(图1-94)。

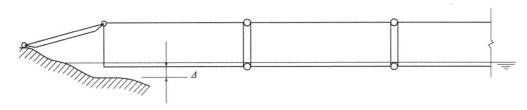

图1-94 有预留垂直间隙的跳板连岸部分

在这种连岸部分内,河中部分末端的舟底与河底之间预留有一定的间隙值 Δ,此值小于浮桥只有静载时的水上舷高。当活载作用在末段上时,河中部分端部的舟底会直接被河底支承,并将活载的一部分传递至河底,因此河底应进行加固。为了使活载便于上下浮桥,还要用跳板和岸边相连。

这种连岸部分的工作情况和桥脚分置式浮桥的第二种连岸部分简单形式相同,既简化了架桥作业,又使得整个河中部分可以采用相同的河中舟组成。但是,由于舟底的端部要直接承压在河底上,带式浮桥每个河中舟的两端必须加强,在某种程度上增加了每个河中舟的重量。

(3)河中部分末段直接支承在岸边河底的跳板连岸部分。

它和桥脚分置式浮桥第一种连岸部分工作原理相同,只在河中舟强度有较大富余时才采用。浮桥的结构组成和连岸部分的样式不断发展,随着技术的发展,将会创造出更新的样式。

第七节 制式舟桥器材的战术技术要求

研制设计制式舟桥器材,首先要明确其战术技术要求。制式舟桥器材的战术技术要求是根据该器材所遂行的工程保障任务和当前的技术水平提出来的。制定战术技术要求是一项十分重要的工作,必须根据需要和可能两个方面,调研国内外同类舟桥装备的技术性能和总体方案,针对某型制式舟桥器材所遂行工程保障的任务,经过预先研究、总体方案综合论证,甚至有的需要开展原理样机的探索,来完成战术技术要求的制定,并经上级部门批准。

制式舟桥器材的战术技术要求,主要包括以下几个方面。

一、通载能力

这是对所有桥梁的共性要求。对于所设计的制式舟桥器材,要求它必须在一定宽度的江河上,对一定的军用荷载有一定的通行量,以保证一定规模的军队及其武器装备,以一定的行军速度,在一定的时间内克服江河障碍。

(一)江河宽度

根据我国河流的具体情况,按其宽度可以分为以下四类:①宽度在 50m 以下的河渠,主要用军用固定桥(机械化桥、支援桥、装配式公路钢桥等)克服;②宽度为 50~100m 的小型江河,可用合成旅舟桥分队的舟桥装备克服;③宽度为 100~300m 的中等江河、宽度为 300~500m 的大型江河,则以工兵、舟桥部队所属舟桥营的重型舟桥克服;④宽度在 500m 以上的特大江河,用舟桥旅的重型(特种)舟桥克服。

根据作战任务需要,也有几个舟桥部(分)队联合遂行渡河工程保障。

(二)通行荷载

军用荷载按《军用桥梁设计荷载》(GJB 435—88)规定,将履带式荷载分为 LD-5(履带式总重 5t,下同)、LD-10、LD-15、LD-20、LD-25、LD-30、LD-40、LD-50、LD-60 共 9 个等级,将轮式荷载分为 LT-5(轮式总重 5t,下同)、LT-10、LT-15、LT-20、LT-25、LT-30、LT-40、LT-50、LT-60、LT-80、LT-100、LT-120 共 12 个等级。每个等级的荷载都规定了荷载尺寸、轴压力分布等,且上述履带式荷载与轮式荷载也没有一一对应的关系。

但是在制式舟桥设计中,没有必要区分各类荷载,而可以将履带式荷载分为 16t、25t、40t 和 60t,轮式轴压力分为 7t、9t 和 13t 三种。这些荷载等级是按我国当前武器装备的实际情况并考虑了未来发展而规定的。

一般制式舟桥的总体设计是由履带式荷载来控制的,而轮式荷载主要用于设计桥面系(桥板、甲板等)。鉴于现在轮式荷载的总重在不断增大,因此也要考虑在某些情况下,对舟桥总体用轮式荷载来验算校核。

(三)通行量

通行量是以单位时间内所通过车辆的数量来计算的。作为连接两岸的浮桥,应该尽可能地使得军用车辆能够以规定速度通过浮桥,不至于在两岸造成堵塞,影响部队机动。

为了保证浮桥有一定的通行量,必须对舟桥装备的设计提出一系列的具体要求,如规定桥面宽度、限制桥面的最大纵坡度等。为了使得车辆顺利上下浮桥,还要规定两岸进出口的直线段长度和最小转弯半径等。这些要求,大体相当于四级公路和简易公路的标准。

浮桥的通行量除了上述条件外,还与车辆的速度和车距有关。为了减少车辆对舟桥的冲击作用,一般要限制车辆在浮桥上的行驶速度。车辆减速通行对通行量带来的影响,可以用缩小车距来弥补,但是车距的缩小有可能使得舟桥结构强度受到影响。所以,按照履带式荷载设计的连续体系浮桥,设计荷载的间距最好不小于 π/β。

(四)通行速度

在舟桥装备的使用维护说明书中,对车速和车距必须有明确的规定,既要保证有一定的通行量,又要保证舟桥的安全。

制式舟桥所架设的浮桥的通载能力,相对于民用桥梁来说,要求是比较低的,但是考虑到制式舟桥的其他战术技术要求,这个要求实际并不低。

二、架设速度

架设速度是对制式舟桥最主要的要求之一,这也是推动制式舟桥不断向前发展的动力源泉。

对制式舟桥架设速度的要求是根据其使用时机的紧迫性而提出的。在强渡江河作战时,构筑门桥、架设浮桥进行渡河的作业都是在敌火下进行的。为了减少作业时的伤亡、加快夺取对岸滩头阵地,需要尽快完成架设作业,以便后续部队源源不断地渡过江河。当军队在行进间渡河时,伴随部队机动的舟桥部(分)队,必须在极短的时间内架设浮桥,以减少部队在渡口的等待时间。在渡口遭到敌火威胁或打击时,又要能够迅速撤收并能够及时转移地点重新架设。因此,从战术要求来看,架设作业时间要求越短越好。但是架设速度能够达到什么程度,则要由舟桥装备的先进性和部队作业的熟练程度来定。

架设作业时间是指从器材运送到河岸时起,到浮桥架设完成为止的总时间,主要由三个环节组成:

(1)器材泛水卸载时间。它取决于泛水卸载方式、泛水卸载的正面宽度和岸边地质条件。尽量选择较好较多的泛水卸载点,设计时要优先考虑先进的卸载方式,如桥脚分置式舟桥均采用节套舟(舟上有桥跨、桥板、连接构件等)集中泛水的方式;现役某重型舟桥一般采用惯性泛水方式,速度较快;而某重型舟桥改进型则在惯性卸载泛水前,首先要完成尖舟的预展工作,相对速度要慢一些。自行舟桥的最主要优点就是能够直接驶入水中,省去了泛水卸载的环节。

(2)在岸边结构门桥的时间。桥脚分置式舟桥需要连接舟、连接半门桥、配置固定桥桁、铺设桥板等,花费时间较长。而带式舟桥采用了舟、桁、板三合一形式,且能够在泛水后自动展开,作业手只需要进行舟之间的连接,用时较少。自行舟桥在陆上泛水的同时,就可以进行门桥内部的连接,速度最快。

(3)在桥轴线上架设浮桥的时间。任何形式的舟桥装备,都需要引入桥轴线来架设浮桥,也可以采用多种措施来加快这一作业环节。缩短这个环节的时间更为重要,因为整个环节是暴露在江河上进行的,容易受到敌火的打击,且作业面小,不能展开进行,加之水急浪高、条件恶劣。因此,应该尽量将有关作业由河中转移到岸边来完成,即尽量采用较长的桥节门桥或浮桥段来架设浮桥。

制式舟桥装备的撤收、转移速度同样十分重要。

三、适应性

适应性是针对制式舟桥器材提出的特殊要求。因为装备给部队使用的舟桥器材,可能用于各种不同的环境条件下,它必须能够适应不同的河流、荷载和环境,并且能够变门桥渡河为浮桥渡河。

我国河流众多、差异极大,适应性除了适应各种不同宽度的河流以外,还有流速、水深、河底土壤、岸边情况等因素。制式舟桥器材必须在极大程度内适应这些因素的变化。

(一)流速适应性

我国的河流按照流速大小可以分为低流速、中等流速、高流速和急流速四类:流速在 1m/s 以下为低流速,1~2m/s 为中等流速,2~3m/s 为高流速,3m/s 以上为急流速。

据统计,85%的预设渡场的常水位流速均不超过中等流速,67%的渡场的洪水位流速也在高流速以下,仅有极少数河流的流速为急流速。因此,一般重型舟桥器材的适应流速为3m/s即可,对于极少数的急流江河,则采用增加辅助设备(如舟首水动力板)、特殊固定措施(如张纲固定)或者特种结构的舟桥来克服。

(二)水深适应性

我国的江河按水深也可以分为浅水、中等水深、深水和特大水四类:浅水即水深1m以下,中等水深即水深1~6m,深水即水深6~20m,特大水深为水深20m以上。水深对浮桥也有一定的影响,如浅水不便架设浮桥,特大水深则不易投锚固定等,而中等水深和深水则比较适宜架设浮桥。

设计制式舟桥器材的岸边部分时,要考虑不同岸边坡度和水位涨幅的适应性。对于土质不良岸滩,有时要设计与舟桥配套的路面器材以配合使用。

(三)荷载适应性

舟桥器材的主要设计吨位,是按浮桥(门桥)能够通过的最大履带式荷载来规定的,但是在许多情况下,只有较轻的荷载通过时,浮桥应能够改变组成形式,架设成较轻吨位的浮桥,以便能架设更长、更多的浮桥。某重型舟桥属于桥脚分置式舟桥,通过改变桥脚舟的组成、桥脚舟的间距、桥桁的数量、桥面车行道的数量等,可以架设十余种浮桥和结构若干种漕渡门桥,这也是该器材受到部队欢迎的原因之一。带式舟桥一般只能架设全形舟浮桥(设计载重)和半全形舟浮桥(一半载重)两种浮桥。

几乎所有的制式舟桥都能够结构漕渡门桥,主要是因为在强渡江河的第一阶段,江面上受到敌人火力打击的威胁大时,需要采用漕渡门桥的形式进行渡河工程保障;当敌人空袭威胁大时,浮桥易遭敌破坏,需要将浮桥改为门桥渡河;当渡河车辆中的重型荷载数量不多时,可以架设轻型浮桥通过一般车辆,另外结构少量漕渡门桥渡送重型荷载。

随着现代化、信息化技术的发展,战争中空中威胁增大,浮桥的目标很大,导致其生存能力较低,在宽大江河上越来越趋向于采用门桥渡河。

(四)环境适应性

随着制式舟桥器材的不断发展,器材中使用电子元器件、机电设备、控制设备、机械设备等的机会越来越多,因此对于环境适应性也提出了越来越多的要求,如电磁兼容性、抗电磁干扰性、电磁辐射性、振动、噪声、摇荡等,根据制式舟桥器材的具体情况会提出要求。

环境适应性还要有重点地考虑高原、高寒、盐雾、山区、沿海潮汐、丛林等的影响。

四、机动性

制式舟桥器材必须兼有水上和陆上的机动性能。

(一)水上机动性

为了便于分散泛水和集中架设,同时为了便于分解、疏散、转移渡口,制式舟桥器材必须具有一定的水上机动能力,必须备有足够的动力艇或自备动力,舟体须有一定的线型以减少阻力、提高航速。目前水上机动的动力主要有以下五类：第一类是专用的汽艇，目前我国使用的汽艇有主要是架桥汽艇；第二类是动力尾舟，主要装备有某特种舟桥、三代重型舟桥的尾舟；第三类为推船，主要装备为新型特种舟桥；第四类为水陆两栖底盘，如履带自行舟桥；第五类为舷外机，主要装备有为某轻型门桥配备的操舟机。武警某部队装备的动力舟桥(图1-95)采用的是水星牌舷外机。

图1-95　动力舟桥

(二)陆上机动性

除了水上机动性以外，陆上机动性也是不可缺少的。多数情况下的战争都要横跨江河进行，部队的机动以车辆在陆地交通线上的运动为主，有时也需要进行越野机动。装备有舟桥的工程兵部队，要和军队一起行动，故舟桥器材基本上都由越野车辆来运输，而配属装甲部队的自行舟桥底盘都与该部队的装甲底盘类似，具有相当的机动能力。

为了使设计的舟桥器材能够适应车辆运输，对舟桥器材应提出一些具体要求，如器材构件的大小、质量不能超过汽车的装载尺寸和载重能力，且不能超过运输线上桥梁和隧道的净空规定，还要考虑汽车装载后在铁路上运输的要求，当前的重型舟桥、自行舟桥装载后在铁路上都达到一级超限，因此在铁路上运输时需要限速行驶，或者将舟与舟车分开运输，这增加了铁路运输平板车数量，也增加了作业步骤。

设计制式舟桥时，要尽量提高装车效率，减少运输车数量，缩短行军纵列长度。提高制式舟桥陆上机动性的主要办法是选择越野性能较好的底盘车，因为它不但要在公路上快速机动，而且要在临时开辟的接近路、下河坡路上行驶，还要在松软的河滩上进行泛水装车作业。

(三)空运空技性

根据作战需要和非战争军事行动的要求，制式舟桥器材还需要具备直升机吊运架设、运输机空运甚至空投的能力，这对制式舟桥提出了更高的要求，要求制式舟桥器材质量轻、耐冲击，因此各种高性能复合材料将广泛用于舟桥制造；同时要求制式舟桥的运输尺寸小，因此折叠式、充气式等新型结构将用于舟桥的设计制造。

五、抗损性

舟桥器材除要求在正常情况下按强度和吃水条件承受荷载以外，还要考虑在作战环境下有较高的抗损性能，这也是军用器材的特殊要求。

在战火下运输、泛水、架设、撤收、装车等作业环节都是十分紧凑的，要求各个拼装连接构件有足够的刚度和强度，能够耐碰、耐震和耐火。

(一)耐磨和耐冲击性

直接承受车辆荷载的桥面部分，要能够耐磨和耐冲击。舟桥的主要荷载为坦克，坦克的冲击振动是较大的，坦克履带对桥面的磨损作用也十分明显，而且履带的局部压强很大，容易造成桥面的塑性变形。因此,各类舟桥构件在设计时应采用适当的冲击系数,桥板要适当地增加磨损厚度,局部集中受压处要予以加强。

(二)抗疲劳破坏性

要考虑承受反复应力的构件,特别是连接件的疲劳破坏问题,因为这些连接构件大多为低合金高强度钢的焊接结构,形状不规整,应力集中程度高,又由于连接处有间隙而在通行过程中有碰撞现象,故其疲劳强度大大低于材料的强度,常常出现突然断裂的疲劳破坏。

(三)防浪抗沉性

制式舟桥的桥脚舟,要考虑防风浪和抗沉的措施,采用闭口式舟、水密隔舱和填充难沉材料可以大大提高舟桥的抗沉抗损能力。显然,我们不是采取增大构件尺寸或者断面的方法来提高其抗损性,而是采取合理的措施来减少在炮火下受损害的程度和影响,做到局部受损无关大局,迅速更换即可恢复。

六、可靠性

制式舟桥装备的可靠性主要包括固有可用度、平均故障间隔行驶里程、平均故障间隔时间、平均作业故障间隔次数等。

1. 固有可用度 A

分系统固有可用度 A_j 按下式计算:

$$A_j = \frac{\sum\limits_{i=1}^{n} T_i}{\sum\limits_{i=1}^{n} T_i + \sum\limits_{i=1}^{n} M_{cti}} \tag{1-1}$$

式中:A_j——第 j 个分系统的固有可用度;
n——分系统中样机台数;
T_i——第 i 台样机的工作时间(h);
M_{cti}——第 i 台样机的修复维修时间(h)。

按照任务剖面计算时,系统固有可用度按照式(1-1)计算,否则按下式计算:

$$A_J = \frac{\sum\limits_{j=1}^{m} T_j}{\sum\limits_{j=1}^{m} T_j + \sum\limits_{j=1}^{m} M_{ctj}} \tag{1-2}$$

式中:A_J——系统固有可用度;
m——系统中分系统的个数;
T_j——第 j 个分系统任务剖面中的工作时间(h),$T_j = \sum\limits_{i=1}^{n} T_i$;
M_{ctj}——第 j 个分系统任务剖面中的修复维修时间(h),$M_{ctj} = \sum\limits_{i=1}^{n} M_{cti}$。由式(1-1)可得

$$M_{ctj} = \frac{1 - A_j}{A_j} \cdot T_j \tag{1-3}$$

2. 平均故障间隔行驶里程 MMBF

$$\text{MMBF} = \frac{\sum_{i=1}^{n} M_i}{\sum_{i=1}^{n} N_i} \qquad (1-4)$$

式中：MMBF——平均故障间隔行驶里程(km)；
　　　n——样机台数；
　　　M_i——第 i 台样机的总行驶里程(km)；
　　　N_i——第 i 台样机在整个可靠性行驶时间内的故障总次数。

3. 平均故障间隔时间 MTBF

$$\text{MTBF} = \frac{\sum_{i=1}^{n} T_i}{\sum_{i=1}^{n} N_i} \qquad (1-5)$$

式中：MTBF——平均故障间隔时间(h)；
　　　其余符号意义同前。

4. 平均作业故障间隔次数 MNBF

$$\text{MNBF} = \frac{\sum_{i=1}^{n} N_i}{\sum_{i=1}^{n} T_i} \qquad (1-6)$$

式中：MNBF——平均作业故障间隔次数；
　　　其余符号意义同前。

第八节　舟桥装备的发展概况

一、发展历史

舟桥装备是随着人类生产力的发展和战争方式的演变而不断发展的。

在火炮未出现以前，战争双方只进行面对面的冲刺，战场的机动范围是很有限的，只在军队前进到与敌人相遇的路途上，要渡过江河而没有原有桥梁可以利用时，才需要利用民舟架设浮桥，这在战争史上是常见的。

到火炮出现以后，战场有了一定的纵深，军队的快速机动有了更大的意义。又由于军队中武器装备数量增多、重量增大，特别是随着坦克的出现，使得渡河的次数、载重量和通行量都大大增加，对渡河的速度要求也变了，于是就有了由军队自己携带的预先制作好的渡河器材的要求。

（一）桥脚分置式舟桥

在 17、18 世纪，制式舟桥装备逐渐发展起来，开始时是一些帆布舟和木制构件，到 19 世纪末便出现了成套的金属舟桥器材。由于这些成套的、可拼装拆卸的舟桥器材具有制作精致、经久耐用、载重量大、作业迅速,而且可以变化组合形式以适应不同情况等优点,因此逐渐成为军队克服江河障碍的主要渡河器材。

很长一段时间内,舟桥装备的基本形式是桥脚分置式,作为浮游桥脚的舟分开顺水流方向放置,上面配置桥桁(桁架)和桥板,如苏联的勒波波、特波波,美国的 M4T6 等都是这种形式。

舟桥优于带固定桥脚的军用桥梁之处,就在于它使用具有浮力的桥脚舟,这不仅使其不受水深的影响,而且可以由越野汽车整体运输、整体泛水、浮送就位,大大提高了舟桥装备的机动性能,减轻了劳动量,缩短了作业时间。因此,在有一定的河宽和水深时,以优先使用舟桥装备为宜。

(二)带式舟桥

20 世纪以来,随着人类生产力的发展,战争规模也在不断扩大,军队的摩托化、机械化程度也在不断提高。特别是第二次世界大战以后,各国都重视发展担任突击任务的机械化师(摩托化师)、坦克师和装甲师,稍后又发展空降师和空中机动师,直至现在发展起来的快速反应部队、合成部队,以提高军队进攻和机动速度,这就对渡河作业的速度提出了更高和更严峻的要求。为保证在克服江河障碍的过程中,不致过多地影响或降低部队向前推进或进攻的速度,过去那种用人工拼装的桥脚分置式舟桥装备已经不能适应新的情况了,而必须采用整体结构来代替可分解的拼装构件,尽量使用机械化或半机械化作业来代替人工作业,于是就出现了新型舟桥——带式舟桥。

带式舟桥的基本特点是将桥桁、桥板纳入舟体之中,成为舟、桁、板合一的整体。浮桥和门桥即由这些舟体直接连接而成。它可以整体泛水,直接结构门桥和架设浮桥,大大加快了作业速度和节省人力。

在带式舟桥的诸多类型中,四折带式舟桥具有突出的优点。它将舟体由原来垂直于门(浮)桥轴线放置改为平行于门(浮)桥轴线放置,将桥节划分为四折折叠运输,节省了运输车辆;泛水时自动展开即成为半门桥;岸边桥节可以直接承压;无论是河中桥节还是岸边桥节都自带跳板。这样使得进行门桥渡河和浮桥渡河作业时,都不需要构筑栈桥和码头,随地可以靠岸,大大简化了浮桥岸边作业和门桥漕渡作业。这些优点,使四折带式舟桥成为带式舟桥中最好的一种形式。

带式舟桥无疑将取代原来的桥脚分置式舟桥器材,成为工程兵的主要渡河装备。现在世界各国都在这一过渡进程中,只是由于各国工业化程度不同,这一取代过程也有先后,目前大多数是出于二者并存的阶段。比如我国就专门研制了有机结合带式舟桥和分置式舟桥的优点的可变结构体系舟桥装备。我国一方面要积极发展带式舟桥,另一方面在若干年内,桥脚分置式舟桥仍有一定的应用范围,这是因为:①对于一些高流速的宽大江河,浮桥仍以采用桥脚分置式舟桥为宜;②利用民舟和现有桥梁器材架设浮桥,还需采用桥脚分置式。

(三)自行舟桥

在最近几十年来,由于核武器、导弹的发展和侦察技术的提高,桥梁渡口很容易被敌人发现和破坏,浮桥的隐蔽性相对降低了,浮桥的生存时间也大大缩短了。另外,现代渡河作战,通常是集中在河岸一块地方进行的,如器材泛水、架桥作业和车辆上下桥,在桥头常集结大量的人员和车辆,形成扇形汇聚队形,这样不但大大降低了渡河速度,而且极易遭到敌人的袭击,有时甚至导致渡河作战的失败。而自行舟桥能使军队和武器可以在离开河岸较远的地方上车,在河岸可以不作停留,在宽广的河岸上直接渡河,并可直接到对岸某预定地点。从这个意义上讲,自行舟桥不只是克服江河障碍,而是类似于直升机一样,可以说是基本上"消灭"了江河障碍作用本身,具有很重要的意义。

用自行舟桥漕渡和架设浮桥也具有很大的优越性,它既能在陆上行驶,也能在水上行动自如;需要时可迅速连成浮桥,在情况紧急时可迅速分解,转变为漕渡门桥;同时能在水上和陆上疏散隐蔽。因此,自行舟桥在导弹和航空武器的现代化战争条件下具有较强的生命力。

带式舟桥虽然比桥脚分置式器材前进了一大步,但由于是非自行的,所以陆上必须有专门的汽车来运输,水上需要有专门的汽艇来牵引。它本身没有动力,却需要有两套动力设备来为它服务。而自行舟桥将运输车辆、汽艇和舟桥桥体结合为一体,实现了更大的"三结合"。显然,这将会在总体上节省车辆和动力,并大大提高器材的战术技术性能,以适应未来战争的需要。

目前,自行舟桥通常列装于合成部队,还没有完全取代带式舟桥的可能。

二、发展趋势

舟桥装备经过几十年的迅速发展,已经为全军工程兵的舟桥部队克服我国境内的各类江河障碍提供了有力的装备技术手段,特别是20世纪70年代末研制的带式舟桥,成为我国舟桥的主力装备,其总体技术达到了当时国际先进水平。我国江河情况复杂多变,特别是未来的信息化战场对舟桥装备提出了更高的要求,总的说来,需要功能更多样、自动化程度更高、材料使用更合理、数字化程度更先进、机动性能更可靠、战场生存能力更强的舟桥装备。下面分别进行阐述。

(一)新材料舟桥

材料科学始终是各个工程领域的先导科学,舟桥装备的发展也与材料科学紧密相关。多年来,我们利用各种性能优良的高强度合金钢、低碳钢和相关材料研制了大批高性能的舟桥、桥梁和路面装备,但是在新世纪,随着材料科学的不断发展,新材料将不断地运用到舟桥装备中。这些新材料主要包括铝合金、碳纤维、硼纤维、复合材料、玻璃钢等,它们各自都有其特点,特别是在未来战场上,像碳纤维、硼纤维、复合材料、玻璃钢等具有强度高、比重低的特点的非金属材料,在敌人的侦察仪器设备下,暴露征候小、隐身性能好,可有效降低被敌人侦察到的可能性,提高战场生存能力。另外,这些新型材料在舟桥装备中的运用,也会提高装备的可靠性、可维修性、机动性等总体性能。

舟桥装备的每一步发展都与材料技术的发展密切相关。19世纪初期,俄罗斯沙皇为了远征周边的疆土,利用木质框架和外蒙牛皮制造了世界上第一代制式舟桥(也称为舟桥纵列),开创了渡河舟桥发展的历史;当高强度钢材大量用于舟桥装备时,各种性能优异的舟桥装备纷纷面世,克服长江、黄河这样的宽大江河将不再是奢望;当美军将铝合金用于舟桥装备时,他们将原本性能优越的四折带式舟桥的总体性能又大大推进了一步;在未来,当各种新材料用于渡河舟桥渡河装备中时,势必带来舟桥装备的新一轮革命。因此,我们在对舟桥装备的其他方面进行综合研究时,不能忽视材料科学的每一个变革和进步可能对舟桥渡河装备发展的影响。

(二)新结构舟桥

这是实现战术技术性能指标最重要的技术途径。总体结构是指浮(门)桥的结构类型(桥脚分置式或带式),河中部分体系及连岸部分的形式,漕渡门桥的结构组成及其与岸边连接的样式,舟、主梁、桥面系融合的程度与结构形式,舟体型线和抗沉结构措施,桥段(门桥)划分拼装单元和运输单元方案,桥段间、拼装单元间连接的结构样式,浮(门)桥载重能力变化及两种渡河方式互相转化的结构,浮桥闭塞、固定的结构。在水上动力与舟桥合为一体时,还要考虑动力及传动系统的结构布置。设计中根据国家工业发展现状,应用桥梁、船舶先进的结构理论,参考国内外舟桥器材的已有结构解决措施,拟制几个总体结构方案系统地进行比较,确定全面符合战技性能指标的可行方案进行结构设计。在设计中对构件采用既能充分利用材料强度减轻自重,又便于连接、使用、制造和运输的结构。

(三)模块化舟桥

各种舟桥装备为了既保证其有足够的承载力,又具有良好的机动性,都采用拼装式舟体的结构形式,即将舟体划分为首舟、尾舟、中间舟、岸边舟、动力舟(或者尖舟、方舟)等,舟体划分的样式和大小主要取决于运输车辆的情况。利用上述各种舟节,可以架设和拼装各种水上工程物。目前,我国的舟桥装备一般可以架设2种以上吨位的浮桥,结构多种吨位门桥以及构筑码头、栈桥等。

但是,我国目前的舟桥装备主要是架设浮桥和结构门桥,对模块化的要求不高,一般只考虑同种舟体之间的互换性,并且连接方式的纵横向也是固定的。在未来的信息化战争中,舟桥装备不但要考虑遂行浮(门)桥渡河任务工程保障,还要考虑其他工程保障任务。例如,执行水上浮吊、水上驳运、水上换乘、水上冲滩、水上设障、水上排障等任务,需要结构多种形式的水上工程结构物,因此要在更深层次上考虑舟桥装备的模块化。

舟桥装备如果实现单箱模数化尺度、高效可靠的连接机构、优化的主体尺度、适应多种工况的强度条件以及多级调整的岸滩适应性能,便可以实现高效、快速拼组搭设各种水上工程结构物。未来研制的舟桥装备在执行濒海工程保障时,还要根据任务来结合或构筑其他海上工程结构物,如工程方驳、换乘门桥、高架栈桥、定位门桥、冲滩门桥、海上登陆门桥、浮游趸船、布雷扫雷平台、破障机动平台、减浪防浪结构和浮式保障平台等,甚至舟桥结构的主要模块可以作为伴随桥梁的上部结构而架设桥梁,作为路面器材克服海岸滩涂等。

(四)机电化舟桥

未来舟桥装备的发展必须向机电一体化发展,才能更大限度地提高舟桥装备的总体性能。机电一体化在舟桥装备执行任务的各个阶段中可以体现在不同方面。

在舟桥装备泛水作业时,利用舟桥装备上的自动泛水作业机构进行迅速泛水和装车,可提高作业效率,减少作业手的作业量。特别是舟桥的泛水装车作业机构需要摒弃目前几十年来沿用的钢索绞盘机构,代之以性能更加可靠的机电控制系统,以减少泛水和装车过程的故障。

在舟桥装备作业过程时,需要研究可靠的自动架设、自动撤收系统,特别是跳板架设、锚定设置等,目前的人工作业量较大、作业步骤较烦琐,而且经常出现作业故障。需要研究的自动架设展开作业机构,应该在液压、闭锁、连接、解脱等方面有所突破。

在舟桥装备的使用中也有许多需要实现机电化的方面,如自动锚定、自动平衡、自动维护、自动抢修等技术手段。特别是自动维护和自动抢修技术有许多值得研究的方面,当舟桥装备发生被枪弹贯穿等故障时,可以运用自动检测、自动报警、及时堵漏、自动排水等技术手段来确保舟桥装备的总体稳定性。

逐步实现上述机电一体化技术来研制新型舟桥装备,使舟桥装备具有自动展开功能、自动连接功能、自动锚定功能、自动撤收功能、水上自行功能等,将促进舟桥装备向自行舟桥过渡,为研制成功真正的自行舟桥奠定基础。

(五)信息化舟桥

数字化的舟桥部(分)队再加上信息化舟桥装备将是舟桥部(分)队全面数字化的具体体现,因此需要做到以下两个方面。

1. 渡河技术的数字化

(1)决策指挥与评估数字化

①战场情报格式化:开展舟桥部(分)队战场情报格式化工作,确定情报信息的存储分类和传输分类,以使战场侦察情报从一个节点录入后,即可为所有数字化网节点共享,为决策指挥提供及时准确的定量依据。

②智能决策支持系统:将人工智能嵌入决策支持系统中,构成智能决策支持系统,能提高决策指挥的快速性和准确性。

③工程保障方案优化与评估:舟桥部(分)队在生成行动方案时,实现舟桥部(分)队数字化即可对行动内容方案模型化和评估优化。

(2)网络通信数字化

根据舟桥部(分)队在作战中的地位和工程保障需求,舟桥部(分)队数字化网络通信系统可分为两个层次:第一层是与上级指挥机构、军事情报信息网以及友邻部队的数字化广域网络通信系统,功能是获取信息和接受指挥;第二层是对下级作战分队进行指挥与控制的数字化局域网络通信系统,功能是传达命令和实施监控。

(3)作业监控数字化

作业监控数字化主要包括作业小组及单兵综合系统、工程侦察数字化系统、装备器材数字化等,其中装备器材数字化又包括舟桥部(分)队战术数字化系统、舟桥部(分)队车内数字化系统、主要装备器材控制系统等。

(4)作战训练数字化

作战训练数字化包括计算机模拟(虚拟的和实兵模拟)和高级作战实验等,它们既对舟桥部(分)队数字化进程所需的各种战术、技术指标以及措施提供定量依据,又为专业部分队提供数字化模拟训练手段,提高遂行工程保障任务的能力。

2. 舟桥装备数字化设备

(1)镶嵌式装备

镶嵌式装备包括工程指挥车和工程侦察车。

①工程指挥车:营指挥中心用车,集信息传输、信息处理、辅助决策、指挥控制、实时监控为一体的指挥平台。配有车载电台、差分卫星导航定位系统、计算机、打印机以及相关软件和不

间断电源系统。

②工程侦察车:除了能够对江河特征进行测量外,还应加装通信器材、差分卫星导航定位系统、电子全站仪、计算机、打印机以及相关软件,电源配备与工程指挥车相同。

(2)附加式装备

附加式装备包括分队便携式数字化移动站,勤务分队(班组、单兵)手持式卫星导航定位系统,单兵(门桥长、码头班长、汽艇驾驶员)语音对讲机。

(3)软件设计

系统的战术功能主要是通过软件实现的,软件的设计应满足战术指标要求和操作方面的软件系统,并具有维护、修改和扩充能力。软件一般分为如下三类:操作系统,共性支持软件和战术应用软件。

(六)隐身式舟桥

利用舟桥装备遂行渡河工程保障任务,无论是装备的集结、开进、展开过程,还是浮桥架设、门桥结合和使用维护、撤收转移过程,由于舟桥装备体积庞大、目标明显,容易受到敌人的侦察和攻击。其战场抗损性很差,战场生存力很低,因此要努力研究舟桥装备在各个环节的隐身技术。

1. 运输、开进过程中的隐身技术

舟桥装备结构的特殊性导致其体积庞大,特别是为了确保舟桥装备具有良好的陆上机动性,多采用薄板制作。舟车一般是越野车辆。一套舟桥装备在陆上机动的车辆数量众多,如某重型舟桥全套使用时整个车队的行军距离将近5km。这样的队形极其容易被敌人发现,往往是部队刚出营房,敌人就已经侦察到动向;先头部队还没有到达目的地,攻击敌机就已经到了头顶。

为解决上述问题,一方面,将舟桥装备集成化,在运输、开进过程中,尽量不暴露舟桥装备的特性;另一方面,将民用车辆征集来运输舟桥装备,并将舟桥装备的外表颜色平民化,以提高舟桥装备的运输、开进过程中的安全性。

2. 架设、使用过程中的隐身技术

舟桥装备无论是架设的浮桥还是结构的门桥,都是在江河上使用的,由于江河上的工程结构物目标明显、舟桥装备与江河水面的介质反差大,各种侦察仪器侦察容易,因此架设、使用过程中的隐身技术同样十分重要。

利用新材料将有助于提高浮桥或者门桥在江河上的隐蔽性,因为非金属材料对于各种侦察波源的反射率小、成像率低,会造成高空特别是太空侦察的"死角"。

在装备的涂料技术上也可以下功夫,目前装备的外表颜色主要为草绿色,从白雪皑皑的东北乌苏里江到茫茫一色的黄河,从碧波荡漾的内陆湖泊到奔腾不息的长江,其周围环境的色差区别大,因此同样为草绿色的舟桥,在不同环境下的分辨率却大不一样。

在未来信息化战场上,应该使舟桥装备具有"变色龙"性能。在架设使用前先进行工程侦察,获取周围环境的主要颜色,确定舟桥装备的伪装颜色,然后使用该颜色进行喷涂伪装,最后再进行架设,这样将有效降低浮桥或门桥的水上暴露性,提高舟桥装备的战场生存能力。

3. 舟桥装备的示假技术

在第二次世界大战的末期,苏联红军强渡第聂伯河时,为了尽量伪装真实渡口,而在渡口的上下游各设置了假渡口,吸引德军的轰炸和封锁,从而掩护了真实渡口的正常使用。同样,在未来的信息化战场上,要完全隐真是不现实的,也是不可能的,还需要同时运用示假技术,包括设置假渡口、假浮桥等,来吸引敌人的注意力,浪费他们的侦察、轰炸、打击资源,达到保护真渡口的目的。

以上仅仅结合舟桥装备的模块化、机电化、新材料、数字化、集成化和隐身化等方面,从舟桥装备研制的层面进行了展望和设想,但是舟桥装备总体性能还要取决于装备的研制计划、编制体制、保障模式、训练手段等。因此,舟桥装备在信息化战场将面临更大的挑战和发展机遇。

复习思考题

1. 舟桥的具体定义是什么?
2. 舟桥的分类有哪些?按照每一种分类方法,舟桥的称谓有哪些?
3. 什么是桥脚舟?其分类和组成分别有哪些?
4. 什么是门桥?其分类有哪些?特点和使用时机分别是什么?
5. 漕渡门桥的分类有哪些?各自的结构组成怎样?
6. 什么是浮桥?其分类、组成有哪些?特点和使用时机分别是什么?
7. 浮桥由哪几部分组成?
8. 河中部分指的是浮桥的什么部位?其作用是什么?
9. 连岸部分指的是浮桥的什么部位?其作用是什么?
10. 水平固定系统指的是浮桥的什么部位?其作用是什么?
11. 浮桥的力学体系分为哪几种?体系分类依据可以有哪些?
12. 简支体系浮桥在结构上有什么特点?有哪些力学特性?
13. 铰接体系浮桥在结构上有什么特点?有哪些力学特性?
14. 连续体系浮桥在结构上有什么特点?有哪些力学特性?
15. 制式舟桥器材的战术技术要求主要包括哪几个方面?每个方面包含的具体内容是什么?
16. 按照履带式荷载设计的连续体系浮桥,其设计荷载的通行间距有什么要求?
17. 浮桥的架设作业时间包括哪几部分?
18. 舟桥装备的发展趋势是什么?

第二章
桥脚舟结构

浮游桥脚舟主要用作漕渡门桥和浮桥的浮游桥脚,为它们提供足够的浮力,并承受由桥跨部分传递来的载重以及水中的压力作用(图2-1)。在外部载重及水压力作用下,舟体纵长方向可能发生像梁一样的弯曲而导致断裂或破损。为了保证浮桥的安全使用,舟体需要有坚固的结构以保证其足够的强度。

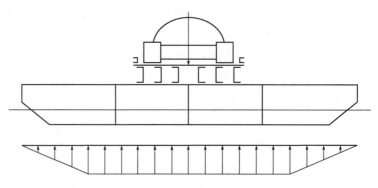

图2-1　舟体受力简图

舟体承受一定的载重漂浮于水中。为保证舟体能提供充分的浮力,一般浮游桥脚舟都采用封闭的箱形结构(方舟)(图2-2),只是首尾舟的端部采用雪橇形或匙形成尖舟(图2-3),以便减小浮(门)桥所受的水阻力。

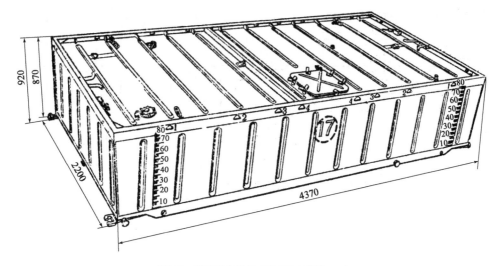

图 2-2 某中型舟桥的方舟(尺寸单位:mm)

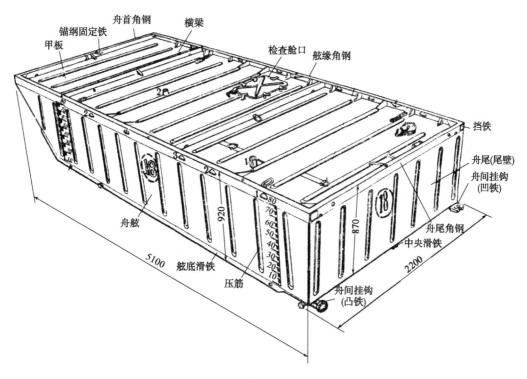

图 2-3 某中型舟桥的尖舟(尺寸单位:mm)

舟体的外部用壳板密封。浮游桥脚舟的壳板,通常采用如 10Mn2、16Mn 或 902 等低合金钢材料的薄板,厚 1.0~3.0mm。由于舟体壳板较薄,当受到水压力作用时可能产生较大的变形而影响使用,因此在壳板上要用一些刚度较大的构件作为支撑结构,这些结构就是舟体的纵横骨架。依据舟体骨架的排列情况,舟体结构有纵骨架式和横骨架式两种。纵骨架式结构即舟体纵长方向的骨架数量较多、排列较密(图 2-4)。横骨架式结构即舟体横向骨架数量较多、排列较密,纵向骨架数量很少(图 2-5)。浮游桥脚舟的基本结构形式多为横骨架式。

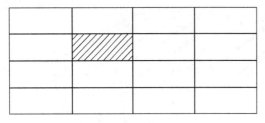
图 2-4　纵骨架式

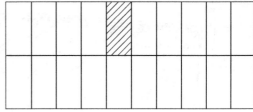
图 2-5　横骨架式

舟体的壳板依其位置分别有底板、甲板、舷板和端板，在各个板上都焊有纵横骨架。每种板及其附连的纵横骨架形成一块板架结构，对浮游桥脚舟是以板架结构为组成单位进行装配的，通常把它们称为分段，如底板分段、甲板分段、舷板分段、端板分段等。

第一节　桥脚分置式舟桥桥脚舟的结构

现将桥脚分置式舟桥桥脚舟（以下简称桥脚分置式舟）舟体各部分结构分别说明如下。

一、底板分段

底板分段由底板及其纵横骨架组成（图 2-6），材料为 10Mn2。底板在舟体底部，所受的水压力最大，可依据舟体受力大小选用厚度为 1.5～3.0mm 的薄板。整块底板由一定宽度的板相互搭配焊接而成。

（一）横向骨架

桥脚分置式舟底板上的横向骨架，均采用"压筋"。压筋是直接在钢板上每隔一定距离用机械设备辊压出的一种波纹状槽口，其形状有槽形或圆形，一般制式舟的底板上多采用槽形波纹（图 2-7），用以取代型材制成的横向骨架构件。压筋间距可依据板的厚度以及作用于板上的水压力确定，一般取 40～50cm。采用这种压筋结构取代附连于板上的横向骨架，可以减轻舟体重量，同时可增强薄板的刚性。由于采用压筋而不需制作大量的横向骨架，就可以减少生产工序，同时避免了在舟体外板上进行施焊，因而可提高舟体生产质量。

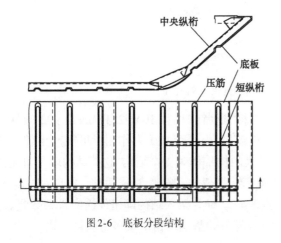
图 2-6　底板分段结构

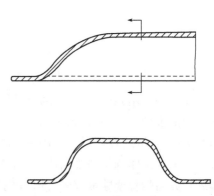
图 2-7　槽形波纹压筋

(二)纵向骨架

底板上的纵向骨架是保证舟体纵向强度的主要构件之一,其数量依据舟体宽度及其受力情况确定。桥脚分置式舟通常在舟体中纵剖面处设置1根纵向骨架(称为龙骨或纵桁),用材料为10Mn2、厚度为2.0mm的薄板弯折成"Z"形(图2-8)。在尖形舟的首部,可在中央纵横两旁各设置1根短纵桁加强(图2-9),以抵抗水流冲击时的水压力。纵桁与压筋相交处,可在纵横腹板上开口以通过压筋,并设置肘板连接(图2-9)。

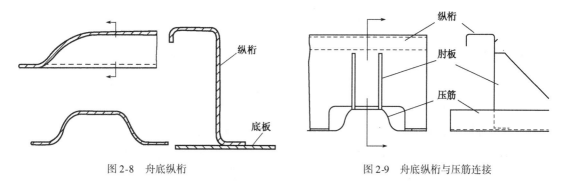

图2-8 舟底纵桁　　　　　　　图2-9 舟底纵桁与压筋连接

二、甲板分段

甲板分段由甲板及其附连在上的纵横骨架组成。桥脚分置式舟的甲板受力较小,其厚度一般为1.0～1.5mm,材料为10Mn2。甲板除封闭舟体之外,还有以下功用,即增强舟体的抗沉性能及其横向刚度,放置浮桥的各种附属设备(如锚、螺杆等)(图2-10),运输时在舟体上放置一定数量的桥桁和桥板,在结合门桥时可供作业手在上面活动。

(一)横向骨架

同底板一样,甲板的横向骨架也采用压筋。桥脚分置式舟在甲板上还焊有横梁(用角钢制成),方形舟上有2根,尖形舟上有1根,用于安放压铁螺杆,以固定放置在舟上的桥桁和桥板。

(二)纵向骨架

在舟体内部甲板下设置纵桁。甲板纵桁用厚2.0mm的薄钢板弯制成"Z"形,其数量和形式与底板纵桁相同。为便于检查和维修舟体内部,在甲板上可开设1～2个舱口,并用盖板密封。

(三)甲板上构件

桥脚分置式舟上的桥桁和桥板,运输时放置在甲板的旋转梁(图2-10)上,旋转梁可绕一轴旋转。为此,在甲板上设置有旋转梁套筒(图2-11)。套筒用材料为Q235钢的钢管制成。为加强甲板刚度,套筒处设置支柱和斜撑。支柱和斜撑用材料为15号钢的$\phi 25$钢管制成。斜撑两端压成扁平状,分别焊于套筒旁及舱底间的肘板上。支柱一端压成扁平状并焊于底板纵桁上,另一端则插入套筒,以支持套筒上器材的重量。

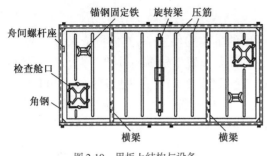
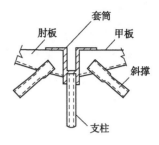

图 2-10　甲板上结构与设备　　　　　图 2-11　旋转梁套筒节点

三、舷板分段

桥脚分置式舟的舷板分段,由舷板和横向压筋组成。舷板是舟体两侧旁板,它与甲板和底板相连以密封舟体并承受水压力作用。

舷板用材料为10Mn2、厚度为1.5~2.0mm的薄板制成。舷板上的横向压筋沿垂直方向布置,以加强舷板刚度。在舷板与底板连接处可用角钢或较厚钢板弯折成角形以加强。桥脚分置式舟为便于在舟车上装卸,将舷板与底板连接处的构件做成槽形(称为舷底滑铁,图2-12)。滑铁两端分别与舷板和底板焊接在一起。滑铁用材料为902、厚度为3.0~4.0mm的钢板弯折制成。

舷板上部通过甲板边板与甲板相连接,甲板边板也是用钢板弯折制成的,在舷板上部即甲板边缘处沿舟长纵方向焊有舷缘角钢(图2-13)。桥脚分置式舟的舷缘角钢采用∠90×56×6角钢,材料为902钢。舷缘角钢主要用来支托桥桁,以便将桥跨及其所承受的载重传给舟体。滑铁与舷缘角钢均沿舟体纵长方向连续配置,它们都可作为舟体承受总弯曲的构件。

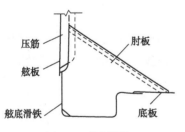 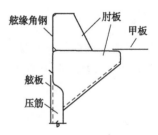

图 2-12　舷底滑铁　　　　　　　图 2-13　舷缘角钢

当舟体舷部高度较大时,可在舷板上设置纵桁以加强其刚度。因浮游桥脚舟舷高较小,一般都不必设置纵桁。

四、端板分段

端板在舟体首尾部分(图2-14),方舟首尾均有端板,尖舟只在尾部有端板。桥脚分置式舟的端板用厚1.5~2.0mm的钢板制成。沿端板的垂直方向布置压筋以加强其刚度。端板与底板用∠63×63×6角钢相连接,端板与舷板用∠45×28×4角钢相连接,端板与甲板相连接处同样用钢板弯折制成的甲板边板。端板上缘用角钢与舷缘角钢相连,其尺寸与舷缘角钢相同。在角钢上开有圆形孔,供舟与舟连接时插入舟间螺杆用(图2-15)。

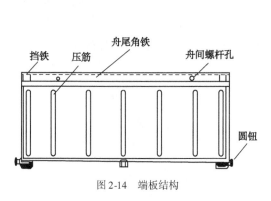

图 2-14 端板结构

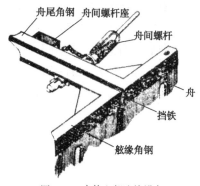

图 2-15 舟体上部连接设备

在端板下端两边缘的底部焊有舟体连接装置。该装置为凸凹铁结构(图 2-16),此构件通常采用高强度合金钢(如 40Cr)制成。

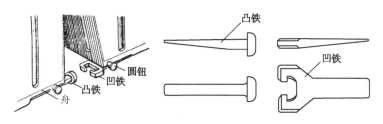

图 2-16 舟体下部连接

第二节 带式舟桥桥脚舟的结构

带式舟桥舟体结构的基本特点就是将浮游桥脚舟与桥跨结构合为一个整体,也就是将舟体骨架加强,以取代桥跨的桥桁和桥面。这样将舟体沿桥轴线方向连接起来,即可组成门桥或浮桥,其力学模型是弹性地基上的空心薄壁连续梁。

我国研制的带式舟桥有两种类型,即由 2 个或 4 个节套舟组成一个全形舟,如图 2-17 所示。由二舟组成全形舟的即二折带式舟桥[图 2-17(a)],由四舟组成全形舟的即四折带式舟桥[图 2-17(b)]。

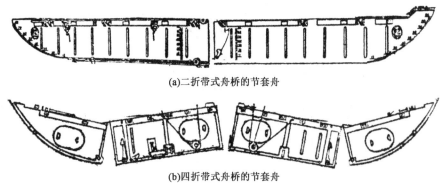

(a)二折带式舟桥的节套舟

(b)四折带式舟桥的节套舟

图 2-17 带式舟桥浮游桥脚舟

63

二折带式舟桥的河中全形舟由首舟和尾舟组成(图2-18),四折带式舟桥的河中全形舟由2个尖舟和2个方舟组成(图2-19)。无论是二折带式舟桥还是四折带式舟桥,它们的河中全形舟的每个节套舟总体上都由甲板分段、底板分段、舷板分段、端板分段焊接而成,二折带式舟桥桥脚舟的舟体内部还设置有纵横桁架。

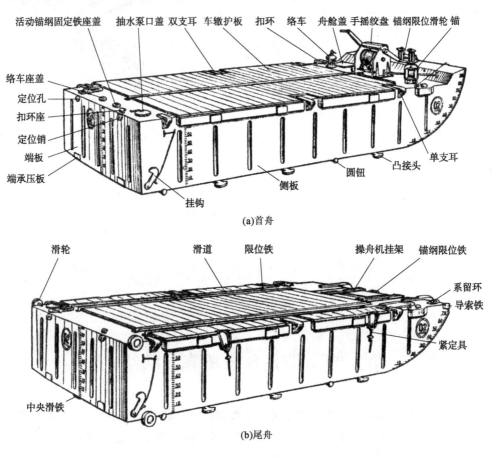

图2-18 二折带式舟桥的首舟和尾舟

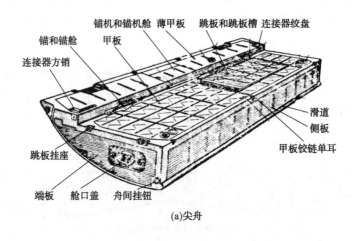

图 2-19

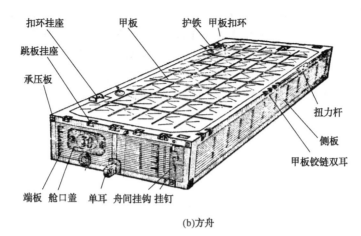

(b)方舟

图 2-19 四折带式舟桥的尖舟和方舟

一、二折带式舟桥桥脚舟的结构

(一)甲板分段

甲板分段是一种板架结构,属横骨架式结构,如图 2-20 所示。甲板除封闭舟体外,由它所组成的板架还用于直接承受活载重量。

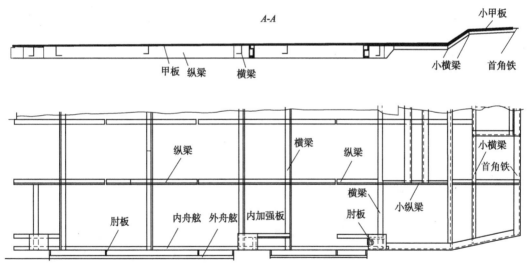

图 2-20 甲板分段

首舟甲板分段中的甲板厚 3mm,采用 902 合金钢板连续焊接而成。舟首小甲板为 2mm 厚的 10Mn2 钢板。甲板下纵向骨架设置 3 根纵桁(或称纵梁),纵梁用 4mm 厚的 902 钢板折边制成,其尺寸为 105mm×4mm 折边 40mm。首部甲板下设置尺寸稍小的小纵梁,材料仍为 4mm 厚的 902 钢板折边制成,其尺寸为 60mm×4mm 折边 40mm。横向骨架的横梁也用 4mm 厚的 902 钢板弯制成,其尺寸为 100mm×4mm 折边 40mm,首部设置尺寸与小纵梁相同的小横梁。此外,甲板周边的首角铁、边角铁以及内舟舷等均用 4mm 厚的 902 钢板折边弯制而成。

外舟舷、内加强板均用3mm厚的902钢板折边制成。肘板分别采用3mm、4mm、6mm厚的902钢板。这些构件按一定的尺寸及焊接要求连接成一个整体，即为甲板分段。

焊接要求：板与舟边骨架的搭接宽度为15mm。搭焊时，外面采用连续焊接，里面采用断续焊接；骨架相互衔接采用连续焊接；舟内骨架与板焊接采用断续焊接。

尾舟甲板分段与首舟基本相同，只是小纵桁、小横梁的数量和位置不同。

（二）底板分段

底板分段属横骨架式板架结构，如图2-21所示。底板用于封闭舟体并承受水压力作用。

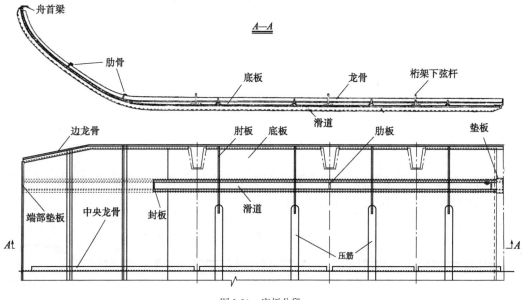

图2-21 底板分段

首舟和尾舟底板均用数块2mm厚的15MnV合金板冲压成压筋板并焊接而成。舟首尖形部底板采用2mm厚的10Mn2钢板。

底板中纵向骨架有中央龙骨、边龙骨、滑道以及底板肋条、底板加强扁钢等。中央龙骨用3mm厚的902钢板折边制成，尺寸为90mm×3mm折边30mm；边龙骨用材料为Q235的∠40×40×4等边角钢。滑道用4mm钢板模压成槽形，共有2道。

底板横向骨架主要为梯形剖面的压筋结构，在舟首部分有2根肋骨，用于加强首部，用3mm厚的902钢板折边制成。压筋用4mm厚的902钢板制成肘板与舷部连接。在底部有3根T形横向骨架构件，作为舟体内横向桁架的下弦杆。以上各构件相互间均用焊接，焊接要求同甲板分段。

（三）舷板分段

舷板用于封闭舟体，并承受总纵弯曲应力以及侧向水压力作用。舷板采用2mm厚的10Mn2钢板制成，在舷板上用压筋做横向骨架，因舷部较低未设置纵向骨架。

（四）端板分段

端板用于封闭舟体端部并承受水压力作用。

端板(图2-22)用2mm厚的10Mn2钢板压成压筋板。端板上部与下部均与尾部角铁相连接,上下角铁均用902钢板弯折制成,其尺寸为100mm×4mm折边40mm。端板中央设置1根竖向骨架以加强,用3mm厚的902钢板折边制成,尺寸为35mm×3mm折边35mm。舷板两边与竖向角铁相连接,该角铁采用∠36×36×4等边角钢制成。端板上的压筋两端用肘板加强,肘板用3mm厚的902钢板制成。

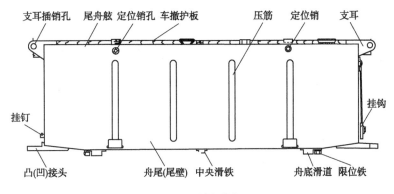

图2-22 端板分段

(五)桁架结构

在舟体内部横向设置有3片桁架(图2-23),均配置在舟体有连接装置的部位。横向桁架是带式浮桥的主要受力构件,在架设浮桥后用于承受桥面载重并沿桥轴线方向传递由载重所产生的力。

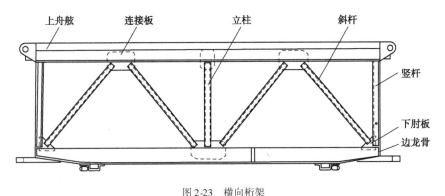

图2-23 横向桁架

横向桁架结构由上下弦杆、立柱、竖杆和斜杆等构件组成。上弦杆用4mm厚的902钢板弯折制成,尺寸为135mm×4mm折边45mm;上弦杆两端焊接单、双耳连接件。下弦杆为倒T形构件,用5mm厚的902钢板焊接制成,腹板尺寸为110mm×5mm,翼板尺寸为60mm×5mm;下弦杆两端翼板焊接凹凸铁连接件。立柱和斜杆均采用φ36×3.5的16Mn钢管。桁架两边竖杆用3mm厚的902钢板弯折制成,尺寸为40mm×4mm折边25mm。各杆件的节点板、肘板均用4~6mm厚的902钢板制成。

舟体内的纵向桁架设置在纵中剖面内,如图2-24所示。纵向桁架上弦杆为甲板下纵桁,下弦杆为底板龙骨,其间以竖杆和斜杆相连组成桁架,使舟体各构件连成整体,以加强舟体纵向总强度和刚度。斜杆均采用 $\phi 36 \times 3.5$ 的 16Mn 钢管制成。斜杆两端直接焊接于甲板纵桁与龙骨的腹板上。

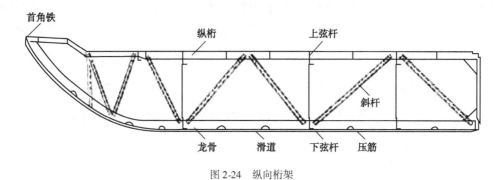

图 2-24　纵向桁架

二、四折带式舟桥桥脚舟的结构

（一）河中方舟

1. 甲板分段

河中方舟的甲板分段属纵骨架式的板架结构（图 2-25），由甲板、纵桁和横梁组成。各构件均由 902 合金钢制成。

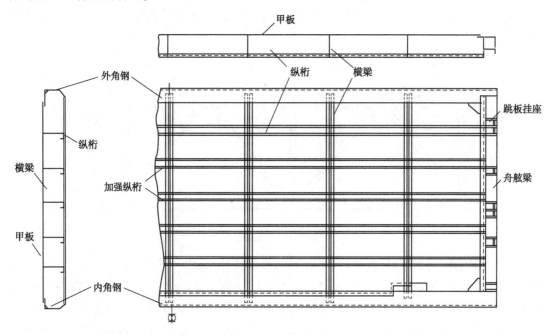

图 2-25　河中方舟甲板分段

（1）甲板

甲板厚 3mm。由于甲板直接承受载重，为了提高甲板的耐磨性和防止车辆履带滑移，在甲板上焊接有 6mm 厚的扁钢（防护板条）和钢筋条（防滑圆钢）。

甲板两侧焊于舷缘角钢上,在与尖形舟相连接处的舷缘角钢叫外角钢,用∠140×90×10角钢;在与方形舟相连接处的舷缘角钢叫内角钢,用∠100×100×8角钢。

甲板端部焊于舟舷梁上,舷梁用钢板折边制成,尺寸为76mm×76mm×6mm。

(2) 纵向骨架

甲板下纵向骨架设置有5根纵桁(沿桥轴线方向,图2-26),纵桁为主要承重结构,用3mm厚钢板折边制成,尺寸均为160mm×40mm×20mm;其中有2根为加强纵桁,采用厚4mm的钢板折边制成。

(a)方舟

(b)尖舟

图2-26　河中舟内部结构

(3) 横向骨架

横向骨架为T形横梁,腹板尺寸为140mm×3mm,翼板尺寸为50mm×5mm(图2-26)。

2. 底板分段

河中方舟的底板分段由底板、纵向骨架和横向骨架组成板架,如图2-27所示。

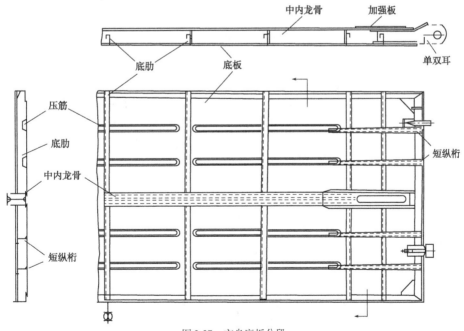

图2-27　方舟底板分段

(1)底板

底板用 2mm 厚的 902 合金钢板,在两端加厚至 3mm。底板两侧焊接于舷角钢上,端部焊于端角钢上,舷角钢与端角钢均由∠63×40×4 角钢制成。

(2)纵向骨架

底部中央设置有主龙骨(中央龙骨),为主要受力构件。主龙骨用 902 钢板制成工字形,腹板尺寸为 126mm×8mm,上下翼板尺寸为 100mm×10mm。

在主龙骨两端焊有下部连接装置(单、双耳),在上翼板上焊 1 块 8mm 加强钢板。中央龙骨两边各设置 2 道纵向压筋,在舟体两端部设置短纵桁与压筋相连接,短纵桁用 2mm 厚的 15MnV 钢板弯折制成,尺寸为 70mm×26mm×15mm。

(3)横向骨架

在每个肋位上均设置有肋骨构件,肋骨用 2mm 厚的 15MnV 钢板弯折制成,其尺寸与短纵桁相同。在舟体中部设置 1 道横舱壁板,用 2mm 厚的 15MnV 压筋板制成,以提高舟体横向强度和抗沉性。方舟的横剖面如图 2-28(a)所示。

3. 其他分段

方舟的舷板分段和端板分段主要为压筋板,与二折带式舟桥基本相同,不再设其他构件。

(二)河中尖舟

河中尖舟同样由板、纵横骨架组成,如图 2-28(b)所示。

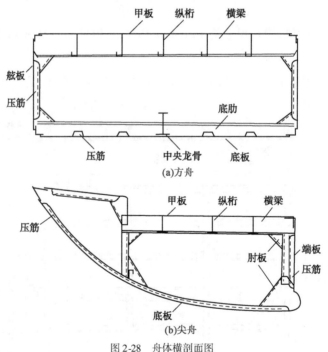

图 2-28　舟体横剖面图

1. 甲板

一端高起带压筋的甲板为薄甲板,厚 1.5mm。后部水平甲板厚 2mm,同方舟一样,上面焊有防护板条和防滑圆钢。

2. 纵横骨架

甲板下设置有 3 根用 902 钢板焊制的 T 形纵桁，腹板尺寸为 100mm×3mm，下翼板尺寸为 80mm×4mm。在每个肋位上设置有 T 形横梁，尺寸与纵桁相同。甲板四周均焊于角钢上，底部采用压筋板，在每个肋位上设置压筋。

3. 底板

在与方舟连接一边的底部设有 5mm 厚钢板制成的滑道，它是河中舟折叠固定的支点。为保证门（浮）桥承载后，舟底搁浅时不致损坏，故底部两端钢板要比中央厚些，厚度为 3mm。

第三节　浮箱式桥脚舟的结构

一、浮箱概述

浮箱是浮箱式带式舟桥（图 2-29）的桥脚舟、浮墩、浮码头和工程作业平台等大型浮体分解为模块化的箱形单元。将它们纵横向再拼接起来，又可组成原来的浮体来执行任务。浮箱的出现，首先是出于军队渡河的需要。在 20 世纪初，军队已装备制式舟桥和桥梁器材，由于战争常是跨越江河进行，渡河桥梁器材必须用车辆在陆地上运输、伴随军队机动。

图 2-29　浮箱式带式舟桥

作为浮箱式带式舟桥浮游桥脚的舟，须分解为能用车辆运输的舟节，即分解为浮箱单元（图 2-30）。而民用公路渡驳或其他工程作业平台，需要在互不通航的一些地点间转移调配时，也需要将它分解成浮箱，以便装车运输。

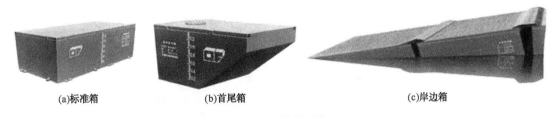

(a) 标准箱　　　　　(b) 首尾箱　　　　　(c) 岸边箱

图 2-30　多用途浮箱

因此，浮箱首先是为了满足陆地机动的要求产生的，浮箱的主尺度和重量都要受到运输车辆的限制。浮箱间必须通过有限个接头相互连接起来。浮箱的这种装配性带来了众多的变化能力,即能有多种组合形状,可以适应不同的应用场合。而这种变化能力也正是作为军用制式器材所特别需要的,也为民用器材所欢迎。

在大型桥梁施工工地或大坝、港口工程施工工地和海上临时浮码头,也常因工作需要制造其所需的浮箱,用来拼组浮吊、打桩平台、海上浮码头和其他特殊水上作业平台等。由于施工工种是经常改变的,由浮箱拼装的各种作业平台便于机动使用,因此比制造许多专用工程作业船的效费比高。由于浮箱具有机动性高和适应性强的两大特点,它在20世纪的世界各国都得到广泛的应用和发展,国际上先后出现了很多种浮箱器材。

在战前储备一定数量的浮箱器材作为制式交通战备器材,以便战时迅速克服江河湖海等障碍,确保战时交通线的畅通也是十分重要的。对浮箱主要有以下基本要求:

(1)浮箱既有浮力,又有强度,是舟体和桥体合一的优化结构形式,它既可单独拼成渡驳,也可架设浮桥,在宽大江河水域中执行交通保障任务。

(2)浮箱是标准的箱体结构,以最少的单元种类在水上拼组多种工程结构物,作业简单、方便迅速,战术技术性能优越。

(3)浮箱有极高的多用性,是典型的军民两用器材,在民用上有极为宽广的应用领域,能在国民经济建设中发挥良好的经济效益和社会效益。

由此可见,浮箱是一种理想的交通战备器材。浮箱的主要用途为:①公路带式浮箱桥(图2-31)、渡驳和码头以及分置式浮桥桥脚和高架浮桥桥墩;②铁路浮桥的桥脚(浮墩);③内河及沿海港口的浮码头(图2-32)和浮游栈桥;④打桩平台、浮吊和钻探平台等工程作业平台(图2-33)。

图2-31　公路带式浮箱桥

图2-32　海上浮码头

图2-33　打桩平台

上述每种结构物具有多种形式、不同吨位的变化,以适应使用要求。

浮箱器材的先进性主要体现在如下四个方面:

(1)浮箱应有灵活方便的拼接性能,以满足未来战争对交通保障的快速性要求,并应能实现浮箱平台的大型化和多样化。浮箱的连接必须方便迅速,便于在各种天候和风浪条件下作业。单箱应能方便地引出,长桥段便于在水流中相连。能够实现丁字连接和交错连接,以便拼装成各种几何形状和实现大块浮箱结构之间的连接,等等。在制造工艺上,应保证浮箱有良好的可拼装性和互换性。在这方面的技术关键是接头问题。

(2)浮箱应有良好的工作条件,由浮箱组装的平台应有平坦宽广的表面,整体性好,刚柔适度,车辆行驶舒适,平稳迅速,不颠不震,噪音低。人员在平台上便于行走和作业。能方便地在平台上安装各种舾装设备、机械设备和上部结构。

(3)浮箱器材应有广泛的适应性,以满足各种地形条件和工作环境。例如,甲板要能直接承受各种车辆荷载,箱底应能直接坐滩承压,浮箱结构物对流速、风浪和水位变化以及岸滩岸坡都有较大的适应能力。

(4)结构合理,重量较轻,造价不高。浮箱的结构设计必须优化,传力途径顺畅,以充分利用箱体各部强度。

二、浮箱结构

总体上讲,浮箱是一种典型的箱体铺装式结构。其结构与带式舟桥的河中方舟基本相同,单个浮箱也是由甲板分段、底板分段、舷板分段、端板分段和桁架结构组成的箱梁结构。

浮箱箱体各分段主要由板、纵横骨架组成,因考虑平时民用经济性,箱体外板多用Q235钢,板厚为3~6mm。

甲板分段的纵横骨架布置可依据甲板是否直接通行车辆而定。对可组成带式浮桥的浮箱,甲板分段可以直接承受轮载,为防止甲板发生局部变形,通常采用较密的纵横骨架。例如,DF型浮箱甲板的纵横骨架间距为25cm,可避免车轮单独压在甲板上,其四周舷缘均与甲板平齐,所有构件都不突出甲板面,以保持甲板的平坦,便于车辆通行;为使甲板面具有防滑耐磨功能,可以焊接各种防滑条或者采取其他防滑措施。对于不直接通行车辆的甲板,其纵横骨架根据箱体的总体强度来设置。为了便于设置上部结构,浮箱的四周舷缘可突出甲板面,形成舷缘角钢,如TF型浮箱、67式铁路舟桥的非机动舟。舷缘也可以是剖面为矩形的空管,如DF型浮箱采用可以拆卸的活动矩形管舷缘,它由2个相同尺寸的角钢焊接而成,在舷缘上开设有螺孔,以便用螺栓固定上部结构。

底板分段分为坐滩底板和非坐滩底板。对于坐滩底板,由于要适应河滩缓坡软底以及水位涨落的需要,坐滩后需要依靠箱体直接承受荷载,因此厚度较大。底部纵向骨架多用由钢板焊接而成的T形构件。例如,非机动舟的龙骨为⊥4mm×130mm/6mm×60mm,DF型浮箱的龙骨为⊥3mm×120mm/4mm×60mm,TF型浮箱的龙骨为⊥4mm×100mm/4mm×60mm,其具体尺寸根据浮箱的受力情况来确定。

在甲板直接承受载重时为了保证传力可靠,通常在浮箱纵横方向连接构件的剖面内设置桁架,将甲板和底板上的骨架连成整体,以甲板上骨架为桁架的上弦杆、底板上骨架为桁架的下弦杆,加以斜杆组成桁架,如DF型浮箱、黄河85双体承压舟均设置有桁架。目前大多数浮箱采用板架结构,在内部不设置桁架结构。

浮箱的舷板分段和端板分段与制式舟桥浮游桥脚舟结构相同，只在浮箱型深较高时，可适当增设水平肋材予以加强；当浮箱长度较大(超过6m)时，可设置若干横隔舱以增强横向强度和提高其抗沉性。

复习思考题

1. 桥脚舟的形式可以分为几种？
2. 桥脚分置式舟桥的桥脚舟的主要用途是什么？桥脚舟可以是哪些浮体结构？
3. 桥脚分置式舟桥的桥脚舟的组合形式与受力特点有哪些？
4. 带式舟桥的桥脚舟的主要用途是什么？桥脚舟可以是哪些浮体结构？
5. 带式舟桥的桥脚舟有哪些组合形式？
6. 作为浮桥或门桥的浮游桥脚，对桥脚舟有哪些基本要求？
7. 作为浮桥或门桥的浮游桥脚，对桥脚舟的外形有哪些基本要求？
8. 桥脚舟作为浮桥或门桥的浮游桥脚，常用的制造材料有哪些？
9. 根据桥脚舟的纵横向骨架排列情况，桥脚舟舟体的总体内部结构可以分为几种？分别称为什么形式？
10. 桥脚舟按制造分段是如何划分的？
11. 对浮箱的基本要求有哪些？主要用途有哪些？浮箱器材的先进性体现在哪些方面？

第三章
浮桥河中部分与漕渡门桥的结构

河中部分的桥跨是浮桥跨越水障碍的浮游主体部分,直接决定整个浮桥的承载能力和使用性能。它通常位于桥轴线上水深较大的地段上。漕渡门桥的结构组成与浮桥河中部分基本相同。

第一节　桥脚分置式浮桥河中部分与漕渡门桥的桥跨结构

桥脚分置式浮桥河中部分和漕渡门桥由浮游桥脚舟和支承于其上的桥跨结构组成。桥脚舟的结构在第二章中已经学习,本节主要研究桥跨结构。

桥脚分置式舟桥的桥跨结构形式有两种:一种由单个可看作彼此独立工作的桥面部分和承重部分组合而成,无论在制式舟桥还是在就便器材浮(门)桥中都得到了广泛的应用;另一种由桥面部分和承重部分连成一体的整体结构组成,包括车辙式桥跨和桥节式桥跨,目前只在制式舟桥中采用。

第一种桥跨结构的承重结构可由若干根桥桁、若干组用联结系连接成对的桁联、金属板梁联,或桁架联以及用垂直联结系和水平联结系连成整体的多片桁架组成。这就不仅可以通过改变桥脚舟的间距来改变舟桥的载重量,而且可以通过改变浮(门)桥横截面内的桥桁(或桁架)数量来改变其载重量。此外,这种形式的桥跨结构的优点还有:器材可紧凑在一起,便于运输;单个部件重量轻,不用机械化作业工具亦能完成架设作业。其缺点是由于构件数量多而造成在结构拼装时必须进行大量琐碎的手工作业,不适于机械化作业,这就要求有大量的兵力并且会消耗很多时间。

一、组合式桥跨结构

在早期的制式舟桥以及就便器材浮(门)桥中广泛采用由轧制型钢、两面砍制的圆木、方木做成的桥桁或桁联作为桥跨结构的承重结构,并在其上铺设桥板作为桥面系,形成组合式桥跨结构。

(一)桥桁结构

桥桁是组合式桥跨结构的主要受力构件,它承受由桥面传来的载重,并通过它将载重传到桥脚舟或固定桥脚上。因此,对桥桁有如下几点基本要求:①桥桁应具有足够的强度和稳定性;②桥桁的纵向接长必须牢固,结构要简单,作业要方便,这样可提高架桥速度;③桥桁应便于与桥脚舟和桥板进行连接。

1. 金属桥桁

因为金属材料强度高、坚固耐久、各向受力均匀,所以在制式浮桥器材中,通常采用金属材料做桥桁。在就便器材舟桥中,有条件时也优先采用金属材料做桥桁。

浮(门)桥横断面内的桥桁在整个桥面宽度内可以按等距离配置(图3-1),也可以集中布置在坦克履带行进位置上(图3-2)。前一种桥桁布置方法称为等间距配置。在这种配置下,桥桁受力不够均匀,有的桥桁不能充分发挥作用,但这种配置可以减轻桥面部分重量。后一种桥桁布置方法称为不等间距配置。其优缺点与前一种相反。在制式舟桥器材中常采用不等间距配置。

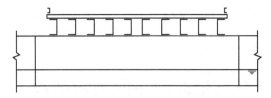

图3-1 等间距配置桥桁

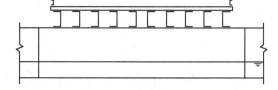

图3-2 不等间距配置桥桁

为了节省在桥脚舟上固定桥桁和为保证桥桁稳定而连接横撑材所需的时间,宜将桥桁成对地连接成一个拼装单位(图3-3)。此时,在桥脚舟上不是固定单个桥桁,而是固定桁联,这就使上述工作减少一半。此外还取消了设置横撑材的工作。轻型舟桥架设的浮(门)桥承重结构采用的就是这种形式。采用单桁或桁联组成承重结构时,宜采用横桥板做桥面,桥板利用缘材固定在桥面上。用金属板梁联和桁架联组成的承重结构用于上承式桥。

(1)桥桁的结构

制式舟桥和采用金属材料的就便器材舟桥的桥桁一般采用轧制型钢——槽钢或工字钢。槽钢是舟桥器材中采用较为广泛的一种材料,其最大优

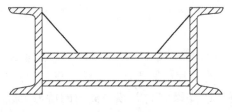

图3-3 桁联配置

点是便于桥桁纵向接长,并且便于与桥脚舟连接,因为可利用其水平翼缘来开设舷桁螺杆孔。但这种桥桁容易倾倒,影响作业安全。图 3-4 为某重型舟桥的桥桁,用槽钢[30a 制造,其材料为 902 低合金钢。桥桁长 5.96m,质量为 209kg,这可以认为是用手工进行桥桁作业的最大质量。桥桁与桥桁及其他构件的连接孔布置在桥桁的翼缘和腹板上。在水平翼缘的开孔位置焊上加强铁以补偿由于开孔引起的翼缘横截面面积折损。在桥桁端部的水平翼缘之间焊上圆钢和肋材,以防止翼缘弯曲。此外圆钢又作为把手,用于推移和搬运桥桁。在肋材上开有一孔,用于运输时固定桥桁螺杆。

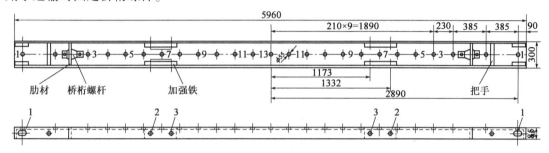

图 3-4　桥桁结构(尺寸单位:mm)

为了改变单根槽钢稳定性不好的弱点及减少拼装工序,可将 2 根槽钢用横撑固定在一起组成桁联来使用。图 3-5 为某中型舟桥的桁联,它由 2 根 18 号槽钢组成,并用 3 根横撑材将其焊在一起。材料用低合金钢 15MnV,桥桁长 3.98m、宽 52cm、高 18cm、重 168kg。

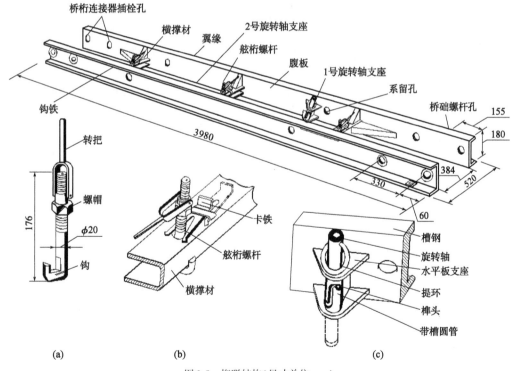

图 3-5　桁联结构(尺寸单位:mm)

桁联中每根槽钢的腹板两端,各有 2 个桥桁连接器插栓孔和 1 个固定系留钢索的系留孔;翼缘两端各有 1 个桥础螺杆孔供桥桁与桥础材、固定桥脚的冠材或桥头桥板等连接时插螺栓

77

用;上翼缘的下面有2条固定缘材螺杆的钩铁。桁联上的横撑材焊在2根槽钢中间,用槽钢制成,并用垂直及水平肘板加强。每根横撑材上可放置1个舷桁螺杆[图3-5(a)],舷桁螺杆用于将桥桁固定到舟上或滚筒桥脚的冠材架上;在横撑材上安有卡铁[图3-5(b)],用于转桁时卡住提起的舷桁螺杆。桁联的中部腹板上焊有旋转轴支座[图3-5(c)]。旋转轴支座是用2块三角形水平板、中间焊1个带槽圆管制成的。在圆管内安置旋转轴,转桁时将其插入舟上甲板的套筒内作为轴心。旋转轴的上端有1个提环,中央有榫头,根据需要将榫头安入圆管槽两端的缺口内以控制旋转轴的垂直位置。

桁联的优点是:①通过接头的合并可以简化桥桁的接头;②减少舷桁螺杆的数量;③在沿桥脚舟推桁时可避免桥桁翻倒;④减少在桥桁翼缘上开孔及焊接加强铁。但是桥桁的质量显著增大,这会给结合作业造成困难,因而桁联只在中型舟桥器材中采用。

(2)桥桁的横向稳定

实际上,桥桁并非在纵向铅垂平面内简单地承受弯曲,往往还有扭转、横向弯曲的作用存在,所以,需要通过设置阻碍桥桁横截面转动的横向联结系来保证槽钢或工字钢桥桁的总稳定。横向联结系的布置间距一般为$20b \sim 25b$,这里b为桥桁宽度。在用金属桥桁架设的浮(门)桥中,当桥桁可靠地固定在桥脚舟上时,将桥桁固定在桥脚舟的结构(如舷缘角钢和舷桁螺杆)上可以起到横向联结系的作用。在桥脚舟上方一般不需要水平联结系,因为它们已由桥脚舟本身代替。横向联结系的结构根据桥桁高度、所用材料和现有的金属加工设备确定。在桥桁高度较小的制式器材中,桥桁之间在整个高度上设置横撑材,并用螺栓与桥桁连接。例如,在桥脚分置式舟桥器材中采用专门的横撑材(图3-6、图3-7)。在用就便金属材料制作的浮桥中,如果能在桥桁的垂直腹板上开孔,就可采用2块互相用倒刺钉或两爪钉连接的方木作为横撑材。这种横撑材在桥桁间用直径为16~20mm的螺杆连接。通常在整个桥宽范围内各桁之间均需设置横撑材。但当桥桁在桥脚舟上牢固地固定或在桥面带有连接桥桁系板的情况下,可以在成对桥桁之间设置横撑材。当桥桁高度超过40cm时,除设置横向联结系外,还必须布置上部水平联结系。

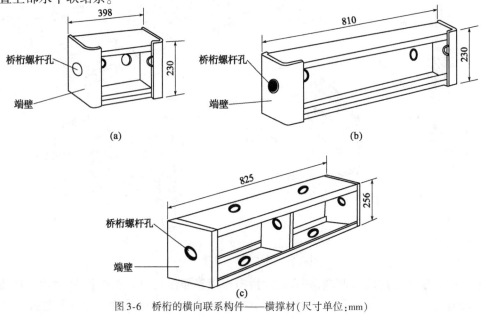

图3-6　桥桁的横向联系构件——横撑材(尺寸单位:mm)

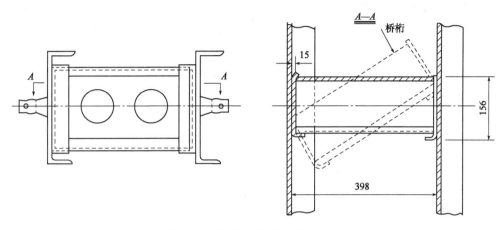

图 3-7　横撑材的安装(尺寸单位:mm)

(3)桥桁的接长

桥桁接头的结构取决于它的用途和种类。

桥桁的接头分为能承受弯矩和剪力的刚性接头和只能承受剪力(铰力)的铰接接头。因为在架设浮桥时一般要首先结构桥节门桥和桥段,然后在桥轴线上将其互相连接,所以浮桥承重结构的接头分为门桥内接头和门桥间接头,漕渡门桥只有门桥内接头。

在桥轴线上的连接和分解门桥应快速完成,因而门桥间接头在结构方面有时不同于在岸边比较有利条件下连接的门桥内接头。在连续梁体系中,浮桥长度方向上桥桁的接头采用刚性接头。而在铰接悬臂梁体系浮桥中,桥节门桥范围内采用刚性接头,桥节门桥之间采用铰接接头。铰接接头还可用来连接浮桥的河中部分和连岸部分(图3-8)。

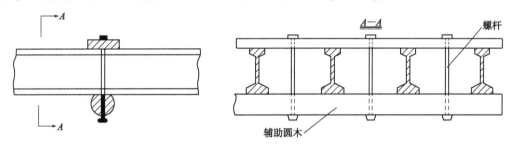

图 3-8　利用辅助圆木接长

①桥桁的刚性接头

按结构处理方法不同,桥桁的刚性接头可分为下列几种基本形式:搭接接头、垂直盖板接头、衬板(桥桁连接器)接头、门桥系梁接头、连接横桁接头和法兰盘接头。

a.搭接接头

最简单的槽形截面桥桁的搭接接头如图3-9所示。两桥桁端部的垂直腹板在0.6~1.0m以上的长度上重叠,该长度称搭接长度。这种形式的接头无论在制式浮桥和门桥还是在就便金属材料架设的浮桥中都可采用。桥脚分置式舟桥器材的桥桁连接采用的就是这种方式。在桥脚分置式桁桥腹板上设有25个$\phi 55mm$圆孔,可根据舟桥载重量变化和闭塞作业的需要来变化桥桁搭接长度和浮(门)桥跨度。其连接用的桥桁螺杆如图3-10所示,$\phi 53.5mm$的圆柱承受两搭接桥桁腹板的剪切与挤压,由于接头处受力较大,螺杆一般采用高强度钢制作。搭接接头也可用于工字形截面的桥桁接头,但此时必须在搭接范围内切去一侧的翼缘使腹板靠紧。同时其折损的截面应通过在腹板上焊上钢板予以补偿。

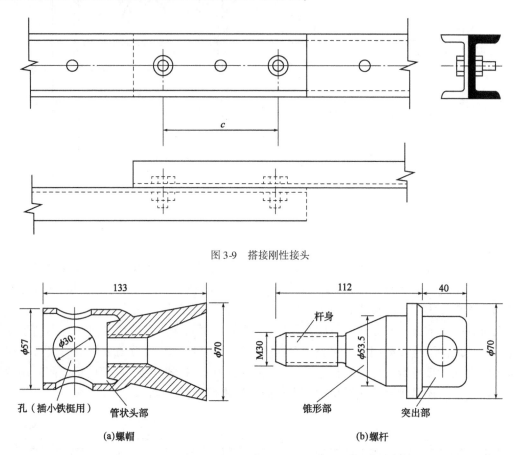

图3-9 搭接刚性接头

图3-10 搭接刚性接头的螺栓(尺寸单位:mm)

搭接接头的缺点有:①在桥节门桥相互连接时彼此的桥桁末端要背靠背插入、对中连接桁孔。在采用就便金属材料架设浮桥时,由于所连接桥桁的孔不易对准而使连接更加困难。②在桥桁接头连接及分解时必须取下搭接长度范围内的桥板。③相邻门桥的桥桁彼此交错,门桥不易引出桥轴线。

因此,在桥桁采用搭接接头时,门桥从桥轴线引出可采用两种方法:

第一种方法是将浮桥的一端向岸侧移2个接头长度。

第二种方法是在门桥中央卸去搭接接头的一组桥桁螺杆以构成铰接接头,再卸去引出门桥两端的连接螺杆,通过两个半门桥的横倾从桥轴线引出门桥。桥脚分置式舟桥采用的就是这种方法(图3-11)。

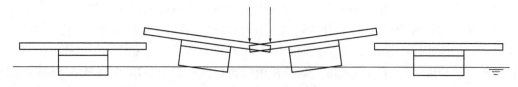

图3-11 门桥倾斜法进入桥轴线

b. 垂直盖板接头

在采用就便器材架设的浮桥和门桥中,工字钢桥桁可以利用垂直的槽钢盖板构成接头(图3-12),此时槽钢用2个螺栓固定在桥桁上,盖板的截面应与所连桥桁截面等强度。这种接头的特点是结构简单,并能保证在取下盖板后迅速将门桥引出桥轴线。其缺点是存在单个盖板接头构件,并且螺栓的数量要比搭接接头多1倍。

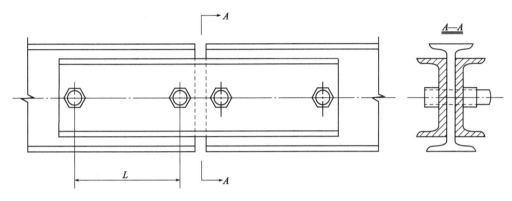

图3-12　垂直盖板接头

c. 衬板(桥桁连接器)接头

这种接头用于箱形截面桥桁和桁联的制式舟桥,在箱形截面的桥桁中,衬板插入被连接桥桁端部管孔内,并且在每个桥桁上用2个销钉固定衬板。德国J-43型舟桥器材采用的就是此种结构(图3-13)。

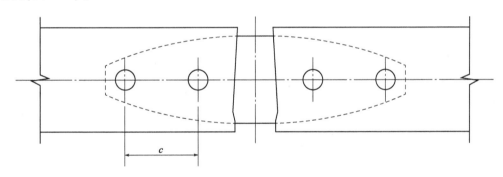

图3-13　衬板(桥桁连接器)接头

某中型舟桥器材桥桁接头采用的桥桁连接器(图3-14)可作为桁联用衬板接头连接的例子。

采用桥桁连接器可使架设作业速度加快,因插栓插入桥桁孔后不需要拧紧螺帽,可节省作业时间,而且这种连接形式有利于夜间作业。

当然这种连接方式也有缺点,主要是连接器的自重较大(70kg),当变浮桥渡河为门桥渡河时,需卸下门桥两侧的连接器,在作业时不太方便。另外,插栓与桥桁孔的公差配合,从架设观点来看,要求愈大愈方便;但从受力观点来看,太大后会使插栓不仅受剪切,而且要承受弯曲,这是不利的。

上述三种接头的连接螺栓或插栓均承受单截面剪切,剪切力S(单位:kN)按桥桁的计算弯矩计算,按下式确定:

$$S = \frac{M}{c} \tag{3-1}$$

式中：M——一根桥桁的计算弯矩(kN·m)；

c——在桥桁一端的两螺栓(插栓)中心距(m)。

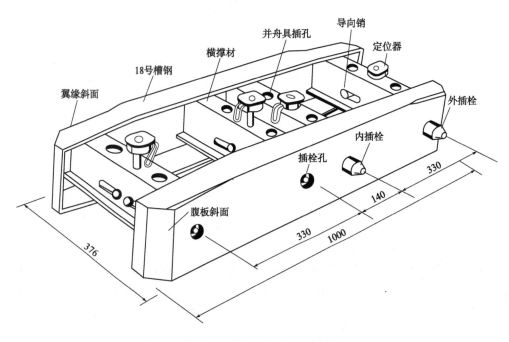

图 3-14　某中型舟桥的桥桁连接器(尺寸单位：mm)

d. 门桥系梁接头

为了在桥轴线上快速连接或分解，采用箱形或工字形截面桥桁的制式器材桥节门桥的连接可采用门桥系梁接头。德国 J-43 型舟桥器材架设的浮桥中，门桥间的连接采用的就是这种接头(图3-15)。门桥通过带有螺纹拉杆的 2 根系梁连接，系梁用螺纹拉杆锁紧在辅助桥桁上，此辅助桥桁放在边桁上方的桥板上，同时兼作缘材。

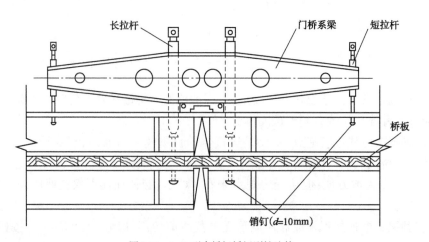

图 3-15　J-43 型舟桥门桥间刚性连接

这种接头的优点是连接构件易于获得,并能迅速连接和分解桥节门桥。缺点是所有的中间桥桁都不连接,因此浮桥该处横截面内中间桥桁不能参加工作。

e.连接横桁接头

用就便金属材料制作的桥桁,其接头宜采用带有连接横桁的接头。这种接头不要求制造大直径的螺栓和在桥桁腹板上钻孔。桥桁接头由2对连接横桁组成,桥桁交错搭接,连接横桁布置在被连接桥桁端部上下表面处,并且通过在桥桁之间穿过的垂直螺杆拉紧(图3-16)。因此,在这种形式的接头中螺杆受拉,而横桁受弯。如果桥桁接头布置在桥脚舟上面,可以利用舟舷或负桁材作下连接横桁,此时接头长度等于舟宽。在这种情况下,如果每根桥桁都单独地与此种下连接横桁固定,就可以不设置上连接横桁。美军M4舟桥器材采用的就是这种接头。

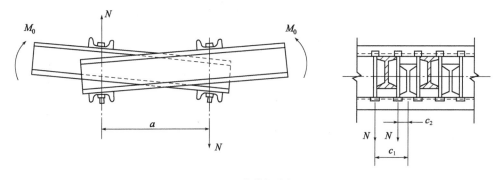

图3-16 连接横桁接头受力

横桁一般采用槽钢制作,并以其腹板压紧桥桁。横桁的高度即槽钢的宽度有时会受到桥板厚度的限制,使横桁截面不够,这时横桁就可采用由2根槽钢扣合焊在一起组成箱形截面(图3-17),或采用在槽钢肢上焊一块与其腹板等厚的钢板所组成的箱形截面。此时为了穿过螺杆,在桥面上作横桁的上槽钢或盖板要钻较大的孔,以使螺杆不突出桥面。为了防止横桁移动,在桥桁上焊上板条作挡铁。

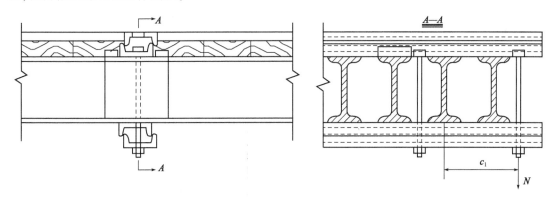

图3-17 槽钢相扣的连接横桁

采用连接横桁时接头受力计算可归结为确定边螺杆的内力和连接横桁的应力校核。

一个螺杆承受的拉力 N(单位:kN)为:

$$N = \frac{M_0}{n_0 a} \tag{3-2}$$

式中:M_0——在浮桥接头处桥跨结构横截面内的计算弯矩(kN·m);

n_0——连接每一对连接横桁的螺杆数量;

a——两对连接横桁的轴线间距(m),一般为1m左右。

横桁的计算弯矩取决于螺杆间距。当接头在全部桥桁之间布置螺杆时(图3-16),在每根连接横桁中的弯矩M(单位:kN·m)按下式确定:

$$M = N(c_1 + c_2) \tag{3-3}$$

而当螺杆布置在成对桥桁之间时(图3-17),上述弯矩按下式确定:

$$M = Nc_1 \tag{3-4}$$

式中:c_1、c_2——图3-16和图3-17所示力矩的力臂(m)。

f. 法兰盘接头

不论在制式舟桥还是采用就便金属材料制作的浮(门)桥中,对于较高的工字形截面桥桁可以采用法兰盘接头(图3-18)。在这种形式的接头中,梁的翼缘用1~2个水平螺栓连接,此时水平螺栓同时承受拉力和剪力,翼缘内的压力通过接头的支撑板或垫板传递。

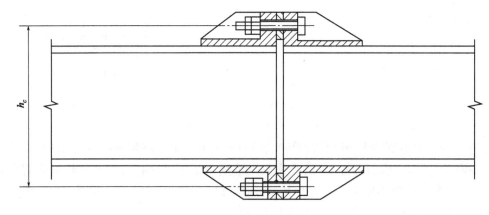

图3-18 法兰盘接头

法兰盘连接能比较方便地从桥轴线上引出门桥。在接头处,当浮桥宽度方向存在不同间隙时还可以通过采用不同厚度的垫板填满间隙,使桥桁均匀共同工作。

由桥桁弯矩引起的螺栓拉力S(单位:kN)为

$$S = M \times h_c \tag{3-5}$$

式中:M——一根桥桁的计算弯矩(kN·m);

h_c——受压翼缘挤压面积重心到受拉螺杆轴线间的距离(m),一般近似取上、下翼缘螺栓轴线间距。

为了不使下翼缘上的受拉螺栓超载,剪力应由布置在上翼缘上的螺栓承受。为此下法兰盘上的螺孔直径要做得比上法兰盘上的螺孔大一些。要使接头截面内的全部螺栓传递剪力实际上是很困难的,因为这样做要求法兰盘有很高的制造精度。

必须指出的是,在采用法兰盘接头时,要求将桥面部分设置在横梁上,并且横梁高度应大于法兰盘的高度。

②桥桁的铰接接头

在刚性接头的前三种接头中,去掉1个连接螺栓(桥桁连接器去掉1对插栓)时即可组成铰接接头。此时桥桁接头能容许相对转动。

图 3-19 所示为在采用就便金属材料架设的浮(门)桥中采用的工字钢桥桁的铰接接头结构。但是这种处理方法一般不采用,因为这种接头在连接和分解桥桁时必须拆开部分桥面。

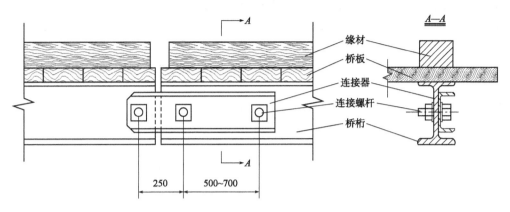

图 3-19 工字钢桥桁的铰接接头(尺寸单位:mm)

由于铰力在桥桁中引起的弯矩不大,因此可以只限于连接 2 根边桁,并将连接件布置在缘材中。

图 3-20 是制式浮桥器材 H2П(恩二波)中采用过的铰接接头简图。相邻接的两桥节门桥间用左、右两个铰接接头连接彼此的桥跨结构。这种接头形式可在任何形式的桥桁和缘材截面的情况下使用。

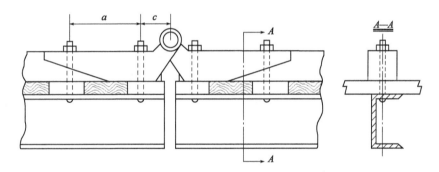

图 3-20 设置在缘材上的铰接接头

铰接接头构件按计算铰力及其引起的力矩计算。该力矩 M(单位:kN·m)按下式确定:

$$M = X \cdot c \tag{3-6}$$

式中:X——作用在一个接头上的铰力(kN);

c——从铰的中心到第一个螺杆轴线之间的距离(m),见图 3-20。

作用在靠近铰的连接螺杆上的拉力 S(单位:kN)按下式确定:

$$S = \frac{M}{a} + X \tag{3-7}$$

式中:a——接头一个肢上的螺杆轴线间距(m)。

当只在边桁上布置铰接接头时,必须预先采取在浮桥横截面内的全部桥桁之间分配铰压力的措施。如果舟舷的位置很接近桥桁末端,那么桥脚舟的舟舷可以起到分配结构的作用。如果不是这样,即当桥脚舟的舟舷到桥桁末端的间距大于 0.5m 时,就必须在距桥桁末端

0.2~0.3m处设置辅助横梁:可以用U形垂直螺杆将一根辅助圆(方)木固定在桥桁下面(图3-21),边桁通过辅助横梁和连接螺杆将它所承受的铰力均匀地传给其他的桥桁。或者用垂直螺杆连接的上下两根辅助圆木(方木)夹紧全部桥桁(图3-22)。

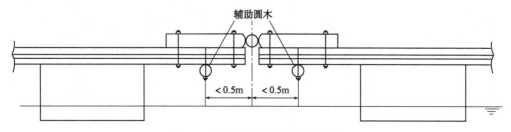

图3-21　利用辅助圆木设置的铰接接头

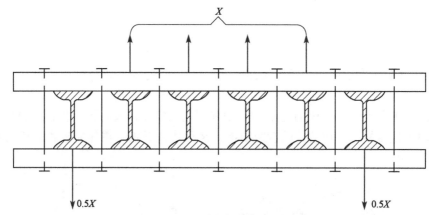

图3-22　圆(方)木作辅助横梁计算简图

此时辅助横梁可看作两端简支梁,其跨度等于边桁间距,边桁间各螺杆的拉力可认为分布于辅助横梁上的均布荷载。在这种情况下,辅助横梁的计算弯矩M(单位:kN·m)为

$$M = \frac{X \cdot b_{max}}{8} \tag{3-8}$$

式中:X——作用于2根边桁上的铰力(kN);

b_{max}——边桁间距(m)。

边螺杆内力N(单位:kN)(图3-22)为

$$N = \frac{X}{n_0} \tag{3-9}$$

式中:n_0——连接辅助横梁的螺杆数目。

当有2根辅助横梁上下夹住桥桁时可认为两辅助横梁为一复合梁。其中最高的横梁应力σ(单位:kPa)按下式校核:

$$\sigma = \frac{M \cdot I_1}{W_1 \cdot \Sigma I} \tag{3-10}$$

式中:I_1——被校核横梁的惯性矩(m^4);

W_1——被校核横梁的截面抵抗矩(m^3);

ΣI——两根辅助横梁的惯性矩之和(m^4)。

用一根圆木(或方木)通过螺杆将每个桥桁相连接而成的辅助横梁的应力按通常的公式

校核。

2. 木质桥桁

就便器材浮(门)桥还采用圆木和方木制成的桥桁。由于木质桥桁的承载能力较小,所以它们宜用于载重量不大的浮桥。

当舟桥的载重量较大时,桥跨结构将变得笨重。舟桥横截面内的桥桁数量相当多,以致在桥面范围内不能排下,必须铺成两层(图3-23),这样在构筑桥桁刚性接头时就比较困难。

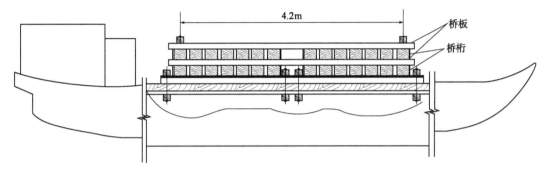

图 3-23 双层木质桥桁

木质桥桁在舟上通常采取等间距配置,桥桁数量一般为 6~12 根,跨度取 3~5m。木质桥桁接头一般采用连接横桁接头。主桁在接头处搭接配置时(图3-24),其搭接部的长度一般为桥桁直径(或高度)的 5~6 倍。主桁在接头处对接配置时(图3-25),在每根桥桁侧面,设置 1 根连接短桁(又称副桁),短桁截面应与桥桁截面等强度,其长度一般为 10~12 倍桥桁直径(或高度)。连接短桁既可采用木质的,也可采用金属的(特别是在桥桁数量多,而木质短桁放不下时)。当金属短桁低于木质主桁时,可在短桁及连接横桁之间加上垫板(图3-26)。用槽钢作短桁时,应腹板相靠成对配置,并用焊接或螺杆连接组成工字形,以保证短桁的稳定性。

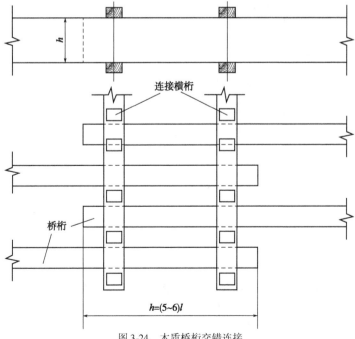

图 3-24 木质桥桁交错连接

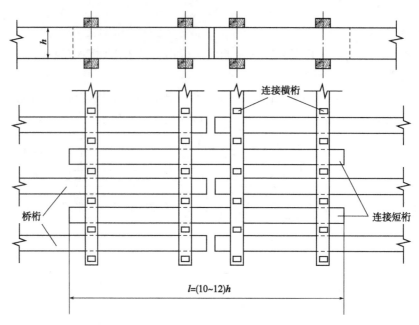

图 3-25 木质桥桁对接连接

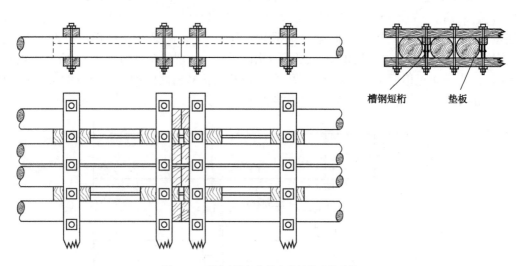

图 3-26 采用金属短桁的木质桥桁对接连接

上、下连接横桁可以采用金属桥桁中连接横桁的各种形式,亦可以采用较宽的硬木木板(横桥板亦可)等做上连接横桁,而下连接横桁采用方木或两面削平的圆木(图 3-27)。螺杆配置方法与金属桁中的连接横桁接头相同(图 3-16、图 3-17),接头中的横桁及螺杆按式(3-2)~式(3-4)计算,并需校核垂直连接螺杆垫圈下面木材的挤压应力。

木质桥桁铰接体系浮桥的铰接接头一般采用槽钢或角钢切段制作的铰接连接器(图 3-28)。它由连接器(图 3-29)、铰接螺栓和连接螺杆组成。铰接连接器通常安置在缘材上,也可直接安置在桥板上,用连接螺杆与边桁固定。连接器的弯矩及连接螺杆的内力可按式(3-6)、式(3-7)计算。

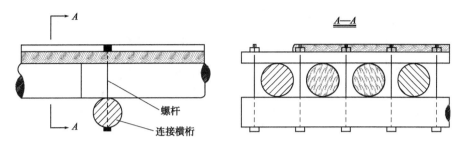

图 3-27　采用圆木作下连接横桁

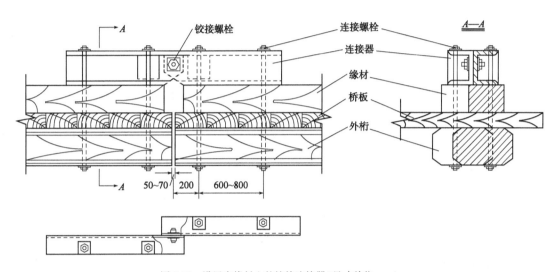

图 3-28　设置在缘材上的铰接连接器(尺寸单位:mm)

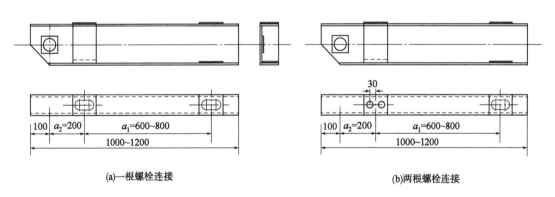

(a)一根螺栓连接　　　　　　　　　　　(b)两根螺栓连接

图 3-29　铰接连接器(尺寸单位:mm)

3. 桥桁和舟的连接

在铰接体系浮桥和连续体系浮桥中桥桁一般支撑在桥脚舟的舟舷上。制式舟桥的桥桁一般通过舷桁螺杆(图 3-30)固定在舷缘角钢上。连接方式随着桥桁的种类而有所不同。在大部分情况下,采用桥桁与舟舷直接连接(图 3-31)。桥桁水平翼缘孔与舟舷上孔对准,即将端部有闭锁挡销的舷桁螺杆插入固定。

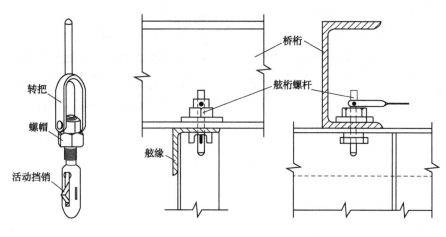

图 3-30　舷桁螺杆　　　　　　　　图 3-31　舷桁连接

桁联可以采用其横撑上的钩形舷桁螺杆(图 3-32)固定。螺杆端部的小钩钩住舷缘角钢的垂直壁孔(图 3-33)。不钻孔的单根桥桁可以用带有异形压紧垫圈的舷桁螺杆(图 3-34)固定,舷桁螺杆插入靠近桥桁的舷缘孔中。在拧紧螺帽时,压紧垫圈将桥桁的下翼板压在舟舷上。在就便器材浮桥和门桥中,当舟内有框架加强时,可将桥桁与框架冠材固定(图 3-35);舟内没有加强时可以采用下连接横木固定桥桁(图 3-36),即在舟内设置横木,横木两端紧贴仓口边板的下沿,然后用螺杆、铁丝或绳索将桥桁与横木固定。在舟舷平直且允许钻孔的情况下,桥桁也可用穿过木桥板的螺栓固定在舷缘上或用穿过横梁及横撑材的螺栓固定在舷缘上(图 3-37)。如果不能在舷缘必需的位置上钻孔,那么桥桁可以通过辅助横木固定,辅助横木紧靠桥桁布置,这些辅助横木就有可能固定在桥脚舟的两根舷缘上,此时在横木下设置辅助方木或圆木,并用螺栓与桥桁固定(图 3-38)。

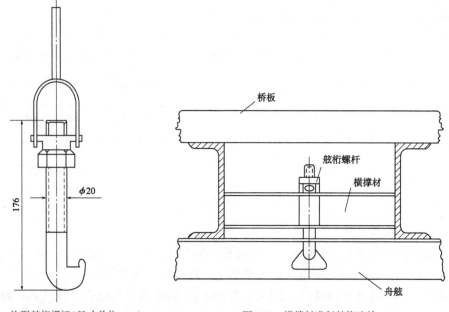

图 3-32　钩形舷桁螺杆(尺寸单位:mm)　　　　图 3-33　横撑材进行舷桁连接

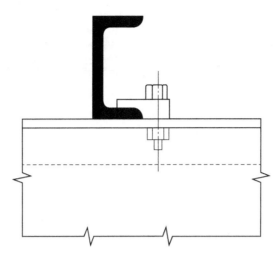

图 3-34 异形垫圈螺杆连接

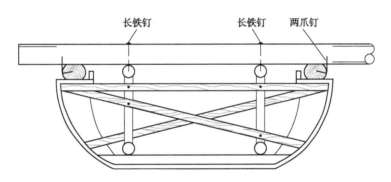

图 3-35 桥桁与框架冠材的固定

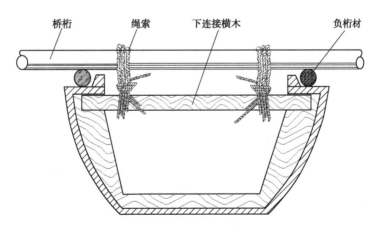

图 3-36 用下连接横木固定桥桁

91

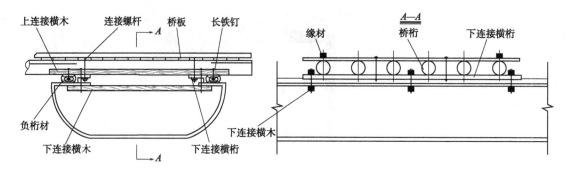

图 3-37　桥桁固定在负桁材上

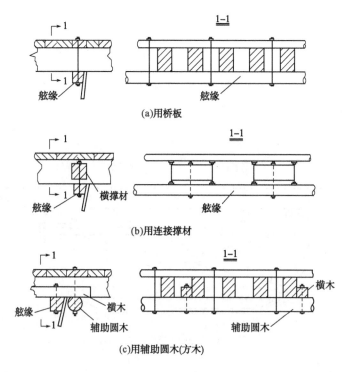

图 3-38　桥桁固定在舷缘上

(二)桥面系结构

1. 桥板

在制式舟桥器材中,桥板采用直接搁置于桥桁上的横桥板。横桥板长度一般比车行道宽 20~30cm,以便设置缘材。桥板厚度取决于通过的荷载和桥桁横向间距的大小,一般采用 6~8cm。桥板宽度一般采用 40cm 左右。为了保证 2 名作业手能搬运,桥板的质量不宜超过 90kg。桥板一般采用木材制作(桥脚分置式浮桥器材的桥板均用东北红松木),用 3 块木条以凸凹接榫连接(图 3-39),并有铁条和小角钢横向固定。小角钢安置在桥板下,铺桥板后可以防止桥板横向移动。为防止桥板被车辆履带磨损,在桥板上履带可以通行的地方设有铁框作为车辙护铁。桥板两端留有缺口,以便桥板铺设后安装缘材螺杆。

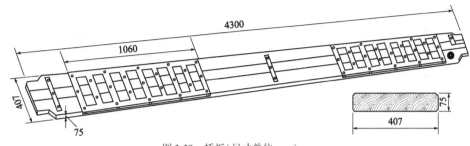

图 3-39 桥板(尺寸单位:mm)

在制式舟桥器材中还有一种特殊用途的桥头桥板。它铺设在漕渡门桥的两端以及码头(栈桥)的两端,用来防止桥板前后移动和安装跳板或供固定门桥挡架。

在就便器材浮桥和门桥中,当桥桁间距不大于 0.7m 时,可在桥桁上直接铺设横桥板。桥板厚度一般为 6~10cm,宽度为 20cm 左右。使用木质桥桁时,每块桥板可用 2~3 个铁钉钉在桥桁上。

2. 缘材和栏杆柱

设置缘材的目的是固定桥板和标示车行部宽度,此外缘材还可阻挡车轮滑出桥面。正是由于后者的要求,通常使缘材具有一定的高度,一般在 12cm 以上。缘材可根据需要采用不同长度,一般在 4m 左右。制式浮桥器材的缘材通常采用沸腾钢槽钢制成,在水平翼开有缘材螺杆孔,可通过带转把螺帽的缘材螺杆将缘材固定到桥桁上去。在缘材中央有一圆孔,用以插栏杆柱。在就便器材浮桥中,缘材一般采用方木或两边砍削的圆木制作。缘材可用绳索、铁丝、逆钩钉或螺杆固定在边桁上。在木质桥桁中,当桥桁交错配置时,缘材可用斜钉固定在桥桁上,也可用螺杆固定在连接横桁、辅助圆木(方木)上。在金属桥桁中,缘材用螺杆等固定在辅助构件上或连接横桁上,也可固定在桥板上,而桥板再用逆钩钉固定到横向联结系撑材上。一根缘材的 2 个固定点间距取 1.5~2.0m。在制式浮桥中,栏杆由管形栏杆柱组成。其上部有两个螺旋钩,用以挂栏杆绳和救生圈;下部有一个挡盘,挡盘下端插入缘材的栏杆柱孔内。在就便器材浮桥中,栏杆柱用小方木制作。

(三)桁架式桥跨结构

1. 桁架联

成对地构成立体拼装单位的桁架联能保证稳定,因而上承式桥的桥面结构比较轻便。这种结构形式是预定用来在宽大江河上构筑渡场时专用的浮桥器材所特有的(图 3-40)。它的桥面部分形式一般是双行道,所以在浮桥横截面内桁架间距相当大,不可能直接采用横桥板型桥面结构。

某特种舟桥的每个桁架由两个平面桁架组成,桁架之间用上、下纵向联结系及横向联结系连接。桁架(图 3-41)是上部结构的主要承载构件,长 4580mm、宽 574mm、高 1230mm,重 570kg。平面桁架由弦杆及腹杆组成。桁架的上弦杆及下弦杆用 12 号工字钢制成。腹杆包括斜杆、端竖杆及中间竖杆(图 3-42)。横桁(图 3-43)设置在桁架或进出口桁上,由 2 根 18 号槽钢组成,用于支承桥板,在桥础材不够时,可代替桥础材。横桁长 3516mm、宽 168mm、高 210mm,重 157kg。

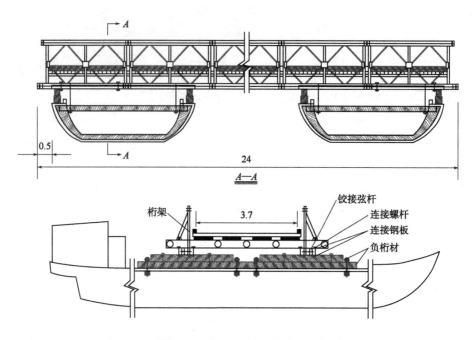

图3-40 就便器材架设的浮桥(桥节门桥)(尺寸单位:m)

图3-41 某特种舟桥桁架

2. 桁架片

在利用我国定型生产的装配式公路钢桥的平面桁架拼装单元和线性拼装单元架设民舟浮桥时,其桥跨结构采用下承式。在此桥跨结构中采用横梁及抗风拉杆来固定平面桁架,并采用专用的斜撑使平面桁架固定在垂直位置上,斜撑同时又能保证受压弦杆的稳定性并作为横向联结系。桥面部分采用如下布置方式:先在横梁上设置纵梁,然后在纵梁上铺设横桥板。

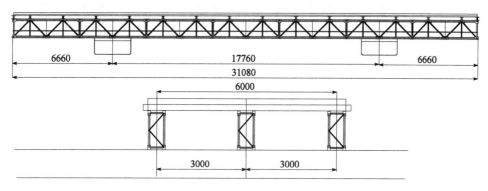

图 3-42　某特种舟桥 60t 桥节门桥上部结构(尺寸单位:mm)

图 3-43　某特种舟桥横桁

3. 桥面系结构

浮(门)桥的桥面系结构可采用三种形式:布置在横梁上的连跨纵桥板(横梁间距 0.6 ~ 0.8m);在桁架节点上设置横梁,再在横梁上铺设纵梁支撑横桥板;在横梁上铺设单跨(横梁间距 0.9 ~ 2.2m)钢木组合纵桥板或箱形胶合纵桥板。后一种桥面结构应用于制式舟桥器材中。

二、整体式桥跨结构

(一)车辙式桥跨结构

车辙式桥跨结构构由 2 个用金属制作的车辙组成,此车辙将承重结构(用数道横隔板连接的 2 片板梁)和固定在板梁上的桥面结构(交叉的垂直板条组成的格子结构或焊有纵向肋条的金属薄板)合并成一个构件,并且具有较小的外形尺寸和重量,可以缩短拼装、结合作业时间。车辙式桥跨结通过变化桥脚舟的排水量及其轴线间距来变化浮(门)桥的载重能力。

格子式桥板的优点是可以在较大间距(指横隔板间距)范围内铺设而成,而且其纵向连接较好。其缺点是由通行车辆带来的泥土会通过孔眼漏下而使桥脚舟上积存大量泥土。平面金属桥板可保护桥脚舟不需清除泥土,但要求金属板下设置数道纵向梁与横隔板交叉,并且要采取保护和防滑措施加强桥板表面(采用波纹表面、焊上钢条等)。在桥长方向上车辙纵向梁之间的接头可采用桥桁接头所使用的方法。

某轻型门桥的车辙板(图 3-44)为铝合金焊接结构,由主梁、横梁、纵梁、面板、耳板、定位销和限位销等组成,是直接承受门桥和浮桥荷载的部件。此外,还设有用于保障荷载上、下门桥和浮桥的跳板。

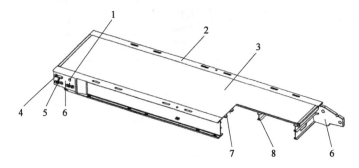

图 3-44　某型轻型门桥的车辙板
1-定位销;2-主梁;3-面板;4-插销;5-限位销;6-耳板;7-纵梁;8-横梁

美国采用充气桥脚舟的 60t 级舟桥为带车辙间桥板的车辙桥(图 3-45),在浮桥的截面内布置有 2 个宽度为 1.4m 的车辙和 1 个宽度为 1.23m 的车辙间桥板,这样将可保证车行部宽度为 4.06m。

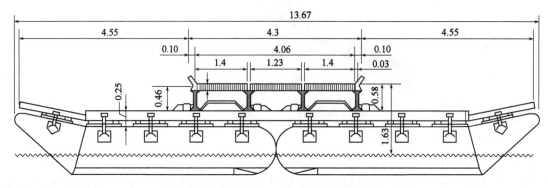

图 3-45　美国 60t 级舟桥的横断面(尺寸单位:m)

美国 60t 级舟桥的车辙采用格子式金属桥板(图 3-46),它由 2 根高度为 457mm、宽度为 190mm 的工字钢组成,在工字钢上焊有横隔板和格子桥板。

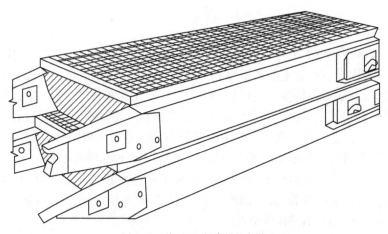

图 3-46　美国 60t 级舟桥的车辙

在梁上沿的两外侧翼板,一边支撑缘材,另一边支撑用螺栓固定的车辙间桥板。当车辙长度为 5.37m 时,车辙的质量为 1.86t。由车辙组成的桥段长度为 4.57m,因此车辙的伸长部分用于组成车辙间的刚性接头。为此,车辙的伸出端插入另一车辙箱形槽中,并用 2 个销钉固定,其中离车辙端部最远的销钉是不能取下的,因为在车辙的伸出端有专门的槽与此销钉相配合。为了固定车辙,充气桥脚舟的支撑梁上带有专用的夹具夹紧车辙梁的下翼板。

采用第三种桥跨形式即车辙式结构时,可以缩短架桥的拼装、结合作业时间。在这种结构中,桥跨结构由 2 个车辙组成,此车辙将承重结构和桥面结构合并成一个构件,并且具有较小的外形尺寸和质量。采用车辙式桥跨结构时,浮桥通过变化桥脚舟的排水量及其轴线间距来变化浮桥的载重能力。在最简单的情况下,桥跨结构的车辙由两根用横撑连接的主梁组成,并在主梁上固定格子或金属桥板。车辙的宽度取 0.8~1.4m,两车辙被拉开一段距离,形成车辙间空隙,其宽度根据容许通过的荷载通行宽度确定。苏联空降部队专用的带橡皮舟的浮桥器材 ПВД-20 中就采用了这种形式的桥跨结构(图 3-47)。

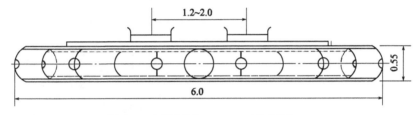

图 3-47 车辙式结构(ПВД-20)(尺寸单位:m)

为了克服车辙式桥跨结构只能容许通过一定轮距的荷载这一缺点,在 ПВД-20 舟桥中车辙可按其轴线间距为 1.2m、1.6m 和 2.0m 布置。车辙间空当除了限制轮距外,还会降低浮桥的通行性能,并使浮桥在夜间和为了伪装而施放烟幕条件下的使用发生困难。在第二次世界大战和朝鲜战争中,车辙式浮桥的使用经验迫使美国在 60t 级舟桥器材中采用车辙间板,这种桥板铺在车辙间的空当上以构成沿整个桥宽密铺的桥面。

(二)桥节式桥跨结构

桥节式桥跨结构由可以漂浮在水上的桥节纵向连接而成,桥节均为板梁和浮箱组合的整体结构。如某型重型舟桥的桥跨(图 3-48),既可作为浮桥和漕渡门桥的承重结构和桥面,还可为漕渡门桥和带式浮桥提供浮力。

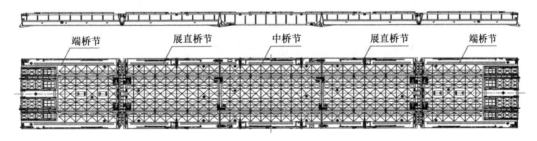

图 3-48 某重型舟桥的基本桥跨

为便于装车,所有桥节均设计成横向三折形式,在中箱和边箱间设有桥节展开机构。各桥节端部设有上下连接机构以实现桥节之间的连接。展直桥节上设有桥跨展直机构用于结合漕渡门桥时提升端桥节以及结合桥脚分置式桥节门桥时展直桥跨。端桥节上设有跳板、础板和跳板翻转机构。

第二节　带式浮桥河中部分及带式漕渡门桥的结构

一、带式舟桥的特点

制式带式舟桥是密布在弹性基础上的箱形薄壁结构连续梁,整个横断面都参加工作。它的结构特点是将普通舟桥的桥脚舟和桥跨结构合为一体,既可架设浮桥(图3-49、图3-50),也可结构漕渡门桥(图3-51)。其舟体可折叠或垒叠装车运输,泛水和装车都是机械化操作。目前,世界上不少国家的军队都已经装备带式舟桥。

图3-49　四折带式舟桥架设的浮桥

图3-50　ПП-91带式舟桥120t浮桥

图3-51　ПП-91带式舟桥漕渡门桥

带式舟桥与桥脚分置式舟桥相比,具有下列优点:

(1)零部件少,连接作业方便,架设速度快。浮桥受到局部破坏时,还可以迅速将损坏部分更换。

(2) 机械化程度高,使用兵力少,劳动强度低,作业安全,作业人员可以不下水。

(3) 由行军状态转入使用状态非常迅速,具有较好的战斗使用性能。

(4) 桥节门桥和漕渡门桥是统一的结构,门桥渡河与浮桥渡河转换迅速。

(5) 带式舟桥的端部舟底一般可直接支承在河底,并且自带跳板和岸边舟,门桥渡河时可不必构筑码头。

(6) 通行性能好,车辆可用较高的速度通过浮桥。四折带式浮桥的通载速度,履带式车辆可达 20~30km/h,轮式车辆可不限速。

(7) 带式舟桥运输车辆少,因而行军序列短,机动性好。

带式舟桥除了上述优点外,目前还存在以下问题:

(1) 适应最大流速比相同载重量的桥脚分置式舟桥略低。因为河中舟折叠运输受运输限界约束不便于增加河中舟的高度和顺水流方向的长度。

(2) 带式舟桥阻断全部河面,水流阻力略大,给门桥漕渡及浮桥水平固定增加了一些困难。

(3) 对运输车辆有特殊要求。例如,运输车辆的装载平台长而低,载重量要求大,一般车辆不易满足这些要求。

带式舟桥在其横断面内采取一端[图2-17(a)]或两端[图2-17(b)]首部型线的舟型。

带式舟桥的宽度根据浮桥和漕渡门桥的浮性、稳性、高流速中的稳定性及使用要求等确定。综合上述条件,通过重型荷载浮桥的宽度需要 8~10m。在采用这种尺寸时,轻型荷载可在 6~6.6m 宽度的车行部上成两路纵队通过,重型荷载可在 4.5m 宽度的车行部中心线成一路纵队通过。

在带式舟桥车行部的一侧或两侧设置起缘材作用的 Z 形梁和向上倾斜的轻型甲板。为了提高浮桥在高流速下的稳定性,带式舟桥的舟首加高到 1.0~1.2m。在轻型甲板上布置锚定设备和保证浮桥架设与使用的其他设备。

在车行部范围内,带式舟桥的高度为 0.6~0.8m。高度小,可简化浮桥与岸边的连接结构,但高度的减小也会给舟的制造及舟内检修带来困难。

带式舟桥划分拼装单元的方法根据运输条件(运输车辆的载重能力)、货运平板车或拖车的长度、平台的高度以及被运输部件不超限的容许尺寸和门桥、浮桥结构的作业方法而定。带式舟桥河中部分拼装单元划分通常采用纵向分段与横向分段的方法。

二、带式舟桥的承重结构

带式舟桥基本和最重要的结构是纵向承重结构,按其组成不同有两种类型:一种是采用腹杆连接的上下弦杆组成的空间桁架结构;另一种是采用空心梁结构,空心梁的翼板是车行部纵向构件和甲板以及舟底的纵向构件和底板。

(一)空间桁架结构

某重型舟桥可以作为第一种类型的例子(图3-52)。它在浮桥纵向(舟的横向)的承重构件为 6 片桁架,布置在舟内,处于车行部甲板的下面,其中首舟 3 片、尾舟 3 片。每片桁架由上弦杆、下弦杆及腹杆组成,承重结构之间在桥长方向对接。

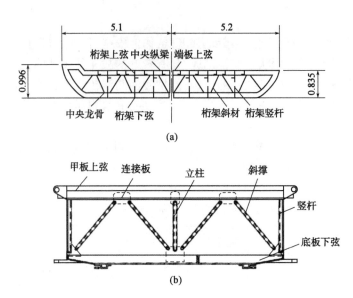

图 3-52 某重型舟桥纵向和横向桁架结构(尺寸单位:m)

(二)空心梁结构

由铝合金制作的美国四折带式舟桥可看作第二种纵向承重结构组成方法的例子。该舟桥整个中间舟节都是纵向承重结构,其等值梁剖面包括全部纵向骨架构件、甲板、底板和部分舷板(图 3-53)。

图 3-53 美军铝合金四折带式舟桥的纵向承重结构

四折带式舟桥河中部分的浮桥纵向承重结构[图 3-54(a)、图 3-54(c)]布置在 2 个中间舟节上,可与邻接的全形舟在桥长方向对接,属于第二种组成方法的另一个例子。其腹板是承受横向力的舷板和底板;梁的下翼板是中间节舟底板中央龙骨(焊接工字梁),其截面比舟底两根纵向边角钢构件和底板上的纵向压筋大得多;梁的上翼板是中间节舟舷缘角钢及其附连翼板。受接头的影响,在接头附近 0.8~1.0m 范围内,浮桥总纵弯矩主要由主龙骨和舷缘角钢承受,此承重结构称为"三弦梁"[图 3-54(c)],是特殊形式的空心梁结构。边舟[图 3-54(b)]主要用来增加排水量,提高浮桥的稳定性以及增大浮桥的车行部宽度,以便成两路通过轻型荷载。我国带式舟桥及俄罗斯 ПМП 舟桥与美国铝质带式舟桥不同的是,每个中间节舟下部仅用 1 个纵向受拉接头纵向连接,上部通过舷缘角钢端部顶紧承压。

三、带式舟桥的连接装置

(一)纵向连接装置

在带式舟桥的桥长方向,纵向承重结构通过纵向上、下部连接装置连接。

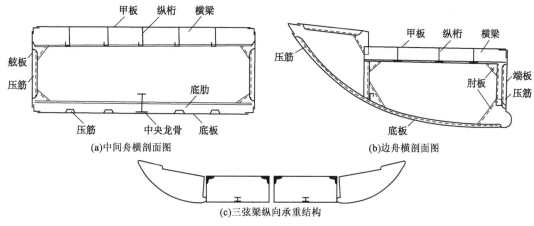

图 3-54 四折带式舟桥纵向承重结构

二折带式舟桥下部纵向接头装置采用的是桥脚分置式舟桥舟节间连接的凸凹接头(又称丙丁接头)结构(图 3-55),焊接在每片纵向承重桁架的下弦杆两端,一端为凸接头,一端为凹接头。

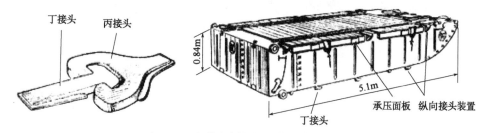

图 3-55 二折带式舟桥纵向下部连接凸凹接头

四折带式舟桥采用的是某特种舟桥桁架所采用的单双铁耳的单销连接接头装置[图 3-56(a)、图 3-56(b)],与中间舟节底板上工字梁(中央龙骨)端部焊接,一端为单耳,另一端为带单销和单销拨动装置的双耳。

制式带式舟桥的上部纵向接头装置通常采用承压板,承压板布置在纵向承重结构上翼板构件(舷缘角钢)的端部[图 3-56(a)]。承压板的纵向接头装置只能够承受正弯矩,在负弯矩作用区段上,上部接头承压板要脱开,此时河中舟只在底部连接。

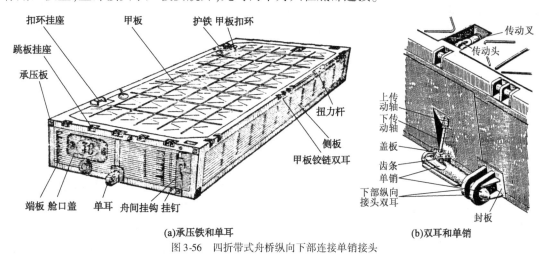

图 3-56 四折带式舟桥纵向下部连接单销接头

采用只能承受正弯矩的纵向联结装置能够保证快速拼装门桥(浮桥)结构,因为此时只需将两相邻的桥节靠近,并对准下部连接装置的耳孔,将单销插入销孔内。从使用观点来看,用带式舟桥河中舟结构的漕渡门桥中采用的负弯矩作用下要脱开的纵向上部接头装置是不合适的。因为当车辆驶上门桥时,上部承压板将会明显张开。在这种情况下必须采用能够承受数值不大的负弯矩的装置。

四折带式舟桥中采用的是在边节舟上设置纵向拉紧装置[图3-57(a)],以承受一定数值的负弯矩。

二折带式舟桥中采用的是在舟的上部设置单双支耳插销式的纵向上部接头[图3-57(b)]来承受负弯矩。同时因其下部的凸凹接头及上部的承压板都不能承受剪力,因而在上部设有6个纵向上、下部接头(图3-55)。荷载在采用四折带式舟桥架设的浮桥上偏心所产生的扭矩由相距为b_0的下部纵向连接装置承受。这里的b_0等于下部纵向连接装置中心之间的距离[图3-54(c)]。

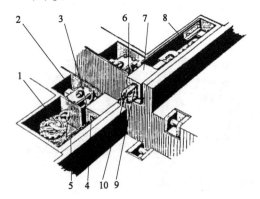 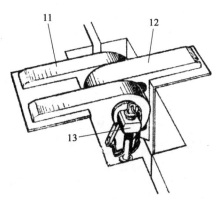

(a)四折带式舟桥尖舟上部纵向拉紧装置　　(b)二折带式舟桥上部单双支耳接头

图3-57　带式舟桥上部纵向连接装置

1-绞盘;2-挡板;3-横销;4-方销导孔;5-钢索;6-定位销;7-导块;8-带槽板条;9-挂钩;10-方销;11-双支耳;12-单支耳;13-单销

在带式舟桥中,有时为了通过较轻型的荷载而将河中舟拆成2个半全形舟,架设单行道浮桥。此时,半全形舟的纵向承重结构和纵向接头装置不可能完全满足要求。例如,钢质四折带式舟桥中,半全形舟只是1个中间节舟和1个边节舟(图3-58)。桥长方向只有中间节舟有接头,采用能自主张开的端部承压板的纵向接头装置不能够抗扭,此时边节舟必须在上部相互连接,在其首部也有必要设置纵向拉紧装置。

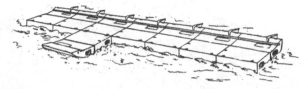

图3-58　四折带式舟桥20t桥节门桥

边节舟的纵向拉紧装置[图3-57(a)],分别布置在河中全形舟2个边节舟薄甲板下方,每个边节舟薄甲板的两端各设置一部分。纵向拉紧装置的一部分由可做水平直线运动的方销、方销导孔、固定方销用的横销以及箱体组成;另一部分由方销导孔、简易绞盘、钢索套、横销和箱体组成。简易绞盘的钢索套可穿过方销导孔,并将相邻河中舟拉紧装置的方销拉至本舟的方销导孔中,然后用横销锁紧。带式舟桥不能设置高出甲板的舷缘角钢,常用的钩篙拉合门桥的方法已不适用,在高流速和大风浪下架设浮桥时,采用上述装置可便于拉合河中全形舟或半全形舟、桥节门桥。

河中舟的纵向拉紧装置还用于岸边舟的提升作业,使岸边舟的岸端抬高,便于移动一岸已架设好的桥段进行带式浮桥的闭塞作业。

(二)横向连接装置

带式舟桥的横向承重结构也是截断的,在使用状态下是通过横向接头连接成整体的。

横向连接装置比纵向连接装置受力小,结构尺寸也小,可与拼装和运输时展开及折叠河中舟的铰接装置合并。它们被安装在带式舟桥横向承重结构的断开处,以传递河中舟舟体纵向弯曲的内力。

在四折带式舟桥中,横向接头并不都是布置在尖舟和方舟的肋骨框架平面内,也可能布置在端板的水平骨架构件的端部(图3-59、图3-60),这是由于兼顾河中舟展开机构的安装和便于分解河中舟而形成的。

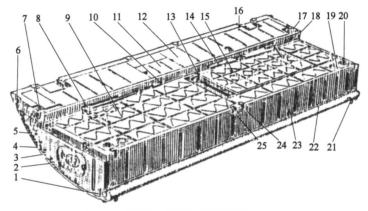

图3-59 四折带式舟桥尖舟

1-舟间挂钮;2-舱口盖;3-端板;4-装卸圆钮;5-跳板挂座;6-折叠圆钮;7-纵向拉紧装置方销;8-锚和锚爪槽;9-厚甲板;10-并舟具;11-锚机和锚机舱;12-薄甲板;13-跳板固定装置;14-吊角;15-跳板和跳板槽;16-羊角;17-纵向拉紧装置绞盘;18-缘材;19-抽水孔;20-吊杆孔;21-限位槽;22-滑道;23-舷板;24-甲板铰链单耳;25-扭力凸轮槽

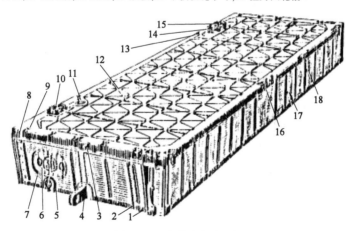

图3-60 四折带式舟桥方舟

1-固定挂钩钮;2-舟间挂钩;3-导绳座;4-下部纵向接头单耳;5-滑道;6-舱口盖;7-端板;8-承压板;9-跳板挂座;10-扣环挂座;11-抽水孔;12-甲板;13-缘材插座;14-护铁;15-甲板扣环;16-扭力杆;17-舷板;18-甲板铰链双耳

在舟底平面内,中间舟节的舷板横向连接采用底板铰链连接(图3-61)。当通过轻型荷载需将河中全形舟分解为半全形舟时,运用杠杆原理用并舟具拔出底板铰链的横销,即可分解。

在舟底平面内,中间舟节与边舟节通过舟间挂钩连接(图3-62),这种连接形式采用布置在边舟节和中间舟节端部骨架上的挂钩钩住固定在边舟节端板上的圆钮。挂钩通过杠杆与设置在中间舟节甲板上的简单杠杆机构连接。杠杆通过中性点后锁住接头,使之不能自行脱开,在甲板上即可利用并舟具使杠杆从一个位置进入另一个位置。

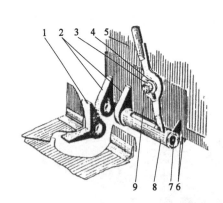 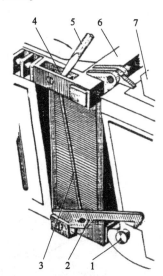

图3-61 四折带式舟桥底板铰链
1-单耳;2-双耳;3-螺母;4-碟形弹簧;5-杠杆;6-支耳;7-插销;8-套筒;9-定位轴

图3-62 四折带式舟桥舟间挂钩
1-舟间挂钮;2-搭钩;3-连杆;4-撬杠套;5-并舟具;6-方舟;7-尖舟

在甲板平面内,中间舟节之间采用布置在端板上部骨架构件端部的承压板连接,中间舟节与边舟节用3对甲板铰链连接(图3-63)。

此外,中间舟节还有承受拉力的甲板扣环连接(图3-64),这对于水中防止河中舟在结构自重作用下与中间舟节之间上部被拉开是非常重要的。受拉的甲板扣环利用舟上配备的并舟具闭锁和打开。

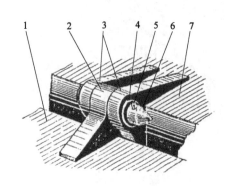 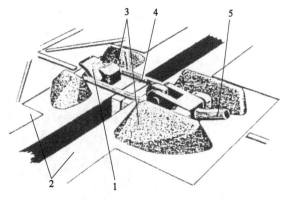

图3-63 四折带式舟桥甲板铰链
1-尖舟;2-单耳;3-双耳;4-垫圈;5-开口销;6-插销;7-方舟

图3-64 四折带式舟桥甲板扣环
1-耳座;2-方舟甲板;3-护铁;4-扣环;5-扣环柄

在二折带式舟桥中,其横向承重结构的下部拉力通过安装在首尾舟节舷板底部的挂钩装置传递,当下部承受压力时,由端板下端承压板传递。上部的压力和剪力由设置在端板上部的2对定位销和定位孔传递,而拉力由甲板上的2对扣环装置来传递。

复习思考题

1. 桥脚分置式浮桥与漕渡门桥的桥跨结构由哪几部分组成?
2. 桥脚分置式浮桥与漕渡门桥的桥跨结构中,桥桁可以分为几类?
3. 桥脚分置式浮桥与漕渡门桥的桥跨结构中,桥桁的接长方式有哪几种?各自有什么特点?
4. 桥脚分置式浮桥与漕渡门桥的桥跨结构中,桥桁与桥脚舟的连接方式有哪几种?
5. 桥脚分置式浮桥与漕渡门桥的桥跨结构中,桥面系的作用是什么?由哪几部分组成?
6. 桁架式桥跨结构和车辙式桥跨结构各有什么特点?
7. 带式舟桥有哪些特点?
8. 带式舟桥河中部分拼装单元的划分有哪几种形式?相对应的制式舟桥器材是什么?
9. 带式舟桥河中部分的承重结构可以分为几类?各自的结构特点是什么?
10. 带式舟桥纵横向连接装置有哪些?各自的作用是什么?

第四章
浮桥河中部分和漕渡门桥与岸边连接的结构

浮桥河中部分和漕渡门桥与岸边的连接是为了保证浮桥连岸部分支承河中部分末端并使之与河岸平缓过渡,保障浮桥在通载和水位变化时正常使用,以及漕渡门桥在漕渡作业过程中顺利装卸载。浮桥河中部分与岸边连接的结构称为浮桥的连岸部分,它是支承河中部分末端与河岸平缓过渡的两个岸端部分。漕渡门桥与岸边的连接通常通过在两岸构筑专用的码头或漕渡门桥自带装卸载用跳板来实现,其连接结构就是码头或跳板。

浮桥的连岸部分有三种基本形式:即梁式过渡桥跨、一端固定的岸边浮游桥节和固定栈桥。前两种又称为浮桥的过渡部分,第三种称为岸边部分。根据河岸的实际情况,连岸部分可由其中一种单独组成,也可以由固定栈桥和岸边浮游桥节或者固定栈桥和梁式过渡桥跨组成。在单独使用固定栈桥作为连岸部分时,其水侧固定桥脚就是河中部分末端的支承。在联合组成连岸部分的情况下,固定栈桥设置在岸边,它可看成河岸的延伸,而其水侧桥脚是岸边浮游桥节和梁式过渡桥跨岸侧一端的刚性支点。由于固定栈桥的架设作业比较费时费力,通常只有浅滩过长而不能设置浮游桥脚,或者河岸高陡需要由较高的接近路向较低的河中部分末端平缓过渡,以及浮游桥脚数量不足三种情况下才采用这种形式。

(1)连岸部分固定栈桥(图4-1)由岸边桥础、固定桥脚和梁式桥跨组成,整个栈桥根据岸边情况和浮游桥脚数量,可以设置成单跨或多跨栈桥。水侧固定桥脚通常设置在水深不大于

1.0~1.5m 的地方。为了适应水位的变化,水侧的几个固定桥脚被构筑成高度上可调,并且有升降桥跨结构的装置。桥脚的数量根据水位变化幅度和桥面允许纵向坡度值来确定。在制式浮桥器材中,固定桥脚被预制成架柱桥脚、滚筒桥脚和三角桥脚等形式。在就便器材中则常常采用列柱桥脚、架柱桥脚和木杆层桥脚作固定栈桥的桥脚。为尽量缩短固定栈桥的长度,桥础应设置在尽量靠近水边的干硬地点,并且离岸边陡坎有一定的安全距离,以防止被水淹没或陡坎塌方。固定栈桥的桥跨结构可以采用与浮游部分桥跨结构相同的组成,整个固定栈桥可以容许有不大8%的纵向坡度,大于此值的纵向坡度将会妨碍车辆的通行并增大车辆对栈桥的冲击。

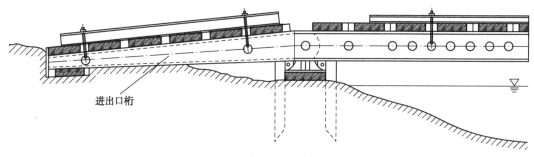

图 4-1　连岸部分固定栈桥

(2)岸边浮游桥节可以被认为是河中浮游部分合乎实际的延伸,既能适应水位的变化,又能支承河中部分末端,保障河中部分末段不致出现比河中部分中央还大的吃水和应力。在桥脚分置式浮桥中,岸边浮游桥节由配置在水侧一端的一个或两个浮游桥脚和承载它们的桥跨结构组成。其陆侧端刚性支承在岸边桥础或固定栈桥的水侧固定桥脚上,而水侧端伸出在浮游桥脚舟舷之外,形成悬臂,用铰和河中部分末端连接,这种岸边浮游桥节称为浮游栈桥(图 4-2)。在带式浮桥中岸边浮游桥节一端直接支承在岸滩上(没有桥础),另一端为与河中部分末端连接的岸边舟。此种岸边舟的端部具有加强的舟舷和舟底,以便能直接将活载的压力传递到岸滩上。

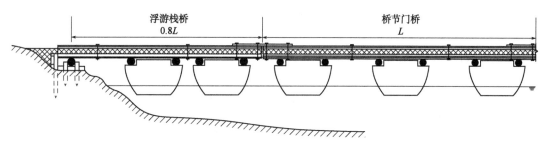

图 4-2　浮游栈桥

(3)梁式过渡桥跨是连岸部分的一种简单形式,由载面部分和若干根桥桁或数片桁架组成。一端支承在岸边桥础上或固定栈桥的水侧桥脚上,另一端支承在河中部分末端。当梁式过渡桥跨简单支承在河中部分末端上时(图 4-3),不仅不能起到支承河中部分末端的作用,反而使河中部分末端负载,因此必须在河中部分末端增设辅助浮游桥脚,以减少末端的沉降水位。此时梁式过渡桥跨主要以其长度来减少连岸部分的纵向坡度。只有当梁式过渡桥跨采用特殊的铰接装置——带限制器铰与河中部分末端连接时,它才能起到支承河中部分末端的作用。

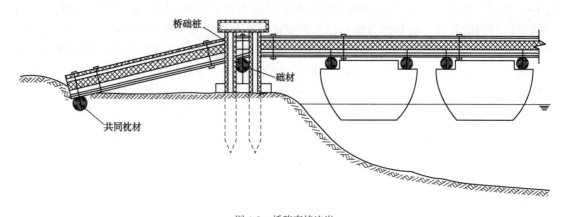

图 4-3　桥跨直接连岸

上述连岸部分与河中部分末端连接时,其连接形式是多种多样的,主要取决于河中部分的体系和结构组成。实际上,有的浮桥没有固定栈桥部分,有的浮桥没有过渡部分,而且近代浮桥(尤其是连续梁体系浮桥)中这两部分已融合成整体而难以区分。

第一节　桥础结构

在桥脚分置式浮桥和漕渡门桥中,与岸边连接的结构物根据水深和器材情况可设置成固定栈桥、码头或浮游栈桥、码头,在桥脚分置式浮桥中还可采用梁式过渡桥跨与岸边连接。其上部结构一般采用河中部分的桥跨结构,在岸侧均搁置在桥础上。在岸坡和水深条件允许的情况下,河中部分和门桥端部可直接与桥础连接。桥础是浮桥和码头的岸端支点,在设置时应很好地固定,以防止浮桥和码头沿桥轴线纵向移动。

桥础一般由桥础材及进出口组成。

一、桥础材

桥础材是桥础的主要构件。其作用是支托栈桥、码头的桥桁,承受由桥桁传来的荷载压力,并将此压力分布于土壤。

桥础材的外形像一根梁,其长度取决于桥面宽度。当桥面宽度为 6m 以上时,可将长桥础材设计成 2 节以上两端面有榫头榫眼对接的短桥础材。础材的宽度则与土壤的承载能力有关(通常取中等土壤,允许压力值为 0.2 ~ 0.3MPa)。桥础材可用钢或木质材料制成。制式浮桥器材一般采用薄钢板焊接而成的工字形剖面的梁(图 4-4)。

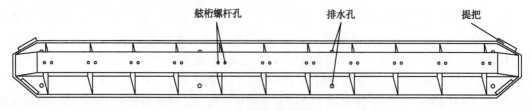

图 4-4　桥础材

桥础材的上翼板有一定弧度,以保证桥桁末端支撑在桥础材轴线上时在受力后有转动的可能。上翼板中间有一系列螺杆孔,供固定桥桁用,或者是数对挡铁,以防止桥桁横向移位。支承桥桁位置的腹板两侧焊有加劲肋,除能起稳定腹板的作用外,还可以增强整个础材的刚度。其下翼板较宽,主要是为了扩大土壤承压面积。础材的两端还设有提把和排水孔,排水孔可避免础材底面与土壤产生真空吸力,使桥础材易从土壤中拔出。

设置桥础材时,需在它的两端各植 1 根固定桩,两侧打几对固定桩(图 4-5),以固定础材的位置。若河岸土壤较松软,可在础材下面放几块桥板,以扩大其承压面积。在就便器材浮桥中,桥础材一般采用方木或两面砍削的圆木(图 4-6),下面垫有数根枕材,以扩大承压面积,并在础材四周及桥桁端部打有桥础桩。桥础材与桥桁的固定根据桥桁材料可分别用栓钉、两爪钉固定或用绳索及铁丝捆扎。

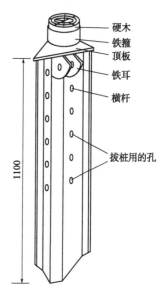

图 4-5 固定桩(尺寸单位:mm)

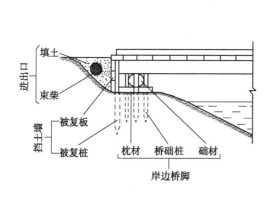
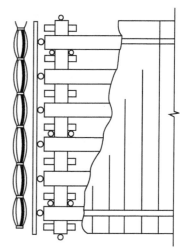

图 4-6 木质桥础

二、进出口

为了便于车辆由岸边上下浮桥及门桥,需构筑进出口。在制式舟桥器材中,进出口的形式有如下几种。

1. 跳板

跳板是用薄钢板焊接成的板架结构,并在其面上焊有防滑钢筋。某中型舟桥的浮桥中跳板(图 4-7、图 4-8)在其一端焊有弯铁,使用时,将弯铁插入桥头桥板相应的方孔中。

2. 进出口桁

桥脚分置式浮桥的进出口桁是纵长为倾斜的槽钢,可在其上铺设桥板,窄端焊有挡板,用以限制桥板的滑动,数根进出口桁与浮桥末端桥桁相连,上面铺设桥板即成进出口(图 4-9)。

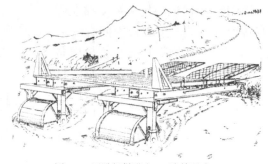

图 4-7 用跳板做进出口(滚筒码头)

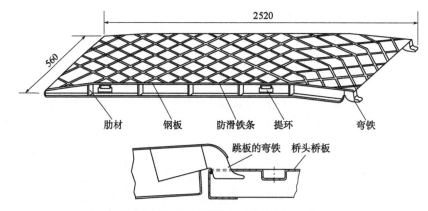

图 4-8 跳板(某中型舟桥)(尺寸单位:mm)

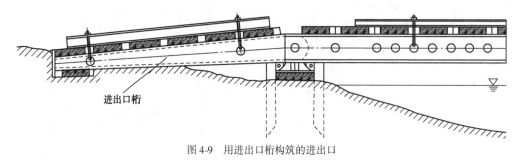

图 4-9 用进出口桁构筑的进出口

3. 就便材料(图 4-10)

在桥础材前铺设几捆束柴并填土,既可成为进出斜面,又可减少车辆上桥时的车轮冲击力。

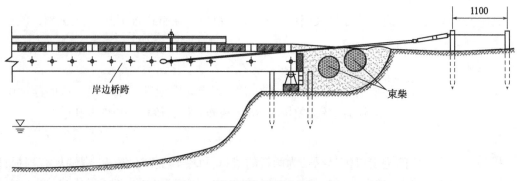

图 4-10 简单进出口(尺寸单位:mm)

就便器材舟桥的进出口也采用上述几种,只是改用木质材料如短圆木(方木)做进出口桁。

上承式桁架舟桥由于桥面较高,其进出口段一般较长,再加上载重量大等因素,要求有专门的比较刚强的进出口桁。如某特种舟桥的进出口桁(图4-11),长4.58m,它是将2根焊接板梁用纵向联结系(包括系材和横撑)及工字钢端横撑连接起来组成的桁联。板梁两端有与立体桁架相同的单铁耳或双铁耳,相对桁联中心对称,用于将进出口桁连接到桁架的上弦杆铁耳上,也可以接长进出口桁。在进出口桁上铺设横桁及纵桥板等桥面构件,然后在与岸边道路相接处设置方木和束柴,即成进出口。根据岸边地形情况,进出口可以构筑成单跨或多跨形式。当构筑多跨时,中间设置桥板垛或固定桥脚(可用木杆层),其上设置桥础材。

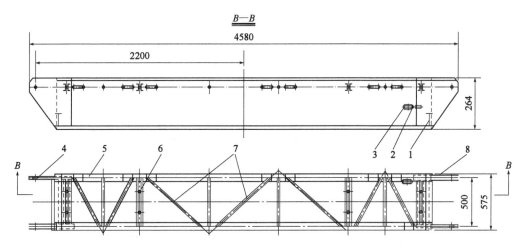

图4-11 某特种舟桥的进出口桁(尺寸单位:mm)
1-横撑;2-节点栓钉座;3-节点栓钉;4-单支耳;5-大梁;6-纵向横撑;7-纵向系材;8-双支耳

第二节 固定桥脚栈桥、码头的结构

一、固定桥脚的分类

根据岸边水深情况,用固定桥脚构成的栈桥、码头可架成一跨或数跨。固定桥脚通常在如下两种情况下设置,即在岸边水浅(一般水深在0.60m以内)不足以引入舟时或在架设浮桥时河中部分器材不能架通全桥时。

当桥脚舟的数量足够,陡岸坚固稳定,岸边最小水深大于舟高与使用期间水位落差之和,且浮桥河中部分和漕渡门桥的桥桁端部足以达到岸坡土壤安全坡度线以内时,可直接将浮桥河中部分末端或漕渡门桥末端支撑到桥础上(图4-12),而不需要设置固定桥脚。

固定桥脚要求能随着设置的水深不同,其桥脚高度能有相应变化,同时由于架设时间的紧迫,设置处的河底不能充分修整,因而要求桥脚能适应各种不同的地形。

在制式舟桥器材中,当桥跨结构采用桥桁形式时,常用的固定桥脚有三种形式,即架柱桥脚[图4-13(a)]、滚筒桥脚[图4-13(b)]和三角桥脚[图4-13(c)]。就便材料固定桥脚主要在就便器材浮桥或漕渡门桥中用作栈桥或码头。在制式浮桥器材中,当岸边浅滩较长、制式栈桥和码头器材不足时,可用就便材料构筑固定桥脚栈脚、码头或用制式器材的桥跨结构配上就便材料固定桥脚构筑。用就便器材构筑的固定桥脚常用的有三种形式,即木杆层桥脚、架柱桥脚和列柱桥脚,其结构与低水桥的桥脚结构基本相同。

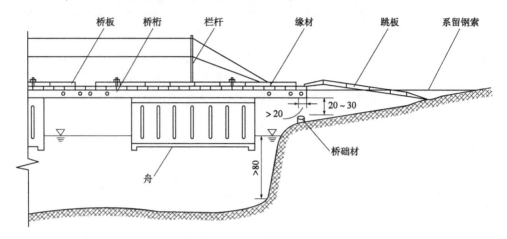

图4-12 河中部分直接支撑在桥础上(尺寸单位:cm)

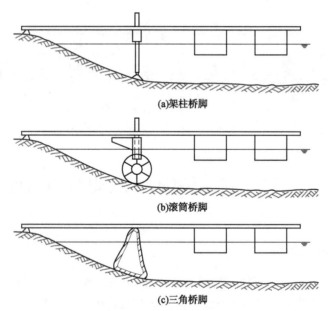

图4-13 各种形式的固定桥脚

(一)木杆层桥脚

木杆层桥脚(图4-14)结构简单,设置较快,承载能力较大。通常用于岸边水浅、河岸平坦、土质坚硬的江河。做码头时,需在冠材的水侧设置1~2根方木或木板垛,构成码头支架。

(二)架柱桥脚

架柱桥脚(图4-15)适合在岸边水深在3m以内且河底土质较硬的江河上使用。作为码头使用时，采用复式架柱桥脚；作为栈桥使用时，可采用单个架柱桥脚。

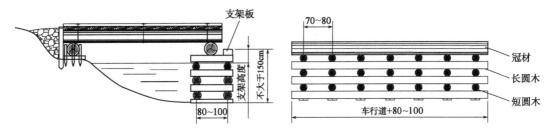

图 4-14 木杆层桥脚(尺寸单位：cm)

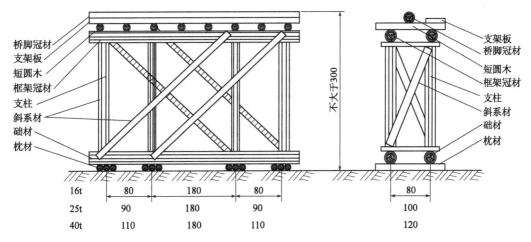

图 4-15 架柱桥脚(尺寸单位：cm)

(三)列柱桥脚

列柱桥脚(图 4-16)结构形式与低水桥列柱桥脚相同。不同的是码头使用时要做成复式列柱，两排桥脚轴线间距 0.8～1.0m。为了保证其纵向稳定，在桥脚靠近水面处设置两根横撑。为适应水位变化，应构筑可升降的列柱桥脚(图 4-17)。

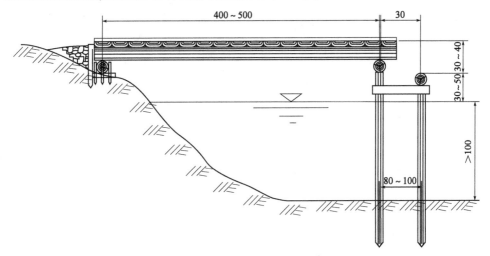

图 4-16 列柱桥脚(尺寸单位：cm)

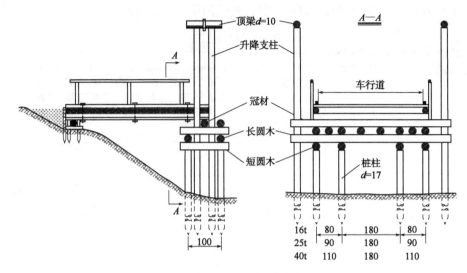

图 4-17　可升降的列柱桥脚(尺寸单位:cm)

可在列柱桥脚旁设立升降桩柱及顶梁,顶梁上安置吊滑车,用以起吊桥跨部分。在桥脚冠材上加木板或方木,就可调节桥脚高度。

在连续体系浮桥中,由于河中部分末段受力不同,当采用固定桥脚(无论是制式器材还是就便器材)作栈桥时,要求河中部分桥跨结构末端与固定桥脚冠材之间预留一定的间隙,而且河中部分与栈桥连接处的桥跨结构应为铰接接头,便于受力后能产生相对转动。在制式器材浮桥中只要将桥桁刚性接头卸掉 1 组连接螺杆即可,在就便器材浮桥中则必须设置相应的结构。

构筑栈桥时,在河中部分桥桁末端用螺杆连接 1 根下连接横桁,固定栈桥桥桁的水侧末端也配置在该连接横桁上,并用栓钉固定[图 4-18(a)]。若桥桁为金属桁,其外侧用铰接连接器连接,并在河中部分末端和固定栈桥水侧桁端用螺杆各固定 1 根下连接横桁[图 4-18(b)]。两种情况下的固定桥脚冠材上表面应与下连接横桁下表面保持设计的垂直预留间隙值。

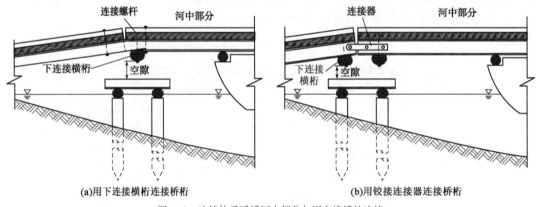

(a)用下连接横桁连接桥桁　　　　　　　(b)用铰接连接器连接桥桁

图 4-18　连续体系浮桥河中部分与固定栈桥的连接

二、制式架柱桥脚的结构

制式架柱桥脚是制式舟桥器材中采用较多的一种形式。它在使用上最大的优点是桥脚高度调整范围大(一般可调整1~2m),因而能适应水位与河底地形的变化。

架柱桥脚主要由冠材、桥脚柱和础板组成(图4-19)。冠材承受由桥跨部分传来的荷载压力,并将其传给2根桥脚柱,桥脚柱再将压力传给础板,最后由础板将压力分布于河底土壤。

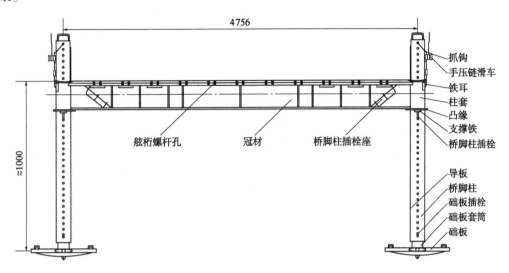

图4-19 制式架柱桥脚(尺寸单位:mm)

制式架柱桥脚(桥脚分置式)的性能详见表4-1。

制式架柱桥脚(桥脚分置式)的性能 表4-1

性　　能	指　　标	性　　能	指　　标
载重量(t)	50	调整间距(cm)	10
最大高度(cm)	270	总重(kg)	约700
最小高度(cm)	100		

1. 冠材

冠材由钢板焊接而成,由于它承受较大的弯矩,常采用高强度合金钢制作。冠材断面一般为工字形截面。冠材的上翼板弯成折线形,以便于桥桁末端在冠材上转动。在上翼板顶部有成对的编有序号的圆孔(图4-19),以便插入舷桁螺杆,使桥桁固定到冠材上。腹板每隔一定的距离设置加劲肋,以增强腹板稳定性。冠材的两端焊有带导向槽的柱,保证冠材与带导板的桥脚柱的连接并限制桥脚柱在柱套内转动。柱套剖面形状取决于桥脚柱剖面,一般做成圆形或方形。桥脚分置式舟桥架柱桥脚柱套由圆形无缝钢管制成。在柱套底部焊有较厚的支撑铁,冠材以支撑铁支撑在桥脚柱的插栓上。在柱套上端焊有铁耳,用以在调整桥脚高度时挂手压链滑车下端钩子。

2. 桥脚柱

桥脚柱是一根立柱,剖面与柱套相对应。桥脚分置式舟桥架柱桥脚的桥脚柱采用圆管形剖面。它是用材料为40Cr、尺寸为$\phi 167 \times 7$的无缝钢管制成的整体构件,可插在冠材柱套中滑动,以升降桥跨位置。其优点是结构简单,调整高度作业方便(不需拆卸桥板),受压弯时各向同性。在桥脚柱上开设有带缺口的圆孔以便插入桥脚柱插栓,孔上方的缺口用于插栓上起闭锁作用的挡销的进出。圆孔数量及间距可根据所需调整高度确定,圆孔直径则按桥脚柱受力大小确定。在桥脚柱下端开设有1个稍小的圆孔,用于插础板插栓。

除采用整体式桥脚柱构件外,还有将桥脚柱做成套筒式的,即将桥脚柱分成2节,可以一节套一节,按所要求高度套好后用桥脚柱插栓固定。这种套筒式桥脚柱的剖面通常做成方形。方形桥脚柱由两根角钢焊接而成,在每节桥脚柱上开有许多圆孔,以便根据桥脚所需高度进行连接。其优点是桥脚柱可不超出桥面,通行车辆时不受桥脚柱的阻碍。

3. 础板

础板外形有圆锥式和平板式(方形或多边形)两种。圆锥式础板受力情况较平板式础板好,但制造较难。础板由础板套筒(或夹板)和底板两部分组成,其间用双向铰轴进行连接,可使础板在两个相互垂直的方向上转动,以适应河底的不同地形。础板套筒(或夹板)的上端有孔,可与桥脚柱下端的孔重合,用础板插栓进行连接。底板用钢板焊接而成。平板的肋板在下面(成格状),既可加强底板,又可防止础板滑动。圆锥式础板的肋板在上面呈辐射状,主要起加强底板作用,而防止础板滑动是由圆锥尖顶来保证的。底板上还有排水孔,其作用同桥础材上排水孔。

三、滚筒桥脚的结构

滚筒桥脚(图4-20)主要用来构筑码头或栈桥。滚筒桥脚用滚筒来取代架柱桥脚的桥脚柱和础板。其优点是有良好的适应水位变化的性能。当河流水位变化而需改变码头或栈桥的高度时,滚筒桥脚可滚动滚筒来调整码头或栈桥的位置。在实施门桥渡河时,滚筒桥脚适于构筑对岸码头,可以预先在我岸将滚筒码头结合好,再用门桥将结合好的滚筒码头旁带(利用滚筒的浮力来浮运)至对岸进行构筑。与架柱桥脚相比,滚筒的不足之处是:因滚筒与坚硬土壤的接触面积太小,在受力上并不是很好且调整高度的范围较小。滚筒桥脚由2个滚筒、2个冠材架和4根支柱组成。冠材架用突出板连接桥桁,用支柱套连接支柱,支柱支撑在滚筒中心轴上。

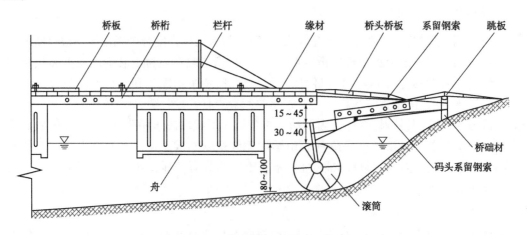

图4-20 制式浮桥的滚筒桥脚(尺寸单位:cm)

1. 冠材架

滚筒桥脚的冠材架由支撑梁、支柱套和突出板焊接而成(图4-21)。支撑梁是由钢板焊接而成的工字形断面,它是滚筒桥脚的冠材,也是漕渡门桥端部桥桁的支承平台。支撑梁的侧面焊有3道突出板,其顶面开有圆孔和槽孔,圆孔供舷桁螺杆固定码头桥桁的下翼缘;槽形孔中有可抽出来的活动铁耳,供桥桁螺杆连接桥桁与冠桥架。支撑梁的两端焊有方形断面的柱套,柱套下端前后两面各有一圆孔,用冠材插栓和支柱进行连接,以固定冠材的位置。柱套的外侧焊有槽钢连接板,腹板上有桥桁螺杆孔,用于2个冠材架的拼接,甚至于多个冠材架拼接,组成双行道码头。

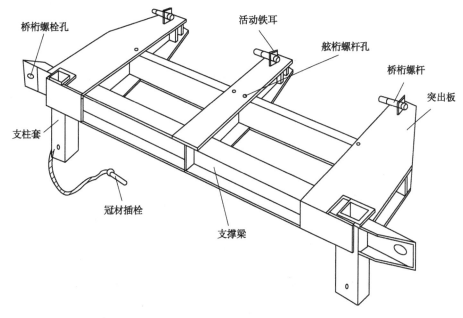

图4-21 滚筒桥脚的冠材

2. 支柱

支柱就是滚筒桥脚的桥脚柱,用以将冠材承受的压力传给滚筒。支柱剖面一般做成方形,用2个角钢焊成或用钢板弯制焊成。在支柱前后两面开有一系列与支柱套圆孔直径相同的圆孔,用来与支柱套联结,以变化桥脚高度。支柱下端通过焊接的马蹄形支铁支撑在滚筒轴上,使冠材架可绕滚筒轴转动。马蹄铁下端有1对插栓孔,支柱插栓从滚筒轴的下方穿过,控制滚筒轴在码头浮运和岸上滚动时不会从马蹄形支铁中脱出。

3. 滚筒

滚筒可作为码头在陆地上移动时的滚轮以及水上浮运时的浮筒;又是码头在水侧河底的支点,它以其随沉陷深度增大而增大的圆柱面适应松软程度不同的河底,将支柱的荷载压力均匀分布于松软河底土壤。滚筒是一个钢质的空心圆筒,由轴、骨架、壳板组成。中心是一根用圆钢管制成的滚筒轴,其两端突出于滚筒外面,用于支撑支柱的马蹄铁。筒的圆柱形外壳由薄钢板封闭而成,为加强其刚度,在筒的内壁垂直于滚筒轴方向焊有环形肋骨。筒的两端是较厚的端圆板,并用辐射状加劲肋进行加强。端圆板的直径比滚筒大,构成了滚筒的突出部,称为筒缘。当滚筒在陆地上滚动时,用于防止圆柱形薄壳被磨损。端圆板上设有带塞子的排水孔。

某重型舟桥和某中型舟桥器材的滚筒桥脚性能见表4-2。

滚筒桥脚性能　　　　　　　　　　表 4-2

性　　能	某重型舟桥	某中型舟桥
载重量(t)	50	40
最大高度(cm)	157	170.8
最小高度(cm)	127	126.8
调整间距(cm)	7.5	11
总重(kg)	1154	644

四、三角桥脚的结构

三角桥脚(图4-22)是一个整体结构。它不需要现地拼装,架设作业迅速。但这种桥脚的高度调整范围有限(只可变化三种高度),并且桥脚高度较低,在翻转桥脚以另一面支于河底调整高度时需卸掉桥跨部分,作业比较麻烦,因而三角桥脚只适于构筑在河岸较平坦、水深较浅的位置。

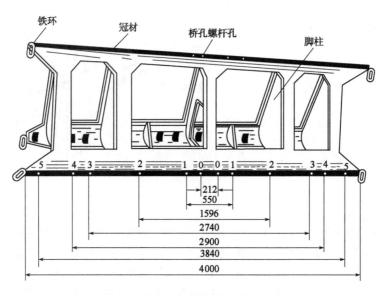

图 4-22　制式三角桥脚(尺寸单位:mm)

三角桥脚由冠材和脚柱等组成,外形像一个卧倒的三棱柱体。当桥面通过载重时,上部冠材承受桥桁传来的压力,并通过桥脚柱传给另外两根接地的冠材,最后将压力分布于土壤。

五、固定桥脚栈桥、码头的附属设备

固定桥脚除有上述基本组成部分外,还需一些附属设备,现仅将主要的几种介绍如下。

(一)调整桥脚高度设备

固定桥脚结构类型不同,其调整方法和设备也不同。按其结构原理来区分,大致有两种。

1. 升降支柱和调整螺杆

升降支柱为一方筒,用钢板弯折焊成。在其上端有一铁耳,下端焊有2块挡铁。调整螺杆

由中间带有转把的套筒和一端有钩子的2根螺杆组成。升降冠材时,将升降支柱插入支柱套筒内,再将调整螺杆的钩子分别钩到升降支柱和滚筒桥脚冠材架支柱套筒的铁耳上,水平旋转转把进行升降。

2. 手压链滑车

手压链滑车由带钩的铸铁壳体、传动机构(在体壳内)、手柄、棘轮把手、带钩的链条和带钩的导向夹铁组成。调整桥脚高度时,将链滑车体壳的钩子挂在架柱桥脚桥脚柱顶端已安好的抓钩(滚筒桥脚升降支柱的铁耳)上,导向夹铁的钩子钩到冠材的铁耳上。棘轮把手用于变换升降方向。手柄的上下摆动即可提升和下降冠材。其操作十分方便,且起重量大。

(二)系留装置

系留装置的作用主要是使栈桥和码头在纵向和横向得到固定。系留装置由系留钢索、系留桩和桩间调整螺杆组成。系留钢索由钢索、钩子、带滑轮的调整螺杆、调整盒等组成。钢索钩子挂在栈桥、码头或浮桥河中部分末端的桥桁上。调整盒用于粗调钢索的长度,调整螺杆用于微调张紧钢索,它钩在系留桩的铁耳横杆上。系留桩与固定桩采用相同的样式,以减少器材种类,用钢板压制成带翅帽形截面,下部切成尖端,便于打入土壤中;桩身两侧各有一排孔,用于拔桩出土;顶部焊有管状钢箍,内填硬木,使用筑头或铁锤撞击钢箍,使桩入土;上部前后各焊有带横杆的双铁耳,供固定系留钢索调整螺杆和两根系留桩联合使用的调整螺杆钩子。作固定桩用时,桩背的铁耳是多余的,只用桩槽内的双铁耳下沿压住桥础材底板。

在使用架柱桥脚或三角桥脚时,由于桥桁与桥脚冠材不是刚固连接,为控制桥脚沿河底斜坡滑移,还需设置系留钢索(又称控制钢索),其一端钩在础板插栓耳环或三角桥脚底部冠材系留环上,另一端钩在桥础材的提把上。

(三)码头支架

码头支架在由固定桥脚结合成码头时使用,以支撑漕渡门桥末端桥桁。在滚筒桥脚冠材上,支撑梁已起到这种作用,故码头支架是架柱桥脚和三角桥脚的附属设备。桥脚分置式舟桥的码头支架呈"Z"形,用钢板焊接而成。两端均有2个桁桥螺杆孔,每端均可与码头桥桁末端用2个桥桁螺杆连接。一端连接后,另一端必低于码头桥桁下沿。然后在数个码头支架上铺设桥板,以便支承漕渡门桥桥桁末端。

对于桥跨结构使用桁联时,码头支架也是采用两片联合的形式。原理同桥桁连接器,其中有一端用插栓与桥桁相连。作为漕渡门桥支撑端的下部有支承铁,可将其支撑于三角桥脚的冠材上,用桥础螺杆固定。这种方式主要是考虑到三角桥脚的高度较低,当用作码头在门桥装卸车辆时可避免发生边舟搁浅。

第三节 浮游栈桥和码头结构

在铰接体系浮桥、连续体系浮桥或门桥漕渡中,为适应水位的变化,常采用浮游栈桥或浮游码头与河岸相连接。

一、铰接体系浮桥的浮游栈桥

在铰接体系浮桥的浮游栈桥(图4-23)中,桥脚舟的安全载重量应为相邻桥节门桥中所有桥脚舟安全载重量的一半。当栈桥采用一只桥脚舟安全载重量不够时,可改为两舟并列。浮游栈桥的计算长度大约为桥节门桥总长度的0.8倍,其突出部长度一般为20cm。

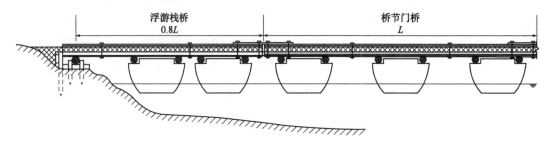

图4-23 铰接体系浮游栈桥

当浮游栈桥与桥础连接时,为防止桥础翘起,一般应构筑活动桥础(图4-24),否则应采取相应的加固措施。为减少桥础的翘起力,浮游栈桥中的桥脚舟应尽可能采用单舟。

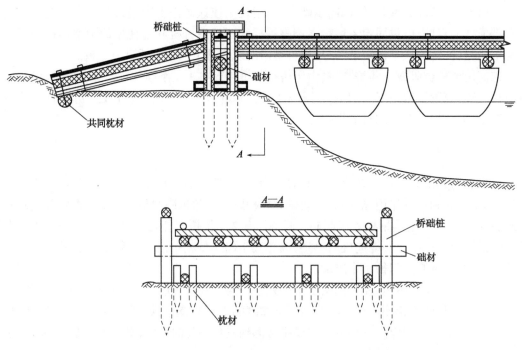

图4-24 活动桥础

二、连续梁体系浮桥的浮游栈桥

在连续梁体系浮桥中,只有制式的上承式桁架浮桥才采用浮游栈桥。某特种舟桥的浮游栈桥就是一个例子(图4-25、图4-26)。它根据载重吨位的大小由1个或2个全形舟及数列桁架的桥跨结构所组成,与河中部分末端的连接处用接合部构件组成铰接接头。

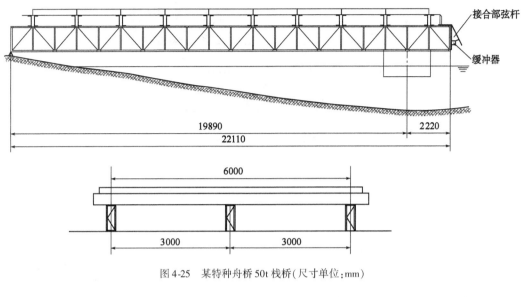

图 4-25　某特种舟桥 50t 栈桥(尺寸单位:mm)

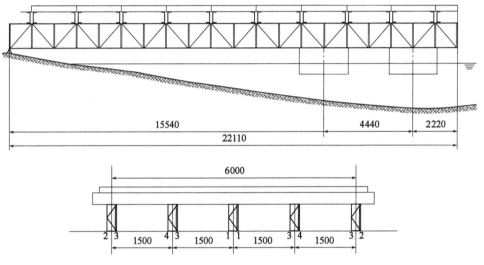

图 4-26　某特种舟桥 100t 栈桥(尺寸单位:mm)

三、浮游码头

在不采取一定的措施时,浮游码头的载重量很小,因而较少采用,只是在水位经常变化及岸边水深不便构筑其他码头时采用。

用就便器材构筑的浮游码头(图 4-27)由于难以与漕渡门桥连接,只能采取门桥桥桁末端重叠在码头水侧末端桥面上或者不重叠而用跳板过渡的办法。为保证码头和门桥的稳性,码头桥脚舟安全载重量应为最大通行荷载的 1.5 倍以上,门桥桥脚舟的安全载重量应为用固定桥脚做码头时门桥所需的舟的安全载重量的 2 倍。

用制式器材构筑的浮游码头为了保证桥面距水面高度不同的空载、满载漕渡门桥与其连接及装卸载,在浮游码头及漕渡门桥上要增加一些附属设备。图 4-28 为某特种舟桥的 60t 浮游码头,它由 1 个全形舟和 3 列桁架的桥跨结构组成。

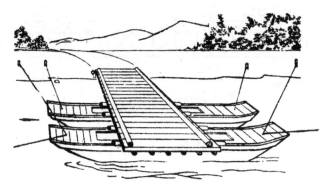

图 4-27　用就便器材构筑的浮游码头

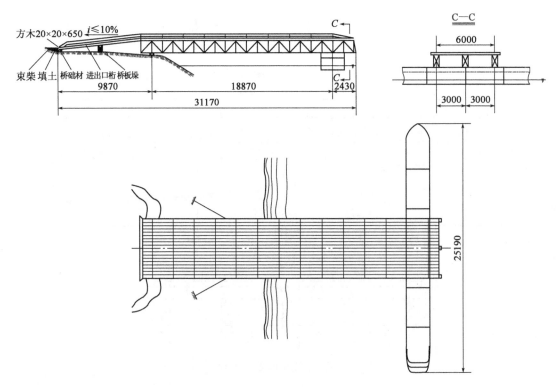

图 4-28　某特种舟桥 60t 浮游码头(尺寸单位:mm)

第四节　岸边舟带桥脚的栈桥结构

一、结构形式

为解决滚筒码头和架柱栈桥(码头)构件笨重、架设时劳动强度大、下水作业多、对岸设置和转移渡场困难等问题,在 20 世纪 60 年代出现了一种带桥脚和跳板的岸边舟作为桥脚分置式浮桥河中部分及漕渡门桥与岸边的连接形式。这相当于将原半幅栈桥(码头)的桥脚、冠材与桥跨结合在一起,组成一个整体浮游构件——岸边舟,由于桥脚分设在左右,岸边舟也分为左、右两种形式,左右两岸边舟组成一跨单行道栈桥(码头)。我国桥脚分置式舟桥改进型栈桥[图4-29(a)]采用的就是这种结构形式,既可结合成栈桥,也可结合成码头。

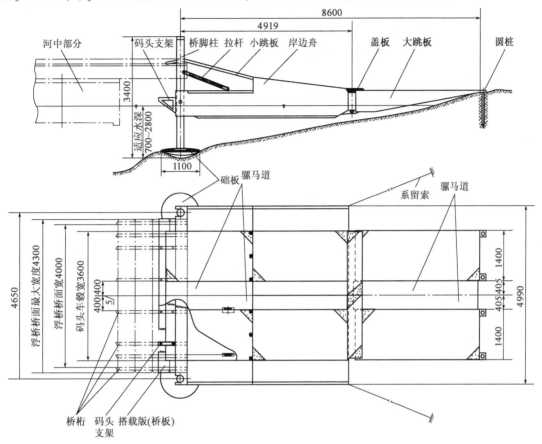

(a)某重型舟桥改型栈桥(码头)

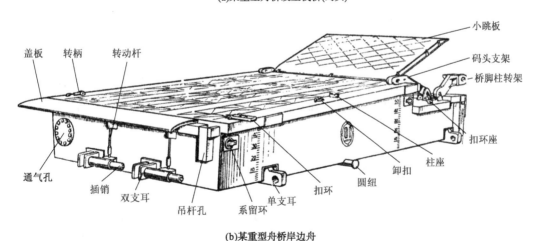

(b)某重型舟桥岸边舟

图4-29 带桥脚的岸边舟(尺寸单位:mm)

这种结构形式的优点如下:①承重结构为箱形结构,承载的整体均匀性和刚度较强。②岸边舟的泛水、装车、结合便于实现机械化作业,减少作业人员和强度。③码头作业简便迅速,一般情况下,作业手可不下水作业。④岸边舟是浮游的,能适应水位的变化。构筑对岸码头和栈桥或转移渡场可用汽艇牵引,因此方便迅速。⑤码头与栈桥转换迅速且跨度增大,对岸坡的适应性较好,在缓坡的情况下,连跨使用时作业简便。

桥脚分置式舟桥改进型码头与该器材原码头、栈桥的性能比较见表4-3。

桥脚分置式舟桥改进型码头与原有码头、栈桥的性能比较　　　　　表4-3

性 能 内 容	桥脚分置式舟桥改进型码头	器材原有性能	
		架柱栈桥	滚筒码头
载重量(t)	50	50	50
架设长度(m)	8.6	6	6
作业人数(名)	9	14	14
架设时间(min)	8~10	20~30	25~35

二、结构组成

桥脚分置式舟桥岸边舟做栈桥时,只需将4个浮桥拉杆与桥节门桥的4根桥桁相连。桥脚分置式舟桥改进型岸边舟由左右岸边舟、桥脚和大小跳板等组成。

(一)岸边舟

岸边舟由舟体、甲板上设备、连接设备、装卸固定设备等组成。

1. 舟体

舟体是甲板上焊有防滑条的钢质密封箱体。每个舟内车行部下有2排纵桁架作为纵向承重构件,甲板下、底板上设有若干横梁与舷肋组成肋骨框架。岸端舟底可直接与河底接触承受荷载压力。设置桥脚处的端部有台阶,即为冠材。舟的型长为4.9m,连接宽为2.5m,型高最大处为0.76m。岸边舟的冠材是一个密封的焊接箱形梁。作为栈桥时,用于搁置浮桥河中部分的桥桁构成带预留垂直间隙的梁式过渡;作为码头时,用于设置码头支架。活载对岸边舟的压力由冠材传给桥脚柱。

2. 甲板上设备

岸边舟甲板上设备有:①浮桥拉杆固定座,用于固定浮桥拉杆;②小跳板支撑杆,运输状态时用于支撑小跳板;③小跳板固定座,用于固定小跳板;④桥脚柱转架,用于临时固定桥脚柱和在甲板上抬起桥脚柱尾端翻转桥脚柱。

3. 连接设备

在岸边舟的一侧,其下部焊有2个凸凹铁装置,上部焊有承压板并设有舟间螺杆连接装置,供左右两岸边舟拼接之用。其结构形式与桥脚分置式全形舟的舟节之间的连接装置类似。

岸边舟岸端下部靠近舟底有双耳,可与大跳板底部的单耳相吻合,用带拨动装置的插销连岸边舟与大跳板。

4. 装卸固定设备

岸边舟水侧端有码头支架固定座及连跨板固定装置,分别用于固定码头支架及连跨板。岸边舟的岸端上部有盖板固定座,用于固定盖板;盖板下有2个螺杆式承压座,通过调节螺杆式承压座的伸出长度使大跳板适应一定的岸坡要求,并与大跳板的承压板顶紧,使大跳板与舟在承受正向弯曲时成刚性接长。

(二)桥脚

桥脚由带插销的套筒和础板及桥脚柱组成。

1. 桥脚柱

在构筑码头(栈桥)时,可通过桥脚柱转架将桥脚旋转90°直立于河底,用于承受码头(栈桥)上荷载的压力。调整时用手压链滑车进行。桥脚柱类似于桥脚分置式架柱桥脚的桥脚柱。

2. 础板

础板类似于架柱桥脚的础板,其区别在于它是一个密封式的圆盘,浮力大于自重,便于水中移动和减轻撤收桥脚时的作业强度,并设有4个提环,便于在桥脚柱下端的安装作业。

(三)跳板

大跳板为一密封的倒梯形箱体,这样便于在水中移动以对准岸边舟连接。大跳板分左、右两种,用于车辆顺利上下码头(栈桥)。大跳板里面有纵横骨架,甲板面上焊有防滑条,两侧焊有供搬运用的提环及供起吊用的起重运输固定环。大跳板的尖端设有桩座,供设置固定桩用,另一端上方焊有承压板,下方设有单耳,用于与舟体的刚性连接。

小跳板用于向漕渡门桥或浮桥河中部分末端桥面的过渡,以保证车辆平顺地通过接合部。小跳板与岸边舟通过带有扭力杆的小跳板固定座连接,扭力杆的作用是减轻抬动小跳板的劳动强度。

(四)附属装置

(1)盖板。盖板是长1.8m、宽0.4m的弧形板架构件,用于填盖岸边舟与大跳板之间的空隙。

(2)大、小跳板骡马道。它们分别用来填补大、小跳板之间的空隙,以便于骡马车辆的通行。

(3)手摇升降器。用于装卸和升降大跳板,起重量为10kN。

(4)圆桩、系留钢索等系留固定设备。

第五节　岸边舟式栈桥结构

一、用带限止器铰连接的岸边舟连岸部分

用带限止器铰连接的岸边舟连岸部分(图4-30),其岸边舟与河中舟的底部用单销连接,顶部采用可调预留间隙的螺杆式承压座,以预留一定的间隙。这种接合部是只能容许相对转动一定角度的限制铰,间隙未闭合前,岸边舟相当于浮游栈桥,当预留间隙完全闭合后,河中舟

与岸边舟的顶部就紧密承压，整个接合部才变为刚性接头，浮桥端部才出现由活载引起的支承反力。其间隙大小可根据活载大小进行适当调整以满足上述要求。我国和苏联的四折带式舟桥采用的就是这种连岸部分。

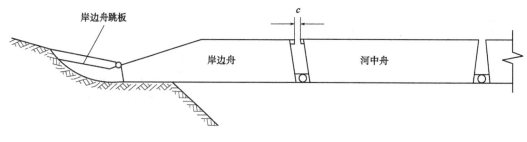

图 4-30　限制铰连接岸边舟

二、带预留垂直间隙的跳板连岸部分

这种形式中，河中部分端部与河底或带刚性桥脚的岸边舟冠材之间，预留一个垂直间隙 Δ（图 4-31），当活载在末段行驶时，末端自由沉降，不出现支反力，间隙逐渐减小，最后间隙消除，端部直接支承在河底（四折带式舟桥）或通过码头支架支承在岸边舟桥脚冠材上表面（二折带式舟桥）。

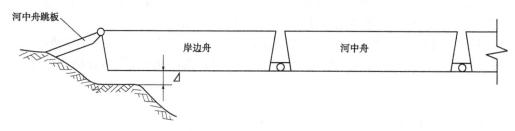

图 4-31　预留间隙带跳板的岸边舟

三、二折带式舟桥的岸边舟

二折带式舟桥器材所架设浮桥的连岸部分是由带架柱桥脚和跳板的岸边舟及附件组成的带预留垂直间隙的固定栈桥[图 4-29(b)]，其结构与前述的桥脚分置式舟桥改进型码头基本上类同，下面主要叙述一些不同点。

岸边舟的舟体结构与桥脚分置式舟桥改进型码头大体相同，也有左、右岸边舟之分，主要是舟上的设备有所不同。为了构筑双行道栈桥需要将 4 只岸边舟联成一体，因而在每个岸边舟的两侧均有较刚强的接头装置，一侧的下部为 2 个单耳板，另一侧有 2 个带单销和操纵机构的双耳板与之对应，其结构形式和操纵机构与四折带式舟桥的纵向受拉接头类同。在岸边舟两侧的上方有承压板（与下部接头对应位置）及扣环装置。岸边舟与大跳板的连接接头中，其下部接头与舟侧底部接头相同，每只岸边舟有 2 个带插销和拔销机构的双耳接头与大跳板下部的单耳接头连接；其上部为 2 个螺杆式承压座（螺纹千斤顶），使用状态时它与大跳板的承压板（顶座）顶紧，不预留间隙，使大跳板成为岸边舟的刚性延伸部分。这里尽管采用四折带式舟桥岸边舟与河中舟相同的连接形式，但目的不同。

码头支架一端用插销连接在岸边舟的小甲板的固定座上，另一端与河中舟的单(双)支耳连接,因此码头支架有弯头一端分别为双支耳和单支耳的两种。码头支架弯头朝上与河中舟单双支耳连接时,码头支架躯干部分的下翼板与岸边浮桥脚的冠材上表面形成预留垂直间隙,此时岸边舟与浮桥河中部分末端相连,作为栈桥使用,形成第二种连岸部分。当码头支架弯头向下与河中舟单双支耳连接时,形成了大于前者的预留垂直间隙,此时岸边舟与漕渡门桥连接作为码头使用。较大的垂直间隙便于漕渡门桥装载后解脱码头支架,门桥顺利离开码头。桥脚和小跳板的结构与桥脚分置式舟桥改进型码头的相同。大跳板亦是密封的梯形箱体,但结构上是对称的,并且在底部设有滚轮,供展开和撤收时大跳板沿岸边舟甲板移动之用。

四、四折带式舟桥的岸边舟

钢质四折带式舟桥的岸边舟(图4-32)也采用四折形式单车整体运输,但其岸边舟舟底不必采用流线型而采用折线形。为了便于车辆上下浮桥,岸边舟的岸端甲板面有一段是倾斜的,并在其端部装有4块可以旋转放下的跳板。

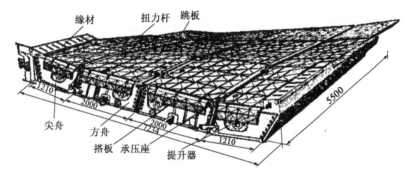

图4-32 四折带式舟桥的岸边舟(尺寸单位:mm)

正如带桥脚的岸边舟栈桥(码头)是固定栈桥(码头)的高级形式一样,这种结构形式是浮游栈桥的高级形式。岸边舟就其结构来说,要比河中舟坚固一些,其承重结构形式与河中舟类似。区别在于岸边舟的2个中间方舟甲板纵向折角处下面有加强的骨架,以承受履带式车辆行驶在此处时部分履带悬空而形成的集中压力;舟的底板和底部骨架均进行了加强(岸端底板加强范围纵向扩大为2.5m),以保证岸边舟岸端能够以不同长度直接支承在河底;岸边舟的边舟没有薄甲板而有缘材。岸边舟两侧的边舟节上各装1个提升器。提升器的构造和卧倒的螺旋千斤顶相似,但提升器所提供的是拉力而不是压力。提升器头部通过链条可与河中舟的拉紧装置横销相连。收紧链条时能将岸边舟的靠岸一端提起(岸端离水面可高达1m),以便与河岸连接。岸边舟的2个中间方舟节上部装有4个螺杆式承压座,通过调整螺杆式承压座的伸出长度,使其与河中舟的中间舟节上部的承压板间有一定的预留间隙Δ(范围为0~3cm)。方舟节水侧一端下部有与河中舟连接的纵向接头装置。岸边舟与河中舟之间有较宽的缝隙,因而在岸边舟上装有4块搭板,将缝隙盖住,以便车辆行驶。

岸边舟方舟岸端一侧的下部设有牵引杆支座,供闭塞浮桥时固定牵引杆,用舟车牵引岸边舟向岸侧移动浮桥段。

四折带式舟桥配备有进出口加固器材,其主要功能是根据需要快速加固浮桥的进出口,使之适于通过大量车辆、坦克,并保护两岸桥头,使其免受车辆高速通过浮桥时所激起的波浪冲刷。进出口加固器材由制式路面及其固定件组成。制式路面由单块钢路面板(有大小两种规格)通过连板(又称眼镜板)和销子在纵方向上彼此连接起来;在横方向上,则通过相邻横列中的板彼此错开半块位置,从而使前、后两邻列的板形成联系(以铰相连)。这种连接形式使制式路面能适应地形,而且便于折叠装车。

现代制式漕渡门桥在岸边的装卸载设施已趋于简化,自行舟(门)桥和轻型门桥采用门桥两端自带的可调整倾角跳板或液压折叠式跳板,不需在岸边设置固定的码头,这在很大程度上增强了漕渡门桥的机动性和生存力,减少了作业人员和运输车辆的编制。制式带式漕渡门桥也在朝这个方向发展,四折带式舟桥每个河中舟装备有2块长2.46m、宽0.76m、高0.2m的钢制跳板。二舟漕渡门桥即可在两端各安装2块跳板组成装卸车辆、坦克的车辙。跳板的结构类同于某中型舟桥,不同之处:一是全封闭,可浮在水面上;二是与河中舟连接一端是带卡铁的2个挂钩,使用时挂在河中舟端板上沿的跳板挂座上,用卡铁锁住。可见,河中舟端板竖向骨架的增强和河中舟端部底板的加厚也是漕渡门桥采用跳板直接装载的必要条件。

四折带式舟桥的岸边舟在门桥渡河时也得到充分利用。在我国四折带式浮桥和苏联带式舟桥的110t漕渡门桥,以及我国二折带式(改进型)带式舟桥80t漕渡门桥中,一端用跳板,另一端接1个岸边舟作为装卸载设备。此时,岸边舟既能提供浮力又能兼作跳板,但离岸时应将螺杆式承压座旋入并用提升器将岸边舟端部抬高,使其离开水面,以减少航渡阻力,靠岸时应放下岸边舟端部,使其着地,并将螺杆式承压座旋出,顶紧河中舟承压座。

在带式舟桥发展初期出现的带式舟桥器材中,带式漕渡门桥还脱离不开码头,甚至于需要固定桥脚码头。例如,我国二折带式舟桥,在门桥渡河时两岸要用带桥脚和跳板的岸边舟构筑固定桥脚码头,用它来连接漕渡门桥和河岸进行装卸载;在码头和河中舟之间安装码头支架,以便在装卸载时拉住并支承漕渡门桥的岸端。

复习思考题

1. 设置浮桥河中部分和漕渡门桥与岸边连接结构的目的是什么?
2. 浮桥河中部分与岸边、漕渡门桥与岸边的连接结构分别通过什么结构来实现?
3. 桥础结构由哪几部分组成? 各组成部分的作用是什么?
4. 固定桥脚可以分成哪几类? 各有什么特点?
5. 制式架柱桥脚的结构由哪几部分组成? 制式架柱桥脚的结构有什么特点?
6. 滚筒桥脚的结构由哪几部分组成? 滚筒桥脚的结构有什么特点?
7. 三角桥脚的结构由哪几部分组成? 三角桥脚的结构有什么特点?
8. 浮游栈桥和浮游码头的结构各有什么特点?
9. 铰接悬臂梁体系浮桥和连续体系浮桥的浮游栈桥在作用和结构上有什么不同?
10. 岸边舟带桥脚的栈桥结构和岸边舟式栈桥结构有什么不同?
11. 带限制器的铰连接和带预留垂直间隙的跳板连岸部分在结构上有什么不同?

PART2 | 第二部分

舟艇计算

第五章 舟艇的浮性

军用渡河舟艇是渡河装备器材的重要组成部分，主要包括舟桥装备的浮游桥脚舟、民舟、自行舟（门）桥舟体以及汽艇、冲锋舟、橡皮舟等。

对于军用渡河舟艇，其总体要求与民用船舶相同，但也有一些不同之处，主要表现在：①强度应适合各种使用条件；②应有足够的浮性；③应有良好的稳性；④应具有一定的流线型；⑤便于运输和装卸。此外，作为舟艇，还需要考虑有一定的抗沉性（如设置多舱结构）、耐波性、操纵性以及锚泊能力等。

第一节 舟艇的形状与主尺度

一、型线图

一般舟艇舟体的外表面形状是一个具有双重曲率的复杂曲面。为了准确而清晰地表达舟体外表面的几何形状，通常以作图方法来显示，这种表示舟体几何形状的图形称为型线图，如图 5-1 所示。舟体型线图是舟艇设计和制造的原始资料，它可提供舟艇有关性能计算的基本数据。因此，要求完整而正确地表达舟体型线，以适应计算的准确度，这对舟艇设计和制造都很重要。

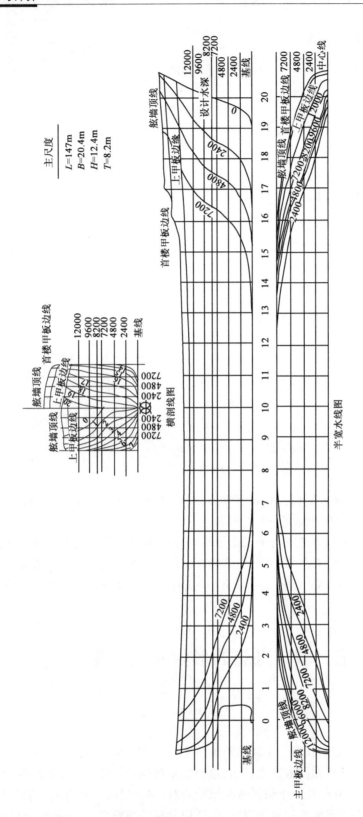

图5-1 型线图(尺寸单位：mm)

型线图是根据画法几何的基本原理来绘制的。绘制时首先选择三个互相垂直的平面作为基准面，它们是中线面、基平面和中站面，如图 5-2 所示。

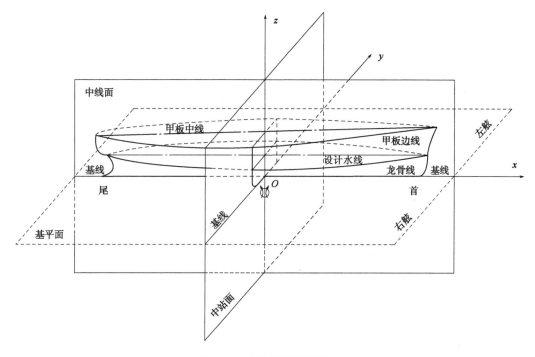

图 5-2　三个互相垂直的基准面

中线面是通过舟体宽度中央的纵向垂直平面，将舟体分为左右舷两个对称的部分。基平面是通过舟体底部龙骨线的水平面。中站面是在舟体长度中央垂直于中线面和基平面的横向垂直平面。中线面与基平面相交的直线称为基线。

以三个基准面为基本投影面。通过舟体平行于三个基准面并等间距截取若干个剖面，将这些剖面与舟体相交所剖切的曲线投影到相应的基准面上，可得到组成型线图的三组线段。平行于中线面的平面所剖切的曲线投影到中线面上的线段称为纵剖线，中线面与舟体的交线常称为中纵剖线。平行于中站面的剖面所剖切的曲线投影到中站面上的线段称为横剖线，中站面与舟体的交线常称为中横剖线。平行于基平面的剖面所剖切的曲线投影到基平面上的线段称为水线，通过设计吃水的水平面与舟体的交线称为设计水线。由诸纵剖线、横剖线和水线组成型线图的纵剖线图、横剖线图和水线图。

纵剖线在纵剖线图中为曲线，显示了纵剖面的实形。纵剖线图上的一组纵剖线反映了舟体表面形状沿舟宽方向的变化规律。纵剖线在横剖线图和水线图上均为直线(图 5-1)。

横剖线在横剖线图上为曲线，显示了横剖面的实形。横剖线图上的一组横剖线反映舟体自首至尾各横剖面沿舟长方向的变化规律。由于舟体形状左右对称，故各横剖线可只绘出一半。横剖线图左半部表示舟中部至尾部的各横剖面，右半部表示舟中部至首部的各横剖面。横剖线在纵剖线图和水线图上均为直线(图 5-1)。

水线在水线图上为曲线，显示了水线面的实形。水线图上的一组水线反映了水线面沿舟高方向的变化规律。由于舟体形状的左右对称，故水线可只绘出一半，称为半宽水线图。水线在纵剖线图和横剖线图上均为直线(图 5-1)。

纵剖线的数量可根据舟宽的大小、舟体形状的复杂程度以及对型线图精确度的要求而定。一般除中纵剖线外可每舷再绘制 2~4 根。纵剖线间距可取舟体半宽的等分值。纵剖线可以纵剖线距中线的距离(以 mm 计)作为编号,如纵剖线距中线面距离为 1000mm,则该纵剖线编号为 1000 纵剖线;或自中至舷部标示 Ⅰ、Ⅱ、Ⅲ……,其编号在纵剖线图中标注在纵剖线的首尾部分,沿着曲线并写在其上方,在半宽水线图中标注在格子线的首尾两端,在横剖线图中标注在基线下方。

横剖线的数量通常根据对舟体形状的要求而定。一般将舟体长度分为 10~20 等分。每个横剖线处称为站,相邻两横剖面之间的距离称为站距。中横剖线站常以符号"⌀"表示。当舟体首尾形状变化较大时,为提高表达的精确性,可在首尾部分再增加 $\frac{1}{2}$ 站或 $\frac{1}{4}$ 站的横剖线。

横剖线的编号可从尾部开始按站以 0、1、2、…、10(或 20)等数字表示,对增加的站则以 $\frac{1}{4}$、$\frac{1}{2}$、$1\frac{1}{4}$、$1\frac{1}{2}$ 等表示。在纵剖线图中,编号标注在基线下方;在半宽水线图中,编号标注在舟体中线的下方;在横剖线图中,编号标注在横剖线上方。

水线的数量根据舟高和吃水大小、线型变化以及对型线图的精确度要求而定。舟体在设计水线以下形状变化较大,对其表达要求较高,所取水线数量较多些,一般不少于 6~7 根;在设计水线以上部分舟体线型变化趋于平缓,一般取 1~2 根水线即可。水线间距通常取设计吃水的等分值。水线以上距基线的距离(mm 数)作为编号,如水线距基线 500mm,则该水线编号为 500WL(WL 表示水线)。在纵剖线图和横剖线图中,水线的编号标注在格子线外侧相应的水线上方;在半宽水线图中,水线编号标注在水线首尾部分,沿着型线并写在其上方。

型线图的比例根据对型线图的精确度和舟艇尺度而定,常用的比例为 1:50、1:25、1:20 等,对于小型舟艇也可采用 1:10。

舟艇的各种型线均可投影到相应的基准面上,各型线上点的投影由表示点的位置的坐标确定。决定舟体型线空间位置的各点的坐标值称为型值。为了确定舟体型线上点的型值,通常将舟体置于一个直角坐标系内。取中线面、中站面和基平面为坐标平面,以中线面与基平面交线为 x 轴,作为舟长方向的坐标轴;以中站面与基平面的交线为 y 轴,作为舟宽方向的坐标轴,以中线面与中站面的交线为 z 轴,作为舟高方向的坐标轴。三根坐标轴的交点为坐标原点 O(图 5-2)。在此直角坐标系中,舟体型线上任一点的位置均可由 x、y、z 三个型值确定。根据点的投影规律,点在某一视图中的投影只需三个型值中的两个值就可确定。于是在纵剖线图中定点只需 x、z 两个型值,在半宽水线图中定点只需 x、y 两个型值,在横剖线图中定点只需 y、z 两个型值。任意一根型线的另一型值均可用坐标的对应关系求得。

型值表是提供各型线型值的表格,表 5-1 所示为总长 49.94m、型宽 8.50m、型深 4.00m 的舟艇的型值表。通常,型值表提供横剖线与水线、甲板边线、舷墙顶线交点的高度值,所以型值表常分为两部分。根据型值表中该两部分型值即可绘制舟体型线图中各水线、纵剖线和横剖线。

图 5-3 和表 5-2 所示为某特种舟桥浮游桥脚舟(总长 4.615m、型宽 2.40m、型深 1.70m)的艏舟型线图和型值表。

型 值 表

表 5-1

站号	半宽值(mm)										高度值(mm)						
	700WL	1400WL	2100WL	设计水线	3500WL	甲板边线	尾楼甲板边线	外板顶线	首楼甲板边线	舷墙顶线	1500纵剖线	3000纵剖线	甲板边线	尾楼甲板边线	首楼甲板边线	外板顶线	舷墙顶线
尾封板	—	—	—	—	1390	2280	3080	3080	—	—	3600	6100	4170	6270	—	6345	—
0	560	—	—	850	2080	2850	3620	3620	—	—	3180	4390	4100	6200	—	6275	—
1	2150	860	1410	2400	3300	3810	4200	4200	—	—	2150	3250	4050	6150	—	6225	—
2	3520	2720	3150	3550	3920	4150	4250	4250	—	4250	250	1850	4000	6100	—	6175	5450
3	4100	3940	4100	4170	4220	4250	4250	—	—	4250	80	300	4000	—	—	—	4900
4	3770	4200	4250	4250	4250	4250	4250	—	—	4250	80	180	4000	—	—	—	4900
5	2930	4110	4250	4000	4120	4190	—	—	—	4250	80	200	4000	—	—	—	4920
6	1960	3500	3810	3340	3580	3800	—	—	—	4090	80	790	4020	—	—	—	5070
7	1020	2580	3020	2340	2660	3150	—	—	—	3600	370	2050	4170	—	—	—	5350
8	320	1530	1950	1090	1460	2110	—	—	3200	3330	1370	4190	4440	—	6690	—	6940
9	—	560	810	70	280	840	—	—	1740	1960	3180	6360	4790	—	7140	—	7560
10	—	—	—	—	—	—	—	—	—	—	6620	—	5240	—	—	—	—

某特种舟桥舟型值表

表 5-2

站号	半宽值(mm)															高度值(mm)					
	100WL	200WL	300WL	400WL	500WL	600WL	700WL	800WL	900WL	1000WL	1100WL	1200WL	底线	甲板边线	舷墙顶线	中纵剖线	I	II	III	甲板边线	舷墙顶线
0	—	—	—	—	—	—	—	—	—	—	—	—	—	—	—	1335	1435	—	—	—	1700
1/2	—	6.5	54	93.5	129.5	162.5	195.5	230	265	302	343.5	375	185	193	165	560	1000	1595	—	1200	1700
1	217.5	286	334	373.5	410.5	446.5	482.5	518	554.5	593	635	675	375	387	463	195	225	1015	1635	1200	1700
2	515	567.5	606.5	640	670	699	727.5	759.5	792.5	825.5	859	880	675	679	672	0	0	280	1210	1200	1700
3	795.5	830.5	855	876	885.5	917	937.5	960	982.5	1006	1029.5	1045	880	895	931	0	0	0	575	1200	1700
4	1017.5	1031	1045	1057.5	1070	1082	1095	1107	1117.5	1149.5	1192.5	1193	973	1053.5	1086	0	0	0	0	1200	1700
5	1161	1165.5	1171	1175.5	1179	1182	1184	1186.5	1189	1191.5	1192.5	1193	1155	1149.5	1171.5	0	0	0	0	1200	1700
6	1200	1200	1200	1200	1200	1200	1200	1200	1200	1200	1200	1200	1200	1194	1200	0	0	0	0	1200	1700
7	1200	1200	1200	1200	1200	1200	1200	1200	1200	1200	1200	1200	1200	1200	1200	0	0	0	0	1200	1700
8	1200	1200	1200	1200	1200	1200	1200	1200	1200	1200	1200	1200	1200	1200	1200	0	0	0	0	1200	1700
9	1200	1200	1200	1200	1200	1200	1200	1200	1200	1200	1200	1200	1200	1200	1200	0	0	0	0	1200	1700

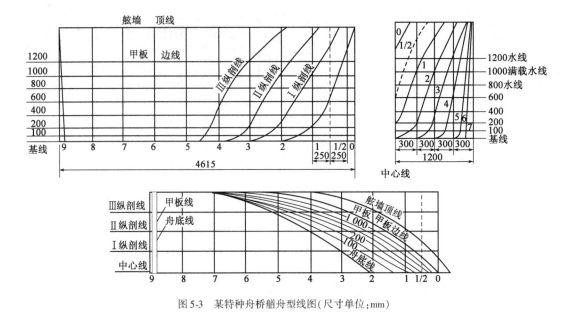

图 5-3 某特种舟桥艚舟型线图（尺寸单位：mm）

二、主尺度

主尺度是表示舟艇外形大小的基本量度（图 5-4），有如下几项。

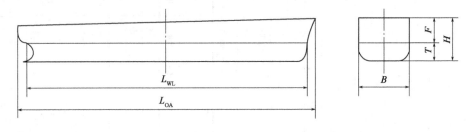

图 5-4 舟艇主尺度

（一）舟艇长度

1. 总长

舟艇首端和尾端间的最大水平距离，即舟艇的最大长度，称为总长，以符号 L_{OA} 表示。

2. 设计水线长

设计水线与首尾轮廓线交点之间的水平距离，称为设计水线长，以符号 L_{WL} 表示。设计水线长亦称满载水线长。

3. 垂线间长

舟艇首垂线与尾垂线之间的水平距离，即两柱间长，称为垂线间长，以符号 L_{pp} 表示。
首垂线是通过设计水线前端与首柱前缘中线的交点所作的垂直于水平面的垂线。
尾垂线是通过设计水线后端与尾柱后缘中线的交点所作的垂直于水平面的垂线。

(二)舟艇的宽度

1. 型宽

沿设计水线在中横剖面处的两舷型表面之间的水平距离,称为型宽,以符号 B 表示。

2. 总宽

总宽即舟艇的最大宽度,包括舟体壳板外的护舷或舷边延伸甲板等外缘间最大水平距离。

(三)型深

在舟艇的中站面处,由基线至甲板边线的垂直距离,称为型深或舷高,以符号 H 表示。

(四)吃水

在舟艇的中站面处,水线至基线的垂直距离称为吃水,以符号 T 表示。

1. 艏吃水

艏吃水指沿首垂线自设计水线量至龙骨上缘延长线的垂直距离,以符号 T_S 表示。

2. 艉吃水

艉吃水指沿尾垂线自设计水线量至龙骨上缘延长线的垂直距离,以符号 T_W 表示。

3. 满载吃水

满载吃水即设计吃水,指设计水线量至基线的垂直距离。

对具有纵倾的舟艇,其吃水是指首尾吃水的平均值,称为平均吃水,即

$$T_P = \frac{T_S + T_W}{2} \tag{5-1}$$

首尾吃水的差值,称为吃水差,即

$$\Delta T = T_S - T_W \tag{5-2}$$

(五)干舷

干舷通常指设计水线量至中站面处甲板边线间的最小垂直距离,即型深与设计吃水的差值,称为干舷高度,以符号 F 表示,有

$$F = H - T \tag{5-3}$$

三、主尺度比

舟艇的主尺度只表示舟艇的大小,主尺度之间的关系通常用主尺度比表示。主尺度比在一定程度上可以概略地表达舟艇的某些性能。

(一)长宽比(L/B)

长宽比为舟艇长度与宽度的比值。该值与舟艇的速航性能有关。

(二)宽吃水比(B/T)

宽吃水比为舟艇的型宽与设计吃水的比值。该值与舟艇的稳性、速航性能有关。

(三)深吃水比(H/T)

深吃水比为舟艇的型深与设计吃水的比值。该值与舟艇的稳性、抗沉性能有关。

(四)长深比(L/H)

长深比为舟艇长度与型深的比值。该值与舟艇的强度、稳性有关。

(五)宽深比(B/H)

宽深比为舟艇型宽与型深的比值。该值与舟艇的强度、稳性有关。

四、舟艇型系数

舟艇型系数,是用于表示舟艇水下部分的形状和肥瘦程度的无因次系数。它用无尺度的系数,将舟艇的水线面面积、中横剖面面积和浸水体积与简单的平面和立体的几何形状相比较,可概略地表征舟艇的形状及某些性能。舟艇型系数主要有以下几种。

(一)设计水线面系数

设计水线面系数为设计水线面面积 A_S 与以舟艇主尺度的设计水线长度 L 和型宽 B 所组成的矩形面积的比值(图5-5),即

$$\alpha = \frac{A_S}{L \cdot B} \tag{5-4}$$

设计水线面系数与舟艇的稳性和速航性能有关,其大小表示设计水线面两端的尖瘦程度,如浮游桥脚舟的水线面面积两端较丰满,其 α 值较大;汽艇的水线面面积两端较尖瘦,其 α 值较小。

(二)中横剖面系数

中横剖面系数为设计水线下的中横剖面面积 A_ω 与以舟艇主尺度型宽 B 和吃水 T 所组成的矩形面积的比值(图5-6),即

$$\beta = \frac{A_\omega}{B \cdot T} \tag{5-5}$$

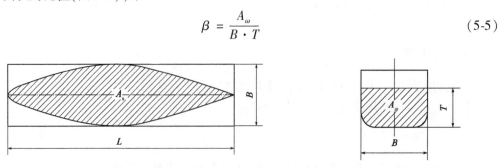

图 5-5 水线面   图 5-6 中横剖面

中横剖面系数的大小表示中横剖面的丰满程度。

(三)排水体积系数

排水体积系数亦称方形系数,为设计水线下的排水体积 V 与以舟艇主尺度舟长 L、型宽 B 和吃水 T 所组成的长方体体积的比值(图 5-7),即

$$\delta = \frac{V}{L \cdot B \cdot T} \tag{5-6}$$

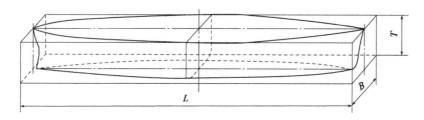

图 5-7 排水体积与长方形体

排水体积系数主要用来表示舟艇体积的肥瘦程度,其大小影响到舟艇的速航性能。在主要尺度相同时,δ 值可说明舟艇排水量的大小。δ 值大,表示舟艇排水体积丰满;δ 值小,表示舟艇排水体积瘦狭。浮游桥脚舟排水量大,则其 δ 值较大;汽艇排水量较小,则其 δ 值也较小。例如,某中型舟桥的桥脚舟方形系数,尖形舟 $\delta = 0.8$,方形舟 $\delta = 1.0$;某特种舟桥的艉舟 $\delta = 0.3 \sim 0.5$。

(四)棱形系数

棱形系数为设计水线下的排水体积 V 与以中横剖面 A_ω 和舟长 L 所组成的棱柱体体积的比值(图 5-8),即

$$\varphi = \frac{V}{A_\omega \cdot L} \tag{5-7}$$

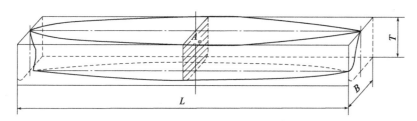

图 5-8 排水体积与纵向棱柱体

棱形系数与舟艇的速航性能有关,其大小表达出舟艇水下体积沿舟艇长度方向的变化情况。φ 值较大时,表示排水体积在舟艇长度方向上分布比较均匀;φ 值较小时,则说明舟艇中部丰满、两端瘦狭。

由式(5-5)、式(5-6)和式(5-7)可导出如下关系式:

$$\varphi = \frac{\delta}{\beta} \tag{5-8}$$

(五)竖向棱形系数

竖向棱形系数为在设计水线下的排水体积 V 与以设计水线面 A_S 和吃水 T 所组成的棱柱体体积的比值(图 5-9),即

$$X = \frac{V}{A_S \cdot T} \tag{5-9}$$

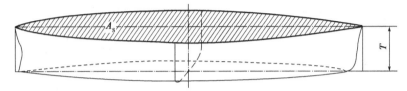

图 5-9　排水体积与竖向棱柱体

由式(5-4)、式(5-6)和式(5-9)可导出如下关系式：

$$X = \frac{\delta}{\alpha} \tag{5-10}$$

竖向棱形系数表示舟艇水下体积沿吃水方向的变化情况。X 值越大,说明舟艇两舷越近于垂直,相应地,底部越趋近于平坦。

第二节　舟艇的平衡条件

舟艇是一种浮体,它具有浮性。所谓浮性,是指舟艇在受一定数量的载重时,能够在水中漂浮的能力。

为准确描述舟体形状和运动,需建立坐标系,通常采用三轴直角坐标系(图 5-10)。在本教材中,除特别指出外,都约定 x 轴为沿基线并以舟首方向为正,y 轴沿舟的横向并以向左舷为正,z 轴沿舟的竖向并以向上为正。多数计算都是按直角坐标进行并将坐标原点取在舟体中部[图 5-10(a)],即中站面、中线面和基平面的交点(图 5-2)。也有少数计算将坐标原点取在舟体尾垂线上[图 5-10(b)]。

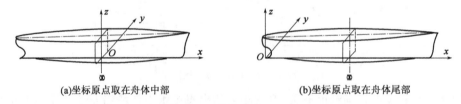

(a)坐标原点取在舟体中部　　　　　(b)坐标原点取在舟体尾部

图 5-10　舟体计算分析的坐标系

舟体漂浮在水中,它的水表面都受到静水压力的作用。该压力的大小随舟体的吃水深度而定,即单位面积上的压力为 γT(γ 为水的重度,kN/m^3,江河：$\gamma = 10kN/m^3$,海洋 $\gamma = 10.25kN/m^3$;T 为舟艇的吃水,m)。在舟体表面静水压力的水平分力左右对称而相互抵消,即水平分力的合力为零;静水压力的垂向分力的合力向上作用,称为浮力。浮力可使舟艇漂浮于水面一定的位置。根据浮性原理可知,舟体浸沉在水中所受到的浮力大小等于舟体水下部分

所排开相同体积的重量。它所排开水的体积称为排水体积,以符号 V 表示;所排开体积的重量称为排水量,以符号 D 表示。舟艇的受力如图 5-11 所示。

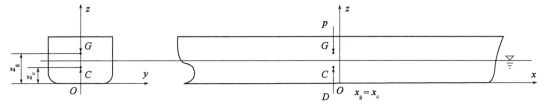

图 5-11　舟艇的受力和平衡

舟艇的排水量用公式表达如下:

$$D = \gamma V \tag{5-11}$$

排水体积的重心,即浮力的作用点,称为浮心,以符号 C 表示。

舟艇除了受浮力作用外,还受到重力作用。所谓重力,就是舟艇全部重量的合力,以符号 P 表示。舟艇的全部重量包括结构自重以及动力装置、舾装设备、荷载等。重力的作用是垂直向下的。重力的合力作用点称为重心,以符号 G 表示。

舟艇在浮力与重力的作用下保持平衡(图 5-10),故在水中漂浮的舟艇的平衡条件为:

(1)重力与浮力大小相等,方向相反,即

$$P = D = \gamma V \tag{5-12}$$

(2)重心 G 与浮心 C 必须在同一直线上,即

$$\begin{cases} x_g = x_c \\ y_g = y_c = 0 \end{cases} \tag{5-13}$$

式中:x_g——舟艇重心沿坐标轴 Ox 方向的纵坐标;

x_c——排水体积浮心沿坐标轴 Ox 方向的纵坐标;

y_g——舟艇重心沿坐标轴 Oy 方向的横坐标;

y_c——排水体积浮心沿坐标轴 Oy 方向的横坐标。

对于舟艇,其重力和浮力总是同时存在的。当 $P > D$ 时,舟艇则下沉,吃水增加;当 $P < D$ 时,舟艇则上浮,吃水减少。

当舟艇处于正浮状态时,因舟艇左右两舷形状对称,故有 $y_g = y_c = 0$。

如果浮心的横向位置 $y_c \neq 0$,则会由于 P 和 D 所组成的力偶作用,使舟艇产生横倾,如图 5-12(a)所示。舟艇的横倾状态需要由吃水 T 和横倾角 θ 两个参数表示,这时由于横倾后水下舟体形状改变,浮心位置移动,则有 $y_g = 0 \neq y_c$。

如果重心和浮心的纵向位置不相等($x_g \neq x_c$),舟艇将产生纵倾,如图 5-12(b)所示:当 $x_g < x_c$ 时,则舟艇尾倾,即尾吃水大于首吃水;当 $x_g > x_c$ 时,则舟艇首倾,即尾吃水小于首吃水。舟艇的纵倾状态需要由平均吃水 T_P、纵倾角 Ψ 和横倾角 θ 三个参数表示。

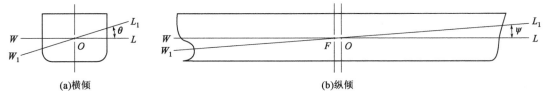

图 5-12　舟艇的倾斜状态

舟艇在纵、横倾时的平衡条件,仍然为重力和浮力大小相等、方向相反且重心和浮心必须在同一垂直线上。

第三节　舟体近似计算

在讨论舟艇的浮性时,将涉及舟体有关面积和体积的计算,如水线面面积、横剖面面积及其形心,排水体积及其浮心等。这些计算都要依据舟艇的型线图。由于舟体表面是一个具有双重曲率的复杂曲面,目前还没有精确的数学方程来表达其函数关系,多数还是根据型线图所给出的型值利用近似方法进行计算。舟体近似计算的任务就是求出曲线所围的面积。舟体近似计算常用到的有梯形法则和辛氏法则,这里我们只介绍梯形法则。

一、梯形法则

梯形法则(图5-13)的原理是:将某曲线等分成若干线段,并以直线取代各曲线段,则各曲线段所围面积用等高梯形的面积取代。最后计算出各梯形面积的总和,即代表所求用曲线所包围的面积。

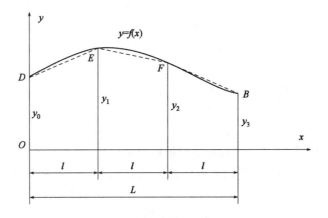

图5-13　梯形法则

设有某一曲线 DB,曲线 DB 下所围面积为 A,则其积分式为

$$A = \int_0^L y\mathrm{d}x \tag{5-14}$$

式中,被积函数 $y = f(x)$。

利用梯形法则求曲线 DB 下所围面积:将曲线 DB 分成若干等分,设分成三等分,坐标间距 $l = L/3$,用直线 DE、EF 和 FB 取代曲线 DE、EF 和 FB。折线 $DEFB$ 下所围面积就是曲线 DB 下所围面积的近似值。

每一梯形的面积用公式表示如下: $\dfrac{l}{2}(y_0 + y_1)$、$\dfrac{l}{2}(y_1 + y_2)$ 和 $\dfrac{l}{2}(y_2 + y_3)$,故曲线 DB 下所围面积为

$$A = \int_0^L y\mathrm{d}x \approx \frac{l}{2} \cdot (y_0 + y_1) + \frac{l}{2} \cdot (y_1 + y_2) + \frac{l}{2} \cdot (y_2 + y_3)$$

$$= l \cdot \left(y_0 + y_1 + y_2 + y_3 - \frac{y_0 + y_3}{2}\right)$$

$$= l \cdot \left(\sum_0^3 y_i - \frac{y_0 + y_3}{2}\right)$$

若将曲线分成 n 等分,则有

$$A \approx l \cdot \left(\sum_0^n y_i - \frac{y_0 + y_n}{2}\right) \tag{5-15}$$

式中：$\sum_0^n y_i$——各坐标 y_0、y_1、y_2、$\cdots$、y_n 的代数和；

$\dfrac{y_0 + y_n}{2}$——曲线两端坐标和的半数,称为修正值。

式(5-15)为梯形法则的一般公式,该式运算简便。显然,曲线的等分数越多,其精确度越高。

二、水线面面积及其漂心、惯性矩的计算

（一）水线面面积的计算

舟艇的水线都绘制在型线图的半宽水线图上。水线的型值在型值表中均可查得。设某水线各站的半宽值为 y_0、y_1、y_2、$\cdots$、y_n,各站间距相等,为 $l = L/n$。应用梯形法则的一般式(5-15),即可求得水线面面积,其式为

$$A_S = 2\int_{-\frac{L}{2}}^{\frac{L}{2}} y\mathrm{d}x = 2l \cdot \left(\sum_0^n y_i - \frac{y_0 + y_n}{2}\right) \tag{5-16}$$

若将 L 分成 10 等分,各站号为由 0 到 10(图 5-14),其计算可列表进行,计算结果可按表 5-3 中第 Ⅱ 项公式求得。

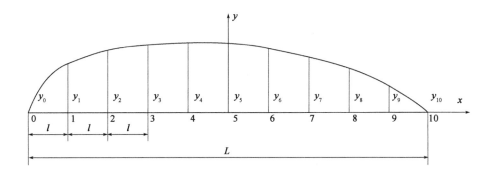

图 5-14　水线面的分站

A_S、x_f、J_y 及 J_x 计算　　　　　表 5-3

站　号	坐标值 y_i (m)	k_i	静矩函数 $k_i y_i$	k_i^2	对 y 轴惯性矩 $k_i^2 y_i$	对 x 轴惯性矩 y_i^3
(Ⅰ)	(Ⅱ)	(Ⅲ)	(Ⅳ)=(Ⅱ)×(Ⅲ)	(Ⅴ)=(Ⅲ)²	(Ⅵ)=(Ⅱ)×(Ⅴ)	(Ⅶ)=(Ⅱ)³
0	y_0	−5	−5y_0	25	25y_0	y_0^3
1	y_1	−4	−4y_1	16	16y_1	y_1^3
2	y_2	−3	−3y_2	9	9y_2	y_2^3
3	y_3	−2	−2y_3	4	4y_3	y_3^3
4	y_4	−1	−1y_4	1	1y_4	y_4^3
5	y_5	0	0y_5	0	0y_5	y_5^3
6	y_6	1	1y_6	1	1y_6	y_6^3
7	y_7	2	2y_7	4	4y_7	y_7^3
8	y_8	3	3y_8	9	9y_8	y_8^3
9	y_9	4	4y_9	16	16y_9	y_9^3
10	y_{10}	5	5y_{10}	25	25y_{10}	y_{10}^3
总和 Σ	Σy_i	—	$\Sigma k_i y_i$	—	$\Sigma k_i^2 y_i$	Σy_i^3
修正值	$\dfrac{y_0+y_{10}}{2}$	—	$\dfrac{5(y_{10}-y_0)}{2}$	—	$\dfrac{25(y_0+y_{10})}{2}$	$\dfrac{y_0^3+y_{10}^3}{2}$
修正后之和	Σ−(修正值)	—	Σ−(修正值)	—	Σ−(修正值)	Σ−(修正值)
结果	$A_S = 2l\cdot(\Sigma\text{Ⅱ})$	—	$x_f = l\cdot\dfrac{\Sigma\text{Ⅳ}}{\Sigma\text{Ⅱ}}$	—	$J_y = 2l^3\cdot(\Sigma\text{Ⅵ})$	$J_x = \dfrac{2}{3}l\cdot(\Sigma\text{Ⅶ})$

(二)漂心的计算

漂心指水线面面积的形心,用符号 F 表示。因漂心在 xOy 平面内,其位置可用 x_f 和 y_f 表示。由于舟艇一般左右两舷对称,则漂心位置在中纵剖面上,即 $y_f = 0$,因而对漂心只需计算坐标 x_f 的值。

根据理论力学原理可知,整个图形的总面积的静矩等于组成该面积的各分面积的静矩之和,即

$$A_S \cdot x_f = S_{xOy}$$

$$S_{xOy} = 2\int_{-\frac{L}{2}}^{\frac{L}{2}} xy\,dx \approx 2l\cdot\left(\sum_0^n x_i y_i - \frac{x_0 y_0 + x_n y_n}{2}\right)$$

则

$$x_f = \frac{S_{xOy}}{A_S} = \frac{\sum_0^n x_i y_i - \dfrac{x_0 y_0 + x_n y_n}{2}}{\sum_0^n y_i - \dfrac{y_0 + y_n}{2}} \tag{5-17}$$

由型线图和型值表可知各站的 x、y,按式(5-17)可计算出坐标 x_f 的值。如将 L 分为 10 等分,其计算可列表进行。

式(5-17)中,分母仍按表 5-3 中第Ⅱ项结果,分子为

$$\sum_0^{10} x_i y_i - \frac{x_0 y_0 + x_{10} y_{10}}{2}$$

$$= l \cdot \left[0 \cdot y_5 + 1 \cdot (y_6 - y_4) + 2 \cdot (y_7 - y_3) + \cdots + 5 \cdot (y_{10} - y_0) - \frac{5y_{10} - 5y_0}{2} \right]$$

计算结果可按表 5-3 中第Ⅳ项的公式求得。

(三)惯性矩 J_y、J_x 和 J_f 的计算

在舟艇浮性计算中,常要用到对水线面面积各轴的惯性矩值,以下分别求出对 y 轴、x 轴和通过漂心 F 的 f 轴的惯性矩。

1. 水线面面积对 y 轴的惯性矩 J_y

根据惯性矩定义,水线面面积各分面积对 y 轴的惯性矩(图 5-15)可表达为

$$j_y = x^2 \cdot (2y\mathrm{d}x) \tag{5-18}$$

则水线面面积的总面积对 y 轴的惯性矩为

$$J_y = 2\int_{-\frac{L}{2}}^{\frac{L}{2}} x^2 y \mathrm{d}x \approx 2l \cdot \left(\sum_0^n x_i^2 y_i - \frac{x_0^2 y_0 + x_n^2 y_n}{2} \right) \tag{5-19}$$

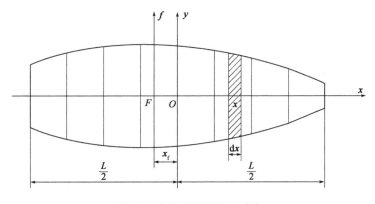

图 5-15　水线面面积惯性矩计算

如将 L 分成 10 等分,则式(5-19)为

$$J_y = 2l^3 \cdot \left[0 \cdot y_5 + 1^2 \cdot (y_6 + y_4) + 2^2 \cdot (y_7 + y_3) + \cdots + 5^2 \cdot (y_{10} + y_0) - \frac{5^2 \cdot (y_0 + y_{10})}{2} \right]$$

该式结果可用表 5-3 中第Ⅵ项的公式求出。

2. 水线面面积对 x 轴的惯性矩 J_x

水线面面积某分面积对 x 轴的惯性矩可表达为

$$j_x = \frac{(2y)^3 \mathrm{d}x}{12} = \frac{2}{3} y^3 \mathrm{d}x \tag{5-20}$$

则水线面面积的总面积对 x 轴的惯性矩为

$$J_x = \frac{2}{3}\int_{-\frac{L}{2}}^{\frac{L}{2}} y^3 dx \approx \frac{2}{3}l \cdot \left(\sum_0^n y_i^3 - \frac{y_0^3 + y_n^3}{2}\right) \tag{5-21}$$

如将 L 分成 10 等分,则式(5-21)为

$$J_x = \frac{2}{3}l \cdot \left(y_0^3 + y_1^3 + y_2^3 + \cdots + y_{10}^3 - \frac{y_0^3 + y_{10}^3}{2}\right)$$

该式结果可用表 5-3 中第Ⅶ项的公式求出。

3. 对通过漂心 F 的 f 轴的惯性矩 J_f

因 f 轴与 y 轴平行,应用惯性矩移轴定理可得

$$J_f = J_y - A_S \cdot x_f^2 \tag{5-22}$$

式中,水线面面积 A_S、漂心坐标 x_f 及惯性矩 J_y 均为已知数据。

由于制式舟桥器材的桥脚舟的形状简单,多呈长方形箱体结构,而且舟体结构的布置与形状都是对称的,因此其水线面面积、漂心和惯性矩均可简化计算。

三、横剖面面积及其形心的计算

(一)横剖面面积

舟艇的横剖线都绘制在横剖线图中。图 5-16(a)所示为某站横剖线,吃水为 T,将其分为 n 等分,则间距 $t = T/n$。

在各等分线上可分别量出其型值为 y_0、y_1、y_2、$\cdots$、y_n(不同吃水线上的半宽值),则横剖面面积可由如下公式求得

$$A_\omega = 2\int_0^T y dz \approx 2t \cdot \left(\sum_0^n y_i - \frac{y_0 + y_n}{2}\right) \tag{5-23}$$

按式(5-23)可求出不同水线下的 A_ω 值,由此可得到横剖面面积曲线,如图 5-16(b)所示。

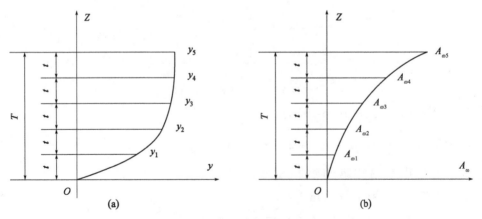

图 5-16 横剖线及横剖面面积曲线

(二)横剖面面积的形心坐标

对横剖面面积的形心可用如下公式求得,即

形心横坐标 $\quad\quad\quad\quad\quad\quad y_\omega = 0$

形心竖坐标

$$z_\omega = \frac{M_{Oy}}{A_\omega} = \frac{\int_0^T zy\mathrm{d}z}{\int_0^T y\mathrm{d}z} \tag{5-24}$$

式中，分子 $\int_0^T zy\mathrm{d}z \approx t^2 \cdot \left(\sum_0^n k_i y_i - \frac{0 \cdot y_0 + n \cdot y_n}{2} \right)$。

则

$$z_\omega = \frac{t \cdot \left(\sum_0^n k_i y_i - \frac{0 \cdot y_0 + n \cdot y_n}{2} \right)}{\sum_0^n y_i - \frac{y_0 + y_n}{2}} \tag{5-25}$$

第四节 排水体积和浮心坐标的计算

舟艇排水量和浮心坐标的计算是根据型线图及型值表来进行的，通常有垂向沿吃水方向计算和纵向沿舟长方向计算两种。

一、利用水线面面积曲线计算排水体积和浮心坐标

此法又称垂向计算法。根据型线图上的半宽水线图，按式(5-16)求出各不同吃水处的水线面面积值，分别按 $A_S = f(t)$ 的关系画出曲线，即水线面面积曲线，如图5-17所示。故水线面面积曲线是表示舟艇的水线面面积随吃水变化的曲线。图中 t 为总吃水的等分值，即 $t = T/n$。

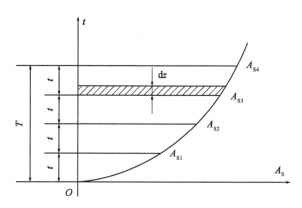

图5-17 水线面面积曲线

（一）排水体积

由水线面面积曲线可知，该面积曲线所围面积即舟艇的排水体积。由图中分面积得

$$\mathrm{d}V = A_S \cdot \mathrm{d}z \tag{5-26}$$

则

$$V = \int_0^T A_S \mathrm{d}z \approx t \cdot \left(\sum_0^n A_{Si} - \frac{A_{S0} + A_{Sn}}{2} \right) \tag{5-27}$$

其计算结果见表5-4中第Ⅲ项。

利用水线面面积求 V、x_c 及 z_c 表5-4

水线号	吃水 T	水线面面积 A_S	静矩 S_{xOy}	漂心坐标 x_f	静矩 S_{yOz}
(Ⅰ)	(Ⅱ)	(Ⅲ)	(Ⅳ)=(Ⅰ)×(Ⅲ)	(Ⅴ)	(Ⅵ)=(Ⅲ)×(Ⅴ)
0	0	A_{S0}	$0 A_{S0}$	x_{f0}	$A_{S0} x_{f0}$
1	T_1	A_{S1}	$1 A_{S1}$	x_{f1}	$A_{S1} x_{f1}$
2	T_2	A_{S2}	$2 A_{S2}$	x_{f2}	$A_{S2} x_{f2}$
⋮	⋮	⋮	⋮	⋮	⋮
n	T_n	A_{Sn}	$n A_{Sn}$	x_{fn}	$A_{Sn} x_{fn}$
总和 Σ	—	ΣA_{Si}	$\Sigma k_i A_{Si}$	—	$\Sigma A_{Si} x_{fi}$
修正值	—	$\dfrac{A_{S0}+A_{Sn}}{2}$	$\dfrac{n A_{Sn}}{2}$	—	$\dfrac{A_{S0} x_{f0}+A_{Sn} x_{fn}}{2}$
修正后之和	—	Σ-(修正值)	Σ-(修正值)	—	Σ-(修正值)
计算结果	—	$V=t\cdot(\Sigma\text{Ⅲ})$	$z_c=t\cdot\dfrac{\Sigma\text{Ⅳ}}{\Sigma\text{Ⅲ}}$	—	$x_c=\dfrac{\Sigma\text{Ⅵ}}{\Sigma\text{Ⅲ}}$

(二)浮心坐标

排水体积的浮心 C 的横向坐标 $y_c = 0$。

根据总体积对坐标平面的静矩等于各分体积的静矩之和,可得浮心 C 的竖向坐标为

$$z_c = \frac{S_{xOy}}{V} = \frac{\int_0^T A_S \cdot z \, dz}{\int_0^T A_S \, dz} \tag{5-28}$$

式中,分子 $\int_0^T A_S \cdot z \, dz \approx t^2 \cdot \left(\sum_0^n k_i A_{Si} - \dfrac{0 \cdot A_{S0} + n \cdot A_{Sn}}{2} \right)$。

则

$$z_c = t \cdot \frac{\sum_0^n k_i A_{Si} - \dfrac{0 \cdot A_{S0} + n \cdot A_{Sn}}{2}}{\sum_0^n A_{Si} - \dfrac{A_{S0} + A_{Sn}}{2}} \tag{5-29}$$

同理可得,浮心 C 的纵向坐标为

$$x_c = \frac{M_{yOz}}{V} = \frac{\int_0^T A_S \cdot x_f \, dz}{\int_0^T A_S \, dz} \tag{5-30}$$

式中,分子 $\int_0^T A_S \cdot x_f \, dz \approx t \cdot \left(\sum_0^n x_{fi} A_{Si} - \dfrac{x_{f0} \cdot A_{S0} + x_{fn} \cdot A_{Sn}}{2} \right)$。

则

$$x_c = \frac{\sum_0^n x_{fi} A_{Si} - \dfrac{x_{f0} \cdot A_{S0} + x_{fn} \cdot A_{Sn}}{2}}{\sum_0^n A_{Si} - \dfrac{A_{S0} + A_{Sn}}{2}} \tag{5-31}$$

式(5-29)和式(5-31)的计算结果见表5-4中第Ⅳ项和第Ⅵ项。

(三)计算例题

例 5-1:某舟艇 $L=54\mathrm{m}$,$B=7.6\mathrm{m}$,满载吃水 $T=2.4\mathrm{m}$。满载水线面半宽型值见表5-5。

满载水线面半宽型值　　　　表5-5

站号	0	1	2	3	4	5	6
半宽值(m)	0	2.32	3.48	3.80	3.36	1.71	0

满载水线下各水线面面积及其漂心纵坐标见表5-6。

水线面面积及漂心纵坐标值　　　　表5-6

水 线 号	水线面面积 $A_S(\mathrm{m}^2)$	漂心纵坐标值 $x_f(\mathrm{m})$
0	0	—
1	141	-0.06
2	217	-1.15
3	251	-1.11
4	264	-0.82

求该舟艇在满载水线下的排水体积、浮心坐标值及方形系数。

解:

(1) $l = \dfrac{L}{n} = \dfrac{54}{6} = 9(\mathrm{m})$。

列表5-7求满载水线的 A_S 和 x_f。

A_S 和 x_f 计 算　　　　表5-7

站 号 (Ⅰ)	纵坐标值 $y_i(\mathrm{m})$ (Ⅱ)	系数 k_i (Ⅲ)	静矩函数 $k_i y_i$ (Ⅳ)=(Ⅱ)×(Ⅲ)
0	0	-3	0
1	2.32	-2	-4.64
2	3.48	-1	-3.48
3	3.80	0	0
4	3.36	1	3.36
5	1.71	2	3.42
6	0	3	0
总和∑	14.67	—	-1.34
修正值	0		0
修正后之和	∑Ⅱ = 14.67	—	∑Ⅳ = -1.34

根据表中数据,计算结果为

$$A_S = 2l \cdot (\sum Ⅱ) = 2 \times 9 \times 14.67 = 264(\mathrm{m}^2)$$

$$x_f = l \cdot \dfrac{(\sum Ⅳ)}{(\sum Ⅱ)} = \dfrac{9 \times (-1.34)}{14.67} = -0.82(\mathrm{m})$$

(2) $t = \dfrac{T}{n} = \dfrac{2.4}{4} = 0.6(\text{m})$。

列表 5-8 求舟艇的排水体积 V 和浮心坐标 z_c、x_c。

排水体积 V 和浮心坐标 z_c、x_c 计算　　　　表 5-8

水 线 号	吃水 T (m)	水线面面积 A_S (m²)	静矩函数 S_{xOy}	漂心坐标 x_f (m)	静矩函数 S_{yOz}
0	0	0	0	0	0
1	0.6	141	141	−0.06	−8.46
2	1.2	217	434	−1.15	−249.55
3	1.8	251	753	−1.11	−278.61
4	2.4	264	1056	−0.82	−216.48
总和 ∑	—	873	2384	—	−753.1
修正值		132	528		−108.24
修正后之和	—	∑Ⅲ = 741	∑Ⅳ = 1856	—	∑Ⅵ = −644.86

根据表中数据，计算结果为

$$V = t \cdot (\sum \text{Ⅲ}) = 0.6 \times 741 = 445(\text{m}^3)$$

$$z_c = t \cdot \dfrac{(\sum \text{Ⅳ})}{(\sum \text{Ⅲ})} = \dfrac{0.6 \times 1856}{741} = 1.5(\text{m})$$

$$x_c = \dfrac{(\sum \text{Ⅵ})}{(\sum \text{Ⅲ})} = \dfrac{-644.86}{741} = -0.87(\text{m})$$

(3) 舟艇方形系数。

$$\delta = \dfrac{V}{L \cdot B \cdot T} = \dfrac{445}{54 \times 7.6 \times 2.4} = 0.45$$

二、利用各站横剖面面积计算排水体积和浮心坐标

此法又称纵向计算法。在求得水线下各站横剖面面积之后，排水体积用如下公式可求得，即

$$V = \int_{-\frac{L}{2}}^{\frac{L}{2}} A_\omega \mathrm{d}x \approx l \cdot \left(\sum_0^n A_{\omega i} - \dfrac{A_{\omega 0} + A_{\omega n}}{2} \right) \tag{5-32}$$

同前述原理一样，可分别对 xOy 及 yOz 平面取静矩，即可求得浮心坐标值。

浮心竖坐标为

$$z_c = \dfrac{\int_{-\frac{L}{2}}^{\frac{L}{2}} A_\omega \cdot z \mathrm{d}x}{\int_{-\frac{L}{2}}^{\frac{L}{2}} A_\omega \mathrm{d}x} \approx \dfrac{\sum_0^n A_{\omega i} z_i - \dfrac{A_{\omega 0} z_0 + A_{\omega n} z_n}{2}}{\sum_0^n A_{\omega i} - \dfrac{A_{\omega 0} + A_{\omega n}}{2}} \tag{5-33}$$

浮心纵坐标为

$$x_c = \dfrac{\int_{-\frac{L}{2}}^{\frac{L}{2}} A_\omega \cdot x \mathrm{d}x}{\int_{-\frac{L}{2}}^{\frac{L}{2}} A_\omega \mathrm{d}x} \approx \dfrac{\sum_0^n A_{\omega i} x_i - \dfrac{A_{\omega 0} x_0 + A_{\omega n} x_n}{2}}{\sum_0^n A_{\omega i} - \dfrac{A_{\omega 0} + A_{\omega n}}{2}} \tag{5-34}$$

式(5-32)、式(5-33)和式(5-34)的计算均可按表5-3进行,表中 L 分为10站, $l = L/10$。

三、邦津曲线

邦津曲线是由舟艇各站(10站或20站)的横剖面面积曲线 $A_\omega = f(t)$ 所组成的一组曲线群(共11根或21根曲线),如图5-18所示。

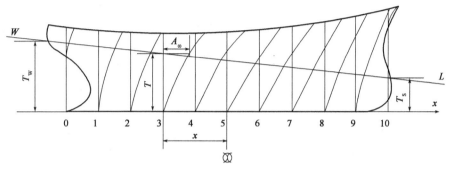

图5-18 邦津曲线

邦津曲线可用来计算任意吃水线下(正浮状态或纵倾状态)的排水体积和浮心坐标。在邦津曲线上可量出各站在某一定吃水线下的 A_ω 值,即可按式(5-32)、式(5-33)和式(5-34)进行计算。舟艇纵倾时,在量取 A_ω 值时应注意从吃水线与站线的交点处引出水平线,此水平线与横剖面面积曲线交点的坐标值才是本站在该水线下的横剖面面积值。

如求得某一定吃水线下各站的横剖面面积,则在该水线下排水体积和浮心坐标可按表5-9进行计算。

任意吃水线下 V、x_c 及 z_c 计算　　　　表5-9

站　号 (Ⅰ)	横剖面面积 $A_{\omega i}$ (Ⅱ)	系数 k_i (Ⅲ)	纵向静矩 $k_i A_{\omega i}$ (Ⅳ)=(Ⅰ)×(Ⅲ)	横剖面面积形心 $z_{\omega i}$ (Ⅴ)	竖向静矩 $A_{\omega i} z_{\omega i}$ (Ⅵ)=(Ⅲ)×(Ⅴ)
0	$A_{\omega 0}$	-5	$-5A_{\omega 0}$	$z_{\omega 0}$	$A_{\omega 0} z_{\omega 0}$
1	$A_{\omega 1}$	-4	$-4A_{\omega 1}$	$z_{\omega 1}$	$A_{\omega 1} z_{\omega 1}$
2	$A_{\omega 2}$	-3	$-3A_{\omega 2}$	$z_{\omega 2}$	$A_{\omega 2} z_{\omega 2}$
3	$A_{\omega 3}$	-2	$-2A_{\omega 3}$	$z_{\omega 3}$	$A_{\omega 3} z_{\omega 3}$
4	$A_{\omega 4}$	-1	$-1A_{\omega 4}$	$z_{\omega 4}$	$A_{\omega 4} z_{\omega 4}$
5	$A_{\omega 5}$	0	$0 A_{\omega 5}$	$z_{\omega 5}$	$A_{\omega 5} z_{\omega 5}$
6	$A_{\omega 6}$	1	$1 A_{\omega 6}$	$z_{\omega 6}$	$A_{\omega 6} z_{\omega 6}$
7	$A_{\omega 7}$	2	$2 A_{\omega 7}$	$z_{\omega 7}$	$A_{\omega 7} z_{\omega 7}$
8	$A_{\omega 8}$	3	$3 A_{\omega 8}$	$z_{\omega 8}$	$A_{\omega 8} z_{\omega 8}$
9	$A_{\omega 9}$	4	$4 A_{\omega 9}$	$z_{\omega 9}$	$A_{\omega 9} z_{\omega 9}$
10	$A_{\omega 10}$	5	$5 A_{\omega 10}$	$z_{\omega 10}$	$A_{\omega 10} z_{\omega 10}$
总和 Σ	$\Sigma A_{\omega i}$	—	$\Sigma k_i A_{\omega i}$	—	$\Sigma A_{\omega i} z_{\omega i}$
修正值	$\dfrac{A_{\omega 0}+A_{\omega 10}}{2}$	—	$\dfrac{5(A_{\omega 0}-A_{\omega 10})}{2}$	—	$\dfrac{A_{\omega 0} z_{\omega 0}+A_{\omega 10} z_{\omega 10}}{2}$
修正后之和	Σ − 修正值	—	Σ − 修正值	—	Σ − 修正值
计算结果公式	$V = l \cdot (\Sigma\,Ⅱ)$	—	$x_c = l \cdot \dfrac{(\Sigma\,Ⅳ)}{(\Sigma\,Ⅱ)}$	—	$z_c = \dfrac{(\Sigma\,Ⅵ)}{(\Sigma\,Ⅱ)}$

为了使曲线清晰,在绘制邦津曲线图时,竖向 z 和横向 x 可采用不同的比例尺,通常竖向 z 的比例可大于横向 x 的比例,因此图上的船形显得短而高。

第五节　舟艇重量和重心的计算

在舟艇有关性能计算中,常涉及舟艇的重量和重心坐标,以下讨论舟艇重量和重心的计算问题。

舟艇重量有两类:

第一类为不变重量,它包括舟艇各部结构以及舟艇内动力装置、舾装设备等的重量。本类重量均属于舟艇自重。

第二类为可变重量,本类重量根据舟艇的装载情况而变,属舟艇的载重量。

因此,舟艇的总重量应包括舟艇自重和载重量,即

$$P = \sum_0^n p_i \tag{5-35}$$

式中:p_i——舟艇各项自重及载重量等。

重心 G 的坐标常以 (x_g, y_g, z_g) 表示。因舟艇左右两舷对称,在布置各种荷载时,应使舟艇的重心 G 位于中纵剖面上,即 $y_g = 0$。因此,对舟艇的重心 G 只需计算 x_g 和 z_g 两个坐标值。重心坐标的计算可根据理论力学合力矩原理求得,即

$$\begin{cases} x_g = \dfrac{\sum_0^n p_i x_i}{\sum_0^n p_i} \\ z_g = \dfrac{\sum_0^n p_i z_i}{\sum_0^n p_i} \end{cases} \tag{5-36}$$

式中:x_i、z_i——各个部件的重心距原点 O 的距离;

$\sum_0^n p_i x_i$——各个部件对 yOz 平面的静矩之和;

$\sum_0^n p_i z_i$——各个部件对 xOy 平面的静矩之和。

舟艇重心的计算是一项相当烦琐的工作,需要细致而精确地进行。实际工作中,通常根据舟艇的布置总图以表格形式进行计算,见表 5-10。

舟艇重量和重心坐标计算　　　　表 5-10

序　号	重物名称	重量 p_i	对 yOz 平面		对 xOy 平面	
			力臂 x_i	静矩 $p_i x_i$	力臂 z_i	静矩 $p_i z_i$
1	…	p_1	x_1	$p_1 x_1$	z_1	$p_1 z_1$
2	…	p_2	x_2	$p_2 x_2$	z_2	$p_2 z_2$
3	…	p_3	x_3	$p_2 x_2$	z_3	$p_2 z_2$
…	…	…	…	…	…	…
n	…	p_n	x_n	$p_n x_n$	z_n	$p_n z_n$
总和		$\sum p_i$		$\sum p_i x_i$		$\sum p_i z_i$

第六节　每厘米吃水吨数

舟艇在装卸载重时可根据排水量曲线或载重量表尺查得装卸载后吃水的变化，此外还可利用每厘米吃水吨数进行计算。每厘米吃水吨数指舟艇吃水平行变化 1cm 时所引起的排水量变化数值。

设舟艇载重量为 P，如增加载重量 ΔP，则浮力也相应增加 ΔD，根据舟艇平衡条件，有

$$P + \Delta P = D + \Delta D \tag{5-37}$$

因 $P = D$，则

$$\Delta P = \Delta D \tag{5-38}$$

如图 5-19 所示，增加的浮力 ΔD 等于两个水线面之间的一层小体积的排水量 ΔV，即

$$\Delta D = \gamma \cdot \Delta V \tag{5-39}$$

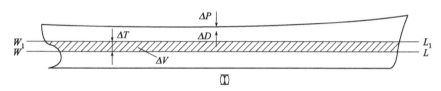

图 5-19　舟艇平均吃水变化图

当装卸载重量较小时，可认为水线形状及面积变化不大，则有

$$\Delta D = \gamma A_S \Delta T \tag{5-40}$$

式中，$\gamma = 10 \text{kN/m}^3$。

当 $\Delta T = 1 \text{cm}$ 时，$\Delta D = 0.01 \gamma A_S$。

每厘米吃水吨数以符号 q 表示，则

$$q = 0.01 \gamma A_S \tag{5-41}$$

如舟艇装卸载重量为 p，则其吃水变化可用式 (5-41) 求得，为

$$\Delta T = \frac{p}{q} \tag{5-42}$$

对于型线变化较大的船，该公式只适用于少量装卸载的情况，而对于型线变化不大的小型舟艇则可以不受此限制。

根据式 (5-41) 和水线面面积曲线画出每厘米吃水吨数曲线，如图 5-20 所示。

舟艇装卸载重前的正浮水线为 WL，此时的浮力 D 通过浮心 C 与重力 P 通过重心 G 作用在同一垂线上，如式 (5-12) 和式 (5-13) 所示。

若舟艇平行沉浮至 $W_1 L_1$，两平行水线的排水量为 ΔD，排水体积为 ΔV，ΔD 的浮心坐标为 $(x_{\Delta V}, y_{\Delta V}, z_{\Delta V})$，在少量装卸载的情况下，前后水线面面积相等，则 ΔD 的浮心与 WL 水线面漂心在同一垂线上，有

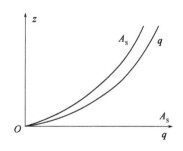

图 5-20　每厘米吃水吨数曲线

$$\begin{cases} x_{\Delta V} = x_f \\ y_{\Delta V} = 0 \\ z_{\Delta V} = T + \dfrac{\Delta T}{2} \end{cases} \quad (5\text{-}43)$$

为使舟艇平行沉浮,要求装卸载重量中的重心必须与 ΔD 的浮心在同一垂直线上,即平行沉浮的条件为

$$\begin{cases} x_p = x_f \\ y_p = y_f = 0 \end{cases} \quad (5\text{-}44)$$

式中:x_p、y_p——装卸载的重心坐标值。

如果 $x_p \ne x_F$、$y_p \ne 0$,则舟艇将受到由 p 和 ΔD 所组成的力偶作用而产生纵倾和横倾,故少量装卸载重时其平行沉浮的条件是装卸载重物重心必须通过原水线面漂心的垂线。

第七节 储 备 浮 力

为了保证舟艇的安全和良好的浮性,要求舟艇必须具备一定的储备浮力。储备浮力是指舟艇满载吃水线至甲板水密部分的体积所能提供的浮力。

舟艇储备浮力的大小可通过舟艇干舷高度来观察,干舷高度越大,储备浮力越大,但干舷高度过大会影响舟艇的有效载重能力和稳性等。因此,为了保证舟艇安全又最大限度地利用舟艇的载重能力,可根据舟艇使用条件和航行条件,对于干舷高度做出适当的规定。内河舟艇的干舷高度由国家有关航运的技术监督部门依据载重吃水线规范确定,在舟艇中部的两舷绘出载重线标志,如图 5-21 所示。图中圆环中心的水平线(载重吃水线)至甲板线的距离即干舷高度,ZC 为中华人民共和国船舶检验局的标志。

水尺是吃水深度的标志,通常设在舟艇首尾及中部的两舷,如图 5-22 所示。吃水到达水尺数字下缘时,即表明舟艇的吃水为该数字。

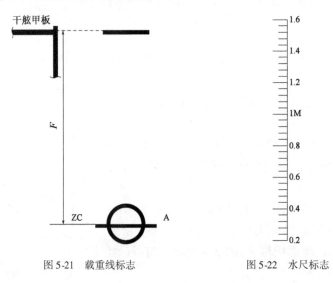

图 5-21 载重线标志　　图 5-22 水尺标志

军用渡河舟艇有关干舷高度的规定,应根据舟艇的战术技术要求而定。在设计新型舟艇时,还可以参考内河舟艇的有关规定适当选用。

军用舟艇干舷标志一般不采用像内河舟艇那样的载重标志,通常只在舟艇首部两舷用水尺标志吃水。有的可在舟艇两舷沿全长画出两条白色水平线,一条标志空载吃水线,另一条标志满载吃水线。

复习思考题

1. 型线图的作用是什么?由哪几部分组成?
2. 舟艇主尺度的基本概念有哪些?表征的具体意义是什么?
3. 舟艇型系数有哪些?如何定义?表征的具体意义是什么?
4. 什么是舟艇的浮性?
5. 为什么要建立舟体计算分析的坐标系?
6. 舟艇正浮的平衡条件是什么?
7. 简述梯形法近似计算原理。
8. 试分析重心、漂心、浮心的概念。
9. 舟艇重量由哪两部分组成?重心如何计算?
10. 在浮力作用下舟艇为什么不会在水面上产生横向运动?
11. 什么是邦津曲线?有什么用途?
12. 什么是每厘米吃水吨数?
13. 什么是储备浮力?
14. 用 $5.0m \times 2.5m \times 1.6m$ 浮箱拼组的工程平台主尺度为 $25.0m \times 12.5m \times 1.6m$,每个浮箱的自重为 4.5t,结构上下对称。求:①此时平台的吃水及重心、浮心位置;②当平台上搭载质量 150t,重心高度 1.5m 的工程机械后,平台的吃水及重心、浮心位置;③如果需要将重心控制在 2.0m 以下,在浮箱底部(重心高度 0.2m)至少需增加多重的压载?

第六章
舟艇的稳性

第一节 舟艇的稳性概述

由第五章第二节舟艇的平衡条件知道,舟艇在水面上正浮时其重力和浮力大小相等、方向相反,且重心和浮心在同一垂线上,如图6-1(a)所示。当舟艇受到外力产生的倾斜力矩作用后,这种平衡可能被破坏而使舟艇发生倾斜;当舟艇倾斜后,由于排水体积形状的变化,浮心的位置将产生移动,如图6-1(b)所示,浮心由 C 移至 C_1。这时重心和浮心不再在同一条垂线上,而使重力和浮力间形成一对力偶。这对力偶具有抗拒舟艇倾斜而使其回复到原平衡位置的作用,故可称为复原力矩。

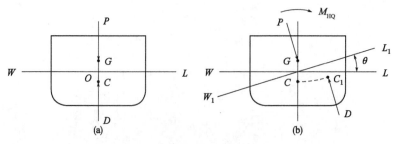

图6-1 舟艇的平衡与倾斜

所谓稳性,就是指舟艇受到外力作用偏离平衡位置而倾斜,当外力消除后,舟艇所具有的能回到原平衡位置的能力。或者说稳性是舟艇在外力作用消失后保持其原有位置的能力。稳性是舟艇一项非常重要的性能,要求舟艇具有足够的稳性。

产生舟艇倾斜作用力矩的外力因素很多,如风力、波浪冲击、拖索牵引、舟艇回转时的离心力、舟艇内载重的移动和装卸等。促使舟艇回复到原平衡位置的复原力矩的大小取决于排水量、重心和浮心的相对位置等因素。

舟艇按其倾斜方向分为横向倾斜(简称横倾)和纵向倾斜(简称纵倾)。横倾指舟艇向左舷或右舷一侧的横向倾斜;纵倾指舟艇向舟首或舟尾的纵向倾斜。舟艇在横向和纵向抵抗倾斜的能力,分别称为横稳性和纵稳性。

另外,稳性通常按其倾斜角的大小分为初稳性和大倾角稳性。初稳性指舟艇在小角度范围内倾斜时的稳性,即倾斜角一般不超过15°;大倾角稳性指舟艇的倾斜角超过15°时的稳性。大倾角倾斜通常只在横倾时产生。对军用渡河舟艇稳性的讨论主要为初稳性。

舟艇无论如何倾斜,其倾斜水线下的排水体积恒等于正浮水线下的排水体积,即排水体积数值保持不变,仅形状发生变化,这种倾斜称为等体积倾斜,相应的作用水线称为等体积水线,如图6-2所示。

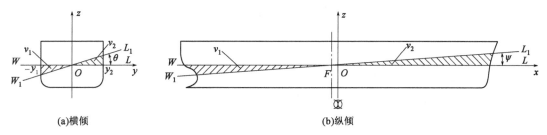

(a)横倾　　　　　　　　　　　　　(b)纵倾

图 6-2　舟艇等体积倾斜

根据重力和浮力平衡的条件可得

$$P = \gamma V_1 = \gamma V_2 \tag{6-1}$$

则有

$$V_1 = V_2 \tag{6-2}$$

式中:V_1——正浮水线 WL 下的排水体积;
　　　V_2——横倾水线 W_1L_1 下的排水体积。

因此

$$v_1 = v_2 \tag{6-3}$$

式中:v_1——出水楔形体 WOW_1 的体积;
　　　v_2——入水楔形体 LOL_1 的体积。

在小角度倾斜时,倾斜前后的两个等体积水线面的交线(称为等体积倾斜轴线)必通过初始水线面的漂心。图6-2(a)为横倾状态,两水线交于 O 点;图6-2(b)为纵倾状态,两水线交于 F 点。

该结论很容易得到证明。由图6-2(a)可以看出,出水楔形体横截面面积和入水楔形体横截面面积分别为

$$\begin{cases} S_{\Delta WOW_1} = \dfrac{1}{2}y_1^2\theta \\ S_{\Delta LOL_1} = \dfrac{1}{2}y_2^2\theta \end{cases} \quad (6\text{-}4)$$

楔形体体积可通过横截面面积沿舟长 L 积分求得

$$\begin{cases} v_1 = \dfrac{1}{2}\int_{-\frac{L}{2}}^{\frac{L}{2}} y_1^2 \theta \mathrm{d}x \\ v_2 = \dfrac{1}{2}\int_{-\frac{L}{2}}^{\frac{L}{2}} y_2^2 \theta \mathrm{d}x \end{cases} \quad (6\text{-}5)$$

将式(6-3)代入式(6-5)并化简可得

$$\int_{-\frac{L}{2}}^{\frac{L}{2}}\left(\dfrac{1}{2}y_1\right)\cdot(y_1\mathrm{d}x) = \int_{-\frac{L}{2}}^{\frac{L}{2}}\left(\dfrac{1}{2}y_2\right)\cdot(y_2\mathrm{d}x) \quad (6\text{-}6)$$

式(6-6)说明,水线面在等体积倾斜轴线两边的面积对 x 轴的静矩相等,故倾斜轴线必通过初始水线面的漂心。

第二节　初稳性方程

一、舟艇横倾时的初稳性方程

当舟艇横倾 θ 角后,其排水体积的浮心由 C 移至 C_1,新的浮心 C_1 与重心 G 不再在同一垂直线上。通过浮心 C_1 的浮力作用线与正浮状态的浮力作用线相交于点 M,如图6-3(a)所示,M 点称为稳心。在小角度倾斜时,在一定的排水体积下,可以认为稳心的位置是不变的,而浮心的移动轨迹则是以稳心 M 为圆心、以稳心至浮心的距离 $\overline{MC}$ 为半径的一段圆弧,$\overline{MC}$ 长度称为稳心半径。横倾时的稳心称为横稳心,其稳心半径称为横稳心半径,用符号 r 表示。

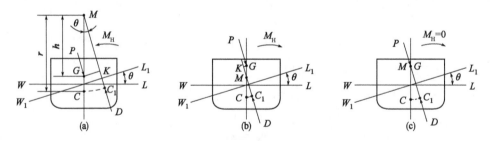

图6-3　舟艇横倾时重心与浮心的关系

自重心 G 向新的浮力作用线 $\overline{MC_1}$ 作垂线 $\overline{GK}$,$\overline{GK}$ 即为重力 P 与浮力 D 所形成的复原力矩的力臂。$\overline{GK}$ 与横倾角 θ 的函数关系为

$$\overline{GK} = \overline{MG}\cdot\sin\theta \quad (6\text{-}7)$$

式中:$\overline{MG}$——稳心 M 至重心 G 的距离,称为稳心高度。横倾时则称为横稳心高度,通常用符号 h 表示。

因此,舟艇横倾时的复原力矩用 M_H 可表达为

$$M_H = D \cdot \overline{GK} = D \cdot h \cdot \sin\theta \tag{6-8}$$

当横倾角度较小时,可近似地以 θ(以弧度计)代替 $\sin\theta$,故式(6-8)可写成

$$M_H = D \cdot h \cdot \theta \tag{6-9}$$

由式(6-8)可以知道,当舟艇发生小角度倾斜时,在一定排水量情况下,复原力矩 M_H 的大小与横稳心高度成正比。舟艇的横稳心高度值越大,复原力矩值也越大,则舟艇抵抗倾斜的能力越强。因此,横稳心高度值是衡量舟艇初稳性的一个重要指标。在设计舟艇时,应适当选取横稳心高度值。

式(6-8)和式(6-9)称为横倾时的初稳性方程,为舟艇稳性计算的基本公式。

从式(6-8)可以看到,舟艇倾斜后能否回复到原平衡位置及其能力的大小与复原力矩的大小和方向有关。而复原力矩的大小和方向则随重心和浮心的相对位置而定。按重心和浮心的相对位置,有三种平衡状态:

(1)舟艇倾斜后,浮心移动后其稳心 M 高于重心 G。这时,重力和浮力所形成的复原力矩方向与倾斜方向相反,具有使舟艇回复到原平衡位置的能力。当外力消除后,在此复原力矩作用下舟艇可以回复到正浮平衡位置。这种情况下,舟艇始终处于稳定状态,属稳定平衡,如图6-3(a)所示。设计要求舟艇能达到此种状况。

(2)舟艇倾斜后,稳心 M 低于重心 G。这时复原力矩 M_H 方向与倾斜方向一致,它不仅不能使舟艇回复到原平衡位置,反而会促使舟艇继续倾斜,从而使舟艇发生倾覆。这种情况下,舟艇则处于不稳定状态,属不稳定平衡,如图6-3(b)所示。

(3)舟艇倾斜后,稳心 M 与重心 G 重合,这时重力作用线与浮力作用线重合在一条垂直线上。因复原力臂 $\overline{GK}=0$,故复原力矩 $M_H=0$,舟艇始终保持在倾斜状态,属于随遇平衡,如图6-3(c)所示。这种情况仍属不稳定状态,因为它不符合稳性的要求。

由上述情况可见,根据舟艇的稳心和重心的相对位置及其距离大小,可以判别舟艇稳定与否及优劣。

二、舟艇纵倾时的初稳性方程

当舟艇纵倾 ψ 角时,浮心 C 也移动至新位置 C_1,通过 C_1 的浮力作用线与正浮状态的浮力作用线也交于一点 M,此点即纵稳心,如图6-4所示,纵稳心 M 至浮心 C 的距离称为纵稳心半径,用符号 R 表示。纵稳心 M 至重心 G 的距离称为纵稳心高度,用符号 H 表示。

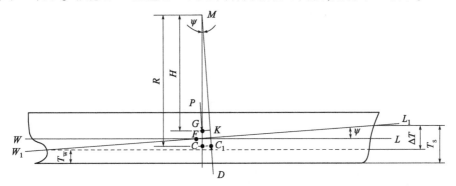

图6-4　舟艇纵倾时重心与浮心的关系

舟艇纵倾时的初稳性方程为

$$M_Z = D \cdot H \cdot \sin\psi \tag{6-10}$$

由于纵倾角度 ψ 较小，$\sin\psi \approx \psi$，代入式(6-10)得

$$M_Z = D \cdot H \cdot \psi \tag{6-11}$$

式中：M_Z——纵倾时的复原力矩。

通常纵稳心高度 H 都很大（与舟艇长度为同一数量级），故舟艇纵倾要比横倾稳定得多，除浮式起重机等特种船舶外，一般不必考虑纵向稳定问题。

为了计算方便，通常用首尾吃水差 ΔT 表达舟艇的纵倾情况。首倾时 ΔT 取正值，尾倾时 ΔT 取负值，则纵倾角 ψ（参见图6-4）为

$$\psi \approx \tan\psi = \frac{\Delta T}{L} \tag{6-12}$$

式中：L——舟艇长度。

将式(6-12)代入式(6-11)，则

$$M_Z \approx D \cdot H \cdot \frac{\Delta T}{L} \tag{6-13}$$

三、舟艇倾斜时两个常用的量

根据式(6-9)和式(6-13)可以求得以下两个常用的量。

1. 横倾1°力矩

设 M_θ 为舟艇横倾1°所需的横倾力矩。应用式(6-9)并令 $\theta = 1° = \frac{1}{57.3}\text{rad}$，可得

$$M_\theta = D \cdot h \cdot \theta = \frac{D \cdot h}{57.3} \tag{6-14}$$

如要求当舟艇受横倾力矩 M_{HQ} 作用后所产生的横倾角，则可用下式计算：

$$\theta^° = \frac{M_{HQ}}{M_\theta} \tag{6-15}$$

2. 纵倾1cm力矩

设 M_{cm} 为舟艇纵倾1cm所需的纵倾力矩，应用式(6-13)并令 $\Delta T = 1\text{cm} = \frac{1}{100}\text{m}$，可得

$$M_{cm} = D \cdot H \cdot \psi = \frac{D \cdot H}{100L} \tag{6-16}$$

如要求当舟艇受纵倾力矩 M_{ZQ} 作用后所产生的纵倾值 ΔT，则可用下式计算：

$$\Delta T = \frac{M_{ZQ}}{M_{cm}} \tag{6-17}$$

第三节　稳心高度的计算

初稳心高度 $\overline{MG}$ 是衡量舟艇初稳性的重要指标。舟艇初稳性中最重要的问题是弄清楚重心 G、浮心 C 与稳心 M 的位置以及三者之间的关系。

一、横稳心高度

舟艇横倾时，由图6-5可以看出重心、浮心与稳心之间的关系为

$$\overline{MG} = \overline{MC} + \overline{OC} - \overline{OG}$$

用符号表示，即

$$h = r + z_c - z_g \tag{6-18}$$

令

$$a = z_g - z_c \tag{6-19}$$

则

$$h = r - a \tag{6-20}$$

式中：h——横稳心高度；

r——横稳心半径；

z_g——舟艇重心竖向坐标值；

z_c——舟艇浮心竖向坐标值。

如求得横稳心半径 r，则可知横稳心高度 h，现在我们讨论 r 值的计算。

二、纵稳心高度

由图 6-6 可以看出，当舟艇横倾 θ 后，浮心 C 移至 C_1，楔形体积重心 g_1 将移至 g_2，楔形体积属水下排水体积的分部体积。根据重心移动原理可知

$$\overline{CC_1} \parallel \overline{g_1 g_2} \tag{6-21}$$

且

$$\frac{\overline{CC_1}}{\overline{g_1 g_2}} = \frac{v}{V} \tag{6-22}$$

故

$$\overline{CC_1} = \overline{g_1 g_2} \cdot \frac{v}{V} \tag{6-23}$$

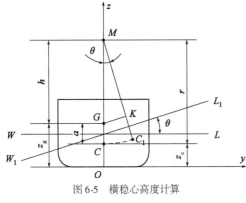

图 6-5 横稳心高度计算

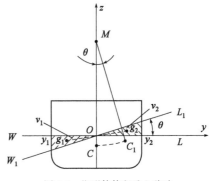

图 6-6 楔形体体积重心移动

对于小角度倾斜，出水和入水楔形体体积重心距倾斜轴的距离分别为 $\frac{2}{3}y_1$ 和 $\frac{2}{3}y_2$，则出水和入水楔形体体积［参见式(6-5)］对倾斜轴的静矩为

$$\begin{cases} v_1 \cdot \overline{g_1 O} = \dfrac{1}{3}\int_{-\frac{L}{2}}^{\frac{L}{2}} y_1^3 \theta \mathrm{d}x \\ v_2 \cdot \overline{g_2 O} = \dfrac{1}{3}\int_{-\frac{L}{2}}^{\frac{L}{2}} y_2^3 \theta \mathrm{d}x \end{cases} \tag{6-24}$$

两式相加,得到

$$v_1 \cdot \overline{g_1 O} + v_2 \cdot \overline{g_2 O} = \frac{\theta}{3} \int_{-\frac{L}{2}}^{\frac{L}{2}} (y_1^3 + y_2^3) \mathrm{d}x \tag{6-25}$$

由于出水和入水楔形体体积以及倾斜水线面半宽均相等,即

$$v_1 = v_2 = v, y_1 = y_2 = y$$

代入式(6-25),得

$$v \cdot \overline{g_1 g_2} = \frac{2}{3} \theta \int_{-\frac{L}{2}}^{\frac{L}{2}} y^3 \mathrm{d}x \tag{6-26}$$

由浮性计算可知,水线面总面积对 x 轴的惯性矩为

$$J_x = \frac{2}{3} \int_{-\frac{L}{2}}^{\frac{L}{2}} y^3 \mathrm{d}x$$

将上式代入式(6-26),可得

$$v \cdot \overline{g_1 g_2} = J_x \cdot \theta \tag{6-27}$$

将式(6-27)代入式(6-23),可得浮心横向移动的距离为

$$\overline{CC_1} = \frac{J_x}{V} \cdot \theta \tag{6-28}$$

由图 6-6 可知

$$\overset{\frown}{CC_1} = r \cdot \theta$$

因横倾角 θ 很小,可近似地表示为 $\overline{CC_1} = \overset{\frown}{CC_1}$,则式(6-28)可表达为

$$r = \frac{J_x}{V} \tag{6-29}$$

将横稳心半径 r 代入式(6-20),得横稳心高度为

$$h = \frac{J_x}{V} - a \tag{6-30}$$

同理,在舟艇纵倾时,可求得其纵稳心半径 R 和纵稳心高度 H(图 6-7)为

$$R = \frac{J_f}{V} \tag{6-31}$$

$$H = R - a = \frac{J_f}{V} - a \tag{6-32}$$

式中:J_f——舟艇水线面面积对通过漂心 F 的横轴的惯性矩。

因为 R 比 a 大得多,纵倾时可认为 $H \approx R$。

三、计算例题

例 6-1:某舟艇 $L = 78\mathrm{m}, B = 12.5\mathrm{m}$,在满载吃水 $T = 4.0\mathrm{m}$ 时排水体积 $V = 2670\mathrm{m}^3$,载重水线半宽值见表 6-1。求该舟艇的初横稳心半径和纵稳心半径。

水 线 半 宽 值 表6-1

站号	0	1	2	3	4	5	6	7	8	9	10
半宽值(m)	0.38	3.40	5.45	6.25	6.25	6.25	6.25	6.22	5.80	3.40	0

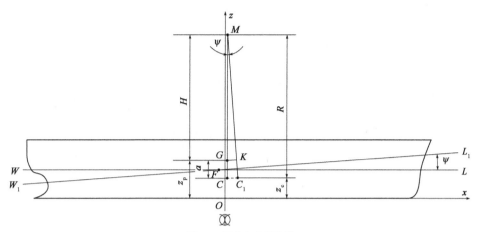

图 6-7 纵稳心高度计算

解:

$$l = \frac{L}{n} = \frac{78}{10} = 7.8(\mathrm{m})$$

由表 6-2 中数据可得计算结果如下

$$A_\mathrm{S} = 2l \cdot (\Sigma \mathrm{II}) = 2 \times 7.8 \times 49.46 = 772(\mathrm{m}^2)$$

$$x_\mathrm{f} = l \cdot \frac{(\Sigma \mathrm{IV})}{(\Sigma \mathrm{II})} = 7.8 \times \frac{0.04}{49.46} = 0.01(\mathrm{m})$$

$$J_y = 2l^3 \cdot (\Sigma \mathrm{VI}) = 2 \times 7.8^3 \times 277.18 = 263073(\mathrm{m}^4)$$

$$J_x = \frac{2}{3} l \cdot (\Sigma \mathrm{VII}) = \frac{2}{3} \times 7.8 \times 1652.82 = 8595(\mathrm{m}^4)$$

则

$$J_\mathrm{f} = J_y - A_\mathrm{S} \cdot x_\mathrm{f}^2 = 263073 - 772 \times 0.01^2 = 263073(\mathrm{m}^4)$$

满载水线 A_S、x_f 及 J_y、J_x 计算　　　　　　表 6-2

站号	半宽值 y_i	系数 k_i	静矩 $k_i y_i$	系数平方 k_i^2	对 y 轴惯性矩 $k_i^2 y_i$	对 x 轴惯性矩 y_i^3
0	0.38	-5	-1.9	25	9.5	0.06
1	3.40	-4	-13.6	16	54.4	39.3
2	5.54	-3	-16.35	9	49.05	161.88
3	6.25	-2	-12.5	4	25.00	244.14
4	6.25	-1	-6.25	1	6.25	244.14
5	6.25	0	0	0	0	244.14
6	6.25	1	6.25	1	6.25	244.14
7	6.22	2	12.44	4	24.88	240.64
8	5.80	3	17.4	9	52.2	195.11
9	3.40	4	13.6	16	54.4	39.3
10	0	5	0	25	0	0
总和 Σ	49.65	—	-0.91	—	281.93	1652.85
修正值	0.19	—	-0.95	—	4.75	0.03
修正后之和	49.46	—	0.04	—	277.18	1652.82

可得

$$R = \frac{J_f}{V} = \frac{263073}{2670} = 98.5(\text{m})$$

$$r = \frac{J_x}{V} = \frac{8595}{2670} = 3.2(\text{m})$$

第四节　重物移动对舟艇稳性的影响

舟艇上的重物向任意方向移动都会引起舟艇稳性的变化,也就是会使舟艇产生纵倾、横倾以及使稳心高度产生变化。在讨论重物向任意方向移动对舟艇稳性的影响时,我们先用三个平行于坐标轴的重物移动来进行分析。这里应当指出,我们所讨论的是小量荷载的重物移动,舟艇的排水量保持不变。

一、重物竖向移动

设某重物 p 自位置Ⅰ(坐标 z_1)向Ⅱ(坐标 z_2)竖向移动,如图6-8所示。根据重心移动原理,舟艇的重心位置由 G_1 移至 G_2,而舟艇仍正浮于原水线 WL 位置。

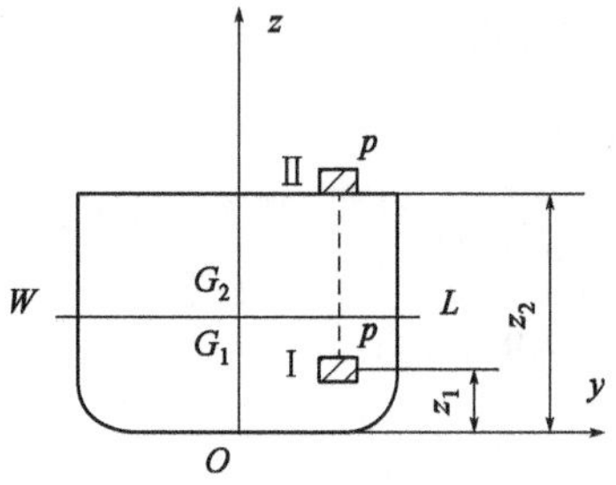

重心的位移值可由下式确定,即

$$\overline{G_1 G_2} = \frac{p(z_2 - z_1)}{D} \quad (6\text{-}33)$$

式中:D——舟艇在水线 WL 下的排水量。

显然,由于重心发生位移,稳心高度会随之改变,新的横稳心高度为

$$h_1 = h - \overline{G_1 G_2} = h - \frac{p(z_2 - z_1)}{D} \quad (6\text{-}34)$$

新的纵稳心高度为

$$H_1 = H - \overline{G_1 G_2} = H - \frac{p(z_2 - z_1)}{D} \approx H \quad (6\text{-}35)$$

图6-8　重物竖向移动

式中,$z_2 - z_1$ 的正负,应视重物移动的方向而定:若重物向上移动,即 $z_2 - z_1 > 0$,则 $h_1 < h$,横稳性降低;若重物向下移动,即 $z_2 - z_1 < 0$,则 $h_1 > h$,横稳性增强。

二、重物横向移动

设某重物 p 自位置Ⅰ(坐标 y_1)向Ⅱ(坐标 y_2)横向移动,如图6-9所示。根据重心移动原理,舟艇的重心位置由 G_1 移至 G_2,则

$$\overline{G_1 G_2} = \frac{p(y_2 - y_1)}{D} \quad (6\text{-}36)$$

如在重物原位置Ⅰ处加一对大小相等方向相反的力 p,其中 $+p$ 可看作与原重物位置未移动前的情况一样,而 $-p$ 则与重物在位置Ⅱ的重力 p 形成一对力偶。

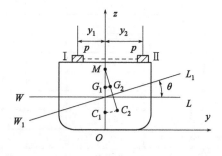

图6-9　重物横向移动

对舟艇来说,可设想为重物 p 没有移动,但要附加一个力矩 $p(y_2 - y_1)\cos\theta$,这个力矩是横倾力矩 M_{HQ},使舟艇横倾 θ 角,即

$$M_{HQ} = p(y_2 - y_1)\cos\theta$$

由前述可知,当舟艇横倾 θ 角后,其复原力矩为

$$M_H = D \cdot h \cdot \sin\theta$$

因舟艇处于平衡状态,即 $M_H = M_{HQ}$,则有

$$\tan\theta = \frac{p(y_2 - y_1)}{D \cdot h} \tag{6-37}$$

与重物竖向移动类似,式中,当 $y_2 - y_1 > 0$ 时,舟艇向左舷倾斜;当 $y_2 - y_1 < 0$ 时,舟艇向右舷倾斜。

由于舟艇横倾,浮心 C_1 也相应随之移动至 C_2 点,在小角度倾斜时,稳心 M 位置保持不变,这时稳心 M 与重心 G_2、浮心 C_2 仍处于同一垂直线上,横稳心高度与纵稳心高度保持不变。

三、重物纵向移动

设某重物 p 自位置 I(坐标 x_1)向 II(坐标 x_2)纵向移动,如图 6-10 所示。根据重心移动原理,舟艇的重心位置由 G_1 移至 G_2,则

$$\overline{G_1 G_2} = \frac{p(x_2 - x_1)}{D} \tag{6-38}$$

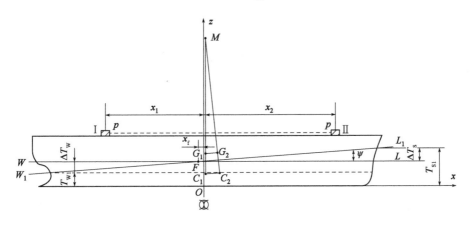

图 6-10 重物纵向移动

重物移动后舟艇产生纵倾,纵倾角为 ψ,倾斜后两水线 WL 与 $W_1 L_1$ 相交于水线面面积的漂心 F,使舟艇产生倾斜的纵倾力矩为

$$M_{ZQ} = p(x_2 - x_1)\cos\psi$$

当舟艇纵倾 ψ 角后,其复原力矩为

$$M_Z = D \cdot H \cdot \sin\psi$$

因舟艇处于平衡状态,即 $M_Z = M_{ZQ}$,则有

$$\tan\psi = \frac{p(x_2 - x_1)}{D \cdot H} \tag{6-39}$$

与重物横向移动类似,式中,当 $x_2 - x_1 > 0$ 时,舟艇首纵倾,首部吃水增加;当 $x_2 - x_1 < 0$ 时,舟艇尾纵倾,尾部吃水增加。

舟艇纵倾后,首尾吃水发生变化。由图6-10可以看出,其变化值为

$$\begin{cases} \Delta T_S = \left(\dfrac{L}{2} - x_f\right) \cdot \tan \psi \\ \Delta T_W = -\left(\dfrac{L}{2} + x_f\right) \cdot \tan \psi \end{cases} \quad (6\text{-}40)$$

式中：ΔT_S——首吃水变化量；
　　　ΔT_W——尾吃水变化量；
　　　x_f——水线面面积漂心纵坐标。
可得舟艇纵倾后的首尾吃水为

$$\begin{cases} T_{S1} = T_S + \Delta T_S \\ T_{W1} = T_W + \Delta T_W \end{cases} \quad (6\text{-}41)$$

四、重物任意方向移动

如果重物在舟艇上任意方向移动,即自位置I(坐标为x_1, y_1, z_1)向位置II(坐标为x_2, y_2, z_2)移动,可分别按以上三个移动方向分解计算,所得结果就是沿任意方向移动的情况。

第五节　重物装卸对舟艇稳性的影响

在舟艇上装卸重物,可能产生几种后果,即引起排水量变化,引起平均吃水的变化,引起横倾和纵倾,因为浮性的变化会使初稳性发生变化。

一、重物装载

设舟艇上装载某重物,其重量为p,放置位置坐标为(x_p, y_p, z_p),如图6-11所示。

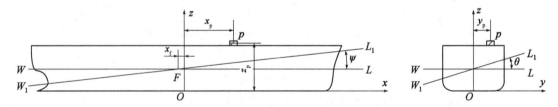

图6-11　重物在任意位置的装载

对于重物装卸对稳性的影响,我们可以分两步讨论。
第一步:将重物放在使舟艇不产生纵、横倾的位置上,讨论浮性和稳性的变化情况。
第二步:再将重物沿纵、横向移动到任意指定的位置,讨论重物移动后的横倾和纵倾情况。

(一)舟艇不产生倾斜的装载

根据舟艇的平衡条件,要使舟艇不产生横倾或纵倾,所装载的重物重心必须在通过水线面面积漂心的垂直线上,即重物应放在坐标为$(x_f, 0, z_p)$的位置上。这时引起平均吃水的变化,即

$$\Delta T = \frac{p}{\gamma A_{\mathrm{S}}} \tag{6-42}$$

式中：A_{S}——水线面面积。

同时引起稳心高度的变化。由式(6-18)可知，原横稳心高度为 $h_1 = r_1 + z_{c1} - z_{g1}$，变化后则为 $h_2 = r_2 + z_{c2} - z_{g2}$，其变化量 Δh 可表达为

$$\Delta h = h_2 - h_1 = (r_2 - r_1) + (z_{c2} - z_{c1}) - (z_{g2} - z_{g1}) = \Delta r + \Delta z_c - \Delta z_g \tag{6-43}$$

式中：Δr、Δz_c、Δz_g——横稳心半径、浮心竖坐标及重心竖坐标的变化量。

从式(6-43)可以看出，要求得横稳心高度变化量 Δh，必须先求出 Δr、Δz_c、Δz_g 的值，以下分别求之。

1. 求 Δr

根据式(6-29)可得

$$\Delta r = r_2 - r_1 = \frac{J_{x2}}{V_1 + \Delta V} - \frac{J_{x1}}{V_1} \tag{6-44}$$

式中：J_{x1}、J_{x2}——重物装载前、后水线面面积对 x 轴的惯性矩；

　　　V_1——重物装载前的排水体积；

　　　ΔV——排水体积增量。

由于是小量增载，前后水线面面积差值甚小，可以认为 $J_{x2} \approx J_{x1}$，将其代入上式，并对各部分体积值乘以水的比重 γ，可得

$$\Delta r = -\frac{p}{D_1 + p} \cdot r_1 \tag{6-45}$$

2. 求 Δz_c

按重心移动原理，以装载重物后的总排水体积和排水体积增量分别对通过原浮心的水平面取静矩，可导出如下表达式：

$$\Delta z_c = \frac{\Delta V}{V_1 + \Delta V} \cdot \left(T_1 + \frac{\Delta T}{2} - z_{c1} \right) \tag{6-46}$$

式中：T_1——重物装载前的吃水；

　　　ΔT——吃水增量。

将上式中各部分体积乘以水的比重 γ，则得

$$\Delta z_c = \frac{p}{D_1 + P} \cdot \left(T_1 + \frac{\Delta T}{2} - z_{c1} \right) \tag{6-47}$$

3. 求 Δz_g

按重心移动原理，以装载重物后的总重量和重物重量分别对通过原重心的水平面取静矩，可导出如下表达式：

$$\Delta z_g = \frac{p}{D_1 + p} \cdot (z_p - z_g) \tag{6-48}$$

将式(6-45)、式(6-47)和式(6-48)代入式(6-43)得

$$\Delta h = \frac{p}{D_1 + p} \cdot \left(T_1 + \frac{\Delta T}{2} - r_1 - z_{c1} + z_{g1} - z_p \right) \tag{6-49}$$

将 $h_1 = r_1 + z_{c1} - z_{g1}$ 代入上式，得

$$\Delta h = \frac{p}{D_1 + p} \cdot \left(T_1 + \frac{\Delta T}{2} - h_1 - z_p \right) \tag{6-50}$$

故

$$h_2 = h_1 + \Delta h = h_1 + \frac{p}{D_1 + p} \cdot \left(T_1 + \frac{\Delta T}{2} - h_1 - z_p \right) \tag{6-51}$$

同理,可以求出纵稳心高度的变化量 ΔH,即

$$\Delta H = \frac{p}{D_1 + P} p \cdot \left(T_1 + \frac{\Delta T}{2} - H_1 - z_p \right) \tag{6-52}$$

式中:H_1——重物装载前的纵稳心高度。

由于式(6-52)中 $T_1 + \frac{\Delta T}{2} - z_p$ 与 H_1 相比是很小的,可略去不计,则

$$\Delta H \approx -\frac{p}{D_1 + p} H_1 \tag{6-53}$$

故

$$H_2 = H_1 + \Delta H \approx \frac{D_1 H_1}{D_1 + p} \tag{6-54}$$

(二)重物沿纵横向移到任意位置

当将重物重心从通过漂心下的垂线位置$(x_f, 0, z_p)$沿纵横向移至(x_p, y_p, z_p)位置时,按第四节的方法计算。

1. 重物横向移动

设重物由 $y = 0$ 移至 $y = y_p$ 处,则装载重物后的横倾角为

$$\theta \approx \frac{p y_p}{(D_1 + p) h_2} \tag{6-55}$$

横向吃水变化为

$$\Delta T_y = \theta \cdot \frac{B}{2} \tag{6-56}$$

2. 重物纵向移动

设重物由 $x = x_f$ 移至 $x = x_p$ 处,则装载重物后的纵倾角为

$$\psi \approx \frac{p(x - x_f)}{(D_1 + p) H_2} \tag{6-57}$$

3. 首尾倾斜吃水变化

根据式(6-40)可得

$$\begin{cases} \Delta T_S \approx \left(\frac{L}{2} - x_f \right) \cdot \frac{p(x - x_f)}{(D_1 + p) H_2} \\ \Delta T_W \approx -\left(\frac{L}{2} + x_f \right) \cdot \frac{p(x - x_f)}{(D_1 + p) H_2} \end{cases} \tag{6-58}$$

故装载重物后新的首尾吃水为

$$\begin{cases} T_{S2} = T_{S1} + \Delta T + \Delta T_S \\ T_{W2} = T_{W1} + \Delta T + \Delta T_W \end{cases} \tag{6-59}$$

二、重物卸载

对于卸载,可用同样的方法计算,只需将重量 p 取负值代入以上各式即可。

第六节　自由液面对舟艇稳性的影响

当舟艇上设有各种液体(淡水、燃油、压载水)舱或者舱室破损后进入部分水时,而且舱室内液体并没有装满,则舟艇倾斜时舱室内的液体为保持水平而流向一侧,这种可以自由流动的液面称为自由液面(图 6-12)。当液体流动后,液体体积的形状发生变化,其重心向倾斜一侧移动,因而产生一个额外的倾斜力矩,其结果是降低舟艇的稳性。

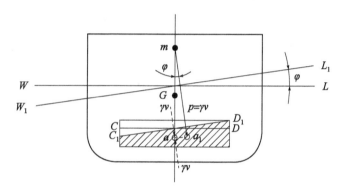

图 6-12　自由液面对舟艇稳性的影响

现讨论自由液面对舟艇稳性的影响。设舟艇的排水体积为 V,自由液体的排水体积为 v,液体的比重为 γ。当舟艇处于正浮状态时,其重心为 G 点。舱室内的自由液面 CD 平行于水线 WL,其重心在 a 处。

当舟艇倾斜一个角度 φ 后,舱室内的液面倾斜至 C_1D_1,且平行于新的水线 W_1L_1,其重心也移动至 a_1。在小倾角范围内,液体重心 a 的移动与前面讨论的等体积倾斜时重心的移动类似,即重心 a 沿以 m 为圆心、$\overline{am}$ 为半径的圆弧移动至 a_1(图 6-12)。根据式(6-28)有

$$\overline{am} = \frac{j_x}{v} \tag{6-60}$$

式中:j_x——自由液面对倾斜纵轴的惯性矩;
v——舱室内液体的体积。

现在 a 点加上一对大小相等、方向相反的力 γv,则可以看作舟艇的重心不变,但舱室内液体的移动相当于增加了一个横倾力矩 m_z,该力矩使舟艇倾斜角度 φ,其数值为

$$m_z = \gamma v \cdot \overline{aa_1} \approx \gamma v \cdot \overline{am}\sin\varphi \tag{6-61}$$

将式(6-60)代入式(6-61),则舱室内自由液体移动产生的横倾力矩为

$$m_z = \gamma v \cdot \frac{j_x}{v}\sin\varphi = \gamma j_x \sin\varphi \tag{6-62}$$

因此，舟艇横倾角度 φ 后，除了舟艇本身的复原力矩 $M_H = Dh\theta$ 外，还有一个自由液面产生的横倾力矩 m_z。这种情况下，扣除自由液面移动引起的力矩后，舟艇的实际复原力矩为

$$M_{H1} = D \cdot h \cdot \sin\varphi - \gamma j_x \sin\varphi = D \cdot \left(h - \frac{\gamma j_x}{D}\right) \cdot \sin\varphi \tag{6-63}$$

因此，考虑了自由液面后的初横稳心高度为

$$h_1 = h - \frac{\gamma j_x}{D} \tag{6-64}$$

记

$$\delta h = -\frac{\gamma j_x}{D} \tag{6-65}$$

δh 称为自由液面对初横稳心高度的修正值，其数值与自由液面的大小、形状、舟艇的排水量等有关，而与舟艇舱室内的液体量无关。对比式(6-34)和式(6-64)可知，自由液面的影响使初横稳心高度减少了 δh，相当于将液体的重心由 a 点提高到 m 点，因此 m 点亦称为自由液体的虚重心。

用同样的方法可以求得自由液面对初纵稳心高度的修正值为

$$\delta H = -\frac{\gamma j_y}{D} \tag{6-66}$$

式中：j_y——自由液面对倾斜横轴的惯性矩。

由于初纵稳心高度 H 的数值较大，自由液面对初纵稳心高度的修正值 δH 与横稳性相比较小，一般可以忽略不计。

如果舟艇上有若干个舱室都有自由液面的影响，则可分别计算各自的 γj_x，然后进行叠加后除以舟艇的排水量，可得所有自由液面对初稳心高度的修正值，即

$$\delta h = -\frac{\sum \gamma j_x}{D} \tag{6-67}$$

同理可得

$$\delta H = -\frac{\sum \gamma j_y}{D} \tag{6-68}$$

从以上讨论可知，自由液面的影响总是减小舟艇的初稳心高度，即降低了舟艇的初稳性，对于舟艇是不利的，尤其是装载有大量液体的舟艇、船舶(如油料船艇、运输液体船舶)应特别注意自由液面对稳性的不利影响。

减小自由液面对舟艇初稳性的不利影响，最有效的办法是减小自由液面对倾斜轴的惯性矩 j_x、j_y，其方法是增加纵向隔舱以减小 j_x、增加横向隔舱以减小 j_y。

第七节 静水力性能曲线

我们在浮性和稳性计算中，可以求得舟艇的各项水力性能数据，如水线面面积、排水量、漂心与浮心坐标等。随着舟艇吃水的变化，这些数据也相应地变化，也就是说，这些数据都可表现为吃水的函数。我们将舟艇正浮状态下浮性和稳性各要素与吃水的关系绘成各种曲线，并

将这些曲线综合在一张图上,由这些曲线所组成的图称为静水力性能曲线图(图6-13)。

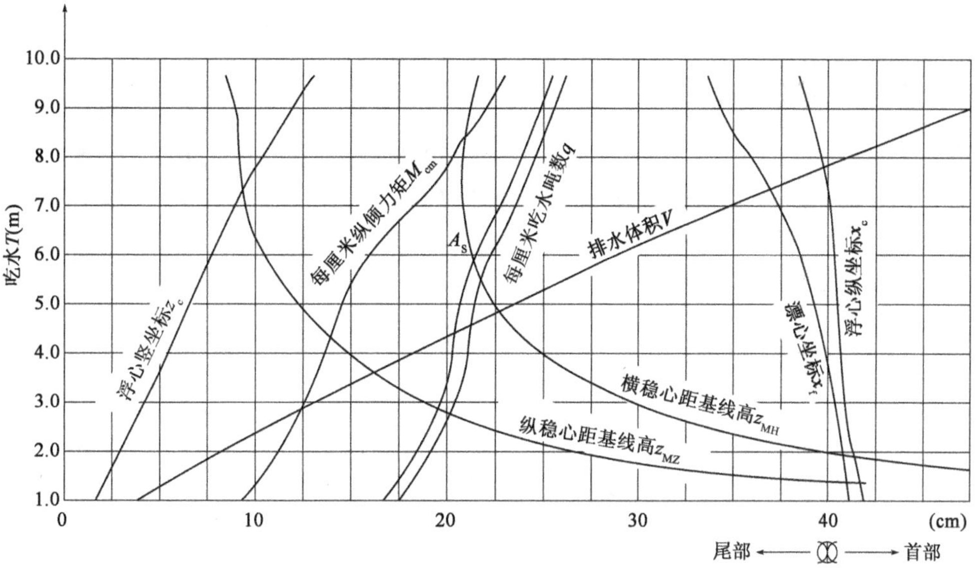

图 6-13 静水力性能曲线

每艘舟艇均可根据其型线图计算出不同吃水情况下的各种浮性和稳性要素数据,并绘成静水力性能曲线图,作为舟艇的设计资料,以供有关部门查阅及进行有关浮性和稳性性能的计算。

如图6-13所示,静水力性能曲线图通常包括下列曲线:
(1)排水体积曲线 $V=f(z)$;
(2)浮心竖坐标曲线 $z_c=f(z)$;
(3)浮心纵坐标曲线 $x_c=f(z)$;
(4)水线面面积曲线 $A_S=f(z)$;
(5)漂心纵坐标曲线 $x_f=f(z)$;
(6)每厘米吃水吨数曲线 $q=f(z)$;
(7)初横稳心竖坐标曲线 $z_{MH}=f(z)$;
(8)初纵稳心竖坐标曲线 $z_{MZ}=f(z)$;
(9)纵倾1cm力矩曲线 $M_{cm}=f(z)$;
(10)方形系数曲线 $\delta=f(z)$。

本曲线图均以吃水为竖坐标,而横坐标以每厘米长度表示米、平方米、立方米、千牛·米和无因次系数值的量,以代表各种长度、面积、体积、质量、力矩等。在图中取适当位置为坐标原点,向舟首为正,向舟尾为负。

第八节 倾 斜 试 验

舟艇重心的竖向位置对稳性影响很大,在设计舟艇时应将重心控制在一定范围内。由于有些载重的重量和重心只是初步估计的,重心的计算数据往往不够准确。另外,在舟艇建造过程中,由于某些设备重量和构件重量的校正,都会引起舟艇重量和重心的改变,因此,在舟艇建造后需要校核重心实际位置。舟艇重心的实际坐标位置通常是通过对舟艇做倾斜试验来测定。

一、倾斜试验的原理

当舟艇正浮于水线 WL 时,若将重量为 p 的重物横向移动一段距离 l,如图 6-14 所示。这时由 p 产生横倾力矩 pl,使舟艇横倾 θ 角,舟艇在水线 W_1L_1 位置继续保持平衡。当重物 p 移开后,在复原力矩作用下使舟艇回复到原正浮位置。

应用横倾初稳性方程式(6-9),有

$$pl \approx D \cdot h \cdot \theta \tag{6-69}$$

化简得

$$h \approx \frac{p \cdot l}{D \cdot \theta} \tag{6-70}$$

式中,舟艇的排水量 D、移动重物的重量 p 和移动距离 l 是已知数,横倾角 θ 通过倾斜试验可以测定,则初横稳心高度 h 就可以求出。根据式(6-18)可以求得重心的实际坐标位置,即

$$z_g = r + z_c - h \tag{6-71}$$

式中的浮心坐标 z_c 和横稳心半径 r,可由该舟艇静水力性能曲线(图 6-13)查得。

二、试验方法

试验时通常在舟艇首、中、尾部中纵剖面位置装设三个测角的摆锤,摆锤放置在盛水的槽内,如图 6-15 所示。

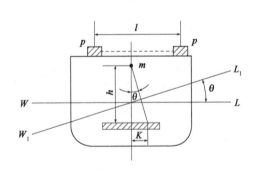

图 6-14 倾斜试验原理

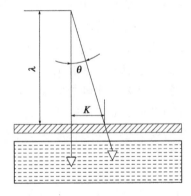

图 6-15 横倾角测量

设摆锤的摆动幅度为 K,摆锤悬点距标尺垂直距离为 λ,则横倾角为

$$\theta \approx \tan\theta = \frac{K}{\lambda} \tag{6-72}$$

摆动时,横倾角 θ 一般控制在 $2° \sim 4°$ 范围内。

移动重物一般为具有标定重量的铁块。将铁块分四组放置在舟艇两舷甲板上标定的位置,然后按一定的次序,左右舷轮换横向移动每组重物,如图 6-16 所示。重物移动次序可参照表 6-3 进行,一般由左、右舷往返横向移动共 8 次,计算出每次移动的横倾力矩 M_i 及横倾角 θ_i,可得舟艇的横稳心高度为

$$h = \frac{1}{6D}\left(\frac{M_2}{\theta_2} + \frac{M_3}{\theta_3} + \frac{M_4}{\theta_4} + \frac{M_6}{\theta_6} + \frac{M_7}{\theta_7} + \frac{M_8}{\theta_8}\right) \tag{6-73}$$

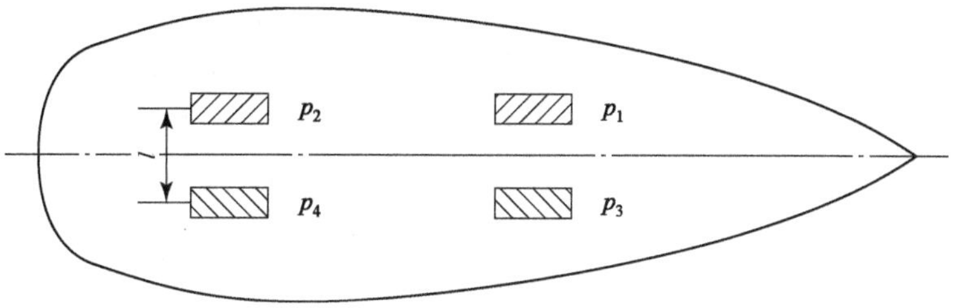

图 6-16 重物移动示意图

横倾力矩和横倾角计算表　　　　　　　　　表 6-3

序号	移动重量 p_i (kN)	移动距离 l_i (m)	移动力矩 $p_i l_i$ (kN·m)	横倾力矩 M_i (kN·m)	横倾角 θ_i (rad)
1	0	0	0	0	0
2	$+p_1$	$+l_1$	$+p_1 l_1$	$M_2 = +p_1 l_1$	$\theta_2 = \frac{1}{3}\left(\frac{K_1}{\lambda_1} + \frac{K_2}{\lambda_2} + \frac{K_3}{\lambda_3}\right)_2$
3	$+p_2$	$+l_2$	$+p_2 l_2$	$M_3 = +p_1 l_1 + p_2 l_2$	$\theta_3 = \frac{1}{3}\left(\frac{K_1}{\lambda_1} + \frac{K_2}{\lambda_2} + \frac{K_3}{\lambda_3}\right)_3$
4	$+p_2$	$-l_2$	$-p_2 l_2$	$M_4 = +p_1 l_1$	$\theta_4 = \frac{1}{3}\left(\frac{K_1}{\lambda_1} + \frac{K_2}{\lambda_2} + \frac{K_3}{\lambda_3}\right)_4$
5	$+p_1$	$-l_1$	$-p_1 l_1$	0	0
6	$+p_3$	$-l_3$	$-p_3 l_3$	$M_6 = -p_3 l_3$	$\theta_6 = \frac{1}{3}\left(\frac{K_1}{\lambda_1} + \frac{K_2}{\lambda_2} + \frac{K_3}{\lambda_3}\right)_6$
7	$+p_4$	$-l_4$	$-p_4 l_4$	$M_7 = -p_3 l_3 - p_4 l_4$	$\theta_7 = \frac{1}{3}\left(\frac{K_1}{\lambda_1} + \frac{K_2}{\lambda_2} + \frac{K_3}{\lambda_3}\right)_7$
8	$+p_4$	$+l_4$	$+p_4 l_4$	$M_8 = -p_3 l_3$	$\theta_8 = \frac{1}{3}\left(\frac{K_1}{\lambda_1} + \frac{K_2}{\lambda_2} + \frac{K_3}{\lambda_3}\right)_8$
9	$+p_3$	$+l_3$	$+p_3 l_3$	0	0

表 6-3 中所测试的摆幅 K_1、K_2、K_3 数据系多次观测记录的平均值，然后以首、中、尾部三处观测的数据平均值计算。

第九节　大倾角稳性基本概念

一、基本原理

由初稳性内容可知，舟艇在一定的排水量下，其初稳心高度 $\overline{MG}$ 为一定值，用其来判别舟艇初稳性的好坏及计算小量荷载的装卸和移动等问题是十分简便的。但是，舟艇若在较大的外力矩作用(如遭遇恶劣风浪等)下，横倾角超过 15°范围，这时舟艇会产生大角度倾斜，稳性逐渐降低,并且初稳性研究的一些假定条件将不再适用。例如,大角度倾斜就不能认为是等体积倾斜,因这时出水和入水楔形体体积的形状差别较大,倾斜轴线不再通过原水线面的漂心 F,而且浮心 C 移动的轨迹也不能看作以稳心 M 为圆心的圆弧,稳心 M 的位置也发生了移动,如图 6-17 所示。故初稳性方程 $M = Dh\theta$ 也就不适用于大倾角稳性了。

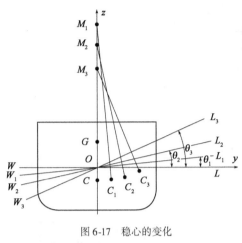

图 6-17 稳心的变化

讨论大倾角稳性,仍然是讨论舟艇所受横倾力矩与其复原力矩相平衡的问题,就是要计算舟艇在各个倾角下的复原力矩值。复原力矩仍然与浮心的位置有关。我们知道,舟艇倾斜后其复原力矩在同一排水量下是与稳性力臂 $\overline{GK}$ 的大小成比例的。在计算大倾角下的复原力矩时,必须先分别求出每个倾角时的浮心实际坐标值,然后再计算 $\overline{GK}$ 值。

设舟艇倾斜了一个大倾角 θ,倾斜后保持原排水量不变,实际的等体积水线为 W_1L_1,浮心由 C 移至 C_θ,如图 6-18 所示。现以浮心 C 作为坐标原点,由式(6-8)可知此时的复原力矩为

$$M_H = D \cdot \overline{GK}$$

其中,

$$\overline{GK} = \overline{CN} - \overline{CH} = y\cos\theta + z\sin\theta - a\sin\theta \tag{6-74}$$

式中:y、z——浮心 C_θ 的坐标值;

$\overline{CN}$——浮心 C_θ 的坐标值 y、z 在 $\overline{CN}$ 上的投影总和(图 6-19)。

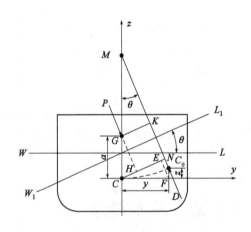

图 6-18 大倾角横倾的力臂图

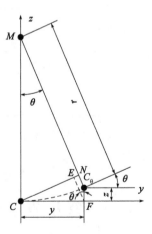

图 6-19 浮心坐标的投影

由式(6-74)可以看出 $\overline{GK}$ 由两部分组成:

第一部分为 $y\cos\theta + z\sin\theta$,称为形状稳性力臂,它只与舟艇型线有关;

第二部分为 $a\sin\theta$,称为重量稳性力臂,它决定于舟艇重心与浮心间的距离。

当排水量不变时,对稳性力臂的计算便成为计算在某一倾角时的浮心坐标 (y_i, z_i)。因此,必须找出表示坐标 y_i 及 z_i 与角 θ 之间的关系式。

如图 6-20 所示,设舟艇倾斜角为 θ 时,浮心位于 C_θ 点,其坐标为 (y,z)。若角 θ 增加一个微量 $d\theta$,浮心位置由 C_θ 移至 C_l 点,其坐标为 $(y+dy,z+dz)$。

因 $\angle C_l C_\theta E \approx \theta$,故

$$\begin{cases} \overline{C_\theta E} = dy \approx \overline{C_\theta C_l} \cos\theta \\ \overline{EC_l} = dz \approx \overline{C_\theta C_l} \cdot \sin\theta \end{cases} \quad (6\text{-}75)$$

而

$$\overline{C_\theta C_l} = \overline{C_\theta M} \cdot d\theta = r \cdot d\theta \quad (6\text{-}76)$$

于是

$$\begin{cases} dy = r \cdot \cos\theta \cdot d\theta \\ dz = r \cdot \sin\theta \cdot d\theta \end{cases} \quad (6\text{-}77)$$

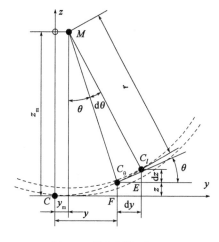

图 6-20　浮心坐标 y 和 z

因此,可求得浮心坐标 (y,z) 的计算公式为

$$\begin{cases} y = \int_0^\theta r \cdot \cos\theta \cdot d\theta \\ z = \int_0^\theta r \cdot \sin\theta \cdot d\theta \end{cases} \quad (6\text{-}78)$$

式中:r——θ 的函数。

如果将 $0 \sim \theta$ 等分,计算出每个倾角时的稳心半径 $r_i = \dfrac{J_{xi}}{V_i}$,则浮心坐标 (y,z) 可根据式(6-78)并按梯形法则求得。

在求得浮心坐标 (y,z) 后,即可计算出稳心坐标(图 6-19),其计算公式为

$$\begin{cases} y_m = y - r \cdot \sin\theta \\ z_m = z + r \cdot \cos\theta \end{cases} \quad (6\text{-}79)$$

在求出横倾角为 θ 时的浮心坐标 (y,z) 后,就可按式(6-74)计算出稳性力臂 $\overline{GK}$,则在该倾斜状态下的复原力矩就可以求出。

二、静稳性曲线

静稳性曲线是用于表示稳性力臂 $\overline{GK}$ 与横倾角 θ 相对应的关系曲线,即 $\overline{GK}=f(\theta)$,如图 6-21 所示;由于复原力矩 M_H 在数值上为稳性力臂 $\overline{GK}$ 的 D 倍,故静稳性曲线同样可以用 M_H 与 θ 角的对应关系表示,即 $M_H=f(\theta)$,只是在竖坐标轴上用不同比例尺标示。该两条曲线的变化情况是一致的。

由图 6-21 可以看出,当舟艇横倾后,随着横倾角的增大,稳性力臂(或复原力矩)由零逐渐增大;当曲线到达 A 点,即 $\theta=\theta_m$ 时,稳性力臂达到最大值,称为最大稳性力臂,复原力矩也达到最大值,称为最大复原力矩,θ_m 称为最大稳性力臂(矩)横倾角;当 $\theta=\theta_r$ 时,稳性力臂(矩)为零,θ_r 称为稳性消失角;当横倾角超过 θ_r 后,稳性力臂(矩)为负值,这时舟艇将产生倾覆力矩,即丧失稳性。

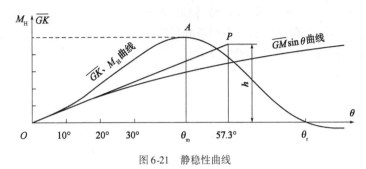

图 6-21 静稳性曲线

在静稳性曲线图上画出 $\overline{GM}\sin\theta$ 曲线(图 6-21),并与大倾角稳性力臂 $\overline{GK}$ 曲线相比较,可以看出:

(1)在小倾角范围内,$\overline{GK}$ 曲线与 $\overline{GM}\sin\theta$ 曲线重合,说明小倾角时稳性力臂 $\overline{GK}$ 可用 $\overline{GM}\sin\theta$ 表示。

(2)当横倾角 θ 逐渐增大时,$\overline{GK}$ 曲线逐渐向上弯曲,与 $\overline{GM}\sin\theta$ 曲线的距离渐远,且横倾角越增大,$\overline{GK}$ 与 $\overline{GM}\sin\theta$ 两曲线间的差异越大,说明在大倾角时稳性力臂 $\overline{GK}$ 不能再用 $\overline{GM}\sin\theta$ 表示。

以下我们再分析一下静稳性曲线的特征。

1. 两种平衡位置

设有横倾力矩 M_{HQ} 作用于舟艇,因 M_{HQ} 为一定值,将其画在静稳性曲线图上,则为一条水平直线。该直线与静稳性曲线交于 n_1 和 n_2 两点,所对应的横倾角为 θ_1 和 θ_2,如图 6-22 所示。

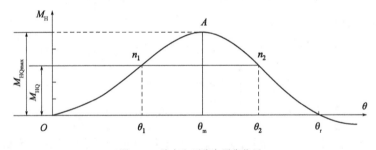

图 6-22 稳定和不稳定平衡位置

先分析舟艇处于 θ_1 角位置的情况:

若使舟艇稍微增大点倾角,从静稳性曲线可知,这时 $M_H > M_{HQ}$,可促使舟艇回复到原平衡位置 θ_1 角处;若使舟艇稍微减小点倾角,则曲线上反映为 $M_H < M_{HQ}$,仍会促使舟艇回复到原平衡位置 θ_1 角处。因此,舟艇在 θ_1 角位置时处于稳定平衡状态。

再看舟艇处于 θ_2 角位置的情况:

若使舟艇倾角稍微加大,从静稳性曲线的竖坐标看出,$M_H < M_{HQ}$,可促使舟艇继续倾斜;若使舟艇倾角稍微减小,则曲线上反映为 $M_H > M_{HQ}$,这时会使舟艇的横倾角继续减小,直到 θ_1 角的位置才能停止保持平衡,因此,舟艇处在 θ_2 角的位置时,无论是增加微倾还是减小微倾,都不会使舟艇回复到 θ_2 角位置,说明在该位置时舟艇处于不稳定平衡状态。

由此可得出结论:舟艇倾斜后,在静稳性曲线上升段的曲线各点所对应的横倾角范围内,属稳定平衡位置;在静稳性曲线下降段的曲线各点所对应的横倾角范围内,属不稳定平衡位置。

图 6-22 中 A 点所示竖坐标表示舟艇所能承受的极限横倾力矩 M_{HQmax}。

2. 曲线的斜率

静稳性曲线的一个重要特性即曲线原点处所作切线的斜率等于初稳心高度 h，这个特性对检验静稳性曲线开始一段的正确性很有用。

如图 6-21 所示，在横倾角 $\theta = 57.3°$ 处作垂线，并使垂线长等于 $h = \overline{GM}$ 值，与 $\overline{GK}$ 曲线相交得 P 点，连接 O、P 两点作直线 $\overline{OP}$，则 $\overline{OP}$ 过 O 点且与 $\overline{GK}$ 曲线相切。$\overline{OP}$ 可用于检验 $\overline{GK}$ 曲线是否正确。对此可用 $\overline{GK}$ 表达式予以证明。

将式(6-74)对横倾角 θ 求导，并运用式(6-77)可得

$$\begin{aligned}\frac{d\overline{GK}}{d\theta} &= \frac{dy}{d\theta}\cos\theta - y\sin\theta + \frac{dz}{d\theta}\sin\theta + z\cos\theta - a\cos\theta \\ &= r\cos^2\theta - y\sin\theta + r\sin^2\theta + z\cos\theta - a\cos\theta \\ &= r - y\sin\theta + z\cos\theta - a\cos\theta\end{aligned} \quad (6\text{-}80)$$

当横倾角 $\theta \to 0$ 时，浮心 $C_\theta \to C$，$z \to 0$，$\sin\theta \to 0$，$\cos\theta \to 1$，代入上式可得

$$\left.\frac{d\overline{GK}}{d\theta}\right|_{\theta=0} = r - a = h \quad (6\text{-}81)$$

若 θ 以角度计，则式(6-81)可表达为

$$\left.\frac{d\overline{GK}}{d\theta}\right|_{\theta=0} = \frac{h}{57.3°} \quad (6\text{-}82)$$

式(6-82)说明两稳性力臂曲线在原点的斜率等于初稳心高度。

三、动稳性

舟艇的静稳性是指横倾力矩逐渐作用下发生的倾斜，静稳性是以复原力矩的大小来衡量的。如果舟艇受到突然的横倾力矩作用时，舟艇的倾斜会产生角速度，使舟艇作动力倾斜，这种横倾称动力横倾。舟艇抵抗动力横倾的能力称动稳性。

在横倾力矩大于复原力矩的时候，此角速度将不断增加。当舟艇达到横倾力矩和复原力矩相等的平衡位置时，由于带有角速度运动的原因，舟艇将会越过平衡位置而继续倾斜。但这时复原力矩将大于横倾力矩，使角速度逐渐减小，直至为零。由于复原力矩大于横倾力矩，不会使舟艇平衡，当角速度为零的瞬间将又开始反方向倾斜，力图使其恢复到平衡位置。可是，由于运动的惯性则使舟艇的回复运动会超过其平衡位置。这时横倾力矩又大于复原力矩，又使舟艇产生转向倾斜。这时舟艇将围绕平衡位置作摇摆运动。这种运动直到摇摆的能量为水阻力作用所消耗，才会使舟艇静止在平衡位置。

对于动稳性，我们需要求出其最大动力倾角值。因为如达到这个角度时，舟艇只要稍微受到一个突加的外力矩作用，就会使舟艇倾覆。

计算最大动力倾角，可根据力矩所做的功来确定。当舟艇倾斜 $d\theta$ 角时，复原力矩所做的微功为

$$dW_1 = M_H d\theta$$

横倾力矩所做的微功为

$$dW_2 = M_{HQ} d\theta$$

舟艇由正浮位置倾斜到最大动力倾角 θ_2 位置时,其复原力矩与横倾力矩所作的功为

$$W_1 = \int_0^{\theta_2} M_H \mathrm{d}\theta \tag{6-83}$$

$$W_2 = \int_0^{\theta_2} M_{HQ} \mathrm{d}\theta \tag{6-84}$$

当复原力矩与横倾力矩所作的功相等时角速度为零,此时倾角达到最大值 θ_2。因此得

$$\int_0^{\theta_2} M_H \mathrm{d}\theta = \int_0^{\theta_2} M_{HQ} \mathrm{d}\theta \tag{6-85}$$

在横倾力矩 M_{HQ} 为常数时,式(6-85)可化为

$$\int_0^{\theta_2} M_H \mathrm{d}\theta = M_{HQ} \cdot \theta_2 \tag{6-86}$$

对式(6-86),可应用图解法求解,并可以利用静稳性曲线图来求 θ_2,如图 6-23 所示。图中面积 S_{OBCE} 值表示 $\int_0^{\theta_2} M_H \mathrm{d}\theta$,面积 S_{OADE} 表示 $M_{HQ} \cdot \theta_2$,即 $S_{OBCE} = S_{OADE}$。

除去图中共有部分的面积 S_{OBDE} 后,可得到 $S_{OAB} = S_{BCD}$。

按照这个关系在静稳性曲线上作图,先按一定的比例在竖坐标轴上量出 M_{HQ},并作水平线与静稳性曲线交于 B 点,使面积 $S_{OAB} = S_{BCD}$,则垂线 $\overline{CE}$ 与横坐标轴的交点 θ_2 即为所要求的动力倾角值。由图 6-23 可看出,在同一横倾力矩作用下,动力倾角 θ_2 要大于静力倾角 θ_1。

我们再分析一下在动力作用下使舟艇可能倾覆的横倾力矩。如图 6-24 所示,当在横倾力矩 M_{HQ} 作用下恰好使面积 $S_{OAB} = S_{BCK}$ 时,若再增加一个微小横倾力矩值,则舟艇就会倾覆。故这时的横倾力矩值为极限横倾力矩值 M_{HQmax},它所对应的倾角就是动力极限倾角 θ_{2max}。

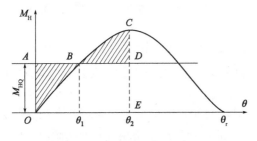

图 6-23 利用静稳性曲线图求 θ_2

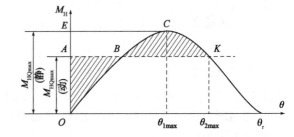

图 6-24 动力作用下的横倾力矩

从图中还可以看出,静力极限横倾力矩大于动力极限横倾力矩,而静力极限倾角小于动力极限倾角。

第十节 横 倾 力 矩

稳性的良好与否是舟艇的内在因素,它决定于舟艇的质量和重心位置及舟艇形状。引起舟艇横倾的横倾力矩则是外在因素,其大小主要由外力对舟艇的作用来决定。横倾力矩按其作用性质可分为静力横倾力矩和动力横倾力矩。

静力横倾力矩的作用过程缓慢(如稳定风力作用),可用静平衡条件来确定其横倾角。

如图 6-25 所示,舟艇受横向稳定风力的作用作等速横移。这时风力 P_f 与水对舟体的横

向阻力 R 相平衡,则风力横倾力矩 M_f 为

$$M_f = P_f(z_p - z_R) \tag{6-87}$$

式中:z_p——风力作用点距基线高;

z_R——水阻力作用点距基线高,一般取

$$z_R = \frac{T}{2} \tag{6-88}$$

式中:T——满载吃水。

横向风力可按下列公式求得

$$P_f = pA \tag{6-89}$$

式中:P_f——横向风力(N);

A——承受风压面积(m^2);

p——风压强(Pa),可按下式算出:

$$p = \frac{1}{2}\rho C_p v^2 \tag{6-90}$$

式中:ρ——空气密度(kg/m^3),取 1.226kg/m^3;

C_p——风压系数,取 1.25;

v——横向稳定相对风速(m/s),可按有关风力等级表确定。

动力横倾力矩主要指突然作用在舟艇上的横倾力矩,如横向突风作用、拖索急牵产生的横倾力矩,其横倾角需用动平衡条件确定。

如舟艇在拖索横向急牵的拖力 P_t 作用下(图 6-26),开始时舟艇尚无横移速度,这时横向水阻力 $R=0$,而在舟艇重心 G 处存在惯性力 F,故拖索急牵横倾力矩 M_t 为

$$M_t = P_t(z_p - z_g) \tag{6-91}$$

式中:z_p——拖力作用点距基线高;

z_g——舟艇重心距基线高,可取 $z_g \approx T$。

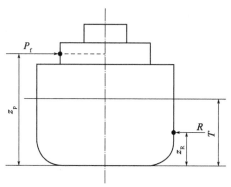

图 6-25 风力横倾力矩

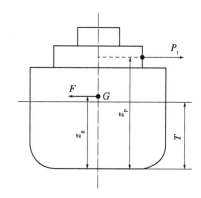

图 6-26 拖索急牵力矩

确定拖索急牵拖力尚无确切数据,可用如下公式估算,即

$$P_t = 160 P_e \tag{6-92}$$

式中:P_t——拖索拖力(N);

P_e——牵引舟艇主机功率(kW);

160——拖力系数。

第十一节　稳性衡准标准

稳性衡准标准应遵照稳性规范的规定要求。稳性规范是由舟艇检验部门(我国为中华人民共和国舟艇检验局)根据舟艇的航区、类型等因素所规定的对舟艇稳性的最低要求,要求舟艇受到风浪、风压的作用后具有足够的稳性而不致倾覆。

稳性的基本衡准应满足下式要求:

$$K = \frac{M_Q}{M_f} \geq 1 \quad \text{或} \quad K = \frac{l_Q}{l_f} \geq 1 \tag{6-93}$$

式中:K——稳性衡准数;

M_Q——最小倾覆力矩(N·m);

M_f——风力横倾力矩(N·m);

l_Q——最小倾覆力臂(m);

l_f——风力横倾力臂(m)。

式(6-93)表明,当风力产生的横倾力矩 $M_f > M_Q$ 时,舟艇倾覆;如 $M_f < M_Q$,则舟艇处于安全状态。

由前面所述可知,影响舟艇稳性的因素很多。稳性要素包括初稳心高度、复原力矩以及产生最大复原力矩的横倾角。如舟艇稳性不够,一般可采用以下办法予以提高。

(1)降低舟艇重心。

(2)降低横倾力矩;减小受风面积;舟艇要有足够的干舷以增大甲板边的进水角;降低舟艇拖钩的位置以减小急牵横倾力矩等。

(3)在设计时就要考虑适当增加舟艇宽度,以改善大倾角稳性。

复习思考题

1. 舟艇在水面上航行时为什么会产生倾斜?产生倾斜的内在原因是什么?

2. 在外力作用撤除以后,舟艇为什么会回复到原来的平衡位置?

3. 稳性的准确描述是什么?

4. 使舟艇产生倾斜的外力有哪些?

5. 稳性按舟体倾斜的方向不同可以分为几类?分别称为什么?各表示舟体绕什么轴的抗倾覆能力?

6. 稳性按舟体倾斜的角度不同可以分为几类?分别称为什么?军用舟艇的稳性主要研究哪一类稳性?

7. 舟艇产生小角度倾斜时排水体积如何变化?排水量如何变化?舟艇的这种倾斜可以称为什么倾斜?相应的作用水线可以称为什么水线?

8. 舟艇小角度倾斜时,倾斜前后的两个等体积水线面的交线必通过初始水线面的什么位置?如何证明?

9. 舟艇横倾 φ 角后,其排水体积的浮心由 C 移至 C_1,新的浮心 C_1 与重心 G 是否还在同一垂直线上?

10. 通过浮心 C_1 的浮力作用线与正浮状态的浮力作用线相交于点 M,M 点称为什么?纵倾和横倾时又分别称为什么?

11. 稳心 M 至浮心 C 之间的距离称为什么?纵倾和横倾时又分别称为什么?

12. 稳心 M 至重心 G 之间的距离称为什么?纵倾和横倾时又分别称为什么?

13. 横倾和纵倾时重力 P 与浮力 D 所形成的复原力矩的力臂如何求得?

14. 初稳性方程如何推导?其物理意义是什么?

15. 小角度倾斜时,横倾复原力矩公式 $M_H = Dh\sin\theta$ 为什么可以写成 $M_H = Dh\theta$?

16. 小角度倾斜时,纵倾复原力矩公式 $M_Z = DH\sin\psi$ 为什么可以写成 $M_Z = DH\psi$?

17. 稳心高度与稳性有什么关系?

18. 小角度倾斜时,在一定的排水体积下,稳心的位置是否产生变化?

19. 复原力矩与什么有关?如何判断舟艇的三种平衡状态?

20. 横稳心高度可以通过什么公式计算?

21. 舟艇重心和浮心的竖向坐标值是定值吗?在什么情况下是定值?可以设法求出吗?

22. 横稳心半径计算公式推导的理论依据是什么?如何推导?

23. 纵稳心半径计算公式中的惯性矩表达式为什么用对漂心横轴的惯性矩?

24. 重物移动对稳性有什么影响?

25. 重物竖向移动对稳性的具体影响是什么?如何分析重物竖向移动对舟艇稳性的影响?

26. 重物横向移动对稳性的具体影响是什么?如何分析重物横向移动对舟艇稳性的影响?

27. 重物纵向移动对稳性的具体影响是什么?如何分析重物纵向移动对舟艇稳性的影响?

28. 重物装卸对稳性有什么影响?

29. 重物装卸对稳性的影响可以分哪两步讨论?

30. 为什么所装载重物的重心在通过水线面积漂心的垂直线上,舟艇就不产生横倾或纵倾?

31. 舟艇不产生倾斜的装载时,如何计算其纵、横稳心高度的变化情况?

32. 重物纵、横向移动到任意位置时,对稳性(纵、横倾角和首尾吃水)有什么影响?如何计算?

33. 什么是自由液面?自由液面对舟艇稳性有什么影响?减小自由液面对舟艇初稳性的不利影响,最有效的办法是什么?

34. 什么是静水力性能曲线图?通常包括哪些曲线?

35. 舟艇倾斜试验的目的是什么?其原理又是什么?

36. 什么是大倾角稳性?

37. 什么是静稳性曲线?

38. 什么是舟艇的动稳性?

39. 横倾力矩按其作用性质可分为哪两类?如何计算?

40. 影响舟艇稳性的因素有哪些?提高舟艇稳性的一般措施有哪些?

41. 某船有初始横倾角 $\theta = 3°$,现将重量等于排水量4%的货物横移,以使船回到正浮位置。已知船的横稳心高度 $h = 1.25\text{m}$，求货物移动的距离。

42. 某长方形起重船主尺度 $L \times B \times H = 15.0\text{m} \times 9.0\text{m} \times 2.0\text{m}$，主体重 $p_1 = 56\text{t}$，其重心高度 $z_1 = 0.85\text{m}$；船的上层建筑重量为 $p_2 = 78\text{t}$，其重心高度 $z_2 = 5.5\text{m}$。试计算该船的横稳心高度与纵稳心高度。

第七章
舟艇的抗沉性

第一节 抗沉性概述

当舟艇破裂舱内进水后,其仍然具有一定的浮力和稳性,能保持舟艇浮在水面而不倾覆或沉没的能力称为抗沉性。

舟艇舱内进水后,因浮力损失其会下沉、倾斜,造成稳性降低。稳性降低过多,会促使舟艇加速倾覆。因为舟艇下沉的深度与舱内进水量有关,所以进水量不能超过舟艇的储备浮力。提高舟艇的抗沉性能,要依靠一定的浮力储备和增加水密隔舱来保证。增加水密隔舱是保证抗沉性要求的重要措施。

舟艇舱室进水,一般有三种情况(图7-1):

(1)舱室上部是封闭的且位置在水线以下,如双层底的下部破舱进水。其特点是舱室整个都灌满了水,故进水量不变且没有自由液面影响,如图7-1中 a 所示。

(2)舱室上部是开敞的,但与舷外水不相通,如甲板开口引起的进水。其特点是水量不随倾斜而增减,但有自由液面影响,如图7-1中 b 所示。

(3)舱室上部是开敞的,但与舷外水相连通,如水线下舟舷破裂进水。其特点是进水量随舟艇下沉及倾斜而有变化,舱内水平面与舷外水平面一致,如图7-1中 c 所示。

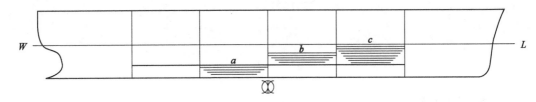

图 7-1 舱内进水情况

以上三种进水情况,对舟艇的浮态和稳性均有影响。一般计算破舱后的浮性和稳性的方法有两种:

(1)增加荷载法:将灌进舱内的水看成舱内增加的液体荷载重量。可以应用第六章介绍的在舟艇内增加小量荷载的方法来计算。

(2)损失浮力法:将破舱的部分作为损失掉的浮力处理。所损失的浮力与灌进舱内水的重量大小相等、方向相反,并作用在同一点上。这样,在计算时可以从整个浮力中减去损失的部分,而不计及舱内水的重量。对于整个舟艇来说,排水量没有变化,只是对应于原水线的浮力减少了。因此,损失浮力法又称为固定排水量法。

对于进水量不超过舟艇排水量10%~15%的,或虽然进水量超过排水量15%但仅有横舱壁的舟艇(一般只会引起纵倾),均可以应用初稳性有关公式来计算破舱进水后的浮性和稳性。

对于军用渡河舟艇,因其主尺度均较小,舱内多只设置横舱壁,故舱室进水后的稳性主要考虑纵倾问题。

第二节 应用增加荷载法计算舱内进水的浮性和稳性

对于第一种和第二种舱内进水情况,因进水量是固定的,可以将其看成定量的装载,均可应用增加荷载法来计算其浮性和稳性的变化。

以下讨论第二种舱内进水情况的浮性和稳性变化。

已知舟艇排水量为 V,吃水为 T,横、纵稳心高度分别为 h_1、H_1,水线 WL 下的水线面面积为 A_S,漂心 F 坐标为 $(x_f, 0)$,某舱内进水体积为 v,其重心为 $g(x_v, y_v, z_v)$。

将灌进舱内水的重量作为液体荷载,其大小为 $p = \gamma v$,根据第六章第五节和第六节所述,并应用其有关公式进行计算。

1. 舟艇增加的平均吃水

由式(6-42)可得

$$\Delta T = \frac{v}{A_S} \tag{7-1}$$

2. 稳心高度变化量

按式(6-50)计算,并按(6-64)考虑自由液面的影响,可得横稳心高度变化量为

$$\Delta h = \frac{v}{V+v} \cdot \left(T + \frac{\Delta T}{2} - h_1 - z_v \right) - \frac{j_x}{V+v} \tag{7-2}$$

式中：j_x——舱内自由液面对通过其形心的纵轴的惯性矩。

同理，由式(6-53)和式(6-66)可得纵稳心高度变化量为

$$\Delta H = -\frac{vH_1}{V+v} - \frac{j_y}{V+v} \tag{7-3}$$

式中：j_y——舱内自由液面对通过其形心的横轴的惯性矩。

3．新的稳心高度

$$h_2 = h_1 + \Delta h = h_1 + \frac{v}{V+v} \cdot \left(T + \frac{\Delta T}{2} - h_1 - z_v\right) - \frac{j_x}{V+v} \tag{7-4}$$

$$H_2 = H_1 + \Delta H = \frac{VH_1}{V+v} - \frac{j_y}{V+v} \tag{7-5}$$

4．新的倾角

由式(6-55)和式(6-57)可得横、纵倾角为

$$\theta \approx \frac{vy_v}{(V+v)h_2} \tag{7-6}$$

$$\psi \approx \frac{v(x_v - x_f)}{(V+v)H_2} \tag{7-7}$$

5．由纵倾引起的首尾吃水变化量

由式(6-58)可得纵倾后首尾吃水变化量为

$$\begin{cases} \Delta T_S \approx \left(\dfrac{L}{2} - x_f\right) \cdot \psi \\ \Delta T_W \approx -\left(\dfrac{L}{2} + x_f\right) \cdot \psi \end{cases} \tag{7-8}$$

6．纵倾后的首尾吃水

由式(6-59)可得纵倾后的首尾吃水。

对于第一种舱内进水情况的浮性和稳性，其计算公式均与第二种情况的计算公式相同，只是不计及自由液面的影响，即在式(7-4)与式(7-5)中去掉 $\dfrac{j_x}{V+v}$ 与 $\dfrac{j_y}{V+v}$ 项。

第三节　应用损失浮力法计算舱内进水的浮性和稳性

对于第三种舱内进水情况，舱内水面与舟外水面保持同一水平面，其进水量要由最后的水线来决定。因此，用增加荷载法来计算很不方便，一般采用损失浮力法计算其浮性和稳性的变化，并认为舱室进水后的舟艇排水量和重心位置保持不变。

如图7-2所示，已知舟艇排水量为 V，浮心坐标为 $C_1(x_{c1}, y_{c1}, z_{c1})$，吃水为 T，纵、横稳心高度为 H_1、h_1，水线 WL 下的水线面面积为 A_S，漂心 F_1 坐标为 $(x_{f1}, 0)$，水线面面积 A_S 对纵轴 x 的惯性矩为 J_{x1}、对通过漂心 F_1 的横轴的惯性矩为 J_{f1}。

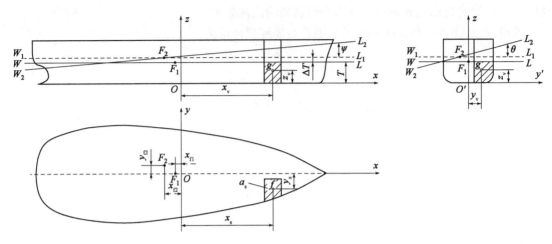

图 7-2 第三种舱内进水情况

灌水后破舱在水线 WL 下的体积为 v,其重心为 $g(x_v, y_v, z_v)$,损失的水线面面积为 a_S,该面积 a_S 的形心 f 的坐标为 (x_S, y_S)。舟艇破舱后损失的浮力为 γv,但因舟艇质量未变,故舟艇将下沉一定的深度至新的水线 W_1L_1 处,使其吃水增加,获得补偿浮力,方能保持舟艇平衡。

下面求解舟艇浮性和稳性的变化量。

(1) 计算平均吃水增加量。

由式 (7-1) 可得

$$\Delta T = \frac{v}{A_S - a_S} \quad (7\text{-}9)$$

式中:$A_S - a_S$ ——舟艇的有效水线面面积。

(2) 计算舟艇的有效水线面面积 $(A_S - a_S)$ 的漂心 F_2 的坐标。

$$\begin{cases} x_{f2} = \dfrac{A_S x_{f1} - a_S x_S}{A_S - a_S} \\ y_{f2} = \dfrac{-a_S y_S}{A_S - a_S} \end{cases} \quad (7\text{-}10)$$

(3) 计算舟艇的有效水线面面积 $(A_S - a_S)$ 对与 x、y 轴平行并通过漂心 F_2 的纵、横轴的惯性矩。

$$J_{x2} = J_{x1} - (j_x + a_S y_S^2) - (A_S - a_S) y_{f2}^2 \quad (7\text{-}11)$$

$$J_{f2} = J_{f1} - [j_y + a_S (x_S - x_{f1})^2] - (A_S - a_S)(x_{f2} - x_{f1})^2 \quad (7\text{-}12)$$

式中:j_x ——损失水线面面积 a_S 对通过其自身形心的纵轴的惯性矩;

j_y ——损失水线面面积 a_S 对通过其自身形心的横轴的惯性矩。

(4) 计算舟艇浮心坐标的变化量。

设对应于水线 W_1L_1 下的舟艇的浮心坐标为 $C_2(x_{c2}, y_{c2}, z_{c2})$,根据重心移动原理可得

$$V \cdot x_{c2} = V \cdot x_{c1} - v \cdot (x_v - x_{f2}) \quad (7\text{-}13)$$

$$V \cdot y_{c2} = V \cdot y_{c1} - v \cdot (y_v - y_{f2}) \quad (7\text{-}14)$$

$$V \cdot z_{c2} = V \cdot z_{c1} - v \cdot \left(z_v - T - \frac{\Delta T}{2}\right) \quad (7\text{-}15)$$

则浮心坐标的变化量

$$\Delta x_c = x_{c2} - x_{c1} = -\frac{v}{V} \cdot (x_v - x_{f2}) \tag{7-16}$$

$$\Delta y_c = y_{c2} - y_{c1} = -\frac{v}{V} \cdot (y_v - y_{f2}) \tag{7-17}$$

$$\Delta z_c = z_{c2} - z_{c1} = -\frac{v}{V} \cdot \left(z_v - T - \frac{\Delta T}{2}\right) \tag{7-18}$$

(5) 计算稳心半径的变化量。

$$\Delta r = r_2 - r_1 = \frac{J_{x_2}}{V} - \frac{J_{x_1}}{V} \tag{7-19}$$

$$\Delta R = R_2 - R_1 = \frac{J_{f_2}}{V} - \frac{J_{f_1}}{V} \tag{7-20}$$

(6) 计算新的稳心高度。
横、纵稳心高度的变化量为

$$\Delta h = \Delta r + \Delta z_c - \Delta z_g \tag{7-21}$$

$$\Delta H = \Delta R + \Delta z_c - \Delta z_g \tag{7-22}$$

因舟艇的质量未变,故 $\Delta z_g = 0$,则稳心高度的变化量应为

$$\Delta h = \Delta r + \Delta z_c \tag{7-23}$$

$$\Delta H = \Delta R + \Delta z_c \tag{7-24}$$

则新的横、纵稳心高度为

$$h_2 = h_1 + \Delta h \tag{7-25}$$

$$H_2 = H_1 + \Delta H \tag{7-26}$$

(7) 计算倾角。
由于浮心在横向和纵向分别移动了 Δy_c 和 Δx_c 的距离,与重心不再在同一直线上而产生了横倾和纵倾,横、纵倾角分别为

$$\theta = \frac{v(y_v - y_{f2})}{Vh_2} \tag{7-27}$$

$$\psi = \frac{v(x_v - x_{f2})}{VH_2} \tag{7-28}$$

(8) 计算由纵倾引起的首尾吃水变化量。
将纵倾角代入式(7-8),可得首尾倾斜吃水变化量。

第四节 计 算 例 题

例 7-1:某船排水量 $D = 30000$t,长 $L = 198$m,宽 $B = 30$m,吃水 $T = 7.9$m,浮心竖坐标 $z_c = 4.4$m,重心竖坐标 $z_g = 11$m,初横稳心高度 $h_1 = 1.98$m,水线面面积 $A_s = 4385$m²,漂心坐标 $x_{f1} = 0$。船内某侧舱长 $L_1 = 15$m,舱顶距基线高 $H_0 = 9.15$m,围绕该舱的两道纵舱壁距中纵面分别

为 3.6m 和 11m。该舱在双层底以上,双层底高 1.5m。假设该舱的体积渗透率和面积渗透率均为 $\mu=0.8$。

求:
(1)该舱内进水占全舱体积一半时船的横倾角。
(2)舱外水可自由进入该舱时船可能产生的最大横倾角。

解:
(1)因属第二类情况,故按增加荷载法计算。

舱宽:
$$B_1 = 11 - 3.6 = 7.4(\text{m})$$

进水体积:
$$v = 0.8 \times \left(15 \times 7.4 \times \frac{9.15-1.5}{2}\right) = 339.66(\text{m}^3)$$

增加的平均吃水:
$$\Delta T = \frac{v}{A_s} = \frac{339.66}{4385} = 0.077(\text{m})$$

增加荷载 $p = \gamma v$ 的重心坐标:
$$y_v = 3.6 + \frac{11-3.6}{2} = 7.3(\text{m})$$

$$z_v = \frac{9.15-1.5}{4} + 1.5 = 3.413(\text{m})$$

自由液面对通过其形心的纵轴的惯性矩:
$$j_x = 0.8 \times \frac{L_1 B_1^3}{12} = 0.8 \times \frac{15 \times 7.4^3}{12} = 405.2(\text{m}^4)$$

横稳心高度的变化量:
$$\Delta h = \frac{v}{V+v} \cdot \left(T + \frac{\Delta T}{2} - h_1 - z_v\right) - \frac{j_x}{V+v}$$
$$= \frac{339.66}{30000+339.66} \times \left(7.9 + \frac{0.077}{2} - 1.98 - 3.413\right) - \frac{405.2}{30000+339.66}$$
$$= 0.015(\text{m})$$

横稳心高度:
$$h_2 = h_1 + \Delta h = 1.98 + 0.015 = 1.995(\text{m})$$

横倾角:
$$\theta = \frac{v y_v}{(V+\Delta V)h_2} = \frac{339.66 \times 7.3}{(30000+339.66) \times 1.995} = 0.041 \text{rad} = 2.35°$$

(2)因属第三种情况,故按损失浮力法计算。

进水高度:
$$T' = 7.9 - 1.5 = 6.4(\text{m})$$

损失体积 v 的重心坐标:
$$y_v = 3.6 + \frac{11-3.6}{2} = 7.3(\text{m})$$

$$z_v = \frac{6.4}{2} + 1.5 = 4.7(\text{m})$$

损失体积:
$$v = 0.8 \times (15 \times 7.4 \times 6.4) = 568.32(\text{m}^3)$$

损失体积的水线面面积 a_S 的形心纵坐标:
$$y_S = y_v = 3.6 + \frac{11 - 3.6}{2} = 7.3(\text{m})$$

损失水线面面积:
$$a_S = 0.8 \times (15 \times 7.4) = 88.8(\text{m}^2)$$

有效水线面面积:
$$A_S - a_S = 4385 - 88.8 = 4296.2(\text{m}^2)$$

平均吃水增量:
$$\Delta T = \frac{v}{A_S - a_S} = \frac{568.22}{4296.2} = 0.132(\text{m})$$

有效水线面面积的漂心横坐标:
$$y_{f2} = \frac{-a_S y_S}{A_S - a_S} = \frac{-88.8 \times 7.3}{4296.2} = -0.151(\text{m})$$

浮心竖向坐标的变化量:
$$\Delta z_c = -\frac{v}{V} \cdot \left(z_v - T - \frac{\Delta T}{2}\right) = -\frac{568.32}{30000} \times \left(4.7 - 7.9 - \frac{0.132}{2}\right) = 0.062(\text{m})$$

横稳心半径的变化量:
$$\Delta r = \frac{J_{x2} - J_{x1}}{V} = -\frac{1}{V}\left[(j_x + a_S y_S^2) + (A_S - a_S)y_{f2}^2\right]$$
$$= -\frac{1}{30000} \times \left[(405.2 + 88.8 \times 7.3^2) + 4296.2 \times (-0.15)^2\right]$$
$$= -0.174(\text{m})$$

横稳心高度的变化量:
$$\Delta h = \Delta r + \Delta z_c = -0.174 + 0.062 = -0.112(\text{m})$$

新的横稳心高度:
$$h_2 = h_1 + \Delta h = 1.98 - 0.112 = 1.868(\text{m})$$

横倾角:
$$\theta = \frac{v(y_v - y_{f2})}{Vh_2} = \frac{568.32 \times (7.3 + 0.151)}{30000 \times 1.868} = 0.076\text{rad} = 4.35°$$

复习思考题

1. 什么是舟艇的抗沉性?

2. 提高舟艇抗沉性的措施有哪些？

3. 舟艇舱室进水分为几类？它们是如何划分的？

4. 计算破舱后的浮性和稳性的方法有哪几种？

5. 某内河船排水量 $D=800\text{t}$，吃水 $T=2.2\text{m}$，每厘米吃水吨数 $q=5.7\text{t/cm}$，横稳心高 $h=1.75\text{m}$；浸水舱的进水体积 $V=90\text{m}^3$，形心坐标 $x=x_\text{f}$，$y=2.4\text{m}$，$z=1.2\text{m}$，自由液面大小为 $l\times b=12.6\times5.0\text{m}$。求该船破损后的浮性和横稳心高。

第八章
舟艇的强度

第一节 舟体总纵弯曲的弯矩和剪力计算

一、弯矩和剪力计算概述

舟艇是由外板和内部骨架所组成的一个水上工程结构物,同所有的工程结构物一样,对舟艇的要求之一就是要保证其结构具有足够的强度和刚度,即在各种外力作用下舟艇结构不致破坏或者发生不能容许的变形。舟艇必须具有足够的浮性、稳性、抗沉性、耐波性、适航性,同时要有足够的强度、刚度。通常情况下,由于军用舟艇的尺寸较小,在满足所要求的强度条件下,舟体所产生的变形一般不会超过所容许的标准,因此对舟艇的刚度可以不予以考虑,主要考虑舟艇的强度是否满足。

舟艇漂浮于水面以上,它在水中所受到的外力主要有重力和浮力。由舟艇的浮性原理可知,作用在舟体上的总重力与总浮力大小相等、方向相反,是相互平衡的。但是由于舟体上各个荷载分布的位置不同以及舟体各段形状不同,引起的浮力大小沿舟长方向是变化的,则有可能在舟艇长度方向的某一段上,重力与浮力并不一定相互平衡,于是沿舟体总长方向会发生弯曲变形。

舟艇上的重量与舟艇上荷载、壳板、骨架、主机、附属设备等有关,舟艇上的浮力则与舟艇的浸水部分形状和尺寸有关。

在外力作用下,沿舟体长度方向所产生的弯曲称为总纵弯曲,总纵弯曲可能引起舟艇结构破坏甚至导致舟体折断。舟体抵抗总纵弯曲的能力称为总纵强度。此外,在相应的荷载作用下会发生局部弯曲变形,该构件抵抗局部弯曲的能力称为局部强度。当然,舟体的总纵弯曲和局部弯曲是同时存在的,因此,对舟体的总纵强度计算和局部强度的计算是相互联系的。在舟体强度计算中,要依据各构件(如舟体底部板架)在外力作用下,既有总纵弯曲变形,又有局部弯曲变形。对这类构件的强度计算,需要分别求出总纵强度的应力和局部强度的应力,并按照叠加原理进行综合考虑,以校核其合成应力。

由于舟艇受力和结构情况的复杂性,目前对舟艇的强度是根据舟艇航行实践经验作出一定的假设前提,并对结构运用力学原理来计算。其基本假设有:

(1)在考虑舟体外力时,将舟体置于静水上作静力弯曲,舟体处于静力平衡状态。

(2)在考虑舟体应力时,将舟体当作一根沿舟长方向变剖面的空心薄壁箱形梁,这样就可以将普通梁的弯曲计算公式应用于具有复杂结构的舟体。

因此对舟体的强度计算同普通梁一样,需要解决以下几个问题,即

(1)确定作用于舟体沿舟长方向重力 P 和浮力 D 的分布。

(2)计算总纵弯曲时的剪力 Q、弯矩 M。

设重力沿舟长方向按 $p(x)$ 分布,浮力沿舟长方向按 $d(x)$ 分布,则舟体总纵弯曲的荷载为

$$q(x) = d(x) - p(x) \tag{8-1}$$

$$Q(x) = \int_0^x q(x)\,\mathrm{d}x \tag{8-2}$$

$$M(x) = \int_0^x\int_0^x q(x)\,\mathrm{d}x\,\mathrm{d}x \tag{8-3}$$

(3)计算等值梁截面惯性矩 J、抵抗矩 W 和静矩 S。

(4)强度验算。

$$\sigma = \frac{M(x)}{W} \tag{8-4}$$

$$\tau = \frac{Q(x)\cdot S}{J\cdot t} \tag{8-5}$$

例 8-1:某船长 44m,船宽 9m,型深 4m。其各站实际水下半横剖面面积 $a(x)$ 和各站距分布质量 $m(x)$ 见表 8-1,求 Q_{max}、M_{max},并作重力图、浮力图、荷载图、剪力图、弯矩图。

分 站 质 量 表　　　　　　　　　　表 8-1

站名	$a(x)$	站段	$m(x)$	站名	$a(x)$	站段	$m(x)$
0	0.10	0~1	2.98	6	6.99	6~7	9.94
1	0.34	1~2	4.46	7	7.82	7~8	14.74
2	1.21	2~3	4.68	8	7.92	8~9	12.10
3	1.38	3~4	7.81	9	8.24	9~10	9.76
4	4.15	4~5	8.30	10	8.22	—	—
5	5.90	5~6	16.76	11	7.90	10~11	16.64

续上表

站名	$a(x)$	站段	$m(x)$	站名	$a(x)$	站段	$m(x)$
12	7.55	11~12	12.06	17	1.80	16~17	4.13
13	6.15	12~13	12.31	18	0.85	17~18	3.80
14	5.10	13~14	11.73	19	0	18~19	2.77
15	3.99	14~15	9.05	20	0	19~20	1.98
16	2.86	15~16	10.66	—	—	—	—

解: 列表如下(表8-2)。

分站计算表 表8-2

I	II	III	IV	V	VI	VII	VIII	VIII
站距	p	d	q			Q		M
0~1	6.556	0.968	5.588	5.588	5.588	5.634	6.15	5.56
1~2	9.812	3.410	6.402	11.990	23.166	12.02	25.48	24.30
2~3	10.296	5.698	4.598	16.588	51.744	16.63	16.92	55.15
3~4	17.182	12.166	5.016	21.604	89.936	21.67	98.93	96.57
4~5	18.260	22.110	-3.850	17.754	129.30	17.831	142.22	139.27
5~6	36.872	28.358	8.514	26.268	173.32	26.36	190.65	187.11
6~7	21.956	32.582	-10.63	15.642	215.23	15.74	236.75	232.62
7~8	32.428	34.625	-2.200	13.442	244.31	13.57	268.74	264.02
8~9	26.620	35.552	-8.932	4.51	262.26	4.65	288.44	283.13
9~10	21.472	36.212	-14.74	-10.23	256.54	-10.08	282.20	276.29
10~11	36.608	35.464	1.144	-9.085	237.23	-8.92	260.95	254.45
11~12	26.532	33.990	-7.458	-16.54	211.60	-16.36	232.96	225.87
12~13	27.082	30.140	-3.058	-19.60	175.45	-19.40	193.00	185.32
13~14	25.806	24.750	10.56	-18.55	137.30	-18.33	151.03	142.76
14~15	19.910	19.998	-0.088	-18.63	100.12	-18.40	110.13	101.29
15~16	23.452	15.070	8.382	-10.25	71.236	-10.00	78.36	68.91
16~17	9.086	10.252	-1.166	-11.42	49.566	-11.16	54.52	44.48
17~18	8.360	5.830	2.530	-8.888	29.260	-8.61	32.19	21.56
18~19	6.094	1.870	4.224	-4.664	15.708	-4.37	17.28	6.06
19~20	4.365	0	4.356	-0.308	10.736	0	11.81	0

根据列表计算结果,该船的重力曲线图、浮力曲线图、荷载曲线图、剪力曲线图和弯矩曲线图如图8-1所示。

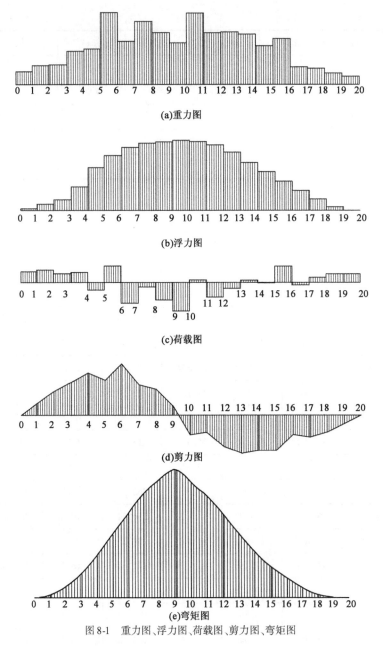

图 8-1　重力图、浮力图、荷载图、剪力图、弯矩图

二、舟艇在静水中的弯矩和剪力

(一)重力曲线

重量沿舟长方向各站距内分布的曲线称为梯级重力曲线。重力曲线可显示重量沿舟长方向的变化规律,它的竖坐标表示舟体单位长度的重量值。

绘制重力曲线时需要具备如下资料:舟艇重量明细表和舟体中纵剖面图。

舟艇重量明细表是绘制重力曲线的原始资料,它列出各项重量大小及重心位置,并可由此表确定舟艇的总重量及其重心坐标。通常,舟艇的重量包括:舟艇自重为舟体壳板、骨架等;外部荷载为根据舟艇的用途不同确定,如浮游桥脚舟则主要承受桥跨结构传递的荷载和桥跨结构重量,登陆渡河用的舟艇则承受各种轻重武器、弹药及乘员的重量等;舟艇动力装置重量为对于自航舟艇则有主机及推进器等装置和重量。

舟艇纵中剖面图用以确定各项重量的位置及其分布范围。

重力曲线的绘制方法是:

在舟艇纵剖面图上将其分成若干理论站距,通常可分为 10～20 个理论站距,对于小型渡河舟艇一般分成 10 个理论站距。再按照舟艇重量明细表中各项重量的数据,将它们分配到纵剖面图上各理论站距内的相应位置内,各项重量在理论站距内应该使其均匀分布,即将任意荷载换算成均布荷载。

在进行各项重量的分配时应遵循等效原则,即

(1)分配后的重量大小应与实际重量相等,即重力曲线下所包含的面积数据应等于该项重量;

(2)重力曲线下的面积形心与该重量重心一致,重力曲线的总重心与舟艇总重心相一致;

(3)重量分配的范围应与该重量实际占据的范围相对应。

例如:

(1)荷载 P 位于理论肋距 l 的中点,可将其均匀分配到该理论肋距长度上,均布荷载 $p = P/l$,如图 8-2(a)所示。

(2)集中荷载 P 位于两个理论肋距交界处,可将荷载均匀分配到两个肋距中,每个肋距内分配到 $P/2$,均布荷载 $p = P/(2l)$,如图 8-2(b)所示。

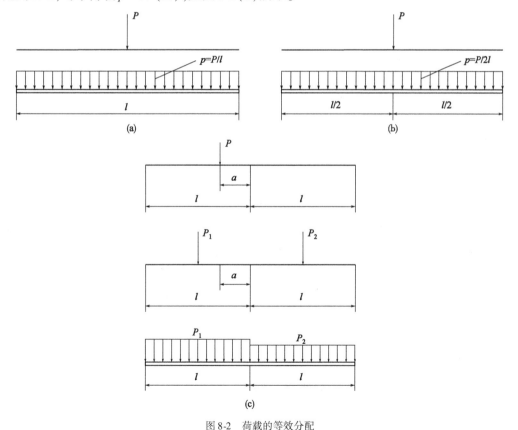

图 8-2 荷载的等效分配

(3) 设集中荷载 P 的重心距第 2 站为 a,如图 8-2(c) 所示。现将 P 分配到相邻两个理论肋距中,依据以上原则可列出如下方程组:

$$\begin{cases} P_1 + P_2 = P \\ \dfrac{1}{2a}(P_1 - P_2)l = P \end{cases}$$

解得

$$\begin{cases} P_1 = P \cdot \left(0.5 + \dfrac{a}{l}\right) \\ P_2 = P \cdot \left(0.5 - \dfrac{a}{l}\right) \end{cases} \tag{8-6}$$

因此,各理论站距内的均布荷载分别为

$$\begin{cases} p_1 = \dfrac{P_1}{l} \\ p_2 = \dfrac{P_2}{l} \end{cases} \tag{8-7}$$

对于其他各种荷载分布情况,可根据具体情况,按静力等效原则灵活处理。

按照上述原则将舟艇各项重量分配之后,可编制出重量在各理论站距内的分配表(表 8-3),表中列有各项重量在理论站距内的分配情况。最后可用此表中的数据检查重量分配是否正确。

如果分配正确的话应能满足:舟艇重量之和等于舟艇的排水量,重量分配后的总重心位置应与分配前的位置相符合,即

$$D = \sum p \tag{8-8}$$

$$x_g = l \cdot \dfrac{\sum C}{\sum p} \tag{8-9}$$

根据表 8-3 中的数据可以绘制出舟艇的重力曲线,如图 8-3 所示。由于在每个理论站距内将重力均匀分配,所得重力曲线呈阶梯形状,我们称此曲线为梯级重力曲线。

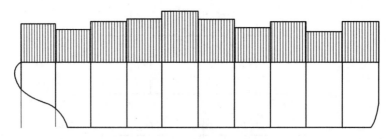

图 8-3　各分站荷载梯级重力曲线

(二)浮力曲线

浮力沿舟长方向分布状况的浮力曲线可显示浮力沿舟长方向的变化规律,它的竖坐标表示舟体单位长度的浮力值。浮力曲线所包围的面积大小等于舟体的总浮力,该面积的形心坐标即为浮心的纵向位置。

重量在理论站距内的分配表

表 8-3

序号	载重名称	理论站距										每行之和
		0-1	1-2	2-3	3-4	4-5	5-6	6-7	7-8	8-9	9-10	
1	舟体自重											
	底板											
	甲板											
	……											
2	外部重量											
⋮	……											
n	……											
I	在站距内的重量(等于每列内的重量之和)	p_{0-1}	p_{1-2}	p_{2-3}	p_{3-4}	p_{4-5}	p_{5-6}	p_{6-7}	p_{7-8}	p_{8-9}	p_{9-10}	Σp
II	对于舟体中部的假设力臂	4.5	3.5	2.5	1.5	0.5	-0.5	-1.5	-2.5	-3.5	-4.5	—
III	假设的力矩	C_{0-1}	C_{1-2}	C_{2-3}	C_{3-4}	C_{4-5}	C_{5-6}	C_{6-7}	C_{7-8}	C_{8-9}	C_{9-10}	ΣC

注:1. 实际力臂应等于假设力臂乘以 $l(l=L/10)$。
2. 实际力矩应等于假设力矩乘以 l。
3. 舟艇排水量 $D=\Sigma p$。
4. 相对于舟艇中部的重心位置 $x_g = l \cdot \dfrac{\Sigma C}{\Sigma p}$。

绘制浮力曲线时需具备如下资料：舟艇排水量及其浮心坐标值；舟艇的静水性能曲线和邦津曲线图。这些资料均可以在舟艇原理浮性和稳性计算中获得。我们利用这些资料就可以绘出浮力曲线，具体步骤如下：

(1) 按已知的排水量，在静水性能曲线上求得平均吃水 T_P、舟体的浮心坐标 x_c、设计水线面面积漂心坐标 x_f 及纵稳心半径 R。

如果浮力位置与重心位置相重合，即 $x_c = x_g$，则是正浮，表示舟艇没有吃水差，这时可按平均吃水 T_P 在邦津曲线上绘出作用水线，并量出各站的浸水面积值，就很容易绘出浮力曲线了（因为舟艇单位长度上的浮力值等于浸水面积值乘以水的比重）。具体计算方法可按表 8-4 的格式进行。

浮力分布在理论站距内的计算表　　　　表 8-4

理论站号	各站浸水面积 (m²)	浸水面积成对和 (m²)	在理论站距内的浮力值 (t)	理论站距
I	II	III	IV = III × l/2	V
0	$A_{\omega 0}$			
		$A_{\omega 0} + A_{\omega 1}$	d_{0-1}	0 – 1
1	$A_{\omega 1}$			
		$A_{\omega 1} + A_{\omega 2}$	d_{1-2}	1 – 2
2	$A_{\omega 2}$			
		$A_{\omega 2} + A_{\omega 3}$	d_{2-3}	2 – 3
3	$A_{\omega 3}$			
		$A_{\omega 3} + A_{\omega 4}$	d_{3-4}	3 – 4
4	$A_{\omega 4}$			
		$A_{\omega 4} + A_{\omega 5}$	d_{4-5}	4 – 5
5	$A_{\omega 5}$			
		$A_{\omega 5} + A_{\omega 6}$	d_{5-6}	5 – 6
6	$A_{\omega 6}$			
		$A_{\omega 6} + A_{\omega 7}$	d_{6-7}	6 – 7
7	$A_{\omega 7}$			
		$A_{\omega 7} + A_{\omega 8}$	d_{7-8}	7 – 8
8	$A_{\omega 8}$			
		$A_{\omega 8} + A_{\omega 9}$	d_{8-9}	8 – 9
9	$A_{\omega 9}$			
		$A_{\omega 9} + A_{\omega 10}$	d_{9-10}	9 – 10
10	$A_{\omega 10}$			

注：舟艇排水量 $D = \Sigma d; l = L/10$。

(2) 如果 $x_c \neq x_g$，则舟艇首尾产生吃水差，将有纵倾，其倾角为

$$\psi_1 = \frac{x_g - x_c}{R} \tag{8-10}$$

这时可求得舟艇的首尾吃水差为

首吃水：

$$T_{S1} = T_{P1} + \left(\frac{L}{2} - x_f\right)\frac{x_g - x_c}{R} \tag{8-11}$$

尾吃水：

$$T_{W1} = T_{P1} - \left(\frac{L}{2} + x_f\right) \cdot \frac{x_g - x_c}{R} \tag{8-12}$$

按 T_{S1}、T_{W1} 在邦津曲线图上绘出第一次近似吃水线 W_1L_1，将各站的浸水面积值用表 8-5 计算可得第一次近似的排水量 D_1 及浮心坐标 x_{c1}。

舟艇在静水中的平衡位置计算表　　　　　表 8-5

理论站距	假设力臂 k_i	第一次近似		第二次近似	
		各站浸水面积(m^2)	(Ⅱ)×(Ⅲ)	各站浸水面积(m^2)	(Ⅱ)×(Ⅴ)
Ⅰ	Ⅱ	Ⅲ	Ⅳ	Ⅴ	Ⅵ
0	5	$A_{\omega 0}$	$5A_{\omega 0}$		
1	4	$A_{\omega 1}$	$4A_{\omega 1}$		
2	3	$A_{\omega 2}$	$3A_{\omega 2}$		
3	2	$A_{\omega 3}$	$2A_{\omega 3}$		
4	1	$A_{\omega 4}$	$A_{\omega 4}$		
5	0	$A_{\omega 5}$	0		
6	-1	$A_{\omega 6}$	$-A_{\omega 6}$		
7	-2	$A_{\omega 7}$	$-2A_{\omega 7}$		
8	-3	$A_{\omega 8}$	$-3A_{\omega 8}$		
9	-4	$A_{\omega 9}$	$-4A_{\omega 9}$		
10	-5	$A_{\omega 10}$	$-5A_{\omega 10}$		
Σ	—	$\Sigma A_{\omega i}$	$\Sigma k_i A_{\omega i}$		
修正值		$\dfrac{A_{\omega 0} + A_{\omega 10}}{2}$	$\dfrac{k_0 A_{\omega 0} + k_{10} A_{\omega 10}}{2}$		
修正后总和 $\Sigma() = \Sigma -$ 修正值		$\Sigma(\text{Ⅲ})$	$\Sigma(\text{Ⅳ})$	$\Sigma(\text{Ⅴ})$	$\Sigma(\text{Ⅵ})$

注：$D_1 = l \cdot \Sigma(\text{Ⅲ})$；$x_{c1} = l \cdot \dfrac{\Sigma(\text{Ⅳ})}{\Sigma(\text{Ⅲ})}$；$D_2 = l \cdot \Sigma(\text{Ⅴ})$；$x_{c2} = l \cdot \dfrac{\Sigma(\text{Ⅵ})}{\Sigma(\text{Ⅴ})}$；$l = \dfrac{L}{10}$。

(3) 当 $D_1 = D$ 及 $x_{c1} = x_g$ 时，所得曲线即为实际水线。

如果 D_1 与 D、x_{c1} 与 x_g 相差较大，则需要进行第二次近似。

平均吃水：

$$T_{P2} = T_{P1} - \frac{D_1 - D}{\gamma A_S} \tag{8-13}$$

倾角：

$$\psi_2 = \frac{x_g - x_{c1}}{R} \tag{8-14}$$

再重复步骤(2),并验算,直到 D 的误差不超过 0.5%、x_c 的误差不超过 0.1% 为止。

对于浮力分配,假设浮力均匀分布于每个理论站距的长度上,可用在每个理论站距内取平均值的方法进行分配,即令

$$\frac{A_{\omega i} + A_{\omega, i+1}}{2} \cdot l = (A_{\omega i} + A_{\omega, i+1}) \cdot \frac{l}{2} \tag{8-15}$$

浮力分配时,假设浮力均匀分布于每个理论站距上,具体用表 8-5 进行浮力分配。

(三)荷载、剪力和弯矩曲线

在绘制出重力曲线和浮力曲线后,根据式(8-1),将在同一剖面处重力曲线上的竖坐标值减去浮力曲线上的竖坐标值,就可以得到荷载曲线[图 8-4(a)]。因为重力曲线和浮力曲线均为梯级曲线,因此,荷载曲线也是一条梯级曲线。利用梯级荷载曲线就可以绘制荷载梯级曲线图。

$$q(x) = d(x) - p(x) \tag{8-16}$$

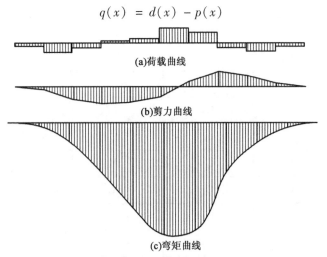

图 8-4　荷载、剪力和弯矩曲线

(四)舟艇各剖面的剪力和弯矩

按照梯级荷载曲线的数据很容易求得舟艇各剖面的剪力与弯矩。因为舟艇被当作一根两端完全自由的变剖面梁,则剖面 x 处的剪力值可用剖面 x 以前的梯级荷载曲线的面积值之和来求得,这样就可以沿舟艇长度方向绘制剪力曲线。而剖面 x 处的弯矩值等于剖面 x 处之前的剪力曲线的面积之和。这样也可以沿舟艇长度方向绘出弯矩曲线(图 8-4)。剪力与弯矩的具体计算可以按照表 8-6 的格式进行。

在应用表 8-6 进行计算时,由于舟艇两端为自由端,因此剪力与弯矩在第 0 号和第 10 号理论站距处应该为零,其剪力曲线和弯矩曲线在第 0 号和第 10 号理论站距处应该封闭。但是在实际计算中有一定误差,通常在第 10 号理论站距处没有封闭。

设在实际的剪力曲线第 10 号理论站距处的不封闭值为 n_{10},实际的弯矩曲线第 10 号理论站距处的不封闭值为 m_{10}。当误差值 n_{10} 和 m_{10} 小于表中最大 n 值和最大 m 值的 5% 时可以修正,修正时将 n_{10} 值和 m_{10} 值分为 10 等分,在每项上都进行修正,即按照表中第Ⅶ项及第Ⅹ项数据分配。当误差值 n_{10} 和 m_{10} 大于表中最大 n 值和最大 m 值的 5% 时不能修正,说明误差太大,需要调整吃水线,以便获得较为准确的浮力曲线后再进行计算。

舟艇在静水中的剪力和弯矩计算表

表 8-6

理论站距	理论站距内的重量 (kN)	理论站距内的浮力 (kN)	理论站距内的载重 (kN)	第Ⅳ列自上而下之和 (kN)	第Ⅴ列积分和 (kN)	对第Ⅴ列的修正值 $n_{10} \cdot \dfrac{i}{10}$	剪力 (kN)	(Ⅵ)×l/2 (kN·m)	对第Ⅸ项的修正值 $m_{10} \cdot \dfrac{i}{10}$	弯矩 (kN·m)	理论站号
Ⅰ	Ⅱ	Ⅲ	Ⅳ=Ⅱ−Ⅲ	Ⅴ	Ⅵ	Ⅶ	Ⅷ=Ⅴ−Ⅶ	Ⅸ	Ⅹ	Ⅺ=Ⅸ−Ⅹ	Ⅻ
0–1	p_{0-1}	d_{0-1}	q_{0-1}	0	0	0	0	0	0	0	0
1–2	p_{1-2}	d_{1-2}	q_{1-2}	n_1	n_1	$n_{10} \cdot \dfrac{1}{10}$	Q_1	m_1	$m_{10} \cdot \dfrac{1}{10}$	M_1	1
2–3	p_{2-3}	d_{2-3}	q_{2-3}	n_2	$2n_1+n_2$	$n_{10} \cdot \dfrac{2}{10}$	Q_2	m_2	$m_{10} \cdot \dfrac{2}{10}$	M_2	2
3–4	p_{3-4}	d_{3-4}	q_{3-4}	n_3	$2n_1+2n_2+n_3$	…	…	m_3	…	…	3
4–5	p_{4-5}	d_{4-5}	q_{4-5}	n_4	…	…	…	m_4	…	…	4
5–6	p_{5-6}	d_{5-6}	q_{5-6}	n_5	…	…	…	m_5	…	…	5
6–7	p_{6-7}	d_{6-7}	q_{6-7}	n_6	…	…	…	m_6	…	…	6
7–8	p_{7-8}	d_{7-8}	q_{7-8}	n_7	…	…	…	m_7	…	…	7
8–9	p_{8-9}	d_{8-9}	q_{8-9}	n_8	…	…	…	m_8	…	…	8
9–10	p_{9-10}	d_{9-10}	q_{9-10}	n_9	…	…	…	m_9	…	…	9
				n_{10}	…	$n_{10} \cdot \dfrac{10}{10}$	0	m_{10}	$m_{10} \cdot \dfrac{10}{10}$	0	10

注：表中第Ⅴ项按下式计算：$n_{i+1}=n_i+q_{i-(i+1)}$。

三、桥脚舟在静水中的剪力和弯矩

对于桥脚舟,其总纵强度计算原理及方法与一般类型的舟艇完全一致,计算时将其看作一根置于水中的空心薄壁梁。其结构特点和荷载特点表现在以下方面:

(1)桥脚舟形状简单,多呈长方形箱体结构;舟体结构的布置与形状都是对称的,而且多为等剖面的梁,各理论站距处的横剖面均相同,因而自重和浮力都是均匀分布的。

(2)桥脚舟上的桥跨结构对称布置在舟体中央,所以外荷载的分布也是均匀、有规律的。

以上特点,给桥脚舟的计算带来了很多方便之处,可以采用经典的公式进行分析计算。

(一)作用在桥脚舟上的重量

1. 桥脚舟的自重

因舟体结构与形状均对称,可以认为自重沿舟体长度方向均匀分布,即

$$g_0 = \frac{G_0}{L_0} \tag{8-17}$$

式中:G_0——桥脚舟的总重量;
L_0——桥脚舟的总长度。

由于舟体自重沿其长度均匀分布,则它产生的水压力大小分布也是均匀的,它们在各个剖面处的大小与浮力相等、方向相反,相互抵消,因而在计算舟体剪力和弯矩时可以不考虑自重的影响。

2. 桥跨自重及荷载

设 R_1 为桥跨结构自重分配到一个舟上的重量,R_2 为活荷载分配到一个舟上的重量。R_1 和 R_2 对于舟体的作用,根据桥跨结构的数量来定。

当桥桁数量较少($n \leq 4$)时,取 n 个集中荷载,$P = (R_1 + R_2)/n$,按作用位置布置;当桥桁数量较多($n > 4$)时,取均布荷载,$p = (R_1 + R_2)/b_0$,在 b_0 内分布;当带式舟桥无桥跨时,取两段均布荷载,$p = R_2/2b_1$,分两处均布。

3. 浮力(除自重引起的浮力以外)

因浮力大小是由桥脚舟的浸水面积而定的,故桥脚舟某一小段长度上受到的浮力为

$$d = \gamma A_\omega \Delta x \tag{8-18}$$

当 $\Delta x = 1$ 时,d 表示为单位长度上所受到的浮力。

当桥脚舟为长方形箱体时,各理论站距处的浸水面积 A_ω 均相等,其大小为

$$A_\omega = BT \tag{8-19}$$

式中:B——舟体宽度(m);
T——活荷载和桥桁结构重量引起的舟体吃水(没有考虑舟体自重产生的吃水)。

当桥脚舟两端呈雪橇形时,可将舟体长度 L 换算为计算长度 L_0 进行计算,即

$$L_0 = \frac{R_1 + R_2}{d} = \frac{R_1 + R_2}{\gamma A_\omega} \tag{8-20}$$

对于舟舷为直壁的舟体,则计算长度为

$$L_0 = \frac{R_1 + R_2}{\gamma BT} = \delta L \tag{8-21}$$

已知作用于舟体的重力和浮力沿其长度的分布情况后,即可求得作用于舟体荷载的分布情况,然后应用公式很容易求得舟体的剪力和弯矩。

各种不同布载情况的剪力和弯矩计算及其结果分别在下文介绍。

(二)各种布载情况的剪力和弯矩计算

表 8-7 ~ 表 8-11 给出了舟体中央受各种布载情况时的剪力和弯矩计算。

舟体中央受一段对称均布荷载时的剪力和弯矩 表 8-7

荷载类型	舟体中央受一段对称均布荷载		
简图			
范围	$0 < x < \dfrac{L_0 - b_0}{2}$	$\dfrac{L_0 - b_0}{2} < x < \dfrac{L_0 + b_0}{2}$	$\dfrac{L_0 + b_0}{2} < x < L_0$
剪力	$Q(x) = dx$	$Q(x) = dx - p\left(x - \dfrac{L_0 - b_0}{2}\right)$	$Q(x) = dx - pb_0$
弯矩	$M(x) = \dfrac{dx^2}{2}$	$M(x) = \dfrac{dx^2}{2} - \dfrac{p}{2}\left(x - \dfrac{L_0 - b_0}{2}\right)^2$	$M(x) = \dfrac{dx^2}{2} - pb_0\left(x - \dfrac{L_0}{2}\right)$
最大剪力	$Q_{\max} = \pm \dfrac{pb_0}{2L_0}(L_0 - b_0), x = \dfrac{L_0 \mp b_0}{2}$		
最大弯矩	$M_{\max} = \dfrac{pb_0}{8}(L_0 - b_0), x = \dfrac{L_0}{2}$		
备注	$p = \dfrac{R_1 + R_2}{b_0}; d = \dfrac{pb_0}{L_0}; L_0 = m_1 \delta L_1 + m_2 L_2$。 m_1 为尖舟数量;m_2 为方舟数量;L_1 为尖舟长度;L_2 为方舟长度		

舟体中央受两个对称集中荷载时的剪力和弯矩　　　　　　　　表8-8

荷载类型	舟体中央受两个对称集中荷载		
简图	*图*		
范围	$0 < x < \dfrac{L_0 - b_0}{2}$	$\dfrac{L_0 - b_0}{2} < x < \dfrac{L_0 + b_0}{2}$	$\dfrac{L_0 + b_0}{2} < x < L_0$
剪力	$Q(x) = dx$	$Q(x) = dx - P$	$Q(x) = dx - 2P$
弯矩	$M(x) = \dfrac{dx^2}{2}$	$M(x) = \dfrac{dx^2}{2} - P\left(x - \dfrac{L_0 - b_0}{2}\right)$	$M(x) = \dfrac{dx^2}{2} - P \cdot (2x - L_0)$
最大剪力	$Q_{max} = P - \dfrac{Pb_0}{L_0}, x = \dfrac{L_0 - b_0}{2}$ 且 $L_0 > 2b_0$ $Q_{max} = -P + \dfrac{Pb_0}{L_0}, x = \dfrac{L_0 + b_0}{2}$ 且 $L_0 > 2b_0$		
最大弯矩	$M_{max} = \dfrac{P(L_0 - b_0)^2}{4L_0}, x = \dfrac{L_0 - b_0}{2}$ 或 $x = \dfrac{L_0 + b_0}{2}$		
备注	$P = \dfrac{R_1 + R_2}{2}; d = \dfrac{2P}{L_0}; L_0 = m_1 \delta L_1 + m_2 L_2$。 m_1 为尖舟数量；m_2 为方舟数量；L_1 为尖舟长度；L_2 为方舟长度		

舟体中央受三个对称集中荷载时的剪力和弯矩 表8-9

荷载类型	舟体中央受三个对称集中荷载			
简图	（示意图）			
范围	$0 < x < \dfrac{L_0 - 2b_0}{2}$	$\dfrac{L_0 - 2b_0}{2} < x < \dfrac{L_0}{2}$	$\dfrac{L_0}{2} < x < \dfrac{L_0 + 2b_0}{2}$	$\dfrac{L_0 + 2b_0}{2} < x < L_0$
剪力	$Q(x) = dx$	$Q(x) = dx - P$	$Q(x) = dx - 2P$	$Q(x) = dx - 3P$
弯矩	$M(x) = \dfrac{dx^2}{2}$	$M(x) = \dfrac{dx^2}{2} - P\left(x - \dfrac{L_0 - 2b_0}{2}\right)$	$M(x) = \dfrac{dx^2}{2} - 2P\left(x - \dfrac{L_0}{2}\right) - Pb_0$	$M(x) = \dfrac{dx^2}{2} - 3P\left(x - \dfrac{L_0}{2}\right)$
最大剪力	$Q_{\max} = \dfrac{3P}{2} - \dfrac{3Pb_0}{L_0}, x = \dfrac{L_0 - 2b_0}{2}$ 且 $L_0 > 3b_0$ $Q_{\max} = -\dfrac{3P}{2} + \dfrac{3Pb_0}{L_0}, x = \dfrac{L_0 + 2b_0}{2}$ 且 $L_0 > 3b_0$			
最大弯矩	$M_{\max} = \dfrac{3PL_0}{8} - Pb_0, x = \dfrac{L_0}{2}$ 且 $L_0 > 3b_0$			
备注	$P = \dfrac{R_1 + R_2}{3}; d = \dfrac{3P}{L_0}; L_0 = m_1 \delta L_1 + m_2 L_2$。$m_1$为尖舟数量；$m_2$为方舟数量；$L_1$为尖舟长度；$L_2$为方舟长度			

舟体中央受四个对称集中荷载时的剪力和弯矩 表 8-10

荷载类型	舟体中央受四个对称集中荷载					
简图	（图示）					
范围	$0 < x < \dfrac{L_0 - 3b_0}{2}$	$\dfrac{L_0 - 3b_0}{2} < x < \dfrac{L_0 - b_0}{2}$	$\dfrac{L_0 - b_0}{2} < x < \dfrac{L_0 + b_0}{2}$	$\dfrac{L_0 + b_0}{2} < x < \dfrac{L_0 + 3b_0}{2}$	$\dfrac{L_0 + 3b_0}{2} < x < L_0$
剪力	$Q(x) = dx$	$Q(x) = dx - P$	$Q(x) = dx - 2P$	$Q(x) = dx - 3P$	$Q(x) = dx - 4P$
弯矩	$M(x) = \dfrac{dx^2}{2}$	$M(x) = \dfrac{dx^2}{2} - P\left(x - \dfrac{L_0 - 3b_0}{2}\right)$	$M(x) = \dfrac{dx^2}{2} - 3P\left(x - \dfrac{L_0 - b_0}{2}\right)$	$M(x) = \dfrac{dx^2}{2} - P(2x - L_0 + 2b_0)$	$M(x) = \dfrac{dx^2}{2} - P \cdot (4x - 2L_0)$
最大剪力	$Q_{max} = 2P - \dfrac{6Pb_0}{L_0}, x = \dfrac{L_0 - 3b_0}{2}$ 且 $L_0 > 4b_0$ $Q_{max} = -2P + \dfrac{6Pb_0}{L_0}, x = \dfrac{L_0 + 3b_0}{2}$ 且 $L_0 > 4b_0$					
最大弯矩	$M_{max} = \dfrac{P \cdot (L_0 - 2b_0)}{2} + \dfrac{Pb_0^2}{2L_0}, x = \dfrac{L_0 - b_0}{2}$ 或 $x = \dfrac{L_0 + b_0}{2}$					
备注	$P = \dfrac{R_1 + R_2}{4}; d = \dfrac{4P}{L_0}; L_0 = m_1 \delta L_1 + m_2 L_2$。 m_1 为尖舟数量；m_2 为方舟数量；L_1 为尖舟长度；L_2 为方舟长度					

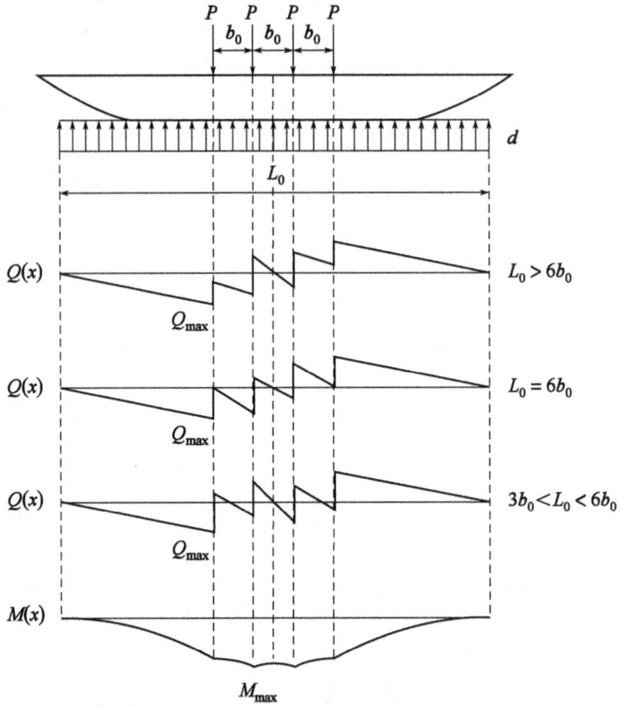

舟体中央受两段对称均布荷载时的剪力和弯矩 表 8-11

荷载类型	舟体中央受两段对称均布荷载

简图

范围

| $0 < x < \dfrac{L_0 - B_1}{2}$ | $\dfrac{L_0 - B_1}{2} < x < \dfrac{L_0 - B_1}{2} + b_1$ | $\dfrac{L_0 - B_1}{2} + b_1 < x < \dfrac{L_0 + B_1}{2} - b_1$ | $\dfrac{L_0 + B_1}{2} - b_1 < x < \dfrac{L_0 + B_1}{2}$ | $\dfrac{L_0 + B_1}{2} < x < L_0$ |

剪力

$$Q_1 = dx \qquad Q_2 = dx - p\left(x - \dfrac{L_0 - B_1}{2}\right) \qquad Q_3 = dx - pb_1$$

$$Q_4 = dx - p \cdot \left(x - \dfrac{L_0 + B_1}{2} + 2b_1\right) \qquad Q_5 = dx - 2pb_1$$

弯矩

$$M_1 = \dfrac{dx^2}{2} \qquad M_2 = \dfrac{dx^2}{2} - \dfrac{p}{2} \cdot \left(x - \dfrac{L_0 - B_1}{2}\right)^2 \qquad M_3 = \dfrac{dx^2}{2} - pb_1 \cdot \left(x - \dfrac{L_0 - B_1 + b_1}{2}\right)$$

$$M_4 = \dfrac{dx^2}{2} - pb_1 \cdot \left(x - \dfrac{L_0 - B_1 + b_1}{2}\right) - \dfrac{p}{2} \cdot \left(x - \dfrac{L_0 + B_1 - 2b_1}{2}\right)^2 \qquad M_5 = \dfrac{dx^2}{2} - pb_1 \cdot (2x - L_0)$$

最大剪力

$$Q_{\max} = pb_1\left(1 - \dfrac{B_1}{L_0}\right), x = \dfrac{L_0 - B_1}{2}$$

$$Q_{\max} = -pb_1\left(1 - \dfrac{B_1}{L_0}\right), x = \dfrac{L_0 + B_1}{2}$$

最大弯矩

$$M_{\max} = \dfrac{p(L_0 - B_1)^2 b_1}{4(L_0 - 2b_1)}, x = \dfrac{L_0(L_0 - B_1)}{2(L_0 - 2b_1)}$$

$$M_O = \dfrac{pb_1}{4} \cdot [L_0 - 2(B_1 - b_1)], x = \dfrac{L_0}{2}$$

备注

$$p = \dfrac{R_1 + R_2}{2b_1}; d = \dfrac{2pb_1}{L_0}; L_0 = m_1 \delta L_1 + m_2 L_2。$$

m_1 为尖舟数量;m_2 为方舟数量;L_1 为尖舟长度;L_2 为方舟长度

第二节 舟体总纵弯曲强度计算

一、舟体总纵弯曲应力计算

在获得舟体的剪力曲线和弯矩曲线后,就可以计算剖面处的剪应力和正应力了。显然,最大正应力值发生在弯矩值最大而截面抵抗矩最小的剖面。浮游桥脚舟大多为等剖面结构,各剖面的抵抗矩均相等,故其计算剖面多选在弯矩值最大的舟体中部,剪力最大值多选在桥跨结构中边桁所处的舟体剖面处。

(一)等值梁

由公式 $\sigma = \dfrac{M}{W}$ 和 $\tau = \dfrac{Q \cdot S}{J \cdot t}$ 可以看出,要计算舟体的剪应力和正应力,在已知剪力和弯矩的条件下,还必须求出舟体计算截面惯性矩及截面模量,即还需要计算 J、W、S 等。因为舟体剖面是由板和骨架等多种构件组合起来的,其剖面要素的计算较普通梁要复杂一些,计算时需按照剖面的组合图形来考虑。当舟体剖面中参加总纵弯曲的各构件面积一定时,其惯性矩只随这些构件至中和轴的距离而变化,而与构件在宽度上的位置无关。如果将这些构件的面积集中于纵中剖面处而保持高度不变,就可以组成与舟体剖面抗弯能力完全相当的梁。对具有这种剖面的梁我们称为等值梁(或者相当梁),如图 8-5 所示,其中图 8-5(a)为舟体剖面组合图形,图 8-5(b)为等值梁剖面。该等值梁的惯性矩和抵抗矩与舟体剖面组合图形的惯性矩和抵抗矩是相等的。

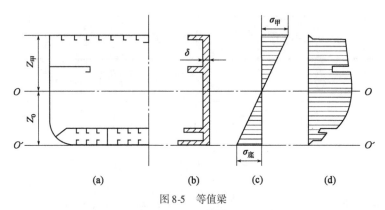

图 8-5 等值梁

现在讨论舟体中有哪些构件具有抵抗总纵弯曲的能力,即有哪些构件应包括在舟体等值梁剖面中。

1. 舟体纵向骨架(刚性构件)

如浮游桥脚舟的底板纵桁、舷底滑铁、甲板纵桁、甲板边板、舷缘角钢等构件,它们一方面具有抵抗总纵弯曲的能力,另一方面支撑舟体的外板以增强其稳定性。因此,舟体贯穿全长的连续纵向构件,都具有抵抗总纵弯曲的作用,即这些构件的横剖面都应该计入等值梁剖面。较短且不连续的纵向构件(如短的基座梁等),因为其抗弯作用不大,不必计入等值梁剖面。

2. 外板(柔性构件)

如底板、甲板和舷板等可以认为是舟体的纵向连续构件,一般应该将其考虑到等值梁的剖面之中。但是由于外板的抗弯刚度较纵向骨架小,特别是在受压情况下,纵向骨架一般不会失去稳定性而外板则容易失去稳定性,因此在舟体受压时外板与纵向骨架(如甲板与纵桁)所起的作用是不同的。

(1)受压的外板

试验和理论证明:板在承受很大压力(超过临界荷载)时即失去稳定性,板在失去稳定性后,板上的压应力分布得很不均匀,在板与构件相毗邻的地方压应力很大,而在板的中央部分压应力较小;随着压力的增加,其压应力分布越来越不均匀。因此,板在未失去稳定性时与骨架的抗弯作用一样,应将其全部计入等值梁剖面。如果外板失去了稳定性,则外板只有部分面积可计入等值梁剖面,这部分面积要根据所受压力大小进行换算。其换算方法如下:

认为只有与刚性构件相毗邻部分的外板可以承受总纵弯曲应力,而其余部分最大只承受等于其临界应力的压应力。这时,按照柔性构件所受压力与刚性构件所受压力相等的条件将外板的面积予以折减,即按照以下公式进行换算:

$$\sigma A_0 = \sigma_k A \tag{8-22}$$

$$A_0 = \frac{\sigma_k}{\sigma} A = \varphi A \tag{8-23}$$

式中:σ——与柔性构件距中和轴等远处的刚性构件的压应力;

A_0——柔性构件折减后的面积;

A——柔性构件的实际面积;

σ_k——柔性构件的临界应力;

φ——面积折减系数,变化范围为 $0 < \varphi < 1$。

对于舟体外板,其临界应力可采用如下公式:

当 $a < b$ 时

$$\sigma_k = 2000 \left(\frac{100t}{a}\right)^2 \cdot \left(1 + \frac{a^2}{b^2}\right)^2 \tag{8-24}$$

当 $a > b$ 时

$$\sigma_k = 8000 \left(\frac{100t}{b}\right)^2 \tag{8-25}$$

式中:σ_k——临界应力(N/cm^2);

t——板厚(mm);

a——横梁间距(cm);

b——纵梁间距(cm)。

(2)受拉伸的外板

根据理论分析和试验可知,受拉伸的板与骨架一样参加抵抗总纵弯曲;受压时,由于板与骨架的稳定性相差较大,板不能完全有效地参加抗弯工作。在纵向骨架间距较大时,对厚度为 δ 的板,只在与骨架毗连的部分对抗弯是有效的,其范围为每边约 25δ(两边共 50δ,取 mm),计算时将该部分板作为骨架的附连翼板。由于浮游桥脚舟的外板均为薄板,在舟体等值梁计算中,对外板可只计入与刚性构件相毗连的那一部分,其余部分可忽略不计,这样可使计算工作简化而强度偏于安全。

3.舟体横向骨架

舟体横向骨架如底板与甲板上的肋骨、甲板横梁,它们具有增强外板及纵向骨架的稳定性作用,但是对于抵抗舟体总纵弯曲并不起作用,因此在舟体等值梁剖面中对其可不计入。

(二)应力计算

1.弯曲应力计算

在确定了参加抵抗总纵弯曲的构件以后,就可以按照组合图形计算等值梁的惯性矩和抵抗矩,其确定方法如下。

(1)选取比较轴

在舟体横剖面中可选取任意一条水平轴线为比较轴,取基线、甲板线均可以,一般取基线。图8-5 选择的为 $O'\text{-}O'$ 轴。

(2)确定中和轴位置

计算等值梁中各构件对比较轴的静矩,然后根据各构件对比较轴的静矩总和及各构件面积总和,按照下列公式确定等值梁剖面中和轴的具体位置 $O\text{-}O$,即中和轴至比较轴的距离 z_0:

$$z_0 = \frac{\sum A_i z_i}{\sum A_i} \tag{8-26}$$

式中:A_i——等值梁中各构件的面积;

z_i——等值梁中各构件面积重心至比较轴的距离;

$\sum A_i z_i$——等值梁中各构件对比较轴的静矩总和;

$\sum A_i$——等值梁中各构件面积总和。

(3)求等值梁的惯性矩

设舟体等值梁各构件对比较轴 $O'\text{-}O'$ 的惯性矩分别为 $j_i + A_i z_i^2$,则等值梁剖面对比较轴的惯性矩为 $\sum j_i + A_i z_i^2$,对中和轴 $O\text{-}O$ 的惯性矩为

$$J = \sum j_i + \sum A_i z_i^2 - Z_0^2 \sum A_i = \sum A_i Z_i^2 - Z_0 \sum A_i Z_i \tag{8-27}$$

由于 $\sum j_i$ 较小,可以忽略不计。

利用表8-12中的数据可以求得中和轴至比较轴的距离 z_0 及惯性矩 J 的值:

$$z_0 = \frac{(B)}{(A)} \tag{8-28}$$

$$J = (C) - \frac{(B)^2}{(A)} \tag{8-29}$$

等值梁剖面中和轴位置及惯性矩计算表　　　　　　　　　　　　表8-12

序号	构件名称	构件尺寸 (cm)	面积 A_i (cm²)	构件重心至比较 轴距离 z_i (cm)	静矩 $A_i z_i$ (cm³)	惯　性　矩	
						移轴惯性矩 (cm⁴)	自身惯性矩 (cm⁴)
Ⅰ	Ⅱ	Ⅲ	Ⅳ	Ⅴ	Ⅵ	Ⅶ = Ⅵ × Ⅴ	Ⅷ
1	甲板						
2	甲板纵桁						

续上表

序号	构件名称	构件尺寸（cm）	面积 A_i（cm^2）	构件重心至比较轴距离 z_i（cm）	静矩 $A_i z_i$（cm^3）	惯 性 矩	
						移轴惯性矩（cm^4）	自身惯性矩（cm^4）
3	底板						
4	底板纵桁						
⋮	⋮						
	总和∑		(A)		(B)	(C)	

(4) 求等值梁的截面抵抗矩

$$\begin{cases} W_{甲} = \dfrac{J}{H - z_0} \\ W_{底} = \dfrac{J}{z_0} \end{cases} \qquad (8\text{-}30)$$

(5) 计算应力

$$\sigma_{甲} = \frac{M_{\max}}{W_{甲}} \qquad (8\text{-}31)$$

$$\sigma_{底} = \frac{M_{\max}}{W_{底}} \qquad (8\text{-}32)$$

式中：$\sigma_{甲}$——等值梁甲板上边缘处的正应力值；

$\sigma_{底}$——等值梁底板下边缘处的正应力值。

如果有些构件并不在上下边缘处，则可以按照距中和轴实际位置计算相应的抵抗矩，再按公式计算其正应力值。

2. 剪应力计算

舟体总纵弯曲的最大剪力一般由舷板承受（如果有纵舱壁板时，则与舷板共同承受）。等值梁中舷板的剪应力值可以按照下式计算：

$$\tau = \frac{Q_{\max} S}{J t} \qquad (8\text{-}33)$$

式中：$Q_{\max}$——舷板所承受的最大剪力；

  S——等值梁剖面中和轴上部或者下部各构件对中和轴的静矩总和；

  J——等值梁剖面的惯性矩；

  t——舷板的总厚度。

对舷板的稳定性验算可采用如下公式：

$$\tau_k = 1020 \left(\frac{100t}{a}\right)^2 \qquad (8\text{-}34)$$

式中：τ_k——剪应力（N/cm^2）；

  a——舷板肋骨间距。

（三）不同材料构件的换算

需要说明的是，当舟体横剖面内有不同材料的构件组成时，因为各种材料的弹性模量不

同,则在等值梁计算中必须将不同材料构件剖面按基本材料加以换算。其换算方法可以按下列公式进行,即

$$\begin{cases} E_n A_n = EA \\ A_n = \dfrac{E}{E_n} \cdot A = \varphi_n A \end{cases} \tag{8-35}$$

式中:E_n——基本构件的弹性模量;

A_n——按基本材料换算后的构件面积;

A——需要换算构件的实际面积;

E——需换算构件的弹性模量;

φ_n——面积换算系数。

二、计算例题

桥脚舟的结构与截面尺寸如图 8-6 和图 8-7 所示。

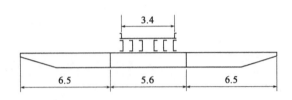

图 8-6　浮游桥脚舟的结构(尺寸单位:m)

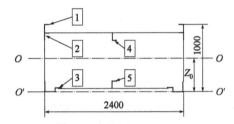

图 8-7　浮游桥脚舟的横截面(尺寸单位:mm)

(一)已知数据

1. 桥脚舟尺寸

浮游桥脚舟为三节舟组成,每节舟尺寸为:$L_1 \times B \times H = 6.5\text{m} \times 2.4\text{m} \times 1.0\text{m}$(尖形舟), $L_2 \times B \times H = 5.6\text{m} \times 2.4\text{m} \times 1.0\text{m}$(方形舟)。

舟舷均为直壁,尖形舟方形系数 $\delta_0 = 0.86$。

2. 桥脚舟横剖面各构件尺寸

(1)舷缘角钢,型号∠9×5.6,厚度6mm;

(2)甲板边板,由钢板制成 8×8 角钢,厚度 4mm;

(3)舷底滑铁,由钢板弯制成槽形,尺寸为 10cm×12cm×5cm×5cm,厚度 4mm;

(4)甲板纵桁,由钢板折边制成,尺寸为 10cm×6cm,厚度 3mm;

(5)底板纵桁,尺寸同甲板纵桁;

(6)外板、底板厚 3mm,甲板、舷板厚 2mm。

3. 荷载

(1)静载:桥跨结构重量 $R_1 = 22\text{kN}$。

　　　　　舟体自重 $P_0 = 14\text{kN}$(尖形舟),$P_0 = 12\text{kN}$(方形舟)。

(2)活载:$R_2 = 300\text{kN}$。

4. 桥面宽度

$b_0 = 3.4 \mathrm{m}$(两外桁间距离)。

(二)计算内容桥脚舟底板所受的总纵弯曲正应力

(三)计算过程

1. 确定重力与浮力的分布值

桥跨结构与活载在舟上的分布值为

$$p_0 = \frac{R_1 + R_2}{b_0} = \frac{22 + 300}{3.4} = 94.7(\mathrm{kN/m})$$

舟体计算长度为

$$L_0 = 2\delta_0 L_1 + L_2 = 2 \times 0.86 \times 6.5 + 5.6 = 16.78(\mathrm{m})$$

浮力分布值为

$$d = \frac{R_1 + R_2}{L_0} = \frac{22 + 300}{16.78} = 19.2(\mathrm{kN/m})$$

2. 计算最大弯矩

应用表 8-7 中公式得

$$M_{\max} = \frac{p_0 b_0}{8}(L_0 - b_0) = \frac{94.7 \times 3.4}{8} \times (16.78 - 3.4) = 538.5(\mathrm{kN \cdot m})$$

3. 计算舟体横剖面对中和轴的截面模量

选择横剖面的计算剖面如图 8-7 所示,剖面中各组合构件的面积中心及其自身惯性矩计算结果列于表 8-13 中,并由表 8-14 可求得舟体横剖面中和轴位置(至基线距离),即

$$z_0 = \frac{\sum A_i z_i}{\sum A_i} = \frac{4126.76}{85.72} = 48.14(\mathrm{cm})$$

由此,舟体横剖面中各构件中心至中和轴的距离 z_{0i} 可求得。
依据表 8-14 中的数据,可得横剖面惯性矩

$$J = 359870.82 - 85.72 \times 48.14^2 = 161218.18(\mathrm{cm}^4)$$

抵抗矩为

$$W = \frac{J}{z_0} = \frac{161218.18}{48.14} = 3348.9(\mathrm{cm}^3)$$

4. 计算桥脚舟底板所受总纵弯曲应力

舟体底板所受总纵弯曲应力(在底板厚度中心,即距中和轴 z_0 处)为

$$\sigma = \frac{M_{\max}}{W} = \frac{538.5 \times 10^6}{3348.9 \times 10^3} = 160.8(\mathrm{MPa})$$

舟体横剖面中各组合构件几何要素计算 表8-13

序号	构件名称	构件形状	构件面积(cm^2)	构件面积中心(cm)	构件自身惯性矩(cm^4)
1	舷缘角钢	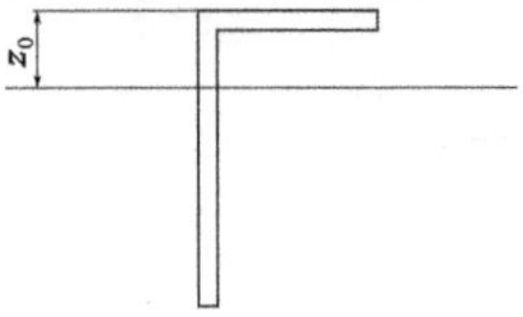	8.76	2.89	118.53
2	甲板边板	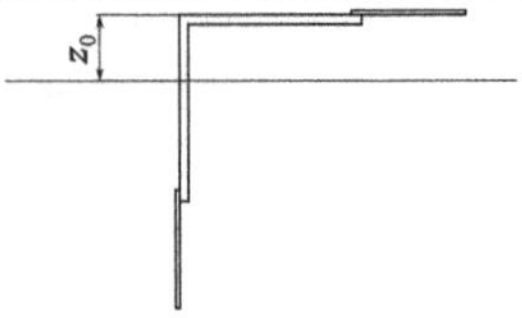	8.40	2.84	111.13
3	舟底滑铁	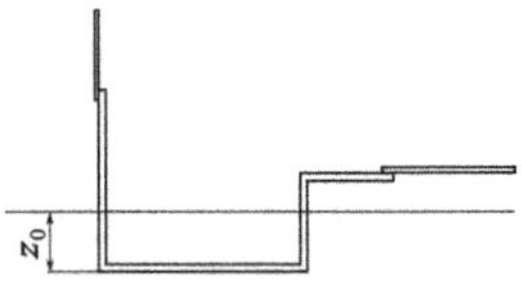	16.05	3.74	191.20
4	甲板纵桁	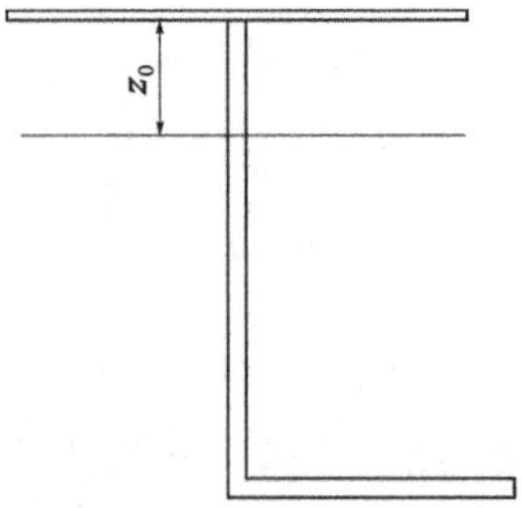	8.40	5.47	150.00
5	底板纵桁	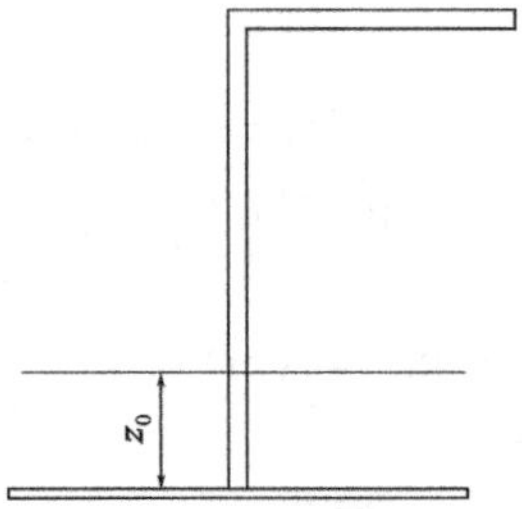	10.9	4.32	206.90

舟体横剖面对中和轴的惯性矩计算表 表8-14

序号	等值梁构件名称	构件尺寸(cm)	构件面积 A_i (cm^2)	构件中心至比较轴距离 z_i	静矩 $A_i z_i$ (cm^3)	惯性矩 (cm^4)	
						移轴惯性矩	自身惯性矩 J_i
I	II	III	IV	V	VI = IV × V	VII = VI × V	VIII
1	舷缘角钢		2×8.76	97.11	1701.36	165219	118.53×2
2	甲板边板		2×8.40	88.16	1481.00	130545	111.13×2
3	舟底滑铁	见表8-13	2×16.05	3.74	120.00	448.8	191.20×2
4	甲板纵桁		8.40	85.53	718.45	61449	150.00
5	底板纵桁		9.72	9.72	103.95	1010.4	206.90
	合计		85.72	—	4126.76	359870.82	

三、舟艇强度的许用应力选择

舟艇结构强度是以构件的应力值来衡量的。其强度校核采用普通梁的校核方法,即在已知外力下求出结构构件的应力并与其相应的许用应力相比较。许用应力是在舟艇结构设计时预计的各种工况下,结构构件所容许承受的最大应力值。许用应力值通常小于结构发生危险状态时材料所对应的极限应力值,以保证强度有足够的储备。当结构构件的应力小于其许用应力值时则满足强度条件,认为舟艇结构强度是安全可靠的。由于在舟艇强度计算中均带有某些假设条件,因此计算所得的应力值有一定的近似性。在理论上,材料的极限应力除以安全系数即为许用应力值。在实际上,舟艇的许用应力$[\sigma]$是根据舟艇设计、使用以及航行试验的结果,再按安全和经济的原则综合分析确定的。在校核舟艇结构构件的强度时需要合理地选取与之相适应的许用应力标准。

在舟艇强度计算中,许用应力$[\sigma]$(表8-15)一般以小于构件材料的屈服极限σ_s的大小作为标准,即

$$[\sigma] = K\sigma_s \tag{8-36}$$

式中:K——构件的强度储备系数,$K<1$。

许 用 应 力 标 准 表8-15

序号	舟体构件的名称及受载特点	计 算 应 力	强度储备系数K
1	参加总纵弯曲,但是不承受局部荷载作用的等值梁刚性构件	总纵弯曲正应力σ	0.75
2	参加总纵弯曲,但是局部荷载作用的等值梁刚性构件	总纵弯曲正应力σ	0.60
3	参加总纵弯曲和板架局部弯曲的构件(有荷载的甲板纵桁和底板纵桁)	总纵弯曲和板架弯曲的合成正应力$\sigma_1+\sigma_2$: 在跨距中 在支座处	0.75 1.00
4	参加总纵弯曲并承受局部荷载作用的横骨架式舟体壳板	总纵弯曲和板弯曲的合成正应力$\sigma_1+\sigma_2$: 在跨距中 在支座处	0.85 未定
5	作为有限刚性板计算的舟体壳板	总纵弯曲应力,板的局部弯曲应力和板的链锁应力的合成正应力	1.00
6	总纵弯曲时承受剪力作用的舟体构件(舷板)	总纵弯曲剪应力τ	0.30
7	舟体横向普通骨架:横骨架式的舟底肋骨、舷部肋骨和横梁	局部荷载引起的正应力: 在跨距中 在支座处	0.85 1.00
8	舟体横向宽骨架:宽肋骨和宽横梁	局部荷载引起的正应力: 在跨距中 在支座处	0.75 0.85
9	压筋组成的横向刚架	在跨距中 在支座处	0.80 1.00
10	支柱与斜撑	—	0.80

在确定构件的强度储备时所考虑的因素很多,如:
(1)荷载性质:经常性小,偶然性大;动载小,静载大;
(2)结构的重要性,是整体破坏还是局部破坏;
(3)计算的准确性,是简化计算还是精确计算;
(4)建造质量,是否有残余变形;
(5)使用年限、条件等。

表 8-15 所列数据为与舟艇计算有关的内河舟艇(钢质船体)许用应力标准,供舟艇结构设计时参考。

四、舟体挠度

对于使用高强度钢或者铝合金的舟艇以及舟长与型深之比很大的舟艇,应注意考虑挠度问题。挠度过大时,对舟艇舾装件的安装,特别对桥节舟的相互连接都有很不利的影响。

舟体总纵弯曲时的挠度包括弯曲挠度和剪切挠度两部分。

如果取舟体尾部为原点,x 轴沿舟长方向,z 轴垂直向上,则作用在舟体任意剖面上的弯矩 $M(x)$ 与挠度 z 之间具有下列关系:

$$EJ(x)z'' = -M(x) \quad (8\text{-}37)$$

对式(8-37)积分两次得到

$$z(x) = -\int_0^x \int_0^x \frac{M(x)}{EJ(x)} \mathrm{d}x\mathrm{d}x + ax + b \quad (8\text{-}38)$$

式中:a、b——积分常数,可根据舟体首尾端挠度为零的条件决定,即

当 $x=0$ 时,$z(0)=0$,所以 $b=0$;

当 $x=L$ 时,$z(L)=0$,则

$$a = \frac{1}{L}\int_0^L \int_0^x \frac{M(x)}{EJ(x)} \mathrm{d}x\mathrm{d}x \quad (8\text{-}39)$$

于是,舟体弯曲挠度方程式为

$$z(x) = \frac{1}{E}\left[\frac{x}{L}\int_0^L \int_0^x \frac{M(x)}{EJ(x)} \mathrm{d}x\mathrm{d}x - \int_0^x \int_0^x \frac{M(x)}{J(x)} \mathrm{d}x\mathrm{d}x\right] \quad (8\text{-}40)$$

式中:E——舟体材料弹性模量;

$J(x)$——舟体剖面惯性矩。

可用表 8-16 计算舟艇的弯曲挠度。在用表格计算时,可以将舟艇分为 10 站或者 20 站。

弯曲挠度计算表　　　　表 8-16

理论站号	弯矩 $M(x)$ (kN·m)	惯性矩 $J(x)$ (m⁴)	$\dfrac{M(x)}{J(x)}$ (kN/m³)	第Ⅳ项成对和 (kN/m³)	第Ⅴ项自上而下和 (kN/m³)	第Ⅵ项成对和 (kN/m³)	第Ⅶ项自上而下和 (kN/m³)	(Ⅷ)×$\left(\dfrac{L}{40}\right)^2$ (kN/m)	(Ⅸ)×$\dfrac{L}{20}$ (kN/m)	(Ⅹ)−(Ⅸ)	挠度 z (Ⅺ)/E (m)
Ⅰ	Ⅱ	Ⅲ	Ⅳ	Ⅴ	Ⅵ	Ⅶ	Ⅷ	Ⅸ	Ⅹ	Ⅺ	Ⅻ
0											
1											
2											
⋮											
20											

对于舟体因为剪力作用而产生的剪切挠度,一般约为弯曲挠度的10%,故通常可不计算。舟体的挠度一般应小于舟长的1/400。

第三节 舟体结构局部强度计算

一、局部强度计算的力学模型

舟艇在外力作用下除发生总纵弯曲变形外,各局部结构如舟底、甲板、舷板和隔舱壁以及横向骨架都会因为局部荷载作用而发生变形、失稳或破坏,这些就是舟艇的局部强度问题。除了上述板架和框架以外,各种骨架、外板的强度计算也是局部强度的研究对象。有限元的发展和计算机的广泛使用,使传统的局部强度计算方法,即把舟艇结构划分为板架、刚架、连续梁和薄板等分别进行计算,可以扩展成整体计算,如立体舱段计算等,使结构模型更加接近实际情况。

在进行局部强度计算时,首先应该根据结构受力与变形的特点,把实际复杂的结构抽象为可以用力学方法计算的简化模型(称为力学模型或者计算模型),然后,对这个力学模型进行内力和应力分析并进行强度校核。力学模型的建立是与技术方法相联系的,用传统的舟艇结构力学方法(解析法、力法、位移法和能量法等)进行局部强度计算时,只能将舟艇各部分结构简化为板架、刚架、连续梁和外板等,而且需要对荷载进行一定程度的简化。而用有限元方法计算,则可以整体解析,不受上述结构分类及荷载的限制,只需要选取适当的单元和处理好约束条件即可。

(一)建立计算模型的原则

计算模型仅具有实际结构的一些主要力学特征,并不是把实际结构的各种特征全部反映出来。而且,计算模型的选取也与计算荷载和许用应力的选择有关。内力计算的精度应与外荷载的精度相匹配,如果外力有很大的近似性,就没有必要过分追求内力计算的精确性。

舟艇局部强度与总强度一样,是一种相对强度。外力、内力和许用应力的一致性是比较强度的基本出发点。

我们在简化结构建立力学模型时,追求的是在力学上能反映实际结构变形而计算上又不过于复杂的模型。影响计算模型的主要因素有以下几点。

(1)结构的重要性:对重要结构应采用比较精确的计算模型,而对次要结构应采用相对粗糙的模型。

(2)使用的阶段:在方案设计和初步设计阶段,采用比较粗糙的模型,而在技术设计阶段采用相对精确的模型。

(3)计算问题的性质:对于结构静力学问题,一般可以运用比较复杂的模型,而对于结构动力学和稳定性分析的问题,由于分析过程比较复杂,因此可以用比较简单的计算模型。

(二)构件几何尺寸的简化

在进行局部强度计算时,不可能也没有必要对实际结构的各种因素加以考虑,在确定其几何因素(如跨度、宽度、附连翼板、抵抗矩)时,可将结构做一些理想化的处理。

板架计算时,其长度、宽度取相应的支撑构件间的距离,如舟艇底板板架和甲板板架的长度取端板或者横隔舱之间的距离,宽度取组成肋骨框架中和轴的跨距,或者取舟艇宽度。

肋骨刚架计算(图 8-8)时,其长度、宽度取组成肋骨框架的中和轴线交点间距离,用中和轴线代替实际构件,可以简化结构。

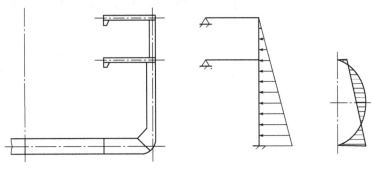

图 8-8　肋骨刚架弯矩图

(三)支承条件的简化

将局部构件或者结构从整体结构中分离出来进行局部强度分析计算,需要考虑构件对计算结构的影响——支承条件和支座。

在舟艇结构中,通常有三种支座情况:①自由支撑在刚性支座上;②刚性固定;③弹性支座和弹性固定。简化成何种支座,主要根据相邻构件与计算构件间的相对刚度以及受力后的变形特点决定。

如图 8-9 所示的舟艇底部龙骨,在均布水压力作用下产生弯曲变形。由于肋板刚度远大于纵向龙骨,因此可以看成纵向龙骨的刚性支座。又因为变形以肋板为支点左右对称,因此计算舟艇底部纵向龙骨强度时可以按照两端刚性固定的单跨梁来进行。

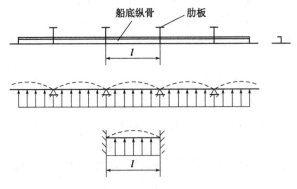

图 8-9　舟艇底纵骨变形图

如图 8-10 所示的甲板纵桁,在舟艇中垂弯曲变形时受轴向压力,因此纵桁稳定性计算时,根据其变形特点可作为两端自由支撑的单跨梁来计算。

由此可见,正确分析结构变形特点才能做到力学上的等价,这是模型建立的关键。

计算图 8-11(a)所示框架时,由于肋板刚度远大于肋骨刚度,故肋骨下端可视作刚性固定[图 8-11(b)];因为甲板上无荷载,故可以进一步简化为弹性固定的单跨梁[图 8-11(c)]。

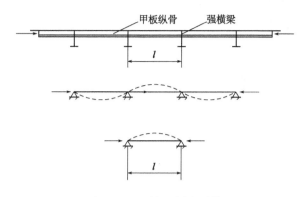

图 8-10 甲板纵骨稳定性计算

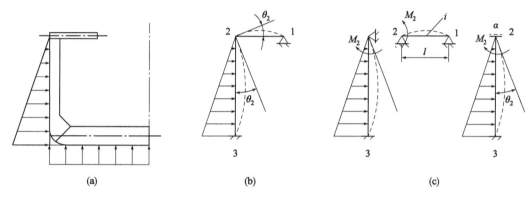

图 8-11 肋骨框架的简化图形

按照舟艇结构力学的方法,可以计算出弹性固定端的转角和柔性系数分别为

$$\theta_2 = \frac{l}{3Ei} \cdot M_2 \tag{8-41}$$

$$\alpha = \frac{l}{Ei} \tag{8-42}$$

式中:i、l——横梁的剖面惯性矩和跨度。

一般情况下,当相邻梁的刚度相差在 20 倍以上 $\left(\dfrac{I_2}{l_2} : \dfrac{I_1}{l_1} \leqslant 1:20\right)$ 时,其计算图形可按照极限情况简化处理,误差在 5% 以内,如图 8-12 所示。

板架的交叉构件(龙骨、纵桁)在横舱壁处的固定条件取决于相邻板架的刚度、跨度和荷载之比。为了精确计算相邻板架的影响,必须对它们进行连续板架计算;但在实用上,通常引入横舱壁的支座固定系数(图 8-13)来考虑相邻板架的影响。

支座固定系数可以用下列近似公式计算:

$$\chi = \frac{1 + \dfrac{1}{2} \cdot \dfrac{q'}{q} \cdot \dfrac{l'}{l}}{1 + \dfrac{1}{2} \cdot \dfrac{l'}{l}} \tag{8-43}$$

式中:q'——在相邻两个舱板架上的平均荷载强度;
q——在板架计算跨距上的荷载强度;

l'——相邻两个舱板架的平均跨距；

l——计算板架的跨距。

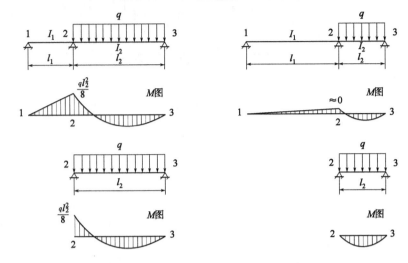

图 8-12 骨架支座的简化

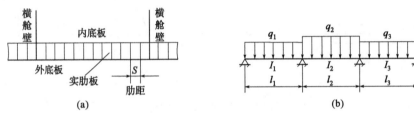

图 8-13 板架固定系数计算

多数情况下，交叉构件在横舱壁处认为是刚性固定的。舟艇底部板架在舷侧处的固定情况可通过肋骨刚架计算来确定，但是在通常计算中可近似认为自由支撑在舷侧，因为肋骨的刚度比肋板小得多。在确定板架两向梁支撑关系时，应以它们的相对刚度来判断。下面介绍如何据图 8-14 所示交叉梁系求出支反力 R。

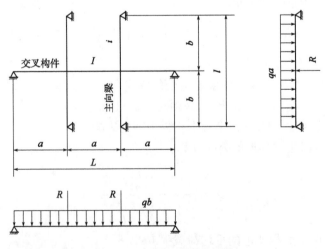

图 8-14 交叉梁系的简化图形

设主向梁上所受的总荷载为

$$Q_1 = qal = \frac{1}{3}qlL \tag{8-44}$$

节点反力为 R,则主向梁在节点处的挠度为

$$w = \frac{5}{384} \cdot \frac{Q_1 l^3}{Ei} - \frac{1}{48} \cdot \frac{Rl^3}{Ei} \tag{8-45}$$

式中:l、i——主向梁的跨度和剖面惯性矩。

又设交叉构件上所受的总荷载为

$$Q_2 = qbl = \frac{1}{2}qlL \tag{8-46前}$$

则在 Q_2 和两节点反力 R 同时作用下,节点挠度为

$$w = \frac{11}{972} \cdot \frac{Q_2 L^3}{EI} + \frac{5}{162} \cdot \frac{RL^3}{EI} \tag{8-46}$$

式中:L、I——交叉梁的跨度和剖面惯性矩。

令式(8-45)和式(8-46)相等,可以解出节点反力:

$$R = qlL \cdot \frac{\dfrac{5}{1152}\alpha - \dfrac{11}{1944}}{\dfrac{\alpha}{48} + \dfrac{5}{162}} \tag{8-47}$$

式中:α——交叉构件与主向梁的相对刚度,$\alpha = \dfrac{l^3 I}{L^3 i}$。

由式(8-47)可以看出,节点反力随着 α 的增加而增加,即随着交叉构件刚性增加而加大,当 $\alpha \to \infty$ 时,节点反力达到最大值,即

$$R_{\max} = \frac{5}{24}qlL \tag{8-48}$$

这时,交叉构件对主向梁的作用相当于一个刚性支座。如果交叉构件刚性减小,则反力 R 也减小,并且当 $\dfrac{5}{1152}\alpha < \dfrac{11}{1944}$,即 $\dfrac{I}{L^3} < 1.3\dfrac{i}{l^3}$ 时,节点反力将变为负值,这表示交叉构件不仅不支撑主向梁反而加重了主向梁的负担,是一种不合理的设计,因此在决定交叉构件尺寸时必须考虑它与主向梁间的相对刚度。

在有多根交叉构件板架的情况下,当主向梁与交叉梁的相对刚度满足下列条件时,说明两向梁相互支撑,必须进行板架计算,而不能简单地将一向梁作为另一向梁的刚性支座。即

$$k \sqrt[4]{\frac{L}{a} \cdot \frac{i}{I} \cdot \left(\frac{L}{l}\right)^3} \leqslant 3.7 \tag{8-49}$$

式中:a——主向梁之间的平均距离;

L、I——交叉构件的长度和剖面惯性矩;

l、i——主向梁的长度和剖面惯性矩;

k——系数,与交叉构件的数目 m 和主向梁的支座固定系数 χ 有关,k 系数见表8-17。

k 系 数　　　　　　　　　　　　　　　　　　　　　　　　　　　表 8-17

χ	0.0	0.1	0.2	0.3	0.4	0.5	0.6	0.7	0.8	0.9	1.0
1	0.931	0.945	0.967	0.988	1.015	1.048	1.088	1.130	1.182	1.245	1.320
2	0.849	0.865	0.886	0.905	0.933	0.965	1.000	1.046	1.098	1.160	1.185
3	0.785	0.800	0.820	0.836	0.863	0.892	0.927	0.967	1.015	1.072	1.185
4	0.740	0.754	0.773	0.789	0.813	0.841	0.874	0.912	0.957	1.011	1.115
5	0.709	0.723	0.755	0.756	0.779	0.806	0.837	0.874	0.918	0.968	1.068

例如,在计算设置在船侧纵桁与强肋骨的舷侧板架时,如果

$$k\sqrt[4]{\frac{L}{a} \cdot \frac{i}{I} \cdot \left(\frac{L}{l}\right)^3} > 3.7 \tag{8-50}$$

则不需要进行板架计算,需将舟艇的纵桁简化为支撑在刚性支座上的连续梁。

(四)结构处理模型化

结构处理模型化的任务是,尽可能应用简化的模型来计算具体结构,以减少计算工作量。

1. 结构对称性的利用

舟艇结构一般都是左右对称的,充分利用结构的对称性这个特点可以大大减少未知量的数目。如果结构与荷载都是对称的,可以取一半结构进行计算,在对称面的各节点上加上适当的约束。如图 8-15(a)所示。

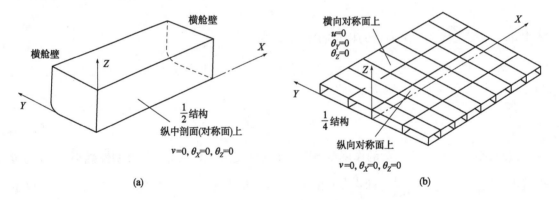

图 8-15　对称性条件的运用

如果结构具有纵、横双重对称性,荷载也对称,则可以取 1/4 结构进行计算。例如,受均布水压力作用的双层底板架,取 1/4 板架并在纵、横相对称面上加上相应约束。在利用有限元法计算时,取这样的计算模型的计算工作量仅是原来计算模型的计算工作量的 1/16。

当结构对称、荷载不对称时,可将荷载分解为对称荷载和反对称荷载两种情况分别计算,然后进行叠加,如图 8-16(a)所示肋骨刚架的弯矩,可以运用图 8-16(b)和图 8-16(c)两刚架计算结果合成得到。

2. 等效刚度模型的利用

等效刚度模型在舟艇局部计算中应用较普遍,它可以使计算的自由度大为减少。例如,将空间结构用平面结构模型,甚至一维模型来计算;用弹性支座或者弹性固定端来代替相邻结构等。

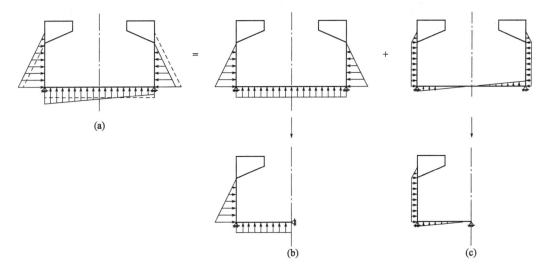

图 8-16　荷载分解为对称性和反对称性

图 8-17(a)所示的大舱口船的悬臂梁结构,其刚度 K_j 可以由图 8-17(c)所示肋骨刚架在单位力作用下的挠度求得,即

$$v_i = A_j R = A_j \times 1$$

$$K_j = \frac{1}{A_j} \tag{8-51}$$

舱口围板处的弹性支座刚度由图 8-17(d)所示刚度计算得到。

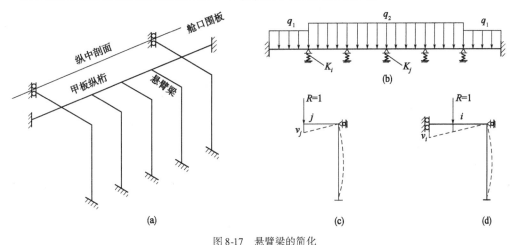

图 8-17　悬臂梁的简化

(五)荷载处理模型化

荷载对结构的计算起决定性作用,由于舟艇实际受载的复杂性和可变性,荷载的估算有一定的近似性。荷载模型化的目的是,选择舟艇在使用过程中的最危险和最经常的荷载情况,并且能用有限参数来描述的实际荷载,如图 8-18 所示。

在荷载模型化的过程中要考虑的主要因素有:

(1)确定作用在舟艇结构上的荷载工况;

(2)确定计算荷载的性质(不变荷载、静变荷载、动变荷载和冲击荷载)与荷载类型(经常性荷载、偶然性荷载);

(3)确定荷载大小,并决定施加在哪些构件上;

(4)确定荷载的组合与搭配。

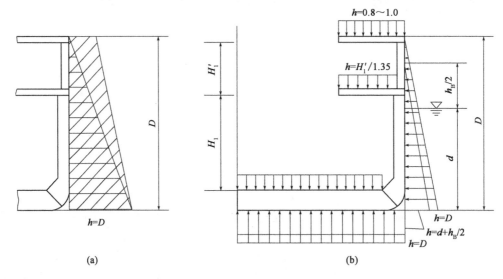

图 8-18 计算荷载的简化

由于我们是在线弹性范围内进行强度计算的,因此在复杂荷载作用下可以应用叠加原理,即将荷载分解为简单情况分别计算,然后将效应进行叠加。

局部强度计算荷载主要有车辆装备的重量和水压力,一般不计算结构的自重影响,因为后者与前者相比,其效应可以忽略不计。

水压力用两种情况来表示:

一种是将舟艇静置于波浪上的静水压力作为计算荷载,这时的水头高度为

$$h = d + \frac{h_B}{2} \tag{8-52}$$

式中:d——荷载吃水(m);

h_B——计算波高(m)。

另一种是舟艇在波浪上摇摆时,舟艇倾斜的同时还要受到波浪冲击的动力作用,舟舷浸水至甲板边线,所以静水压力可认为是型深 D,即 $h = D$。

作用在舟底部的计算荷载由荷载与水压力的差值来确定。

二、舟体骨架的附连翼板

舟艇结构中大多数骨架都是焊接在钢板上的,当骨架受力发生变形时,与它连接的钢板也一起抵抗变形。因此,为计算骨架的承载能力,也应当把一定宽度的钢板计算在骨架剖面中,即作为它的组成部分来计算骨架梁的剖面积、惯性矩和抵抗矩等几何要素,这部分钢板称为附连翼板或者带板。

应该把多宽的钢板计算到和它相连的骨架剖面中呢?这是舟艇设计的一个复杂问题,也是舟艇设计的一个重要问题。各国船级社的规范对附连翼板宽度都有不同的规定,而且在规

范修改中不断完善。因此有必要对附连翼板的概念进行讨论,以便对附连翼板有一个比较明确的理解和正确的运用。

由于骨架的受力情况不同,附连翼板宽度有两种完全不同的定义和数值,即

(1)压杆的(稳定性)的附连翼板宽度;

(2)梁的(弯曲)的附连翼板宽度。

受拉伸的板和骨架,全部剖面都能同样工作,但是受压时,由于板与骨架的稳定性差别较大,板不能全部有效地参加工作。早在 1905 年就有人做过试验,发现在纵骨架间距较大时,厚度为 t 的板只有沿纵骨架两边约 $25t$(共 $50t$)的板对抵抗压缩是有效的。其后不久,又有人将板受压缩时沿板宽方向的压力用效果相同的平均分布在纵骨架附近的假设的压应力来代替。这种假设的平均分布的压应力沿纵骨架两边的宽度就是压杆的附连翼板宽度,如图 8-19 所示。

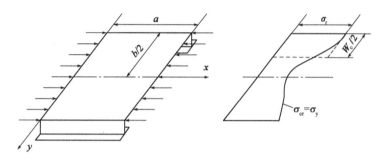

图 8-19　压杆的稳定性附连翼板

长为 a、宽为 b、筒形弯曲刚度为 D 的矩形板格的临界压缩荷载为

$$P_{cr} = \frac{\pi^2 D}{b^2} \cdot \left(\frac{1}{m} \frac{a}{b} + m \frac{b}{a} \right) = k \cdot \frac{\pi^2 D}{b^2} \tag{8-53}$$

式中:m——纵向半小波当数;

k——最小值为 4。

若令有效宽度内的压应力达到板格的临界应力 σ_{cr} 和板的屈服极限 σ_y,则

$$\sigma_y = \sigma_{cr} = \frac{4\pi^2 D}{W_c^2(1 \cdot t)} = \frac{4\pi^2 E t^2}{12(1-\mu^2)W_c^2} \tag{8-54}$$

于是,可得压杆的稳定性附连翼板宽度为

$$W_c = \sqrt{\frac{4\pi^2 E}{12(1-\mu^2)} \cdot \frac{1}{\sigma_y}} \cdot t \tag{8-55}$$

对于普通素碳钢,$E = 2.06 \times 10^7 \text{N/cm}^2$,$\sigma_y = 23520 \text{kN/cm}^2$,则

$$W_c = \sqrt{\frac{4 \times 3.1415^2 \times 2.06 \times 10^7}{12 \times (1-0.3^2) \times 23520}} \cdot t = 56.27t \tag{8-56}$$

实用上取 $60t$ 基本符合试验结果。这个有效宽度与舟艇结构力学中所讲的板格受压时不折减部分($\varphi = 1$)的宽度(在纵骨架两边各为板格短边长度的 1/4)意义不同。按上述定义,在宽度 W_c 之外的板是完全不承受压缩力的,而在折减系数 $\varphi = 1$ 以外的板,虽经过折减却还有一定的承受压力。因此,是同一目的的两种计算方法,W_c 代表受压板格可能的最大有效宽度。

骨架弯曲时的附连翼板问题比较复杂,虽然一直有人研究,但比较完整的理论直到 1951

年才发表。骨架弯曲时与腹板连接的面板也跟着伸长或缩短,板变形的主要原因是腹板边缘给它的剪切,其次才是弯曲影响。在腹板正上面的面板部分弯曲应力最大,沿面板宽度离开腹板逐渐减小,这种现象称为剪切滞后效应。附连翼板宽度 b_e 就是将面板宽度 b 中的弯曲应力化成腹板上面板中的应力时所需要的面板宽度(图8-20)。从表面上看,这和稳定性附连翼板宽度 W_e 似乎一样,但实际意义并不相同。计算 W_e 时所用的应力 σ_y 是材料的屈服极限,而计算 b_e 所用的应力 σ_x 是骨架弯曲时其附连翼板(厚度为 t)中 x 方向(骨架方向)的正应力,将 σ_x 沿 y 方向(横向)从零积分到 $b/2$ 就得到轴向力 X 的一半,由于左右对称,所以再乘以 2 即得到轴向力 X。

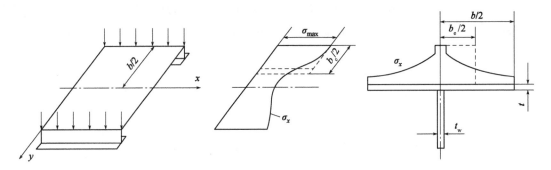

图8-20 梁的弯曲附连翼板

弯曲附连翼板宽度 b_e 的定义为

$$b_e = \frac{X}{\sigma_{max} \cdot t} = \frac{2\int_0^{\frac{b}{2}} \sigma_x dy \cdot t}{\sigma_{max} \cdot t} = \frac{2\int_0^{\frac{b}{2}} \sigma_x dy}{\sigma_{max}} \tag{8-57}$$

由式(8-57)可见,带宽度 b_e 的意义是把本来较宽(宽度为 b)而应力分布不均匀的附连翼板,用一块宽度较小(为 b_e)而应力等于腹板边缘处的最大弯曲应力 σ_{max} 的附连翼板来代替。这样代换以后的实际效果不变,而计算附连翼板的骨架的抵抗矩时概念明确,计算方便。

式(8-57)虽然形式简单,但实际计算却比较困难,因为应力分布与许多因素有关,而且要找到一个能完全满足各种边界条件的应力函数也很困难。夏德(Schade)研究了单根桁材、箱形桁材和多根平行桁材三种结构,在各种不同的横荷载(均布的三角形、集中等)和端点固定情况(距零点间的距离反映出来)下的附连翼板有效宽度中得到了比较详细和全面的解答。按照这个理论,若以末端刚性固定、受均布荷载的多根桁材来计算,令它们的跨度为 l、间距为 b,则附连翼板有效宽度 b_e/l 值见表8-18。

附连翼板有效宽度 b_e/l 值   表8-18

	l/b	2	4	6	8	10
b_e/l	跨距中	1/4.4	1/5.05	1/6.05	1/7.92	1/9.61
	支座处	1/5.99	1/6.36	1/7.3	1/8.57	1/10.05

夏德的方法太烦琐了,用起来不很方便。因此,各国规范中又做了一些简化的近似规定。我国《国内航行海船建造规范》(2018)规定:安装在平板上的主要构件附连翼板的有效面积为

$$A = 10fbt_p \tag{8-58}$$

式中:$f = 0.3\sqrt[3]{l/b}$,但是不大于1;

b——主要构件支承面积平均宽度(m);

l——主要构件的长度(m);

t_p——附连翼板的平均厚度(mm)。

中国船舶检验局颁布的《钢质内河船舶建造规范》(2016)(以下简称《河船规范》)规定:强骨材附连翼板宽度取其跨度的 1/6,即 $b_e/l = 1/6$,但不大于负荷平均宽度,亦不小于普通骨材间距。

此外,英国、俄罗斯等国家的规范规定,按 b_e/l 的比值确定附连翼板宽度;法国、挪威等国家的规范规定,计算附连翼板时要考虑相邻构件的影响。这样,就将支座弯矩的变化也包括进去了,在理论上更合理,但计算要麻烦一些。

应当指出,规范规定的附连翼板是强度附连翼板,不能把它应用于稳定性附连翼板计算中,这一点常常被一些人忽视。

三、底板结构的强度计算

本节几部分将分别介绍构成船体的主要结构(船底、甲板、舷侧及舱壁等)、局部强度与稳定性问题,并按照传统的舟艇结构力学方法建立计算模型。

船底是船体的下翼板,受到很大的总纵弯曲应力,此外还承受机器重量、货物重量、压载注水及舷外水压力等横向重作用。对于在波浪中高速航行的舟艇底部,特别是首部附近的船底还受到很大的冲击力。

在总纵强度校核时,船底纵桁应力要与总纵弯曲应力合成,此时船底板架的计算荷载应取相应的总弯曲计算时的荷载状态和波浪位置的水头高度。在局部强度计算时,船底板架计算水头为舷外水压力与货物反压力的差值。

(一)船底外板的强度计算

受均布水压力作用的船底板,一般可作为四周性固定的刚性板(图 8-21)来计算。

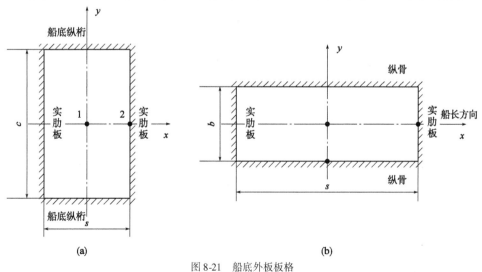

图 8-21 船底外板板格

对于横骨架式板格[图 8-21(a)],若 $c/s > 2$,则长边中点(点 2)的最大应力(沿船长方向)可按下式计算:

$$\sigma_x = 0.5q \cdot \left(\frac{s}{t}\right)^2 \tag{8-59}$$

板中点(1点)沿船长方向的应力

$$\sigma_x = 0.25q \cdot \left(\frac{s}{t}\right)^2 \tag{8-60}$$

式中：q——水压力(N/mm^2)；
  s——肋骨间距(mm)；
  t——板厚(mm)。

纵骨架式板格[图8-21(b)]，若$s/b > 1.5 \sim 2.0$，可以按照下式计算：
短边中点沿船长方向的应力

$$\sigma_x = 0.343q \cdot \left(\frac{b}{t}\right)^2 \tag{8-61}$$

板中点沿船长方向的应力

$$\sigma_x = 0.075q \cdot \left(\frac{b}{t}\right)^2 \tag{8-62}$$

长边中点沿船宽方向的应力

$$\sigma_y = 0.5q \cdot \left(\frac{b}{t}\right)^2 \tag{8-63}$$

式中：b——船底纵骨间距(mm)。

船底板的许用应力，在板中点处可取$[\sigma] = 0.8\sigma_y$，在骨架处取$[\sigma] = 0.9\sigma_y$(σ_y为材料屈服极限)。

(二)船底纵骨弯曲计算

船底纵骨由肋板支撑，由于纵骨在结构上以及所承受的荷载对称于肋板，可以将纵骨当作两端固定在肋板上的单跨梁计算。其支座剖面和跨中的弯矩按下式计算。

支座弯矩(单位：N·mm，下同)为

$$M_0 = \frac{qba^2}{12} \tag{8-64}$$

跨中弯矩为

$$M_l = \frac{qba^2}{24} \tag{8-65}$$

式中：q——荷载强度，分别取中拱和中垂时的水压力；
  b——纵骨间距；
  a——纵骨跨距。

纵骨弯曲应力为

$$\sigma_w = \frac{M}{W} \tag{8-66}$$

式中：W——纵骨自由翼板或附连翼板的抵抗矩(mm^3)。

(三)船底板架计算

船底一般都是由多根交叉构件和很多主向梁组成的板架(图8-22)。对于横骨架式板架

[图8-22(a)],主向梁(实肋板)承受肋板间距范围内的荷载,交叉构件只承受节点反力;对于纵骨架式板架[图8-22(b)],荷载通过纵骨传给实肋板,交叉构件也只承受节点反力。

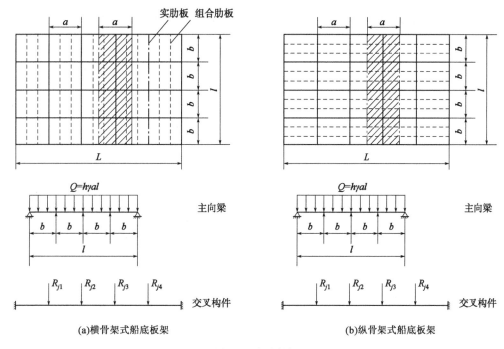

图 8-22 船底板架

多根交叉构件板架的计算可采用舟艇结构力学中介绍的近似方法——主向梁节点挠度选择法。若构件不等间距、不等截面或某些构件加强,手算就比较困难,往往做些近似简化处理,如采用有限元法计算则不存在任何困难。

船底板架由于其结构强大,又比强力甲板靠近船体剖面中和轴线,因此在船体中拱变形时船底板架不易失稳,其主要矛盾是强度问题。

对于舱长很短的船底板架(如舱长 l 与板架计算宽度 B 之比 $l/B<0.8$ 时),为确定这种板架中桁材的弯曲应力,可将中桁材当作单跨梁处理。现分析如下:

如果将船底板架当作组合板且认为是各向同性的,则板架中桁与平板的中央板条梁相当。在表 8-19 中列出了不同长宽比值时各向同性板的弯矩与板条弯矩的比值。

不同长宽比值时各向同性板的弯矩与板条弯矩的比值　　　　表 8-19

边界固定情况	构件名称	剖面位置	l/B		
			0.8	1.0	1.2
在舱壁处为刚性固定,舷侧处为自由支撑	中桁材	舱壁处	0.94	0.84	0.72
		跨度中点	0.91	0.80	0.67

从表列数值可知,长宽比 l/B 越小,弯矩比值越大,即将中桁材当作单跨处理引起的误差越小,而且是偏于安全方面的误差。因此,在初步校核船体强度时,对长宽比 $l/B<0.8$ 的板架可以采用单跨的计算公式,即支座剖面处弯矩为

$$M_0 = \frac{1}{12}Ql \tag{8-67}$$

跨长中点处弯矩为

$$M_l = \frac{1}{24}Ql \tag{8-68}$$

对于长宽比 $l/B \geqslant 0.8$ 的板架,可以按照以下公式近似计算中桁材的弯矩:

在支座剖面处

$$M_0 = \gamma_1 \cdot \frac{1}{12}Ql \tag{8-69}$$

在跨长中点处

$$M_l = \gamma_2 \cdot \frac{1}{24}Ql \tag{8-70}$$

中央肋板在中桁材处弯矩为

$$M = \gamma_3 \cdot \frac{1}{8}Q_1 l \tag{8-71}$$

式中: Q——作用在中桁材上的荷载,$Q = qcl$;

Q_1——作用在肋板上的荷载,$Q_1 = qaB$;

q——板架的荷载强度;

c——纵桁间距;

l——纵桁跨度;

a——肋板间距;

B——肋板跨度;

γ_1、γ_2、γ_3——系数,由板架长宽比 l/B 及中桁材的惯性矩之比 I_1/I_2 决定,见表8-20。

γ_1、γ_2、γ_3 系数　　　　表8-20

构件名称	剖面位置		l/B	0.8		1.0		1.2		1.4	
			I_1/I_2	1.0	1.2	1.0	1.2	1.0	1.2	1.0	1.2
中桁材	在舱壁处		γ_1	0.84	0.92	0.73	0.83	0.60	0.69	0.51	0.58
	在跨度中		γ_2	0.81	0.91	0.68	0.80	0.55	0.63	0.47	0.55
肋板	在中桁材处		γ_3	0.16	0.08	0.27	0.17	0.40	0.31	0.49	0.42

四、甲板结构的强度计算

甲板是舟艇结构的重要构件之一,它是箱形梁的上翼板,对舟艇的总纵强度起重要作用,所以其强度计算十分关键。

(一)甲板板架的强度计算

图8-23(a)为一典型的纵骨架式甲板板架,有半纵舱壁或在舱口端梁中点设置支柱。

甲板纵桁和舱口端梁的计算可以化为图8-23(b)和图8-23(c)所示的计算模型,其中荷载可化为

$$q_0 = \frac{1}{2}(B_1 + b_1)h \tag{8-72}$$

当纵中剖面有半舱壁时

$$Q = -\frac{P}{2} \tag{8-73}$$

式中:h——计算水头高度。

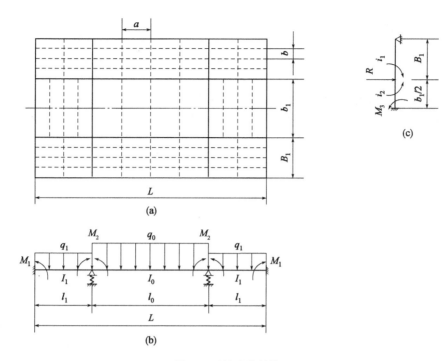

图 8-23 甲板板架计算

甲板纵桁可以简化为刚性或弹性固定在横舱壁上,并且有中间弹性支座(舱口端梁)的阶梯形变截面梁的计算,开口区域以外的横梁和开口区域的半梁对它的支撑作用实际上可不予考虑,它们的主要作用是将甲板的荷载传递给甲板纵桁。舱口端梁自由支撑在舷侧,而且由于荷载对称而刚性固定在纵中剖面处。令 $R=1$,可求得舱口端梁对甲板纵桁的弹性支座的柔性系数 $A=\dfrac{v}{R}=v$。

甲板纵桁采用五弯矩方法。取舱壁处和舱口端梁处剖面弯矩为未知数 M_1、M_2。求得 M_1、M_2 后,可按下式计算甲板纵桁跨度中点处的弯矩

$$M = \frac{q_0 l_0^2}{8} - M_2 \tag{8-74}$$

甲板纵桁在跨度中点处的最大挠度为

$$v_{\max} = v + \frac{5}{384} \cdot \frac{q_0 l_0^4}{EI_0} - \frac{M_2 l_0^2}{8EI_0} \tag{8-75}$$

式中:v——甲板纵桁与舱口端梁交点处的挠度。

$$v = A \cdot \left(\frac{q_1 l_1 + q_0 l_0}{2} + \frac{M_2 - M_1}{l_1} \right) \tag{8-76}$$

舱口端梁的强度应按照承受甲板纵桁传来的反力 R 进行计算。反力 R 由下式确定:

$$R = \frac{q_1 l_1 + q_0 l_0}{2} + \frac{M_2 - M_1}{l_1} \tag{8-77}$$

(二)甲板纵骨的强度计算

作用在甲板纵骨上的力,除横荷载外还有总纵弯曲产生的轴向力,它对甲板纵骨的弯曲有一定影响,必须将甲板纵骨作为复杂弯曲梁来计算。考虑到荷载、结构的对称性,甲板纵骨视为两端刚性固定在强横梁上,承受均布荷载 P 及轴向力作用的单跨计算(图 8-24)。

由舟艇结构力学中梁的复杂弯曲计算可知,轴向拉力对纵骨弯曲产生有利影响,轴向压力产生不利影响。当 T 为压力时,可求得甲板纵骨的最大弯曲应力发生在支座剖面处,其应力为

$$\sigma_{max} = \frac{M_{max}}{W}$$

式中:W——甲板纵骨(包括附连翼板)的抵抗矩。

考虑到甲板纵骨同时有总纵弯应力作用,故其局部强度的许用应力一般较小,约为 $50\mathrm{N/mm}^2$。

五、舷板结构的强度计算

舷侧结构是舟体梁的腹板,在总纵弯曲时,除承受拉、压的法向应力外,还承受较大的剪切应力。由前述可知,舟体最大剪力发生在距首、尾约 1/4 舟长处。舟侧板还受到经常性的舷外水压力作用,包括波浪冲击荷载及其他动荷载。航行于冰区的舟艇还应考虑冰压作用。

(一)舷侧外板的强度计算

作用在舷侧外板上的静水压力呈三角形或梯形分布,在舷侧外板上缘最大。由于水线附近的外板承受较大的波浪冲击且腐蚀比较严重,加之易遭受碰撞等意外荷载,故在计算舷侧外板局部强度时将荷载取为均布的(图 8-25),并以舷侧外板上缘的水压力作为计算荷载。

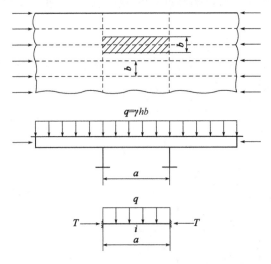

图 8-24 甲板纵骨的计算图形

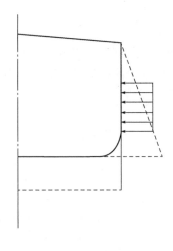

图 8-25 舷侧外板荷载

由于结构对称、荷载对称,计算时将舷侧外(板)作为刚性固定在支撑周界上,因此可利用式(8-59)和式(8-60)计算。

为了提高舷侧外板的工作能力,应保证它在舟体总纵弯曲正应力和剪应力联合作用下不发生破坏,同时按相当应力进行校核,其值不应超过材料的屈服极限 σ_y,即

$$\sigma^* = \sqrt{\sigma^2 + 3\tau^2} \leq \sigma_y \tag{8-78}$$

(二)舷侧板架计算

从舷侧板架的功能和受力特点来看,以采用横骨架式为宜。因为横骨架式舷侧板架对建造工艺、扩大舱容以及防碰撞和传递垂向作用力等都是有利的。对于一般货船,多采用在舱壁之间设置数根强肋骨和一根舷侧纵桁的交替肋骨制的横骨架式舷侧板架。

图 8-26 就是具有三根强肋骨和一根舷侧纵桁的板架计算图形,其舷侧纵桁可归纳为弹性基础梁,承受荷载 $q = \dfrac{\beta}{\gamma} \cdot \dfrac{Q}{s}$($Q$ 为一根肋骨上的荷载)及三个集中力 P_1、P_2、P_3。

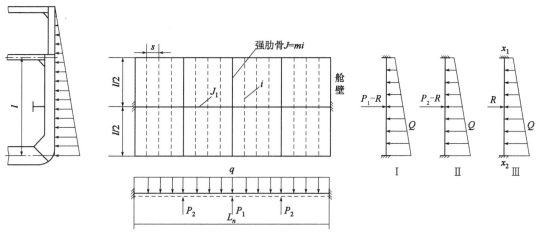

图 8-26　舷侧板架计算图形

其中,β 与 γ 为肋骨的影响系数,假如肋骨两端为刚性固定,则 $\gamma = \dfrac{1}{192}$,$\beta = \dfrac{1}{384}$。

力 P_1、P_2 的数值由下式确定:

$$P_1 = k_1 Q, \quad P_2 = k_2 Q \tag{8-79}$$

式中:k_1、k_2——系数。

具有三根强肋骨和一根舷侧纵桁的舷侧板架的系数 $u(L_n = 16s, U_1 = U_2 = 1)$,可由表 8-21 查得。其中 u 为弹性基础梁的系数,其值为

$$u = \sqrt[4]{\dfrac{i}{64\gamma} \cdot \dfrac{L_n}{s} \cdot \left(\dfrac{L_n}{l}\right)^3 \cdot \dfrac{j}{J_1}} \tag{8-80}$$

弹性基础梁的系数 u 表 8-21

u	$m=3$		$m=5$		$m=11$		$m=21$	
	$k_1 = \dfrac{P_1}{Q}$	$k_2 = \dfrac{P_2}{Q}$	$k_1 = \dfrac{P_1}{Q}$	$k_2 = \dfrac{P_2}{Q}$	$k_1 = \dfrac{P_1}{Q}$	$k_2 = \dfrac{P_2}{Q}$	$k_1 = \dfrac{P_1}{Q}$	$k_2 = \dfrac{P_2}{Q}$
1.00	0.14	0.06	0.26	0.15	0.57	0.32	0.94	0.53
1.25	0.27	0.16	0.50	0.28	0.96	0.55	1.38	0.82
1.50	0.42	0.24	0.74	0.42	1.26	0.75	1.67	1.02
1.75	0.54	0.32	0.69	0.54	1.42	0.91	1.75	1.20

续上表

u	$m=3$		$m=5$		$m=11$		$m=21$	
	$k_1=\dfrac{P_1}{Q}$	$k_2=\dfrac{P_2}{Q}$	$k_1=\dfrac{P_1}{Q}$	$k_2=\dfrac{P_2}{Q}$	$k_1=\dfrac{P_1}{Q}$	$k_2=\dfrac{P_2}{Q}$	$k_1=\dfrac{P_1}{Q}$	$k_2=\dfrac{P_2}{Q}$
2.00	0.63	0.39	1.00	0.63	1.51	1.03	1.77	1.33
2.25	0.68	0.44	1.05	0.70	1.53	1.10	1.77	1.39
2.50	0.71	0.48	1.07	0.76	1.52	1.19	1.73	1.49
2.75	0.72	0.52	1.07	0.81	1.49	1.24	1.70	1.52
3.00	0.72	0.55	1.06	0.85	1.48	1.28	1.70	1.55
3.50	0.69	0.59	1.01	0.89	1.42	1.31	1.62	1.54

注：当 $m \to \infty$ 时，P_1、$P_2 \to 1.9Q$。

强肋骨Ⅰ、Ⅱ与舷侧纵桁交点处的挠度按下式确定：

$$\begin{cases} v_1 = \gamma \dfrac{P_1 l^3}{(m-1)Ei} \\ v_2 = \gamma \dfrac{P_2 l^3}{(m-1)Ei} \end{cases} \tag{8-81}$$

肋骨Ⅲ按承受的荷载 Q 和反力 R 来计算。R 由下式确定：

$$R = \dfrac{\beta}{\gamma}Q - \dfrac{P_1}{m-1} \tag{8-82}$$

强肋骨按承受的荷载 Q 及反力 P_1-R（旁边强肋骨）和 P_2-R（中间强肋骨）来计算。

肋骨也是保证横向强度的主要构件。在横强度校核时通常取舱中间开口区的肋骨框架孤立地进行刚架计算。由于未考虑纵向构件的影响，计算结果过于保守。对于有强大纵向构件的舟艇，宜进行立体舱段计算。

六、舱壁结构的强度计算

舱壁按其布置方向可分为横舱壁和纵舱壁；按其结构形式可分为平面舱壁（由舱壁板、扶强材等组成）和带皱折（压筋）舱壁，后者是由钢板压制成某种截面形状的波形板。

作用在舱壁上的荷载，有垂直于板面的横向荷载和作用在舱壁平面内的力。对于民用舟艇，保证破舱后舟艇不沉性的主舱壁，其荷载是量至舱壁甲板的水头高度。对于舰艇，根据有关规则规定，按图 8-27 所示的舰艇破损压头线确定作用在主舱壁上的水头高度。图中 H 为干舷高度，L 为水线长度。

首端防撞舱壁及紧靠它的一道水密舱壁的计算荷载不应加于破舱艇仍能以 10kn 航速向前航行时所产生的相当于 1.35m 水头高度的水动压力。

对于液舱舱壁，若无空气管和注入管，则假设相邻舱为空舱，取该舱所装液货产生的静水压力作为舱壁的计算荷载；若有空气管和注入管，且空气管的高度高于它们所在液舱的破损高度时，则应将与上述管子的高度相应的水柱压力作为舱壁的计算荷载。

作用在舱壁平面内的力，如在坞内或下水时由船底板架传来的坞墩反力或下水架反力，应根据舟艇进坞或下列计算资料确定。

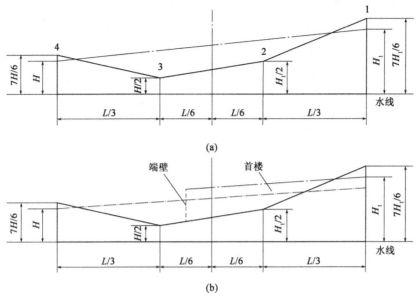

图 8-27 舟艇破损压头线

(一)平面舱壁板的强度计算

由于结构和荷载的对称性,被扶强材支撑的舱壁板的变形呈筒形,故舱壁板可按两端固定的板条梁来计算(图 8-28)。

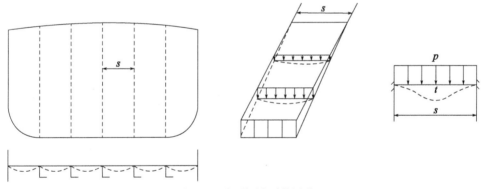

图 8-28 平面舱壁板计算图形

由图可见,当板的跨度与厚度之比 $\mu = s/t < 70 \sim 80$ 时,板的挠度较小,因而中面应力对板的弯曲影响可忽略不计,应力与荷载成正比关系(图中直线);当 $\mu > 70 \sim 80$ 时,应计及中面应力对板的弯曲影响,与刚板相比,将使挠度与应力减小。

两端刚性固定的板条梁的最大应力 σ 与水头高度 h 的关系如图 8-29 所示。

$\mu < 70 \sim 80$ 的舱壁板,作为刚性板来计算,板条梁跨度中点的弯曲应力为

$$\sigma = \frac{1}{4} p \cdot \left(\frac{s}{t}\right)^2 \text{ 或 } \sigma \approx 25 h \cdot \left(\frac{s}{100t}\right)^2 \tag{8-83}$$

式中:h——板条梁上的水头高度(m)。

$\mu > 70 \sim 80$ 的舱壁板应作为柔性板来计算,即要考虑板自身弯曲而产生的中面力的影响。板条梁的周界支撑系数取 $K = 0.5$。当板条梁端部的应力超过屈服极限时,板跨度中的应力取

板条梁端部分别为简支($K=0$)和刚性固定($K=1.0$)时跨度中点应力的平均值。

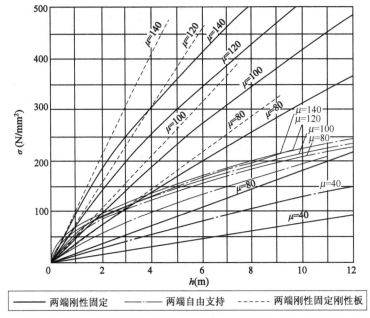

——— 两端刚性固定　　—·—·— 两端自由支持　　------ 两端刚性固定刚性板

图 8-29　板条梁 σ 与 h 的关系

注：$\mu = \dfrac{s}{t}$。

舱壁板在跨度中点的许用应力可取为 $0.8\sigma_y$。

(二)平面舱壁构架的强度计算

舱壁扶强材应视为两端有一定固定程度并承受三角形或梯形分布荷载的梁来计算。多甲板船的舱壁扶强材，若它们在甲板间和舱内布置在同一平面上且相互连接(图 8-30)，应将其视为连续梁来计算。其端部固定情况有以下几种：

(1) 当底部和甲板均为横骨架式时，扶强材两端用肘板连接到横梁和肋板上[图 8-30(a)]，此时扶强材下端可视为刚性固定($K=1.0$)，上端可视为弹性固定($K=0.5$)。

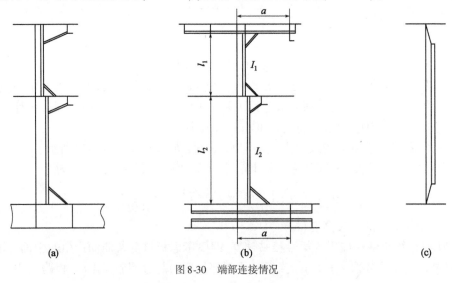

图 8-30　端部连接情况

(2)当底部和甲板为纵骨架式时,舱壁扶强材与内底和甲板纵骨相连并固定其上[图8-30(b)]。此时,认为扶强材两端弹性固定($u=1.0$),弹性固定端的柔性系数可近似取$u=0.5$。

$$\alpha = \frac{a}{6Ei} \tag{8-84}$$

式中:a、i——甲板或船底纵骨的跨距及惯性矩。

若扶强材仅在一边与底和甲板纵骨固定连接,则

$$\alpha = \frac{a}{3Ei} \tag{8-85}$$

(3)若扶强材两端削斜或焊在水平桁上[图8-30(c)],则认为扶强材两端自由支撑。

扶强材跨距应取包括肘板在内的长度,舱壁扶强材作为连续梁计算时,可用三弯矩方程求解。

若舱壁构架由扶强材、水平桁及竖桁组成,计算应分为两部分:普通扶强材当作连续梁计算,桁材当作交叉梁系计算。例如,油船横舱壁[图8-31(a)],可作为节点数目很少的交叉梁系来计算。这时,作用在舱壁上的横荷载,通过扶强材传递给水平桁,竖桁只承受水平桁传来的反力。然后按图8-31(b)所示交叉梁系进行计算。交叉梁系在端部的固定系数通常取$u=1.0$。

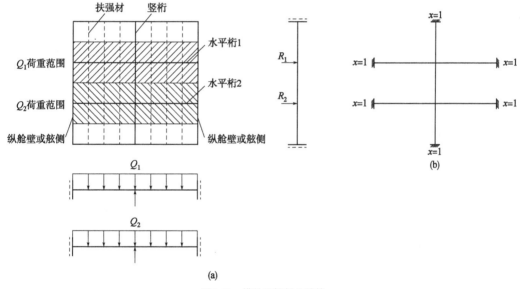

图8-31 横舱壁桁材的计算

(三)皱折(压筋)舱壁的强度计算

皱折(压筋)舱壁的断面形状呈槽形或波形。由于它工艺简单、重量轻,近年来在一些大型散装货船和液货船上广泛应用。舟艇上层建筑轻型围壁因为板比较薄,板与骨架采用焊接或铆接在工艺和重量上都会带来问题,采用波形围壁不但结构轻、工艺性好,而且挺性也好。

1. 皱折(压筋)舱壁的几何要素

槽形和波形舱壁的一个单元如图8-32所示,称为波条。

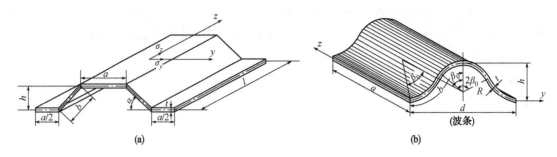

图 8-32 皱折(压筋)舱壁的一个单元

(1)槽形舱壁波条的剖面要素

剖面面积
$$F = 2t(a + b) \tag{8-86}$$

剖面惯性矩
$$I = 2at \cdot \left(\frac{h}{2}\right)^2 + 2 \times \frac{t}{12\sin\alpha}h^3 \tag{8-87}$$

因为 $h = b\sin\alpha$，代入上式得
$$I = \frac{1}{6}(3a + b)th^2 \tag{8-88}$$

抵抗矩
$$W = th \cdot \left(a + \frac{b}{3}\right) \tag{8-89}$$

剖面中和轴以上面积对中和轴的静矩
$$S = \frac{th}{4} \cdot (2a + b) \tag{8-90}$$

(2)波形舱壁波条的剖面要素

剖面面积
$$F = 4\beta_0 Rt \tag{8-91}$$

抵抗矩
$$W = \psi_1 R^2 t \tag{8-92}$$

剖面惯性矩
$$I = \psi_2 R^3 t \tag{8-93}$$

剖面中和轴以上面积对中和轴的静矩
$$S = \psi_3 R^2 t \tag{8-94}$$

式中，a、b、α、h、R、t、β_0 的含义见图 8-32，其余的如下：

$$\psi_1 = \frac{2(\beta_0 + 2\beta_0\cos^2\beta_0 - 1.5\sin 2\beta_0)}{1 - \cos\beta_0} \tag{8-95}$$

$$\psi_2 = 2(\beta_0 + 2\beta_0\cos^2\beta_0 - 1.5\sin 2\beta_0) \tag{8-96}$$

$$\psi_3 = 2(\sin\beta_0 - \beta_0\cos\beta_0) \tag{8-97}$$

2. 槽形舱壁的强度与稳定性计算

1) 槽形舱壁的强度计算

该计算一般分为两步。首先,将槽形舱壁作为一个整体,计算在横荷载作用下沿纵向(槽形体方向)和横向(垂直于槽形体方向)的弯曲强度,通常称为槽形舱壁的总强度。其次,计算槽形体的折曲钢板在横荷载作用下的横向局部弯曲强度,称为局部强度。

(1) 槽形舱壁总强度计算

实验证明,槽形舱壁在横荷载作用下沿横向的弯曲是极微的,可忽略不计。此外,各槽形体对纵向弯曲的相互影响也可忽略不计。因此,槽形舱壁的总强度归结为其单个槽形体的弯曲强度。

槽形舱壁的单个槽形体与平面舱壁的扶强材相当。因此,槽形体的弯曲计算与平面舱壁扶强材一样,作为弹性固定的单跨梁或连续梁来计算。在求解超静定性后,作弯矩图及剪力图,求出整个槽形跨度内的 M_{max} 和 N_{max},则在槽形体的水平翼板及倾斜板面内相应的最大应力为

$$\sigma_{max} = \frac{M_{max}}{W} \tag{8-98}$$

$$\tau_{max} = \frac{N_{max}S}{2It} \tag{8-99}$$

若最大弯矩产生在跨中,为确定槽形体横剖面内的最大纵向应力值,除上述由槽形体总弯曲所引起的应力外,还应计及后述由折板局部弯曲所引起的应力。即在校核槽形舱壁总强度时,跨中的总计算应力应按下述公式确定:

$$\sigma_{z0} = \sigma_{zmax} + \mu\sigma_{ymax} \tag{8-100}$$

式中:σ_{zmax}、σ_{ymax}——按照式(8-98)计算确定;

μ——泊松系数。

许用应力,对舟艇一般可取 $[\sigma]=0.8\sigma_y$,$[\tau]=0.57[\sigma]$。

具有强桁材时,桁材视为波条的刚性支座,波条作为连续梁计算,桁材只承受反力。

(2) 槽形舱壁局部强度计算

槽形体的折曲钢板间具有相互支撑作用,而且槽形体的长宽比一般大于 2.5,因此折曲钢板槽形舱壁在横荷载作用下的局部弯曲可作为筒形面弯曲的连续板条梁来考虑(图 8-33)。

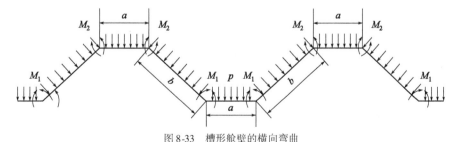

图 8-33 槽形舱壁的横向弯曲

当 $a/t < 70 \sim 80$ 时,可认为折曲板是刚性板,折曲板的相互支撑作用为刚性支座。因此,可列出连续板条梁的三弯矩方程式:

$$\begin{cases} \frac{M_2 a}{3EI} + \frac{M_2 a}{6EI} - \frac{pa^3}{24EI} = -\frac{M_2 b}{3EI} - \frac{M_1 b}{6EI} + \frac{pb^3}{24EI} \\ \frac{M_1 b}{3EI} + \frac{M_2 b}{6EI} - \frac{pb^3}{24EI} = -\frac{M_1 a}{3EI} - \frac{M_1 a}{6EI} + \frac{pa^3}{24EI} \end{cases} \tag{8-101}$$

由此可解得槽形体棱边处单位宽度的弯矩为

$$M_1 = M_2 = C \cdot \frac{pb^2}{12} \tag{8-102}$$

式中：p——荷载强度；

$$C = 1 - \frac{a}{b} + \left(\frac{a}{b}\right)^2 \tag{8-103}$$

当 $a/t > 70 \sim 80$ 时，折曲板应视为柔性板，折曲板的相互支撑作用为弹性支座。此时，槽形体棱边处的弯矩为

$$M_1 = \chi C \cdot \frac{pb^2}{12} \tag{8-104}$$

式中：χ——考虑板自身弯曲而产生的中面力及槽形体棱边处的弹性位移的影响系数，一般可取 1.3。

所以，最大弯曲应力可按下式确定：

$$\sigma_{y\max} = n_1 \cdot \frac{6M_1}{t} \tag{8-105}$$

式中：n_1——修正系数，一般情况下可以取 1.25。

2) 槽形舱壁的稳定计算

槽形体翼板因槽形本身的弯曲而受到压缩应力作用，因而翼板可能失稳。虽然，受压翼板失稳并不标志槽形体承载能力耗尽，但对油船来说是不允许的。

槽形体翼板的局部稳定性可按矩形板公式计算，即

$$\sigma_{cr} \approx 80n_1 \left(\frac{100t}{a}\right)^2 \tag{8-106}$$

在设计中，希望临界应力 σ_{cr} 达到材料的屈服极限 σ_y，但在任何情况下不得小于 $0.8\sigma_y$。

3. 波形舱壁的总强度与稳定性计算

这时，可归结为单个波条的计算。与支撑周界相连的边缘波条内由总弯曲引起的应力不会大于中部波条内的应力，因此，波形舱壁的总强度由中部波条的强度确定。

每个波条都是承受横向分布荷载的圆柱形壳体，应用壳体理论研究波条的工作可得出如下主要结论：

(1) 波形体的工作特征主要取决于它们的相对长度 l/h（其中 l 为波条长度，h 为波条高度）。当 $l/h > \alpha_0$（α_0 为特征系数）时，波形体如同梁一样工作；当 $l/h < \alpha_0$ 时，波形体的计算不能用梁的弯曲公式，应当作壳体来计算。

α_0 的数值取决于波条两端的固定情况：

当两端为自由支撑时，$\alpha_0 = \sqrt{R/t}$；

当两端刚性固定时，$\alpha_0 = 1.5\sqrt{R/t}$；

当两端弹性固定时，$\alpha_0 = (1 + 0.5v)\sqrt{R/t}$。

其中：R——波条圆弧半径；

t——波条厚度；

v——支座固定系数。

波形舱壁的许用应力与槽形舱壁相同。

(2)波形舱壁的局部稳定性由波条的临界应力确定,其值为

$$\sigma_{cr} = 0.29\eta_1\eta_2 \cdot \frac{Et}{R} \qquad (8\text{-}107)$$

式中:η_1——考虑到波形非圆时对筒形的修正系数,建议取 $\eta_1 = 0.75$;

η_2——由 σ'_{cr}/σ_y 决定的非弹性修正系数,由相关曲线查得,其中 σ_y 为材料的屈服极限,而 σ'_{cr} 由下式确定:

$$\sigma'_{cr} = 0.29\eta_1 \cdot \frac{Et}{R} \qquad (8\text{-}108)$$

E——材料弹性模量;

其余变量意义同前。

在设计中,希望临界应力 σ_{cr} 达到材料的屈服极限 σ_y,但在任何情况下不得小于$0.8\sigma_y$。

第四节 舟体外板计算

带式舟桥的桥脚舟几乎全是舟、桁、板合一的密封箱体,因此板是舟体结构的重要组成部分,它约占舟艇(体)重量的70%,而壳板都是由纵、横方向的骨架支撑的,而这些骨架均成矩形边界,因此这里只讨论矩形板的强度问题。

在舟艇中,不同部位的板的工作状况是不同的,如甲板与底板在舟体总纵弯曲中是作为等值梁的上、下翼板承受弯矩作用的,舷板则作为等值梁的腹板承受剪力作用,而底板、舷板还要承受水压力的作用产生局部弯曲。因此,在舟艇(体)中有的板要承受总纵弯曲或局部弯曲的共同作用,有的板只承受总纵弯曲或只承受局部弯曲。

板可能受到两种荷载的作用:一种是垂直作用于板面的横向荷载 p,另一种是作用于板平面内的纵向力 R。横向荷载 p 作用后板将发生弯曲,其应力称为弯曲应力,用 σ_M 表示;纵向力 R 对板的弯曲有很大影响,其影响程度取决于板的尺寸、板四周的支撑形式、荷载的方向和大小等,由纵向力 R 引起的沿板厚度均匀分布的应力称为链锁应力,用 σ_R 表示,如图8-34所示。

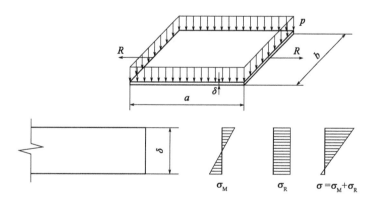

图 8-34 承受均布荷载的板

按照板所承受的荷载情况,在计算时可以将板分为两类:

(1) 绝对刚性板,板在弯曲时链锁应力对弯曲的影响很小,与弯曲应力相比可以忽略不计。因此只考虑弯曲应力,不考虑链锁应力。

(2) 有限刚性板,板在弯曲时链锁应力不能忽略,同时考虑弯曲应力和链锁应力。

舟体结构中的板应属于哪一类板,可根据板的尺寸、周界支撑情况与荷载大小而定,一般将内河使用的军用渡河舟艇上的薄板当作有限刚性板计算。

一、绝对刚性板的筒形弯曲

首先我们研究最简单的情况。按筒形弯曲的板,当板的长度 a 大于宽度 b 很多时($a/b>2$),而且板上的横向荷载 p 并不随着板的长度而变化,则板在大部分长度上的挠度是不变的,只是在支撑周界附近一小段距离内沿长度而变化,因此板的长度方向大部分将以长边为母线做筒形弯曲。由于支撑周界短边附近的应力比按筒形面弯曲部分的应力小,对于这种板,我们只研究筒形弯曲部分即可。

如图 8-35 所示,板 ABC_1D_1 中,中间大部分 A_1B_1CD 是按筒形面弯曲的,只有靠近周界短边支撑的板段 $ABCD$ 和 $A_1B_1C_1D_1$ 部分不按筒形面弯曲。显然,在板段 A_1B_1CD 部分的挠度是不变的,因此我们只需要取出其中的单元板条(宽度等于1cm)来讨论即可。这种长度为 b、高度为 t、宽度为1cm 的板条称为板条梁(图 8-36)。建立板条梁的坐标系如图 8-37 所示。

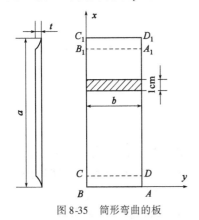

图 8-35　筒形弯曲的板

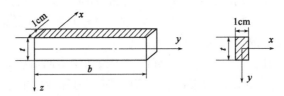

图 8-36　板条梁

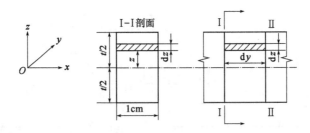

图 8-37　板条梁的坐标系

在计算板条梁时可以应用普通梁弯曲的已知成果,但要注意板条梁与普通梁又具有各自不同的特点。现在我们列表 8-22 比较。

板条梁与普通梁的对比　　　　　　　　　　　　　　表 8-22

普通梁	板条梁
$\sigma_x = 0$	$\sigma_x \neq 0$
$\varepsilon_x \neq 0$	$\varepsilon_x = 0$
$\sigma_x = \dfrac{E}{1-\mu^2} \cdot (\varepsilon_x + \mu\varepsilon_y)$	
$\sigma_y = \dfrac{E}{1-\mu^2} \cdot (\varepsilon_y + \mu\varepsilon_x)$	
$\varepsilon_x = -\mu\varepsilon_y$	$\sigma_y = \dfrac{E}{1-\mu^2} \cdot \varepsilon_y$
$\sigma_y = E\varepsilon_y$，$\varepsilon_x = -\mu\varepsilon_y$	$\sigma_x = \dfrac{E}{1-\mu^2} \cdot \mu\varepsilon_y = \mu\sigma_y$

由表 8-22 比较可得：

（1）两种梁在沿 y 轴方向上的正应力和相对伸长关系是相似的，不同的是用 $E_1 = \dfrac{E}{1-\mu^2}$ 取代了弹性模量 E；

（2）普通梁在 x 轴方向上的正应力为 $\sigma_x = 0$，而板条梁内的正应力 σ_x 则是 σ_y 的 μ 倍。

下面我们研究板条梁弯曲的微分方程式。

板条梁的弯曲同普通梁梁的弯曲是一样的，即变形之前垂直于中间面的线段保持垂直于弯曲后的中间面，同时该线段的长度保持不变。

如图 8-38 所示，将板条梁在距中间面 z 处取出一单元体来研究（单元体长 $\mathrm{d}y$，厚 $\mathrm{d}z$，宽 1cm）。当板条梁弯曲时产生挠度，且距离为 $\mathrm{d}y$ 的两个剖面 Ⅰ—Ⅰ 和 Ⅱ—Ⅱ 相对产生了一无限小的角度 $\mathrm{d}\alpha$。根据直法线假设，两剖面 Ⅰ—Ⅰ 和 Ⅱ—Ⅱ 仍旧垂直于板弯曲后的中间面。

由图 8-38 可以看出，分离段的长度增量为 $AB = z\mathrm{d}\alpha$，它在 y 轴上的相对伸长率为 $\varepsilon_y = \dfrac{AB}{\mathrm{d}y} = \dfrac{z\mathrm{d}\alpha}{\mathrm{d}y}$，而式中 $\dfrac{\mathrm{d}\alpha}{\mathrm{d}y} = \dfrac{1}{R}$ 为弯曲中间面的曲

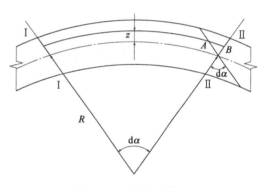

图 8-38　板条梁的弯曲

率（R 为板的中间面的曲率半径），于是就有 $\varepsilon_y = \dfrac{z}{R}$，代入上面的公式有

$$\sigma_y = \dfrac{E}{1-\mu^2} \cdot \dfrac{z}{R} \tag{8-109}$$

由式（8-109）可知，σ_y 在厚度上是按直线规律变化的，在边缘处应力值最大，即

$$\sigma_{y\max} = \pm \dfrac{E}{1-\mu^2} \cdot \dfrac{\dfrac{t}{2}}{R} \tag{8-110}$$

同普通梁弯曲时一样,在微小变形时,板条梁有以下关系:

$$\frac{1}{R} = -\frac{d^2w}{dy^2} \tag{8-111}$$

则

$$\varepsilon_y = -z\frac{d^2w}{dy^2}$$

从而

$$\sigma_y = -\frac{E}{1-\mu^2} \cdot z \cdot \frac{d^2w}{dy^2} \tag{8-112}$$

对于分离体来说,应力 σ_y 对中间面的力矩为 $dy \cdot 1 \cdot dz \cdot z$,则整个剖面上的弯矩应为

$$M = \int_{-\frac{t}{2}}^{\frac{t}{2}} \sigma_y \cdot z \cdot dz = -\frac{E}{1-\mu^2} \cdot \frac{d^2w}{dy^2} \int_{-\frac{t}{2}}^{\frac{t}{2}} z^2 dz = -\frac{Et^3}{12(1-\mu^2)} \cdot \frac{d^2w}{dy^2} = -D \cdot \frac{d^2w}{dy^2} \tag{8-113}$$

式中: $D = \dfrac{Et^3}{12(1-\mu^2)}$ ——板的筒形刚度。

于是板条梁的微分方程式为

$$D \cdot \frac{d^2w}{dy^2} = -M \tag{8-114}$$

按照梁的弯曲理论可知:

$$\begin{cases} Q = \dfrac{dM}{dy} = -D \cdot \dfrac{d^3w}{dy^3} \\ p = -\dfrac{d^2M}{dy^2} = D \cdot \dfrac{d^4w}{dy^4} \end{cases} \tag{8-115}$$

如果我们已知板的边界条件,通过以上公式便可以求得板条梁的挠度 w 及弯矩 M,则正应力为

$$\sigma_y = \frac{M}{\frac{t^3}{12}} \cdot z \tag{8-116}$$

由于板条梁的最大正应力在 $z = \pm\dfrac{t}{2}$ 处,则

$$\begin{cases} \sigma_{y\max} = \pm\dfrac{6M}{t^2} \\ \sigma_{x\max} = \pm\mu\dfrac{6M}{t^2} \end{cases} \tag{8-117}$$

板条梁在筒形弯曲时的剪切应力很小,可以忽略不计。

以下讨论常见的两种绝对刚性板的筒形弯曲情况。

(一)自由支撑于长方形周界的筒形弯曲

如图 8-39 所示,设板自由支撑在长方形周界上,板长 a 大于宽 b 很多($a/b > 2$),且受到均

布荷载 p 的作用,求板的挠度和弯矩。

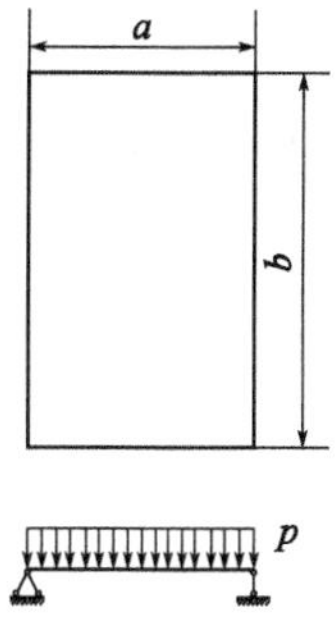

我们可以对板的微分方程 $D \cdot \dfrac{\mathrm{d}^4 w}{\mathrm{d} y^4} = p$ 进行逐次积分,首先求得一般方程,则有

$$\begin{cases} D \cdot \dfrac{\mathrm{d}^3 w}{\mathrm{d} y^3} = py + C_1 \\ D \cdot \dfrac{\mathrm{d}^2 w}{\mathrm{d} y^2} = p \cdot \dfrac{y^2}{2} + C_1 y + C_2 \\ D \cdot \dfrac{\mathrm{d} w}{\mathrm{d} y} = p \cdot \dfrac{y^3}{6} + C_1 \cdot \dfrac{y^2}{2} + C_2 y + C_3 \\ Dw = p \cdot \dfrac{y^4}{24} + C_1 \cdot \dfrac{y^3}{6} + C_2 \cdot \dfrac{y}{2} + C_3 y + C_4 \end{cases} \qquad (8\text{-}118)$$

图 8-39　板条梁

下面我们来求任意常数 C_1、C_2、C_3、C_4。由于板的周界是刚性的,因此其周界处的挠度应为零,而板又是自由支撑在周界上,故在周界处的弯矩也等于零,则边界条件为在 $y = 0$ 和 $y = b$ 处,有

$$\begin{cases} w = 0 \\ \dfrac{\mathrm{d}^2 w}{\mathrm{d} y^2} = 0 \end{cases}$$

将上述边界条件代入式(8-118),可得

$$C_2 = C_4 = 0, C_1 = -\dfrac{pb}{2}, C_3 = \dfrac{pb^3}{24} \qquad (8\text{-}119)$$

因此,得到板的挠度 w 和弯矩 M 的方程式如下:

$$\begin{cases} w = \dfrac{pb^4}{24D} \cdot \left(\dfrac{y}{b} - 2\dfrac{y^3}{b^3} + \dfrac{y^4}{b^4} \right) \\ M = \dfrac{pb^2}{2} \cdot \left(\dfrac{y}{b} - \dfrac{y^2}{b^2} \right) \end{cases} \qquad (8\text{-}120)$$

按照这两个公式,我们可以给出板的挠度图和弯矩图。在实用中通常只需要求出其最大值,而最大值均在 $y = b/2$ 处,求得

$$\begin{cases} w_{\max} = \dfrac{5}{384} \cdot \dfrac{pb^4}{D} \\ M_{\max} = \dfrac{pb^2}{8} \end{cases} \qquad (8\text{-}121)$$

(二)刚性固定于长方形周界的筒形弯曲

设已知板刚性固定于长方形周界上,板的长度 a 大于宽度 b 很多($a \gg b$),且受到均布荷载 p 的作用,求板的挠度和弯矩。

我们分析的方法是一样的,只是板的周界固定条件不同。由于是刚性支撑,板的周界处的挠度和转角都等于零,即在 $y = 0$ 和 $y = b$ 处,有 $w = 0, \dfrac{\mathrm{d} w}{\mathrm{d} y} = 0$。

代入板的微分方程式(8-118)可得

$$C_3 = C_4 = 0, \quad C_1 = -\frac{pb}{12}, \quad C_2 = \frac{pb^2}{12}$$

因此,得板的挠度和弯矩方程式如下

$$\begin{cases} w = \frac{pb^4}{24D} \cdot \frac{y^2}{b^2} \cdot \left(1 - 2\frac{y}{b} + \frac{y^2}{b^2}\right) \\ M = -\frac{pb^2}{12} \cdot \left(1 - 6\frac{y}{b} + 6\frac{y^2}{b^2}\right) \end{cases} \tag{8-122}$$

在 $y = b/2$ 处,板条梁的最大挠度为

$$w_{max} = \frac{1}{384} \cdot \frac{pb^4}{D} \tag{8-123}$$

在 $y = 0$ 和 $y = b/2$ 处,其弯矩值分别为

$$\begin{cases} M_2 = -\frac{pb^2}{12} \\ M_1 = \frac{pb^2}{24} \end{cases} \tag{8-124}$$

在刚性固定的矩形板中,刚支端的弯矩为上拉下压,且比板中弯矩(上压下拉)大一倍。

二、绝对刚性板的一般弯曲

前面我们研究的是当板的长宽比较大时,板呈筒形弯曲的情况。下面我们来讨论另一种情况当板的边长比不大时,板不呈筒形弯曲,在两个边长方向的弯曲影响都要考虑。

我们在平板上截取一单元体(图8-40),其单元体的长宽分别为 dx、dy,高为板厚 t,并将 xyz 坐标取在单元体的中平面上。

单元体除了作用有弯矩 M_x、M_y 和扭矩 M_{xy} 外,还有侧向垂直剪力,用 Q_x 和 Q_y 表示,则

$$\begin{cases} Q_x = \int_{-\frac{t}{2}}^{\frac{t}{2}} \tau_{xy} dz \\ Q_y = \int_{-\frac{t}{2}}^{\frac{t}{2}} \tau_{yz} dz \end{cases} \tag{8-125}$$

由于弯矩和剪力是坐标的函数,因此必须考虑微增量 dx、dy 的影响。此外还须考虑在板的上表面的荷载分布(p),则单元体上的荷载为 $pdxdy$。

首先在 z 轴上投影平衡,可得

$$\frac{\partial Q_y}{\partial y} dy dx + \frac{\partial Q_x}{\partial x} dx dy + p dx dy = 0 \tag{8-126}$$

则

$$\frac{\partial Q_y}{\partial y} + \frac{\partial Q_x}{\partial x} + p = 0 \tag{8-127}$$

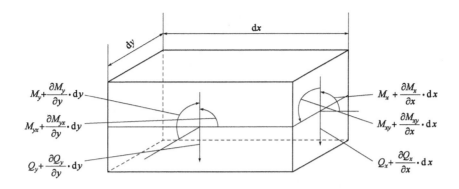

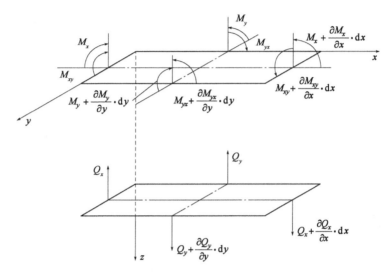

图 8-40　板条梁的单元体

将单元体上的力对 x 轴取力矩,得

$$\frac{\partial M_{xy}}{\partial x}\mathrm{d}x\mathrm{d}y - \frac{\partial M_{y}}{\partial y}\mathrm{d}y\mathrm{d}x + Q_{y}\mathrm{d}x\mathrm{d}y + \frac{\partial Q_{y}}{\partial y}\mathrm{d}y\mathrm{d}x\mathrm{d}y + p\mathrm{d}y\mathrm{d}x\frac{\mathrm{d}y}{2} = 0$$

由于上式后两项为二阶无穷小量,故省略,得

$$\frac{\partial M_{xy}}{\partial x} - \frac{\partial M_{y}}{\partial y} + Q_{y} = 0 \tag{8-128}$$

同理,对 y 轴取矩,得

$$\frac{\partial M_{yx}}{\partial y} + \frac{\partial M_{x}}{\partial x} - Q_{x} = 0 \tag{8-129}$$

由式(8-127)、式(8-128)和式(8-129)得到

$$\frac{\partial^{2} M_{y}}{\partial y^{2}} - \frac{\partial^{2} M_{xy}}{\partial x \partial y} + \frac{\partial^{2} M_{yx}}{\partial x \partial y} + \frac{\partial^{2} M_{x}}{\partial x^{2}} = -p \tag{8-130}$$

由于 $\tau_{xy} = -\tau_{yx}, M_{yx} = -M_{xy}$,因此

$$\frac{\partial^{2} M_{y}}{\partial y^{2}} + \frac{\partial^{2} M_{x}}{\partial x^{2}} - 2\frac{\partial^{2} M_{xy}}{\partial x \partial y} = -p \tag{8-131}$$

又由于

$$\begin{cases} M_x = -D \cdot \left(\dfrac{\partial^2 w}{\partial x^2} + \mu \dfrac{\partial^2 w}{\partial y^2}\right) \\ M_y = -D \cdot \left(\dfrac{\partial^2 w}{\partial y^2} + \mu \dfrac{\partial^2 w}{\partial x^2}\right) \\ M_{xy} = -M_{yx} = D(1-\mu) \cdot \dfrac{\partial^2 w}{\partial x \partial y} \end{cases} \qquad (8\text{-}132)$$

故

$$D \cdot \left(\dfrac{\partial^4 w}{\partial x^4} + 2\dfrac{\partial^4 w}{\partial x^2 \partial y^2} + \dfrac{\partial^4 w}{\partial y^4}\right) = p \qquad (8\text{-}133)$$

对于板的各种边界条件(图8-41~图8-44),对以上方程式积分,则可以求得关于板的挠度和弯矩等要素的解答,而此具体积分过程比较复杂,是三角函数的形式,详见《板壳理论》(铁木辛柯)。

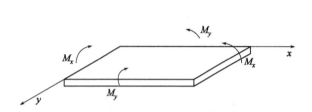

图8-41 双向弯曲的矩形板

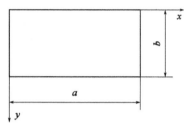

图8-42 四边自由支承的矩形板

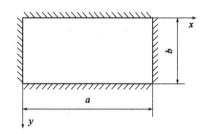

图8-43 四边刚性固定的矩形板

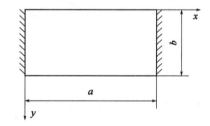

图8-44 两对边刚性固定两对边自由之承的板

以下我们只给出板上的最大值。

$$w = K_1 \cdot \dfrac{pb^4}{Et^3}, M_1 = K_2 pb^2, M_2 = K_3 pb^2, M_1^1 = K_4 pb^2, M_2^1 = K_5 pb^2$$

式中:$K_i(i=1,2,\cdots,5)$——系数,可查相应的表(表8-23~表8-25)得出;

p——均布荷载集度;

b、t——板的短边,厚度;

w——最大挠度;

M_1、M_2——平行于y轴、x轴的弯矩;

M_1^1、M_2^1——平行于y轴,x轴的固支边弯矩。

按以上公式分别求出最大弯矩后,板上、下表面的正应力可用下式计算,即

$$\sigma = \pm \dfrac{6M}{bt^2} \qquad (8\text{-}134)$$

式中:t——板的厚度。

四边自由支承板的系数

表 8-23

a/b	K_1	K_2	K_3
1.0	0.0443	0.0479	0.0479
1.1	0.0530	0.0494	0.0553
1.2	0.0616	0.0501	0.0626
1.3	0.0697	0.0504	0.0693
1.4	0.0770	0.0506	0.0753
1.5	0.0843	0.0500	0.0812
1.6	0.0906	0.0493	0.0862
1.7	0.0964	0.0486	0.0908
1.8	0.1017	0.0479	0.0948
1.9	0.1064	0.0471	0.0985
2.0	0.1106	0.0464	0.1017
3.0	0.1336	0.0404	0.1185
4.0	0.1400	0.0384	0.1235
5.0	0.1416	0.0375	0.1246
∞	0.1422	0.0375	0.1250

注:a-板的长边;b-板的短边。

四边刚性固定板的系数

表 8-24

a/b	K_1	K_2	K_3	K_4	K_5
1.0	0.0138	0.0231	0.0231	0.0513	0.0513
1.1	0.0165	0.0231	0.0264	0.0538	0.0581
1.2	0.0188	0.0228	0.0299	0.0554	0.0639
1.3	0.0210	0.0224	0.0327	0.0563	0.0688
1.4	0.0227	0.0215	0.0349	0.0568	0.0726
1.5	0.0241	0.0204	0.0368	0.0570	0.0757
1.6	0.0251	0.0193	0.0381	0.0571	0.0780
1.7	0.0260	0.0182	0.0392	0.0571	0.0799
1.8	0.0267	0.0174	0.0401	0.0571	0.0812
1.9	0.0272	0.0165	0.0407	0.0571	0.0822
2.0	0.0276	0.0158	0.0412	0.0571	0.0829
3.0	0.0279	0.0143	0.0415	0.0571	0.0832
4.0	0.0282	0.0139	0.0417	0.0571	0.0833
5.0	0.0284	0.0139	0.0417	0.0571	0.0833
∞	0.0284	0.0125	0.0417	0.0571	0.0833

注:a-板的长边;b-板的短边。

两对边刚性固定两对边自由支承板的系数　　　　　表 8-25

板边比	$a > b$				$a < b$			
	K_1	K_2	K_3	K_4	K_1	K_2	K_3	K_4
1.0	0.0214	0.0322	0.0244	0.0698	0.0214	0.0322	0.0244	0.0698
1.1	0.0276	0.0370	0.0309	0.0788	0.0228	0.0356	0.0230	0.0739
1.2	0.0349	0.0401	0.0377	0.0868	0.0243	0.0374	0.0216	0.0770
1.3	0.0425	0.0426	0.0447	0.0938	0.0255	0.0388	0.0202	0.0793
1.4	0.0504	0.0446	0.0517	0.0998	0.0262	0.0399	0.0189	0.0808
1.5	0.0582	0.0460	0.0585	0.1049	0.0270	0.0406	0.0172	0.0829
1.6	0.0658	0.0469	0.0650	0.1090	—	—	—	—
1.7	0.0730	0.0474	0.0711	0.1124	—	—	—	—
1.8	0.0790	0.0476	0.0768	0.1152	—	—	—	—
1.9	0.0863	0.0476	0.0821	0.1173	—	—	—	—
2.0	0.0922	0.0474	0.0869	0.1191	0.0284	0.0421	0.0142	0.0842
3.0	0.1276	0.0421	0.1144	0.1246	—	—	—	—
4.0	0.1383	0.0390	0.1223	0.1250	—	—	—	—
5.0	0.1412	0.0376	0.1243	0.1250	—	—	—	—
∞	0.1422	0.0375	0.1250	0.1250	0.0284	0.0417	0.0125	0.0833

三、有限刚性板的筒形弯曲

板除承受横向荷载作用外,在板的中间面还有纵向力作用,即板同时承受弯曲应力和链锁应力的共同作用,其总应力为

$$\sigma = \sigma_M + \sigma_R \tag{8-135}$$

式中:σ_M——由横向荷载 p 作用产生的弯曲应力;

σ_R——由纵向力 R 作用产生的链锁应力。

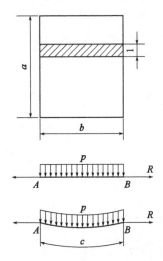

图 8-45　有限刚性板的筒形弯曲

军用舟艇多为薄板结构,一般为横骨架式,其肋骨间距比舟宽要小,当板在直接承受横向荷载(水压力)作用时,其支撑骨架有阻碍板的两端因弯曲而相互趋近的作用,因此便使板内产生了纵向力,注意,此纵向力是由于板受横向力作用而产生的,此时的板应按有限刚性板的筒形弯曲来计算。

下面我们来研究链锁应力与弯曲应力的计算方法。

图 8-45 所示为一筒形弯曲的有限刚性板,横向荷载为 p,纵向力为 R,板的长边和短边分别为 a、b,且 $a/b > 2$。像绝对刚性板一样,首先取一板条梁来研究,要求链锁应力,则须先求纵向力 R。

板上的 p 为已知,而 R 是未知数,我们可以根据以下条件来分析,板弯曲时两端靠近的距离等于支撑骨架受到的压缩距离。按照胡克定律,由于 R 作用,板条梁的伸长为

$$\Delta S = \frac{Rb}{E_1 t} \tag{8-136}$$

同理,支撑骨架受到压缩时的压缩距离为

$$b - c = \frac{Rb}{EF} \tag{8-137}$$

式中:b——板条梁跨度;
  c——支撑骨架压缩后长度(挠曲线弦长);
  E_1——板条梁的相当弹性模量;
  E——材料弹性模量;
  F——支撑骨架的剖面面积;
  $1 \times t$——板条梁剖面面积。

现在用 w 表示 p 和 R 作用下板条梁的挠度值,并求出板条梁挠曲线的总长度。为此,截取板条梁的一个单元体 ab 来研究,如图 8-46 所示。

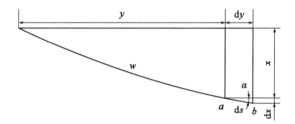

图 8-46　挠曲线微分段

单元体长度 $\mathrm{d}s$ 可以近似为

$$\mathrm{d}s = \sqrt{(\mathrm{d}y)^2 + (\mathrm{d}x)^2} = \sqrt{(\mathrm{d}y)^2 + (\mathrm{d}y \cdot \tan \alpha)^2} = \mathrm{d}y \sqrt{1 + \tan^2 \alpha} \tag{8-138}$$

则

$$\mathrm{d}s = \mathrm{d}y \sqrt{1 + \tan^2 \alpha} = \mathrm{d}y \sqrt{1 + \left(\frac{\mathrm{d}w}{\mathrm{d}y}\right)^2} \approx 1 + \frac{1}{2}\left(\frac{\mathrm{d}w}{\mathrm{d}y}\right)^2$$

因此

$$S = \int_0^c \left[1 + \frac{1}{2}\left(\frac{\mathrm{d}w}{\mathrm{d}y}\right)^2\right]\mathrm{d}y = C + \frac{1}{2}\int_0^c \left(\frac{\mathrm{d}w}{\mathrm{d}y}\right)^2 \mathrm{d}y \tag{8-139}$$

板条梁拉伸后的伸长值

$$\Delta S = S - b = \frac{1}{2}\int_0^c \left(\frac{\mathrm{d}w}{\mathrm{d}y}\right)^2 \mathrm{d}y - (b - c) \tag{8-140}$$

由式(8-136)得

$$\varepsilon_x \approx \frac{\Delta S}{b} = \frac{R}{E_1 t} \tag{8-141}$$

将式(8-137)和式(8-140)代入式(8-141)可得以下方程:

$$\frac{Rb}{E_1 t} = \frac{1}{2}\int_0^c \left(\frac{\mathrm{d}w}{\mathrm{d}y}\right)^2 \mathrm{d}y - \frac{Rb}{EF} \tag{8-142}$$

由于 $c \approx b$,因此有

$$\int_0^c \left(\frac{dw}{dy}\right)^2 dy \approx \int_0^b \left(\frac{dw}{dy}\right)^2 dy \tag{8-143}$$

则

$$\frac{1}{2}\int_0^b \left(\frac{dw}{dy}\right)^2 dy = \frac{Rb}{E_1 t} + \frac{Rb}{EF} \tag{8-144}$$

而

$$E_1 \approx E, \frac{F+t}{F} \approx 1$$

于是

$$R = \frac{E_1 t}{2b}\int_0^b \left(\frac{dw}{dy}\right)^2 dy \tag{8-145}$$

由式(8-145)可以看出,如果知道板条梁的挠度,就可以求出纵向力 R。

以下介绍两种情况下的结构。

(1) 板条梁两端自由支承并承受均布荷载

板条梁在横向荷载 p 及纵向力 R 作用下,其剖面所受弯矩为

$$M_x = -Rw + \frac{pb}{2}x - \frac{px^2}{2} \tag{8-146}$$

将该式代入板条梁的弯曲微分方程式(8-114)中得

$$w'' - \frac{Rw}{D} = -\frac{bpx}{2D} + \frac{px^2}{2D} \tag{8-147}$$

将该式积分并根据边界条件可解得

$$w_x = \frac{pb^4}{16u^4 D} \cdot \left[\frac{\text{ch}u\left(1 - \frac{2x}{b}\right)}{\text{ch}u} - 1\right] + \frac{pb^2 x}{8u^2 D} \cdot (b-x) \tag{8-148}$$

式中:u——参数,$u^2 = \frac{Rb^2}{4D}$。

将式(8-148)和式(8-138)代入式(8-145)中,经过积分后可得

$$\left[\frac{E}{(1-\mu^2)p}\right]^2 \cdot \left(\frac{t}{b}\right)^8 = \frac{135\text{th}u}{16u^9} + \frac{27\text{th}^2 u}{16u^8} - \frac{135}{16u^8} + \frac{9}{8u^6} \tag{8-149}$$

(2) 板条梁两端刚性固定并承受均布荷载

板条梁在横向荷载 p 及纵向力 R 作用下,其剖面所受弯矩为

$$M_x = m - Rw + \frac{pb}{2}x - \frac{px^2}{2} \tag{8-150}$$

将该式代入板条梁的弯曲微分方程式(8-114)中得

$$w'' - \frac{Rw}{D} = -\frac{bpx}{2D} + \frac{px^2}{2D} - \frac{m}{D} \tag{8-151}$$

将该式积分并根据边界条件可解得

$$w_x = \frac{pb^4}{16u^3D} \cdot \frac{1}{\text{th}u} \cdot \left[\frac{\text{ch}u\left(1-\frac{2x}{b}\right)}{\text{ch}u} - 1\right] + \frac{pb^2x}{8u^2D} \cdot (b-x) \tag{8-152}$$

同理可得

$$\left[\frac{E}{(1-\mu^2)p}\right]^2 \cdot \left(\frac{t}{b}\right)^8 = -\frac{81}{16u^7\text{th}u} - \frac{27}{16u^8\text{th}^2u} + \frac{27}{4u^8} + \frac{9}{8u^6} \tag{8-153}$$

当板的尺寸、材料及荷载(b、E、p、t 等)已知时,将各数据代入所得的公式可解得相应的 u 值,从而可求得纵向力 R,即

$$R = \frac{4u^2D}{b} \tag{8-154}$$

在计算中,参数 u 可用表格形式确定,以符号 U 表示式(8-149)和式(8-153)中左边部分,即

$$U = \left[\frac{E}{(1-\mu^2)p}\right]^2 \cdot \left(\frac{t}{b}\right)^8 \cdot \frac{1}{K} \tag{8-155}$$

式中:K——支撑系数,它考虑了板条梁两端支座有一定的自由趋近。K 值在 0 到 1 之间变化,当 $K=1$ 时,表示板边完全不可以趋近;当 $K=0$ 时,表示板边能自由趋近,即 $U \to \infty$,$u=0$,则板中没有纵向力;当 $0<K<1$ 时,表示板边可以趋近一些,但是并非能自由趋近,一般在计算中取 $K=0.5$。

为使计算简化,在表格中不列函数 U,而采用 $\lg(10^4\sqrt{U})$,即

$$\lg(10^4\sqrt{U}) = \lg\left[10^4 \cdot \frac{E}{(1-\mu^2)p} \cdot \left(\frac{t}{b}\right)^4 \cdot \frac{1}{\sqrt{K}}\right] \tag{8-156}$$

表 8-26 列出了两种支撑情况的函数 U 与参数 u 的相应数据。

有限刚性板的参数及辅助函数 　　　　　　表 8-26

u	两端自由支承的板条梁			两端刚性固定的板条梁			
	$\lg(10^4\sqrt{U})$	$\varphi_0(u)$	$\chi_0(u)$	$\lg(10^4\sqrt{U})$	$\varphi_1(u)$	$\chi_1(u)$	$\chi_2(u)$
0.0	—	1.000	1.000	—	1.000	1.000	1.000
0.5	3.889	0.908	0.905	3.217	0.976	0.972	0.984
1.0	3.483	0.711	0.704	2.886	0.909	0.894	0.939
1.5	3.173	0.532	0.511	2.663	0.817	0.788	0.876
2.0	2.911	0.380	0.367	2.481	0.715	0.673	0.806
2.5	2.684	0.281	0.268	2.320	0.617	0.563	0.736
3.0	2.486	0.213	0.200	2.174	0.529	0.467	0.672
3.5	2.311	0.166	0.153	2.040	0.453	0.386	0.614

续上表

u	两端自由支承的板条梁			两端刚性固定的板条梁			
	$\lg(10^4\sqrt{U})$	$\varphi_0(u)$	$\chi_0(u)$	$\lg(10^4\sqrt{U})$	$\varphi_1(u)$	$\chi_1(u)$	$\chi_2(u)$
4.0	2.155	0.132	0.120	1.916	0.388	0.320	0.563
4.5	2.014	0.107	0.097	1.801	0.335	0.267	0.519
5.0	1.886	0.088	0.079	1.694	0.291	0.224	0.480
5.5	1.768	0.074	0.066	1.594	0.254	0.189	0.446
6.0	1.660	0.063	0.055	1.501	0.223	0.162	0.417
6.5	1.650	0.054	0.047	1.413	0.197	0.139	0.391
7.0	1.467	0.047	0.041	1.331	0.175	0.121	0.367
7.5	1.380	0.041	0.036	1.256	0.156	0.106	0.347
8.0	1.298	0.036	0.031	1.179	0.141	0.093	0.328
8.5	1.221	0.032	0.028	1.109	0.127	0.083	0.311
9.0	1.148	0.029	0.025	1.042	0.115	0.074	0.296
9.5	1.079	0.026	0.022	0.979	0.105	0.066	0.283
10.0	1.014	0.024	0.020	0.918	0.096	0.060	0.270
10.5	0.951	0.021	0.018	0.860	0.088	0.054	0.259
11.0	0.892	0.020	0.017	0.805	0.081	0.050	0.248
11.5	0.835	0.018	0.015	0.751	0.075	0.045	0.238
12.0	0.780	0.016	0.014	0.700	0.069	0.042	0.229

对两端自由支承的板条梁，其最大挠度和最大弯矩为

$$w_{\max} = \frac{5}{384} \cdot \frac{pb^4}{D} \cdot \varphi_0(u) \tag{8-157}$$

$$M_{\max} = \frac{pb^2}{8} \cdot \chi_0(u) \tag{8-158}$$

式中：$\varphi_0(u)$、$\chi_0(u)$——复杂弯曲的辅助函数，它考虑了纵向力 R 对挠度和弯矩的影响，其大小随 u 值而变化，查表 8-26 可得。

对两端刚性固定的板条梁，其最大挠度和最大弯矩为

$$w_{\max} = \frac{1}{384} \cdot \frac{pb^4}{D} \cdot \varphi_1(u) \tag{8-159}$$

$$M\left(\frac{b}{2}\right) = \frac{pb^2}{24} \cdot \chi_1(u) \tag{8-160}$$

$$M(0) = -\frac{pb^2}{12} \cdot \chi_2(u) \tag{8-161}$$

式中:$\varphi_1(u)$、$\chi_1(u)$、$\chi_2(u)$——复杂弯曲的辅助函数,查表 8-26 可得。

已知板条梁的纵向力和弯矩后,其链锁应力和最大弯曲应力可以按以下公式求得。

对两端自由支承的板条梁

$$\sigma_R = \frac{R}{1 \times t} = \frac{4u^2 D}{tb^2} = \frac{Eu^2}{3(1-u^2)} \cdot \left(\frac{t}{b}\right)^2 \tag{8-162}$$

$$\sigma_M = \frac{6M_{\max}}{t^2} = \frac{3}{4} p \cdot \left(\frac{b}{t}\right)^2 \cdot \chi_0(u) \tag{8-163}$$

对两端刚性固定的板条梁

$$\sigma_R = \frac{Eu^2}{3(1-\mu^2)} \cdot \left(\frac{t}{b}\right)^2 \tag{8-164}$$

$$\sigma_M = \frac{1}{2} p \cdot \left(\frac{b}{t}\right)^2 \cdot \chi_2(u) \tag{8-165}$$

综合以上分析计算可得出如下结论:

(1)纵向力对板的弯曲影响很大,与绝对刚性板相比,它可减小板的挠度、弯矩和应力。

(2)参数 u 值与横向荷载 p 有相当大的关系,p 增大时,u 也随之增大,即纵向力 R 增大。说明纵向力的产生与横向荷载是相互联系的。

(3)链锁应力的影响依据参数 u 而定,当 u 增大时,其影响也增大;当 u 减小时,其影响也减小;如果 $u<0.5$,则链锁应力的影响可以忽略不计。

复习思考题

1. 舟艇能够正常使用时必须满足哪些要求?为什么舟艇的刚度可以不予以计算?
2. 为什么沿舟体纵长方向会发生弯曲变形?
3. 在外力作用下沿舟体长度方向所产生的弯曲称为什么弯曲?这种弯曲可能引起舟艇什么样的破坏?舟体抵抗总纵弯曲的能力称为什么强度?
4. 在相应的荷载作用下舟体会发生局部弯曲变形,舟体抵抗局部弯曲的能力称为什么强度?
5. 舟体的总纵弯曲和局部弯曲是同时存在的吗?对某一构件而言,既参加舟体总纵弯曲又参加局部弯曲,它的强度计算如何考虑?
6. 考虑舟艇强度时的基本假设是什么?
7. 舟艇强度计算主要解决什么问题?
8. 什么是静水中的重力曲线?它揭示的是什么规律?它的竖坐标表示舟体单位长度的什么值?
9. 绘制重力曲线时需要具备什么资料?
10. 舟艇重量明细表应该包含的内容有哪些?

11. 舟艇重量包括哪几部分？每个部分都包含哪些物件的重量？
12. 舟艇各项重量的位置及其分布范围以哪个剖面图为基准进行标示？
13. 重力曲线的绘制方法是什么？在进行各项重量的分配时应遵循的等效原则是什么？
14. 什么是浮力曲线？它揭示的是什么规律？它的竖坐标表示舟体单位长度的什么值？
15. 浮力曲线所包围的面积大小代表的是什么？该面积的形心坐标表示的是什么位置？
16. 绘制浮力曲线时需要具备什么资料？这些资料如何获得？
17. 浮力曲线的绘制方法与步骤是什么？
18. 静水中的剪力曲线与弯矩曲线如何绘制？
19. 计算浮游桥脚舟总体强度时，可以将浮游桥脚舟看作什么样的结构类型？
20. 浮游桥脚舟总体结构特点是什么？
21. 浮游桥脚舟上的作用力包括哪些？如何计算？
22. 为什么在计算浮力作用时不考虑浮游桥脚舟自重产生的浮力？
23. 浮游桥脚舟的典型荷载布置有哪几种？
24. 典型荷载布置情况下如何计算桥脚舟的弯矩和剪力？分别是什么类型？
25. 什么是等值梁？
26. 桥脚舟舟体中哪些构件应包括在舟体等值梁剖面中？
27. 什么是附连翼板和压筋？如何考虑其在抵抗总纵弯曲中的作用？
28. 计算舟体的总纵弯曲时为什么不计入舟体横向骨架？
29. 如何计算等值梁的惯性矩和抵抗矩？
30. 不同材料构件组成舟体横剖面时，在等值梁计算中如何换算？
31. 如何选择舟体强度的容许应力？
32. 在确定构件的强度储备时所考虑的因素很多，有哪些？
33. 为什么要考虑舟体挠度问题？

PART3 第三部分
门桥计算

第九章
门桥和码头的计算

第一节 用绝对刚性法计算门桥

不论是桥脚分置式门桥还是带式门桥,一般都可用绝对刚性法计算。因为在桥脚分置式门桥中,桥跨在活载作用下引起的垂直变位与桥脚舟的吃水变化相比通常是很小的,在多数情况下可以忽略不计,所以在计算时忽略其桥跨柔度的影响,而假定门桥是具有绝对刚性的承重结构的刚体。只有当门桥长度较长(一般在门桥中桥脚舟数目多于4个)时,用绝对刚性法计算与实际结果误差较大,才必须考虑桥桁的柔度。考虑桥桁柔度的计算方法将在本章第二节中阐述。带式门桥则更符合此假定。

一、桥脚舟吃水计算

桥脚舟的吃水包括静载和活载共同作用时桥脚舟的吃水。静载又包括桥跨结构的自重和桥脚舟的自重。吃水包括门桥的中心吃水和附加吃水。

(一)中心吃水

中心吃水是活载重心位置配置在门桥的浮游中心线上(图9-1)时桥脚舟上各点的平均吃水,其大小为

$$\begin{cases} T_1 = \dfrac{G}{\gamma F_m} \\ T_2 = \dfrac{Q}{\gamma F_m} \end{cases} \tag{9-1}$$

式中：G——静载总重，kN；$G = mG_0 + g_0 L_0$（对于桥脚分置式门桥），$G = g_0 L_0$（对于带式门桥），其中 m 为门桥中桥脚舟数量；G_0 为单个桥脚舟重量；g_0 为桥脚分置式门桥桥跨结构或带式门桥结构的每纵长米重量；L_0 为门桥全长；

Q——活载总重(kN)；

γ——水的重度，10kN/m^3；

F_m——门桥的计算水线面面积，m^2；$F_m = mF_0$（对于桥脚分置式门桥），$F_m = B_0 L_0$（对于带式门桥），其中 F_0 为单个桥脚舟的计算水线面面积；B_0 为带式门桥的计算宽度，$B_0 = \delta B$（B 为带式门桥全宽，δ 为带式门桥桥脚舟的排水体积系数）。

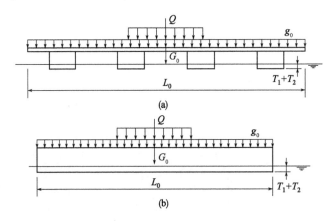

图 9-1 门桥吃水计算简图

桥脚舟的总吃水深度（单位：m）校核按下式进行：

$$T = T_1 + T_2 \leqslant [T] \tag{9-2}$$

式中：$[T]$——容许吃水深度，m。对于开口式桥脚舟：$[T] = \dfrac{2}{3}H$，H 为型深；对于闭口式桥脚舟：$[T] = \dfrac{4}{5}H$。

同时，还须按下式对桥脚舟的干舷高度（单位：m）进行校核：

$$h_0 = H - T \leqslant [h_0] \tag{9-3}$$

式中：$[h_0]$——容许干舷高度，m。对于开口式桥脚舟，不得小于 0.30m；对于闭口式桥脚舟，小于 0.20m。

（二）附加吃水

由于活载在门桥上装载后，活载的重心对于门桥的浮游中心经常产生一定的横方向和纵方向的偏心，其重力和浮力对于此偏心产生一个力矩，在此力矩的作用下，桥脚舟产生了纵倾和横倾，由此产生了门桥的稳性计算问题。桥脚舟在纵、横两个方向上倾斜后就有了附加吃水（图9-2），必须将此附加吃水在计算桥脚舟的总吃水时计入。

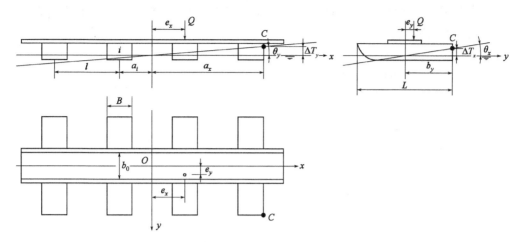

图 9-2 门桥附加吃水计算简图

1. 偏心力矩

活载偏心位置在计算时可以这样选定:活载在门桥宽度方向(y 轴)受到缘材的限制,而在长度方向(x 轴)虽不受结构物的限制,但因装载是慢速进行的,并尽可能使脚舟获得均匀的吃水,经验证明,一般不超过 1m。

活载沿门桥长度方向(x 轴)、宽度方向(y 轴)的偏心值可取

$$\begin{cases} e_x = 1 \\ e_y = \dfrac{b_0 - B_c}{2} \end{cases} \qquad (9\text{-}4)$$

式中:b_0——桥跨车行部宽度;

B_c——活载全宽。

则门桥在纵横方向所受的偏心力矩(单位:kN·m)分别为

$$\begin{cases} M_y = Q e_x \\ M_x = Q e_y \end{cases} \qquad (9\text{-}5)$$

式中:Q——活载全重(kN)。

2. 门桥纵(横)倾角

门桥的纵倾角 θ_y 和横倾角 θ_x(单位:rad)可采用第六章中小角度稳性公式进行计算。

$$\theta_y = \frac{M_y}{DH} = \frac{M_y}{\gamma V(R-a)} = \frac{M_y}{\gamma VR\left(1-\dfrac{a}{R}\right)} = \frac{M_y}{\gamma J_y \dfrac{R-a}{R}} = \frac{M_y}{\gamma J_y \dfrac{H}{R}} = \frac{M_y}{\gamma J_y \psi_y} \qquad (9\text{-}6)$$

$$\theta_x = \frac{M_x}{Dh} = \frac{M_x}{\gamma V(r-a)} = \frac{M_x}{\gamma Vr\left(1-\dfrac{a}{r}\right)} = \frac{M_x}{\gamma J_x \dfrac{r-a}{r}} = \frac{M_x}{\gamma J_x \dfrac{h}{r}} = \frac{M_x}{\gamma J_x \psi_x} \qquad (9\text{-}7)$$

式中:J_y、J_x——门桥计算水线面面积分别对于 y 轴和 x 轴的惯性矩(m^4);

ψ_y、ψ_x——门桥纵(横)稳心高度与纵(横)稳心半径的比值,$\psi_y = \dfrac{H}{r}$,$\psi_x = \dfrac{h}{r}$,多数情况下分别可取 1.0 和 0.9。

在桥脚分置式门桥的计算水线面面积对 y 轴的惯性矩的计算中,略去桥脚舟对自身轴线的惯性矩后,即可按下式确定:

$$J_y = \sum_m F_0 a_i^2 \tag{9-8}$$

式中:F_0——一个桥脚舟的计算水线面面积;
　　　a_i——每个桥脚舟 i 纵向轴线的坐标值;
　　　m——门桥中桥脚舟的数目。

桥脚分置式门桥的水线面面积对 x 轴的惯性矩等于全部桥脚舟的水线面面积惯性矩之和,即

$$J_x = mJ_x^0 \tag{9-9}$$

式中:J_x^0——一个桥脚舟的计算水线面面积对 x 轴的惯性矩。

带式门桥的水线面面积惯性矩按只有一个桥脚舟的门桥计算。各种门桥的水线面面积的惯性矩和绕 y 轴的惯性半径见表 9-1。

各种门桥的水线面面积的惯性矩和惯性半径　　　表 9-1

惯性参数	二舟门桥	三舟门桥	四舟门桥	五舟门桥	带式门桥
J_y	$\dfrac{1}{2}F_0 l^2$	$2F_0 l^2$	$5F_0 l^2$	$10F_0 l^2$	$\dfrac{1}{12}B_0 L_0^3$
J_x	$2J_x^0$	$3J_x^0$	$4J_x^0$	$5J_x^0$	$\dfrac{1}{12}B_0^3 L_0$
r	$\dfrac{1}{2}l$	$\dfrac{\sqrt{6}}{3}l$	$\dfrac{\sqrt{5}}{2}l$	$\sqrt{2}l$	$\dfrac{\sqrt{3}}{6}L_0$

注:l 为门桥跨度,其余符号同前。

3. 纵(横)倾附加吃水

由纵倾和横倾引起的距门桥中心最远点的附加吃水为

$$\begin{cases} \Delta T_x = \theta_y a_x \\ \Delta T_y = \theta_x b_y \end{cases} \tag{9-10}$$

式中:a_x、b_y——门桥最大吃水点的坐标(图 9-2)。

对于桥脚分置式门桥

$$\begin{cases} a_x = \dfrac{(m-1)l + B}{2} \\ b_y = \dfrac{L_1}{2} \end{cases} \tag{9-11}$$

式中:B、L_1——浮脚桥脚舟的宽度和计算长度。

对于带式门桥

$$\begin{cases} a_x = \dfrac{L_0}{2} \\ b_y = \dfrac{B_0}{2} \end{cases} \tag{9-12}$$

(三)最大吃水

桥脚舟的最大吃水为

$$T' = T + \Delta T_x + \Delta T_y \tag{9-13}$$

要求干舷高度

$$h'_0 = H - T \geq [h'_0] \tag{9-14}$$

式中：$[h'_0]$——容许干舷高度(m)。对于开口式舟,取 0.10m;对于闭口式舟,取 0。

二、桥跨强度计算

门桥的强度计算主要是桥跨强度和舟体强度的计算,舟体强度在第八章中已阐述,本节只介绍门桥桥跨强度计算的方法。桥桁和桥板的计算方法与一般桥梁相同。

(一)桥脚分置式门桥桥桁强度计算

1. 桥脚舟反力影响线

在求桥脚分置式门桥的桥跨弯矩之前,必须先作桥脚舟的反力影响线。当单位集中荷载 $P=1$ 作用在距门桥中心轴为 x 的 X 处(图 9-3)时,桥脚舟 i 的反力可通过以下方法求得。

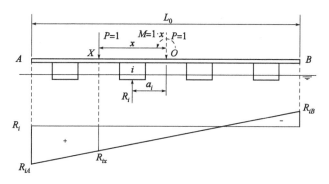

图 9-3　桥脚舟 i 的反力影响线

在不破坏平衡的条件下,将 $P=1$ 由 X 处移至坐标原点 O,这样,单位偏心力的作用可由作用在坐标原点的单位力 $P=1$ 和 $M=1 \cdot x$ 的门桥纵倾力矩来代替。桥脚舟 i 的反力可看成由两部分组成：

$$R_{ix} = \frac{1}{m} + \frac{xa_i}{J_y}F_0 \tag{9-15}$$

引入门桥水线面面积绕 y 轴的惯性半径 r 的公式

$$r = \sqrt{\frac{J_y}{F_m}} \text{ 或 } J_y = F_m r^2 \tag{9-16}$$

将表 9-1 中 J_y 代入式(9-16),可得各种门桥的水线面面积的惯性半径(表 9-1 中第三行)。

将式(9-16)及 $F_m = mF_0$ 代入式(9-15),经过整理后得

$$R_{ix} = \frac{1}{m} \cdot \left(1 + \frac{a_i}{r^2}x\right) \tag{9-17}$$

式中：a_i——分置式门桥桥脚舟 i 的纵轴线的坐标值;

x——单位集中荷载 $P=1$ 作用点 X 的坐标值。

根据式(9-17),可求出当 $P=1$ 分别作用在 A、O、B 点时,桥脚舟 i 的反力影响线的各主要坐标：

当 $P=1$ 作用在 A 点时, $x = -\dfrac{L_0}{2}$, $R_{iA} = \dfrac{1}{m} \cdot \left(1 - \dfrac{a_i L_0}{2r^2}\right)$;

当 $P=1$ 作用在 O 点时, $x = 0$, $R_{iO} = \dfrac{1}{m}$;

当 $P=1$ 作用在 B 点时, $x = \dfrac{L_0}{2}$, $R_{iB} = \dfrac{1}{m} \cdot \left(1 + \dfrac{a_i L_0}{2r^2}\right)$。

因此对于各种舟数的门桥的桥脚舟反力影响线都可求出。

以二舟门桥为例,门桥跨度为 l,将 $m=2$, $a = -\dfrac{l}{2}$, $r = \dfrac{l}{2}$ 代入式(9-17),得桥脚舟 1 的反力影响线竖坐标方程为

$$R_{ix} = \dfrac{1}{2}\left(1 - \dfrac{2x}{l}\right) \tag{9-18}$$

当 $x = -\dfrac{L_0}{2}$ 时, $R_{1A} = \dfrac{L_0 + l}{2l}$;当 $x = -\dfrac{l}{2}$ 时, $R_{11} = 1$;

当 $x = \dfrac{l}{2}$ 时, $R_{12} = 0$;当 $x = \dfrac{L_0}{2}$ 时, $R_{1B} = -\dfrac{L_0 - l}{2l}$。

由式(9-17)和式(9-18)可以看出,桥脚舟反力 R 与距离 x 成正比,故影响线应为一条直线。在具体作影响线图时,只需将 $R_{11}=1$ 和 $R_{12}=0$ 两点坐标连成直线即可[图9-4(a)]。

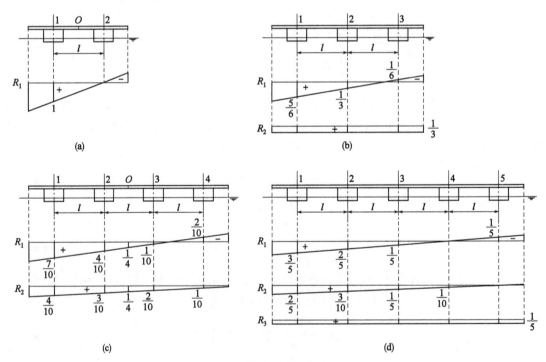

图9-4 二舟至五舟门桥桥脚舟反力影响线

其他各舟门桥的桥脚舟反力影响线可用同样方法求得。图9-4 给出了二舟至五舟门桥(门桥跨度为 l)的桥脚舟反力影响线。

2. 门桥桥跨中央截面弯矩影响线

根据桥脚舟的反力可以计算门桥桥跨上任一截面的弯矩影响线,一般只计算产生最大弯矩的门桥桥跨中央截面弯矩影响线(图9-5)。

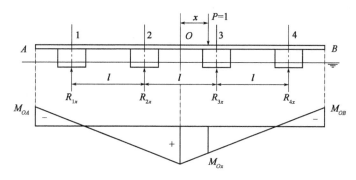

图 9-5　门桥桥跨中央截面弯矩影响线

以四舟门桥为例,当 $P=1$ 作用在距门桥中点 O 为 x 时,桥跨中央截面 O 的弯矩可从以下各式求出。

如 $P=1$ 位于截面 O 的右侧,取截面 O 以左的半个门桥为隔离体,对 O 点取矩,根据力矩平衡条件,有

$$M_{Ox} = R_{1x} \cdot \frac{3l}{2} + R_{2x} \cdot \frac{l}{2} \tag{a}$$

如 $P=1$ 位于截面 O 的左侧,仍取截面 O 以左的半个门桥为隔离体,对 O 点取矩,根据力矩平衡条件,有

$$M_{Ox} = R_{1x} \cdot \frac{3l}{2} + R_{2x} \cdot \frac{l}{2} - x \tag{b}$$

式中:R_{1x}、R_{2x}——当 $P=1$ 作用在距中点 O 为 x 时,桥脚舟1和桥脚舟2的反力。

下面根据弯矩表达式(a)和式(b)计算弯矩影响线的主要坐标:

当 $P=1$ 分别作用在桥脚舟1、2、3、4上时,从图9-4(c)中可知,桥脚舟1的反力为 $R_{11} = \frac{7}{10}$,$R_{12} = \frac{4}{10}$,$R_{13} = \frac{1}{10}$,$R_{14} = -\frac{2}{10}$;桥脚舟2的反力为 $R_{21} = \frac{4}{10}$,$R_{22} = \frac{3}{10}$,$R_{23} = \frac{2}{10}$,$R_{24} = \frac{1}{10}$。将上述反力值分别代入式(a)和式(b),可得

$$M_{O1} = R_{11} \cdot \frac{3l}{2} + R_{21} \cdot \frac{l}{2} - \frac{3l}{2} = \frac{7}{10} \cdot \frac{3l}{2} + \frac{4}{10} \cdot \frac{l}{2} - \frac{3l}{2} = -\frac{l}{4}$$

$$M_{O2} = R_{12} \cdot \frac{3l}{2} + R_{22} \cdot \frac{l}{2} - \frac{l}{2} = \frac{4}{10} \cdot \frac{3l}{2} + \frac{3}{10} \cdot \frac{l}{2} - \frac{l}{2} = \frac{l}{4}$$

$$M_{O3} = R_{13} \cdot \frac{3l}{2} + R_{23} \cdot \frac{l}{2} = \frac{1}{10} \cdot \frac{3l}{2} + \frac{2}{10} \cdot \frac{l}{2} = \frac{l}{4}$$

$$M_{O4} = R_{14} \cdot \frac{3l}{2} + R_{24} \cdot \frac{l}{2} = -\frac{2}{10} \cdot \frac{3l}{2} + \frac{1}{10} \cdot \frac{l}{2} = -\frac{l}{4}$$

当 $P=1$ 作用在门桥中央时,则

$$M_{OO} = R_{1O} \cdot \frac{3l}{2} + R_{2O} \cdot \frac{l}{2} = \frac{1}{4} \cdot \frac{3l}{2} + \frac{1}{4} \cdot \frac{l}{2} = \frac{l}{2}$$

将以上各主要坐标连成直线,即得四舟门桥桥跨中央截面弯矩影响线[图9-6(c)]。

用同样的方法可作出二、三、五舟门桥桥跨中央截面的弯矩影响线,如图9-6(a)、(b)、(d)所示。

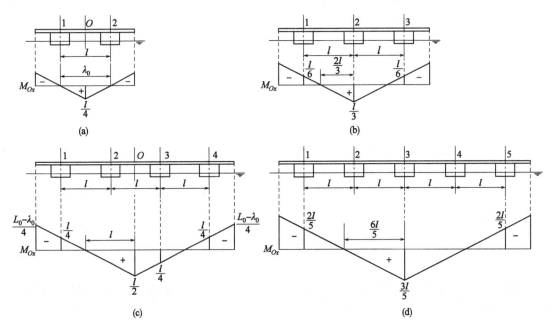

图9-6 二舟至五舟门桥桥跨中央截面弯矩影响线

由于桥桁在舟上一般采用舟舷支撑的方法,因此当门桥的桥脚舟数为奇数时(如三舟门桥、五舟门桥),门桥桥跨中央截面弯矩影响线与以上的计算稍有不同,这时中间舟的舟舷反力对门桥桥跨中央截面产生一部分弯矩(图9-7),舟舷反力等于桥脚舟反力的一半。

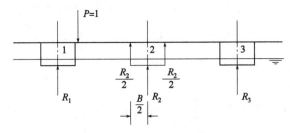

图9-7 中间舟的舟舷反力对门桥桥跨中央截面产生一部分弯矩

如舟宽与跨度之比为

$$\eta = \frac{B}{l} \tag{9-19}$$

则三舟门桥桥跨中央截面弯矩影响线[图9-8(a)]坐标为

当 $P=1$ 作用在桥脚舟1上时

$$M_{21} = R_{11} \cdot l + R_{21} \cdot \frac{l}{4} \cdot \eta - 1 \cdot l = -\frac{l}{12}(2-\eta)$$

当 $P=1$ 作用在桥脚舟 2 上时

$$M_{22} = R_{12} \cdot l + R_{22} \cdot \frac{l}{4} \cdot \eta = \frac{l}{12}(4+\eta)$$

用同样的方法可求出五舟门桥桥跨中央截面弯矩影响线[图 9-8(b)]坐标：

当 $P=1$ 作用在桥脚舟 1 上时

$$M_{31} = 2R_{11} \cdot l + R_{21} \cdot l + R_{31} \cdot \frac{l}{4} \cdot \eta - 1 \cdot 2l = -\frac{l}{20}(8-\eta)$$

当 $P=1$ 作用在桥脚舟 2 上时

$$M_{32} = 2R_{12} \cdot l + R_{22} \cdot l + R_{32} \cdot \frac{l}{4} \cdot \eta - 1 \cdot l = \frac{l}{20}(2+\eta)$$

当 $P=1$ 作用在门桥中央时

$$M_{33} = 2R_{13} \cdot l + R_{23} \cdot l + R_{33} \cdot \frac{l}{4} \cdot \eta = \frac{l}{20}(12+\eta)$$

这种弯矩影响线的坐标比桥跨在舟上中央支撑的要大些：对于三舟和五舟门桥，分别增大 $\frac{\eta}{12}$ 和 $\frac{\eta}{20}$。

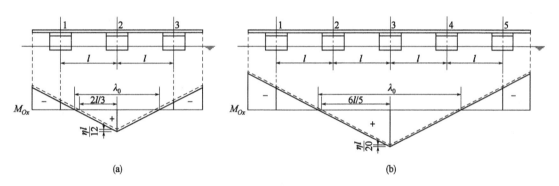

图 9-8 三舟、五舟门桥桥跨中央截面桥跨弯矩影响线

在假定桥跨为绝对刚体的情况下，不难得出门桥桥跨中央截面弯矩影响线的正段长度 λ_0 为

$$\lambda_0 = 4M_{00} \tag{9-20}$$

式中：M_{00}——门桥桥跨中央截面弯矩影响线的最大坐标。

这样，不论是几舟门桥，都可以作为二支点的简支梁来计算，其计算跨度为 $\lambda_0 = 4M_{00}$。表 9-2 列出了二舟至五舟门桥的计算跨度。

二舟至五舟门桥的计算跨度 表 9-2

计算跨度	二舟门桥	三舟门桥	四舟门桥	五舟门桥
λ_0	l	$\frac{1}{3}(4+\eta)l$	$2l$	$\frac{1}{5}(12+\eta)l$

注：l 为门桥跨度，其余符号同前。

在近似估算中,可用以下公式计算:

$$\lambda_0 = \frac{m}{2}l \tag{9-21}$$

式中:m——门桥中桥脚舟数。

3. 门桥桥跨中央截面最大弯矩

在活载作用下的门桥桥跨中央截面弯矩(图9-9)可用下式计算:

$$M_2 = \frac{Q}{8} \cdot (2\lambda_0 - s) \tag{9-22}$$

式中:Q——活载全重;
λ_0——计算跨度;
s——履带接地长度。

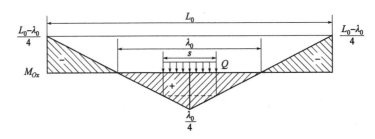

图9-9 门桥桥跨中央截面弯矩计算图

在静载作用下的门桥桥跨中央截面弯矩(图9-9)可按下式计算:

$$M_1 = g_0 \cdot \Omega_M = \frac{g_0 L_0}{8} \cdot (2\lambda_0 - L_0) \tag{9-23}$$

因为弯矩影响线总面积 $\Omega_M = \frac{1}{2} \cdot L_0 \cdot \frac{L_0}{4} - \frac{L_0 - \lambda_0}{4} \cdot L_0 = \frac{L_0}{8} \cdot (2\lambda_0 - L_0)$ 的值很小,而且有时候可能得出负值,所以在近似计算时由自重引起的静载弯矩值可以忽略不计。

4. 桥桁弯矩和弯曲应力

(1)门桥桥跨横断面最外侧桥桁(边桁)的弯矩为

$$M = \frac{M_1}{n} + KM_2 \tag{9-24}$$

式中:M_1——静载作用下桥跨中产生的弯矩;
M_2——活载作用下桥跨中产生的弯矩;
n——桥跨横断面中桥桁的数量;
K——荷载横向分配系数。

(2)荷载横向分配系数

当桥桁的间距相同时

$$K = \frac{1}{n} \cdot \left(1 + \frac{6e}{b_1} \cdot \frac{n-1}{n+1}\right) \tag{9-25}$$

当桥桁的间距不同时

$$K = \frac{1}{n} + \frac{eb_1}{\sum_{i=1}^{n/2} b_i^2} \quad (9\text{-}26)$$

式中：b_1——边桁的间距；

b_i——对称于桥轴线的每对桥桁的间距；

e——活载重心对桥轴线的偏心矩。

（3）门桥桥跨边桁的弯曲应力

$$\sigma = \frac{M}{W} \leqslant [\sigma] \quad (9\text{-}27)$$

式中：W——桥桁的截面抵抗矩；

$[\sigma]$——桥桁的容许弯曲应力。

（二）带式门桥桥跨弯矩计算

在作带式门桥中央截面 O 的弯矩影响线时，如单位集中荷载 $P=1$ 作用在距中点 O 为 x 处，在不破坏平衡的条件下，将 $P=1$ 由 X 处移至坐标原点 O[图 9-10(a)]，这样，单位偏心荷载的作用可由作用在坐标原点的单位集中荷载 $P=1$ 和力矩 $M=1\cdot x$ 来代替。中央截面 O 的弯矩由单位集中荷载引起的弯矩 M'_{Ox} 和力矩 $M=1\cdot x$ 引起的弯矩 M''_{Ox} 叠加而成。

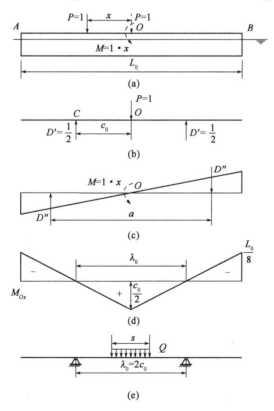

图 9-10 带式门桥中央截面弯矩影响线

由作用在坐标原点的单位集中荷载 $P=1$ 引起的中央截面 O 的弯矩等于作用在中央截面

O 以左的浮力的合力 D' 引起的弯矩[图 9-10(b)],即

$$M'_{Ox} = D' \cdot c_0 = \frac{1}{2}c_0 \tag{9-28}$$

式中:c_0——门桥中心 O 到半个水线面面积重心 C 的距离,在带式门桥中为 $\frac{L_0}{4}$。

由力矩 $M = 1 \cdot x$ 产生的弯矩引起门桥纵向倾斜,此时浮力图为两个三角形[图 9-10(c)]。这些浮力的合力作用在三角形的重心处,并组成力偶矩 $D'' \cdot a$ 与外力矩 $M = 1 \cdot x$ 平衡,即

$$D'' = \frac{x}{a} \tag{9-29}$$

由力矩 $M = 1 \cdot x$ 引起的中央截面 O 的弯矩等于中央截面 O 以左的浮力的合力 D'' 对中央截面 O 的弯矩和力矩 $M = 1 \cdot x$ 之和,因此

$$M''_{Ox} = \frac{D''a}{2} - 1 \cdot x = \frac{x}{2} - x = -\frac{x}{2} \tag{9-30}$$

则单位偏心力作用引起的总弯矩为

$$M_{Ox} = M'_{Ox} + M''_{Ox} = \frac{1}{2}(c_0 - x) = \frac{1}{2}\left(\frac{L_0}{4} - x\right) \tag{9-31}$$

式(9-31)是截面 O 的弯矩影响线左肢的方程式,右肢是和左肢对称的[图 9-10(d)]。

当 $x = 0$ 时,$M_{OO} = \frac{1}{2}\left(\frac{L_0}{4} - 0\right) = \frac{L_0}{8}$;

当 $x = \frac{L_0}{4}$ 时,$M_{OC} = \frac{1}{2}\left(\frac{L_0}{4} - \frac{L_0}{4}\right) = 0$;

当 $x = \frac{L_0}{2}$ 时,$M_{OA} = M_{OB} = \frac{1}{2}\left(\frac{L_0}{4} - \frac{L_0}{2}\right) = -\frac{L_0}{8}$。

将上述各主要坐标值用直线连接,即得带式门桥中央截面弯矩影响线,如图 9-10(d)所示。影响线的正段长度 $\lambda_0 = 2c_0 = \frac{L_0}{2}$。

由图 9-10(d)和图 9-9 可以看出,纵坐标 M_{OO} 和 M_{OA}(或 M_{OB})的绝对值之和等于 $\frac{L_0}{4}$,因此带式门桥中央截面弯矩影响线[图 9-10(d)]与以门桥的半水线面面积重心为支点的刚性桥脚上的简支梁跨中截面弯矩影响线具有相同的形状和纵坐标值[图 9-10(e)]。

由于静载是沿整个门桥长度假定为均匀分布的,在任一截面内,由静载所引起的弯矩都被浮力所引起的弯矩所平衡,因此在带式门桥中央截面由静载所引起的弯矩为零,即

$$M_1 = 0 \tag{9-32}$$

由图 9-10(d)可知,影响线总面积 $\Omega_M = \frac{1}{2} \cdot \lambda_0 \cdot \frac{c_0}{2} - 2 \cdot \frac{L_0 - \lambda_0}{2} \cdot \frac{L_0}{8} = 0$,代入式(9-23)亦可得出上式。

将履带式荷载 Q 布置在弯矩影响线上最不利位置,可得活载产生的门桥中央截面最大弯矩为

$$M_2 = \frac{Q}{8} \cdot (L_0 - s) \tag{9-33}$$

(三)门桥桥跨中央截面弯矩通用计算公式

在计算由活载所引起的弯矩时,将移动单位荷载 $P = 1$ 布置在门桥桥跨中央计算长度为 λ_0 的简支梁段上,由图9-10(e)即可得出

$$M_{0x} = \frac{1}{2}\left(\frac{\lambda_0}{2} - x\right) = \frac{1}{4}(\lambda_0 - 2x) \tag{9-34}$$

将各 λ_0 值代入式(9-34)后同样可作出图9-6所示的各影响线,因此无论是桥脚分置式门桥还是带式门桥,式(9-34)实际上是各种门桥桥跨中央截面弯矩影响线纵坐标的通用计算公式。

当 $x = 0$ 时,有

$$M_{00} = \frac{\lambda_0}{4} \tag{9-35}$$

当 $x = \pm \frac{L_0}{2}$ 时,有

$$M_{0A} = M_{0B} = -\frac{L_0 - \lambda_0}{4} \tag{9-36}$$

第二节　考虑桥跨柔度计算门桥

一、计算原理

实际上,门桥的桥跨是具有有限刚度的。当门桥长度 $L_0 > \frac{\pi}{2\beta}$ 时,为了减少计算的误差,一般不用绝对刚性法计算(弯曲特征系数 β 将在第十三章中作说明),严格地说,应该用双联弹性支座连续梁的原理来计算。一般的桥脚分置式制式舟桥器材目前都是舟舷支撑的,但由于计算过于复杂,实际计算中可采用一般弹性支点上的连续梁的原理。对于奇数个桥脚舟的门桥,门桥桥跨中央截面的弯矩计算也可作局部修正,方法参见图9-7。

弹性支点上的连续梁计算(图9-11)是采用五弯矩方程式进行的,P 和 Q 为任意外力。

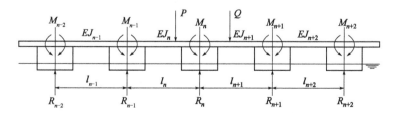

图9-11　弹性支座上连续梁计算简图

假定支点截面的未知弯矩为 M,则五弯矩方程式的一般形式可用式(9-34)表示:

$$M_{n-2} \cdot \frac{k_{n-1}}{l_n \cdot l_{n-1}} + M_{n-1} \cdot \left[\frac{l_n}{6EJ_n} - \frac{k_{n-1}}{l_n}\left(\frac{1}{l_{n-1}} + \frac{1}{l_n}\right) - \frac{k_n}{l_n}\left(\frac{1}{l_n} + \frac{1}{l_{n+1}}\right)\right] +$$

$$M_n \cdot \left[\frac{l_n}{3EJ_n} + \frac{l_{n+1}}{3EJ_{n+1}} + \frac{k_{n-1}}{l_n^2} + k_n\left(\frac{1}{l_n} + \frac{1}{l_{n+1}}\right)^2 + \frac{k_{n+1}}{l_{n+1}^2}\right] +$$

$$M_{n+1} \cdot \left[\frac{l_{n+1}}{6EJ_{n+1}} - \frac{k_n}{l_{n+1}}\left(\frac{1}{l_n} + \frac{1}{l_{n+1}}\right) - \frac{k_{n+1}}{l_{n+1}}\left(\frac{1}{l_{n+1}} + \frac{1}{l_{n+2}}\right)\right] + \quad (9\text{-}37)$$

$$M_{n+2} \cdot \frac{k_{n+1}}{l_{n+1} \cdot l_{n+2}}$$

$$= -\frac{A_{n,n}^{\varphi}}{EJ_n} - \frac{A_{n,n+1}^{\varphi}}{EJ_{n+1}} - A_{n-1} \cdot \frac{k_{n-1}}{l_n} + A_n \cdot \left(\frac{k_n}{l_n} + \frac{k_n}{l_n}\right) - A_{n+1} \cdot \frac{k_{n+1}}{l_{n+1}}$$

式中：M_n——桥脚舟 n 的支点弯矩,以图中所示方向为正号；

l_n——桥脚舟 $n-1$ 和 n 之间的轴线距离；

k_n——桥脚舟 n 的柔性系数,即由 $P=1$ 作用在该桥脚舟上的吃水深度；

EJ_n——跨度 n 内的桥桁刚度；

$A_{n,n}^{\varphi}$——荷载作用在桥跨 n 上时,引起的桥脚舟 n 的虚反力（桥桁在桥脚舟 n 上简支）；

$A_{n,n+1}^{\varphi}$——荷载作用在桥跨 $n+1$ 上时,引起的桥脚舟 n 的虚反力（桥桁在桥脚舟 n 上简支）；

A_n——外力作用引起的支点反力（桥桁在桥脚舟 n 上简支）。

式(9-37)是针对不同桥跨刚度、桥梁跨度和桥脚柔性系数的一般形式而言的,而在门桥中,各跨的跨度和桥桁数目往往相同,桥脚舟也是同类型的,则式(9-37)可以简化。

取

$$l_{n-1} = l_n = l_{n+1} = l_{n+2} = l \text{, } EJ_n = EJ_{n+1} = EJ \text{, } k_{n-1} = k_n = k_{n+1} = k = \frac{1}{\gamma F_0}$$

式中：F_0——桥脚舟的平均水线面面积。

代入式(9-37)得

$$M_{n-2} \cdot \frac{k}{l^2} + M_{n-1} \cdot \left(\frac{l}{6EJ} - \frac{4k}{l^2}\right) + M_n \cdot \left(\frac{2l}{3EJ} + \frac{6k}{l^2}\right) + M_{n+1} \cdot \left(\frac{l}{6EJ} - \frac{4k}{l^2}\right) + M_{n+2} \cdot \frac{k}{l^2}$$

$$= -\frac{A_n^{\varphi}}{EJ} - A_{n-1} \cdot \frac{k}{l} + A_n \cdot \frac{2k}{l} - A_{n+1} \cdot \frac{k}{l}$$

式中：A_n^{φ}——荷载作用在桥跨 n 和 $n+1$ 上时所引起的支点 n 的总虚反力, $A_n^{\varphi} = A_{nn}^{\varphi} + A_{n,n+1}^{\varphi}$。

将上式各项乘以 $\frac{l^2}{k} = \gamma F_0 l^2$,并假定 $\alpha = \frac{\gamma F_0 l^3}{6EJ}$（$\alpha$ 为门桥弹性特征系数）,最后得到

$$M_{n-2} + M_{n-1} \cdot (\alpha - 4) + M_n \cdot (4\alpha + 6) + M_{n+1} \cdot (\alpha - 4) + M_{n+2}$$

$$= -\frac{6A_n^{\varphi}\alpha}{l} - l \cdot (A_{n-1} - 2A_n + A_{n+1}) \quad (9\text{-}38)$$

门桥的桥跨是支承在弹性支座上的连续梁,是超静定结构,其超静定次数等于门桥中桥脚舟的数目减 2。在每个桥脚舟上都可写出五弯矩方程式,解联立方程式即可求出桥脚舟上的支点截面弯矩,这样就不难求出桥脚舟的反力以及门桥任意截面的弯矩了。

假定桥脚舟 $n-1$、n 和 $n+1$ 的支点弯矩为 M_{n-1}、M_n 及 M_{n+1},则桥脚舟的反力可根据一般连续梁（图 9-12）的公式求得：

$$R_n = A_n + \frac{M_{n-1} - 2M_n + M_{n+1}}{l} \tag{9-39}$$

式中：A_n——在外力作用下，外力 P 作用下，在简支梁桥跨的桥脚舟 n 上产生的反力。

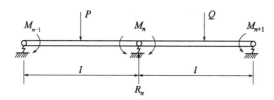

图9-12　一般连续梁受力图

二、桥脚舟吃水计算

（一）桥脚舟反力影响线

用五弯矩公式计算桥脚舟反力时，须首先作出其影响线（图9-13）。下面以三舟门桥为例，介绍作门桥的桥脚舟反力影响线的步骤。

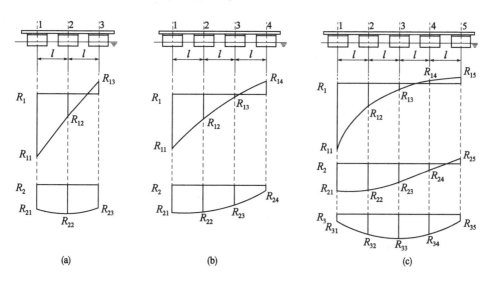

图9-13　门桥桥脚舟反力影响线

1. 桥脚舟1的反力影响线

当单位集中荷载 $P=1$ 作用在桥脚舟1上时，因为

$$M_1 = M_3 = 0, A_2^{\varphi} = 0, A_1 = 0, A_2 = A_3 = 0$$

则以门桥中桥脚舟2为 n 点的五弯矩方程式为

$$M_2 \cdot (4\alpha + 6) = -l$$

即

$$M_2 = -\frac{l}{4\alpha + 6}$$

此时各桥脚舟的反力值为

$$\begin{cases} R_{11} = A_1 + \dfrac{M_2}{l} = 1 - \dfrac{1}{4\alpha + 6} = \dfrac{4\alpha + 5}{4\alpha + 6} \\ R_{21} = -\dfrac{2M_2}{l} = \dfrac{1}{2\alpha + 3} \\ R_{31} = \dfrac{M_2}{l} = -\dfrac{1}{4\alpha + 6} \end{cases}$$

根据变位互等定理,上述桥脚舟反力值即为单位集中荷载 $P=1$ 作用在桥脚舟 1、2、3 上时桥脚舟 1 的反力,也即桥脚舟 1 的反力影响线坐标 R_{11}、R_{12}、R_{13}。

2. 桥脚舟 2 的反力影响线(图 9-13)

当单位集中荷载 $P=1$ 作用在桥脚舟 2 上时,因为

$$M_1 = M_3 = 0, A_2^e = 0, A_2 = 0, A_1 = A_3 = 0$$

则以门桥中桥脚舟 2 为 n 点的五弯矩方程式为

$$M_2 \cdot (4\alpha + 6) = 2l$$

可得

$$M_2 = \dfrac{2l}{4\alpha + 6} = \dfrac{l}{2\alpha + 3}$$

从而,桥脚舟 2 的反力影响线坐标为

$$\begin{cases} R_{21} = R_{12} = \dfrac{M_2}{l} = \dfrac{1}{2\alpha + 3} \\ R_{22} = A_2 - \dfrac{2M_2}{l} = 1 - \dfrac{2}{2\alpha + 3} = \dfrac{2\alpha + 1}{2\alpha + 3} \\ R_{23} = R_{32} = \dfrac{M_2}{l} = \dfrac{1}{2\alpha + 3} \end{cases}$$

表 9-3 列出了三舟至五舟门桥桥脚舟反力影响线坐标,反力影响线如图 9-13 所示。

(二)桥脚舟的反力和吃水

桥脚舟反力影响线求出后,将静载均布、活载设置在门桥中央桥脚舟反力影响线最不利的位置,利用门桥中央桥脚舟反力影响线的坐标即可求出门桥中央桥脚舟的最大反力。

1. 活载作用下桥脚舟的反力和平均吃水

当活载在门桥上有偏心时,桥脚舟的吃水一般由边舟控制,有时也可能由第二个桥脚舟控制(图 9-13 中的 2 号舟),必须将以上两种情况分别计算出其吃水(包括附加吃水),选其最不利的情况。在活载作用下,桥脚舟的反力和平均吃水分别为

$$R_2 = \dfrac{Q}{s} \cdot \Omega \tag{9-40}$$

$$T_2 = \dfrac{R_2}{\gamma F_0} \tag{9-41}$$

式中:Q——履带式荷载全重;
  s——履带接地长度;
  Ω——桥脚舟反力影响线在布载范围内的面积。

各种门桥的桥脚舟反力影响线坐标

表 9-3

门桥	坐标	1	2	3	4	5
三舟门桥	R_1	$\dfrac{5+4\alpha}{6+4\alpha}$	$\dfrac{1}{3+2\alpha}$	$-\dfrac{1}{6+4\alpha}$	—	—
三舟门桥	R_2	$\dfrac{1}{3+2\alpha}$	$\dfrac{1+2\alpha}{3+2\alpha}$	$\dfrac{1}{3+2\alpha}$	—	—
三舟门桥	R_3	$-\dfrac{1}{6+4\alpha}$	$\dfrac{1}{3+2\alpha}$	$\dfrac{5+4\alpha}{6+4\alpha}$	—	—
四舟门桥	R_1	$\dfrac{14+52\alpha+15\alpha^2}{20+56\alpha+15\alpha^2}$	$\dfrac{8+9\alpha}{20+56\alpha+15\alpha^2}$	$\dfrac{2-6\alpha}{20+56\alpha+15\alpha^2}$	$\dfrac{-4+\alpha}{20+56\alpha+15\alpha^2}$	—
四舟门桥	R_2	$\dfrac{8+9\alpha}{20+56\alpha+15\alpha^2}$	$\dfrac{6+32\alpha+15\alpha^2}{20+56\alpha+15\alpha^2}$	$\dfrac{4+21\alpha}{20+56\alpha+15\alpha^2}$	$\dfrac{2-6\alpha}{20+56\alpha+15\alpha^2}$	—
四舟门桥	R_3	$\dfrac{2-6\alpha}{20+56\alpha+15\alpha^2}$	$\dfrac{4+21\alpha}{20+56\alpha+15\alpha^2}$	$\dfrac{6+32\alpha+15\alpha^2}{20+56\alpha+15\alpha^2}$	$\dfrac{8+9\alpha}{20+56\alpha+15\alpha^2}$	—
四舟门桥	R_4	$\dfrac{-4+\alpha}{20+56\alpha+15\alpha^2}$	$\dfrac{2-6\alpha}{20+56\alpha+15\alpha^2}$	$\dfrac{8+9\alpha}{20+56\alpha+15\alpha^2}$	$\dfrac{14+52\alpha+15\alpha^2}{20+56\alpha+15\alpha^2}$	—
五舟门桥	R_1	$\dfrac{30+324\alpha+327\alpha^2+56\alpha^3}{50+380\alpha+342\alpha^2+56\alpha^3}$	$\dfrac{20+101\alpha+34\alpha^2}{50+380\alpha+342\alpha^2+56\alpha^3}$	$\dfrac{10-22\alpha-24\alpha^2}{50+380\alpha+342\alpha^2+56\alpha^3}$	$\dfrac{-35\alpha+6\alpha^2}{50+380\alpha+342\alpha^2+56\alpha^3}$	$\dfrac{-10+12\alpha-\alpha^2}{50+380\alpha+342\alpha^2+56\alpha^3}$
五舟门桥	R_2	$\dfrac{20+101\alpha+34\alpha^2}{50+380\alpha+342\alpha^2+56\alpha^3}$	$\dfrac{15+152\alpha+250\alpha^2+56\alpha^3}{50+380\alpha+342\alpha^2+56\alpha^3}$	$\dfrac{10+118\alpha+214\alpha^2+56\alpha^3}{50+380\alpha+342\alpha^2+56\alpha^3}$	$\dfrac{5+44\alpha-36\alpha^2}{50+380\alpha+342\alpha^2+56\alpha^3}$	$\dfrac{-35\alpha+6\alpha^2}{50+380\alpha+342\alpha^2+56\alpha^3}$
五舟门桥	R_3	$\dfrac{10-22\alpha-24\alpha^2}{50+380\alpha+342\alpha^2+56\alpha^3}$	$\dfrac{10+118\alpha+88\alpha^2}{50+380\alpha+342\alpha^2+56\alpha^3}$	$\dfrac{10+188\alpha+214\alpha^2+56\alpha^3}{50+380\alpha+342\alpha^2+56\alpha^3}$	$\dfrac{10+118\alpha+88\alpha^2}{50+380\alpha+342\alpha^2+56\alpha^3}$	$\dfrac{10-22\alpha-24\alpha^2}{50+380\alpha+342\alpha^2+56\alpha^3}$
五舟门桥	R_4	$\dfrac{-35\alpha+6\alpha^2}{50+380\alpha+342\alpha^2+56\alpha^3}$	$\dfrac{5+44\alpha-36\alpha^2}{50+380\alpha+342\alpha^2+56\alpha^3}$	$\dfrac{10+118\alpha+214\alpha^2+56\alpha^3}{50+380\alpha+342\alpha^2+56\alpha^3}$	$\dfrac{15+152\alpha+250\alpha^2+56\alpha^3}{50+380\alpha+342\alpha^2+56\alpha^3}$	$\dfrac{20+101\alpha+34\alpha^2}{50+380\alpha+342\alpha^2+56\alpha^3}$
五舟门桥	R_5	$\dfrac{-10+12\alpha-\alpha^2}{50+380\alpha+342\alpha^2+56\alpha^3}$	$\dfrac{-35\alpha+6\alpha^2}{50+380\alpha+342\alpha^2+56\alpha^3}$	$\dfrac{10-22\alpha-24\alpha^2}{50+380\alpha+342\alpha^2+56\alpha^3}$	$\dfrac{20+101\alpha+34\alpha^2}{50+380\alpha+342\alpha^2+56\alpha^3}$	$\dfrac{30+324\alpha+327\alpha^2+56\alpha^3}{50+380\alpha+342\alpha^2+56\alpha^3}$

2. 活载作用下桥脚舟的附加吃水

在计算桥脚舟的附加吃水时,由门桥纵倾引起的桥脚舟的横向附加吃水 ΔT_x 包括在 T_2 以内了,不过这里 T_2 是指桥脚舟的中心轴(纵轴)处的吃水,对于桥脚舟的外缘还有一个差距,由于两者相差极小,实际计算时用上述的 T_2 即可。

由门桥横倾引起的桥脚舟的纵向附加吃水 ΔT_x 可用下式计算:

$$\Delta T_y = \frac{R_2 e_y b_y}{\gamma J_x^0 \psi_x^0} \tag{9-42}$$

式中:J_x^0——同式(9-9)。

ψ_x^0——桥脚舟纵稳心高度与纵稳心半径的比值。

3. 桥脚舟的最大吃水

桥脚舟在静载作用下的反力 R_1 和 T_1 也可用反力影响线求出,但该值与 R_2 值相比要小得多,因此一般不作精确计算,采用绝对刚性法的计算结果即可。

桥脚舟在静载和活载作用下最大吃水点的吃水为

$$T = T_1 + T_2 + \Delta T_y \tag{9-43}$$

稳定性的校核方法同前。

三、桥跨弯矩的计算

门桥跨度 n 内任一截面 X 的弯矩 M_x,可以用图9-14所示三部分叠加求出。

$$M_x = M_0 + \frac{M_{n-1} \cdot (l-x) + M_n \cdot x}{l} \tag{9-44}$$

式中:M_0——荷载 P 作用下,在简支梁桥跨任一截面 X 产生的弯矩。

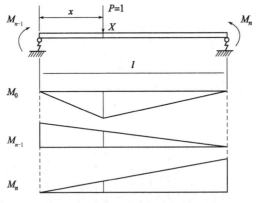

图9-14 三部分弯矩对截面 X 的影响值

显然,当荷载作用在门桥中央时,门桥桥跨中央截面产生的弯矩最大。根据式(9-44)可以作出单位集中荷载 $P=1$ 作用下三舟至五舟门桥桥跨中央截面弯矩影响线(图9-15)。

以四舟门桥桥跨中央截面弯矩影响线坐标[图9-15(b)]计算为例。

(1)当单位集中荷载 $P=1$ 作用在门桥中点 O 上时,

$$A_2^\varphi = A_3^\varphi = \frac{l^2}{16}, A_2 = A_3 = \frac{1}{2}$$

代入五弯矩方程式(9-38)得

$$M_2 \cdot (4\alpha + 6) + M_3 \cdot (\alpha - 4) = -\frac{6l^2}{16l}\alpha - l \cdot \left(-2 \times \frac{1}{2} + \frac{1}{2}\right)$$

由于对称性($M_2 = M_3$),可得

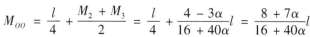

$$M_2 \cdot (5\alpha + 2) = \frac{4 - 3\alpha}{8}l$$

即

$$M_2 = M_3 = \frac{4 - 3\alpha}{16 + 40\alpha}l$$

故

$$M_{OO} = \frac{l}{4} + \frac{M_2 + M_3}{2} = \frac{l}{4} + \frac{4 - 3\alpha}{16 + 40\alpha}l = \frac{8 + 7\alpha}{16 + 40\alpha}l$$

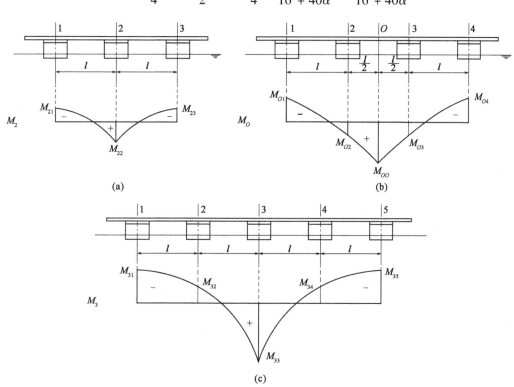

图 9-15　三舟至五舟门桥桥跨中央截面弯矩影响线

(2) 当单位集中荷载 $P = 1$ 作用在桥脚舟 2 上时,

$$A_2^\varphi = A_3^\varphi = 0, A_2 = 1, A_1 = A_3 = A_4 = 0$$

代入五弯矩方程式(9-38)得

$$\begin{cases} M_2 \cdot (4\alpha + 6) + M_3 \cdot (\alpha - 4) = 2l \\ M_2 \cdot (\alpha - 4) + M_3 \cdot (4\alpha + 6) = -l \end{cases}$$

解方程式,求得

$$\begin{cases} M_2 = \frac{8 + 9\alpha}{20 + 56\alpha + 15\alpha^2}l \\ M_3 = \frac{2 - 6\alpha}{20 + 56\alpha + 15\alpha^2}l \end{cases}$$

故

$$M_{O2} = M_{O3} = \frac{M_2 + M_3}{2} = \frac{4}{16 + 40\alpha}l$$

(3) 当单位集中荷载 $P = 1$ 作用在桥脚 1 上时,

$$A_2^\varphi = A_3^\varphi = 0, A_1 = 1, A_2 = A_3 = A_4 = 0$$

代入五弯矩方程式(9-38)得

$$\begin{cases} M_2 \cdot (4\alpha + 6) + M_3 \cdot (\alpha - 4) = -l \\ M_2 \cdot (\alpha - 4) + M_3 \cdot (4\alpha + 6) = 0 \end{cases}$$

解方程式,求得

$$\begin{cases} M_2 = \frac{-6 - 4\alpha}{20 + 56\alpha + 15\alpha^2}l \\ M_3 = \frac{-4 + \alpha}{20 + 56\alpha + 15\alpha^2}l \end{cases}$$

故

$$M_{O1} = M_{O4} = \frac{M_2 + M_3}{2} = \frac{-10 - 3\alpha}{40 + 112\alpha + 30\alpha^2}l = \frac{-4}{16 + 40\alpha}l$$

三舟至五舟门桥桥跨中央截面弯矩影响线坐标见表 9-4。

门桥桥跨中央截面弯矩影响线坐标 表 9-4

三舟门桥		四舟门桥		五舟门桥	
M_1	$\dfrac{-2+\eta}{12+8\alpha}l$	M_1	$\dfrac{-4}{16+40\alpha}l$	M_1	$\dfrac{-8+2\alpha+(1-3\alpha)\eta}{20+136\alpha+28\alpha^2} \cdot l$
M_2	$\dfrac{4+(1+2\alpha)\eta}{12+8\alpha}l$	M_2	$\dfrac{4}{16+40\alpha}l$	M_2	$\dfrac{2-12\alpha+(1+11\alpha)\eta}{20+136\alpha+28\alpha^2}l$
M_3	$\dfrac{-2+\eta}{12+8\alpha}l$	M_O	$\dfrac{8+7\alpha}{16+40\alpha}l$	M_3	$\dfrac{12+20\alpha+(1+18\alpha+7\alpha^2)\eta}{20+136\alpha+28\alpha^2}l$
—	—	M_3	$\dfrac{4}{16+40\alpha}l$	M_4	$\dfrac{2-12\alpha+(1+11\alpha)\eta}{20+136\alpha+28\alpha^2}l$
—	—	M_4	$\dfrac{-4}{16+40\alpha}l$	M_5	$\dfrac{-8+2\alpha+(1-3\alpha)\eta}{20+136\alpha+28\alpha^2}l$

将荷载布置在弯矩影响线的最不利位置,即可求得门桥桥跨中央截面的最大弯矩。

第三节 码头的计算

采用门桥进行渡河时,通常在两岸构筑码头来保证安全地装卸载重物。码头一般做成固定桥脚码头或浮游桥脚码头。本节只介绍固定桥脚码头的计算。

固定桥脚码头的计算与浮桥固定栈桥的计算相似,只是在码头的桥桁末端增加了支架,装载时门桥的一端支撑在支架上,如图 9-16 所示。

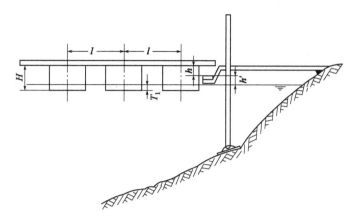

图 9-16 门桥和固定桥脚码头

码头支架顶面与门桥桥跨底面之间的间隙应该满足两个条件：①保证门桥装载后能自由地离开码头和停靠码头；②保证门桥在装载过程中产生倾斜时边舟还有容许的干舷高度。从而，间隙 h 的范围为

$$T_2 + 0.02 \leqslant h \leqslant H - T_1 - h_0 \tag{9-45}$$

式中：T_1——由静载引起的桥脚舟吃水深度；

T_2——由活载作用在门桥中央时引起的桥脚舟吃水深度；

H——桥脚舟的有效高度；

h_0——桥脚舟的容许干舷高度。

h 值的调整可通过在码头支架上增减桥板数目来实现。

这样，门桥的桥跨弯矩和桥脚舟吃水两方面都能保证不超过门桥未停靠码头时的桥跨弯矩和桥脚舟吃水，门桥就不必另行验算。

在计算码头时，取 $h = T_2$。

（一）码头支架反力影响线

当集中荷载 P 作用在门桥中央时，$T_2 = \dfrac{P}{\gamma F_m}$，此时支架对门桥端部无反力，即 $Z=0$。

当集中荷载 P 距门桥中央为 x 时（图9-17），支架上产生反力 Z，此反力可由门桥末端的变位条件决定。

$$\left(\frac{P}{\gamma F_m} + \frac{PxL_0}{2\gamma J_y \psi_y}\right) - \left(\frac{Z}{\gamma F_m} + \frac{ZL_0^2}{4\gamma J_y \psi_y}\right) = \frac{P}{\gamma F_m} \tag{9-46}$$

式中：L_0——门桥全长；

ψ_y——门桥纵稳心高度与纵稳心半径的比值系数，取 1.0；

J_y——门桥计算水线面面积的惯性矩；

F_m——门桥计算水线面面积；

γ——水的重度。

当图 9-17 中为单位集中荷载 $P=1$ 作用时，Z 值可用下式表示：

$$Z = \frac{2x}{L_0 + \dfrac{4\psi_y J_y}{L_0 F_m}} \tag{9-47}$$

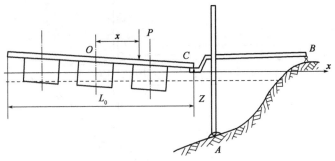

图 9-17　固定桥脚码头计算简图

将 $J_y = F_m \cdot r^2$ 和 $\psi_y = 1$ 代入式(9-47)，则

$$Z = \frac{2L_0 x}{L_0^2 + 4r^2} \tag{9-48}$$

由式(9-48)可计算码头支架反力 Z 的影响线[图 9-18(a)]的主要坐标值。

当 $x = 0$ 时，$Z = 0$；

当 $x = \dfrac{L_0}{2}$ 时，$Z = \dfrac{L_0^2}{L_0^2 + 4r^2}$。

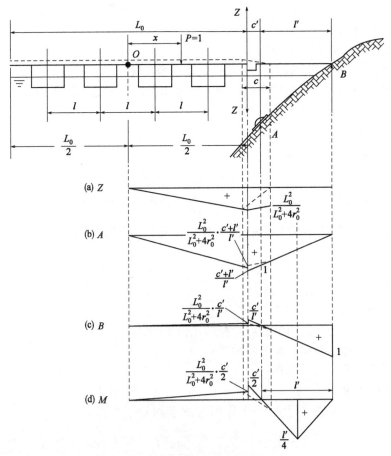

图 9-18　码头计算中各影响线

(二)桥脚反力和桥跨弯矩的影响线

利用码头支架反力 Z 的影响线可以作出码头的桥脚反力和桥跨弯矩的影响线。

1. 桥脚 A 的反力影响线[图 9-18(b)]

(1) 如 $P=1$ 作用在码头范围内

$P=1$ 作用在桥脚 A 上,$A=1$;

$P=1$ 作用在桥础 B 上,$A=0$;

$P=1$ 作用在支架悬臂 c' 上,$A=\dfrac{c'+l'}{l'}$。

(2) 如 $P=1$ 作用在门桥范围内

$P=1$ 作用在门桥中央,$A=0$;

$P=1$ 作用在门桥端部,$A=\dfrac{c+l'}{l'}\cdot Z=\dfrac{c+l'}{l'}\cdot\dfrac{L_0^2}{L_0^2+4r^2}$。

2. 桥础 B 的反力影响线[图 9-18(c)]

(1) 如 $P=1$ 作用在码头范围内

$P=1$ 作用在桥础 B 上,$B=1$;

$P=1$ 作用在桥脚 A 上,$B=0$;

$P=1$ 作用在支架悬臂 c' 上,$B=-\dfrac{c'}{l'}$。

(2) 如 $P=1$ 作用在门桥范围内

$P=1$ 作用在门桥中央,$B=0$;

$P=1$ 作用在门桥末端,$B=-\dfrac{c'}{l'}\cdot Z=-\dfrac{c'}{l'}\cdot\dfrac{L_0^2}{L_0^2+4r^2}$。

3. 码头桥跨中央截面弯矩影响线[图 9-18(d)]

(1) 如 $P=1$ 作用在码头范围内

则与一般简支梁相同,最大坐标在 $l'/2$ 处,$M=l'/4$;

$P=1$ 作用在桥脚 A 和桥础 B 上,$M=0$;

$P=1$ 作用在支架悬臂 c' 上,$M=B\cdot\dfrac{l'}{2}=-\dfrac{c'}{l'}\cdot\dfrac{l'}{2}=-\dfrac{c'}{2}$。

(2) 如 $P=1$ 作用在门桥范围内

$P=1$ 作用在门桥点,$M=0$;

$P=1$ 作用在门桥末端,$M=B\cdot\dfrac{l'}{2}=\left(-\dfrac{c'}{l'}\cdot\dfrac{L_0^2}{L_0^2+4r^2}\right)\cdot\dfrac{l'}{2}=-\dfrac{c'}{2}\cdot\dfrac{L_0^2}{L_0^2+4r^2}$。

以上影响线在支架处有一突变,左边值为右边值乘以 Z 值,而 $Z<1$,实际上荷载上下门桥时,往往铺上跳板,因此坐标值不再产生突变,即图 9-18 中虚线部分所示。

(三)荷载作用下的桥脚反力和桥跨弯矩

在 A、B 和 M 的影响线上布载,就可以求出在活载作用下的最大反力 A_2、B_2 和最大弯矩

M_2，然后与一般固定桥脚桥梁一样计算在静载作用下的反力 A_1、B_1 和弯矩 M_1，根据这些数值计算码头构件。

在桥础 B 的反力影响线负段内布载，就产生桥础 B 的负反力 B_2'，使整个码头有绕 A 点转动的情况，因此要使由码头桥跨静载产生的反力 B_1 和最大负反力 B_2' 之比满足以下条件：

$$\frac{B_1}{|B_2'|} \geq 1.15 \sim 1.2 \tag{9-49}$$

第四节 跳板计算

有时为了使漕渡门桥在岸边任何地点都可以装卸载，不用码头而用跳板，这就增大了漕渡门桥的机动性，但也使门桥结构因附设跳板而更加复杂。跳板与门桥的连接可以是刚性连接、铰接或利用限制铰连接，目前使用广泛的是后两种，现将后两种跳板的计算特点介绍如下。

一、铰接跳板

为了限制门桥装卸载时边舟的吃水，必须在跳板上固定有带础板的支柱(图 9-19)。础板底到河底土壤之间的距离 h 可取

$$h \geq T_2 + \Delta T \tag{9-50}$$

式中：T_2——荷载位于门桥中央时所引起的门桥吃水深度；

ΔT——当跳板翻转成悬出门桥状态时，由于跳板自重引起门桥端部的变位。

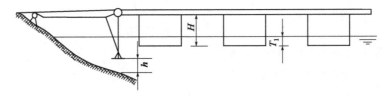

图 9-19 铰接跳板简图

取以上 h 值是为了使荷载作用在门桥中央时边舟浮起，并将跳板抬起，础板离开土壤，然后将跳板自由地抬到门桥上。但跳板的础板到河底间的距离不能过大，根据边舟吃水条件，h 可取

$$h \leq H - T_1 - h_0 \tag{9-51}$$

式中：H——舟舷高度；

T_1——门桥在静载时的吃水深度；

h_0——容许干舷高度。

跳板本身按简支梁的方法计算。

二、跳板用限制铰连接

用限制铰连接门桥和跳板时，当荷载接近铰时，限制装置参加工作，此时铰连接转化为能

承受弯矩的刚性连接,如图 9-20 所示。在限制装置参加工作后,门桥通过跳板末端支承在岸上,这样就避免了门桥末端出现很大的吃水。在采用上述方法时不必在门桥末端设备辅助支柱,但连接节点较复杂。

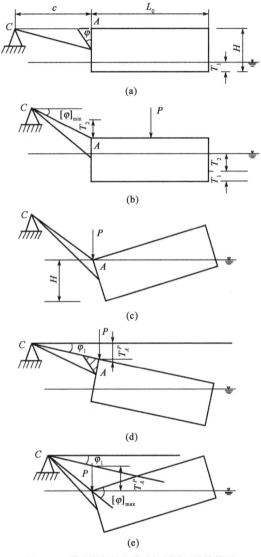

图 9-20　带有限制铰的带式门桥跳板计算简图

用限制铰连接跳板与门桥时,根据门桥的浮性和使用条件确定原始角间隙的上下限。在带式门桥中,假定门桥和跳板都是绝对刚性的,当空载门桥靠岸时,以使跳板末端 C 正好接触到岸上为准,而铰 A 的角间隙张开至总值 φ,门桥只有静载吃水,其值为 T_1[图 9-20(a)]。

(一)预留角间隙的下限

在门桥靠岸和离岸时,位于门桥中央的荷载引起吃水 T_2[图 9-20(b)],此时跳板末端 C 仍接触到岸边,还未支撑在河岸上。要使角间隙完全闭合时跳板末端 C 支撑在岸边,根据荷载作用在门桥中央时靠离岸的可能条件,确定容许预留角间隙的下限值为

$$[\varphi]_{\min} = \frac{T_2}{c} \tag{9-52}$$

式中：c——跳板长度。

(二)预留角间隙的上限

当荷载的重心位于铰上时[图9-20(c)]，产生荷载上门桥时的门桥末端最大吃水。此时角间隙闭合，跳板末端 C 支承在岸边，A 点的最大容许吃水由舷高 H 确定。

由活载引起的 A 点容许吃水为

$$[T_A] = H - T_1 \tag{9-53}$$

门桥端部 A 点的最大吃水可看作由两部分构成：假定在角间隙中插入楔形块使门桥和跳板成为刚性体后，在 A 截面上作用集中荷载 P，门桥绕 C 点转动 φ_1 [图9-20(d)]而产生一部分吃水；再将假定楔形块去除，使角间隙 φ 闭合[图9-20(e)]，此时门桥绕着通过其水线面面积重心的轴转动而产生另一部分吃水。

由荷载 P 作用和角间隙 φ 闭合两部分组成的 A 点吃水应小于式(9-53)求得的 $[T_A]$ 值，即

$$T_A^P + T_A^\varphi \leq [T_A] \tag{9-54}$$

式中：T_A^P——由荷载 P 作用的吃水；

T_A^φ——由角间隙 φ 闭合引起的吃水。

在图9-20(d)中，根据平衡条件，可得荷载 P 偏心作用下的门桥纵倾角 φ_1 为

$$\varphi_1 = \frac{Pc}{\gamma J_C} \tag{9-55}$$

式中：J_C——通过 C 点的旋转轴的门桥水线面面积惯性矩。

因此，由荷载 P 作用引起的 A 点吃水为

$$T_A^P = \varphi_1 c = \frac{Pc^2}{\gamma J_C} \tag{9-56}$$

在图9-20(e)中，将角间隙 φ 闭合，跳板和门桥分别绕 C 点和通过门桥水线面面积重心的轴旋转一定角度，即可得到式(9-54)中第二项 T_A^φ。闭合角可用 A 点的吃水表示为

$$\varphi = \frac{T_A^\varphi}{c} + \frac{2T_A^\varphi}{L_0} \tag{9-57}$$

由此得出由角间隙闭合引起的附加吃水为

$$T_A^\varphi = \frac{L_0 c}{2c + L_0} \cdot \varphi \tag{9-58}$$

将式(9-56)和式(9-58)代入式(9-54)和式(9-53)，得

$$\frac{Pc^2}{\gamma J_C} + \frac{L_0 c}{2c + L_0} \cdot \varphi \leq H - T_1 \tag{9-59}$$

解此方程即可确定容许角间隙的上限值为

$$[\varphi]_{\max} = \left(H - T_1 - \frac{Pc^2}{\gamma J_C}\right) \cdot \frac{2c + L_0}{L_0 c} \tag{9-60}$$

跳板本身的计算根据跳板的结构而定。

第五节 计 算 例 题

一、已知数据

某三舟门桥的纵横断面布置如图 9-21 所示。

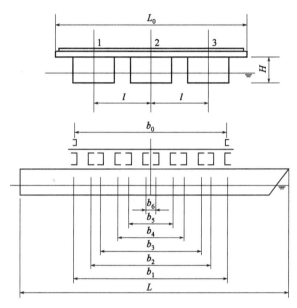

图 9-21 门桥纵横断面布置图

(1)活载:履带式荷载全重 $Q=400\mathrm{kN}$,履带接地长度 $s=4.0\mathrm{m}$,活载宽度 $B_c=3.2\mathrm{m}$。

(2)静载:桥跨自重 $g_0=5.5\mathrm{kN/m}$,每个桥脚舟自重 $G_0=17.8\mathrm{kN}$。

(3)门桥横断面组成:桥桁数量 $n=12$ 根,型号[18a,钢材容许应力$[\sigma]=340\mathrm{MPa}$,一根桥桁的惯性矩 $J=1273\mathrm{cm}^4$,抵抗矩 $W=141.4\mathrm{cm}^3$,桥桁不等间距排列,间距分别为 $b_1=3.78\mathrm{m}$、$b_2=2.94\mathrm{m}$、$b_3=2.48\mathrm{m}$、$b_4=1.63\mathrm{m}$、$b_5=1.09\mathrm{m}$、$b_6=0.25\mathrm{m}$。

(4)浮游桥脚组成:闭口式舟,长 $L=14.57\mathrm{m}$,宽 $B=2.2\mathrm{m}$,计算舷高 $H=0.80\mathrm{m}$,计算水线面面积 $F_0=29.8\mathrm{m}^2$。

(5)门桥:跨度 $l=4.0\mathrm{m}$,全长 $L_0=12\mathrm{m}$。

(6)车行部:宽度 $b_0=3.84\mathrm{m}$。

二、计算内容

分别用绝对刚性法和考虑桥跨柔度法计算三舟门桥的浮性、稳性和桥跨强度。

三、计算过程

(一)用绝对刚性法计算

1. 浮性计算

已知 $m=3$,$G_0=17.8\mathrm{kN}$,$g_0=5.5\mathrm{kN/m}$,$L_0=12\mathrm{m}$,则

$$G = mG_0 + g_0L_0 = 3 \times 17.8 + 5.5 \times 12 = 119.4(kN)$$
$$L = 1.2B = 1.2 \times 200 = 240(m)$$

由静载引起的吃水
$$T_1 = \frac{G}{\gamma F_m} = \frac{119.4}{10 \times 89.4} = 0.134(m)$$

由活载引起的吃水
$$h' = (2+9) - 0.5 = 10.5(m)$$

则桥脚舟的总吃水深度
$$T = T_1 + T_2 = 0.134 + 0.447 = 0.581(m) < [T] = \frac{4}{5}H = 0.64m$$

干舷高度
$$h_0 = 0.80 - 0.581 = 0.219(m) > [h_0] = 0.20m$$

2. 稳性计算

由活载偏心引起的距门桥中心最远点的附加吃水用式(9-7)计算。

因
$$e_x = 1m, e_y = \frac{b_0 - B_c}{2} = \frac{3.84 - 3.2}{2} = 0.32(m)$$
$$\psi_x = 0.9, \psi_y = 1.0$$
$$L_1 = \frac{F_0}{B} = \frac{29.8}{2.2} = 13.545(m)$$

得
$$J_y = 2F_0l^2 = 2 \times 29.8 \times 4^2 = 953.6(m^4)$$
$$J_x = 3J_x^0 = 3 \times \frac{F_0^3}{12B^2} = 3 \times \frac{29.8^3}{12 \times 2.2^2} = 1366.9(m^4)$$

则
$$\theta_y = \frac{Qe_x}{\gamma J_y \psi_y} = \frac{400 \times 1}{10 \times 953.6 \times 1} = 0.042(rad)$$
$$\theta_x = \frac{Qe_y}{\gamma J_x \psi_x} = \frac{400 \times 0.32}{10 \times 1366.9 \times 0.9} = 0.010(rad)$$

又
$$a_x = \frac{(m-1)l + B}{2} = \frac{(3-1) \times 4 + 2.2}{2} = 5.1(m), b_y = \frac{L_1}{2} = \frac{13.545}{2} = 6.773(m)$$

从而,最大吃水点(a_x, b_y)的附加吃水为
$$\Delta T_x = \theta_y \cdot a_x = 0.042 \times 5.1 = 0.214(m)$$
$$\Delta T_y = \theta_x \cdot b_y = 0.010 \times 6.773 = 0.068(m)$$

桥脚舟最大吃水
$$T' = T + \Delta T_x + \Delta T_y = 0.581 + 0.214 + 0.068 = 0.863(m)$$

干舷高度
$$h_0' = H - T' = 0.80 - 0.863 = -0.063(m)$$

超过容许值$0.063m$。

3. 桥跨强度计算

$$\eta = \frac{B}{l} = \frac{2.2}{4} = 0.55$$

$$\lambda_0 = \frac{1}{3}(4+\eta)l = \frac{1}{3} \times (4+0.55) \times 4 = 6.07(\text{m})$$

由静载引起的弯矩用式(9-23)计算：

$$M_1 = \frac{g_0 L_0}{8} \cdot (2\lambda_0 - L_0) = \frac{5.5 \times 12}{8} \times (2 \times 6.07 - 12) = 1.155(\text{kN} \cdot \text{m})$$

由活载引起的弯矩用式(9-20)计算：

$$M_2 = \frac{Q}{8} \cdot (2\lambda_0 - s) = \frac{400}{8} \times (2 \times 6.07 - 4) = 407(\text{kN} \cdot \text{m})$$

横向分配系数 K 用式(9-22)计算：

$$K = \frac{1}{n} + \frac{eb_1}{\sum_{i=1}^{6} b_i^2} = \frac{1}{12} + \frac{0.32 \times 3.78}{3.78^2 + 2.94^2 + 2.48^2 + 1.63^2 + 1.09^2 + 0.25^2} = 0.12$$

则边桁的弯矩为

$$M = \frac{M_1}{n} + KM_2 = \frac{1.155}{12} + 0.12 \times 407 = 48.9(\text{kN} \cdot \text{m})$$

边桁弯曲应力为

$$\sigma = \frac{M}{W} = \frac{48.9 \times 10^3}{141.4} = 345.8(\text{MPa})$$

超过容许应力 $\frac{345.8 - 340}{340} \times 100\% = 1.7\% < 5\%$，安全。

(二)用考虑桥跨柔度法计算

1. 浮性计算

弹性特征系数 $\alpha = \frac{\gamma F_0 l^3}{6EJn} = \frac{10 \times 29.8 \times 4^3}{6 \times 2.1 \times 10^8 \times 1273 \times 10^{-8} \times 12} = 0.0991$

桥脚舟 2 反力影响线[图9-22(a)]坐标按表9-3中公式计算：

$$R_{21} = R_{23} = \frac{1}{3+2\alpha} = \frac{1}{3+2 \times 0.0991} = 0.313$$

$$R_{22} = \frac{1+2\alpha}{3+2\alpha} = \frac{1+2 \times 0.0991}{3+2 \times 0.0991} = 0.375$$

活载位于门桥中央时，影响线面积

$$\Omega = \frac{0.375 + 0.344}{2} \times 4.0 = 1.438$$

桥脚舟 2 的活载反力

$$R_2 = \frac{Q}{s} \cdot \Omega = \frac{400}{4.0} \times 1.438 = 143.8(\text{kN})$$

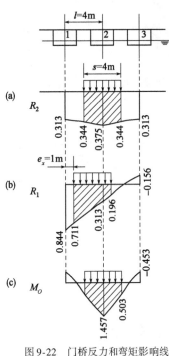

图 9-22 门桥反力和弯矩影响线

桥脚舟 2 的活载吃水

$$T_2 = \frac{R_2}{\gamma F_0} = \frac{143.8}{10 \times 29.8} = 0.483(\mathrm{m})$$

桥脚舟 2 的吃水

$$T = T_1 + T_2 = 0.134 + 0.483 = 0.617(\mathrm{m}) < [T] = 0.64\mathrm{m}$$

干舷高度

$$h_0 = H - T = 0.80 - 0.617 = 0.183(\mathrm{m}) < [h_0] = 0.20\mathrm{m}$$

2. 稳性计算

桥脚舟 1 的反力影响线[图 9-22(b)]坐标(表 9-3 中公式)为

$$R_{11} = \frac{5 + 4\alpha}{6 + 4\alpha} = \frac{5 + 4 \times 0.0991}{6 + 4 \times 0.0991} = 0.844$$

$$R_{12} = \frac{2}{6 + 4\alpha} = \frac{2}{6 + 4 \times 0.0991} = 0.313$$

$$R_{13} = -\frac{1}{6 + 4\alpha} = -\frac{1}{6 + 4 \times 0.0991} = -0.156$$

将活载按偏心 $e_x = 1.0\mathrm{m}$ 布置在影响线[图 9-22(b)]上,可算出履带下的影响线面积为

$$\Omega = \frac{0.711 + 0.313}{2} \times 3 + \frac{0.313 + 0.196}{2} \times 1 = 1.791$$

由活载引起的桥脚舟 1 的反力

$$R_2 = \frac{Q}{s} \cdot \Omega = \frac{400}{4.0} \times 1.791 = 179.1(\mathrm{kN})$$

桥脚舟 1 的吃水

$$T_2 = \frac{R_2}{\gamma F_0} = \frac{179.1}{10 \times 29.8} = 0.601(\mathrm{m})$$

一个桥脚舟的计算水线面面积对 x 轴的惯性矩

$$J_x^0 = \frac{F_0^3}{12B^2} = \frac{29.8^3}{12 \times 2.2^2} = 455.6(\mathrm{m}^4)$$

由活载在门桥上横向偏心而引起的桥脚舟 1 的纵倾附加吃水

$$\Delta T_y = \frac{R_2 e_y b_y}{\gamma J_x^0 \psi_x^0} = \frac{179.1 \times 0.32 \times 6.773}{10 \times 455.6 \times 0.9} = 0.095(\mathrm{m})$$

桥脚舟 1 上最大吃水点的总吃水

$$T' = T_1 + T_2 + \Delta T_y = 0.134 + 0.601 + 0.095 = 0.830(\mathrm{m})$$

超过舟高 $T' - H = 0.830 - 0.80 = 0.030(\mathrm{m})$。

3. 桥跨强度计算

门桥桥跨中央截面 O 的弯矩影响线[图9-22(c)]坐标(表9-4中公式)为

$$M_{O1} = \frac{-2+\eta}{12+8\alpha}l = \frac{-2+0.55}{12+8\times0.0991}\times 4 = -0.453$$

$$M_{OO} = \frac{4+(1+2\alpha)\eta}{12+8\alpha}l = \frac{4+(1+2\times0.0991)\times0.55}{12+8\times0.0991}\times 4 = 1.457$$

布载后在履带端部下的坐标从图9-22(c)上求得

$$M_{Os} = 0.503$$

则影响线面积为

$$\Omega_M = 2\times\frac{M_{OO}+M_{Os}}{2}\times\frac{s}{2} = \frac{2\times1.457+0.503}{2}\times\frac{4}{2} = 3.92$$

由活载引起的弯矩

$$M_2 = \frac{Q}{s}\cdot\Omega = \frac{400}{4}\times 3.92 = 392(\text{kN}\cdot\text{m})$$

由静载所引起的弯矩 M_1 比起 M_2 来要小得多，故仍用 1.155 kN·m 计算。边桁的弯矩

$$M = \frac{M_1}{n}+KM_2 = \frac{1.155}{12}+0.12\times 392 = 47.14(\text{kN}\cdot\text{m})$$

弯曲应力

$$\sigma = \frac{M}{W} = \frac{47.14\times 10^3}{141.4} = 333.4(\text{MPa}) < [\sigma] = 340\text{MPa}$$

复习思考题

1. 门桥计算的内容包括哪些？
2. 什么是绝对刚性法？用绝对刚性法计算门桥有哪些假设条件？为什么可以这么假设？
3. 门桥浮性计算的实质是什么？门桥排水量计算的表现形式是什么？
4. 用绝对刚性法计算门桥的浮性包括哪些内容？用绝对刚性法如何计算门桥的浮性？门桥的浮性是否满足要求的标准是什么？
5. 门桥稳性计算的实质是什么？门桥稳性计算的表现形式是什么？
6. 用绝对刚性法计算门桥的稳性包括哪些内容？用绝对刚性法如何计算门桥的稳性？门桥的稳性是否满足要求的标准是什么？
7. 用绝对刚性法计算桥脚分置式门桥的桥桁强度包括哪些内容？如何进行桥桁强度

计算?

8. 如何求出桥脚反力影响线?
9. 如何求出桥跨弯矩影响线?
10. 桥脚分置式门桥的桥脚舟数为奇数时,跨中弯矩影响量如何修正?
11. 如何利用桥跨弯矩影响线计算桥跨弯矩?桥跨弯矩包括哪两类荷载产生的弯矩?
12. 桥跨弯矩计算时的计算跨度 λ_0 是如何定义的?
13. 如何计算桥跨边桁弯矩?
14. 如何进行桥跨边桁弯曲应力验算?
15. 如何进行带式门桥桥跨弯矩的计算?
16. 计算门桥时为什么要考虑桥跨柔度?什么情况下需要用考虑桥跨柔度的方法计算门桥?
17. 简述考虑桥跨柔度计算门桥的原理。
18. 考虑桥跨柔度计算门桥时浮游桥脚反力、桥跨弯矩如何计算?
19. 码头计算包括哪些内容?
20. 在计算固定桥脚码头桥跨结构最大弯矩时,为什么只计算码头桥跨结构跨中截面在门桥漕渡作业过程中产生的弯矩?
21. 哪些码头构件对码头桥跨结构中的弯矩有贡献?
22. 码头支架顶面与门桥的桥跨底面之间为什么需要设置预留垂直间隙?为什么预留垂直间隙既要满足 $h \geq T_2 + 0.02m$,又要保证门桥装载时边舟还有容许的干舷高度 $h \leq H - T_1 - h_0$?在计算码头时为什么取 $h = T_2$?关系式中,T_1、T_2、H 和 h_0 分别指的是什么?
23. 码头桥跨结构跨中弯矩影响线怎么求出?
24. 如何确定限制铰的预设角度?
25. 某四舟门桥,门桥长 $L_0 = 16m$,节间 $l = 4m$,车行部宽 $b_0 = 4.0m$,荷载全重 $Q = 400kN$,履带接地长 $s = 4m$,荷载宽度 $B_c = 3.2m$,桥脚舟为闭口式,其长 $L = 15.0m$,宽 $B = 2.0m$,计算舷高 $H = 1.0m$,计算水线面面积 $F_0 = 29.0m^2$,单个舟自重 $G_0 = 28.5kN$,上部结构自重 $g_0 = 11.0kN/m$,试计算该门桥的浮性、稳性。

PART4 | 第四部分

浮桥计算

第十章
简支体系浮桥的计算

第一节　简支体系浮桥河中部分计算

简支体系浮桥是静定结构,是支承在浮游桥脚上的多跨简支梁。这种体系浮桥有各种不同的形式(图10-1),其中应用最广泛的是桥跨末端中央支承在浮游桥脚上[图10-1(a)、图10-1(b)],浮游桥脚中央一般设置一根负桁材[图10-1(a)]或两根负桁材[图10-1(b)],桥跨结构和活载的重量通过负桁材传递到桥脚舟上,使桥脚舟沿桥轴线方向保持中心吃水,因此桥跨结构强度计算与刚性桥脚上的多跨桥(如低水桥)类似,桥脚舟则必须计算吃水和强

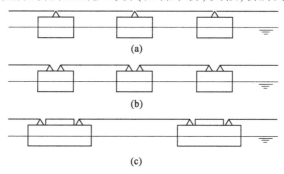

图10-1　简支体系浮桥各种形式

度,两相邻桥脚由于吃水不同而产生桥面纵坡度。此外,活载在桥面上的横向偏心,产生了桥跨结构各承重构件的不均匀分配,还会引起桥脚舟的纵倾。

一、桥脚舟吃水的计算

(一)桥脚舟的反力影响线

当桥跨结构末端中央支承在桥脚舟中央上时,桥脚舟的反力影响线如图 10-2(a)、(b)所示。

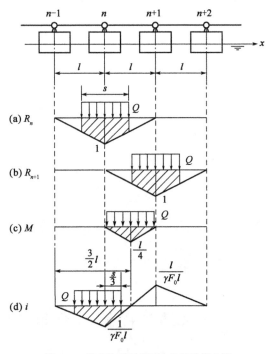

图 10-2　简支体系浮桥河中各部分影响线

桥脚舟 n 的反力影响线的作法与刚性桥脚桥梁类似,其纵坐标[图 10-2(a)]为

$$\begin{cases} R_{nn} = 1 \\ R_{n,n-1} = R_{n,n+1} = 0 \end{cases}$$

(二)中心吃水

当桥脚轴线上只设置一根负桁材时[图 10-1(a)],将活载布置在反力影响线最不利位置[图 10-2(a)],即得活载作用下产生的桥脚舟反力(当 $s \leq 2l$ 时)为

$$R_2 = Q \cdot \left(1 - \frac{s}{4l}\right) \tag{10-1}$$

式中:Q——履带式荷载全重;
　　　s——履带接地长度;
　　　l——桥脚舟轴线间距。

由桥跨自重产生的桥脚舟反力为

$$R_1 = g_0 l \qquad (10\text{-}2)$$

式中：g_0——桥跨每纵长米重量。

桥脚舟的总反力为

$$R = R_1 + R_2 + G_0 \qquad (10\text{-}3)$$

式中：G_0——桥脚舟自重。

桥脚舟的中心吃水为

$$T = \frac{R}{\gamma F_0} \leq [T] \qquad (10\text{-}4)$$

式中：γ——水的重度；

F_0——桥脚舟的水线面面积；

$[T]$——桥脚舟中心受载时的容许吃水。

（二）附加吃水和最大吃水

1. 桥脚舟上设置一根负桁材

当履带式荷载 Q 在桥面上行驶有横向偏心时，则作用在桥脚舟上的反力 R_2 与活载横向偏心距 e_y [坐标系以门桥长度和宽度方向分别为 x 轴、y 轴，如图 10-3（a）所示]对桥脚舟产生了一个横向倾覆力矩 $M_x = R_2 \cdot e_y$，此力矩使桥脚舟沿桥轴线旋转，从而引起桥脚舟的纵向附加吃水，其大小为

$$\Delta T_y = \frac{R_2 e_y z_y}{\gamma J_x^0 \psi_x^0} \qquad (10\text{-}5)$$

式中：J_x^0——桥脚舟计算水线面面积对桥轴线（x 轴）的惯性矩；

ψ_x^0——桥脚舟在受活载作用时纵稳心高度与纵稳心半径的比值，一般可取 0.9；

z_y——计算水线面边缘在桥脚舟纵轴线上的坐标，$z_y = L_0/2$，L_0 为舟的计算长度。

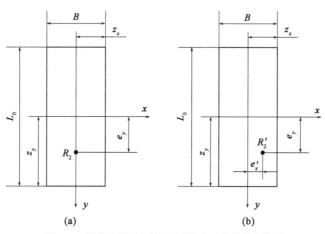

图 10-3　活载在桥面上行驶时桥脚舟反力的偏心位置

桥脚舟的最大吃水为

$$T' = T + \Delta T_y \qquad (10\text{-}6)$$

然后按第九章第一节的方法验算舟的干舷 h_0 是否超过容许值 $[h_0]$。

2. 桥脚舟上设置两根负桁材

如果在桥脚舟轴线上设置两根负桁材,两相邻桥跨结构的末端分别支承在两根负桁材上[图 10-1(b)],桥脚舟的吃水除了必须按活载横向偏心作用在桥跨上最不利位置进行上述验算外,还要验算活载作用在一跨的端部(图 10-4)时桥脚引起的附加吃水。

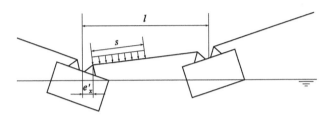

图 10-4 浮游桥脚上有两根负桁材时桥脚反力计算的活载位置

将活载 Q 布置在桥脚反力影响线[图 10-2(a)]的最不利位置,则桥脚舟在图 10-4 所示的活载位置时的反力为

$$R'_2 = Q \cdot \left(1 - \frac{s}{2l}\right) \tag{10-7}$$

此反力对桥脚舟产生了横向和纵向倾覆力矩,使桥脚舟产生横倾和纵倾[图 10-3(b)]。横倾时的附加吃水为

$$\Delta T'_x = \frac{R'_2 e'_x z_x}{\gamma J_y^0 \psi_y^0} \tag{10-8}$$

式中:e'_x——负桁材轴线到桥脚舟轴线的距离;

z_x——计算水线面边缘在桥轴线方向上的坐标,$z_x = B/2$;

J_y^0——桥脚舟计算水线面面积对桥脚舟轴线(y 轴)的惯性矩;

ψ_y^0——桥脚舟在受活载作用时横稳心高度与横稳心半径的比值,一般可取 0.85。

桥脚舟纵倾时的附加吃水为

$$\Delta T'_y = \frac{R'_2 e_y z_y}{\gamma J_x^0 \psi_x^0} \tag{10-9}$$

式中,各符号意义同前。

桥脚舟在图 10-4 所示情况下的最大吃水为

$$T'' = \frac{R_1 + R'_2 + G_0}{\gamma F_0} + \Delta T'_x + \Delta T'_y \tag{10-10}$$

需要指出的是,由于 $R'_2 < R_2$,T'' 应和 T' 比较出最不利的情况。

二、纵向坡度的计算

简支体系浮桥桥面的纵向坡度是由两相邻桥脚吃水不均匀引起的。设桥脚 n 的吃水为 T_n,桥脚 $n+1$ 的吃水为 T_{n+1},则 $n \sim n+1$ 桥跨的纵向坡度为

$$i = \frac{T_n - T_{n+1}}{l} \tag{10-11}$$

即

$$i = \frac{R_n - R_{n+1}}{\gamma F_0 l} \tag{10-12}$$

式中：R_n、R_{n+1}——荷载在桥脚 n、$n+1$ 上产生的反力。

如果 $P=1$ 作用在桥脚 n 上，则桥面纵坡度为

$$i = \frac{1}{\gamma F_0 l}$$

如果 $P=1$ 作用在桥脚 $n+1$ 上，则桥面纵坡度为

$$i = -\frac{1}{\gamma F_0 l}$$

如果 $P=1$ 作用在桥脚 $n-1$ 和 $n+2$ 上，或作用在桥脚 $n-1$ 以左或 $n+2$ 以右，桥脚舟 i 保持水平，即 $i=0$。

根据以上各 i 值，可作出 $n \sim n+1$ 跨的坡度影响线，该影响线的同号段长度为 $3l/2$ [图 10-2(d)]。将履带式荷载布置在影响线上，即得最大桥面纵坡度值

$$i_{\max} = \frac{Q}{\gamma F_0 l} \cdot \left(1 - \frac{s}{3l}\right) \leq [i] = 6\% \tag{10-13}$$

三、桥跨强度的计算

桥跨中央截面弯矩影响线与一般刚性桥脚上简支桥跨的影响线相同，最大坐标为 $l/4$ [图 10-2(c)]。

将活载设置在影响线最不利位置，可得桥跨中央截面最大弯矩为

$$M_2 = \frac{Q}{8} \cdot (2l - s) \tag{10-14}$$

在静载作用下的弯矩为

$$M_1 = \frac{g_0 l^2}{8} \tag{10-15}$$

一根桥桁中的弯矩为

$$M = \frac{M_1}{n} + K(1 + \mu) M_2 \tag{10-16}$$

式中：$1 + \mu$——冲击系数，对于金属桥跨结构的浮桥，取 1.15。

式(10-14)~式(10-16)中其余符号意义同式(9-18)~式(9-20)。

第二节 简支体系浮桥过渡部分的计算

简支体系浮桥与岸边固定栈桥或桥础的连接采用梁式桥跨，其一端支承在浮游桥脚负桁材上，另一端支承在栈桥的刚性桥脚上，因此边舟在活载作用下的最大反力（图 10-5）为

$$R_2 = Q \cdot \left(1 - \frac{s}{2l_1 + 2l}\right) \tag{10-17}$$

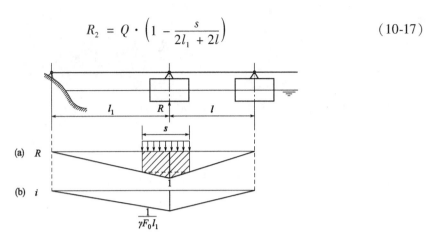

图 10-5 过渡部分桥脚舟反力和桥面纵坡度影响线

由活载引起的岸边桥跨的最大桥面纵坡度(当 $s \leqslant l_1 + l$ 时)为

$$i_{\max} = \frac{Q}{\gamma F_0 l_1} \cdot \left(1 - \frac{s}{2l_1 + 2l}\right) \leqslant 8\% \tag{10-18}$$

式中：l_1——岸边桥跨的跨度；

l——河中桥跨的跨度。

过渡部分桥桁的计算方法与河中部分相同。

第三节 计 算 例 题

一、已知数据

某简支体系浮桥桥桁在桥脚舟上采取中央支承方式,如图 10-6 所示。

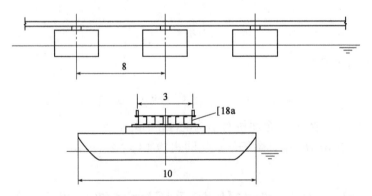

图 10-6 简支体系浮桥计算简图(尺寸单位:m)

(1)活载:履带式活载,全重 $Q=120\text{kN}$,宽 $B_c=2.3\text{m}$,履带接地长 $s=2.4\text{m}$。

(2)静载:桥跨自重 $g_0=2.62\text{kN/m}$,一个桥脚舟自重 $G_0=30\text{kN}$。

(3)上部结构:桥桁为 8 根[18a 槽钢,单根桥桁的惯性矩 $J=12727\times10^3\text{mm}^4$,抵抗矩 $W=$

$1414\times10^2\mathrm{mm}^3$,等间距排列,边桁间距 $b_1=3\mathrm{m}$,容许弯曲应力 $[\sigma]=340\mathrm{MPa}$,桥板长 $4050\mathrm{mm}$、宽 $400\mathrm{mm}$、高 $60\mathrm{mm}$。

(4) 桥脚舟:开口式舟,长 $L=10\mathrm{m}$,宽 $B=3.4\mathrm{m}$,舷高 $H=1.1\mathrm{m}$,计算水线面面积 $F_0=30\mathrm{m}^2$。

(5) 浮桥跨度 $l=8\mathrm{m}$,车行部宽 $b_0=3.0\mathrm{m}$。

二、计算内容

简支体系浮桥河中部分的桥脚舟吃水、桥桁强度和桥面纵坡度计算。

三、计算过程

1. 桥脚舟吃水计算

由静载引起的桥脚舟反力

$$R_1 = g_0 l = 2.62 \times 8 = 20.96(\mathrm{kN})$$

由活载引起的桥脚舟反力

$$R_2 = Q \cdot \left(1 - \frac{s}{4l}\right) = 120 \times \left(1 - \frac{2.4}{4\times 8}\right) = 111(\mathrm{kN})$$

桥脚舟总反力

$$R = R_1 + R_2 + G_0 = 20.96 + 111 + 30 = 161.96(\mathrm{kN})$$

总吃水深度

$$T = \frac{R}{\gamma F_0} = \frac{161.96}{10\times 30} = 0.540(\mathrm{m}) < [T] = \frac{2}{3}H = \frac{2}{3}\times 1.1 = 0.73(\mathrm{m})$$

干舷高度

$$h_0 = H - T = 1.1 - 0.540 = 0.56(\mathrm{m}) > [h_0] = 0.30\mathrm{m},安全。$$

活载偏心值

$$e_y = \frac{b_0 - B_c}{2} = \frac{3.0 - 2.3}{2} = 0.35(\mathrm{m})$$

桥脚舟纵倾时引起的附加吃水

$$L_0 = \frac{F_0}{B} = \frac{30}{3.4} = 8.824(\mathrm{m})$$

$$z_y = \frac{L_0}{2} = \frac{8.824}{2} = 4.412(\mathrm{m})$$

$$J_x^0 = \frac{F_0^3}{12B^2} = \frac{30^3}{12\times 3.4^2} = 194.6(\mathrm{m}^4)$$

$$\Delta T_y = \frac{R_2 e_y z_y}{\gamma J_x^0 \psi_x^0} = \frac{111\times 0.35 \times 4.412}{10\times 194.6 \times 0.9} = 0.098(\mathrm{m})$$

$$T' = T + \Delta T_y = 0.540 + 0.098 = 0.638(\mathrm{m})$$

干舷高度

$h'_0 = H - T' = 1.1 - 0.638 = 0.462(\text{m}) > [h'_0] = 0.1\text{m}$,安全。

2. 桥跨强度计算

由静载引起的弯矩

$$M_1 = \frac{g_0 l^2}{8} = \frac{2.62 \times 8^2}{8} = 20.96(\text{kN} \cdot \text{m})$$

由活载引起的最大弯矩

$$M_2 = \frac{Q}{8} \cdot (2l - s) = \frac{120}{8} \times (2 \times 8 - 2.4) = 204(\text{kN} \cdot \text{m})$$

荷载横向分配系数

$$K = \frac{1}{n} \cdot \left(1 + \frac{6e}{b_1} \cdot \frac{n-1}{n+1}\right) = \frac{1}{8} \times \left(1 + \frac{6 \times 0.35}{3.0} \times \frac{8-1}{8+1}\right) = 0.193$$

单根桥桁所受的弯矩

$$M = \frac{M_1}{n} + K(1+\mu)M_2 = \frac{20.96}{8} + 0.193 \times 1.15 \times 204 = 47.90(\text{kN} \cdot \text{m})$$

单根桥桁所受的应力

$$\sigma = \frac{M}{W} = \frac{47.90 \times 10^6}{1414 \times 10^2} = 338.8\text{MPa} < [\sigma] = 340\text{MPa},\text{安全。}$$

3. 桥面纵坡度计算

$$i_{\max} = \frac{Q}{\gamma F_0 l} \cdot \left(1 - \frac{s}{3l}\right) = \frac{120}{10 \times 30 \times 8} \times \left(1 - \frac{2.4}{3 \times 8}\right) = 0.045 = 4.5\% < [i] = 6\%,\text{安全。}$$

复习思考题

1. 简支体系浮桥计算的内容有哪些?
2. 简支体系浮桥河中部分计算的内容有哪些?
3. 桥跨结构中央支承在桥脚上时,桥脚舟的最大吃水如何计算?
4. 在桥脚轴线上设置两根负桁材时,两相邻桥跨结构的末端分别支承在两根负桁材上,此时桥脚的最大吃水如何计算?
5. 简支体系浮桥桥面的桥面纵坡度是如何产生的?最大桥面纵坡度如何计算?
6. 如何运用影响线计算一根桥桁中的最大弯矩?
7. 简支体系浮桥过渡部分的计算内容是什么?如何计算?
8. 已知数据——简支体系浮桥河中部分:

(1) 活载。履带式活载全重 $Q = 160\text{kN}$,全宽 $B_c = 2.5\text{m}$,履带接地长 $s = 2.6\text{m}$。

(2) 静载。桥跨自重 $g_0 = 3.56\text{kN/m}$,一个桥脚舟自重 $G_0 = 30\text{kN}$。

(3) 上部结构:桥桁数量 $n = 8$ 根,惯性矩 $J = 1273\text{cm}^4$,抵抗矩 $W = 141\text{cm}^3$,桥桁不等间距配置,间距分别为 $b_1 = 3.2\text{m}$、$b_2 = 2.32\text{m}$、$b_3 = 1.44\text{m}$、$b_4 = 0.56\text{m}$,容许弯曲应力 $[\sigma] = 340\text{MPa}$,桥板长 4200mm、宽 400mm、高 60mm。

(4)桥脚舟。开口式舟,长 $L=12\text{m}$,宽 $B=3.4\text{m}$,舷高 $H=0.9\text{m}$,计算水线面面积 $F_0=35\text{m}^2$。

(5)浮桥跨度 $l=8\text{m}$,车行部宽 $b_0=3.2\text{m}$,桥桁在桥脚舟上采取中央支承方式。

试计算该浮桥的桥脚舟吃水、桥桁强度和桥面纵坡度。

如果桥桁强度不够,在按等间距排列的情况下,需要多少根桥桁?

第十一章
铰接体系浮桥的计算

第一节　用绝对刚性法计算铰接体系浮桥河中部分

铰接体系浮桥河中部分的结构是由各相邻门桥间用铰连接组成的,铰能自由转动,它能迅速分解和结合各门桥。由于铰接结构比刚性连接简单,故便于就便器材浮桥和海岸浮游栈桥(图11-1)使用。

图 11-1　海岸浮游栈桥

从受力情况看,铰结构只传递剪力,不传递弯矩,该剪力称作铰力。如在某一桥节门桥上作用有活载 P,该桥节门桥就产生桥脚舟吃水、桥跨弯矩和桥面纵坡度(图11-2),并通过铰力 X_n 和 X_{n-1}(图中铰力方向假定是正号)传递到相邻桥节门桥上,使那些门桥也产生桥脚舟吃水、桥跨弯矩和桥面纵坡度。由于桥节门桥上的静载均匀分布,故不产生铰力。

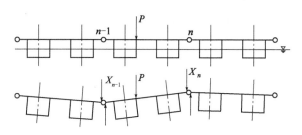

图11-2　铰接体系浮桥河中部分桥节门桥的受力情况

如果以桥节门桥作为基本体系来考虑,铰接体系浮桥的河中部分是超静定体系,其超静定次数等于河中部分铰的总数减2,根据各桥节门桥端部变位协调条件可以计算铰力。铰力求出后,其他问题根据第九章门桥计算的方法就迎刃而解了,即在荷载和铰力的共同作用下求出桥节门桥的桥脚舟吃水、桥跨弯矩和桥面纵坡度。但这样计算铰力过于复杂,如果浮桥的河中部分由不少于3~4个桥节门桥组成时,假定浮桥的河中部分为无限长,可使计算简化,实际上可获得相当精确的结果。用于浮桥河中部分无限长时的计算方法称为焦点法。

除假定河中部分为无限长之外,与第九章门桥计算一样,还假定桥跨结构刚度为无限大,桥节门桥中所有桥脚舟的水线面面积相等,并近似地认为桥节门桥的重心与浮心重合。

一、焦点比公式

(一)单个桥节门桥的焦点比

先研究单个桥节门桥隔离体的变位情况。如在桥节门桥端部 A 有单位集中荷载 $P=1$ 作用时,桥节门桥端部 A 和 B 的变位为 δ_{AA} 和 δ_{BA}(图11-3)。如 $P=1$ 作用在桥节门桥端部 B 时,同样可以计算 δ_{BB} 和 δ_{AB} 的值。根据变位互等定理,有 $\delta_{AA}=\delta_{BB}$,$\delta_{BA}=\delta_{AB}$。

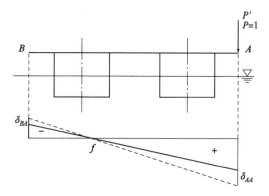

图11-3　桥节门桥端部 A 有单位集中荷载 $P=1$ 作用时的焦点位置

参考图9-3,可以计算出 δ_{AA} 和 δ_{BA} 的值。将 $P=1$ 由门桥端部 A 处移至门桥中央 O 点,这样,作用于 A 端的单位偏心荷载 $P=1$ 的作用可由作用在 O 点的单位集中荷载 $P=1$ 和门桥纵

倾力矩 $M = P \cdot \dfrac{L_0}{2} = 1 \cdot \dfrac{L_0}{2}$ 来代替(图 11-4)。此时,门桥端部变位由两部分组成,即

$$\begin{cases} \delta_{AA} = \delta_{AA}^P + \delta_{AA}^M = \dfrac{P}{\gamma F_m} + \theta_y \cdot \dfrac{PL_0}{2} \\ \delta_{BA} = \delta_{BA}^P - \delta_{BA}^M = \dfrac{P}{\gamma F_m} - \theta_y \cdot \dfrac{PL_0}{2} \end{cases} \quad (11\text{-}1)$$

式中:F_m——门桥的计算水线面面积;
θ_y——门桥的纵倾角度;
L_0——门桥的长度。

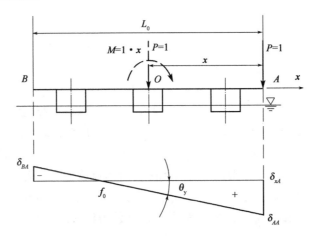

图 11-4 桥节门桥端部 A 有单位集中荷载 $P=1$ 作用时端部变位计算

根据式(9-6)和式(9-16),可求得门桥的纵倾角度

$$\theta_y = \dfrac{M_y}{\gamma J_y \psi_y} = \dfrac{PL_0}{2\gamma F_m r^2} \quad (11\text{-}2)$$

式中:r——门桥的计算水线面面积绕 y 轴的惯性半径;
ψ_y——门桥的纵稳心高度与纵稳心半径的比值,取 1.0。

将式(11-2)代入式(11-1),得

$$\begin{cases} \delta_{AA} = \delta_{BB} = \dfrac{1}{\gamma F_m} \cdot \left(1 + \dfrac{L_0^2}{4r^2}\right) \\ \delta_{BA} = \delta_{AB} = \dfrac{1}{\gamma F_m} \cdot \left(1 - \dfrac{L_0^2}{4r^2}\right) \end{cases} \quad (11\text{-}3)$$

如 P 值变为 P' 时桥节门桥的变位如图 11-3 中虚线所示。不论 P 值如何变化,桥节门桥两端变位的比值是不变的,即变位线与水平线相交点的位置是不变的,是一个定点,该点类似光学中的焦点,用 f 表示。$k_0 = \dfrac{\delta_{BA}}{\delta_{AA}}$ 或 $\dfrac{\delta_{AB}}{\delta_{BB}}$ 称为桥节门桥的焦点比。

(二)无限长铰接体系浮桥的焦点比

浮桥河中部分的情况就比较复杂了。如果 $P=1$ 作用在最右侧的自由端 n 上,河中部分的变位如图 11-5 所示,此变位线与桥跨的原始线(水平线)有一系列交点。如果 $P=1$ 作用在

最左侧的自由端 n 上,此变位线与桥跨的原始水平线也有一系列交点。交点 f 到门桥中央的水平距离记为 d。

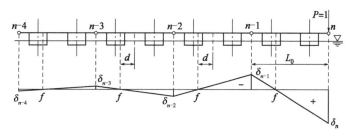

图 11-5 浮桥河中部分最右侧的自由端 n 有 $P=1$ 作用时的变位

在图 11-5 中,位于单位集中荷载 P 左侧 2 个相邻的桥节门桥 $n-2 \sim n-1$ 与桥节门桥 $n-1 \sim n$ 两端的变位之比 $\frac{\delta_{n-2}}{\delta_{n-1}}$、$\frac{\delta_{n-1}}{\delta_n}$ 值不一定相等。但如果浮桥河中部分为无限长时,在舍去桥节门桥 $n-1 \sim n$ 后,由于河中部分仍是无限长,$n-1$ 点的受力情况与原来 n 点相似,不同的只是力的大小,因此 $\frac{\delta_{n-2}}{\delta_{n-1}}$、$\frac{\delta_{n-1}}{\delta_n}$ 可认为是相等的,即桥节门桥 $n-2 \sim n-1$ 与桥节门桥 $n-1 \sim n$ 的焦点位置是相同的。以此类推,如果再不断地舍去右端的桥节门桥 $n-2 \sim n-1$、桥节门桥 $n-3 \sim n-2$、……,通过类似的推理即可证明,无限长浮桥的河中部分自由端 n 点以左所有桥节门桥的焦点位置都是相同的,因此在无限长浮桥的河中部分中,自由端 n 点以左各桥节门桥的焦点比 k 值是相等的,即左焦点比为

$$k = \frac{\delta_{n-1}}{\delta_n} = \frac{\delta_{n-2}}{\delta_{n-1}} = \frac{\delta_{n-3}}{\delta_{n-2}} = \cdots \tag{11-4}$$

式中:$n-1, n-2, \cdots$——$P=1$ 作用在无限长浮桥河中部分最右侧自由端 n 上时,各铰自右向左的相应编号。

如果 $P=1$ 作用在无限长浮桥河中部分最左侧的自由端 n 上,用同样的方法可以求出右焦点比为

$$k = \frac{\delta_{n+1}}{\delta_n} = \frac{\delta_{n+2}}{\delta_{n+1}} = \frac{\delta_{n+3}}{\delta_{n+2}} = \cdots \tag{11-5}$$

式中:$n+1, n+2, \cdots$——$P=1$ 作用在无限长浮桥河中部分最左侧自由端 n 上时,各铰自左向右的相应编号。

由于相邻铰的变位总是有不同的符号,所以焦点比总是负的,其绝对值小于 1,即 $|k|<1$。焦点比同样可用由焦点分成的门桥长度内的两条线段之比来表示(因为在门桥范围内的变位图是由两个相似三角形组成的),但要加一负号。

$$k = -\frac{\frac{L_0}{2} - d}{\frac{L_0}{2} + d} = -\frac{L_0 - 2d}{L_0 + 2d} \tag{11-6}$$

式中:L_0——桥节门桥长度;

d——焦点 f 到门桥中央的水平距离,如图 11-5 所示。

这样,浮桥中每个铰的变位就可以用焦点比 k 和单位力 $P=1$ 引起的河中部分端部变位 δ_n 的关系来表示。δ_n 称为河中部分末端 n 点的柔度。

如 $P=1$ 作用在河中部分最右侧的自由端 n 上,根据式(11-4)可得

$$\begin{cases} \delta_{n-1} = \delta_n k \\ \delta_{n-2} = \delta_{n-1} k = \delta_n k^2 \\ \delta_{n-3} = \delta_{n-2} k = \delta_n k^3 \\ \cdots \end{cases} \quad (11\text{-}7)$$

如 $P=1$ 作用在河中部分最左侧的自由端 n 上,根据式(11-5)可得

$$\begin{cases} \delta_{n+1} = \delta_n k \\ \delta_{n+2} = \delta_{n+1} k = \delta_n k^2 \\ \delta_{n+3} = \delta_{n+2} k = \delta_n k^3 \\ \cdots \end{cases} \quad (11\text{-}8)$$

根据变位互等定理,当 $P=1$ 时,这些变位值就是浮桥末端 n 点变位影响线的纵坐标,因此图 11-5 也是 n 点的变位影响线。

在假定河中部分为无限长的情况下,舍去桥节门桥 $n-1 \sim n$ 后,$n-1$ 点成为新的自由端,其上有 X_{n-1} 作用于 $n-1$ 点时产生的变位 δ_{n-1}(图 11-6)。此时 $n-1$ 点与图 11-5 中 n 点处在相似的受力情况下,即末端都是一集中力作用(大小不同),左端为无限长,焦点的位置也相同,参照图 11-5 可知 n 点与 $n-1$ 点的铰力和变位之比应相等,即

$$\frac{P}{\delta_n} = \frac{X_{n-1}}{\delta_{n-1}} \quad (11\text{-}9)$$

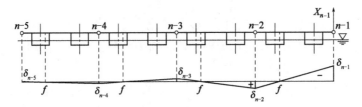

图 11-6 浮桥河中部分最右侧的自由端 $n-1$ 有 X_{n-1} 作用时的变位

计算铰力时假定铰力使桥节门桥顺时针方向旋转为正,反之为负;力向下为正,向上为负;变位向下为正,向下为负。因此,图 11-4 和图 11-6 中 X_{n-1} 是负号,而 P 是正号,δ_{n-1} 是负号,δ_n 是正号。

由于 $P=1$,由式(11-9)可得

$$X_{n-1} = \frac{\delta_{n-1}}{\delta_n} = k$$

同理,由图 11-6 可知,$n-2$ 点与 $n-1$ 点的铰力和变位之比也应相等,即

$$\frac{X_{n-2}}{\delta_{n-2}} = \frac{X_{n-1}}{\delta_{n-1}}$$

则

$$X_{n-2} = \frac{\delta_{n-2}}{\delta_{n-1}} X_{n-1} = k^2$$

同理

$$X_{n-3} = k^3$$

即

$$\begin{cases} X_{n-1} = k \\ X_{n-2} = k^2 \\ X_{n-3} = k^3 \\ \cdots \end{cases} \quad (11\text{-}10)$$

当单位集中荷载 $P=1$ 作用在浮桥最左侧自由端 n 时,根据规定的铰力符号规则可知,P 是负号,X_{n+1} 是正号;δ_n 是正号,δ_{n+1} 是负号。根据上述推导可知

$$\begin{cases} X_{n+1} = -k \\ X_{n+2} = -k^2 \\ X_{n+3} = -k^3 \\ \cdots \end{cases} \quad (11\text{-}11)$$

这样,可以用焦点比值表示末端作用有 $P=1$ 时无限长浮桥河中部分的铰力。由于焦点比 k 为定值,因此铰力的计算就在很大程度上简化了。

如在图 11-7 中,桥节门桥右端铰 n 处作用 $P=1$,在 $n-1$ 处就有铰力 $X_{n-1}=k$,这样桥节门桥在单位力 $P=1$ 和铰力 X_{n-1} 的作用下,铰 $n-1$ 和铰 n 的变位可看作由两部分叠加而成。

$$\begin{cases} \delta_n = P \cdot \delta_{AA} - X_{n-1} \cdot \delta_{AB} = \delta_{AA} - k\delta_{AB} \\ \delta_{n-1} = -X_{n-1} \cdot \delta_{BB} + P \cdot \delta_{BA} = \delta_{BA} - k\delta_{AA} \end{cases} \quad (11\text{-}12)$$

(因为 $\delta_{AA} = \delta_{BB}$,$\delta_{BA} = \delta_{AB}$。)

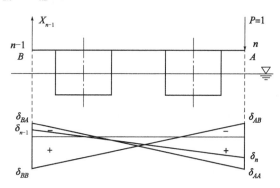

图 11-7 桥节门桥中变位叠加

将式(11-12)中的两式相除,得到焦点比 k 值为

$$k = \frac{\delta_{n-1}}{\delta_n} = \frac{\delta_{AB} - k\delta_{AA}}{\delta_{AA} - k\delta_{AB}} \quad (11\text{-}13)$$

将式(11-13)整理成 k 的二次方程式

$$k^2 - 2\frac{\delta_{AA}}{\delta_{AB}}k + 1 = 0$$

解得

$$k = \frac{\delta_{AA}}{\delta_{AB}} \pm \sqrt{\left(\frac{\delta_{AA}}{\delta_{AB}}\right)^2 - 1} \quad (11\text{-}14)$$

由式(11-3)可得

$$\frac{\delta_{AA}}{\delta_{AB}} = -\frac{L_0^2 + 4r^2}{L_0^2 - 4r^2}$$

代入式(11-14)得

$$k = -\frac{L_0 - 2r}{L_0 + 2r} \quad (11-15)$$

$\left(\text{舍去} |k| > 1 \text{的根} k = -\frac{L_0 + 2r}{L_0 - 2r}。\right)$

将式(11-15)与式(11-6)比较,可知

$$d = r \quad (11-16)$$

这样,利用门桥水线面面积的惯性半径 r 计算焦点比值 k 就更容易了。

现将各种门桥的 r 值列入表11-1,以便计算时应用。

各种桥节门桥计算水线面面积的惯性半径和浮桥的焦点比　　表11-1

参数	二舟门桥	三舟门桥	四舟门桥	五舟门桥	带式门桥
r	$\frac{1}{2}l$	$\frac{\sqrt{6}}{3}l$	$\frac{\sqrt{5}}{2}l$	$\sqrt{2}l$	$\frac{\sqrt{3}}{6}L_0$
k	$-\frac{1-u}{1+u}$	$-\frac{1-1.163u}{1+1.163u}$	$-\frac{1-2.236u}{1+2.236u}$	$-\frac{1-2.828u}{1+2.828u}$	$\sqrt{3}-2$ 或 -0.268

注:l 为门桥跨度,L_0 为带式门桥长度。

令 $u = \frac{l}{L_0}$,将表11-1中 r 值代入式(11-15),求得焦点比的值 k(参见表11-1第三行)。

二、铰力的计算

(一)铰力影响线

根据上述焦点法计算原理,即可计算浮桥中的铰力。首先要作铰力的影响线,最简单的是采用力学中的机动法。只要在所计算的铰处切开,并给相邻截面加一单位错动,方向与铰力的正方向相反即可。由于铰的两侧都是无限长浮桥铰力影响线的左右肢,而且都通过焦点,铰的左右肢是反对称的,因此在铰处的最大坐标分别为 -0.5 和 $+0.5$。

图11-8是铰 n 和铰 $n+1$ 的铰力影响线。

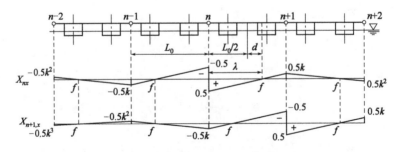

图11-8　铰 n 和铰 $n+1$ 的铰力影响线

铰 n 的铰力影响线上各点的坐标如下。

左肢：　　　$X_{nn} = -0.5, X_{n,n-1} = -0.5k, X_{n,n-2} = -0.5k^2, \cdots$

右肢：　　　$X_{nn} = 0.5, X_{n,n+1} = 0.5k, X_{n,n+2} = 0.5k^2, \cdots$

作铰 $n+1$ 的铰力影响线时，只需将铰 n 的铰力影响线的坐标向右错动一个门桥的长度。影响线的中间坐标可按直线内插法得出。因为铰力影响线是反对称的，所以其总面积等于零。这就证明了在均布静载作用下的铰力 X_1 等于零。

具有最大坐标铰力影响线的正段或负段长度为

$$\lambda = \frac{L_0}{2} + d = \frac{L_0}{2} + r \tag{11-17}$$

(二)铰力

铰力影响线求出后，即可利用该影响线的坐标求出桥脚反力和桥跨弯矩影响线，同时可用来计算铰本身的受力。

如活载为全重 Q 的履带式荷载，则铰力最大值 X_2 为

$$X_2 = \frac{Q}{2} \cdot \left(1 - \frac{s}{L_0 + 2r}\right) \tag{11-18}$$

将表11-1中各种桥节门桥的 r 值代入式(11-18)，可得浮桥的铰力 X_2 的计算公式(参见表11-6)。其中，对于由二舟桥节门桥组成的铰接体系浮桥($r = l/2$)，铰力为

$$X_2 = \frac{Q}{2} \cdot \left(1 - \frac{s}{L_0 + l}\right)$$

当活载在浮桥的横向有偏心值 e 时，铰不均匀受力，作用在一个铰上的铰力的计算值为

$$X_P = K(1 + \mu) \cdot \frac{X_2}{n} \tag{11-19}$$

式中：K——铰力的不均匀系数；

n——在浮桥横断面内的铰数；

$1 + \mu$——冲击系数，取 1.3。

在浮桥横断面中一般只布置 2 个铰，如铰之间的距离用 b 表示，此时可用下式计算铰力：

$$X_P = \frac{1}{2}\left(1 + \frac{2e}{b}\right) \cdot (1 + \mu) \cdot X_2 \tag{11-20}$$

三、桥脚舟吃水的计算

(一)桥脚分置式浮桥桥脚舟吃水的计算

1. 桥脚舟反力影响线

对于桥脚分置式浮桥，利用铰力影响线即可求出桥脚舟反力影响线。在作此影响线以前，首先研究单个桥节门桥作为隔离体的桥脚舟受力情况。

如图11-9 所示，假定单个桥节门桥隔离体上无铰力作用，仅在门桥末端 A 作用有单位集中荷载 $P = 1$。

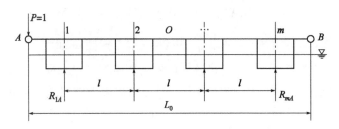

图 11-9　单位集中荷载作用在桥节门桥隔离体端部 A 时各桥脚舟的反力

根据式(9-17)可得桥节门桥隔离体边舟内产生的反力 R_{1A} 和 R_{mA} 为

$$\begin{cases} R_{1A} = \dfrac{1}{m} \cdot \left[1 + \dfrac{uL_0^2(m-1)}{4r^2}\right] \\ R_{mA} = R_{1B} = \dfrac{1}{m} \cdot \left[1 - \dfrac{uL_0^2(m-1)}{4r^2}\right] \end{cases} \qquad (11\text{-}21)$$

式中：L_0——桥节门桥长度；

m——桥节门桥中桥脚舟数；

r——桥节门桥的惯性半径；

u——桥节门桥桥脚舟轴线间的距离和门桥长度之比，$u = \dfrac{l}{L_0}$。

将表 11-1 中 r 值代入式(11-21)，可求得二舟至五舟桥节门桥隔离体的 R_{1A} 和 R_{1B}，其结果见表 11-2。

二舟至五舟桥节门桥的边舟反力 R_{1A} 和 R_{1B}　　　　表 11-2

边舟反力	二舟桥节门桥	三舟桥节门桥	四舟桥节门桥	五舟桥节门桥
R_{1A}	$\dfrac{u+1}{2u}$	$\dfrac{4u+3}{12u}$	$\dfrac{5u+3}{20u}$	$\dfrac{2u+1}{10u}$
R_{1B}	$\dfrac{u-1}{2u}$	$\dfrac{4u-3}{12u}$	$\dfrac{5u-3}{20u}$	$\dfrac{2u-1}{10u}$

对于作为桥脚分置式浮桥的一部分的桥节门桥 $n \sim n+1$ 而言，当单位集中荷载 $P = 1$ 作用在该桥节门桥之外时，会在其两端铰上产生铰力 X_n 和 X_{n+1}（图 11-10），在这两个铰力共同作用下，该桥节门桥边舟的反力为

$$\begin{cases} R_1 = -X_n R_{1A} + X_{n+1} R_{1B} \\ R_m = -X_n R_{1B} + X_{n+1} R_{1A} \end{cases} \qquad (11\text{-}22)$$

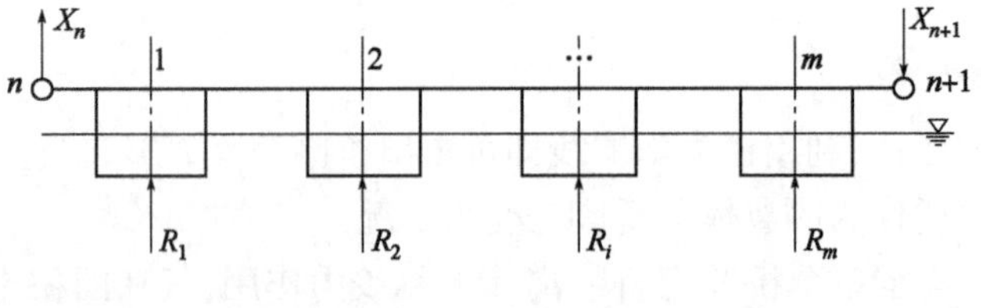

图 11-10　桥节门桥在铰力 X_n 和 X_{n+1} 共同作用(由 $P = 1$ 作用在该桥节门桥之外引起)下的桥脚舟反力

随着单位集中荷载 $P=1$ 在浮桥上的移动(仍然作用在桥节门桥 $n \sim n+1$ 之外),作为桥脚分置式浮桥一部分的桥节门桥 $n \sim n+1$ 的边舟反力表达式就变为影响线方程

$$\begin{cases} R_{1x} = -X_{nx}R_{1A} + X_{n+1,x}R_{1B} \\ R_{mx} = -X_{nx}R_{1B} + X_{n+1,x}R_{1A} \end{cases} \quad (11\text{-}23)$$

边舟的反力影响线即为 X_n、X_{n+1} 的影响线各乘一常数(R_{1A} 或 R_{1B}),加上正负号叠加而成。图 11-10 是在假定 X_n 和 X_{n+1} 都是正号时,得出的 R_1 和 R_m 值。

根据对称性,只需求出 R_{1x} 即可作出边舟反力影响线。桥节门桥中间舟的反力影响线必要时也可用相同的方法作出。

由于桥脚舟反力的大小决定于铰力,因此当铰力影响线作出后,桥脚舟反力影响线即可作出来。

由于铰力影响线通过焦点,通过焦点的图形乘上各 R 值后仍然通过焦点,所以在作桥脚舟 1 的反力影响线时,只需作出铰 n 和铰 $n+1$ 处的坐标 R_{1n} 和 $R_{1,n+1}$,铰 n 以左和铰 $n+1$ 以右通过焦点比即可绘出。由于假定桥跨是绝对刚性的,故在该桥节门桥内的影响线不必再用 $P=1$ 作用在该桥节门桥上去求各个坐标,只需将 R_{1n} 和 $R_{1,n+1}$ 的坐标用直线连接即可[图 11-11(a)]。

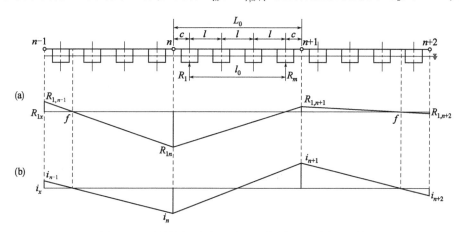

图 11-11 浮桥桥脚(边舟)反力影响线和桥面纵坡度影响线

由图 11-8 可知,当 $P=1$ 作用在铰 n 左侧上(门桥 $n \sim n+1$ 之外)时,有

$$\begin{cases} X_{nn} = -0.5 \\ X_{n+1,n} = -0.5k \end{cases} \quad (11\text{-}24)$$

当 $P=1$ 作用在铰 $n+1$ 右侧上(门桥 $n \sim n+1$ 之外)时,有

$$\begin{cases} X_{n,n+1} = 0.5k \\ X_{n+1,n+1} = 0.5 \end{cases} \quad (11\text{-}25)$$

将以上 X 值代入式(11-23)中第一式,得边舟 1 的反力影响线的主要坐标为

$$\begin{cases} R_{1n} = -X_{nn}R_{1A} + X_{n+1,n}R_{1B} = \dfrac{R_{1A} - kR_{1B}}{2} \\ R_{1,n+1} = -X_{n,n+1}R_{1A} + X_{n+1,n+1}R_{1B} = \dfrac{R_{1B} - kR_{1A}}{2} \end{cases} \quad (11\text{-}26)$$

将表 11-2 中的 R_{1A}、R_{1B} 以及表 11-1 中各种桥节门桥的 k 值代入式(11-26),可得出各种门桥边舟反力影响线的主要坐标 R_{1n} 和 $R_{1,n+1}$ 的值,见表 11-3。

二舟至四舟桥节门桥的边舟反力影响线主要坐标　　　　表 11-3

边舟反力影响线主要坐标	二舟桥节门桥	三舟桥节门桥	四舟桥节门桥
R_{1n}	$\dfrac{1}{1+u}$	$\dfrac{0.742}{1+1.633u}$	$\dfrac{0.585}{1+2.236u}$
$R_{1,n+1}$	0	$-\dfrac{0.075}{1+1.633u}$	$-\dfrac{0.085}{1+2.236u}$

根据反力影响线的主要坐标即可作出反力影响线,在 n 点以左和 $n+1$ 点以右通过焦点,在 n 和 $n+1$ 之间用直线连接,如图 11-11(a)所示。

2. 桥脚舟最大吃水

将履带式荷载 Q 布置在影响线的最不利位置,桥脚(边舟)由活载产生的最大反力 R_2 即可求出。

二舟桥节门桥

$$R_2 = Q \cdot \frac{L_0}{L_0 + l} \cdot \left(1 - \frac{s}{3L_0 + l}\right) \tag{11-27}$$

三舟桥节门桥

$$R_2 = Q \cdot \frac{0.742 L_0}{L_0 + 1.633 l} \cdot \left(1 - \frac{s}{2.816 L_0 + 1.633 l}\right) \tag{11-28}$$

四舟桥节门桥

$$R_2 = Q \cdot \frac{0.585 L_0}{L_0 + 2.24 l} \cdot \left(1 - \frac{s}{2.746 L_0 + 2.236 l}\right) \tag{11-29}$$

式中:Q——履带式荷载重量;
　　　s——履带接地长度;
　　　L_0——桥节门桥长度;
　　　l——桥节门桥跨度。

此外,桥跨自重引起的桥脚舟反力为

$$R_1 = \frac{g_0 L_0}{m} \tag{11-30}$$

式中:g_0——每纵长米桥跨自重;
　　　m——桥节门桥内桥脚舟的数量。

因此,桥脚舟总反力

$$R = R_1 + R_2 + G_0 \tag{11-31}$$

式中:G_0——桥脚舟自重。

从而得到桥脚舟的平均吃水

$$T = \frac{R}{\gamma F_0} \leq [T] \tag{11-32}$$

由荷载在浮桥横方向偏心所产生的附加吃水的计算与简支体系浮桥相同。而在浮桥纵方向,将活载布置在最不利位置时实际上已考虑到偏心问题,只是舟舷处的附加吃水要比舟轴线处的大些,但相差极小,计算时可不计及。

五舟以上的桥节门桥在求得相应的 R_{1A}、R_{1B} 和 k 值后,用同样方法可求出边舟反力影响线的最大坐标和在活载作用下的最大反力 R_2。

(二)带式浮桥吃水计算

1. 铰的变位影响线和铰力影响线

在带式铰接体系浮桥中,单个桥节门桥隔离体(两端无铰力)上距门桥中点 x 处有单位集中荷载 $P=1$ 作用时,可由作用在 O 点的单位集中荷载 $P=1$ 和力矩 $M=1 \cdot x$ 来代替(图11-12),这样带式桥节门桥隔离体两端在单位活载 $P=1$ 作用下的吃水(变位)即可求出。以 A 端变位为例,有

$$\delta_{Ax} = \frac{1}{\gamma F_m} \cdot \left(1 + \frac{6x}{L_0}\right) \tag{11-33}$$

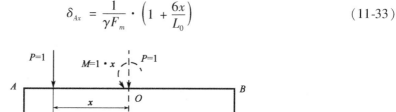

图 11-12　带式桥节门桥隔离体上有单位集中荷载 $P=1$ 作用时的变位

当单位集中荷载 $P=1$ 作用在桥节门桥隔离体 A 端时,$x = \frac{L_0}{2}$,代入式(11-33)得

$$\delta_{AA} = \frac{4}{\gamma F_m} = \delta_{BB} \tag{11-34}$$

当单位集中荷载 $P=1$ 作用在桥节门桥隔离体 B 端时,$x = -\frac{L_0}{2}$,代入式(11-33)得

$$\delta_{AB} = -\frac{2}{\gamma F_m} = \delta_{BA} \tag{11-35}$$

当单位集中荷载 $P=1$ 作用在作为带式浮桥一部分的桥节门桥 $n \sim n+1$ 之外时,在该桥节门桥两端产生铰力 X_n 和 X_{n+1}(图11-13),在这两个铰力共同作用下,该桥节门桥 n 端和 $n+1$ 端的变位为

$$\begin{cases} \delta_n = -X_n \delta_{AA} + X_{n+1} \delta_{AB} \\ \delta_{n+1} = -X_n \delta_{BA} + X_{n+1} \delta_{BB} \end{cases} \tag{11-36}$$

将式(11-34)和式(11-35)代入式(11-36),可得

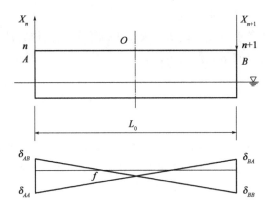

图 11-13　带式桥节门桥在铰力 X_n 和 X_{n+1} 共同作用(由 $P=1$ 作用在该门桥之外引起)下的末端变位

$$\begin{cases} \delta_n = -\dfrac{2}{\gamma F_m}(2X_n + X_{n+1}) \\ \delta_{n+1} = \dfrac{2}{\gamma F_m}(X_n + 2X_{n+1}) \end{cases} \quad (11\text{-}37)$$

随着单位集中荷载 $P=1$ 在带式浮桥上的移动(仍然作用在桥节门桥 $n\sim n+1$ 之外),作为带式浮桥一部分的桥节门桥 $n\sim n+1$ 两端的铰 n 和 $n+1$ 的变位表达式就变为影响线方程

$$\begin{cases} \delta_{nx} = -\dfrac{2}{\gamma F_m}(2X_{nx} + X_{n+1,x}) \\ \delta_{n+1,x} = \dfrac{2}{\gamma F_m}(X_{nx} + 2X_{n+1,x}) \end{cases} \quad (11\text{-}38)$$

利用式(11-38)可求出无限长带式浮桥铰 n 的变位影响线的主要坐标值[图 11-14(a)],但须先作出铰力影响线。与桥脚分置式浮桥一样,带式浮桥的铰力影响线也可采用力学中的机动法作出,如图 11-14(b)、(c)所示。

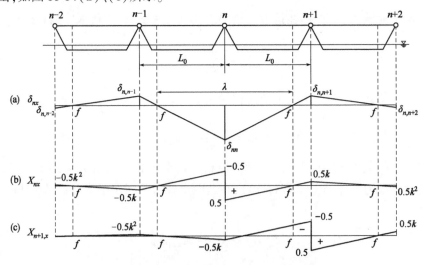

图 11-14　带式浮桥铰 n 的变位影响线和铰力影响线

铰接体系浮桥河中部分主要参数计算公式

表 11-4

参　数	带式浮桥	桥脚分置式浮桥一个桥节门桥的桥脚舟数		
		2	3	4
铰力 X_2	$\dfrac{Q}{2} \cdot \left(1 - \dfrac{s}{1.578L_0}\right)$	$\dfrac{Q}{2} \cdot \left(1 - \dfrac{s}{L_0 + l}\right)$	$\dfrac{Q}{2} \cdot \left(1 - \dfrac{s}{L_0 + 1.633l}\right)$	$\dfrac{Q}{2} \cdot \left(1 - \dfrac{s}{L_0 + 2.236l}\right)$
带式浮桥铰的变位 δ_2 或桥节桥边舟反力 R_2	$\dfrac{1.732Q}{\gamma F_m} \left(1 - \dfrac{s}{3.156L_0}\right)$	$Q \cdot \dfrac{L_0}{L_0 + l} \cdot \left(1 - \dfrac{s}{3L_0 + l}\right)$	$Q \cdot \dfrac{0.742L_0}{L_0 + 1.633l} \cdot \left(1 - \dfrac{s}{2.816L_0 + 1.633l}\right)$	$Q \cdot \dfrac{0.585L_0}{L_0 + 2.236l} \cdot \left(1 - \dfrac{s}{2.746L_0 + 2.236l}\right)$
桥节门桥纵坡度 i_{max}	$\dfrac{2.196Q}{\gamma F_m L_0} \cdot \left(1 - \dfrac{s}{2.578L_0}\right)$	$\dfrac{Q}{\gamma F_0 l_0} \cdot \left(1 - \dfrac{s}{2L_0 + l}\right)$	$\dfrac{Q}{\gamma F_0 l_0} \cdot \dfrac{0.408L_0}{L_0 + 1.633l} \cdot \left(1 - \dfrac{s}{2L_0 + 1.633l}\right)$	$\dfrac{Q}{\gamma F_0 l_0} \cdot \dfrac{0.224L_0}{L_0 + 2.236l} \cdot \left(1 - \dfrac{s}{2L_0 + 2.236l}\right)$
桥节门桥中央截面弯矩 M_2	$\dfrac{Q}{8}(1.366L_0 - s)$	$\dfrac{Q}{8} \cdot \left(\dfrac{4L_0 l}{L_0 + l} - s\right)$	$\dfrac{Q}{8} \cdot \left(2L_0 \dfrac{2.967l + 0.333B}{L_0 + 1.633l} - s\right)$	$\dfrac{Q}{8} \cdot \left(\dfrac{8.472L_0 l}{L_0 + 2.236l} - s\right)$

注：L_0-桥节桥长度；l-桥节门桥跨度；l_0-桥节门桥边舟轴线间距，$l_0 = (m-1)l$；Q-履带式荷载全重；s-履带接地长度；F_0-一个桥脚舟的计算水线面面积；F_m-带式桥节门桥的计算水线面面积。

当 $P=1$ 作用在 n 上(左侧)时，从图 11-14(b)、(c)可知，桥节门桥 $n \sim n+1$ 两端的铰力为

$$\begin{cases} X_{nn} = -0.5 \\ X_{n+1,n} = -0.5k \end{cases} \quad (11-39)$$

将 $x=n$、式(11-39)和表 11-1 中的 $k=-0.268$ 代入式(11-38)得

$$\delta_{nn} = \frac{1.732}{\gamma F_m} \quad (11-40)$$

当 $P=1$ 作用在 $n+1$(右侧)上时，从图 11-14(b)、(c)可知，桥节门桥 $n \sim n+1$ 两端的铰力为 $X_{n,n+1}=0.5k, X_{n+1,n+1}=0.5$，同样可以求出

$$\delta_{n,n+1} = -\frac{0.464}{\gamma F_m} \quad (11-41)$$

当 $P=1$ 作用在 $n-1$ 上时，由对称性可知

$$\delta_{n,n-1} = \delta_{n,n+1}$$

在作铰 n 的变位影响线[图 11-14(a)]时，将 δ_{nn}、$\delta_{n,n+1}$ 和 $\delta_{n,n-1}$ 用直线相连，$n-1$ 以左和 $n+1$ 以右部分通过焦点法作出。因 $\frac{\delta_{n,n+1}}{\delta_{nn}} = \frac{\delta_{n,n-1}}{\delta_{nn}} = -\frac{0.464}{1.732} = -0.268 = k$，故变位影响线在 $n-1$ 和 $n+1$ 之间亦通过焦点。

2. 活载作用下浮桥的最大吃水

作出铰 n 的变位影响线后，可以求得影响线正段长度为 $\lambda = 1.578L_0$。将履带式荷载 Q 布置在影响线的最不利位置，则铰 n 在活载作用下的最大吃水为

$$\delta_2 = \frac{1.732Q}{\gamma F_m} \cdot \left(1 - \frac{s}{3.16L_0}\right) \quad (11-42)$$

将铰接体系浮桥中的桥脚舟反力和吃水计算公式统一列于表 11-4。

四、纵向坡度

(一)桥脚分置式浮桥桥面纵坡度计算

对于桥脚分置式浮桥，桥面的纵坡度等于两边舟吃水之差(纵坡是对一个桥节门桥而言的，即一个边舟反力最大时，该舟反力与另一个边舟反力的差)与其轴线间距之比，用下式计算：

$$i = \frac{R_1 - R_m}{\gamma F_0 l_0} \quad (11-43)$$

式中：R_1、R_m——桥节门桥边舟的反力；

l_0——桥节门桥边舟轴线间距，$l_0 = (m-1)l$；

F_0——一个桥脚舟的计算水线面面积。

根据计算结果，列出各种桥节门桥的纵坡度影响线的主要坐标(表 11-5)。

二舟至四舟桥节门桥的纵坡度影响线主要坐标　　　　表 11-5

纵坡度影响线主要坐标	二舟桥节门桥	三舟桥节门桥	四舟桥节门桥
i_n	$\frac{1}{1+u} \cdot \frac{1}{\gamma F_0 l}$	$\frac{1}{1+u} \cdot \frac{0.816}{\gamma F_0 l}$	$\frac{1}{1+u} \cdot \frac{0.671}{\gamma F_0 l}$
i_{n+1}	$-\frac{1}{1+u} \cdot \frac{1}{\gamma F_0 l}$	$-\frac{1}{1+u} \cdot \frac{0.816}{\gamma F_0 l}$	$-\frac{1}{1+u} \cdot \frac{0.671}{\gamma F_0 l}$

根据影响线的主要坐标即可作出纵坡度影响线，在 n 点以左和 $n+1$ 点以右通过焦点，在 n 和 $n+1$ 之间用直线连接，如图 11-11(b) 所示。因 $i_n = -i_{n+1}$，显然在 n 和 $n+1$ 之间的影响线与水平线的交点为该跨的中点。

作出桥面纵坡度的影响线后，将履带式荷载 Q 布置在最不利位置，可求出在活载作用下的最大桥面纵坡度。对于二舟桥节门桥组成的浮桥，有

$$i_{\max} = \frac{Q}{\gamma F_0} \cdot \frac{L_0}{l(L_0 + l)} \cdot \left(1 - \frac{s}{2L_0 + l}\right) \tag{11-44}$$

由其他各种桥节门桥组成的浮桥的 $i_{\max}$ 计算公式见表 11-5。

显然，由静载引起的桥面纵坡度等于零。

(二) 带式浮桥桥桥面纵坡度计算

对于带式浮桥，桥面的纵坡度等于相邻两铰的变位之差（纵坡是对一个桥节门桥而言的）与桥节门桥长度之比，用下式计算：

$$i = \frac{\delta_n - \delta_{n+1}}{L_0} \tag{11-45}$$

式中：δ_n、δ_{n+1}——带式桥节门桥 $n \sim n+1$ 两端铰的变位；
L_0——带式桥节门桥长度。

随着单位集中荷载 $P = 1$ 在带式浮桥上的移动（作用在桥节门桥 $n \sim n+1$ 之外），则式(11-45)就变为带式浮桥桥面纵坡度的影响线方程

$$i_x = \frac{\delta_{nx} - \delta_{n+1,x}}{L_0} \tag{11-46}$$

将式(11-40)和式(11-41)中求得的带式浮桥铰 n 的变位影响线的主要坐标值 δ_{nn} 和 $\delta_{n,n+1}$ 以及铰 $n+1$ 的变位影响线的主要坐标值 $\delta_{n+1,n}$ 和 $\delta_{n+1,n+1}$（根据变位互等定理可知 $\delta_{n+1,n} = \delta_{n,n+1}$，而 $\delta_{n+1,n+1} = \delta_{nn}$）代入上式，可求得

$$i_n = \frac{\delta_{nn} - \delta_{n+1,n}}{L_0} = \frac{2.196}{\gamma F_m L_0}$$

$$i_{n+1} = \frac{\delta_{n,n+1} - \delta_{n+1,n+1}}{L_0} = -\frac{2.196}{\gamma F_m L_0} = -i_n$$

根据桥面纵坡度影响线的主要坐标即可作出桥面纵坡度影响线，在铰 n 以左和铰 $n+1$ 以右通过焦点，在铰 n 和 $n+1$ 之间用直线连接（图 11-15）。

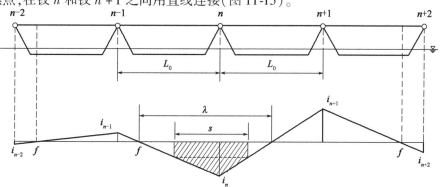

图 11-15　带式铰接体系浮桥桥面纵坡度影响线

将履带式荷载 Q 布置在纵坡度影响线的最不利位置，可求出在活载作用下的最大纵坡度为

$$i_{\max} = \frac{2.196Q}{\gamma F_m L_0} \cdot \left(1 - \frac{s}{2.578L_0}\right) \tag{11-47}$$

五、桥跨弯矩的计算

桥跨最大弯矩产生在桥节门桥中央截面 O 内，该截面的弯矩影响线方程可看作由单个桥节门桥隔离体受作用于距中央截面 O 为 x 的任意位置的单位集中荷载 $P=1$ 及其产生的两端铰力 X_n、X_{n+1} 的影响三部分组成（图11-16）：

$$M_{Ox} = P \cdot M_{Ox}^0 - X_{nx} \cdot M_{On}^0 + X_{n+1,x} \cdot M_{O,n+1}^0 \tag{11-48}$$

式中：M_{Ox}——$P=1$ 作用在距桥节门桥隔离体中央截面 O 为 x 的任意位置时中央截面 O 上产生弯矩；

M_{On}^0——$P=1$ 作用在桥节门桥隔离体自由端 n 上时中央截面 O 上产生的弯矩；

$M_{O,n+1}^0$——$P=1$ 作用在桥节门桥隔离体自由端 $n+1$ 上时中央截面 O 上产生的弯矩。

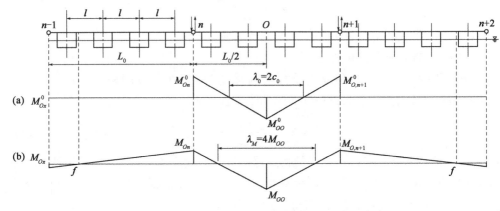

图 11-16 铰接体系浮桥的桥跨跨中截面弯矩影响线

由式(9-35)、式(9-36)和图11-16(a)可知，对于单个桥节门桥隔离体（不论是带式门桥还是桥脚分置式门桥），均有

$$\begin{cases} M_{OO}^0 = \dfrac{\lambda_0}{4} \\ M_{On}^0 = M_{O,n+1}^0 = -\dfrac{L_0 - \lambda_0}{4} \end{cases} \tag{11-49}$$

当 $P=1$ 作用在铰 n（左侧）上时，由图 11-16(a) 可知，$M_{On^-}^0 = 0$，将式(11-49)和式(11-24)代入式(11-48)，得

$$\begin{aligned} M_{On} &= 1 \times 0 - X_{nn} \cdot M_{On}^0 + X_{n+1,n} \cdot M_{O,n+1}^0 \\ &= -\left(-\frac{1}{2}\right) \cdot \left(-\frac{L_0 - \lambda_0}{4}\right) + \left(-\frac{k}{2}\right) \cdot \left(-\frac{L_0 - \lambda_0}{4}\right) = -\frac{L_0 - \lambda_0}{8} \cdot (1-k) \end{aligned} \tag{11-50}$$

由式(11-15)可得

$$1 - k = \frac{2L_0}{L_0 + 2r}$$

将上式代入式(11-50),得

$$M_{On} = -\frac{L_0}{L_0 + 2r} \cdot \frac{L_0 - \lambda_0}{4} \tag{11-51}$$

当 $P = 1$ 作用在铰 $n + 1$(右侧)上时,由对称性可知

$$M_{O,n+1} = M_{On} = -\frac{L_0}{L_0 + 2r} \cdot \frac{L_0 - \lambda_0}{4} \tag{11-52}$$

当 $P = 1$ 作用在桥节门桥桥跨中央 O 点上时,由图 11-8,根据式(11-24)和式(11-25),有

$$\begin{cases} X_{nO} = \dfrac{X_{nn} + X_{n,n+1}}{2} = \dfrac{\dfrac{1}{2} + \dfrac{k}{2}}{2} = \dfrac{1 + k}{4} \\ X_{n+1,O} = \dfrac{X_{n+1,n+1} + X_{n+1,n}}{2} = \dfrac{-\dfrac{1}{2} - \dfrac{k}{2}}{2} = -\dfrac{1 + k}{4} \end{cases} \tag{11-53}$$

将式(11-49)和式(11-53)代入式(11-48),得

$$\begin{aligned} M_{OO} &= P \cdot M_{OO}^0 - X_{nO} \cdot M_{On}^0 + X_{n+1,O} \cdot M_{O,n+1}^0 \\ &= 1 \cdot \frac{\lambda_0}{4} - \frac{1 + k}{4} \cdot \left(-\frac{L_0 - \lambda_0}{4}\right) + \left(-\frac{1 + k}{4}\right) \cdot \left(-\frac{L_0 - \lambda_0}{4}\right) \\ &= \frac{\lambda_0}{4} + \frac{L_0 - \lambda_0}{8} \cdot (1 + k) \end{aligned} \tag{11-54}$$

由式(11-15)可得

$$1 + k = \frac{4r}{L_0 + 2r}$$

将上式代入式(11-54),整理后得

$$M_{OO} = \frac{L_0}{L_0 + 2r} \cdot \frac{\lambda_0 + 2r}{4} \tag{11-55}$$

将各种桥节门桥相应的 r(参见表 11-1)和 λ_0(参见表 9-2)代入式(11-51)和式(11-55),得到 M_{On} 和 M_{OO}(表 11-6)。

二舟至四舟桥节门桥的桥跨中央截面弯矩主要坐标 M_{On} 和 M_{OO} 表11-6

桥跨弯矩	二舟桥节门桥	三舟桥节门桥	四舟桥节门桥	带式桥节门桥
M_{On}	$-\dfrac{1-u}{1+u} \cdot \dfrac{L_0}{4}$	$-\dfrac{L_0}{1 + 1.633u} \cdot \left(0.25 - 0.33u - \dfrac{\eta u}{12}\right)$	$-\dfrac{1-2u}{1+2.236u} \cdot \dfrac{L_0}{4}$	$-\dfrac{0.634}{8}L_0$
M_{OO}	$\dfrac{2u}{1+u} \cdot \dfrac{L_0}{4}$	$\dfrac{uL_0}{1+1.633u} \cdot \left(0.7416 + \dfrac{\eta}{12}\right)$	$\dfrac{4.236u}{1+2.236u} \cdot \dfrac{L_0}{4}$	$\dfrac{1.366}{8}L_0$

利用 M_{On} 和 M_{OO} 可作出桥节门桥桥跨中央截面弯矩影响线[图 11-16(b)]。n 点以左和 $n+1$ 点以右的弯矩影响线通过焦点。

弯矩影响线的正段长度 $\lambda_M = 4M_{OO}$,因此,桥节门桥桥跨中央截面在履带式荷载 Q 作用下产生的最大弯矩为

$$M_2 = Q \cdot M_{00} \cdot \left(1 - \frac{s}{8M_{00}}\right) = \frac{Q}{8} \cdot (8M_{00} - s) \qquad (11\text{-}56)$$

各种桥节门桥的 M_2 算式列于表 11-4。

因为在静载作用下铰力等于零,浮桥在静载作用下的弯矩 M_1 与单个门桥的弯矩一样,见式(9-23)。

边桁内的最大弯矩为

$$M = \frac{M_1}{n} + K(1+\mu)M_2 \qquad (11\text{-}57)$$

式中：n——桥跨横断面中桥桁的数量；

　　　K——荷载横向分配系数,参见式(9-25)和式(9-26)；

　　$1+\mu$——活载冲击系数,取 1.15。

六、计算例题

例 11-1：铰接体系浮桥河中部分计算。

(一)已知数据

(1)活载：履带式荷载,全重 $Q = 120\text{kN}$,全宽 $B_c = 2.3\text{m}$,履带接地长度 $s = 2.4\text{m}$。

(2)静载：桥跨自重 $g_0 = 3.5\text{kN/m}$,桥脚舟自重 $G_0 = 15.0\text{kN}$。

(3)桥跨：由 6 根工字钢等间距排列组成,桥面宽度 $b_0 = 3.2\text{m}$,边桁间距 $b_1 = 3.2\text{m}$,工字钢型号为 I22,每根桥桁的截面惯性矩 $J = 3400\text{cm}^4$、抵抗矩 $W = 309\text{cm}^3$,容许应力 $[\sigma] = 300\text{MPa}$。

(4)桥节门桥：四舟门桥 $m = 4$,全长 $L_0 = 12\text{m}$,跨度 $l = 3.2\text{m}$,悬臂长 $c = 1.2\text{m}$。

(5)桥脚舟：开口式木舟,有效舷高 $H = 0.75\text{m}$,宽度 $B = 2.0\text{m}$,长度 $L = 10\text{m}$,计算水线面面积 $F_0 = 17.60\text{m}^2$。

(二)计算内容

用焦点法计算铰接体系浮桥河中部分的浮性、稳性、桥面纵坡度和桥桁强度。

(三)计算过程

1. 浮性计算

计算桥节门桥$(n \sim n+1)$内桥脚舟 A 的吃水值。

(1)由桥跨结构自重引起的反力

$$R_1 = \frac{g_0 L_0}{m} = \frac{3.5 \times 12}{4} = 10.5(\text{kN})$$

(2)由活载引起的反力

$$R_2 = Q \cdot \frac{0.585 L_0}{L_0 + 2.236 l} \cdot \left(1 - \frac{s}{2.746 L_0 + 2.236 l}\right)$$

$$= 120 \times \frac{0.585 \times 12}{12 + 2.236 \times 3.2} \times \left(1 - \frac{2.4}{2.746 \times 12 + 2.236 \times 3.2}\right) = 41.3(\text{kN})$$

(3)桥脚舟的总反力
$$R = R_1 + R_2 + G_0 = 10.5 + 41.3 + 15.0 = 66.8(kN)$$

(4)桥脚舟的吃水
$$T = \frac{R}{\gamma F_0} = \frac{66.8}{10 \times 17.6} = 0.38(m) < [T] = \frac{2}{3}H = \frac{2}{3} \times 0.75 = 0.50(m)$$

2. 稳性计算

(1)荷载在浮桥横方向偏心所产生的桥脚舟纵向附加吃水
$$e_y = \frac{b_0 - B_c}{2} = \frac{3.2 - 2.3}{2} = 0.45(m)$$

$$L_1 = \frac{F_0}{B} = \frac{17.6}{2} = 8.8(m)$$

$$z_y = \frac{L_1}{2} = \frac{8.8}{2} = 4.4(m)$$

$$J_x^0 = \frac{F_0^3}{12B^2} = \frac{17.6^3}{12 \times 2^2} = 113.6(m^4)$$

$$\Delta T_y = \frac{R_2 e_y z_y}{\gamma J_x^0 \psi_x^0} = \frac{41.3 \times 0.45 \times 4.4}{10 \times 113.6 \times 0.9} = 0.080(m)$$

(2)桥脚舟的总吃水
$$T' = T + \Delta T_y = 0.38 + 0.08 = 0.46(m)$$

(3)干舷高度
$$h_0 = H - T' = 0.75 - 0.46 = 0.29(m) > 0.20m,安全。$$

3. 桥面纵坡度计算
$$i_{max} = \frac{0.224QL_0}{\gamma F_0 l_0(L_0 + 2.236l)} \cdot \left(1 - \frac{s}{2L_0 + 2.236l}\right)$$
$$= \frac{0.224 \times 120 \times 12}{10 \times 17.6 \times (3 \times 3.2) \times (12 + 2.236 \times 3.2)} \times \left(1 - \frac{2.4}{2 \times 12 + 2.236 \times 3.2}\right)$$
$$= 0.0092 = 0.92\% < 6\%,安全。$$

4. 桥跨强度计算

(1)由静载引起的桥跨中央截面弯矩
$$\lambda_0 = 2l = 6.4m$$
$$M_1 = \frac{g_0 L_0}{8} \cdot (2\lambda_0 - L_0) = \frac{3.5 \times 12}{8} \times (2 \times 6.4 - 12) = 4.2(kN \cdot m)$$

(2)由活载引起的桥跨中央截面弯矩
$$M_2 = \frac{Q}{8} \cdot \left(\frac{8.472L_0 l}{L_0 + 2.236l} - s\right) = \frac{120}{8} \times \left(\frac{8.472 \times 12 \times 3.2}{12 + 2.236 \times 3.2} - 2.4\right) = 218.8(kN \cdot m)$$

(3)荷载横向分配系数
$$K = \frac{1}{n} \cdot \left(1 + \frac{6e}{b_0} \cdot \frac{n-1}{n+1}\right) = \frac{1}{6} \times \left(1 + \frac{6 \times 0.45}{3.2} \times \frac{5}{7}\right) = 0.267$$

(4) 边桁所受的弯矩

$$M' = \frac{M_1}{n} + K(1+\mu)M_2 = \frac{4.2}{6} + 0.267 \times 1.15 \times 218.8 = 67.9(\text{kN} \cdot \text{m})$$

(5) 边桁所受的弯曲应力

$$\sigma = \frac{M'}{W} = \frac{67.9 \times 10^3}{309} = 219.7\text{MPa} < [\sigma] = 300\text{MPa},安全。$$

第二节 考虑桥跨柔度法计算铰接体系浮桥河中部分

在计算铰接体系浮桥时,桥跨柔度对计算是有影响的。对于由桥脚分置式门桥所计算组成的浮桥,桥节门桥悬臂的变形影响很大。在常见的桥跨结构的悬臂长度为 $(0.25 \sim 0.35)l$ 的情况下,在下列 α 值范围内应考虑承重结构的柔性:二舟桥节门桥 $\alpha > 0.3$,三舟桥节门桥 $\alpha > 0.05$,四舟桥节门桥 $\alpha > 0.02$。其中, $\alpha = \dfrac{\gamma F_0 l^3}{6EJ}$,为桥节门桥弹性特征系数。

在带式浮桥中,当桥节门桥长度 $L_0 > \dfrac{\pi}{2\beta}$ 时应考虑承重结构的柔性。其中, $\beta = \dfrac{1}{l}\sqrt[4]{1.5\alpha}$。

柔性较大的桥跨结构变位线(图 11-17)不是由直线段组成,而是由曲线段组成的。但是在这些桥节中仍然保持焦点特性,只是此时焦点 f 是指铰的变位的连线与原始线的交点,所有的焦点比仍保持相同。所以由三个以上的桥节门桥组成的浮桥的计算简图可取无限长的链,并用焦点法计算。此链中,所有桥节门桥的焦点比相同并按式(11-12)确定,公式中 δ_{AA} 和 δ_{AB} 是考虑桥节门桥桥跨结构的柔性时,计算所得的桥节门桥末端变位。同样,在影响线的通用方程式中,计算所有的桥节基本体系的吃水、弯矩和其他参数的影响线的纵坐标时也应考虑桥跨结构的柔性。在其他方面,计算方法和用焦点法所述的相似。

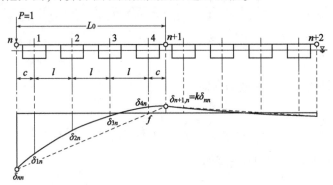

图 11-17 考虑桥跨柔度时桥跨的变位

一、单个桥节门桥各桥脚舟变位(吃水)计算

要计算浮桥上各点(包括各桥脚舟处)的变位,必须首先计算单位集中荷载作用在单个桥节门桥上各点的变位(在无铰力作用时),如在桥节门桥端部 A 作用 $P=1$ 时各桥脚舟处的变

位(吃水)$\delta_{1A}, \delta_{2A}, \cdots, \delta_{mA}$(图 11-18)。桥节门桥中各桥脚舟反力的计算可参阅第九章表 9-3 所列的公式。现计算各 δ 值。

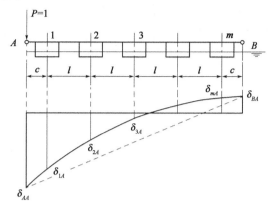

图 11-18　单个桥节门桥在端部有 $P=1$ 作用时各点的变位

(一)计算 δ_{1A}、δ_{2A} 和 δ_{1B}、δ_{2B}

1. 计算 δ_{1A}

根据变位互等定理，δ_{1A} 等于 $P=1$ 作用在桥脚舟 1 上时(图 11-19)A 点的变位 δ_{A1}，即

$$\delta_{A1} = \delta_{1A}$$

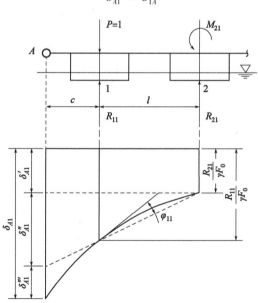

图 11-19　考虑桥跨柔度时，$P=1$ 作用在桥脚舟 1 上时桥节门桥端部 A 点的变位

当单位集中荷载 $P=1$ 作用在桥脚舟 1 上时，门桥端部 A 的变位 δ_{A1} 由三部分组成：

$$\delta_{A1} = \delta'_{A1} + \delta''_{A1} + \delta'''_{A1} \tag{11-58}$$

δ'_{A1} 是桥脚舟 2 的变位：

$$\delta'_{A1} = \frac{R_{21}}{\gamma F_0}$$

δ''_{A1} 是桥脚舟 1 和桥脚舟 2 的变位(吃水)的差值所引起的 A 点变位:

$$\delta''_{A1} = \frac{R_{11} - R_{21}}{\gamma F_0 l} \cdot (l + c)$$

当 $P=1$ 作用在桥脚舟 1 上时,桥脚舟 2 处产生支点弯矩 M_{21},在此弯矩作用下,在支点 1 有一转角 φ_{11}(图 11-15),在此转角作用下 A 点产生变位 δ'''_{A1}。

因

$$\varphi_{11} = \frac{M_{21} \cdot l}{6EJ}$$

而

$$M_{21} = -(1 - R_{11}) \cdot l$$

则

$$\varphi_{11} = -(1 - R_{11}) \cdot \frac{l^2}{6EJ} = -(1 - R_{11}) \cdot \frac{\alpha}{\gamma F_0 l}$$

故

$$\delta'''_{A1} = -c\varphi_{11} = (1 - R_{11}) \cdot \frac{\alpha c}{\gamma F_0 l}$$

从而,桥节门桥端部的变位为

$$\delta_{A1} = \delta'_{A1} + \delta''_{A1} + \delta'''_{A1} = \frac{R_{21}}{\gamma F_0} + (R_{11} - R_{21}) \cdot \frac{l+c}{\gamma F_0 l} + (1 - R_{11}) \cdot \frac{\alpha c}{\gamma F_0 l} \tag{11-59}$$

令

$$V = \frac{c}{l}$$

则式(11-58)变为

$$\delta_{A1} = \frac{(1 + V - \alpha V)R_{11} - VR_{21} + \alpha V}{\gamma F_0} \tag{11-60}$$

2. 计算 δ_{2A}

计算简图如图 11-20 所示。

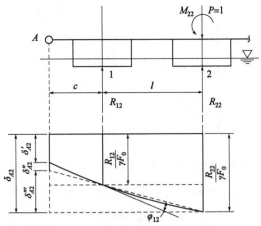

图 11-20 考虑桥跨柔度时,$P=1$ 作用在桥脚舟 2 上时桥节门桥端部 A 点的变位

根据变位互等定理,δ_{2A} 等于 $P=1$ 作用在桥脚舟 2 上时 A 点的变位 δ_{A2},即

$$\delta_{A2} = \delta_{2A}$$

当 $P=1$ 作用在桥脚舟 2 上时,支点弯矩为

$$M_{22} = R_{12} \cdot l$$

桥节门桥末端 A 点变位为

$$\delta_{A2} = \delta'_{A2} + \delta''_{A2} + \delta'''_{A2} = \frac{R_{22}}{\gamma F_0} + (R_{12} - R_{22}) \cdot \frac{l+c}{\gamma F_0 l} - R_{12} \cdot \frac{\alpha c}{\gamma F_0 l} \qquad (11\text{-}61)$$

简化成

$$\delta_{A2} = \frac{(1 + V - \alpha V)R_{12} - VR_{22}}{\gamma F_0} \qquad (11\text{-}62)$$

3. 计算 δ_{1B}

根据变位互等定理,δ_{1B} 等于 $P=1$ 作用在桥脚舟 1 上时 B 点的变位 δ_{B1},即

$$\delta_{1B} = \delta_{B1}$$

根据相同的方法,不难求出 $P=1$ 作用在桥脚舟 1 上时门桥另一端 B 的变位:

$$\delta_{B1} = \frac{(1 + V - \alpha V)R_{1m} - VR_{2m}}{\gamma F_0} \qquad (11\text{-}63)$$

式中:m——桥节门桥中桥脚舟数。

4. 计算 δ_{2B}

根据变位互等定理,δ_{2B} 等于 $P=1$ 作用在桥脚舟 2 上时 B 点的变位 δ_{B2},即

$$\delta_{2B} = \delta_{B2}$$

根据相同的方法,不难求出 $P=1$ 作用在桥脚舟 2 上时门桥另一端 B 的变位:

$$\delta_{B2} = \frac{(1 + V - \alpha V)R_{1,m-1} - VR_{2,m-1}}{\gamma F_0} \qquad (11\text{-}64)$$

式中:m——桥节门桥中桥脚舟数。

根据以上变位,可得出 $P=1$ 作用在 A 点或 B 点时,桥节门桥桥脚舟 1、2 上的反力:

$$R_{1A} = \gamma F_0 \delta_{1A} = \gamma F_0 \delta_{A1}$$
$$R_{2A} = \gamma F_0 \delta_{2A} = \gamma F_0 \delta_{A2}$$
$$R_{1B} = \gamma F_0 \delta_{1B} = \gamma F_0 \delta_{B1}$$
$$R_{2B} = \gamma F_0 \delta_{2B} = \gamma F_0 \delta_{B2}$$

这样,桥脚舟 1、2 的反力影响线在桥节门桥 A、B 端的坐标为

$$\begin{cases} R_{1A} = (1 + V - \alpha V)R_{11} - VR_{21} + \alpha V \\ R_{1B} = (1 + V - \alpha V)R_{1m} - VR_{2m} \\ R_{2A} = (1 + V - \alpha V)R_{12} - VR_{22} \\ R_{2B} = (1 + V - \alpha V)R_{1,m-1} - VR_{2,m-1} \end{cases} \qquad (11\text{-}65)$$

在桥脚舟上各点反力影响线的坐标见表 9-3。

(二)计算 δ_{AA} 和 δ_{AB}

计算简图如图 11-21 所示。

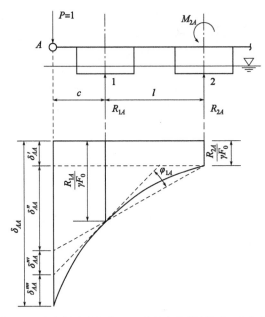

图 11-21　考虑桥跨柔度时，$P=1$ 作用在悬臂端部时 A 点的变位

假定 $P=1$ 作用在桥节门桥末端 A，则桥脚舟 2 上有支点弯矩 M_{2A} 作用，桥节门桥末端 A 的变位 δ_{AA} 由 δ'_{AA}、δ''_{AA}、δ'''_{AA} 和 δ''''_{AA} 四部分组成。

$$\delta_{AA} = \delta'_{AA} + \delta''_{AA} + \delta'''_{AA} + \delta''''_{AA} \tag{11-66}$$

δ'_{AA} 为桥脚舟 2 的变位（吃水）：

$$\delta'_{AA} = \frac{R_{2A}}{\gamma F_0} \tag{11-67}$$

δ''_{AA} 为桥脚舟 1 和桥脚舟 2 的变位（吃水）的差值：

$$\delta''_{AA} = \frac{R_{1A} - R_{2A}}{\gamma F_0 l} \cdot (l + c) \tag{11-68}$$

δ'''_{AA} 是由在桥脚舟 1 处产生一转角 φ_{1A} 所引起的 A 点变位。

φ_{1A} 是由 $P=1$ 作用在悬臂末端时，在桥脚舟 2 上的支点弯矩 M_{2A} 和桥脚舟 1 上的支点弯矩 M_{1A} 共同产生的转角，其值为

$$\varphi_{1A} = (2M_{1A} - M_{2A}) \cdot \frac{l}{6EJ}$$

因为

$$M_{2A} = -R_{1A} \cdot l + 1 \cdot (l+c), \quad M_{1A} = 1 \cdot c$$

所以

$$\delta'''_{AA} = c\varphi_{1A} = \frac{cl}{6EJ} \cdot (3c + l - R_{1A} \cdot l) = \frac{\alpha}{\gamma F_0} \cdot \frac{c}{l} \cdot \left(\frac{3c}{l} + 1 - R_{1A}\right) \tag{11-69}$$

δ''''_{AA} 是悬臂梁端部的挠度，梁长为 c，则

$$\delta''''_{AA} = \frac{1}{3} \cdot \frac{c^3}{EJ} = \frac{2\alpha}{\gamma F_0} \cdot \left(\frac{c}{l}\right)^3 \tag{11-70}$$

这样，当 $P=1$ 作用在桥节门桥末端 A 时，由式（11-66）可求得末端 A 的变位为

$$\delta_{AA} = \frac{R_{2A}}{\gamma F_0} + \frac{R_{1A} - R_{2A}}{\gamma F_0 l} \cdot (l+c) + \frac{\alpha}{\gamma F_0} \cdot \frac{c}{l} \cdot \left(3\frac{c}{l} + 1 - R_{1A}\right) + \frac{2\alpha}{\gamma F_0} \cdot \left(\frac{c}{l}\right)^3 \qquad (11\text{-}71)$$

令 $V = \dfrac{c}{l}$，则当 $P=1$ 作用在桥节门桥末端 A 时，桥节门桥上各点的变位值如下

$$\begin{cases} \delta_{AA} = \dfrac{1}{\gamma F_0}\left[(1+V-\alpha V)R_{1A} - VR_{2A} + \alpha V + 3\alpha V^2 + 2\alpha V^3\right] \\ \delta_{1A} = \dfrac{1}{\gamma F_0}\left[(1+V-\alpha V)R_{11} - VR_{21} + \alpha V\right] \\ \delta_{2A} = \dfrac{1}{\gamma F_0}\left[(1+V-\alpha V)R_{12} - VR_{22}\right] \\ \vdots \\ \delta_{mA} = \dfrac{1}{\gamma F_0}\left[(1+V-\alpha V)R_{1m} - VR_{2m}\right] \\ \vdots \\ \delta_{BA} = \dfrac{1}{\gamma F_0}\left[(1+V-\alpha V)R_{1B} - VR_{2B}\right] \end{cases} \qquad (11\text{-}72)$$

二、浮桥中各点变位的计算

以上公式仅是单个桥节门桥中各点变位的计算，如要计算浮桥（一端为自由端时）中各点变位，先将以上的 δ_{AA} 和 δ_{AB} 值代入焦点比公式(11-14)求得焦点比 k。

当单位集中荷载 $P=1$ 作用在无限长铰接体系浮桥的悬臂梁末端 n 时，末端的变位 δ_{nn} 可用焦点法求出：

$$\delta_{nn} = \delta_{AA} - k\delta_{AB} \qquad (11\text{-}73)$$

式中：$-k$——铰 $n+1$ 处的铰力。

其余各铰 $n+1$、$n+2$、$\cdots$ 处的变位，可根据 δ_{nn} 乘以焦点比求得

$$\delta_{n+1,n} = k\delta_{nn}$$
$$\delta_{n+2,n} = k^2\delta_{nn}$$
$$\cdots$$

当 $P=1$ 作用在末端 n 时，浮桥在各桥脚舟上的变位为

$$\delta_{n1} = \delta_{A1} - k\delta_{Am}$$
$$\delta_{n2} = \delta_{A2} - k\delta_{A,m-1}$$
$$\delta_{n3} = \delta_{A3} - k\delta_{A,m-1}$$
$$\cdots$$

因为 $\delta_{1n} = \delta_{n1}$、$\delta_{2n} = \delta_{n2}$、$\delta_{3n} = \delta_{n3}$、$\cdots$，故将以上各变位相连，即成桥跨的挠度曲线（图11-17）。

桥节门桥 $n+1 \sim n+2$ 中各点的变位为桥节门桥 $n \sim n+1$ 中相应点变位的 k 倍。

三、铰力的计算

根据以上各变位值可计算铰力。铰力影响线（图11-22）的坐标根据下式求出：

$$X_{nx} = \pm \frac{\delta_{nx}}{2\delta_{nn}} \tag{11-74}$$

式中：δ_{nx}——$P=1$ 作用在浮桥上任一点 x 时端部 n 的变位；

δ_{nn}——当 $P=1$ 作用在端部 n 时端部 n 的变位。

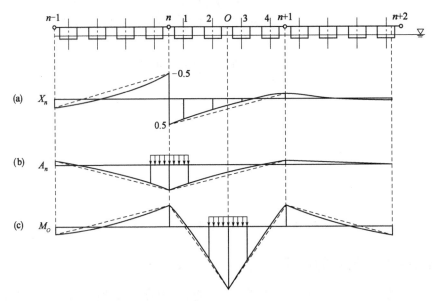

图 11-22 考虑桥跨柔度时，铰力、桥节门桥边舟反力和桥跨中央截面弯矩影响线

影响线的最大坐标值为

$$X_{nn} = \pm \frac{\delta_{nn}}{2\delta_{nn}} = \pm 0.5$$

δ_{nx} 用各桥脚舟的变位(吃水)δ_{n1}、δ_{n2}、δ_{n3} 计算，连接后即可绘出铰力影响线[图 11-22(a)]。

四、桥脚反力的计算

如 $P=1$ 作用在所考虑桥节门桥以内，则边舟反力可看作在单个桥节门桥（隔离体）上由 $P=1$、X_n 和 X_{n+1} 三部分作用引起的反力的叠加。

$$R_{1x} = R_{1x}^0 - X_{nx}R_{1A} + X_{n+1,x}R_{1B} \tag{11-75}$$

式中：R_{1x}^0——单个桥节门桥上有单位集中荷载 $P=1$ 作用时边舟的反力，用表 9-3 中的公式求出，计算时将 $P=1$ 布置在桥脚舟 1~4 上，可求出 R_{11}^0、R_{12}^0、R_{13}^0 和 R_{14}^0。

利用铰力 X_n 和 X_{n+1} 的影响线和式(11-65)求出的 R_{1A} 和 R_{1B}，再代入式(11-75)即可求得 R_{1x}。

如 $P=1$ 作用在所考虑的桥节门桥以外，则边舟反力可看作由铰力 X_n 和 X_{n+1} 两部分作用引起的反力的叠加。

$$R_{1x} = -X_{nx}R_{1A} + X_{n+1,x}R_{1B} \tag{11-76}$$

边舟反力影响线如图 11-22(b)所示。

其余各舟反力影响线也可用同样的方法作出。

五、桥跨弯矩的计算

如 $P=1$ 作用在所考虑的桥节门桥以内,桥节门桥桥跨中央截面弯矩可看作在单个桥节门桥(隔离体)上由 $P=1$、X_n 和 X_{n+1} 三部分作用引起的弯矩的叠加:

$$M_{Ox} = P \cdot M_{Ox}^0 - X_{nx} \cdot M_{OA} + X_{n+1,x} \cdot M_{OB} \tag{11-77}$$

由于对称性,有

$$M_{OA} = M_{OB}$$

因此,式(11-77)变为

$$M_{Ox} = M_{Ox}^0 - (X_{nx} - X_{n+1,x}) \cdot M_{OA} \tag{11-78}$$

式中:M_{Ox}^0——单位集中荷载 $P=1$ 作用在桥节门桥隔离体上距中央截面 O 为 x 时,桥节门桥桥跨中央截面弯矩影响线的坐标,用表 9-4 中的公式求出,计算时将 $P=1$ 分别布置在桥脚舟 $1\sim4$ 和桥节门桥中央 O 点,可求出 M_{O1}^0、M_{O2}^0、M_{O3}^0、M_{O4}^0 和 M_{OO}^0。

M_{OA}、M_{OB}——单位集中荷载 $P=1$ 作用在桥节门桥隔离体端部 A 和 B 时该门桥桥跨中央截面 O 的弯矩。其中,对于三舟桥节门桥,$M_{OA} = M_{OB} = R_{1B} \cdot l + R_{2B} \cdot \frac{l}{4} \cdot \eta$;对于四舟桥节门桥,$M_{OA} = M_{OB} = R_{1B} \cdot \frac{3l}{2} + R_{2B} \cdot \frac{l}{2} = -\frac{L_0 - \lambda_0}{4}$;对于五舟桥节门桥,$M_{OA} = M_{OB} = R_{1B} \cdot 2l + R_{2B} \cdot l + R_{3B} \cdot \frac{l}{4}\eta$。

利用铰力 X_n 和 X_{n+1} 的影响线,根据式(11-78)即可求出 M_{Ox}。

如 $P=1$ 作用在所考虑的门桥以外,则门桥中央截面弯矩只有 X_n 和 X_{n+1} 两部分引起的弯矩叠加:

$$M_{Ox}^0 = -X_{nx} \cdot M_{OA} + X_{n+1,x} \cdot M_{OB} \tag{11-79}$$

桥节门桥桥跨中央截面弯矩影响线如图 11-22(c)所示。

六、计算例题

例 11-2:根据例 11-1 的原始数据,考虑桥跨柔度,计算浮桥在活载作用下的桥脚舟吃水和桥跨弯矩,并与例 11-1 的计算结果进行比较。

1. 确定浮桥的弹性特征系数 α

$$\alpha = \frac{\gamma F_0 l^2}{6EJn} = \frac{10 \times 17.6 \times 3.2^3}{6 \times 2.0 \times 10^8 \times 3400 \times 10^{-8} \times 6} = 0.024 > 0.02$$

应考虑桥跨柔度计算浮桥。

2. 单个桥节门桥反力影响线各坐标值

$$R_{11} = \frac{14 + 52\alpha + 15\alpha^2}{20 + 56\alpha + 15\alpha^2} = 0.715$$

$$R_{12} = \frac{8 + 9\alpha}{20 + 56\alpha + 15\alpha^2} = 0.384$$

$$R_{13} = \frac{2 - 6\alpha}{20 + 56\alpha + 15\alpha^2} = 0.087$$

$$R_{14} = \frac{-4 + \alpha}{20 + 56\alpha + 15\alpha^2} = -0.186$$

$$R_{21} = R_{12} = 0.384$$

$$R_{22} = \frac{6 + 32\alpha + 15\alpha^2}{20 + 56\alpha + 15\alpha^2} = 0.318$$

$$R_{23} = \frac{4 + 21\alpha}{20 + 56\alpha + 15\alpha^2} = 0.211$$

$$R_{24} = R_{13} = 0.087$$

$$V = \frac{c}{l} = \frac{1.2}{3.2} = 0.375$$

根据以上数值,用式(11-65)求 R_{1A}、R_{2A} 和 R_{1B}、R_{2B}：

$$R_{1A} = (1 + V - \alpha V)R_{11} - VR_{21} + \alpha V = 0.841$$

$$R_{2A} = (1 + V - \alpha V)R_{12} - VR_{22} = 0.406$$

$$R_{1B} = (1 + V - \alpha V)R_{14} - VR_{24} = -0.287$$

$$R_{2B} = (1 + V - \alpha V)R_{13} - VR_{23} = 0.040$$

3. $P = 1$ 作用在末端 A 和 B 点时,单个桥节门桥各点的变位值(图 11-23)

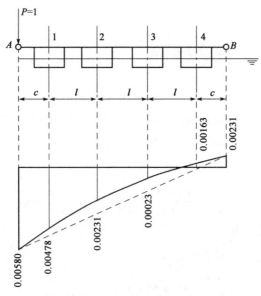

图 11-23　考虑桥跨柔度时,$P=1$ 作用在单个桥节门桥端部 A 时各点的变位

$$\delta_{1A} = \delta_{4B} = \frac{R_{1A}}{\gamma F_0} = \frac{0.841}{10 \times 17.6} = 0.00478$$

$$\delta_{2A} = \delta_{3B} = \frac{R_{2A}}{\gamma F_0} = \frac{0.406}{10 \times 17.6} = 0.00231$$

$$\delta_{3A} = \delta_{2B} = \frac{R_{3A}}{\gamma F_0} = \frac{0.040}{10 \times 17.6} = 0.00023$$

$$\delta_{4A} = \delta_{1B} = \frac{R_{4A}}{\gamma F_0} = \frac{0.287}{10 \times 17.6} = 0.00163$$

将上式代入式(11-72),求 δ_{AA}、δ_{AB}:

$$\delta_{AA} = \frac{1}{\gamma F_0}[(1 + V - \alpha V)R_{1A} - VR_{2A} + \alpha V + 3\alpha V^2 + 2\alpha V^3] = 0.00580$$

$$\delta_{AB} = \frac{1}{\gamma F_0}[(1 + V - \alpha V)R_{1B} - VR_{2B}] = -0.00231$$

4. $P = 1$ 作用在浮桥末端 n 点时各点的变位值

焦点比:

$$k = \frac{\delta_{AA}}{\delta_{AB}} + \sqrt{\left(\frac{\delta_{AA}}{\delta_{AB}}\right)^2 - 1} = -\frac{0.0058}{0.00231} + \sqrt{\left(\frac{0.0058}{0.00231}\right)^2 - 1} = -0.207$$

铰接悬臂梁体系浮桥末端在单位集中荷载 $P = 1$ 作用下,各点的变位(图11-24)可看作单个桥节门桥上有 $P = 1$ 和铰力 X 同时作用所引起的该门桥上各点的变位:

$$\delta_{nn} = \delta_{AA} - k\delta_{AB} = 0.0534$$

$$\delta_{1n} = \delta_{1A} - k\delta_{4A} = 0.0444$$

$$\delta_{2n} = \delta_{2A} - k\delta_{3A} = 0.0240$$

$$\delta_{3n} = \delta_{3A} - k\delta_{2A} = 0.0071$$

$$\delta_{4n} = \delta_{4A} - k\delta_{3A} = -0.0064$$

$$\delta_{n+1,n} = -k\delta_{nn} = -0.0111$$

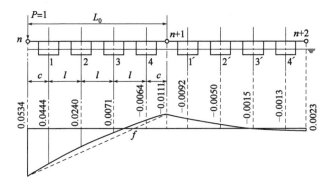

图 11-24 考虑桥跨柔度时,$P = 1$ 作用在浮桥端部 n 时各点的变位

在图 11-24 中左起第二个门桥中各点的变位为

$$\delta'_{1n} = k\delta_{1n} = -0.00092$$

$$\delta'_{2n} = k\delta_{2n} = -0.00050$$

$$\delta'_{3n} = k\delta_{3n} = -0.00015$$

$$\delta'_{4n} = k\delta_{4n} = 0.00013$$

$$\delta_{n+2,n} = k\delta_{n+1,n} = 0.00023$$

5. 铰力影响线

根据以上浮桥中各点变位,可计算铰力影响线[图11-25(a)]各点的坐标:

$$X_{nn} = \frac{\delta_{nn}}{2\delta_{nn}} = 0.500, \quad X_{n1} = \frac{\delta_{n1}}{2\delta_{nn}} = 0.415, \quad X_{n2} = \frac{\delta_{n2}}{2\delta_{nn}} = 0.225$$

$$X_{n3} = \frac{\delta_{n3}}{2\delta_{nn}} = 0.066, \quad X_{n4} = \frac{\delta_{n4}}{2\delta_{nn}} = -0.060, \quad X_{n,n+1} = \frac{\delta_{n,n+1}}{2\delta_{nn}} = -0.104$$

在桥节门桥 $n+1 \sim n+2$ 间各点的坐标为

$$X'_{n1} = kX_{n1} = -0.086, \quad X'_{n2} = kX_{n2} = -0.047, \quad X'_{n3} = kX_{n3} = -0.014$$

$$X'_{n4} = kX_{n4} = 0.012, \quad X'_{n,n+1} = kX_{n,n+1} = 0.021$$

这样可以绘出铰 n 的铰力影响线右肢部分,左肢部分用反对称方法绘出[图11-25(a)],铰 $n+1$ 的铰力影响线只需将铰 n 的铰力影响线平移一个桥节门桥长度即得。

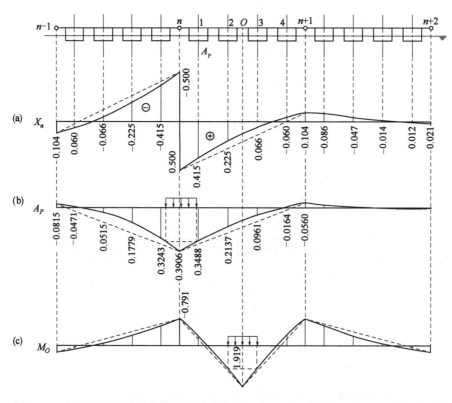

图 11-25 考虑桥跨柔度时,铰接体系浮桥的铰力、桥脚舟 1 反力和桥跨中央截面 O 的弯矩影响线

6. 桥脚舟反力的计算

在桥节门桥 $n \sim n+1$ 中,桥脚舟 1 的反力为

$$R_{1x} = R_{1x}^0 - X_n R_{1A} + X_{n+1} R_{1B} \quad (P=1 \text{ 作用在桥节门桥内})$$

$$R_{1x} = -X_n R_{1A} + X_{n+1} R_{1B} \quad (P=1 \text{ 作用在桥节门桥外})$$

式中,$R_{1A} = 0.841, R_{1B} = -0.287$。

R_{1x} 按表 11-7 计算。

R_{1x} 的 计 算　　　　表 11-7

$P=1$ 作用点		X_n	X_{n+1}	$-X_n R_{1A}$	$X_{n+1} R_{1B}$	R_{1x}^0	R_{1x}
$n-1 \sim n$ 桥节门桥	$n-1$	0.104	-0.021	-0.0875	0.0060		-0.0815
	1	0.060	-0.012	-0.0505	0.0034		-0.0471
	2	-0.066	0.014	0.0555	0.0040		0.0515
	3	-0.225	0.047	0.1892	-0.0113		0.1779
	4	-0.415	0.086	0.3490	-0.0247		0.3243
	n	-0.500	0.104	0.4205	-0.0299		0.3906
$n \sim n+1$ 桥节门桥	1	0.415	0.060	-0.3490	-0.0172	0.715	0.3488
	2	0.225	-0.066	-0.1892	0.0189	0.384	0.2137
	3	0.066	-0.225	-0.0555	0.0646	0.087	0.0961
	4	-0.060	-0.415	0.0505	0.1191	-0.186	-0.0164
	$n+1$	-0.104	-0.500	0.0875	0.1435	-0.287	-0.0560

桥脚舟 1 的反力影响线如图 11-25(b)所示。

将履带式荷载 Q 布置在影响线上最不利位置,求得履带端部下的坐标为 $R_1 = 0.3360$。

影响线面积

$$\Omega_R = \frac{R_{1n} + R_{1s}}{2} \cdot s = \frac{0.3906 + 0.3360}{2} \times 2.4 = 0.8719$$

由活载引起的桥脚舟 1 的最大反力为

$$R_2 = \frac{Q}{s} \cdot \Omega_R = \frac{120}{2.4} \times 0.8719 = 43.6 (\text{kN})$$

该结果比例 11-1 计算的 $R_2 = 41.3 \text{kN}$ 大 $\frac{43.6 - 41.3}{41.3} \times 100\% = 5.6\%$。

7. 桥跨弯矩的计算

桥跨中央截面 O 的弯矩根据下列公式计算:

$$M_{Ox} = M_{Ox}^0 - X_n M_{OA} + X_{n+1} M_{OB} \quad (P=1 \text{ 作用在桥节门桥内})$$

$$M_{Ox} = -X_n M_{OA} + X_{n+1} M_{OB} \quad (P=1 \text{ 作用在桥节门桥外})$$

式中: M_{Ox}^0 ——桥节门桥隔离体桥跨中央截面 O 的弯矩影响线坐标。

$$M_{O1}^0 = \frac{-4}{16 + 40\alpha} \cdot l = -0.756$$

$$M_{O2}^0 = \frac{4}{16 + 40\alpha} \cdot l = 0.756$$

$$M_{OO}^0 = \frac{8 + 7\alpha}{16 + 40\alpha} \cdot l = 1.550$$

$$M_{OA} = M_{OB} = R_{1B} \cdot 1.5l + R_{2B} \cdot 0.5l = -1.31$$

M_{Ox} 在各点的坐标可列表 11-8 计算。

M_{Ox} 的 计 算 表 11-8

$P=1$ 作用点	X_{n+1}	X_n	$X_{n+1}-X_n$	$(X_{n+1}-X_n)M_{OA}$	M_{Ox}^0	M_{Ox}
$n-1$	0.104	0.500	-0.396	0.519	-1.310	-0.791
1	0.060	0.415	-0.355	0.465	-0.756	-0.291
2	-0.066	0.225	-0.291	0.381	0.756	1.137
O	-0.141	0.141	-0.282	0.369	1.550	1.919

由于桥节门桥中点 O 的左右肢是对称的,故只需求出弯矩影响线左肢的各坐标。又因履带式荷载长度小于桥节门桥长度,则桥节门桥 $n \sim n+1$ 以外的坐标值可不计算[图 11-25(c)]。

$$M_{Ox} = M_{Ox}^0 - X_n \cdot M_{OA} + X_{n+1} \cdot M_{OB} = M_{Ox}^0 + (X_{n+1} - X_n) \cdot M_{OA}$$

将履带式荷载布置在影响线最不利位置,履带端部的弯矩影响线坐标为

$$M_O = 1.3 \mathrm{kN \cdot m}$$

履带长度下的影响线面积为

$$\Omega_M = \frac{1.919 + 1.30}{2} \times 2.4 = 3.863$$

由活载引起的最大弯矩为

$$M_2 = \frac{Q}{s} \cdot \Omega_M = \frac{120}{2.4} \times 3.863 = 193.2 (\mathrm{kN \cdot m})$$

该结果比例 11-1 计算的结果 $M_2 = 218.5 \mathrm{kN \cdot m}$ 小 $\frac{218.5 - 193.2}{218.5} \times 100\% = 11.6\%$。

第三节 铰接体系浮桥过渡部分的计算

铰接体系浮桥的过渡部分做成浮游栈桥的形式,一端用铰与河中部分相连,另一端支承在岸边或固定桥脚上,如图 11-26 所示。在计算时应先作出连接过渡部分与河中部分末段的铰 n 的铰力影响线,然后再计算过渡部分的浮游桥脚反力、固定桥脚反力、桥跨弯矩和桥面纵坡度。计算时一般作为绝对刚体考虑,即不计桥跨的柔度。

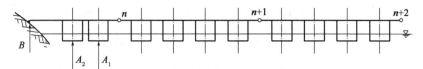

图 11-26 铰接体系浮桥过渡部分

一、铰 n 的铰力影响线

铰 n 的铰力影响线的作法与河中部分相似,采用力学中的机动法,将铰 n 切开后用一单位错动即可作出铰力影响线。为求出该影响线上的主要坐标,我们先分析无限长浮桥河中部分铰 n 的铰力。

(一)无限长浮桥河中部分的铰力计算公式

如图 11-27 所示,将无限长浮桥河中部分在铰 n 处切开后,在左、右半无限长浮桥末端 n

(自由端)上分别作用单位集中荷载 $P=1$,此时自由端 n 的变位分别用 δ_{nn}^{L} 和 δ_{nn}^{R} 表示。

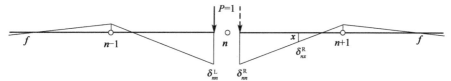

图 11-27　铰 n 切开后,左、右半无限长浮桥在自由端 n 分别作用 $P=1$ 时的变位

1. 铰 n 右侧的铰力计算公式 X_{nx}

在图 11-28 中,当 $P=1$ 作用在距无限长浮桥铰 n 右侧为 x 处时,对于左半无限长浮桥,其上作用有铰力 X_{nx},在该铰力作用下,铰 n 的变位为

$$\delta_{nx}' = X_{nx} \cdot \delta_{nn}^{L} \tag{11-80}$$

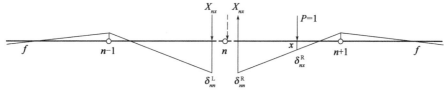

图 11-28　无限长浮桥在距铰 n 右侧为 x 处作用 $P=1$ 时的变位

对于右半无限长浮桥,在铰力 X_{nx} 和 $P=1$ 共同作用下,铰 n 的变位为

$$\delta_{nx} = -X_{nx} \cdot \delta_{nn}^{R} + P \cdot \delta_{nx}^{R} = -X_{nx} \cdot \delta_{nn}^{R} + \delta_{nx}^{R} \tag{11-81}$$

对于同一铰 n,其左右两侧的变位应该相等($\delta_{nx}' = \delta_{nx}$),联立式(11-80)和式(11-81)解得

$$X_{nx} = \frac{\delta_{nx}^{R}}{\delta_{nn}^{R} + \delta_{nn}^{L}} \tag{11-82}$$

对于无限长浮桥的铰 n,其左右两侧的变位应该保持一致,即

$$\delta_{nn}^{R} = \delta_{nn}^{L} = \delta_{nn} \tag{11-83}$$

式中:δ_{nn}——河中部分末端 n(自由端)上作用单位集中荷载 $P=1$ 时末端 n 的变位。

将式(11-83)代入式(11-82)可得

$$X_{nx} = \frac{\delta_{nx}^{R}}{2\delta_{nn}} \tag{11-84}$$

当 $P=1$ 从 x 处向左移动到铰 n 上(图 11-28 中虚线)时,将式(11-83)中的 x 替换为 n,则 δ_{nx}^{R} 变为 δ_{nn}^{R},即河中部分末端 n(自由端)的变位为

$$\delta_{nx}^{R} |x = n = \delta_{nn}^{R} = \delta_{nn} \tag{11-85}$$

将式(11-85)代入式(11-84),可得 $X_{nn} = 0.5$。这与无限长铰接体系浮桥铰 n 的铰力影响线在铰 n 右侧的影响值(图 11-8)是一致的。

2. 铰 n 左侧的铰力计算公式 X_{nx}'

在图 11-29 中,当 $P=1$ 作用在距无限长浮桥铰 n 左侧为 x 处时,对于左半无限长浮桥,在铰力 X_{nx}' 和 $P=1$ 共同作用下,铰 n 的变位为

$$\delta_{nx}' = X_{nx}' \cdot \delta_{nn}^{L} + P \cdot \delta_{nx}^{L} = X_{nx}' \cdot \delta_{nn}^{L} + \delta_{nx}^{L} \tag{11-86}$$

对于右半无限长浮桥,其上作用有铰力 X_{nx}',在该铰力作用下,铰 n 的变位为

$$\delta_{nx} = -X_{nx}' \cdot \delta_{nn}^{R} \tag{11-87}$$

对于同一铰 n,其左右两侧的变位应该相等($\delta_{nx}' = \delta_{nx}$),联立式(11-86)和式(11-87)解得

$$X'_{nx} = -\frac{\delta^L_{nx}}{\delta^R_{nn} + \delta^L_{nn}} \qquad (11\text{-}88)$$

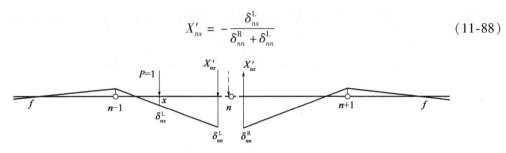

图 11-29　无限长浮桥在距铰 n 左侧为 x 处作用 $P=1$ 时的变位

对于无限长浮桥的铰 n，其左右两侧的变位应该保持一致，将式(11-83)代入式(11-88)可得

$$X'_{nx} = -\frac{\delta^L_{nx}}{2\delta_{nn}} \qquad (11\text{-}89)$$

当 $P=1$ 从 x 处向右移动到铰 n 上(图 11-29 中虚线)时，将式(11-89)中的 x 替换为 n，则 δ^L_{nx} 变为 δ^L_{nn}，即河中部分末端 n(自由端)的变位为

$$\delta^L_{nx}|x=n = \delta^L_{nn} = \delta_{nn} \qquad (11\text{-}90)$$

将式(11-90)代入式(11-89)，可得 $X'_{nn} = -0.5$。这与无限长铰接体系浮桥铰 n 的铰力影响线在铰 n 左侧的影响值(图 11-8)是一致的。

(二)过渡部分与河中部分末段相连的铰 n 的铰力计算公式

下面分析过渡部分与河中部分末段通过铰 n 相连时的情况。

1. 铰 n 右侧的铰力计算公式 X_{nn}

在图 11-28 中，当 $P=1$ 从 x 处向左移动到铰 n 上时，对于河中部分末端 n(自由端)，式(11-85)仍然成立；对于过渡部分末端 n(自由端)，则有

$$\delta^L_{nx}|x=n = \delta'_{nn} = \delta'_{nn} \qquad (11\text{-}91)$$

式中：δ'_{nn}——过渡部分末端 n(自由端)上作用单位集中荷载 $P=1$ 时末端 n 的变位。

将式(11-85)和式(11-91)代入式(11-82)，可得铰 n 右侧的铰力影响线主要坐标，即当 $P=1$ 作用在铰 n 上(河中部分一侧)时

$$X_{nn} = \frac{\delta_{nn}}{\delta_{nn} + \delta'_{nn}} \qquad (11\text{-}92)$$

2. 铰 n 左侧的铰力计算公式 X'_{nn}

在图 11-29 中，当 $P=1$ 从 x 处向右移动到铰 n 上时，对于河中部分末端 n(自由端)和过渡部分末端 n(自由端)，式(11-85)和式(11-91)仍然成立。

将式(11-85)和式(11-91)代入式(11-88)，可得铰 n 左侧的铰力影响线主要坐标，即当 $P=1$ 作用在铰 n 上(过渡部分一侧)时

$$X'_{nn} = -\frac{\delta'_{nn}}{\delta_{nn} + \delta'_{nn}} \qquad (11\text{-}93)$$

(三)过渡部分与河中部分末段相连的铰 n 的铰力影响线

以上主要坐标(还需求出 δ_{nn} 和 δ'_{nn})求出后，河中部分其他点的铰力影响线坐标可通过焦

点法求出,过渡部分只要和岸边支点(或固定桥脚点)用直线相连即可,如图11-30(a)所示。

1. 求 δ_{nn}

将铰 n 切开后,在河中部分末端 n(自由端)上作用单位集中荷载 $P=1$[图11-31(a)],根据式(11-11)中的第一式,在铰 $n+1$ 处作用有铰力 $X_{n+1}=-k$。

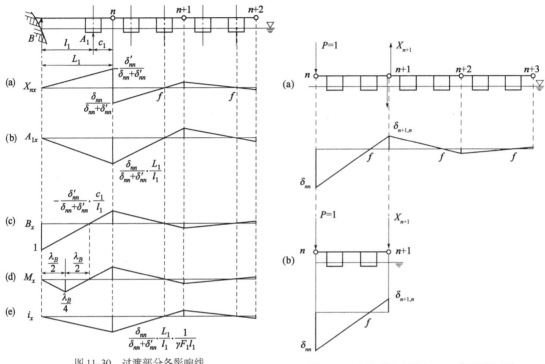

图11-30 过渡部分各影响线

图11-31 河中部分末端在 $P=1$ 作用下的变位

以河中部分末段桥节门桥 $n \sim n+1$ 为隔离体,其上作用着 $P=1$ 和 $X_{n+1}=-k$ 两个力,末端 n 的变位为这两个力引起的变位的叠加[图11-31(b)],即

$$\delta_{nn} = \delta_{AA} - k\delta_{AB} \tag{11-94}$$

式中,δ_{AA} 和 δ_{AB} 的意义同前,参见式(11-1)。

将式(11-1)和式(11-15)代入式(11-94),得

$$\delta_{nn} = \frac{1}{\gamma F_m} \cdot \frac{L_0}{r} \tag{11-95}$$

2. 求 δ'_{nn}

将铰 n 切开后,在过渡部分末端 n(自由端)上作用单位集中荷载 $P=1$(图11-32)。

对于单个浮桥脚的过渡部分,由图11-32(a)中几何关系可知

$$\delta'_{nn} = T^P_{1n} \cdot \frac{L_1}{l_1} \tag{11-96}$$

而

$$T^P_{1n} = \frac{A^P_{1n}}{\gamma F_1} \tag{11-97}$$

将 A^P_{1n} 和 $P=1$ 对岸端 B 点取力矩,得

$$A_{1n}^P = \frac{L_1}{l_1} \tag{11-98}$$

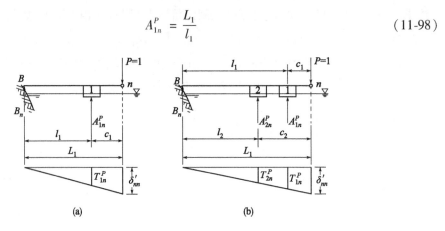

图 11-32 过渡部分末端在 $P=1$ 作用下的变位

将式(11-97)和式(11-98)代入式(11-96),可得

$$\delta'_{nn} = T_{1n}^P \cdot \frac{L_1}{l_1} = \frac{1}{\gamma F_1} \cdot \left(\frac{L_1}{l_1}\right)^2 \tag{11-99}$$

对于有两个浮桥脚的过渡部分,由图 11-32(b) 中几何关系可知

$$T_{2n}^P = T_{1n}^P \cdot \frac{l_2}{l_1} \tag{11-100}$$

即

$$A_{2n}^P = A_{1n}^P \cdot \frac{l_2}{l_1} \tag{11-101}$$

将 A_{1n}^P、A_{2n}^P 和 $P=1$ 对岸端 B 点取力矩,有

$$1 \cdot L_1 - A_{1n}^P \cdot l_1 - A_{2n}^P \cdot l_2 = 0 \tag{11-102}$$

将式(11-101)代入式(11-102),可得

$$A_{1n}^P = \frac{l_1}{l_1^2 + l_2^2} \cdot L_1 \tag{11-103}$$

所以

$$\delta'_{nn} = T_{1n}^P \cdot \frac{L_1}{l_1} = \frac{A_{1n}^P}{\gamma F_1} \cdot \frac{L_1}{l_1} = \frac{L_1^2}{l_1^2 + l_2^2} \cdot \frac{1}{\gamma F_1} \tag{11-104}$$

二、浮游桥脚反力计算

(一)浮游桥脚反力影响线

铰力影响线作出之后即可作出浮游桥脚的反力影响线。

以过渡部分为隔离体,其上有单位集中荷载 $P=1$ 作用(在河中部分末段移动)下产生的铰 n 的铰力、浮游桥脚反力和固定桥脚反力。为求出浮游桥脚反力影响线的主要坐标,将 $P=1$ 作用在河中部分末段铰 n 上,此时铰 n 的铰力为 X_{nn},在图 11-32 中,以该铰力来代替已被去掉的河中部分的作用(将 $P=1$ 换成 X_{nn})。

当只有一个浮游桥脚时,桥脚舟 1 的反力为

$$A_{1n}^X = X_{nn} \cdot \frac{L_1}{l_1} \tag{11-105}$$

当有两个浮游桥脚时,靠近铰 n 的桥脚舟 1 的反力为

$$A_{1n}^X = X_{nn} \cdot \frac{l_1}{l_1^2 + l_2^2} \cdot L_1 \tag{11-106}$$

因此,当 $P=1$ 作用在河中部分上时,过渡部分浮游桥脚的反力影响线即铰 n 的铰力影响线乘一常数[图 11-30(b)],故这部分影响线也通过焦点。当 $P=1$ 作用在过渡部分上时,这部分的影响线只需将端部和铰 n 处的坐标连成直线即可。

(二)活载作用下的浮游桥脚反力最大值

将履带式荷载 Q 布置在影响线的最不利位置,可得浮游桥脚在活载作用下的最大反力 R_2。
当浮游栈桥由一个浮游桥脚组成时,将式(11-92)求得的 X_{nn} 代入式(11-105),得浮游桥脚反力影响线的最大正坐标为

$$A_{1n} = \frac{\delta_{nn}}{\delta_{nn} + \delta_{nn}'} \cdot \frac{L_1}{l_1} \tag{11-107}$$

正段长度为

$$\lambda_R = L_1 + \frac{L_0}{2} + r \tag{11-108}$$

则由履带式荷载 Q 引起的浮游桥脚的最大反力为

$$R_2 = QA_{1n} \cdot \left(1 - \frac{s}{2L_1 + L_0 + 2r}\right) \tag{11-109}$$

当浮游栈桥由两个浮游桥脚组成时,靠近铰 n 的桥脚舟 1 的反力影响线 A_{1x} 的形状与单个浮游桥脚的相同,正段长度仍由式(11-108)求得,只是主坐标 A_{1n} 不同,将式(11-92)求得的 X_{nn} 代入式(11-106),可得

$$A_{1n} = \frac{\delta_{nn}}{\delta_{nn} + \delta_{nn}'} \cdot \frac{l_1 L_1}{l_1^2 + l_2^2} \tag{11-110}$$

活载引起的桥脚舟最大反力也按式(11-109)计算。

(三)静载作用下的浮游桥脚反力

通常,在架设浮桥时,使要连接的过渡部分和河中部分末端位于同一水平面上,从而浮桥河中部分的静载(桥跨自重)对过渡部分不引起任何压力。这样,过渡部分内由浮桥自重引起的浮游桥脚反力(图 11-33)即可求得。

当只有一个浮游桥脚[图 11-33(a)]时,对固定桥脚 B 取矩,可得

$$A_1^{g_0} = g_0 L_1 \cdot \frac{L_1}{2} \cdot \frac{1}{l_1} = \frac{g_0 L_1^2}{2l_1} \tag{11-111}$$

当有两个浮游桥脚[图 11-33(b)]时,对固定桥脚 B 取矩,可得

$$A_1^{g_0} = g_0 L_1 \cdot \frac{L_1}{2} \cdot \frac{l_1}{l_1^2 + l_2^2} = \frac{g_0 L_1^2 l_1}{2(l_1^2 + l_2^2)} \tag{11-112}$$

三、固定桥脚反力的计算

固定桥脚(岸边桥脚)反力也可根据上述方法求得。仍以过渡部分为隔离体,当 $P=1$ 作用在河中部分末段的铰 n 上时,在铰 n 上产生铰力 X_{nn}。

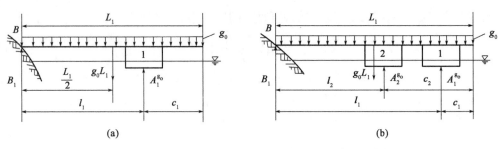

图 11-33　过渡部分在静载（桥跨自重）作用下桥脚舟反力计算

（一）固定桥脚反力影响线

如果浮游栈桥只有一个浮游桥脚，将铰力 X [替换图 11-32(a)中 $P=1$] 和固定桥脚反力 B_n 对桥脚舟 1 取矩[参见图 11-32(a)]，可得固定桥脚 B 的反力为

$$B_n = -X_{nn} \cdot \frac{c_1}{l_1} \tag{11-113}$$

将式(11-92)中求得的 X_{nn} 代入上式，得 $P=1$ 作用在河中部分末段的铰 n 上时，固定桥脚 B 的反力最大坐标为

$$B_n = -\frac{\delta_{nn}}{\delta_{nn}+\delta'_{nn}} \cdot \frac{c_1}{l_1} \tag{11-114}$$

当浮游栈桥有两个浮游桥脚时，对靠近岸端的桥脚舟 2 取矩[参见图 11-32(b)]，可得

$$B_n = -X_{nn} \cdot \frac{c_1 l_1 + c_2 l_2}{l_1^2 + l_2^2} \tag{11-115}$$

将式(11-92)中求得的 X_{nn} 代入上式，得固定桥脚 B 的反力最大坐标为

$$B_n = -\frac{\delta_{nn}}{\delta_{nn}+\delta'_{nn}} \cdot \frac{c_1 l_1 + c_2 l_2}{l_1^2 + l_2^2} \tag{11-116}$$

固定桥脚 B 在河中部分的反力影响线的其他坐标可通过焦点法求出。

当 $P=1$ 作用在过渡部分上时，显然有 $B_B=1$。将 B_B 和 B_n 用直线连接，即可绘出过渡部分范围内固定桥脚 B 的反力影响线[图 11-30(c)]。

（二）活载作用下的固定桥脚反力最大值

固定桥脚反力影响线的正段长度为

$$\lambda_B = \frac{1}{1-B_n} \cdot L_1 \tag{11-117}$$

由履带式荷载 Q 引起的固定桥脚 B 最大反力为

$$B_2 = Q \cdot \left(1 - \frac{s}{2\lambda_B}\right) \tag{11-118}$$

（三）固定桥脚负反力

固定桥脚反力影响线的负段长度为

$$\lambda'_B = L_1 - \lambda_B + \frac{L_0}{2} + r \tag{11-119}$$

由履带式荷载 Q 引起的固定桥脚 B 最大负反力为

$$B'_2 = Q \cdot B_n \cdot \left(1 - \frac{s}{2\lambda'_B}\right) \tag{11-120}$$

由于固定桥脚负反力的作用,须按下式验算稳定性。

$$K = \frac{B_1}{|B'_2|} \geqslant 1.2 \tag{11-121}$$

式中:K——稳定系数;

B_1——由桥跨自重引起的固定桥脚反力。

只有一个浮游桥脚时,对桥脚舟 1 取矩,可得

$$B_1 = \frac{g_0 L_1}{2l_1} \cdot (L_1 - 2c_1) \tag{11-122}$$

有两个浮游桥脚时,对桥脚舟 2 取矩,可得

$$B_1 = \frac{g_0 L_1}{2(l_1^2 + l_2^2)l_2} \cdot [(c_2 - c_1) \cdot L_1 l_1 + (L_1 - 2c_2) \cdot (l_1^2 + l_2^2)] \tag{11-123}$$

四、桥跨弯矩的计算

(一)桥跨弯矩影响线

首先要确定产生最大弯矩截面的位置。

如 $P = 1$ 作用于过渡部分距固定桥脚 x 处,则该截面的弯矩为

$$M_x = B_x \cdot x$$

根据过渡部分固定桥脚 B 的反力影响线方程

$$B_x = \frac{1}{\lambda_B} \cdot (\lambda_B - x)$$

得 M_x 的表达式为

$$M_x = x - \frac{x^2}{\lambda_B} \tag{11-124}$$

将 M_x 对 x 求导并令其为 0,有

$$1 - \frac{2x}{\lambda_B} = 0$$

可求出最大弯矩处的位置为

$$x = \frac{\lambda_B}{2} \tag{11-125}$$

则

$$M_{\max} = \frac{\lambda_B}{4} \tag{11-126}$$

这样就可绘出产生最大弯矩截面处的弯矩影响线[图 11-30(d),正段长度为 λ_B],即可求得过渡部分的桥跨弯矩。当 $P = 1$ 作用在河中部分时,该影响线同样通过焦点。

(二)荷载作用下的桥跨弯矩

将履带式荷载 Q 布置在影响线的最不利位置,可得距固定桥脚 $\frac{\lambda_B}{2}$ 处截面桥跨的最大活载弯矩为

$$M_2 = \frac{Q}{8} \cdot (2\lambda_B - s) \tag{11-127}$$

由自重产生的弯矩按图 11-30 计算：

$$M_1 = B_1 \cdot \frac{\lambda_B}{2} - \frac{g_0}{8}\lambda_B^2 \tag{11-128}$$

五、纵坡度计算

浮游栈桥的纵向坡度

$$i = \frac{T_2}{l_1} \tag{11-129}$$

式中：T_2——离岸边桥脚 B 最远的浮游桥脚由活载引起的吃水深度；
　　　l_1——该浮游桥脚至岸边桥脚的距离。

但因

$$T_2 = \frac{R_2}{\gamma F_1} \tag{11-130}$$

所以

$$i = \frac{R_2}{\gamma F_1 l_1} \leqslant [i] \tag{11-131}$$

由此可见，纵向坡度影响线[图 11-30(e)]可将过渡部分桥脚舟反力的影响线乘上系数 $\frac{1}{\gamma F_1 l_1}$ 而得。

以上是按过渡部分原为水平状态即初始坡度为零时的情况计算的。

履带式活载 Q 引起的最大纵向坡度 i 按下式计算：

$$i = \frac{QA_{1n}}{\gamma F_1 l_1} \cdot \left(1 - \frac{s}{2L_1 + L_0 + r}\right) \leqslant [i] \tag{11-132}$$

式中：$[i]$——容许桥面纵坡度，取 8%。

六、考虑桥跨柔度时的过渡部分计算

以上是假定将过渡部分作为绝对刚体计算的，也可以在计算中考虑桥跨的柔度。采用何种方法合适是根据相对悬臂值 v 和过渡部分的弹性特征系数 α_1 选择的：

$$v = \frac{c_1}{l_1}, \alpha_1 = \frac{\gamma F_1 l_1^3}{6EJ_1} \tag{11-133}$$

式中：F_1、l_1、EJ_1、c_1——过渡部分桥脚舟的计算水线面面积、跨度、桥跨结构的刚度和悬臂长度（图 11-33）。

在有两个浮游桥脚的情况下，过渡部分可以近似地看作只有一个水线面面积增大一倍的浮游桥脚过渡部分。

在下列情况下，计算过渡部分时不必考虑桥跨的柔度，即取 $\alpha_1 = 0$，也能得到实际需要的足够精度：

　　当 $v \leqslant 0.1$ 和 $\alpha_1 < 1$ 时；
　　当 $v \leqslant 0.25$ 和 $\alpha_1 < 0.5$ 时；
　　当 $v \leqslant 0.50$ 和 $\alpha_1 < 0.05$ 时。

将铰 n 切开后,在过渡部分隔离体末端 n(自由端)上作用 $P=1$ 时,过渡部分的变位线即 n 点的变位影响线(图 11-34),其主要坐标值如下。

$P=1$ 作用在过渡部分末端 n(自由端)处

$$\delta'_{nn} = \frac{1}{\gamma F_1}(1+v) \cdot (1+v+2\alpha_1 v^2) \quad (11\text{-}134)$$

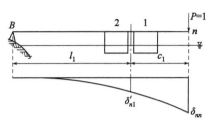

图 11-34 考虑桥跨柔度时,过渡部分在末端(自由端)处作用 $P=1$ 时的变位线

$P=1$ 作用在浮游桥脚 1 上

$$\delta_{n1} = \frac{1}{\gamma F_1}(1+v) \quad (11\text{-}135)$$

$P=1$ 作用在固定桥脚 B 上

$$\delta_{nB} = 0 \quad (11\text{-}136)$$

如果不计桥跨柔度,即 $\alpha_1 = 0$,则式(11-134)简化为

$$\delta'_{nn} = \frac{1}{\gamma F_1}(1+v)^2 \quad (11\text{-}137)$$

过渡部分的固定桥脚反力影响线、浮游桥脚反力影响线以及桥跨弯矩影响线的作法(在无铰力作用时)与简支梁一样,根据 δ'_{nn} 值和河中部分末端的下落深度(无铰力作用时)δ_{nn},可作出过渡部分考虑柔度时的铰力影响线。根据此铰力影响线和过渡部分隔离体的固定桥脚反力影响线、浮游桥脚反力影响线、桥跨弯矩影响线,可作出考虑过渡部分柔度时的过渡部分固定桥脚反力影响线、浮游桥脚反力影响线和桥跨弯矩影响线,并求出在履带式荷载作用下的相应最大值。因为除柔度值不同外,计算步骤和计算绝对刚体时相似,故不再详细阐述。

七、计算例题

例 11-3:计算铰接体系浮桥过渡部分的桥脚舟反力、桥跨强度和纵坡度。

已知数据:过渡部分桥跨长 $L_1 = 9\text{m}$,设置两个浮游桥脚,跨度分别为 $l_1 = 7.8\text{m}$,$l_2 = 5.5\text{m}$,悬臂梁悬臂长度 $c_1 = 1.2\text{m}$,$c_2 = 3.5\text{m}$,单个桥脚舟的计算水线面面积 $F_1 = 17.6\text{m}^2$,布置如图 11-35 所示,河中部分的数据见例 11-1。

1. 铰力影响线

焦点比

$$k = -\frac{1-2.236u}{1+2.236u} = -\frac{1-2.236 \times 0.267}{1+2.236 \times 0.267} = -0.252 \quad \left(u = \frac{3.2}{12} = 0.2667\right)$$

$$r = 1.118 l = 1.118 \times 3.2 = 3.578(\text{m})$$

当 $P=1$ 作用在河中部分末端(自由端)时,末端的变位为

$$\delta_{nn} = \frac{1}{\gamma F_m} \cdot \frac{L_0}{r} = \frac{1}{10 \times 4 \times 17.6} \times \frac{12}{3.578} = 0.00476$$

当 $P=1$ 作用在过渡部分末端(无铰力作用)上时,该末端的变位为

$$\delta'_{nn} = \frac{L_1^2}{l_1^2 + l_2^2} \cdot \frac{1}{\gamma F_1} = \frac{9^2}{7.8^2 + 5.5^2} \times \frac{1}{10 \times 17.6} = 0.00505$$

过渡部分铰力影响线的主要坐标,当 $P=1$ 作用在铰 n 上时

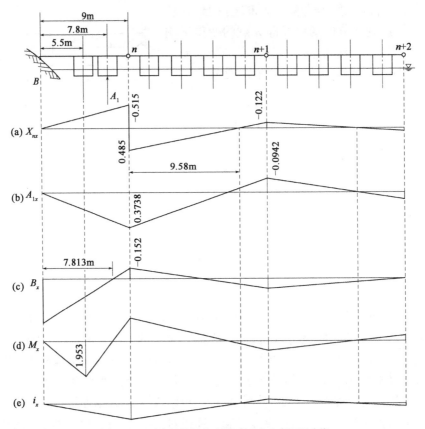

图 11-35　过渡部分铰力、桥脚舟反力和弯矩影响线

$$X'_{nn} = -\frac{\delta'_{nn}}{\delta_{nn} + \delta'_{nn}} = \frac{-0.00505}{0.00476 + 0.00505} = -0.515（左侧）$$

$$X_{nn} = \frac{\delta_{nn}}{\delta_{nn} + \delta'_{nn}} = \frac{0.00476}{0.00476 + 0.00505} = 0.485（右侧）$$

当 $P = 1$ 作用在铰 $n+1$ 上时

$$X_{n,n+1} = k \cdot X_{nn} = -0.252 \times 0.485 = -0.122$$

根据主要坐标值作出铰 n 的铰力影响线[图 11-35(a)]。

2. 浮游桥脚反力的计算

当 $P = 1$ 作用在铰 n 处,桥脚舟 1 的反力为

$$A_{1n} = \frac{\delta_{nn}}{\delta_{nn} + \delta'_{nn}} \cdot \frac{l_1}{l_1^2 + l_2^2} \cdot L_1 = 0.485 \times \frac{7.8}{7.8^2 + 5.5^2} \times 9 = 0.3738$$

当 $P = 1$ 作用在铰 $n+1$ 处,桥脚舟 1 的反力为

$$A_{1,n+1} = 0.3738k = 0.3738 \times (-0.252) = -0.0942$$

根据以上桥脚舟反力影响线主要坐标值可作出反力影响线[图 11-35(b)]。

影响线在 $n+1$ 以左的正段长度 λ_R 为

$$\lambda_R = L_1 + \frac{L_0}{2} + r = 9 + \frac{12}{2} + 3.578 = 18.58(\text{m})$$

在活载作用下的最大桥脚舟反力为

$$R_2 = Q \cdot A_{1n} \cdot \left(1 - \frac{s}{2\lambda_R}\right) = 120 \times 0.3738 \times \left(1 - \frac{2.4}{2 \times 18.58}\right) = 41.96(\text{kN})$$

在静载作用下的桥脚舟反力为

$$R_1 = \frac{g_0}{2} \cdot \frac{L_1^2 l_1}{l_1^2 + l_2^2} = \frac{3.5}{2} \times \frac{9^2 \times 7.8}{7.8^2 + 5.5^2} = 12.14(\text{kN})$$

桥脚舟的总反力为

$$A = R_1 + R_2 + G_0 = 12.14 + 41.96 + 15.0 = 69.1(\text{kN})$$

桥脚舟的吃水

$$T = \frac{A}{\gamma F_1} = \frac{69.1}{10 \times 17.6} = 0.393(\text{m})$$

由荷载在桥梁横方向偏心所产生的桥脚舟纵向附加吃水

$$\Delta T_y = \frac{R_2 \cdot e_y}{\gamma J_x^0 \psi_x^0} \cdot z_y = \frac{41.96 \times 0.45}{10 \times 113.6 \times 0.9} \times 4.4 = 0.081(\text{m})$$

桥脚舟的总吃水

$$T' = T + \Delta T_y = 0.393 + 0.081 = 0.474(\text{m})$$

干舷高度

$$h_0 = H - T' = 0.75 - 0.474 = 0.276(\text{m}) > 0.10\text{m},安全。$$

3. 固定桥脚反力的计算

固定桥脚反力影响线的主要坐标值[图11-35(c)]为

$$B_B = 1$$

$$B_n = X_{nn} \cdot \frac{c_1 l_1 + c_2 l_2}{l_1^2 + l_2^2} = -0.485 \times \frac{1.2 \times 7.8 + 3.5 \times 5.5}{7.8^2 + 5.5^2} = -0.152$$

影响线正段长度

$$\lambda_B = \frac{L_1}{1 - B_n} = \frac{9}{1 + 0.152} = 7.813(\text{m})$$

在活载作用下固定桥脚的最大反力为

$$B_2 = Q \cdot \left(1 - \frac{s}{2\lambda_B}\right) = 120 \times \left(1 - \frac{2.4}{2 \times 7.813}\right) = 101.6(\text{kN})$$

在静载作用下固定桥脚的反力为

$$B_1 = \frac{g_0 L_1}{2(l_1^2 + l_2^2) l_2} \cdot [(c_2 - c_1) \cdot L_1 l_1 + (L_1 - 2c_2) \cdot (l_1^2 + l_2^2)]$$

$$= \frac{3.5 \times 9}{2 \times (7.8^2 + 5.5^2) \times 5.5} \times [(3.5 - 1.2) \times 9 \times 7.8 + (9 - 2 \times 3.5) \times (7.8^2 + 5.5^2)]$$

$$= 10.8(\text{kN})$$

在静载和活载共同作用下,固定桥脚的反力为

$$B = B_1 + B_2 = 10.8 + 101.6 = 112.4(\text{kN})$$

以此反力可计算固定桥脚各部分构件。

影响线负段长度

$$\lambda'_B = L_1 - \lambda_B + \frac{L_0}{2} + r = 9 - 7.813 + 6 + 3.578 = 10.765(\text{m})$$

在活载作用下的最大负反力为

$$B_2' = Q \cdot B_{1n} \cdot \left(1 - \frac{s}{2\lambda_B'}\right) = 120 \times (-0.152) \times \left(1 - \frac{2.4}{2 \times 10.765}\right) = -16.21(\text{kN})$$

稳定系数 $K = \dfrac{B_1}{|B_2'|} = \dfrac{10.8}{16.21} = 0.666 < 1.2$

不满足稳定要求,需要人工方法固定。

4. 桥跨强度计算

桥跨弯矩最大值出现在距固定桥脚 $\dfrac{\lambda_B}{2} = \dfrac{7.813}{2} = 3.906\text{m}$ 处,现作该截面弯矩影响线[图11-35(d)],其最大坐标值为

$$M_{\frac{\lambda_B}{2}} = \frac{\lambda_B}{4} = \frac{7.813}{4} = 1.953$$

在活载作用下的最大弯矩为

$$M_2 = \frac{Q}{8} \cdot (2\lambda_B - s) = \frac{120}{8} \times (2 \times 7.813 - 2.4) = 198.39(\text{kN} \cdot \text{m})$$

在静载作用下的弯矩为

$$M_1 = B_1 \cdot \frac{\lambda_B}{2} - g_0 \cdot \frac{\lambda_B^2}{8} = 10.8 \times \frac{7.813}{2} - 3.5 \times \frac{7.813^2}{8} = 15.48(\text{kN} \cdot \text{m})$$

边桁的弯矩为

$$M' = \frac{M_1}{n} + K(1+\mu)M_2 = \frac{15.48}{6} + 0.267 \times 1.15 \times 198.39 = 63.50(\text{kN} \cdot \text{m})$$

边桁的弯曲应力为

$$\sigma = \frac{M'}{W} = \frac{63.50 \times 10^3}{309 \times 10^{-6}} = 205.5(\text{MPa}) < [\sigma] = 300\text{MPa}$$

5. 纵坡度计算

过渡部分的纵坡度影响线[图11-35(e)]的最大正坐标为

$$i_n = \frac{R_2}{\gamma F_1 l_1} = \frac{41.96}{10 \times 17.6 \times 7.8} = 0.031 = 3.1\%$$

在活载作用下的过渡部分最大纵坡度为

$$i = \frac{QA_{1n}}{\gamma F_1 l_1} \cdot \left(1 - \frac{s}{2\lambda_R}\right) = \frac{120 \times 0.3738}{10 \times 17.6 \times 7.8} \times \left(1 - \frac{2.4}{2 \times 15.8}\right) = 0.031 = 3.1\% < [i] = 8\%,\text{安全}。$$

第四节 铰接体系浮桥河中部分末段的计算

一、河中部分末段计算原理

河中部分末段的一侧与浮游栈桥用铰连接[图11-36(a)],因此其受力情况与河中部分不

同。当河中部分末段桥节门桥采用与河中部分中间桥节门桥相同的结构时,应验算末段桥节门桥的桥脚舟吃水、桥面纵坡度和桥跨强度。

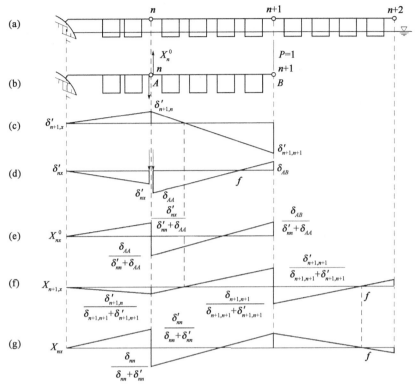

图 11-36　河中部分末段及各影响线

(一)桥跨柔度与桥脚舟吃水、桥跨弯矩的关系

计算河中部分末段桥节门桥时,如果浮游栈桥和河中部分末段桥节门桥的桥跨柔度相等,可以不必计算,因为此时河中部分末段桥节门桥的桥脚舟吃水和桥跨弯矩分别等于河中部分中间桥节门桥的相应值。如果河中部分末段桥节门桥的桥跨柔度大于浮游栈桥的桥跨柔度,那么末段桥节门桥的吃水将小于中间桥节门桥的吃水,而弯矩将超过中间桥节门桥的弯矩。如果河中部分末段桥节门桥的桥跨柔度小于浮游栈桥的桥跨柔度,那么末段桥节门桥的吃水将超过中间桥节门桥的吃水,而弯矩将小于中间桥节门桥的弯矩。

(二)铰 $n+1$ 的铰力影响线

在计算河中部分末段桥节门桥的吃水和弯矩时,可以看作由河中部分末段桥节门桥隔离体(基本体系)、铰 n 和铰 $n+1$ 这三部分的作用叠加而成,因此首先要作出铰 n 和铰 $n+1$ 的铰力影响线。铰 n 的影响线已在第三节讲过,现在只需作铰 $n+1$ 的铰力影响线。

1. 铰 $n+1$ 处作用 $P=1$ 时的铰力 X_{n+1} 的影响线主要坐标

将铰 $n+1$ 切开,作用一单位错动[图 11-36(b)],与式(11-92)和式(11-93)类似,铰 $n+1$ 的铰力影响线的最大坐标为

$$\begin{cases} X'_{n+1,n+1} = -\dfrac{\delta'_{n+1,n+1}}{\delta_{n+1,n+1}+\delta'_{n+1,n+1}} & (左侧) \\ X_{n+1,n+1} = \dfrac{\delta_{n+1,n+1}}{\delta_{n+1,n+1}+\delta'_{n+1,n+1}} & (右侧) \end{cases} \quad (11\text{-}138)$$

式中：$\delta_{n+1,n+1}$——半无限长浮桥末端 $n+1$（自由端）上作用 $P=1$ 时产生的变位，同式（11-95）的 δ_{nn}，即 $\delta_{n+1,n+1} = \dfrac{1}{\gamma F_m} \cdot \dfrac{L_0}{r}$；

$\delta'_{n+1,n+1}$——过渡部分和河中部分末段桥节门桥 $n \sim n+1$ 组成的新过渡部分[图 11-36(b)]末端 $n+1$（自由端）上作用 $P=1$ 时产生的变位。

从式（11-138）可以看出，现在只需求出 $P=1$ 作用在新过渡部分末端 $n+1$ 上（自由端）时 $n+1$ 以左部分的变位 $\delta'_{n+1,n+1}$[图 11-36(c)]。

由于 $n+1$ 以左部分为由河中部分末段桥节门桥 $n \sim n+1$ 和过渡部分两部分组成的新过渡部分，首先应求出 $P=1$ 作用下连接这两部分的铰 n 的铰力 X_n^0[图 11-36(b)]。

与过渡部分的方法一样，将铰 n 切开后，当 $P=1$ 作用在图 11-36(b)所示的新过渡部分的右半部分（即河中部分末段桥节门桥 $n \sim n+1$）隔离体上距铰 n 右侧为 x 处时，由于铰 n 左右两侧的变位相等（$\delta'_{nx} = \delta_{nx}$），根据图 11-27 和式（11-82）可得铰 n 的铰力 X_n^0 的表达式为

$$X_{nx}^0 = \dfrac{\delta_{nx}^R}{\delta_{nn}^R + \delta_{nn}^L} \quad (11\text{-}139)$$

当 $P=1$ 从 x 处向右移动到末端 $n+1$ 上时，将式（11-139）中的 x 替换为 $n+1$，则

$$X_{n,n+1}^0 = \dfrac{\delta_{n,n+1}^R}{\delta_{nn}^R + \delta_{nn}^L} \quad (11\text{-}140)$$

从图 11-36(d)可以看出，$\delta_{nx}^R|x=n+1 = \delta_{n,n+1}^R = \delta_{AB}$，$\delta_{nn}^R = \delta_{AA}$，$\delta_{nn}^L = \delta'_{nn}$，代入式（11-140）得

$$X_{n,n+1}^0 = \dfrac{\delta_{AB}}{\delta'_{nn} + \delta_{AA}} \quad (11\text{-}141)$$

式中：δ'_{nn} 见式（11-99）或式（11-104），δ_{AA} 和 δ_{AB} 的意义同前[图 11-36(d)右半部分或图 11-7）。

同理，当 $P=1$ 从 x 处向左移动到铰 n 上时，$\delta_{nx}^R|x=n = \delta_{nn}^R = \delta_{AA}$，$\delta_{nn}^L = \delta'_{nn}$，代入式（11-139）得

$$X_{nn}^0 = \dfrac{\delta_{AA}}{\delta'_{nn} + \delta_{AA}} \quad (11\text{-}142)$$

对于图 11-36(b)中右半部分所示的桥节门桥 $n \sim n+1$ 隔离体而言，左边铰 n（相当于门桥的 B 端）上作用有铰力 $X_{n,n+1}^0$，右端 $n+1$（自由端，相当于门桥的 B 端）上作用有 $P=1$，在此两力共同作用下，末端 $n+1$ 的变位为

$$\delta'_{n+1,n+1} = P \cdot \delta_{BB} - X_{n,n+1}^0 \cdot \delta_{BA} = \delta_{AA} - \dfrac{\delta_{AB}^2}{\delta'_{nn} + \delta_{AA}} \quad (11\text{-}143)$$

将 $\delta_{n+1,n+1}$ 和式（11-143）求得的 $\delta'_{n+1,n+1}$ 的表达式代入式（11-138），即可求得 $P=1$ 作用在铰 $n+1$ 处的铰力 X_{n+1} 的影响线主要坐标。

2. 铰 n 处作用 $P=1$ 时的铰力 X_{n+1} 的影响线主要坐标

与求 $P=1$ 作用在铰 $n+1$ 处的铰力 X_{n+1} 的影响线主要坐标的方法一样。在图 11-37 中，将铰 $n+1$ 切开后，当 $P=1$ 作用在铰 $n+1$ 左侧距铰 $n+1$ 为 x 处时，由于铰 $n+1$ 左右两侧的

变位相等($\delta'_{n+1,x} = \delta_{n+1,x}$),将式(11-88)中的 n 替换为 $n+1$,则得铰 $n+1$ 的铰力表达式为

$$X_{n+1,x} = -\frac{\delta^L_{n+1,x}}{\delta^R_{n+1,n+1} + \delta^L_{n+1,n+1}} \tag{11-144}$$

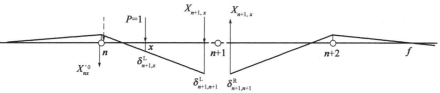

图 11-37 过渡部分和河中部分末段桥节门桥在距铰 $n+1$ 左侧为 x 处作用 $P=1$ 时的变位

当 $P=1$ 从 x 处向左移动到铰 n 上(图 11-37 中虚线)时,式(11-144)变为

$$X_{n+1,n} = -\frac{\delta^L_{n+1,n}}{\delta^R_{n+1,n+1} + \delta^L_{n+1,n+1}} \tag{11-145}$$

从图 11-36(c)中可以看出,$\delta^L_{n+1,n} = \delta'_{n+1,n}$,$\delta^R_{n+1,n+1} = \delta_{n+1,n+1}$,$\delta^L_{n+1,n+1} = \delta'_{n+1,n+1}$,代入式(11-145)得

$$X_{n+1,n} = -\frac{\delta'_{n+1,n}}{\delta_{n+1,n+1} + \delta'_{n+1,n+1}} \tag{11-146}$$

3. 自由端 $n+1$ 处作用 $P=1$ 时的变位影响线主要坐标

现在只需求出 $\delta'_{n+1,n}$,而要求出 $\delta'_{n+1,n}$,必须先求出 X'^0_{nn}。

如图 11-38 所示,将铰 $n+1$ 改为自由端,将式(11-88)中的 X^0_{nx} 替换为 X'^0_{nx} 后公式变为

$$X'^0_{nx} = -\frac{\delta^L_{nx}}{\delta^R_{nn} + \delta^L_{nn}} \tag{11-147}$$

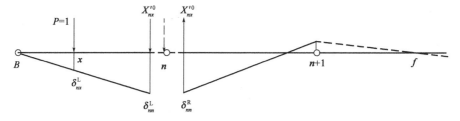

图 11-38 过渡部分和河中部分末段桥节门桥在距铰 n 左侧为 x 处作用 $P=1$ 时的变位

当 $P=1$ 从 x 处向右移动到铰 n 上(图 11-38 中虚线)时,式(11-147)变为

$$X'^0_{nn} = -\frac{\delta^L_{nn}}{\delta^R_{nn} + \delta^L_{nn}} \tag{11-148}$$

从图 11-36(d)可以看出,$\delta^R_{nn} = \delta_{AA}$,$\delta^L_{nn} = \delta'_{nn}$,代入式(11-148)得

$$X'^0_{nn} = -\frac{\delta'_{nn}}{\delta'_{nn} + \delta_{AA}} \tag{11-149}$$

这样,就可求出铰 $n+1$ 左侧的变位 $\delta'_{n+1,n}$。将铰 n 切开后,当 $P=1$ 作用在铰 n 左侧时,图 11-36(d)中的河中部分末段桥节门桥 $n \sim n+1$ 隔离体($n+1$ 为自由端)在图 11-36(e)中的 X'^0_{nx} 作用下,铰 $n+1$ 处的变位为

$$\delta'_{n+1,n} = -X'^0_{nn}\delta_{AB} = \frac{\delta'_{nn}\delta_{AB}}{\delta'_{nn} + \delta_{AA}} \tag{11-150}$$

4. 自由端 $n+1$ 的变位影响线、铰 $n+1$ 和铰 n 的铰力影响线

显然，在固定桥脚处 $\delta'_{n+1,B}=0$。

用直线连接 $\delta'_{n+1,n+1}$、$\delta'_{n+1,n}$ 和 $\delta'_{n+1,B}$ 三点坐标，即得 $P=1$ 作用在自由端 $n+1$ 上时 $n+1$ 以左的变位影响线 $\delta'_{n+1,x}$ [图 11-36(c)]。

根据 $\delta'_{n+1,n+1}$、$\delta'_{n+1,n}$ 可作出铰 $n+1$ 的铰力影响线，$n+1$ 以左部分在 δ'_{n+1} 的变位影响线上除以 $(\delta_{n+1,n+1}+\delta'_{n+1,n+1})$ 即得，$n+1$ 以右部分通过焦点，如图 11-36(f)所示。

铰 n 的铰力影响线用与图 11-29 同样方法绘出 [图 11-36(e)]。

根据铰 n 和铰 $n+1$ 两条铰力影响线，按河中部分相同的方法，可以绘出铰接体系浮桥河中部分末段桥节门桥的桥脚舟吃水、桥面纵坡度以及桥跨弯矩影响线。

二、计算例题

例 11-4：根据例 11-1 和例 11-3 的原始数据，验算铰接悬臂梁体系浮桥河中部分末段桥节门桥（图 11-39）的桥脚舟吃力和桥跨弯矩。

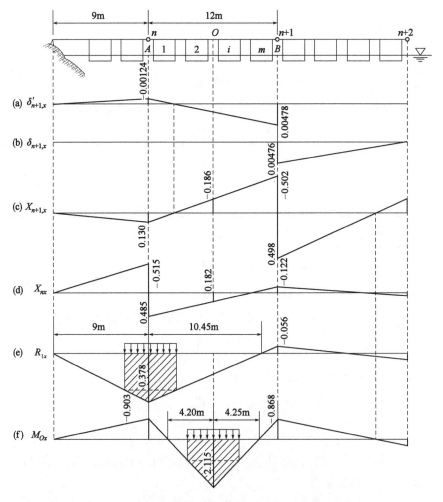

图 11-39　河中部分末段铰力、桥脚舟反力和桥跨弯矩影响线

1. 铰力影响线

当 $P=1$ 分别作用在单个桥节门桥(隔离体)的端部 A 和 B 时,桥节门桥端部 A 的吃水为

$$\delta_{AA} = \frac{1}{\gamma F_m} \cdot \left(\frac{L_0^2}{4r^2} + 1\right) = \frac{1}{10 \times 4 \times 17.6} \times \left(\frac{12^2}{4 \times 3.578^2} + 1\right) = 0.00541$$

$$\delta_{AB} = -\frac{1}{\gamma F_m} \cdot \left(\frac{L_0^2}{4r^2} - 1\right) = -\frac{1}{10 \times 4 \times 17.6} \times \left(\frac{12^2}{4 \times 3.578^2} - 1\right) = -0.00257$$

当 $P=1$ 作用在铰 $n+1$ 上(铰 $n+1$ 切开),在铰 $n+1$ 以左部分[图 11-39(a)]和铰 $n+1$ 以右部分[图 11-39(b)],铰 $n+1$ 的变位分别为

$$\delta'_{n+1,n+1} = \delta_{AA} - \frac{\delta_{AB}^2}{\delta'_{nn} + \delta_{AA}} = 0.00541 - \frac{0.00257^2}{0.00505 + 0.00541} = 0.00478$$

$$\delta_{n+1,n+1} = \delta_{nn} = 0.00476$$

当 $P=1$ 作用在铰 n 上(铰 n 切开),在铰 n 以右部分,铰 $n+1$ 的变位为

$$\delta'_{n+1,n} = \frac{\delta'_{nn}\delta_{AB}}{\delta'_{nn} + \delta_{AA}} = \frac{0.00505 \times (-0.00257)}{0.00505 + 0.00541} = -0.00124$$

根据 $\delta_{n+1,n+1}$ 和 $\delta'_{n+1,n+1}$ 可作出铰 $n+1$ 的铰力影响线[图 11-39(c)]。

铰 $n+1$ 的铰力影响线在 $n+1$ 处的坐标为

左侧:$X'_{n+1,n+1} = -\frac{\delta'_{n+1,n+1}}{\delta_{n+1,n+1} + \delta'_{n+1,n+1}} = -\frac{0.00478}{0.00476 + 0.00478} = -0.502$

右侧:$X_{n+1,n+1} = \frac{\delta_{n+1,n+1}}{\delta_{n+1,n+1} + \delta'_{n+1,n+1}} = \frac{0.00476}{0.00476 + 0.00478} = 0.498$

在 n 处的坐标为

$$X_{n+1,n} = -\frac{\delta'_{n+1,n}}{\delta_{n+1,n+1} + \delta'_{n+1,n+1}} = \frac{0.00124}{0.00476 + 0.00478} = 0.130$$

铰 n 的铰力影响线计算见例题 11-3[图 11-35(a)]。

2. 桥脚舟吃水的计算

计算河中部分末段桥节门桥的边舟(靠近铰 n)桥脚舟 1 的反力的主要坐标值。

$P=1$ 作用在铰 n 上(左侧)时

$$R_{1n} = -X'_{nn} \cdot R_{1A} + X_{n+1,n}R_{1B} = -X'_{nn} \cdot \frac{5u+3}{20u} + X_{n+1,n} \cdot \frac{5u-3}{20u}$$

$$= -(-0.515) \times \frac{5 \times 0.2667 + 3}{20 \times 0.2667} + 0.130 \times \frac{5 \times 0.2667 - 3}{20 \times 0.2667}$$

$$= 0.378$$

$P=1$ 作用在铰 $n+1$ 上(右侧)时

$$R_{1,n+1} = -X_{n,n+1} \cdot R_{1A} + X_{n+1,n+1} \cdot R_{1B} = -X_{n,n+1} \cdot \frac{5u+3}{20u} + X_{n+1,n+1} \cdot \frac{5u-3}{20u}$$

$$= -(-0.122) \times \frac{5 \times 0.2667 + 3}{20 \times 0.2667} + 0.498 \times \frac{5 \times 0.2667 - 3}{20 \times 0.2667}$$

$$= -0.056$$

根据以上主要坐标可求出在活载作用下桥脚舟 1 的最大反力 R_2。

在该反力影响线上,自 n 至右侧零点的距离为 x[图 11-39(e)],则

$$x = \frac{L_0}{R_{1n} - R_{1,n+1}} \cdot R_{1n} = \frac{12}{0.378 + 0.056} \times 0.378 = 10.45(\text{m})$$

$$R_2 = Q \cdot R_{1n} \cdot \left[1 - \frac{s}{2(L_1 + x)}\right] = 120 \times 0.378 \times \left[1 - \frac{2.4}{2 \times (9 + 10.45)}\right] = 42.56(\text{kN})$$

桥脚舟 1 的总反力为
$$R = R_1 + R_2 + G_0 = 10.5 + 42.56 + 15.0 = 68.06(\text{kN})$$

桥脚舟 1 的吃水为
$$T = \frac{R}{\gamma F_0} = \frac{68.06}{10 \times 17.6} = 0.387(\text{m}) < [T] = 0.50\text{m}$$

由荷载在桥梁横方向偏心所产生的桥脚舟 1 的纵向附加吃水为
$$\Delta T_y = \frac{R_2 e_y}{\gamma J_x^0 \psi_x^0} \cdot z_y = \frac{42.56 \times 0.45}{10 \times 113.6 \times 0.9} \times 4.4 = 0.082(\text{m})$$

桥脚舟 1 的总吃水为
$$T' = T + \Delta T_y = 0.387 + 0.082 = 0.469(\text{m})$$

干舷高度为
$$h_0 = H - T' = 0.75 - 0.469 = 0.281(\text{m}) > 0.10\text{m},安全。$$

3. 桥跨弯矩的计算

根据单个桥节门桥(隔离体)桥跨中央截面弯矩影响线[图 9-5 或图 11-15(a)]和铰 n、铰 $n+1$ 的铰力影响线,可作出河中部分末段桥节门桥桥跨中央截面的弯矩影响线[图 11-39(f)]。

$$M_{Ox} = M_{Ox}^0 - X_{nx} \cdot M_{On}^0 + X_{n+1,x} \cdot M_{O,n+1}^0$$

单个桥节门桥桥跨中央截面弯矩影响线主要坐标为
$$M_{OO}^0 = \lambda_0 = \frac{l}{2} = \frac{3.2}{2} = 1.6$$

$$M_{On}^0 = M_{O,n+1}^0 = -\frac{L_0 - \lambda_0}{2} = -\frac{12 - 2 \times 3.2}{2} = -1.4$$

如 $P = 1$ 作用在铰 n 上(桥节门桥以外),$M_{On^-}^0 = 0$,则
$$M_{On} = M_{On^-}^0 - X_{nn} \cdot M_{On}^0 + X_{n+1,n} \cdot M_{O,n+1}^0 = 0 - (-0.515) \times (-1.4) + 0.130 \times (-1.4) = -0.903$$

如 $P = 1$ 作用在铰 $n+1$ 上(桥节门桥以外),$M_{O,n+1^+}^0 = 0$,则
$$M_{O,n+1} = M_{O,n+1^+}^0 - X_{n,n+1} \cdot M_{On}^0 + X_{n+1,n+1} \cdot M_{O,n+1}^0$$
$$= 0 - (-0.122) \times (-1.4) + 0.498 \times (-1.4) = -0.868$$

如 $P = 1$ 作用在桥节门桥中点 O,则铰力影响线的坐标值根据影响线中的几何关系求得
$$X_{nO} = \frac{X_{nn} + X_{n,n+1}}{2} = \frac{0.485 - 0.122}{2} = 0.182$$

$$X_{n+1,O} = \frac{X_{n+1,n} + X_{n+1,n+1}}{2} = \frac{0.130 - 0.501}{2} = -0.186$$

从而:
$$M_{OO} = M_{OO}^0 - X_{nO} \cdot M_{On}^0 + X_{n+1,O} \cdot M_{O,n+1}^0$$
$$= 1.6 - 0.182 \times (-1.4) + (-0.186) \times (-1.4) = 2.115$$

桥节门桥桥跨中央截面弯矩影响线中,中点至左右零点的距离分别为
$$x_1 = \frac{6 \times 2.115}{0.903 + 2.115} = 4.20(\text{m})$$

$$x_2 = \frac{6 \times 2.115}{0.868 + 2.115} = 4.25(\text{m})$$

在活载作用下的最大弯矩为

$$M_2 = Q \cdot M_{OO} \cdot \left[1 - \frac{s}{2(x_1 + x_2)}\right] = 120 \times 2.115 \times \left[1 - \frac{2.4}{2 \times (4.20 + 4.25)}\right] = 217.8(\text{kN} \cdot \text{m})$$

此值小于例 11-1 河中部分中间桥节门桥桥跨中央截面的最大弯矩 $M_2 = 218.5 \text{kN} \cdot \text{m}$。

如在上述例题中,河中部分末段桥节门桥边舟的浮力不够,则要调整过渡部分的 δ'_{nn} 值,使其与河中部分末段的 δ_{nn} 相等。这样,河中部分末段桥节门桥边舟与河中部分中间桥节门桥边舟处在同样的工作状态,可不必验算河中部分末段门桥边舟的反力,该门桥桥跨中央截面的弯矩也与河中部分中间桥节门桥桥跨中央截面的弯矩相同。如在本例中,将过渡部分的全长改为 $L_1 = 10.07\text{m}, l_1 = 8.8\text{m}, l_2 = 6.6\text{m}$,其余数据不变,则

$$\delta'_{nn} = \frac{L_1^2}{l_1^2 + l_2^2} \cdot \frac{1}{\gamma F_0} = \frac{10.07^2}{8.8^2 + 6.6^2} \times \frac{1}{10 \times 17.6} = 0.00476 = \delta_{nn}$$

这样,河中部分末段可不予计算,但过渡部分必须重新验算,尤其是增大过渡部分的桥跨后,弯矩有所增加。用与例 11-3 中同样的方法,可算出在活载作用下的最大弯矩 $M_2 = 228.7\text{kN} \cdot \text{m}$,比例 11-3 的最大弯矩 $M_2 = 198.39\text{kN} \cdot \text{m}$ 增加了 15%,但仍未超过容许应力。如果在有的情况下超过容许应力,则可增加桥桁数目。而在活载作用下浮游桥脚的最大反力 $R_2 = 41.24\text{kN}$,比例 11-3 的 $R_2 = 41.96\text{kN}$ 减少了 8%。

第五节 铰接体系短浮桥的计算

一、短浮桥计算原理

假定浮桥为无限长的计算方法,对于浮桥的河中部分桥节门桥数目少于 4 个的短浮桥就不够精确了。此时在计算中应取浮桥的实际长度。由于各个桥节门桥的焦点比不同,在计算中就不能得到显著的简化,因此应采用力法来逐个计算桥节门桥。此法不仅可以用于同类型的桥节门桥组成的短浮桥,而且可以用于不同类型(或不同长度)的桥节门桥组成的浮桥。

(一)铰力影响线主值

由于铰接体系河中部分的超静定次数等于桥节门桥之间连接铰的数目(将桥节门桥作为基本体系),所以首先应确定铰力,然后根据式(11-151)和式(11-152),可作出铰 n 的铰力影响线。

如图 11-40 所示,将铰 n 切开,以 δ'_{nn} 表示 $P=1$ 作用在左肢端部 n 时 n 的变位,δ_{nn} 表示 $P=1$ 作用在右肢端部 n 时 n 的变位,则铰力 X_n 的影响值可表示如下。

当 $P=1$ 作用在左肢任一点 x 时,端部 n 的铰力为

$$X'_{nx} = -\frac{\delta'_{nx}}{\delta_{nn} + \delta'_{nn}} \tag{11-151}$$

当 $P=1$ 作用在右肢任一点 x 时端部 n 的铰力为

$$X_{nx} = \frac{\delta_{nx}}{\delta_{nn} + \delta'_{nn}} \tag{11-152}$$

式中：δ'_{nx}——$P=1$ 作用在左肢上任一点 x 时末端 n（自由端）的变位；

δ_{nx}——$P=1$ 作用在右肢上任一点 x 时末端 n（自由端）的变位。

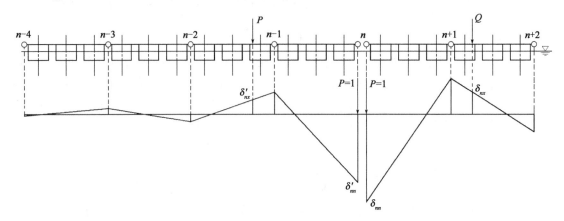

图 11-40　短浮桥上铰 n 切开处有 $P=1$ 作用时的变位

当 $P=1$ 从左（右）肢移动到铰 n 时，令 $x=n$，式（11-151）和式（11-152）即为铰 n 的左（右）侧铰力影响量。

（二）桥节门桥的变位

以上各 δ 值不能简单地采用无限长浮桥的计算公式，由于各桥节门桥的焦点比不同，对各 δ_{nx} 和 δ'_{nx} 要做具体计算。在计算各 δ 值前，还应算出铰力 $X^0_{n-1,n}$，$X^0_{n-2,n}$，$\cdots$ 和 $X^0_{n+1,n}$，$X^0_{n+2,n}$，$\cdots$。这些铰力是切开铰 n 且在 n 点作用 $P=1$ 时，左肢 $n-1$，$n-2$，$\cdots$ 点和右肢 $n+1$，$n+2$，$\cdots$ 点产生的铰力。

以图 11-41 中浮桥左肢（切开铰 n 且在末端 n 作用 $P=1$）为例。

1. 自由端 n 的变位

以 $n-1 \sim n$ 跨桥节门桥隔离体（左右两端点分别为 A 和 B）为研究对象，在左右两端铰力 $X^0_{n-1,n}$ 和单位集中荷载 $P=1$ 共同作用下，自由端 n 左侧的变位为

$$\delta'_{nn} = P \cdot \delta_{BB} - X^0_{n-1,n}\delta_{BA} = 1 \cdot \delta_{AA} - X^0_{n-1,n}\delta_{AB} \tag{11-153}$$

2. 铰 $n-1$ 的变位

以 $n-1 \sim n$ 跨桥节门桥隔离体（左右两端点分别为 A 和 B）为研究对象，在左右两端铰力 $X^0_{n-1,n}$ 和单位集中荷载 $P=1$ 共同作用下，桥节门桥 $n-1$ 点右侧的变位为

$$\delta_{n-1,n} = -X^0_{n-1,n}\delta_{AA} + P\delta_{AB} = \delta_{AB} - X^0_{n-1,n}\delta_{AA} \tag{11-154}$$

以 $n-2 \sim n-1$ 跨桥节门桥隔离体（左右两端点分别为 A 和 B）为研究对象，在左右两端铰力 $X^0_{n-2,n}$ 和 $X^0_{n-1,n}$ 共同作用下，桥节门桥 $n-1$ 点左侧的变位为

$$\delta'_{n-1,n} = -X^0_{n-2,n}\delta_{BA} + X^0_{n-1,n}\delta_{BB} = X^0_{n-1,n}\delta_{AA} - X^0_{n-2,n}\delta_{AB} \tag{11-155}$$

因上述两桥节门桥均为河中部分桥节门桥，$n-1$ 为连接两门桥的铰，$\delta_{n-1,n}$ 和 $\delta'_{n-1,n}$ 分别为铰 $n-1$ 右侧和左侧的变位，故有

$$\delta_{n-1,n} = \delta'_{n-1,n} \tag{11-156}$$

联立式(11-154)、式(11-155)和式(11-156),得

$$\delta_{AB} - 2X^0_{n-1,n}\delta_{AA} + X^0_{n-2,n}\delta_{AB} = 0 \qquad (11\text{-}157)$$

3. 铰 $n-2$ 的变位

以 $n-2 \sim n-1$ 跨桥节门桥隔离体(左右两端点分别为 A 和 B)为研究对象,在左右两端铰力 $X^0_{n-2,n}$ 和 $X^0_{n-1,n}$ 共同作用下,桥节门桥 $n-2$ 点右侧的变位为

$$\delta_{n-2,n} = -X^0_{n-2,n}\delta_{AA} + X^0_{n-1,n}\delta_{AB} \qquad (11\text{-}158)$$

以 $n-3 \sim n-2$ 跨桥节门桥隔离体(左右两端点分别为 A 和 B)为研究对象,在左右两端铰力 $X^0_{n-3,n}$ 和 $X^0_{n-2,n}$ 共同作用下,桥节门桥 $n-2$ 点左侧的变位为

$$\delta'_{n-2,n} = -X^0_{n-3,n}\delta_{BA} + X^0_{n-2,n}\delta_{BB} = X^0_{n-2,n}\delta_{AA} - X^0_{n-3,n}\delta_{AB} \qquad (11\text{-}159)$$

(1) 如上述两桥节门桥均为河中部分桥节门桥,$n-2$ 为连接两门桥的铰,$\delta_{n-2,n}$ 和 $\delta'_{n-2,n}$ 分别为铰 $n-2$ 右侧和左侧的变位,故有

$$\delta_{n-2,n} = \delta'_{n-2,n} \qquad (11\text{-}160)$$

联立式(11-158)、式(11-159)和式(11-160),得

$$X^0_{n-1,n}\delta_{AB} - 2X^0_{n-2,n}\delta_{AA} + X^0_{n-3,n}\delta_{AB} = 0 \qquad (11\text{-}161)$$

(2) 如铰 $n-2$ 以左为过渡部分,则 $n-2$ 点右侧的变位 $\delta_{n-2,n}$ 仍用式(11-158)求解,而在 $n-3 \sim n-2$ 之间的过渡部分中,将图 11-31 中 $P=1$ 用铰 $n-2$ 的铰力 $X^0_{n-2,n}$ 代替,则 $n-2$ 点左侧的变位为

$$\delta'_{n-2,n} = X^0_{n-2,n} \cdot \delta' \qquad (11\text{-}162)$$

式中:δ'——式(11-96)或式(11-104)中的 δ'_{nn}。

此时,铰 $n-2$ 为连接过渡部分和河中部分末端的铰,其两侧的变位相等[即式(11-160)仍然成立],故联立式(11-158)、式(11-160)和式(11-162),得

$$X^0_{n-1,n}\delta_{AB} - X^0_{n-2,n} \cdot (\delta_{AA} + \delta') = 0 \qquad (11\text{-}163)$$

4. 铰 $n-3$ 及以左铰的变位

对于铰 $n-3$,$n-4$,…,同样可以列出如式(11-161)的变位表达式,直至该铰与过渡部分相连时,列出如式(11-163)的变位表达式。

(三) 桥节门桥的铰力

在图 11-41 所考虑的浮桥左肢中,对于每个铰(含自由端 n)都可以列出一个变位方程,直至与过渡部分相连的铰为止。其中,位于短浮桥中间的铰(如铰 $n-2$)的变位方程式(11-161)最典型,有 3 个铰力,其与在刚性支座上的连续梁计算中所采用的三弯矩方程相似,称为三铰力方程。与解三弯矩方程组的方法相同,可从三铰力方程组中解出图 11-41 中短浮桥的各铰力。

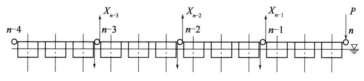

图 11-41 短浮桥的铰力

如铰 $n-2$ 以左为过渡部分,则由式(11-153)、式(11-157)和式(11-163)组成的方程组中,未知数为自由端 n 左侧的变位 δ'_{nn}、铰力 $X^0_{n-1,n}$ 和 $X^0_{n-2,n}$,方程和未知数数目相等,从而可解得

铰 $n-1$ 和 $n-2$ 的铰力以及自由端 n 左侧的变位。根据这些铰力,再代入式(11-154)或式(11-155)、式(11-158)或式(11-160)求出铰 $n-1$ 和 $n-2$ 处的变位 $\delta_{n-1,n}$ 和 $\delta_{n-2,n}$。

用相似的方法可求出浮桥右肢各铰右侧的变位 δ_{nn},$\delta_{n+1,n}$ 和 $\delta_{n+2,n}$。

(四)铰力影响线

根据变位互等定理可知,$\cdots,\delta_{n-2,n}=\delta_{n,n-2},\delta_{n-1,n}=\delta_{n,n-1},\delta_{n+1,n}=\delta_{n,n+1},\delta_{n+2,n}=\delta_{n,n+2},\cdots$,将以上各 δ 值代入式(11-151)和式(11-152),可作出铰 n 的铰力影响线。对于其余各铰($\cdots$,$n-2,n-1,n+1,n+2,\cdots$),铰力影响线也可用相同的方法作出。

各铰力影响线作出后,用与焦点法相同的方法可以求出桥脚舟的反力和桥节门桥桥跨中央截面的弯矩。

如果浮桥由不同类型的桥节门桥组成,用上述方法计算时,应注意各个桥节门桥中的 δ_{AA} 和 δ_{AB} 是不同的。

二、计算例题

例 11-5:计算铰接体系短浮桥(图 11-42)的桥脚舟反力和桥节门桥桥跨中央截面的弯矩。桥跨结构假定为刚性,河中部分由三个门桥组成,门桥和过渡部分的数据见例 11-1 和例 11-3。

1. 河中部分铰 n 的铰力影响线

先求 δ'_{nn}。在 n 以左部分写出 $n-1$ 点和 $n-2$ 点的三铰力方程,n 作为自由端[图 11-42(a)]。

$$\begin{cases} X^0_{n-2,n}\cdot\delta_{AB}-2X^0_{n-1,n}\cdot\delta_{AA}+X^0_{nn}\cdot\delta_{AB}=0 \\ -X^0_{n-2,n}\cdot(\delta_{AA}+\delta')+X^0_{n-1,n}\cdot\delta_{AB}=0 \end{cases}$$

将 $X^0_{nn}=1$,$\delta_{AA}=0.00541$,$\delta_{AB}=-0.00257$,$\delta'=0.00505$ 代入,得

$$\begin{cases} -0.00257X^0_{n-2,n}-0.01082X^0_{n-1,n}-0.00257=0 \\ -0.01046X^0_{n-2,n}-0.00257X^0_{n-1,n}=0 \end{cases}$$

解得铰力[图 11-42(b)]

$$X^0_{n-1,n}=-0.252,\ X^0_{n-2,n}=0.062$$

各点变位为

$$\delta'_{nn}=\delta_{AA}-X^0_{n-1,n}\delta_{AB}=0.00541-(-0.252)\times(-0.00257)=0.00476$$

$$\delta'_{n-1,n}=X^0_{n-1,n}\delta_{AA}-X^0_{n-2,n}\delta_{AB}=-0.252\times0.00541-0.062\times(-0.00257)=-0.00120$$

$$\delta'_{n-2,n}=X^0_{n-2,n}\delta'=0.062\times0.00505=0.0003$$

铰力影响线坐标[图 11-42(c)]为

左侧:$X'_{nn}=-\dfrac{\delta'_{nn}}{\delta_{nn}+\delta'_{nn}}=-\dfrac{0.00476}{0.00478+0.00476}=-0.498$

右侧:$X_{nn}=\dfrac{\delta_{nn}}{\delta_{nn}+\delta'_{nn}}=\dfrac{0.00478}{0.00478+0.00476}=0.502$

其中,$\delta_{nn}=0.00478$ 是例 11-4 中的 $\delta'_{n+1,n+1}$(本题中的 δ_{nn} 是铰 n 切开后右侧在 $P=1$ 作用下的变位,正好对应于例 11-4 中的铰 $n+1$ 切开后左侧在 $P=1$ 作用下的变位)。

因铰 $n+1$ 位于铰 n 右侧,将图 11-42(b)中 $\delta_{n,n+1}=-0.00124$ 代入式(11-152),得

$$X_{n,n+1} = \frac{\delta_{n,n+1}}{\delta_{nn} + \delta'_{nn}} = \frac{-0.00124}{0.00478 + 0.00476} = -0.122$$

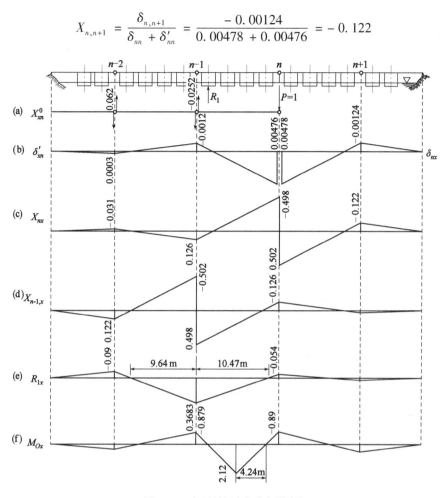

图 11-42 短浮桥河中部分各影响线

n 以左各点的铰力坐标值，运用公式(11-151)，将图 11-42(b)中各点的变位 δ'_{xn} 除以常数 $(\delta_{nn} + \delta'_{nn})$ 即得。

$$X_{n,n-1} = -\frac{\delta'_{n,n-1}}{\delta_{nn} + \delta'_{nn}} = -\frac{-0.00120}{0.00478 + 0.00476} = 0.126$$

$$X_{n,n-2} = -\frac{\delta'_{n,n-2}}{\delta_{nn} + \delta'_{nn}} = -\frac{0.0003}{0.00478 + 0.00476} = -0.031$$

根据各坐标值可绘出 X_n 的影响线，同样可绘出 X_{n-1} 的影响线，因为 $n-1$ 和 n 点处在对称位置[图 11-42(d)]。X_{n-1} 的影响线和例 11-4 中铰 $n+1$ 的铰力影响线相同，这是由于在本例题中，$n-1$ 点在单位力作用 $n-1$ 以右的变位($n-1$ 为自由端)与 $n-1$ 以右为无限长时的变位相等，即在第二个桥节门桥($n \sim n+1$)以后铰力对 $n+1$ 点的变位影响极微小所造成的。

2. 河中部分桥节门桥边舟 1 的反力

河中部分桥节门桥边舟 1 的反力影响线坐标根据下式求得

$$R_{1,n-1} = -X_{n-1,n-1}R_{1A} + X_{n,n-1}R_{1B}$$

将

$$R_{1A} = \frac{5u+3}{20u} = \frac{5 \times 0.2667 + 3}{20 \times 0.2667} = 0.812$$

$$R_{1B} = \frac{5u-3}{20u} = \frac{5 \times 0.2667 - 3}{20 \times 0.2667} = -0.312$$

代入影响线坐标方程,得

$$R_{1,n-1} = -(-0.502) \times 0.812 + 0.126 \times (-0.312) = 0.3683$$

同样

$$R_{1n} = -X_{n-1,n}R_{1A} + X_{nn}R_{1B} = -(-0.126) \times 0.812 + 0.502 \times (-0.312) = -0.054$$

$$R_{1,n-2} = -X_{n-1,n-2}R_{1A} + X_{n,n-2}R_{1B} = -0.122 \times 0.812 - 0.03 \times (-0.312) = -0.090$$

由图 11-42(e)中的几何关系:

$$x_1 = \frac{12}{0.3683 + 0.054} \times 0.3683 = 10.47(\text{m})$$

$$x_2 = \frac{12}{0.3683 + 0.090} \times 0.3683 = 9.64(\text{m})$$

得

$$R_2 = Q \cdot A_{1,n+1} \cdot \left[1 - \frac{s}{2(x_1 + x_2)}\right]$$

$$= 120 \times 0.3683 \times \left[1 - \frac{2.4}{2 \times (10.47 + 9.64)}\right] = 41.6(\text{kN})$$

大于例 11-1 中无限长浮桥河中部分中部中间桥节门桥桥脚舟的反力 $R_2 = 41.3\text{kN}$,超过 $\frac{41.6 - 41.3}{41.3} \times 100\% = 0.7\%$。

3. 河中部分桥跨中央截面弯矩

单个桥节门桥桥跨中央截面弯矩影响线的主要坐标由例 11-4 得到的 $M_{OO}^0 = 1.6$、$M_{O,n-1}^0 = M_{On}^0 = -1.4$,以及铰 n、$n-1$ 的铰力影响线求出。

由图 11-42(c)、图 11-42(d)中 X_{n-1} 和 X_n 的影响线图中的几何关系可求出 $X_{n-1,O} = 0.186$、$X_{nO} = -0.186$。

$$M_{O,n-1} = 0 - X_{n-1,n-1} \cdot M_{O,n-1}^0 + X_{n,n-1} \cdot M_{On}^0$$

$$= -(-0.502) \times (-1.4) + 0.126 \times (-1.4) = -0.879$$

$$M_{On} = 0 - X_{n-1,n} \cdot M_{O,n-1}^0 + X_{nn} \cdot M_{On}^0$$

$$= -(-0.126) \times (-1.4) + 0.502 \times (-1.4) = -0.879$$

$$M_{OO} = M_{OO}^0 - X_{n-1,O} \cdot M_{O,n-1}^0 + X_{nO} \cdot M_{On}^0$$

$$= 1.6 - 0.186 \times (-1.4) + (-0.186) \times (-1.4) = 2.12$$

从弯矩影响线[图 11-42(f)]得影响线正段长度的一半为

$$x = \frac{6 \times 2.12}{2.12 + 0.879} = 4.24(\text{m})$$

在活载作用下的最大弯矩为

$$M_2 = M_{OO} \cdot Q \cdot \left(1 - \frac{s}{4x}\right) = 2.12 \times 120 \times \left(1 - \frac{2.4}{4 \times 4.24}\right) = 218.4(\text{kN} \cdot \text{m})$$

小于例 11-1 中河中部分中间桥节门桥桥跨中央截面的弯矩 $M_2 = 218.5 \text{kN} \cdot \text{m}$,但很接近。

由于 $\delta'_{nn} = 0.00476$ 已经和河中部分为无限长时的末端柔度相等,如果在铰 $n-2$ 处切开,对于铰 $n-2$ 以右部分,当 $P=1$ 作用在 $n-2$ 处时,有 $\delta_{n-2,n-2} = 0.00476$,则铰 $n-1$ 和铰 $n-2$ 的影响线与无限长浮桥相应铰的影响线完全相同,因此河中部分末段和过渡部分的桥脚反力与桥跨弯矩就不必再计算了。

第六节 由水位变化引起的附加因素计算

一、水位变化的影响

在水位变化较大的铰接体系浮桥中,由于水位变化在连接河中部分和过渡部分的铰内会引起附加铰力,该附加铰力对河中部分末段和过渡部分产生附加反力和附加弯矩。

如图 11-43 所示,水位上涨 Δ_1 值,将铰 n 切开,河中部分上升了 Δ_1,过渡部分在铰处上升了 $\frac{\Delta_1}{l_1} L_1$,l_1 为过渡部分跨度,L_1 为过渡部分长度。

铰力可按下式计算:

$$\Delta X = \frac{\dfrac{\Delta_1}{l_1} \cdot L_1 - \Delta_1}{\delta + \delta'} = \frac{\Delta_1 \dfrac{c_1}{l_1}}{\delta + \delta'} \tag{11-164}$$

式中:δ——$P=1$ 作用在河中部分末端时(铰切开),该端部的下落深度;

δ'——$P=1$ 作用在过渡部分末端时(铰切开),该端部的下落深度。

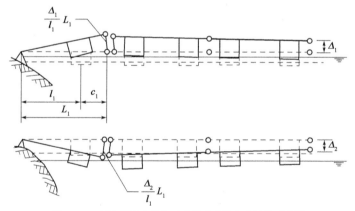

图 11-43 河中部分末段与过渡部分水位变化计算示意图

附加铰力求出后,可利用其计算过渡部分和河中部分末段引起的附加桥脚舟反力和附加桥跨弯矩。

如水位下降时,可用同样方法计算。设水位下降值为 Δ_2,在铰处产生负铰力,大小为

$$\Delta X = -\frac{\Delta_2 \dfrac{c_1}{l_1}}{\delta + \delta'} \tag{11-165}$$

由于水位变化产生的附加铰力具有不同符号,应按最不利的情况进行计算。在计算过渡部分时,桥脚舟的反力应考虑水位上涨,桥跨弯矩应考虑水位下降。在计算河中部分末段时,

边舟的反力应考虑水位下降,桥跨弯矩应考虑水位上涨。

将计算的结果与在活载作用下相应的桥脚舟反力和桥跨弯矩相叠加,而该铰力对河中部分中部的影响可略去不计。对于固定桥脚反力的影响同样可以求出。

二、计算例题

例 11-6:根据例 11-3 和例 11-4 的已知数据,考虑浮桥在使用期间水位上涨和下降各 $0.30\mathrm{m}$,求出水位变化引起的附加铰力及其对过渡部分和河中部分末段的桥脚舟反力和桥跨弯矩的影响。

1. 水位上涨时的影响

(1) 附加铰力

$$\Delta X = \frac{\Delta_1 \frac{c_1}{l_1}}{\delta + \delta'} = \frac{0.3 \times \frac{1.2}{7.8}}{0.00505 + 0.00476} = 4.7(\mathrm{kN})$$

(2) 对过渡部分的影响

由附加铰力引起的桥跨弯矩减少,桥脚舟的反力根据铰力影响线和原桥脚反力影响线的坐标求出[图 11-32(a)、图 11-32(b)]。

附加桥脚舟反力为

$$\Delta R = \frac{0.3738 \times 4.7}{0.485} = 3.62(\mathrm{kN})$$

比在活载作用下的桥脚舟反力 $R_2 = 41.96\mathrm{kN}$ 增加 $\frac{3.62}{41.96} \times 100\% = 8.6\%$。

(3) 对河中部分末段的影响

由附加铰力引起的桥脚舟反力减少,桥跨弯矩可根据铰力影响线和桥跨弯矩影响线的坐标求出[图 11-35(d)、图 11-35(f)]。附加桥跨弯矩为

$$\Delta M = \frac{4.7 \times (-0.903)}{-0.515} = 8.24(\mathrm{kN \cdot m})$$

比例 11-4 求得的在活载作用下的河中部分末段桥跨弯矩 $M_2 = 217.8\mathrm{kN \cdot m}$ 增加 $\frac{8.24}{217.8} \times 100\% = 3.8\%$。

2. 水位下降的影响

(1) 附加铰力

大小仍为 $\Delta X = 4.7\mathrm{kN}$。

(2) 对过渡部分的影响

由附加铰力引起的桥脚舟反力减少[图 11-32(a)、图 11-32(d)],附加桥跨弯矩为

$$\Delta M = \frac{0.594 \times 4.7}{0.485} = 5.76(\mathrm{kN \cdot m})$$

比在活载作用下的桥跨弯矩 $M_2 = 198.39\mathrm{kN \cdot m}$ 增加 $\frac{5.76}{198.39} \times 100\% = 2.9\%$。

(3) 对河中部分末段的影响

由附加铰力引起的桥跨弯矩减少,附加桥脚舟反力[图 11-35(d)、图 11-35(e)]为

$$\Delta R = \frac{0.38 \times 4.7}{0.515} = 3.45(\text{kN})$$

比在活载作用下的桥脚舟反力 $R_2 = 42.56\text{kN}$ 增得 $\frac{3.45}{42.56} \times 100\% = 8.1\%$。

复习思考题

1. 铰接体系浮桥的计算方法有哪些？
2. 用绝对刚性法(焦点法)计算铰接体系浮桥的基本假定有哪些？
3. 为什么铰接体系浮桥中单个门桥的桥脚舟数限定在 2~4 个？
4. 焦点法公式是什么？焦点和焦点法公式的物理意义是什么？焦点法公式中 d 的长度如何计算？
5. 为什么铰力和铰的变位也有焦点比的比例关系？
6. 焦点比 k 的值可以通过什么途径来进行计算？焦点比 k 计算公式(11-4)和式(11-13)中的 d 和 r 是什么关系？r 的物理意义是什么？
7. 铰力影响线如何求出？如何利用铰力影响线求出移动履带式荷载作用下产生的最大铰力？在浮桥横断面内有两个铰或多个铰的情况下，单个铰的铰力如何计算？
8. 为什么求桥脚舟反力时只需计算边舟最大反力而不考虑计算中间舟的最大反力？
9. 为什么要作出桥脚舟反力影响线？
10. 为什么只需求出边舟反力影响量就可以作出桥脚舟反力影响线？
11. 利用影响线求铰接体系浮桥中桥脚舟由履带式荷载产生的最大反力时，对应于单个桥节门桥的舟数不同，桥脚反力的计算公式分别是什么？
12. 计算铰接体系带式浮桥中单个桥节门桥的端部最大吃水时，为什么不必求出最大反力而直接求出了桥节门桥端部最大变位？
13. 铰接体系浮桥纵坡度验算时，为什么可以用单个桥节门桥的边舟吃水差与边舟轴线间距的比值来计算浮桥纵坡度？
14. 铰接体系浮桥桥跨弯矩计算时，最大弯矩通常可能发生在什么截面上？该截面的弯矩影响线方程由哪几部分组成？
15. 在计算弯矩影响量时，为什么可以直接引用带式门桥的弯矩影响量计算方法分别求出各种门桥的 r 和 c_0，然后代入式(11-51)和式(11-54)来求出影响量？
16. 考虑桥跨柔度时计算铰接体系浮桥的过程中，为什么仍然可以运用焦点比公式？
17. 用绝对刚性法和考虑桥跨柔度法计算铰接体系浮桥的最大区别在哪儿？
18. 考虑桥跨柔度计算铰接体系浮桥时，单个桥节门桥的端部变位 δ_{1A}、δ_{2A}、δ_{1B}、δ_{2B} 的物理意义是什么？
19. 考虑桥跨柔度法计算铰接体系浮桥单个桥节门桥的端部变位时，δ_{1A} 由几部分组成？如何计算？
20. 考虑桥跨柔度法计算铰接体系浮桥单个桥节门桥的端部变位时，δ_{2A} 由几部分组成？

如何计算?

21. 考虑桥跨柔度法计算铰接体系浮桥单个桥节门桥的端部变位时,δ_{1B} 由几部分组成? 如何计算?

22. 考虑桥跨柔度法计算铰接体系浮桥单个桥节门桥的端部变位时,δ_{2B} 由几部分组成? 如何计算?

23. 考虑桥跨柔度法计算铰接体系浮桥时,单个桥节门桥的端部变位 δ_{AA} 和 δ_{AB} 的物理意义是什么?

24. 考虑桥跨柔度法计算铰接体系浮桥单个桥节门桥的端部变位时,δ_{AA} 由几部分组成? 如何计算?

25. 考虑桥跨柔度法计算铰接体系浮桥单个桥节门桥的端部变位时,δ_{AB} 由几部分组成? 如何计算?

26. 考虑桥跨柔度法计算铰接体系浮桥时,铰力影响量计算公式 $X = \pm \dfrac{\delta_{nx}}{2\delta_{nn}}$ 是如何得到的?

27. 考虑桥跨柔度法计算铰接体系浮桥时,桥节门桥边舟反力影响量计算需要分几种情况进行? 每种情况下边舟反力影响量如何计算?

28. 考虑桥跨柔度法计算铰接体系浮桥时,桥节门桥桥跨中央截面弯矩影响量计算需要分几种情况进行? 每种情况下桥节门桥桥跨中央截面弯矩影响量如何计算?

29. 用绝对刚性法计算铰接体系浮桥过渡部分时,作铰 n 的铰力影响线时,铰力最大坐标计算公式 $X = \dfrac{\delta_{nn}}{\delta_{nn} + \delta'_{nn}}$ 和 $X' = -\dfrac{\delta'_{nn}}{\delta_{nn} + \delta'_{nn}}$ 是如何得到的?

30. 用绝对刚性法计算铰接体系浮桥过渡部分的铰力时,δ_{nn} 和 δ'_{nn} 分别如何计算?

31. 用绝对刚性法计算铰接体系浮桥过渡部分时,当浮游桥脚分别有一个和两个桥脚舟时,浮游桥脚反力影响量的最大正坐标值分别怎样计算?

32. 用绝对刚性法计算铰接体系浮桥过渡部分时,浮游栈桥的岸边固定桥脚反力影响值如何计算? 最大反力如何计算?

33. 用绝对刚性法计算铰接体系浮桥过渡部分时,浮游栈桥的桥跨弯矩如何计算? 考虑桥跨柔度时又该如何计算?

34. 用绝对刚性法计算铰接体系浮桥过渡部分时,浮游栈桥的纵坡度如何验算?

35. 用绝对刚性法计算铰接体系浮桥河中部分末段时,为什么当河中部分末段桥节门桥采用与河中部分中间桥节门桥相同的结构时需要验算末段桥节门桥?

36. 用绝对刚性法计算铰接体系浮桥河中部分末段桥节门桥时,作铰 $n+1$ 的铰力影响线时,如何得到铰力最大坐标计算公式 $X'_{n+1,n+1} = -\dfrac{\delta'_{n+1,n+1}}{\delta_{n+1,n+1} + \delta'_{n+1,n+1}}$ 和 $X_{n+1,n+1} = \dfrac{\delta_{n+1,n+1}}{\delta_{n+1,n+1} + \delta'_{n+1,n+1}}$?

37. 某铰接体系浮桥,由 10 个桥节门桥组成,桥节门桥长 $L_0 = 12\text{m}$,浮桥焦点比 $k = -0.35$,荷载为轮式,前轴重 $P_1 = 30\text{kN}$,后轴重 $P_2 = 70\text{kN}$,前后轴距离 $s = 5\text{m}$。要求:

(1)作出河中部分铰力影响线;

(2)计算最大铰力。

第十二章 弹性基础梁

第一节 弹性基础梁概述

一、引言

工程结构中,通常在结构底部设置基础梁或基础板,以增大与地基的接触面积,减少地基承受压力的强度。若地基(基础,以下称为基础)是弹性的,这类基础梁就叫作弹性地基(基础)梁(以下称为弹性基础梁)。

图 12-1 为房屋结构的梁形基础,图 12-2 为地下结构的侧墙,它们都属于弹性基础梁的实例。图 12-3 为连续体系浮桥,当桥脚舟配置较密时,也可以近似地简化为弹性基础梁。

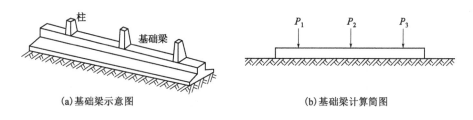

图 12-1 房屋结构的梁形基础

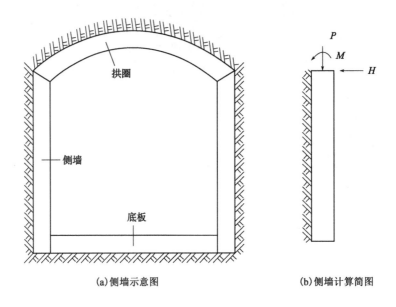

(a) 侧墙示意图　　　　(b) 侧墙计算简图

图 12-2　地下结构的侧墙

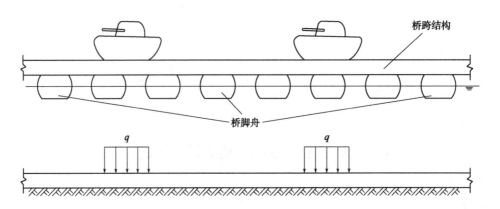

图 12-3　连续体系浮桥及其计算简图

19 世纪后期，要求对铁路轨道作强度计算，带动了弹性基础梁的计算理论和实验研究。1867 年，德国温克尔（E. Winkler）根据实际观察，作出假设：基础梁上各点处的支反力集度，与该点的挠度成正比。从这个假设出发，列出梁的挠曲线微分方程，并考虑到梁两端的边界条件，就可以解出各种荷载作用下弹性基础梁的挠曲线方程以及梁的反力、内力和应力。经过实践检验，这种理论在一定的条件下有实用价值。此后，弹性基础梁的计算理论很快就被应用到建筑物的基础梁设计中。以后，由于问题本质的相似性，弹性基础梁计算理论又被推广应用于以下两方面：

（1）支承于密排的格架上或水面舟体上的结构物的计算。例如，房屋的楼面、浮桥桥跨结构、桥面结构、船舶底板等。

（2）回转型薄壳的计算。例如，压力容器、锅炉、火炮弹丸筒壳、建筑物的圆屋顶（穹隆顶）、储水池等。

二、弹性基础梁的特点

弹性基础梁与普通梁相比,具有下列两方面的特点。

1. 弹性基础梁是无穷多次超静定结构

普通梁只在有限个支座处与基础相连,梁的支反力为有限个未知力。因此,普通梁是静定的或有限次超静定结构。弹性基础梁与基础连续接触,梁所受的反力是连续分布的,即梁具有无穷多个支点和无穷多个未知反力。因此,弹性基础梁是无穷多次超静定结构。

2. 计算弹性基础梁时必须同时考虑基础的变形

通常将普通梁的支座看成刚性支座,一般可以略去基础的变形,只考虑梁的变形(某些支座沉陷较大的超静定结构,可以单独考虑这些沉陷对内力的影响)。弹性基础梁则必须同时考虑基础变形。因此,梁与地基(基础)是共同变形的,一方面梁给基础以压力,使基础沉陷;另一方面,基础给梁以相反的压力,限制梁的位移。梁的位移与基础的沉陷处处都是彼此相等,以满足变形连续条件。因此,计算弹性基础梁时基础的影响是个重要因素,必须同时考虑。

三、弹性基础梁模型

在弹性基础梁的计算理论中,一个重要的问题是如何确定基础反力与基础沉陷之间的关系,或者说是如何选取基础模型。

(一)局部弹性基础模型(温克尔假设)

德国温克尔(E. Winkler)于1867年对地基作出基本假设:作用在基础表面任一点单位面积上的压力与该点的沉陷量成正比。用公式表示为

$$\sigma = K_0 y \qquad (12\text{-}1)$$

式中:σ——作用在弹性基础单位面积上的压力强度,常用单位:kN/m^2(国际单位)、kg/cm^2(工程单位);

y——基础的沉陷量(变位),常用单位(cm);

K_0——基础系数或垫层系数,常用单位:kN/m^3(国际单位)、kg/cm^3(工程单位),其物理意义是使基础产生单位沉陷时所需的压强。对于不同的基础可通过试验测得K_0值。

计算弹性基础梁时,由于不同梁的宽度不一,需要找出梁单位长度内的基础反力,通常用p表示这种反力,称为基础反力的线集度。线集度p与压强σ之间的关系为

$$p = \sigma \cdot b$$

式中:b——梁的宽度。

将式(12-1)代入上式,可以将温克尔假设改写为

$$p = \sigma \cdot b = K_0 y \cdot b = K_0 b \cdot y = K \cdot y \qquad (12\text{-}2)$$

式中,$K = K_0 b$称为基础刚度。其物理意义是基础产生单位沉陷时对梁所提供的反力线集度。常用单位:kN/m^2(国际单位)、kg/cm^2(工程单位)。

温克尔假设实际上是将基础模拟为刚性支座上一系列独立的弹簧,基础上某一点的沉陷只取决于该点的压力,与邻近点的压力无关。这种假设对于浮桥结构计算,以及标准尺寸的铁

路枕木上的钢轨、圆柱形蓄水池、交叉梁系统与回转薄壳等,无疑都是正确的。按这种假设计算出的结果与"精确计算"结果比较接近,在工程上可用。如果基础上部为较薄的土层、下部为坚硬的岩石,基础情况也和温克尔假设比较接近,将得出比较满意的结果。

当基础梁的弯曲刚度很大时,可以认为梁本身没有弯曲变形。在这种情况下,基础反力按直线分布,只需求出基础梁两端的基础反力集度 p_1 和 p_2,便可完全确定反力的分布和大小。由静平衡方程 $\sum y = 0$,$\sum M = 0$,便能求出 p_1 和 p_2。因此,基础梁的弯曲刚度很大,弯曲变形可以略去不计,反力和内力计算为静定问题。

温克尔假设存在两大缺点:

(1) 没有反映基础变形的连续性。当基础上某点受压时,不仅该点产生局部沉陷,而且在邻近区域产生沉陷。温克尔假设没有反应这一实际情况,特别是对于密实厚土层基础和整体岩石基础,将会引起较大的误差。

(2) 试验证明,对同一土壤,加同一单位压力,压模面积不同,测定的沉陷量可能相差 15~20 倍。但在温克尔假设中,基础系数 K_0 并没有考虑压模面积的影响。因此,对于一定的土壤来说,K_0 并不是具有明确物理意义的数值。

(二) 半无限弹性基础模型

为了消除温克尔假设中的缺点,1922 年,苏联的普罗克托尔(Г. Э. Прокmop)提出另一种假设,将基础看作一个均质、连续、各向同性、弹性的半无限体(基础表面是平面,自平面向下和四周伸展无穷的半空间弹性体),然后按弹性理论的沉陷公式,并引用基础的弹性模量 E_0 和泊松比 μ。

这个假设的优点是一方面反映了基础的连续整体性,另一方面从几何上、物理上对基础进行了简化,使之可以将弹性力学中关于半无限弹性体的已知结论作为计算的基础。

这个假设的缺点是弹性假设中没有反映土壤的非弹性性质,均质假设没有反映土壤的不均匀性,半无限体的假设没有反映基础的分层特点等。同时,这个假设在数学处理上比较复杂,因而在应用上也受到一定的限制。

第二节 无限长梁和半无限长梁的计算

一、基本微分方程

对在温克尔假设基础上的无限长梁进行计算时,必须首先推导出弹性基础梁的基本微分方程。

弹性基础梁的反力是连续分布的,具有无穷多个未知力,显然,用力法精确求解梁的反力和内力是不可能的(按力法求解只能将反力近似地简化为有限个,求近似解)。因此,要求出精确解必须用位移法,以位移函数 $y(x)$ 作为基本未知量,建立 $y(x)$ 应满足的基本微分方程,解基本微分方程并利用梁的边界条件确定 $y(x)$,从而求出梁的其他变形、反力和内力。

图 12-4 为在外荷载 $q(x)$ 作用下的弹性基础梁,梁和基础的位移为 $y(x)$,梁与基础间的压力为 $p(x)$。

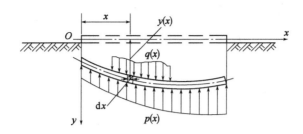

图 12-4　在外荷载 $q(x)$ 作用下的弹性基础梁

图 12-5 为弹性基础梁受力图。由温克尔假设得

$$p(x) = Ky(x) \tag{12-3}$$

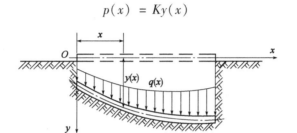

图 12-5　弹性地基梁受力图

在 x 处截取长度 $\mathrm{d}x$ 的微梁段为隔离体(图 12-6),由微分关系和平衡条件,求得

$$\begin{cases} \theta = \dfrac{\mathrm{d}y}{\mathrm{d}x} \\ M = -EJ\dfrac{\mathrm{d}\theta}{\mathrm{d}x} = -EJ\dfrac{\mathrm{d}^2 y}{\mathrm{d}x^2} \\ Q = \dfrac{\mathrm{d}M}{\mathrm{d}x} = -EJ\dfrac{\mathrm{d}^3 y}{\mathrm{d}x^3} \\ \dfrac{\mathrm{d}Q}{\mathrm{d}x} = -q(x) + p(x) \end{cases} \tag{12-4}$$

式中:EJ——梁截面的抗弯刚度。

x、y、θ、M、Q 各量正号方向如图 12-6 所示。

将式(12-4)中的第三式代入第四式,可得

$$EJ\dfrac{\mathrm{d}^4 y}{\mathrm{d}x^4} + p(x) = q(x)$$

即

$$EJ\dfrac{\mathrm{d}^4 y}{\mathrm{d}x^4} + Ky(x) = q(x) \tag{12-5}$$

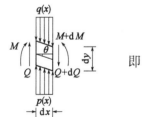

图 12-6　长度为 $\mathrm{d}x$ 的
　　　　　微梁段隔离体

这是一个四阶线性常系数非齐次微分方程,化为标准形式,令

$$\beta = \sqrt[4]{\dfrac{K}{4EJ}} \quad (\mathrm{cm}^{-1} \text{或} \mathrm{m}^{-1}) \tag{12-6}$$

得到

$$\dfrac{\mathrm{d}^4 y}{\mathrm{d}x^4} + 4\beta^4 y(x) = \dfrac{q(x)}{EJ} \tag{12-7}$$

这就是弹性基础梁的基本微分方程,再令

$$L = \frac{1}{\beta} = \sqrt[4]{\frac{4EJ}{K}} \quad (\text{cm 或 m}) \tag{12-8}$$

式中:L、β——与梁和基础的弹性性质有关的综合性参数,对弹性基础梁的受力特性和变形特性有重要影响。通常将 L 叫作弯曲特征长度,将 β 叫作弯曲特征系数。

二、基本微分方程的解

基本微分方程(12-7)的解由两部分(齐次方程的通解和非齐次方程的特解)叠加而得。

(一)齐次方程的通解

在式(12-7)中令 $q(x) = 0$,得到相应的齐次方程为

$$\frac{d^4 y}{dx^4} + 4\beta^4 y(x) = 0 \tag{12-9}$$

此齐次方程的通解可以由其特解的线性组合而成。

设 $y = e^{Sx}$,代入式(12-9),得到其特征方程式为

$$S^4 + 4\beta^4 = 0 \tag{12-10}$$

移项后,开四次方得

$$S = \sqrt{2}\beta \sqrt[4]{-1}$$

因

$$\sqrt[4]{-1} = \frac{1}{\sqrt{2}}(\pm 1 \pm i)$$

故 S 的 4 个根为

$$\begin{cases} S_1 = (1 + i)\beta \\ S_2 = (1 - i)\beta \\ S_3 = (-1 + i)\beta \\ S_4 = (-1 - i)\beta \end{cases} \tag{12-11}$$

从而齐次方程的 4 个特解为

$$\begin{cases} y_1 = e^{\beta x + i\beta x} \\ y_2 = e^{\beta x - i\beta x} \\ y_3 = e^{-\beta x + i\beta x} \\ y_4 = e^{-\beta x - i\beta x} \end{cases} \tag{12-12}$$

将式(12-12)的 4 个特解进行线性组合,得到齐次方程(12-9)的通解为

$$y_1(x) = e^{\beta x}(A e^{i\beta x} + B e^{-i\beta x}) + e^{-\beta x}(C e^{i\beta x} + D e^{-i\beta x}) \tag{12-13}$$

应用欧拉公式

$$\begin{cases} e^{i\beta x} = \cos \beta x + i\sin \beta x \\ e^{-i\beta x} = \cos \beta x - i\sin \beta x \end{cases}$$

则齐次方程式(12-9)的通解可以改写为

$$y_1(x) = e^{\beta x}(A_1 \cos \beta x + A_2 \sin \beta x) + e^{-\beta x}(A_3 \cos \beta x + A_4 \sin \beta x) \tag{12-14}$$

(二)非齐次方程的特解

当$q(x)$是x的三次幂以下的多项式时,式(12-7)化为非齐次方程,其特解为

$$y_2(x) = \frac{q(x)}{K} \tag{12-15}$$

式中,$K = 4EJ\beta^4$,由式(12-6)可得。

最后得到基本微分方程式(12-7)的解为

$$\begin{aligned} y(x) &= y_1(x) + y_2(x) \\ &= \mathrm{e}^{\beta x}(A_1\cos\beta x + A_2\sin\beta x) + \mathrm{e}^{-\beta x}(A_3\cos\beta x + A_4\sin\beta x) + \frac{q(x)}{K} \end{aligned} \tag{12-16}$$

式中:A_1、A_2、A_3、A_4——4个积分常数,它们可以由弹性基础梁的4个边界条件求出。

有时,为了解题方便,式(12-7)的通解可以写为另一种形式。将式(12-13)和式(12-16)中$\mathrm{e}^{\beta x}$、$\mathrm{e}^{-\beta x}$用双曲函数表示为

$$\begin{cases} \mathrm{e}^{\beta x} = \mathrm{ch}\beta x + \mathrm{sh}\beta x \\ \mathrm{e}^{-\beta x} = \mathrm{ch}\beta x - \mathrm{sh}\beta x \end{cases}$$

将此双曲函数代入式(12-16),并整理后得到

$$y(x) = C_1\mathrm{ch}\beta x\cos\beta x + C_2\mathrm{ch}\beta x\sin\beta x + C_3\mathrm{sh}\beta x\cos\beta x + C_4\mathrm{sh}\beta x\sin\beta x + \frac{q(x)}{K} \tag{12-17}$$

式中:C_1、C_2、C_3、C_4——4个积分常数,它们可以由弹性基础梁的4个边界条件求出。

三、边界条件

在基本微分方程式(12-7)的解式(12-16)和式(12-17)中,分别含有4个积分常数A_1、A_2、A_3、A_4和C_1、C_2、C_3、C_4。这些常数需要利用弹性基础梁的4个边界条件求出。弹性基础梁的边界条件,根据梁端的不同支承情况,可以写出如下。

(一)固定端边界条件

竖向位移为零,即$y = 0$。

转角θ为零,故$\dfrac{\mathrm{d}y}{\mathrm{d}x} = 0$。

如果固定端有给定的沉降和转角,则边界条件y为已知值,$\dfrac{\mathrm{d}y}{\mathrm{d}x}$为已知值。

(二)简支端边界条件

竖向位移为零,即$y = 0$。

弯矩M为零,故$\dfrac{\mathrm{d}^2 y}{\mathrm{d}x^2} = 0$。

如果简支端有给定的外力矩作用并有给定的沉降,则边界条件y为已知值,$\dfrac{\mathrm{d}^2 y}{\mathrm{d}x^2}$为已知值。

(三)自由端边界条件

弯矩 M 为零,故 $\dfrac{d^2 y}{dx^2} = 0$。

剪力 Q 为零,故 $\dfrac{d^3 y}{dx^3} = 0$。

如果自由端有给定的外力矩和竖向荷载作用,则边界条件 $\dfrac{d^2 y}{dx^2}$ 为已知值,$\dfrac{d^3 y}{dx^3}$ 为已知值。

由此可以看出,梁的每端都可以写出 2 个边界条件,梁的两端共可以写出 4 个边界条件,正好可以确定 4 个积分常数。

例 12-1:两端自由的弹性基础梁,承受线性分布荷载 $q(x) = a + bx$ 作用[图 12-7(a)],试求该梁的位移和内力。

解:由直观判断,可设基础反力为

$$p(x) = a + bx \tag{a}$$

则 $p(x)$ 与 $q(x)$ 互相抵消,梁显然是平衡的。

由温克尔假设,可求得

$$y(x) = \frac{p(x)}{K} = \frac{a + bx}{K} \tag{b}$$

再由式(12-4),得弹性基础梁的内力为

$$\begin{cases} M = -EJ \dfrac{d^2 y}{dx^2} = 0 \\ Q = -EJ \dfrac{d^3 y}{dx^3} = 0 \end{cases} \tag{c}$$

可见梁只产生刚体位移,不产生内力[图 12-7(b)]。

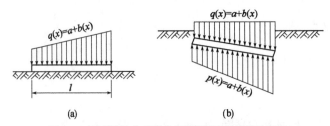

图 12-7 承受线性分布荷载的弹性基础梁计算示意图

验证解答是否正确:将 $p(x)$ 与 $q(x)$ 代入基本微分方程式(12-5),显然满足。

本题的边界条件为

$$\begin{cases} M_{x=0} = 0, M_{x=l} = 0 \\ Q_{x=0} = 0, Q_{x=l} = 0 \end{cases} \tag{d}$$

将式(c)代入式(d),显然满足。

所求出的解答满足基本微分方程和全部边界条件。因此,弹性基础梁只产生刚体位移、不产生内力的问题解答是正确的。

四、无限长梁的计算

前述内容确定了弹性基础梁的基本微分方程及其通解,并列出了几种常用的支承端边界条件。本部分内容将在此基础上计算无限长梁的内力和位移。

首先讨论无限长梁是因为它的计算过程比较简单,受力特性具有代表性,梁长达到某一长度以上的长梁(梁长的界限将在后面讨论)均可按它处理。至于短梁的计算将在第三节进行。

图12-8(a)所示为一无限长弹性基础梁,在 O 点作用集中荷载 P,梁的两端向无限远处延伸。以 P 作用点 O 为坐标原点,利用对称性,对原点 O 以右的半边梁进行计算[图12-8(b)]。

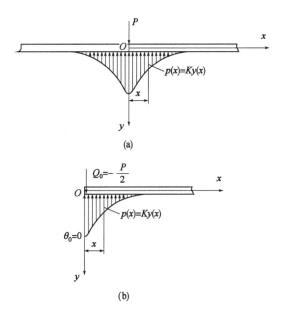

图 12-8 无限长弹性基础梁计算简图

由于 $q(x) = 0$,根据式(12-16)可以得到

$$y(x) = e^{\beta x}(A_1 \cos \beta x + A_2 \sin \beta x) + e^{-\beta x}(A_3 \cos \beta x + A_4 \sin \beta x) \tag{12-18}$$

对式(12-18)求导数,可以得出弯矩的表达式为

$$M(x) = -EJ \frac{d^2 y}{dx^2} = 2EJ\beta^2 [e^{\beta x}(A_1 \sin \beta x - A_2 \cos \beta x) + e^{-\beta x}(-A_3 \sin \beta x + A_4 \cos \beta x)]$$

(一)由边界条件确定常数

(1)右端无穷远处,梁的变位为零[图12-8(b)]。注意到 $e^{\beta x} \to \infty$ 及 $e^{-\beta x} \to 0$,由式(12-18)得到

$$A_1 \cos \beta x + A_2 \sin \beta x = 0$$

(2)右端无穷远处,梁的弯矩为零[图12-8(b)]。注意到 $e^{\beta x} \to \infty$ 及 $e^{-\beta x} \to 0$,由弯矩表达式得到

$$A_1 \sin \beta x - A_2 \cos \beta x = 0$$

要求 $A_1\cos\beta x + A_2\sin\beta x = 0$ 和 $A_1\sin\beta x - A_2\cos\beta x = 0$ 同时满足，必须 $A_1 = A_2 = 0$。将其代入式(12-18)，得到

$$y(x) = \mathrm{e}^{-\beta x}(A_3\cos\beta x + A_4\sin\beta x) \tag{12-19}$$

对式(12-19)逐次求导，可以得出转角、弯矩、剪力和基础反力的表达式为

$$\begin{cases} \theta(x) = \dfrac{\mathrm{d}y}{\mathrm{d}x} = -\beta\mathrm{e}^{-\beta x}[(A_3 - A_4)\cos\beta x + (A_3 - A_4)\sin\beta x] \\ M(x) = -EJ\dfrac{\mathrm{d}^2 y}{\mathrm{d}x^2} = -2EJ\beta^2\mathrm{e}^{-\beta x}[A_3\sin\beta x - A_4\cos\beta x] \\ Q(x) = -EJ\dfrac{\mathrm{d}^3 y}{\mathrm{d}x^3} = -2EJ\beta^3\mathrm{e}^{-\beta x}[(A_3 + A_4)\cos\beta x - (A_3 - A_4)\sin\beta x] \\ p(x) = Ky = K\mathrm{e}^{-\beta x}(A_3\cos\beta x + A_4\sin\beta x) \end{cases} \tag{12-20}$$

(3) 当 $x = 0$ 时，梁的转角 $\theta_0 = 0$ [图12-8(b)]，代入式(12-20)得到

$$\beta(-A_3 + A_4) = 0$$

所以

$$A_3 = A_4$$

(4) 当 $x = 0$ 时，梁的剪力 $Q_0 = -\dfrac{P}{2}$（图12-6），代入式(12-20)得到

$$-2EJ\beta^3(A_3 + A_4) = -\dfrac{P}{2}$$

所以

$$A_3 = A_4 = \dfrac{P}{8EJ\beta^3}$$

(二) 挠度、转角、弯矩、剪力和基础反力方程

将 A_3、A_4 代回式(12-19)和式(12-20)，得到挠度、转角、弯矩、剪力和基础反力的计算表达式：

$$\begin{cases} y(x) = \dfrac{P}{8EJ\beta^3}\mathrm{e}^{-\beta x}(\cos\beta x + \sin\beta x) \\ \theta(x) = -\dfrac{P}{4EJ\beta^2}\mathrm{e}^{-\beta x}\sin\beta x \\ M(x) = \dfrac{P}{4\beta}\mathrm{e}^{-\beta x}(\cos\beta x - \sin\beta x) \\ Q(x) = -\dfrac{P}{2}\mathrm{e}^{-\beta x}\cos\beta x \\ p(x) = \dfrac{P\beta}{2}\mathrm{e}^{-\beta x}(\cos\beta x + \sin\beta x) \end{cases} \tag{12-21}$$

引入4个符号函数：

$$\begin{cases} \eta_1(x) = \mathrm{e}^{-\beta x}(\cos\beta x + \sin\beta x) \\ \eta_2(x) = \mathrm{e}^{-\beta x}\sin\beta x \\ \eta_3(x) = \mathrm{e}^{-\beta x}(\cos\beta x - \sin\beta x) \\ \eta_4(x) = \mathrm{e}^{-\beta x}\cos\beta x \end{cases} \tag{12-22}$$

则挠度、转角、弯矩、剪力和基础反力的计算表达式(12-21)可改写为

$$\begin{cases} y(x) = \dfrac{P}{8EJ\beta^3}\eta_1(x) \\ \theta(x) = -\dfrac{P}{4EJ\beta^2}\eta_2(x) \\ M(x) = \dfrac{P}{4\beta}\eta_3(x) \\ Q(x) = -\dfrac{P}{2}\eta_4(x) \\ p(x) = \dfrac{P\beta}{2}\eta_1(x) \end{cases} \quad (12\text{-}23)$$

式中,$\eta(x)$ 函数值可由相关表中根据 βx 值查出。

(三)几点说明

1. 利用 $\eta(x)$ 函数表绘出梁的挠度 y、转角 θ、弯矩 M、剪力 Q 及地基反力 p 图

利用式(12-23)可以绘出右段梁的挠度 y、转角 θ、弯矩 M、剪力 Q 及基础反力 p 图。再根据对称性,可得整个弹性基础梁的内力位移图(图12-9)。

弹性基础梁的最大挠度、弯矩、剪力和基础反力值都发生在坐标原点(集中荷载 P 作用点),其数值为

$$\begin{cases} y_{\max} = y_{x=0} = \dfrac{P}{8EJ\beta^3} \\ M_{\max} = M_{x=0} = \dfrac{P}{4\beta} \\ Q_{\max} = Q_{x=0} = -\dfrac{P}{2} \\ p_{\max} = p_{x=0} = \dfrac{P\beta}{2} \end{cases}$$

弹性基础梁的内力和位移图中,挠度 y、弯矩 M 和基础反力 p 图是对 y 轴正对称图形,转角 θ 和剪力 Q 图是对 y 轴反对称图形。

2. 长梁和短梁的划分标准

从图12-9可以看出,无限长梁的内力和位移值随着 x 值的增大衰减很快。这是因为 $\eta_1(x)$、$\eta_2(x)$、$\eta_3(x)$ 和 $\eta_4(x)$ 中都含有衰减函数 $e^{-\beta x}$。当 $x=0$ 时,$e^0=1$;当 $\beta x=\pi$ 时,$e^{-\pi}=0.04321$;当 $\beta x=2\pi$ 时,$e^{-2\pi}=0.00187$。这说明离荷载 P 作用点距离 $x=\pi/\beta=\pi L$ 时,内力和位移已经迅速衰减(为4.3%)。从工程观点看,在 $x\geqslant \pi L$ 段内,梁的位移和内力很小,可以忽略不计。在荷载作用点两侧各 πL 范围内,荷载才产生较大的影响。因此,根据这种分析,可以将弹性基础上有限长度的梁区分为以下三种类型:

(1)无限长梁

如图12-10(a)所示,荷载作用点与两端的距离都大于等于 πL(如果要求计算的精度更高,也可取 $2\pi L$ 为标准),$L=\dfrac{1}{\beta}=\sqrt[4]{\dfrac{4EJ}{K}}$ 为特征长度。这种梁的长度虽然有限,但荷载对两端处的影响甚微,可以忽略不计,其内力和位移可以按无限长梁计算。

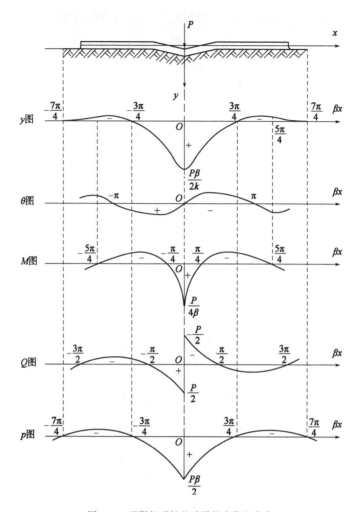

图 12-9　无限长弹性基础梁的变位和内力

(2) 半无限长梁

如图 12-10(b) 所示，荷载作用在梁的一端距另一端(或梁长)不小于 πL 时，按半无限长梁计算。

当荷载作用点距一端的距离不小于 πL，距另一端的距离不大于 πL 时，也属于半无限长梁 [图 12-10(c)]。

(3) 短梁

如图 12-10(d) 所示，荷载作用点距两端的距离都小于 πL 时，按短梁计算。

半无限长梁和短梁的计算方法在后面进行介绍。

在上面的分析中，特征长度 L 具有决定的意义。L 的数值决定于梁的截面抗弯刚度 EJ 和基础刚度 K 的比值。如果基础硬，梁软，K 值就大，EJ 值就小，相应的 L 值就小。相反，基础软，梁硬，K 值就小，EJ 值就大，相应的 L 值就大。所以，区分为是长梁或是短梁，并不是只看梁的长度，而是决定于梁的实际长度与特征长度 L 的比值。长梁与短梁的概念是相对于特征长度 L 来说的。同一根梁(梁长、截面抗弯刚度都是固定值)设置在硬基础上(L 值小)，可能属于长梁；设置在软基础上(L 值大)，也可能属于短梁。

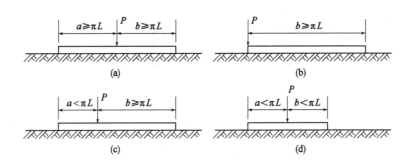

图 12-10　各种长度地基梁示意图

3. $\eta_1(x)$、$\eta_2(x)$、$\eta_3(x)$ 和 $\eta_4(x)$ 是收敛型循环函数

式(12-22)中各函数 $\eta_1(x)$、$\eta_2(x)$、$\eta_3(x)$ 和 $\eta_4(x)$ 可根据 βx 值计算(注意: x 仅取正值),得出各数值。其图形如图 12-11 所示。$\eta_1(x)$、$\eta_2(x)$、$\eta_3(x)$ 和 $\eta_4(x)$ 亦可写成 η_1、η_2、η_3 和 η_4。

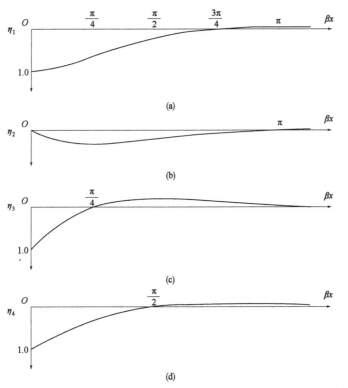

图 12-11　函数 $\eta_1(x)$、$\eta_2(x)$、$\eta_3(x)$ 和 $\eta_4(x)$ 图形

这 4 个函数具有以下性质:
(1)周期性,都由三角函数组成,故都以 2π 为周期,作正负波浪式变化。
(2)收敛性,式中都有 $e^{-\beta x}$ 因子,随着 βx 的增加而衰减,经过了半个波即 $\beta x = \pi$ 以后,其数值衰减的倍数为 $\dfrac{e^{-(\beta x+\pi)}}{e^{-\beta x}} = e^{-\pi} = 0.04321$,经过了全波 $\beta x = 2\pi$ 以后,衰减到 $e^{-2\pi} = 0.00187$。
(3)循环性,4 个函数之间有循环的微分和积分关系。

① 微分关系

$$\begin{cases} \eta_1'(x) = -2\beta\eta_2(x) \\ \eta_2'(x) = 2\beta\eta_3(x) \\ \eta_3'(x) = -2\beta\eta_4(x) \\ \eta_4'(x) = -\beta\eta_1(x) \end{cases} \quad (12\text{-}24)$$

② 积分关系

$$\begin{cases} \int \eta_1(x)\mathrm{d}x = -\dfrac{1}{\beta}\eta_4(x) + C \\ \int \eta_2(x)\mathrm{d}x = -\dfrac{1}{2\beta}\eta_1(x) + C \\ \int \eta_3(x)\mathrm{d}x = \dfrac{1}{\beta}\eta_2(x) + C \\ \int \eta_4(x)\mathrm{d}x = -\dfrac{1}{2\beta}\eta_3(x) + C \end{cases} \quad (12\text{-}25)$$

③ 和差关系

$$\begin{cases} \eta_1(x) = \eta_2(x) + \eta_4(x) \\ \eta_3(x) = \eta_4(x) - \eta_2(x) \\ \eta_4(x) = \dfrac{\eta_1(x) + \eta_3(x)}{2} \\ \eta_2(x) = \dfrac{\eta_1(x) - \eta_3(x)}{2} \end{cases} \quad (12\text{-}26)$$

五、半无限长梁的计算

如果弹性基础梁的一端或端点附近受力,另一端向无限远处延伸,这种梁就称为半无限长梁。半无限长梁的计算分三种情况,分别讨论如下。

(一)集中荷载 P 和外力矩 M 作用于梁的端点

梁左端作用集中荷载 P 和外力矩 M(图 12-12)。取梁左端为坐标原点,远端的边界条件与无限长梁相同,因此式(12-19)仍然成立。

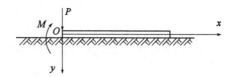

图 12-12 半无限长梁左端作用有集中荷载 P 和外力矩 M

$$y(x) = \mathrm{e}^{-\beta x}(A_3\cos\beta x + A_4\sin\beta x) \quad (\mathrm{a})$$

近端边界条件:$x = 0, M(0) = M, Q(0) = -P$,即

$$\begin{cases} -EJ\dfrac{d^2y}{dx^2} = M \\ -EJ\dfrac{d^3y}{dx^3} = -P \end{cases} \tag{b}$$

计算 $y(x)$ 的一阶、二阶、三阶导数：

$$\begin{cases} \theta(x) = \dfrac{dy}{dx} = -\beta e^{-\beta x}[(A_3 - A_4)\cos\beta x + (A_3 + A_4)\sin\beta x] \\ M(x) = -EJ\dfrac{d^2y}{dx^2} = -2EJ\beta^2 e^{-\beta x}(A_3 \sin\beta x - A_4 \cos\beta x) \\ Q(x) = -EJ\dfrac{d^3y}{dx^3} = -2EJ\beta^3 e^{-\beta x}[(A_3 + A_4)\cos\beta x - (A_3 - A_4)\sin\beta x] \end{cases} \tag{c}$$

将式(c)代入边界条件式(b)，得到

$$M = -EJ\dfrac{d^2y}{dx^2}\bigg|_{x=0} = -2EJ\beta^2 e^{-\beta 0}(A_3 \sin\beta 0 - A_4 \cos\beta 0) \tag{d}$$

$$-P = -EJ\dfrac{d^3y}{dx^3}\bigg|_{x=0} = -2EJ\beta^3 e^{-\beta 0}[(A_3 + A_4)\cos\beta 0 - (A_3 - A_4)\sin\beta 0] \tag{e}$$

解式(d)和式(e)联立方程，即可求得 A_3 和 A_4。

$$A_3 = \dfrac{P}{2EJ\beta^3} - \dfrac{M}{2EJ\beta^2}$$

$$A_4 = \dfrac{M}{2EJ\beta^2}$$

将 A_3、A_4 代回式(a)和式(c)，可以得到半无限长梁的位移和内力表达式：

$$\begin{cases} y(x) = e^{-\beta x}\left[\left(\dfrac{P}{2EJ\beta^3} - \dfrac{M}{2EJ\beta^2}\right)\cos\beta x + \dfrac{M}{2EJ\beta^2}\sin\beta x\right] \\ \theta(x) = -\beta e^{-\beta x}\left[\left(\dfrac{P}{2EJ\beta^3} - \dfrac{M}{EJ\beta^2}\right)\cos\beta x + \dfrac{P}{2EJ\beta^3}\sin\beta x\right] \\ M(x) = -2EJ\beta^2 e^{-\beta x}\left[\left(\dfrac{P}{2EJ\beta^3} - \dfrac{M}{2EJ\beta^2}\right)\sin\beta x - \dfrac{M}{2EJ\beta^2}\cos\beta x\right] \\ Q(x) = -2EJ\beta^3 e^{-\beta x}\left[\dfrac{P}{2EJ\beta^3}\cos\beta x + \left(\dfrac{P}{2EJ\beta^3} - \dfrac{M}{EJ\beta^2}\right)\sin\beta x\right] \end{cases} \tag{12-27}$$

将式(12-27)进一步整理后可以得到

$$\begin{cases} y(x) = \dfrac{1}{2EJ\beta^3}[P\eta_4(x) - \beta M\eta_3(x)] \\ \theta(x) = -\dfrac{1}{2EJ\beta^2}[P\eta_1(x) - 2\beta M\eta_4(x)] \\ M(x) = -\dfrac{1}{\beta}[P\eta_2(x) - \beta M\eta_1(x)] \\ Q(x) = -P\eta_3(x) - 2\beta M\eta_2(x) \end{cases} \tag{12-28}$$

当梁端只有集中荷载 P 作用时($M=0$)：

$$\begin{cases} y(x) = \dfrac{P}{2EJ\beta^3}\eta_4(x) \\ \theta(x) = -\dfrac{P}{2EJ\beta^2}\eta_1(x) \\ M(x) = -\dfrac{P}{\beta}\eta_2(x) \\ Q(x) = -P\eta_3(x) \end{cases} \quad (12\text{-}29)$$

当梁端只有外力矩 M 作用时($P=0$):

$$\begin{cases} y(x) = -\dfrac{M}{2EJ\beta^2}\eta_3(x) \\ \theta(x) = \dfrac{M}{EJ\beta}\eta_4(x) \\ M(x) = M\eta_1(x) \\ Q(x) = -2\beta M\eta_2(x) \end{cases} \quad (12\text{-}30)$$

(二)集中荷载 P 和外力矩 M 作用于梁端,均布荷载 q 作用于梁上

在这种情况下,梁的挠曲线方程为

$$y(x) = \frac{1}{2EJ\beta^3}[P\eta_4(x) - \beta M\eta_3(x)] + \frac{q}{K} \quad (12\text{-}31)$$

式(12-31)可用于解决以下问题。

1. 设半无限长梁一端简支并作用有均布荷载 q(图 12-13),可计算支座反力 P

由式(12-31),根据边界条件(图 12-13):当 $x=0$ 时,$y(0)=0, M(0)=0$,有

$$0 = \frac{1}{2EJ\beta^3} \cdot P + \frac{q}{K}$$

解得

$$P = -2EJ\beta^3 \cdot \frac{q}{K} = -\frac{q}{2\beta}$$

P 为负值,表示 P 的真实方向与图 12-13 中的假设方向相反,方向向上。

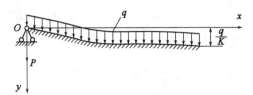

图 12-13　一端简支并作用有均布荷载的弹性基础梁

则挠曲线方程为

$$y(x) = \frac{1}{2EJ\beta^3} \cdot \left(-\frac{q}{2\beta}\right)\eta_4(x) + \frac{q}{K} = \frac{q}{K}[1 - \eta_4(x)] \quad (12\text{-}32)$$

2. 设半无限长梁的一端为固定端并作用有均布荷载 q(图 12-14),可计算固端反力 P 和弯矩 M 由式(12-31),根据边界条件(图 12-14):当 $x=0$ 时,$y(0)=0$,$y'(0)=0$,有

$$\begin{cases} \dfrac{1}{2EJ\beta^3} \cdot (P - \beta M) + \dfrac{q}{K} = 0 \\ \dfrac{1}{2EJ\beta^3} \cdot \{P[-\beta\eta_1(x)_{x=0}] - \beta M[-2\beta\eta_4(x)_{x=0}]\} = 0 \end{cases}$$

即

$$\begin{cases} \dfrac{1}{2EJ\beta^3} \cdot (\beta M - P) = \dfrac{q}{K} \\ \dfrac{1}{2EJ\beta^2} \cdot (P - 2\beta M) = 0 \end{cases}$$

解得

$$\begin{cases} P = -\dfrac{q}{K} \cdot 4EJ\beta^3 \\ M = -\dfrac{q}{K} \cdot 2EJ\beta^2 \end{cases}$$

式中,P 和 M 为负值,表示与图 12-14 中假设的方向相反。

将上述 P、M 的表达式代入式(12-31),得

$$y(x) = \dfrac{1}{2EJ\beta^3} \left[-\dfrac{q}{K} \cdot 4EJ\beta^3 \eta_4(x) - \beta \cdot \left(-\dfrac{q}{K} \cdot 2EJ\beta^2 \right) \eta_3(x) \right] + \dfrac{q}{K}$$

$$= \dfrac{q}{K}[1 + \eta_3(x) - 2\eta_4(x)] \tag{12-33}$$

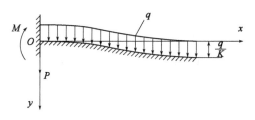

图 12-14 一端固定并作用均布荷载的弹性基础梁

(三)集中荷载 P 作用于梁端附近

图 12-15(a)所示为一半无限长梁,在距梁端点 O 距离为 $a(a<\pi L)$ 处作用集中荷载 P。现在求任意截面 X 处的弯矩 $M(x)$ 和变位 $y(x)$。

计算分两步进行。

第一步:假想将梁向左端无限延伸,变成无限长梁,如图 12-15(b)所示。按无限长梁在集中力 P 作用下的公式(12-23),计算梁在左端点 O 的变位、内力如下:

如果将图 12-15(b)中的梁在 O 点处切开,则无限长梁就变成图 12-15(c)中的半无限长梁,O 点的内力弯矩 $M(O)$ 和剪力 $Q(O)$ 就变成图 12-15(c)中的端点荷载 M_0 和 Q_0。

图 12-15(c)和图 12-15(a)比较,多了两个端点荷载 M_0 和 Q_0,因此应设法将其影响消去。

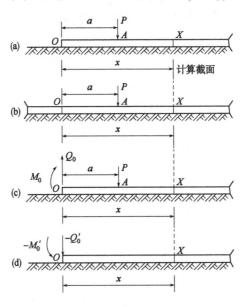

图 12-15　集中荷载作用在梁端附近的弹性地基梁

$$\begin{cases} y(O) = \dfrac{P}{8EJ\beta^3}\eta_1(a) \\ \theta(O) = -\dfrac{P}{4EJ\beta^2}\eta_2(a) \\ M(O) = \dfrac{P}{4\beta}\eta_3(a) \\ Q(O) = -\dfrac{P}{2}\eta_4(a) \end{cases} \qquad (12\text{-}34)$$

第二步:为了消去两个端点荷载 M_0 和 Q_0 对梁的影响,在图 12-15(d)中加两个与两个端点荷载 M_0 和 Q_0 等值反向的荷载 M'_0、Q'_0。

$$M'_0 = -M(O) = -\frac{P}{4\beta}\eta_3(a)$$

$$Q'_0 = -Q(O) = \frac{P}{2}\eta_4(a)$$

在 M'_0、Q'_0 作用下,图 12-15(d)中截面 X 处的弯矩应由以下三部分组成:

(1) 由于 P 作用在无限长梁上所产生的弯矩,其值为 $\dfrac{P}{4\beta}\eta_3(x-a)$;

(2) 由于 M'_0 作用在半无限长梁末端所产生的弯矩,其值为 $-\dfrac{P}{4\beta}\eta_3(a)\eta_1(x)$;

(3) 由于 Q'_0 作用在半无限长梁上所产生的弯矩,其值为 $-\dfrac{P}{2\beta}\eta_4(a)\eta_2(x)$。

三部分相加得

$$M_{XA}^P = \frac{P}{4\beta}[\eta_3(x-a) - \eta_3(a)\eta_1(x) - 2\eta_4(a)\eta_2(x)] \tag{12-35}$$

同理,任一点 X 的变位也应由三部分组成,其大小为

$$y_{XA}^P = \frac{P}{8EJ\beta^3}[\eta_1(x-a) + \eta_3(a)\eta_3(x) + 2\eta_4(a)\eta_4(x)] \tag{12-36}$$

第三节　短梁的计算

在实际工程中,有许多弹性地基梁是比较短的[当 $\beta l < 2\pi/\beta$ 时],它们与无限长梁或半无限长梁不同。在无限长梁中,荷载的影响在远端趋于零,利用这一特点,可以确定积分常数 $A_1 = A_2 = 0$,使计算工作得到简化。但在短梁中,荷载的影响在梁端并未消失,不同的梁端边界情况(如梁端支座、端部荷载和端部沉降),影响也不同。因此,短梁中积分常数 A_1、A_2 仍然是未知数,它们需要根据边界条件才能确定。

短梁的计算常采用初参数法。初参数法最初由普赛列夫斯基(Н. П. Пузьгревский)于 1923 年提出。1929 年杜多夫(Г. Д. Дутов)工程师对其作了进一步的发展。1930 年克雷洛夫(А. Н. Крыгдов)院士重新发表著作,初参数法在工程中得到广泛的应用。

对于在复杂和多样化的荷载作用下的弹性基础短梁,初参数法可以使确定积分常数的工作大大简化。例如图 12-16 所示的弹性基础短梁,荷载不连续,一般方法须按 OA、AB、BC 和 CD 四段分别列出方程,再从各段分界处的几何条件(如挠度、转角分别相等)和两端的约束条件,确定每一段的 4 个积分常数,共计要确定 16 个积分常数,计算工作比较烦琐。采用初参数法则总共只需确定 4 个积分常数中的 2 个初参数,计算工作量大大减少。当然,推导用初参数表示的弹性基础短梁的内力和变形需要花一定的工作量。

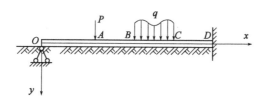

图 12-16　多种荷载作用下的弹性基础短梁

一、用初参数法计算无荷载段弹性基础短梁的内力和变位

初参数是指梁开始点 $x=0$ 处(右侧)的初挠度 y_0、初转角 θ_0、初弯矩 M_0 和初剪力 Q_0,它们的正向如图 12-17 所示。

梁的挠曲线方程的 4 个积分常数(转角、弯矩和剪力方程的也相类似)是由边界条件定出的。4 个积分常数和 4 个初参数之间有一定的关系,可以用 4 个初参数来表示 4 个积分常数。这样做的好处有两点:一是积分常数有明确的物理意义,二是可以根据初参数的物理意义寻求简化的途径。

图 12-17 为弹性基础短梁,梁跨度内除了基础反力外,没有荷载,只在两端有外力作用,这

类问题属于无荷载段的计算问题。

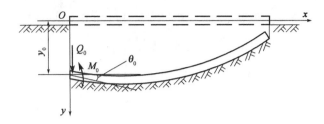

图 12-17　弹性基础短梁计算简图

在不直接承受荷载的梁段内，$q(x)=0$，基本微分方程是齐次方程，挠曲线方程 $y(x)$ 的表达式可以由式(12-17)中的 $q(x)=0$ 求得

$$y(x) = C_1 \text{ch}\beta x \cos\beta x + C_2 \text{ch}\beta x \sin\beta x + C_3 \text{sh}\beta x \cos\beta x + C_4 \text{sh}\beta x \sin\beta x \tag{12-37}$$

则 $x=0$ 时梁的初挠度 y_0 为

$$y(x)|_{x=0} = y_0 = C_1 \tag{a}$$

$y(x)$ 的一阶导数为

$$y'(x) = C_1\beta(\text{sh}\beta x \cos\beta x - \text{ch}\beta x \sin\beta x) + C_2\beta(\text{sh}\beta x \sin\beta x + \text{ch}\beta x \cos\beta x) + C_3\beta(\text{ch}\beta x \cos\beta x - \text{sh}\beta x \sin\beta x) + C_4\beta(\text{ch}\beta x \sin\beta x + \text{sh}\beta x \cos\beta x)$$

则 $x=0$ 时梁的初转角 θ_0 为

$$y'(x)|_{x=0} = \theta_0 = \beta(C_2 + C_3) \tag{b}$$

$y(x)$ 的二阶导数为

$$y''(x) = C_1\beta^2(-2\text{sh}\beta x \sin\beta x) + C_2\beta^2(2\text{sh}\beta x \cos\beta x) + C_3\beta^2(-2\text{ch}\beta x \sin\beta x) + C_4\beta^2(2\text{ch}\beta x \cos\beta x)$$

则 $x=0$ 时梁的初弯矩 M_0 为

$$-EJy''(x)|_{x=0} = M_0 = -2EJ\beta^2 C_4 \tag{c}$$

$y(x)$ 的三阶导数为

$$y'''(x) = -2C_1\beta^3(\text{ch}\beta x \sin\beta x + \text{sh}\beta x \cos\beta x) + 2C_2\beta^3(\text{ch}\beta x \cos\beta x - \text{sh}\beta x \sin\beta x) - 2C_3\beta^3(\text{sh}\beta x \sin\beta x + \text{ch}\beta x \cos\beta x) + 2C_4\beta^3(\text{sh}\beta x \cos\beta x - \text{ch}\beta x \sin\beta x)$$

则 $x=0$ 时梁的初剪力 Q_0 为

$$-EJy'''(x)|_{x=0} = Q_0 = -2EJ\beta^3(C_2 - C_3) \tag{d}$$

解式(a)、式(b)、式(c)和式(d)联立方程，求得由初挠度 y_0、初转角 θ_0、初弯矩 M_0 和初剪力 Q_0 4 个初参数表示的 4 个积分常数 C_1、C_2、C_3 和 C_4。

$$\begin{cases} C_1 = y_0 \\ C_2 = \dfrac{\theta_0}{2\beta} - \dfrac{Q_0}{4EJ\beta^3} \\ C_3 = \dfrac{\theta_0}{2\beta} + \dfrac{Q_0}{4EJ\beta^3} \\ C_4 = -\dfrac{M_0}{2EJ\beta^2} \end{cases}$$

将 C_1、C_2、C_3 和 C_4 代入梁段范围内无分布荷载作用的挠曲线方程(12-37)，得到

$$y(x) = y_0 \text{ch}\beta x\cos\beta x + \left(\frac{\theta_0}{2\beta} - \frac{Q_0}{4EJ\beta^3}\right)\text{ch}\beta x\sin\beta x +$$
$$\left(\frac{\theta_0}{2\beta} + \frac{Q_0}{4EJ\beta^3}\right)\text{sh}\beta x\cos\beta x - \frac{M_0}{2EJ\beta^2}\text{sh}\beta x\sin\beta x$$

整理后得到

$$y(x) = y_0 A(x) + \frac{\theta_0}{\beta}B(x) - \frac{M_0}{EJ\beta^2}C(x) - \frac{Q_0}{EJ\beta^3}D(x) \tag{12-38}$$

式中，

$$\begin{cases} A(x) = \text{ch}\beta x\cos\beta x \\ B(x) = \frac{1}{2}(\text{ch}\beta x\sin\beta x + \text{sh}\beta x\cos\beta x) \\ C(x) = \frac{1}{2}\text{sh}\beta x\sin\beta x \\ D(x) = \frac{1}{4}(\text{ch}\beta x\sin\beta x - \text{sh}\beta x\cos\beta x) \end{cases} \tag{12-39}$$

$A(x)$、$B(x)$、$C(x)$ 和 $D(x)$ 称为克雷洛夫函数，根据 βx 值可以计算得出。

式(12-38)即为用 4 个初参数 y_0、θ_0、M_0 和 Q_0 表达的弹性基础短梁的挠曲线方程。

式(12-39)中 $A(x)$、$B(x)$、$C(x)$ 和 $D(x)$ 是弹性基础短梁的发散型循环函数，它们具有以下两种性质：

(1)发散性。由于包含有双曲函数，它们的数值随着 βx 值的增大而逐渐发散。

(2)循环性。4 个函数之间有循环的微分和积分关系。

微分关系：

$$\begin{cases} A'(x) = -4\beta D(x) \\ B'(x) = \beta A(x) \\ C'(x) = \beta B(x) \\ D'(x) = \beta C(x) \end{cases} \tag{12-40}$$

积分关系：

$$\begin{cases} \int A(x)\mathrm{d}x = \frac{1}{\beta}B(x) + C \\ \int B(x)\mathrm{d}x = \frac{1}{\beta}C(x) + C \\ \int C(x)\mathrm{d}x = \frac{1}{\beta}D(x) + C \\ \int D(x)\mathrm{d}x = -\frac{1}{4\beta}A(x) + C \end{cases} \tag{12-41}$$

利用克雷洛夫函数间的微分关系，可以求得弹性基础短梁的挠度、截面转角、弯矩和剪力方程如下：

$$\begin{cases} y(x) = y_0 A(x) + \dfrac{\theta_0}{\beta}B(x) - \dfrac{M_0}{EJ\beta^2}C(x) - \dfrac{Q_0}{EJ\beta^3}D(x) \\ \theta(x) = -4\beta y_0 D(x) + \theta_0 A(x) - \dfrac{M_0}{EJ\beta}B(x) - \dfrac{Q_0}{EJ\beta^2}C(x) \\ M(x) = 4EJ\beta^2 y_0 C(x) + 4EJ\beta\theta_0 D(x) + M_0 A(x) + \dfrac{Q_0}{\beta}B(x) \\ Q(x) = 4EJ\beta^3 y_0 B(x) + 4EJ\beta^2 \theta_0 C(x) - 4\beta M_0 D(x) + Q_0 A(x) \end{cases} \quad (12\text{-}42)$$

式(12-42)就是用初参数表示的无荷载段弹性基础短梁的挠度、转角、弯矩和剪力方程，式中每一项都有其物理意义。现以挠度方程为例进行说明。

$A(x)$ 表示当 O 点有单位挠度（其他 3 个初参数均为零）时梁的挠度方程，$\dfrac{B(x)}{\beta}$ 表示当 O 点有单位转角时梁的挠度方程，$-\dfrac{C(x)}{EJ\beta^2}$ 表示当 O 点有单位弯矩时梁的挠度方程（负号表示单位弯矩与图 12-17 所示的初弯矩 M_0 方向相反），$-\dfrac{D(x)}{EJ\beta^3}$ 表示当 O 点有单位剪力时梁的挠度方程（负号表示单位剪力与图 12-17 所示的初剪力 Q_0 方向相反）。

上述 4 项相应地与初挠度 y_0、初转角 θ_0、初弯矩 M_0 和初剪力 Q_0 4 个初参数相乘，再叠加便得到式(12-42)时所示梁的挠度方程，表示当 O 点有初挠度 y_0、初转角 θ_0、初弯矩 M_0 和初剪力 Q_0 时梁的总挠度方程。

其他各方程式中每一项的物理意义，也可以用同样方法看出。

式(12-42)还有一个显著优点，即在 4 个初参数 y_0、Q_0、M_0 和 Q_0 中，有 2 个可以由 O 端的边界条件直接求出，属于已知的。例如：

如果 O 端是自由端，则 M_0 和 Q_0 为已知；

如果 O 端是简支端，则 y_0 和 M_0 为已知；

如果 O 端是固定端，则 y_0 和 θ_0 为已知。

剩下的只有 2 个待定的初参数需要由另一端的边界条件来确定，减少了计算工作。短梁采用初参数法进行计算的好处，由这里可以看得很明显。

二、受多种外荷载作用时弹性基础短梁的计算

在多种外荷载作用下，弹性基础短梁任一截面处的 $y(x)$、$\theta(x)$、$M(x)$ 和 $Q(x)$ 值可以在利用公式(12-42)的基础上运用叠加原理进行计算。

图 12-18 为弹性基础短梁在外荷载 M_e、P、q 等作用下的挠曲变形图。在这些外荷载作用下，梁具有初参数 y_0、θ_0、M_0、Q_0。

（一）梁的 OD 段内

如图 12-18(a)所示，没有直接承受外荷载，可采用和前面相同的方法由初参数 y_0、θ_0、M_0、Q_0 按式(12-42)确定挠曲线方程（因为 y_0、θ_0、M_0、Q_0 是由外荷载决定的，OD 段挠曲线方程当然也是受外荷载影响的）。

$$y(x) = y_0 A(x) + \dfrac{\theta_0}{\beta}B(x) - \dfrac{M_0}{EJ\beta^2}C(x) - \dfrac{Q_0}{EJ\beta^3}D(x)$$

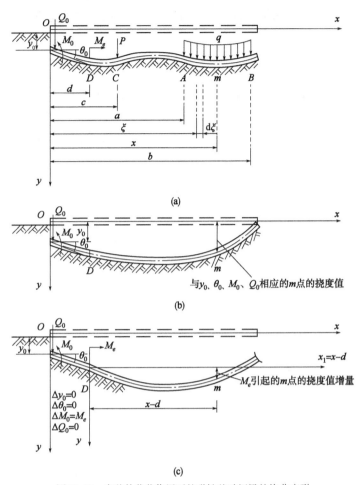

图 12-18　多种外荷载作用下的弹性基础短梁的挠曲变形

(二)梁的 DC 段内

如图 12-18(c)所示,除了左端 O 点有由于外荷载产生的初参数 y_0、θ_0、M_0 和 Q_0 外,D 点还有集中弯矩 M_e。按叠加原理,DC 段内任意一点 x 处的挠度值等于对应于初参数 y_0、θ_0、M_0 和 Q_0 引起的挠度值与 D 点作用 M_e 引起的挠度值增量的代数和,即

$$y(x) = y_0 A(x) + \frac{\theta_0}{\beta}B(x) - \frac{M_0}{EJ\beta^2}C(x) - \frac{Q_0}{EJ\beta^3}D(x) + \Delta y_{M_e}$$

如何计算由 D 点作用的集中弯矩 M_e 引起的挠度值增量 Δy_{M_e}?仍然可以采用初参数法。取 D 点为新的坐标原点[图 12-18(c)],计算挠度点 m 处的坐标为 $(x-d)$。因为弹性地基梁 D 点的变形是连续的,即 OD 段与 DC 段在 D 点处的挠度相等,两段在 D 截面处的转角相同、剪力相等、弯矩有差值 M_e,于是 D 点处的初参数应为:$\Delta y_0 = 0$,$\Delta\theta_0 = 0$,$\Delta M_0 = M_e$,$\Delta Q_0 = 0$。因此,按初参数法,D 点以右的梁上任意一点 x 处由 M_e 作用引起的挠度值增量应为

$$\Delta y_{M_e} = -\frac{M_e}{EJ\beta^2}C(x-d)$$

式中:d——集中弯矩 M_e 作用点的坐标。

显然,只有当 $x > d$ 时,也就是计算 D 点以右的梁上各点的挠度值时才需计算这项增量。当 $x < d$ 时,此项应恒为零。

(三)梁的 CB 段内

如图 12-18(a) 所示,CB 段内作用有集中荷载 P 和分布荷载 q。

将 CB 段作为隔离体,C 点作用集中荷载 P 对 C 点右侧产生的剪力增量为 $-P$(方向与图 12-18(a)中剪力 Q_0 的正向相反),则 C 点以右的梁上各点挠度值的增量为

$$\Delta y_P = \frac{P}{EJ\beta^3} D(x-c)$$

式中:c——集中荷载 P 作用点的坐标,$x > c$。

AB 段内分布荷载 q 引起的挠度值增量,可以看成由许多微荷载 $q(\xi)\mathrm{d}\xi$ 引起的挠度值增量叠加的结果。取 $O\xi$ 段作为隔离体,微荷载 $q(\xi)\mathrm{d}\xi$ 引起的 ξ 点右侧剪力增量为 $-q(\xi)\mathrm{d}\xi$ [方向与图 12-18(a)中初剪力 Q_0 的正向相反],则 ξ 点右侧梁上的挠度值增量为

$$\mathrm{d}y_q = \frac{q(\xi)\mathrm{d}\xi}{EJ\beta^3} D(x-c)$$

从而,AB 段内全部分布荷载 q 引起的挠度值增量为

$$\Delta y_q = \int_a^b \frac{q(\xi)}{EJ\beta^3} D(x-\xi) \mathrm{d}\xi$$

式中:a、b——分布荷载 q 的起点、终点的坐标,$a < x < b$。

综上所述,如果有集中荷载 P、集中弯矩 M_e 及分布荷载 q 作用于弹性基础短梁上时[图 12-18(a)],由叠加原理得该梁的挠曲轴方程为

$$y(x) = y_0 A(x) + \frac{\theta_0}{\beta} B(x) - \frac{M_0}{EJ\beta^2} C(x) - \frac{Q_0}{EJ\beta^3} D(x) -$$
$$\left\|_d \frac{M_e}{EJ\beta^2} C(x-d) + \right\|_c \frac{P}{EJ\beta^3} D(x-c) + \left\|_a \frac{1}{EJ\beta^3} \int_a^x D(x-\xi) q(\zeta) \mathrm{d}\xi \right. \tag{12-43}$$

将式(12-43)求导,可得

$$\theta(x) = -4\beta y_0 D(x) + \theta_0 A(x) - \frac{M_0}{EJ\beta} B(x) - \frac{Q_0}{EJ\beta^2} C(x) -$$
$$\left\|_d \frac{M_e}{EJ\beta} B(x-d) + \right\|_c \frac{P}{EJ\beta^2} C(x-c) + \left\|_a \frac{1}{EJ\beta^2} \int_a^x C(x-\xi) q(\zeta) \mathrm{d}\xi \right. \tag{12-44}$$

$$M(x) = 4EJ\beta^2 y_0 C(x) + 4EJ\beta \theta_0 D(x) + M_0 A(x) + \frac{Q_0}{\beta} B(x) +$$
$$\left\|_d M_e A(x-d) + \right\|_c \frac{P}{\beta} B(x-c) - \left\|_a \frac{1}{\beta} \int_a^x B(x-\xi) q(\zeta) \mathrm{d}\xi \right. \tag{12-45}$$

$$Q(x) = 4EJ\beta^3 y_0 B(x) + 4EJ\beta^2 \theta_0 C(x) - 4\beta M_0 D(x) + Q_0 A(x) -$$
$$\left\|_d 4\beta M_e D(x-d) - \right\|_c P A(x-c) - \left\|_a \int_a^x A(x-\xi) q(\zeta) \mathrm{d}\xi \right. \tag{12-46}$$

以上式中:$\|_d$、$\|_c$、$\|_a$——当 $x > d$、$x > c$、$x > a$ 时才计算该项。

式(12-43)~式(12-46)就是以初参数表示的弹性基础梁的 y、θ、M、Q 方程式。尽管荷载较复杂和多样化,仍可以直接写出梁的任意截面的 y、θ、M、Q 公式。由于荷载是已知的,初参数始终只有4个,利用梁端的边界条件(或某些点的已知条件)便可以完全确定。定出初参数后,将它们代入上述方程式,便可以求得弹性基础梁任一截面的 y、θ、M、Q 值。

第四节 弹性基础梁的临界长度及内力和变位的计算

一、弹性基础梁临界长度的概念

图 12-19(a)为弹性基础梁,中点受集中荷载 P 作用,若梁很短,基础反力集度 $p(x)$ 较大,整个梁沉陷较深。梁中点(P 力作用点)横截面上的弯矩等于梁左段或右段各微量基础反力对该点力矩的代数和。由于力臂小,该截面的弯矩值较小。随着弹性基础梁的长度增加[图 12-19(b)],基础反力分布长度增加(基础反力之和仍然等于 P),基础反力集度 $p(x)$ 则相应减小,但由于基础反力分散,力臂增大,梁中点截面上的弯矩值反而会增加。继续增加弹性基础梁长度,梁中点截面上弯矩相应增大。然而,梁中点截面的弯矩值也不总是随梁长增加而递增的。当梁长增至一定长度或某一极限值 L_{cr} 时[图 12-19(c)],梁中点截面上的弯矩值达到最大值;当梁长超过此限值[图 12-19(d)],两端产生向下基础反力,梁中点截面上弯矩值又会降低,小于最大值。

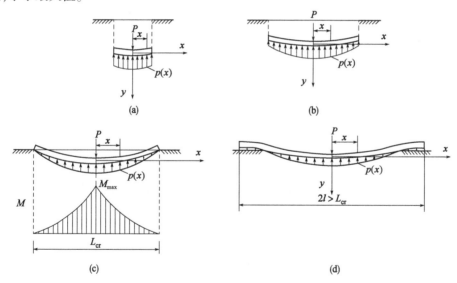

图 12-19 不同长度下弹性基础梁的荷载、变位和内力

产生最大弯矩 M_{max} 时弹性基础梁的长度,可以被称为弹性基础梁的临界长度,以 L_{cr} 表示。弹性基础梁的临界长度 L_{cr} 及其最大弯矩值 M_{max} 是浮桥计算中的重要数据。

二、弹性基础梁临界长度的计算

设有 $2l$ 的弹性基础梁[图 12-20(a)],梁的中点作用集中荷载 P。

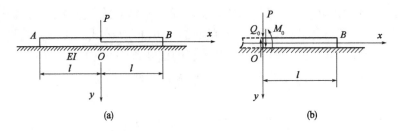

图 12-20 长度为 $2l$ 的弹性基础梁

（一）右半部分 OB 段的变位和内力方程

在 O 点切开，取梁的 OB 段（右半部分）为研究对象[图 12-20(b)]。

初参数：$x=0$ 时，$\theta_0=0$，$Q_0=-\dfrac{P}{2}$，y_0 和 M_0 未知。

右端边界条件：$x=l$ 时，$M_l=0$，$Q_l=0$。

将上述初参数和边界条件代入式(12-42)的第三式、第四式，得

$$\begin{cases} M_l = M(l) = 4EJ\beta^2 y_0 C(l) + M_0 A(l) - \dfrac{P}{2\beta}B(l) = 0 \\ Q_l = Q(l) = 4EJ\beta^3 y_0 B(l) - 4\beta M_0 D(l) - \dfrac{P}{2}A(l) = 0 \end{cases} \tag{a}$$

即

$$\begin{cases} 4EJ\beta^3 y_0 C(l) + \beta M_0 A(l) - \dfrac{P}{2}B(l) = 0 \\ 4EJ\beta^3 y_0 B(l) - 4\beta M_0 D(l) - \dfrac{P}{2}A(l) = 0 \end{cases} \tag{12-47}$$

解得

$$y_0 = \frac{2PB(l)D(l) + \dfrac{P}{2}A^2(l)}{4C(l)D(l) + A(l)B(l)} \cdot \frac{1}{4EJ\beta^3} = \frac{4B(l)D(l) + A^2(l)}{4C(l)D(l) + A(l)B(l)} \cdot \frac{P}{8EJ\beta^3} \tag{b}$$

$$M_0 = \frac{\dfrac{P}{2}B^2(l) - \dfrac{P}{2}A(l)C(l)}{4C(l)D(l) + A(l)B(l)} \cdot \frac{1}{\beta} = \frac{B^2(l) - A(l)C(l)}{4C(l)D(l) + A(l)B(l)} \cdot \frac{P}{2\beta} \tag{c}$$

令

$$u = \frac{4B(l)D(l) + A^2(l)}{4C(l)D(l) + A(l)B(l)} \tag{12-48}$$

$$v = \frac{B^2(l) - A(l)C(l)}{4C(l)D(l) + A(l)B(l)} \tag{12-49}$$

代入式(b)和式(c)，得

$$y_0 = \frac{uP}{8EJ\beta^3} \tag{12-50}$$

$$M_0 = \frac{vP}{2\beta} \tag{12-51}$$

将初参数 $y_0 = \dfrac{uP}{8EJ\beta^3}$，$M_0 = \dfrac{vP}{2\beta}$，$\theta_0 = 0$ 和 $Q_0 = -\dfrac{P}{2}$ 代回式(12-42)，并整理得到弹性基础梁

388

OB 段的变位和内力计算公式如下:

$$\begin{cases} y(x) = \dfrac{P}{2EJ\beta^3}\left[\dfrac{u}{4}A(x) - vC(x) + D(x)\right] \\ \theta(x) = \dfrac{P}{2EJ\beta^2}\left[-uD(x) - vB(x) + C(x)\right] \\ M(x) = \dfrac{P}{2\beta}\left[uC(x) + vA(x) - B(x)\right] \\ Q(x) = -\dfrac{P}{2}\left[-uB(x) + 4vD(x) + A(x)\right] \end{cases} \quad (12\text{-}52)$$

式中:u、v——按式(12-48)、式(12-49)计算。

(二)跨中集中荷载作用点所在截面的弯矩

1. 弯矩方程

跨中集中荷载 P 作用点 O 的截面弯矩按式(12-52)计算。

令 $x=0$,则 $A(0)=1$、$B(0)=C(0)=0$,代入式(12-52)第三式,得到

$$M_O = M(x)\Big|_{x=0} = \dfrac{vP}{2\beta} \quad (12\text{-}53)$$

比较式(12-51)和式(12-53)可知,$M_O = M_0$。

在式(12-52)克雷洛夫函数的 4 个表达式中,令 $x=l$,可以求得

$$4C(l)D(l) + A(l)B(l) = \dfrac{1}{2}(\text{sh}\beta l\,\text{ch}\beta l + \sin\beta l\cos\beta l) = \dfrac{1}{4}(\text{sh}2\beta l + \sin 2\beta l) \quad (\text{d})$$

$$4B(l)D(l) + A^2(l) = \dfrac{1}{2}(\text{ch}^2\beta l + \cos^2\beta l) = \dfrac{1}{4}(2 + \text{ch}2\beta l + \cos 2\beta l) \quad (\text{e})$$

$$B^2(l) - A(l)C(l) = \dfrac{1}{4}(\text{ch}^2\beta l - \cos^2\beta l) = \dfrac{1}{8}(\text{ch}2\beta l - \cos 2\beta l) \quad (\text{f})$$

将式(d)和式(f)代入式(12-49),得

$$v = \dfrac{\dfrac{1}{8}(\text{ch}2\beta l - \cos 2\beta l)}{\dfrac{1}{4}(\text{sh}2\beta l + \sin 2\beta l)} = \dfrac{\text{ch}2\beta l - \cos 2\beta l}{2(\text{sh}2\beta l + \sin 2\beta l)} \quad (12\text{-}54)$$

从而

$$M_O = \dfrac{vP}{2\beta} = \dfrac{P}{4\beta} \cdot \dfrac{\text{ch}2\beta l - \cos 2\beta l}{\text{sh}2\beta l + \sin 2\beta l} \quad (12\text{-}55)$$

2. 弯矩极值

由式(12-55)可见,M_O 是 l 的函数,它随 l 的变化而变化,可按高等数学知识求出其极值。

先求出 M_O 对 l 的一阶、二阶导数:

$$\dfrac{\text{d}M_O}{\text{d}l} = \dfrac{P \cdot \text{sh}2\beta l \cdot \sin 2\beta l}{(\text{sh}2\beta l + \sin 2\beta l)^2}$$

$$\dfrac{\text{d}^2 M_O}{\text{d}l^2} = \dfrac{2\beta P}{(\text{sh}2\beta l + \sin 2\beta l)^4} \cdot (\text{sh}2\beta l\cos 2\beta l - \text{ch}2\beta l\sin 2\beta l) \cdot (\text{sh}^2 2\beta l - \sin^2 2\beta l) \quad (12\text{-}56)$$

令 $\dfrac{\mathrm{d}M_O}{\mathrm{d}l}=0$，得到

$$\mathrm{sh}2\beta l \cdot \sin 2\beta l = 0$$

由 $\mathrm{sh}2\beta l = 0$，得 $l = 0$，无意义。所以只有 $\sin 2\beta l = 0$，得 $2\beta l = n\pi$（$n = 1,2,3,\cdots$）。此时，式(12-56)变为

$$\dfrac{\mathrm{d}^2 M_O}{\mathrm{d}l^2} = 2\beta P \cdot \dfrac{\cos n\pi}{\mathrm{sh}\,n\pi} \tag{12-57}$$

(1) 取 $n=1$，则 $l = \dfrac{\pi}{2\beta}$

代入式(12-57)得 $\dfrac{\mathrm{d}^2 M_O}{\mathrm{d}l^2} = -\dfrac{2\beta P}{\mathrm{sh}\,\pi} < 0$。

因此，当 $l = \dfrac{\pi}{2\beta}$ 时，M_O 有极大值，按式(12-55)求得其值为

$$M_1 = \dfrac{P}{4\beta} \cdot \dfrac{\mathrm{ch}\,\pi - \cos\pi}{\mathrm{sh}\,\pi + \sin\pi} = 1.09033\,\dfrac{P}{4\beta}$$

(2) 取 $n=2$，则 $l = \dfrac{2\pi}{2\beta} = \dfrac{\pi}{\beta}$

代入式(12-57)得 $\dfrac{\mathrm{d}^2 M_O}{\mathrm{d}l^2} = \dfrac{2\beta P}{\mathrm{sh}\,2\pi} > 0$。

因此，当 $l = \dfrac{\pi}{\beta}$ 时，M_O 有极小值，按式(12-55)求得其值为

$$M_2 = \dfrac{P}{4\beta} \cdot \dfrac{\mathrm{ch}\,2\pi - \cos 2\pi}{\mathrm{sh}\,2\pi + \sin 2\pi} = 0.99627\,\dfrac{P}{4\beta}$$

(3) 取 $n=3$，则 $l = \dfrac{3\pi}{2\beta}$

代入式(12-57)得 $\dfrac{\mathrm{d}^2 M_O}{\mathrm{d}l^2} = -\dfrac{2\beta P}{\mathrm{sh}\,3\pi} < 0$。

因此，当 $l = \dfrac{3\pi}{2\beta}$ 时，M_O 有极大值，按式(12-55)求得其值为

$$M_3 = \dfrac{P}{4\beta} \cdot \dfrac{\mathrm{ch}\,3\pi - \cos 3\pi}{\mathrm{sh}\,3\pi + \sin 3\pi} = 1.00016\,\dfrac{P}{4\beta}$$

以此类推，取 $n = 4,5,\cdots$，可得 $M_4,M_5,\cdots$。

(4) 最大值

随着 l 的增长，$\mathrm{sh}2\beta l$ 与 $\mathrm{ch}2\beta l$ 的数值相差越小，而且它们的数值越来越大，式(12-55)中的因子项的因子 $\dfrac{\mathrm{ch}2\beta l - \cos 2\beta l}{\mathrm{sh}2\beta l + \sin 2\beta l}$ 趋近于 1。从而，当 l 很长时，M_O 值趋近于 $\dfrac{P}{4\beta}$，即无限长梁集中荷载 P 作用点处横截面上的弯矩值。M_O 随 l 值改变的规律如图 12-21 所示。

比较上述 $M_1, M_2, M_3, \cdots$ 结果可知，$l = \dfrac{\pi}{2\beta}$ 时的 M_1 值是梁的弯矩最大值。

$$M_{\max} = M_1 = 1.09033\,\dfrac{P}{4\beta} \tag{12-58}$$

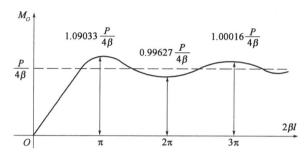

图 12-21 M_O 值随 l 值改变的规律

根据对称性,产生 M_{max} 值时弹性基础梁的临界长度为

$$L_{cr} = 2l = 2 \cdot \frac{\pi}{2\beta} = \frac{\pi}{\beta} \quad (12\text{-}59)$$

三、临界长度弹性基础梁的变位和内力计算

将式(d)和式(e)代入式(12-48),得

$$u = \frac{\frac{1}{4}(2 + \text{ch}2\beta l + \cos2\beta l)}{\frac{1}{4}(\text{sh}2\beta l + \sin2\beta l)} = \frac{2 + \text{ch}2\beta l + \cos2\beta l}{\text{sh}2\beta l + \sin2\beta l} \quad (12\text{-}60)$$

将 $l = \frac{\pi}{2\beta}$ 代入式(12-60)和式(12-54),计算 u 和 v 值。

$$u = \frac{2 + \text{ch}\pi + \cos\pi}{\text{sh}\pi + \sin\pi} = 1.09033 \quad (12\text{-}61)$$

$$v = \frac{\text{ch}\pi - \cos\pi}{2(\text{sh}\pi + \sin\pi)} = 0.54516 \quad (12\text{-}62)$$

将 u 和 v 值代入式(12-52),得到临界长度弹性基础梁的变位和内力方程:

$$\begin{cases} y(x) = \dfrac{P}{2EJ\beta^3}[0.27258A(x) - 0.54516C(x) + D(x)] \\[2pt] \theta(x) = \dfrac{P}{2EJ\beta^2}[-1.09033D(x) - 0.54516B(x) + C(x)] \\[2pt] M(x) = \dfrac{P}{2\beta}[1.09033C(x) + 0.54516A(x) - B(x)] \\[2pt] Q(x) = -\dfrac{P}{2}[-1.09033B(x) + 2.18064D(x) + A(x)] \end{cases} \quad (12\text{-}63)$$

按式(12-63)作出弹性基础梁右半部分的挠度图[图 12-22(a)]、转角图[图 12-22(b)]、弯矩图[图 12-22(c)]和剪力图[图 12-22(d)]。

临界长度弹性基础梁中点 $O[x=0, A(0)=1, C(0)=D(0)=0]$ 的挠度为

$$y_O = y(x)|_{x=0} = \frac{P}{2EJ\beta^3} \cdot (0.27258 - 0 + 0) = 1.09033 \frac{P}{8EJ\beta^3}$$

临界长度弹性基础梁边界点 $\left[x = l = \dfrac{\pi}{2\beta}, A(l) = A\left(\dfrac{\pi}{2\beta}\right) = 0, C(l) = C\left(\dfrac{\pi}{2\beta}\right) = 1.1506,\right.$

$D(l) = D\left(\dfrac{\pi}{2\beta}\right) = 0.6273$]的挠度为

$$y_l = y(x)\bigg|_{x=l} = \dfrac{P}{2EJ\beta^3} \cdot (-0.54516 \times 1.1506 + 0.6273) = 0$$

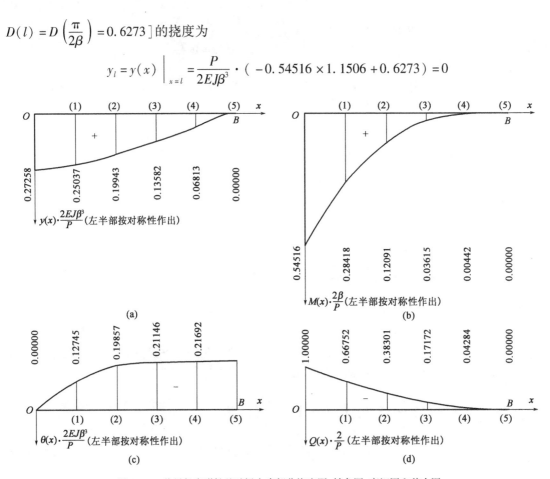

图 12-22 临界长度弹性基础梁右半部分挠度图、转角图、弯矩图和剪力图

四、局部均布荷载作用下临界长度及梁中点变位和内力的计算

在图 12-23 中,临界长度弹性基础梁跨中作用有局部均布荷载 Q。

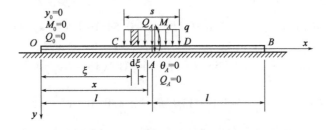

图 12-23 局部均布荷载作用下的临界长度弹性基础梁

(一)局部均布荷载作用下弹性基础梁的临界长度

以梁左端 O 点为坐标原点,仅考虑梁的左半部分即 OA 段,右半部分与之对称。

初参数:$x = 0$ 时,$y_0 = 0, M_0 = 0, Q_0 = 0, \theta_0$ 未知;

跨中边界条件:$x = l$ 时,$\theta_A = \theta(l) = 0, Q_A = Q(l) = 0$。

将上述初参数和边界条件以及 $c = l - \frac{s}{2}$ 代入式(12-45)和式(12-47),得

$$\begin{cases} \theta(l) = \theta_0 A(l) + \dfrac{1}{EJ\beta^2}\int_{l-\frac{s}{2}}^{l} C(l-\xi)q\mathrm{d}\xi = 0 \\ Q(l) = 4EJ\beta^2 \theta_0 C(l) - \int_{l-\frac{s}{2}}^{l} A(l-\xi)q\mathrm{d}\xi = 0 \end{cases}$$

化简后,可得

$$\begin{cases} \theta_0 A(l) + \dfrac{q}{EJ\beta^3} D\left(\dfrac{s}{2}\right) = 0 \\ \theta_0 C(l) - \dfrac{q}{4EJ\beta^3} B\left(\dfrac{s}{2}\right) = 0 \end{cases}$$

解得

$$\theta_0 = -\frac{Q}{EJ\beta^3 s} \cdot \frac{D\left(\frac{s}{2}\right)}{A(l)} = \frac{Q}{EJ\beta^3 s} \cdot \frac{B\left(\frac{s}{2}\right)}{4C(l)} \tag{12-64}$$

$$\frac{A(l)}{C(l)} = -\frac{4D\left(\frac{s}{2}\right)}{B\left(\frac{s}{2}\right)} \tag{12-65}$$

将 $x = l$ 代入式(12-39)中第一式和第三式求得 $A(l)$ 和 $C(l)$ 后,代入式(12-65),得

$$\mathrm{th}\beta l \tan\beta l = -\frac{B\left(\frac{s}{2}\right)}{2D\left(\frac{s}{2}\right)} \tag{12-66}$$

若 β 和 s 已知,可由克雷洛夫函数计算相应的 $D\left(\frac{s}{2}\right)$ 和 $B\left(\frac{s}{2}\right)$ 值,通过试算法解式(12-66),可得局部均布荷载作用下梁的临界长度 $L_{\mathrm{cr}} = 2l$。

以连续体系浮桥为例,β 的范围通常为 $0.07 \sim 0.16\mathrm{m}^{-1}$,履带式荷载的接地长度 s 的范围通常为 $2.7 \sim 5\mathrm{m}$,于是 $\beta s = 0.19 \sim 0.80$。取 $\frac{\beta s}{2} = 0.375$,则 $\frac{s}{2} = \frac{0.375}{\beta}$,计算得

$$B\left(\frac{s}{2}\right) = B\left(\frac{0.375}{\beta}\right) = 0.3748; D\left(\frac{s}{2}\right) = D\left(\frac{0.375}{\beta}\right) = 0.0088$$

代入式(12-66)等号右边,得

$$-\frac{B\left(\frac{0.375}{\beta}\right)}{2D\left(\frac{0.375}{\beta}\right)} = -\frac{0.3748}{2\times 0.0088} = -21.2955$$

试取 $\beta l = \frac{3.228}{2}$,计算得

$$\mathrm{th}\beta l = \mathrm{th}\frac{3.228}{2} = -23.1318; \tan\beta l = \tan\frac{3.228}{2} = 0.9237$$

代入式(12-66)等号左边,得

$$\text{th}\frac{3.228}{2} \times \tan\frac{3.228}{2} = -23.1318 \times 0.9237 = -21.3668$$

可见,式(12-66)等号左右两边近似相等,故 $\beta L_{cr} = 2\beta l = 3.228$ 为合适解,即 $L_{cr} = \dfrac{3.228}{\beta}$。

将其与集中荷载 P 作用下梁的临界长度 $L_{cr} = \dfrac{\pi}{\beta}$ 相比较,两者相对误差为 $\dfrac{3.228 - 3.1416}{3.228} \times 100\% = 2.68\%$。因此,在 $\beta = 0.07 \sim 0.16\text{m}^{-1}$、$s = 2.7 \sim 5\text{m}$ 的范围内,局部均布荷载作用下按弹性基础梁计算的连续体系浮桥的临界长度 L_{cr} 可以用集中荷载 P 作用下的 L_{cr} 值,即 $L_{cr} = 2l = \dfrac{\pi}{\beta}$,误差不超过3%。

将 $l = \dfrac{\pi}{2\beta}$ 代入式(1-264),则初转角

$$\theta_0 = \frac{Q}{EJ\beta^3 s} \cdot \frac{B\left(\dfrac{s}{2}\right)}{4C(l)} = \frac{Q}{EJ\beta^3 s} \cdot \frac{B\left(\dfrac{s}{2}\right)}{4C\left(\dfrac{\pi}{2\beta}\right)} = \frac{Q}{2EJ\beta^2} \cdot \frac{B\left(\dfrac{s}{2}\right)}{\beta s \cdot \text{sh}\dfrac{\pi}{2}} \tag{12-67}$$

令

$$w = \frac{B\left(\dfrac{s}{2}\right)}{\beta s \cdot \text{sh}\dfrac{\pi}{2}} \tag{12-68}$$

则

$$\theta_0 = \frac{wQ}{2EJ\beta^2} \tag{12-69}$$

(二)局部均布荷载作用下临界长度弹性基础梁中点的挠度和弯矩

将初参数 $y_0 = 0$、$M_0 = 0$、$Q_0 = 0$ 和 $\theta_0 = \dfrac{wQ}{2EJ\beta^2}$ 以及 $x = l = \dfrac{\pi}{2\beta}$ 代入式(12-43)和式(12-45),可得局部均布荷载作用下临界长度弹性基础梁中点的挠度和弯矩。

1. 中点挠度

$$y_A = y\left(\frac{\pi}{2\beta}\right) = \frac{\theta_0}{\beta}B\left(\frac{\pi}{2\beta}\right) + \frac{1}{EJ\beta^3}\int_{l-\frac{s}{2}}^{l} D(l-\xi)q\,\mathrm{d}\xi$$
$$= \frac{Q}{4EJ\beta^3}\left\{w\,\text{ch}\frac{\pi}{2} + \frac{1}{\beta s}\left[1 - A\left(\frac{s}{2}\right)\right]\right\}$$

将 $k = 4EJ\beta^4$ 和式(12-68)代入上式,得

$$y_A = \frac{Q}{4EJ\beta^3 s}\left[B\left(\frac{s}{2}\right)\text{cth}\frac{\pi}{2} + 1 - A\left(\frac{s}{2}\right)\right] = \frac{Q}{ks}\left[1.09033 B\left(\frac{s}{2}\right) - A\left(\frac{s}{2}\right) + 1\right] \tag{12-70}$$

2. 中点截面弯矩

$$M_A = M\left(\frac{\pi}{2\beta}\right) = 4EJ\beta\theta_0 D\left(\frac{\pi}{2\beta}\right) - \frac{1}{\beta}\int_{l-\frac{s}{2}}^{l} B(l-\xi)q\,\mathrm{d}\xi$$
$$= \frac{Q}{\beta}\left[\frac{w}{2}\text{ch}\frac{\pi}{2} - \frac{1}{\beta s}C\left(\frac{s}{2}\right)\right]$$

将式(12-68)代入上式,得

$$M_A = \frac{Q}{\beta^2 s}\left[\frac{\text{cth}(\pi/2)}{2}B\left(\frac{s}{2}\right) - C\left(\frac{s}{2}\right)\right] = \frac{Q}{\beta^2 s}\left[0.54516 B\left(\frac{s}{2}\right) - C\left(\frac{s}{2}\right)\right] \quad (12\text{-}71)$$

五、几点结论

临界长度 L_{cr} 是弹性基础梁(浮桥)设计中的一个重要数据,经过前面的讨论,可以得出以下几点结论:

(1)当弹性基础梁跨中作用集中荷载 P 时,梁的临界长度为 $L_{cr} = \frac{\pi}{\beta}$。此时,梁的中点截面弯矩达到最大值 $M_{max} = 1.09033\frac{P}{4\beta}$,且梁左、右端点挠度 $y = 0$。

(2)当弹性基础梁跨中作用集中荷载 P,且梁长等于临界长度 L_{cr} 时,梁的挠度、转角、弯矩和剪力的计算公式为式(12-63)。

(3)局部均布荷载作用下弹性基础梁的临界长度 L_{cr},在一般情况下可以采用集中荷载 P 作用下的结果 $L_{cr} = \frac{\pi}{\beta}$,不会引起很大的误差。此时梁的跨中挠度和截面弯矩应按式(12-70)和式(12-71)计算,中点截面的转角和剪力均为零。

复习思考题

1. 弹性基础梁的温克尔假设是什么?弹性基础梁理论可以应用在哪些方面?
2. 弹性基础梁有哪些特点?弹性基础梁理论的局部弹性基础模型是什么?
3. 无限长弹性基础梁基本微分方程的通用表达式是什么?是如何推导出来的?
4. 在弹性基础梁计算理论中,β 和 L 分别表示什么?各自的表达式是什么?
5. 求解 4 个积分常数 A_1、A_2、A_3、A_4 和 C_1、C_2、C_3、C_4 的 4 个边界条件分别是什么?
6. 无限长梁、半无限长梁和短梁的划分标准是什么?
7. 无限长梁的挠度、转角、弯矩、剪力和基础反力的计算公式是什么?
8. 无限长梁的挠度、转角、弯矩、剪力和基础反力的变化规律图各自有什么特点?
9. $\eta_1(x)$、$\eta_2(x)$、$\eta_3(x)$ 和 $\eta_4(x)$ 这 4 个收敛型循环函数具有哪些性质?
10. 求解半无限长梁挠曲线微分方程的边界条件是什么?半无限长梁的变位和内力计算表达式是什么?梁端分别只有集中荷载 P 和外力矩 M 作用下的变位和内力计算公式是什么?
11. 集中荷载作用在半无限长梁梁端附近的计算原理是什么?弯矩和挠度的计算表达式是什么?
12. 在不直接承受荷载的短梁段内,短梁的挠曲线基本微分方程求解时采用的初参数法的原理是什么?用初参数表达的短梁变位和内力表达式是什么?
13. 弹性基础短梁的发散型循环函数 $A(x)$、$B(x)$、$C(x)$ 和 $D(x)$ 具有哪两种性质?
14. 什么是弹性基础梁的临界长度?弹性基础梁临界长度的计算表达式是什么?

15. 集中荷载 P 作用下临界长度弹性基础梁的变位和内力计算表达式是什么？

16. 局部均布荷载作用下临界长度弹性基础梁中点变位和内力的计算表达式是什么？

17. 无限长弹性基础梁 AB，受两个集中荷载 P_1、P_2 作用，P_1 作用在梁中点的左侧，距梁中点 C 为 d_1，P_2 作用在梁中点的右侧，距梁中点 C 为 d_2。试求 C 点的变位和内力。

18. 设有一无限长弹性基础梁，在中间一段长度 l 内受均布荷载 q 作用，均布荷载两端 A 和 B 距梁左端和右端均大于特征长度 L，C 点距均布荷载两端 A 和 B 分别为 a 和 b。试求均布荷载段内任意点 C 处的变位和内力。

19. 一根放置在弹性基础上的无限长梁，受 $P_1 = 40 \text{kN}$ 和 $P_2 = 30 \text{kN}$ 两个集中荷载作用，P_1 作用在 C 点左侧、距 C 点为 1m，P_2 作用在 C 点右侧、距 C 点为 0.5m，梁的抗弯刚度 $EJ = 320 \text{kN} \cdot \text{m}^2$，基础刚度 $k = 8.0 \times 10^2 \text{MPa}$，试求该梁 C 点的挠度、转角、弯矩和剪力。

20. 一根两端自由的弹性基础短梁，左端 O 受集中荷载 P 作用，梁长 $l = 5\text{m}$，梁宽 $b = 1\text{m}$，梁高 $h = 0.5\text{m}$，弹性模量 $E = 2.1 \times 10^2 \text{GPa}$，基础刚度 $k = 0.57 \text{GPa}$。试绘出该梁的弯矩图和剪力图。

第十三章
连续体系浮桥的计算

第一节 无限长连续体系浮桥河中部分中段的计算

一、无限长浮桥在集中荷载作用下的基本方程

对于连续体系浮桥的河中部分,就桥脚和桥跨结构的连接而言,其组成形式有两种情况:一种是桥脚分置式浮桥,由一系列舟作为浮游桥脚,在舟上的结构由刚度较大、在桥梁纵方向相互用刚性连接成的桥桁组成;另一种是带式浮桥,由舟体在桥梁纵方向直接连接,舟体内有刚度很大的骨架,舟体上下连接部即组成骨架的刚性接头。

从结构力学的观点来看,连续体系浮桥应该是一根支承在弹性支座上的连续梁,是一种次数很高的超静定结构,计算时需要未知数很多的联立方程组。在某些条件许可时,可采用简化的物理力学模型如弹性基础梁(以下简称弹基梁)计算。对于桥脚分置式浮桥,桥脚舟实际上是弹性支座,由于浮游桥脚舟的计算水线面面积 F_0 和桥跨结构的抗弯刚度 EJ 都是相等的,桥脚舟一般等间距配置,间距又很小(一般为 4~6m),且桥脚舟数目较多时,其河中部分可近似按无限长梁计算,因此可以简化成无限长弹基梁计算,其计算误差在 5%~10% 范围内。对于带式浮桥,由于桥脚舟密集配置,河中部分则更能作为弹基梁计算了。

由于弹基梁的计算在第十二章中已有详细的推导,这里只对其结果作必要的说明,并阐述

如何应用在连续体系浮桥计算中。

(一)弹基梁的挠曲线微分方程及其通解

如在图13-1中,在无限长弹基梁的中部,有一集中荷载 P 作用。

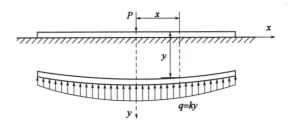

图 13-1 弹性地基梁

根据弹基梁的挠曲线微分方程,有

$$\frac{\mathrm{d}^4 y}{\mathrm{d}x^4} + 4\beta^4 y(x) = 0 \tag{13-1}$$

其通解为

$$y(x) = \mathrm{e}^{\beta x}(A_1 \cos \beta x + A_2 \sin \beta x) + \mathrm{e}^{-\beta x}(A_3 \cos \beta x + A_4 \sin \beta x) \tag{13-2}$$

式中:β——弹基梁的弯曲特征系数,计算时可作为常数。

$$\beta = \sqrt[4]{\frac{k}{4EJ}} \tag{13-3}$$

式中:EJ——弹基梁的刚度;

k——弹基梁的基础刚度系数,即桥脚舟吃水 t 为 1 时桥脚舟的浮力。

对于桥脚分置式浮桥,将桥脚舟的浮力在桥脚舟的间距范围 l 内均匀分布,则

$$k = \frac{\gamma F_0 t}{l} \tag{13-4}$$

当 $t = 1$ 时

$$k = \frac{\gamma F_0}{l} \tag{13-5}$$

将式(13-5)代入式(13-3),得

$$\beta = \sqrt[4]{\frac{\gamma F_0}{4EJl}} \tag{13-6}$$

式中:F_0——一个桥脚舟的计算水线面面积;

l——桥脚舟的间距,即浮桥跨度;

γ——水的重度。

这样,当桥脚舟为直舷时(k 可作为常数),河中部分桥脚舟的计算水线面面积(F_0)相等,各个桥跨的刚度(EJ)相等且刚度很大,各桥脚舟的间距(l)相等,数目很多、配置较密,将浮桥的河中部分作为弹性地基无限长梁计算是合乎实际情况的。

对于带式浮桥,设 B_0 为桥脚舟的计算宽度,则其基础刚度系数为

$$k = \gamma B_0 \tag{13-7}$$

(二)利用边界条件求解挠度、转角、弯矩和剪力方程

式(13-2)中,A_1、A_2、A_3 和 A_4 是4个积分常数,需根据无限长浮桥河中部分中段的边界条件确定。下面以图13-1中右半部分梁为例进行分析。

(1)当 $x \to \infty$ 时,即在右端无穷远处,梁的变位为零。代入式(13-2),可得

$$A_1 \cos \beta x + A_2 \sin \beta x = 0$$

(2)当 $x \to \infty$ 时,梁的弯矩为零。将式(13-2)对 x 求导两次,可得梁的弯矩方程为

$$M(x) = -EJ\frac{d^2y}{dx^2} = 2EJ\beta^2 [e^{\beta x}(A_1 \sin \beta x - A_2 \cos \beta x) + e^{-\beta x}(-A_3 \sin \beta x + A_4 \cos \beta x)]$$

将 $x \to \infty$ 时 $M = 0$ 的条件代入上式,得

$$A_1 \sin \beta x - A_2 \cos \beta x = 0$$

由条件(1)和条件(2),很容易得到

$$A_1 = A_2 = 0$$

因此式(13-2)变为

$$y(x) = e^{-\beta x}(A_3 \cos \beta x + A_4 \sin \beta x) \tag{13-8}$$

(3)当 $x = 0$ 时,梁的转角 $\theta = 0$(由于左右对称,故转角为零)。根据式(13-8),得梁的转角方程为

$$\theta(x) = \frac{dy}{dx} = -\beta e^{-\beta x}[(A_3 - A_4)\cos \beta x + (A_3 + A_4)\sin \beta x]$$

将 $x = 0$ 时 $\theta = 0$ 的条件代入上式,得

$$A_3 = A_4$$

(4)当 $x = 0$ 时,梁的剪力 $Q = -\dfrac{P}{2}$(由于梁左右对称,故在 O 点左右各负担一半的剪力)。根据式(13-8),得梁的剪力方程为

$$Q(x) = -EJ\frac{d^3y}{dx^3} = -2EJ\beta^3 e^{-\beta x}[(A_3 + A_4)\cos \beta x - (A_3 - A_4)\sin \beta x]$$

将 $x = 0$ 时 $Q = -\dfrac{P}{2}$ 的条件代入上式,再利用 $A_3 = A_4$ 的条件,解得

$$A_3 = A_4 = \frac{P}{8EJ\beta^3}$$

因此,式(13-2)变为

$$y(x) = \frac{P}{8EJ\beta^3}e^{-\beta x}(\cos \beta x + \sin \beta x)$$

从而可得到转角、弯矩、剪力方程。

综上所述,右半部梁的挠度、转角、弯矩和剪力方程为

$$\begin{cases} y(x) = \dfrac{P}{8EJ\beta^3}e^{-\beta x}(\cos\beta x + \sin\beta x) \\ \theta(x) = -\dfrac{P}{4EJ\beta^2}e^{-\beta x}\sin\beta x \\ M(x) = \dfrac{P}{4\beta}e^{-\beta x}(\cos\beta x - \sin\beta x) \\ Q(x) = -\dfrac{P}{2}e^{-\beta x}\cos\beta x \end{cases} \quad (13\text{-}9)$$

注意：式(13-9)仅对右半部分梁有效。对于左半部梁，M 和 y 是与右半部梁对称的，θ 和 Q 是与右半部梁反对称的，故整座无限长浮桥的挠度、转角、弯矩和剪力如图 13-2 所示。

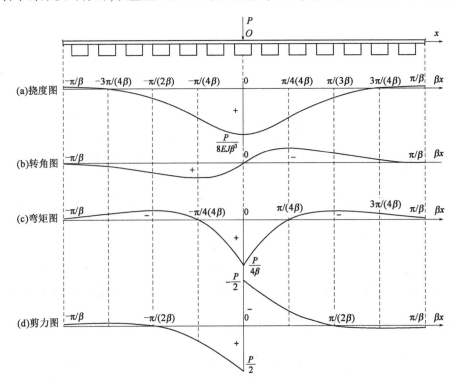

图 13-2　无限长浮桥中段在集中荷载 P 作用下的变位及内力

引入 4 个函数符号 $\eta_1(x)$、$\eta_2(x)$、$\eta_3(x)$ 和 $\eta_4(x)$：

$$\begin{cases} \eta_1(x) = e^{-\beta x}(\cos\beta x + \sin\beta x) \\ \eta_2(x) = e^{-\beta x}\sin\beta x \\ \eta_3(x) = e^{-\beta x}(\cos\beta x - \sin\beta x) \\ \eta_4(x) = e^{-\beta x}\cos\beta x \end{cases} \quad (13\text{-}10)$$

代入式(13-9)，得

$$\begin{cases} y(x) = \dfrac{P}{8EJ\beta^3}\eta_1(x) \\ \theta(x) = -\dfrac{P}{4EJ\beta^2}\eta_2(x) \\ M(x) = \dfrac{P}{4\beta}\eta_3(x) \\ Q(x) = -\dfrac{P}{2}\eta_4(x) \end{cases} \tag{13-11}$$

(三) 函数 $\eta_1(x)$、$\eta_2(x)$、$\eta_3(x)$ 和 $\eta_4(x)$ 的性质

式(13-11)中各函数 $\eta_1(x)$、$\eta_2(x)$、$\eta_3(x)$ 和 $\eta_4(x)$ 可根据 βx 值计算后,得出各数值,其图形如图 13-3 所示。$\eta_1(x)$、$\eta_2(x)$、$\eta_3(x)$ 和 $\eta_4(x)$ 亦可写成 η_1、η_2、η_3 和 η_4。

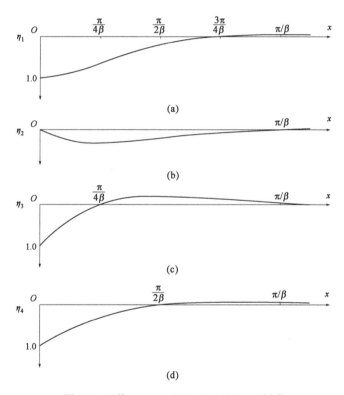

图 13-3 函数 $\eta_1(x)$、$\eta_2(x)$、$\eta_3(x)$ 和 $\eta_4(x)$ 图形

这 4 个函数具有以下性质:

1. 周期性

4 个函数都由三角函数组成,故都以 $2\pi/\beta$ 为周期,作正负波浪式变化。

2. 收敛性

4 个函数式中都有 $e^{-\beta x}$ 因子,随着 x 的增加而衰减,经过了半个波即 $x = \pi/\beta$ 以后,其数值衰减的倍数为

$$\frac{e^{-(\beta x+\pi)}}{e^{-\beta x}} = e^{-\pi} = 0.04321$$

经过了全波 $x = 2\pi/\beta$ 以后，衰减到初始值的 $e^{-2\pi} = 0.00187$，即约为 0.2%。

3. 循环性

4 个函数之间有循环的微分和积分关系。

(1) 微分关系

$$\begin{cases} \eta_1'(x) = -2\beta\eta_2(x) \\ \eta_2'(x) = \beta\eta_3(x) \\ \eta_3'(x) = -2\beta\eta_4(x) \\ \eta_4'(x) = -\beta\eta_1(x) \end{cases}$$

(2) 积分关系

$$\begin{cases} \int \eta_1(x)dx = -\frac{1}{\beta}\eta_4(x) + C \\ \int \eta_2(x)dx = -\frac{1}{2\beta}\eta_1(x) + C \\ \int \eta_3(x)dx = \frac{1}{\beta}\eta_2(x) + C \\ \int \eta_4(x)dx = -\frac{1}{2\beta}\eta_3(x) + C \end{cases}$$

(3) 和差关系

$$\begin{cases} \eta_1(x) = \eta_2(x) + \eta_4(x) \\ \eta_3(x) = \eta_4(x) - \eta_2(x) \\ \eta_4(x) = \dfrac{\eta_1(x) + \eta_3(x)}{2} \\ \eta_2(x) = \dfrac{\eta_1(x) - \eta_3(x)}{2} \end{cases}$$

二、无限长浮桥河中部分中段的挠度(变位)和弯矩的影响线

(一)河中部分中段与末段划分

按无限长弹基梁计算浮桥河中部分，虽然其计算理论合乎实际情况，但终究是有误差的。为了使误差小些，可在划分区段上做些规定，在该区段内其误差可以忽略不计，则作无限长梁计算。

从以上 4 个函数 η_1、η_2、η_3 和 η_4 来看，由于弹性基础的作用，荷载作用下的变位和内力是随着距离增加而迅速收敛的，在 $x = \pi/\beta(\beta x = \pi)$ 时，各函数的影响值已衰减为中间最大值的 4.3%。如果连续体系浮桥河中部分的长度 L 超过 $2\pi/\beta$，则距浮桥两端各大于 π/β 的中间部

分(图13-4)都可以按无限长弹基梁计算,浮桥两端支承条件和支承反力对这一区段的影响可以忽略不计。因此,可以将无限长浮桥划分为三部分:距两端大于 π/β 的中间部分,称为中段;而距端点在 π/β 以内的部分,称为末段。在末段的计算中当然要计及岸边支承的影响,这一部分将在第三节中讨论。

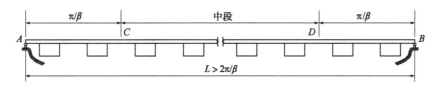

图 13-4　无限长浮桥河中部分的中段和末段

(二)河中部分中段的变位和内力影响线

由于浮桥所承受的荷载主要是移动的若干个集中荷载或一段均布荷载,故必须先作出其变位和内力的影响线。在计算中一般先要作出桥跨挠度(桥脚舟吃水)和弯矩的影响线。

1. 挠度影响线

在图13-5(a)所示的无限长浮桥河中部分中段上有不动点 O 及动点 X。当单位荷载 $P=1$ 分别作用于 O 点和 X 点时,按图13-2(a)作出浮桥的挠度图分别如图13-5(b)和(c)所示。

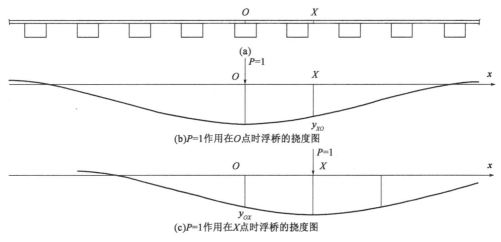

图 13-5　$P=1$ 分别作用在 O 点和 X 点时无限长浮桥河中部分中段的挠度图

当 $P=1$ 作用于 O 点时,在任一点 X 处产生的挠度为 $y_{XO}^{P=1}$ [图13-5(b),在图13-2(a)中令 $P=1$];当 $P=1$ 作用于 X 点时,在 O 点产生的挠度为 $y_{OX}^{P=1}$ [图13-5(c)]。由于浮桥无限长,因此图13-5(b)和图13-5(c)的形状完全一样,根据变位互等定理可知, $y_{OX}^{P=1} = y_{XO}^{P=1}$。

这样,图13-2(a)所示的浮桥挠度图(令 $P=1$)就是 $P=1$ 作用于任一点 X 时 O 点的挠度变化的图形,亦即 O 点的挠度影响线 $y_{OX}^{P=1}$ [图13-5(c)]。

2. 弯矩影响线

与解决挠度影响线的思路一样,在图13-6(a)所示的无限长浮桥河中部分中段上有不动点 O 及动点 X。当单位荷载 $P=1$ 分别作用于 O 点和 X 点时,按图13-2(c)作出浮桥的弯矩图分别如图 13-6(b)和(c)所示。

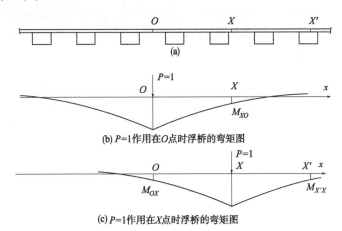

图 13-6 $P=1$ 分别作用在 O 点和 X 点时无限长浮桥河中部分中段的弯矩图

当 $P=1$ 作用于 O 点时，在 X 处截面产生的弯矩为 $M_{XO}^{P=1}$ [图 13-6(b)，在图 13-2(c)中令 $P=1$]；当 $P=1$ 作用于 X 点时，在 O 处截面产生的弯矩为 $M_{OX}^{P=1}$，在 X' 处截面产生的弯矩为 $M_{X'X}^{P=1}$ [图 13-6(c)]。由于浮桥无限长，因此图 13-6(b) 和图 13-6(c) 的形状完全一样，则有 $M_{XO}^{P=1} = M_{X'X}^{P=1}$。

在图 13-6(c)中，根据弯矩图在 X 点左右两侧的对称性，可得 $M_{OX}^{P=1} = M_{X'X}^{P=1}$。从而得到 $M_{XO}^{P=1} = M_{OX}^{P=1}$。这样，图 13-2(c) 所示的浮桥弯矩图(令 $P=1$)就是 $P=1$ 作用于任一点 X 时 O 处截面的弯矩变化的图形，亦即 O 处截面的弯矩影响线 $M_{OX}^{P=1}$ [图 13-6(c)]。

同理可知，转角图和剪力图即为转角影响线和剪力影响线，但转角图和剪力图变为相应的影响线时须反号，因为其形状具有反对称的性质。

三、活载作用下无限长浮桥河中部分中段的最大挠度和弯矩

将活载(移动荷载)布置在无限长浮桥河中部分中段影响线最不利的计算位置，活载产生的桥跨最大挠度(变位，桥脚舟吃水)和最大弯矩即可求出。

(一)集中荷载作用

当浮桥上有若干个集中荷载 P_i 以一定队形通过时[图 13-6(a)]，O 处产生的最大挠度[图 13-7(b)]为

$$y_{O\max}^{P} = \frac{1}{8EJ\beta^3}\sum_{i=1}^{n} P_i \eta_1(i) \tag{13-12}$$

O 处截面产生的最大弯矩[图 13-7(c)]为

$$M_{O\max}^{P} = \frac{1}{4\beta}\sum_{i=1}^{n} P_i \eta_3(i) \tag{13-13}$$

(二)履带式荷载作用

当浮桥上有一履带式荷载 Q(履带接地长度为 s)通过时[图 13-8(a)]，桥跨 O 点(荷载作用中心)产生桥跨的最大挠度[图 13-8(b)]，其值为

$$y_{O\max}^Q = \frac{Q}{s} \cdot \Omega_y = \frac{Q}{s} \cdot \frac{2}{8EJ\beta^3} \cdot \int_0^{\frac{s}{2}} \eta_1(x) \mathrm{d}x = \frac{Q}{s} \cdot \left(-\frac{1}{4EJ\beta^4}\right) \cdot \eta_4(x) \Big|_0^{\frac{s}{2}}$$

$$= \frac{Q}{sk} \cdot \left[1 - \eta_4\left(\frac{s}{2}\right)\right] \tag{13-14}$$

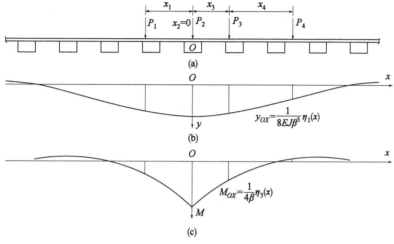

图 13-7　移动集中荷载作用下无限长浮桥河中部分中段的挠度和弯矩影响值

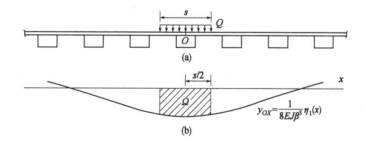

图 13-8　移动履带式荷载作用下无限长浮桥河中部分中段的挠度影响线

将式(13-10)中 $\eta_4(x)$ 的表达式代入上式,并将其用级数公式展开后略去高阶小项,则

$$y_{O\max}^Q = \frac{Q}{sk} \cdot \left(1 - \mathrm{e}^{\frac{\beta s}{2}} \cos\frac{\beta s}{2}\right) \approx \frac{Q\beta}{sk} \cdot \left(1 - \frac{\beta^2 s^2}{12}\right) \tag{13-15}$$

再做进一步简化计算,相当于略去影响线曲率的影响,将影响线面积看做一个矩形,则

$$y_{O\max}^Q \approx \frac{Q\beta}{2k} \tag{13-16}$$

相应的桥脚舟的反力值为

$$R_{O\max}^Q = \gamma F_0 y_O^Q = \gamma F \cdot \frac{Q\beta}{2k} = \frac{Q\beta l}{2} \tag{13-17}$$

O 处截面产生的最大弯矩[图 13-9(b)]为

$$M_{O\max}^Q = \frac{Q}{s} \cdot \Omega_M = \frac{Q}{s} \cdot \frac{1}{4\beta} \cdot 2\int_0^{\frac{s}{2}} \eta_3(x)\,dx = \frac{Q}{s} \cdot \frac{1}{2\beta} \cdot \left[\frac{1}{\beta} \cdot \eta_2(x)\right]\Big|_0^{\frac{s}{2}} = \frac{Q}{2\beta^2 s} \cdot \eta_2\left(\frac{s}{2}\right) \tag{13-18}$$

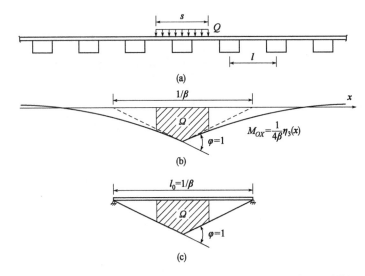

图 13-9 移动履带式荷载作用下无限长浮桥河中部分中段的弯矩影响线

将式(13-10)中 $\eta_2(x)$ 的表达式代入式(13-18),并将其用级数公式展开后略去高阶小项,则

$$M_{O\max}^Q = \frac{Q}{2\beta^2 s} \cdot e^{-\frac{\beta s}{2}} \sin\left(\frac{\beta s}{2}\right) \approx \frac{Q}{4\beta} \cdot \left(1 - \frac{\beta s}{2} + \frac{\beta^2 s^2}{12}\right) \tag{13-19}$$

如再做进一步简化近似计算,忽略影响线曲率的影响,则

$$M_{O\max}^Q \approx \frac{Q}{4\beta} \cdot \left(1 - \frac{\beta s}{2}\right) \tag{13-20}$$

上式可改写成

$$M_{O\max}^Q = \frac{Q}{8} \cdot \left(\frac{2}{\beta} - s\right) \tag{13-21}$$

(三) β 值的物理意义

式(13-21)在形式上与简支梁跨中作用一段局部均布荷载时的弯矩公式相似

$$M_O = \frac{Q}{8} \cdot (2l_0 - s) \tag{13-22}$$

式中: l_0——简支梁的跨度。

比较式(13-21)和式(13-22)可知,在移动履带式荷载作用下,无限长浮桥河中部分中段 O 处截面最大弯矩相当于一根跨度为 β^{-1} 的简支梁跨中截面的弯矩,因此,可近似地将 β^{-1} 作为无限长弹基梁的折算跨度[图 13-9(c)]。β 值是连续体系浮桥一个极为重要的参数。通常 β 值取 $0.07 \sim 0.16 \text{m}^{-1}$(带式浮桥的 β 值较小),履带式荷载的履带接地长度 s 值取 $2.7 \sim 5.0\text{m}$,则 βs 实际值取 $0.19 \sim 0.80$。从式(13-3)可以看出,β 代表桥脚舟的抗沉刚度与桥跨结构的抗弯刚度之比。β 值大,意味着舟强桁弱,荷载只能分配到少数舟上,故弯矩值较小;反之,β 值小,意味着舟弱桁强,荷载被分配到较多的舟上,故弯矩值较大。

第二节 短浮桥及临界长度的计算

一、用弹基梁的初参数计算短浮桥

在一般情况下,浮桥均属长浮桥,按弹性地基上无限长梁计算已足够准确。但当浮桥长度小于 $2\pi/\beta$ 时,浮桥在荷载作用下的变位和内力将会受到两岸支承条件的影响,浮桥必须按有限长弹基梁的方法计算。这种情况应用力学中弹基梁的初参数求解比较方便,梁的挠曲线微分方程式仍为式(13-1),其通解仍然为式(13-2)。

取 4 个新的积分常数 C_1、C_2、C_3 和 C_4,并令

$$\begin{cases} C_1 = A_1 + A_3 \\ C_2 = A_2 + A_4 \\ C_3 = A_1 - A_3 \\ C_4 = A_2 - A_4 \end{cases}$$

解得

$$\begin{cases} A_1 = \dfrac{C_1 + C_2}{2} \\ A_2 = \dfrac{C_2 + C_4}{2} \\ A_3 = \dfrac{C_1 - C_3}{2} \\ A_4 = \dfrac{C_2 - C_4}{2} \end{cases}$$

将 A_1、A_2、A_3 和 A_4 值代入式(13-2),则梁的挠曲线微分方程通解表达式可用另一写法表示为

$$y(x) = C_1 \text{ch}\beta x \cos\beta x + C_2 \text{ch}\beta x \sin\beta x + C_3 \text{sh}\beta x \cos\beta x + C_4 \text{sh}\beta x \sin\beta x \qquad (13\text{-}23)$$

式中,4 个积分常数 C_1、C_2、C_3 和 C_4 根据边界条件求出,即用 4 个初参数确定。

4 个初参数是初挠度、初转角、初弯矩和初剪力。

初挠度:当 $x = 0$ 时,梁的挠度值 $y_0 = y$;

初转角:当 $x = 0$ 时,梁的转角 $\theta_0 = \dfrac{\mathrm{d}y}{\mathrm{d}x}$;

初弯矩:当 $x = 0$ 时,梁的弯矩 $M_0 = -EJ\dfrac{\mathrm{d}^2 y}{\mathrm{d}x^2}$;

初剪力:当 $x = 0$ 时,梁的剪力 $Q_0 = -EJ\dfrac{\mathrm{d}^3 y}{\mathrm{d}x^3}$。

初参数 y_0、θ_0、M_0 和 Q_0 的数值,实际上是根据浮桥末端支承情况确定的。

将式(13-23)分别对 x 求导一、二、三次,求得由初挠度 y_0、初转角 θ_0、初弯矩 M_0 和初剪力 Q_0)4 个初参数表示的 4 个积分常数 C_1、C_2、C_3 和 C_4。

$$\begin{cases} C_1 = y_0 \\ C_2 = \dfrac{\theta_0}{2\beta} - \dfrac{Q_0}{4EJ\beta^3} \\ C_3 = \dfrac{\theta_0}{2\beta} + \dfrac{Q_0}{4EJ\beta^3} \\ C_4 = -\dfrac{M_0}{2EJ\beta^2} \end{cases}$$

将求得的 C_1、C_2、C_3 和 C_4 值代入式(13-23),并用 4 个函数 A、B、C 和 D 代替 4 个积分常数 C_1、C_2、C_3 和 C_4 后,挠曲轴的方程为

$$y(x) = y_0 A(x) + \frac{\theta_0}{\beta}B(x) - \frac{M_0}{EJ\beta^2}C(x) - \frac{Q_0}{EJ\beta^3}D(x) \tag{13-24}$$

式中:$A(x)$、$B(x)$、$C(x)$、$D(x)$——弹基梁的发散型循环函数。

$$\begin{cases} A(x) = \mathrm{ch}\beta x\cos\beta x \\ B(x) = \dfrac{1}{2}(\mathrm{ch}\beta x\sin\beta x + \mathrm{sh}\beta x\cos\beta x) \\ C(x) = \dfrac{1}{2}\mathrm{sh}\beta x\sin\beta x \\ D(x) = \dfrac{1}{4}(\mathrm{ch}\beta x\sin\beta x - \mathrm{sh}\beta x\cos\beta x) \end{cases} \tag{13-25}$$

则挠度、转角、弯矩和剪力方程式为

$$\begin{cases} y(x) = y_0 A(x) + \dfrac{\theta_0}{\beta}B(x) - \dfrac{M_0}{EJ\beta^2}C(x) - \dfrac{Q_0}{EJ\beta^3}D(x) \\ \theta(x) = -4\beta y_0 D(x) + \theta_0 A(x) - \dfrac{M_0}{EJ\beta}B(x) - \dfrac{Q_0}{EJ\beta^2}C(x) \\ M(x) = 4EJ\beta^2 y_0 C(x) + 4EJ\beta\theta_0 D(x) + M_0 A(x) + \dfrac{Q_0}{\beta}B(x) \\ Q(x) = 4EJ\beta^3 y_0 B(x) + 4EJ\beta^2\theta_0 C(x) - 4\beta M_0 D(x) + Q_0 A(x) \end{cases} \tag{13-26}$$

以上齐次方程式的特解部分,即式(13-26),仅在计算区段中梁上没有荷载的情况下使用。当梁上有荷载时,还须增加非齐次方程的特解部分,所以计算相当复杂,还要计算梁上较多点的变位和弯矩,得出最大变位值和弯矩值。

式(13-26)的运用范围,在理论上并不限于有限长梁,但由于它采用的函数 A、B、C 和 D 是发散型函数,当浮桥较长时,函数的值太大,导致计算误差太大,故只适用于有限长弹基梁。

二、浮桥在临界长度吃水和弯矩的计算

在大多数情况下,浮桥是作为无限长桥计算的,但是在某一较短的长度时,其吃水和弯矩都可能超过无限长桥时所计算的值,而在更短的浮桥时,其吃水和弯矩却又减小。

如图 13-10(a)所示的短浮桥,其两端是自由的,浮桥中点作用一集中荷载 P。当浮桥很短时[图 13-10(b)],全桥都是正挠度,挠曲线比较平坦,浮桥的所有桥脚舟吃水较为均匀,漕渡门桥受载时便是这种情况。显然,这时中央截面的弯矩不大。随着长度的增加[图 13-10(c)],

荷载被分散到更多的桥脚舟上,舟的吃水会减少,但中央截面的弯矩却随之增大了,表现为挠曲线曲率的增大。如果再继续加长浮桥[图 13-10(d)],浮桥端部的桥脚舟就可能产生"负吃水",从而产生负反力,这些负反力将使中央截面的弯矩逐渐减小,直到桥长 $L \geq 2\pi/\beta$ 时,弯矩值趋近于 $P/(4\beta)$,以后就不再变化了。

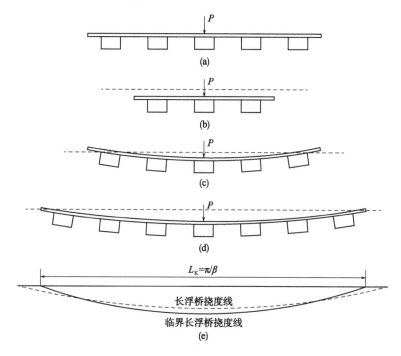

图 13-10 浮桥临界长度

这就是说,当短浮桥长度逐渐增加时,中点截面的弯矩先是增加,当长度增到一定限度时,弯矩达最大值,超过此限度后,弯矩又开始减小,最后趋近于无限长梁的弯矩 $P/(4\beta)$。因此,在已知集中荷载 P 作用下,浮桥中点可能出现最大弯矩时对应于这样一个长度,即它的两端挠度刚好为零,此时产生的弯矩最大。浮桥出现弯矩最不利的长度,称为临界长度。

图 13-10(e)是临界长度浮桥在集中荷载作用下的挠度曲线(实线)和长桥的挠度曲线(虚线)的比较。下面将用初参数公式来求该临界长度 L_K 及相应的弯矩和挠度值。

图 13-11 为一临界长度浮桥,集中荷载 P 作用于中点,以左端为原点。

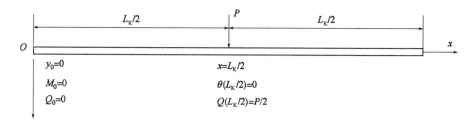

图 13-11 用初参数法计算临界长度图

浮桥左半部的边界条件为

当 $x=0$ 时,$y_0=0$,$M_0=0$,$Q_0=0$;

当 $x = \dfrac{L_K}{2}$ 时, $\theta\left(\dfrac{L_K}{2}\right) = 0$, $Q\left(\dfrac{L_K}{2}\right) = \dfrac{P}{2}$。

4 个参数中,只有 $\theta_0 \neq 0$,代入式(13-25)的转角公式中,并令 $x = \dfrac{L_K}{2}$,则

$$\theta\left(\dfrac{L_K}{2}\right) = \theta_0 A\left(\dfrac{L_K}{2}\right) = 0$$

即

$$\theta_0 \operatorname{ch}\left(\beta \dfrac{L_K}{2}\right) \cos\left(\beta \dfrac{L_K}{2}\right) = 0$$

只能是

$$\cos\left(\beta \dfrac{L_K}{2}\right) = 0$$

得

$$\beta \dfrac{L_K}{2} = \dfrac{\pi}{2}$$

故

$$L_K = \dfrac{\pi}{\beta} \tag{13-27}$$

再代入条件 $Q\left(\dfrac{L_K}{2}\right) = \dfrac{P}{2}$,由式(13-26)的剪力公式可求出未知初参数 θ_0。

$$Q\left(\dfrac{L_K}{2}\right) = Q\left(\dfrac{\pi}{2\beta}\right) = 4EJ\beta^2 \theta_0 C\left(\dfrac{\pi}{2\beta}\right) = \dfrac{P}{2}$$

即

$$2EJ\beta^2 \theta_0 \operatorname{sh} \dfrac{\pi}{2} \sin \dfrac{\pi}{2} = \dfrac{P}{2}$$

得初转角为

$$\theta_0 = \dfrac{P}{4EJ\beta^2 \operatorname{sh} \dfrac{\pi}{2}} \tag{13-28}$$

由式(13-26)可得中点弯矩为

$$M\left(\dfrac{L_K}{2}\right) = 4EJ\beta\theta_0 D\left(\dfrac{\pi}{2\beta}\right) = \dfrac{P}{\beta} \times \dfrac{1}{4}\left(\operatorname{ch}\dfrac{\pi}{2}\sin\dfrac{\pi}{2} - \operatorname{sh}\dfrac{\pi}{2}\cos\dfrac{\pi}{2}\right) \Big/ \operatorname{sh}\dfrac{\pi}{2}$$

$$= \dfrac{P}{4\beta}\operatorname{cth}\dfrac{\pi}{2} = 1.090\dfrac{P}{4\beta} \tag{13-29}$$

它是无限长浮桥在集中荷载作用下弯矩的 1.090 倍。

中点挠度为

$$y\left(\dfrac{L_K}{2}\right) = \dfrac{\theta_0}{\beta}B\left(\dfrac{\pi}{2\beta}\right) = \dfrac{P}{4EJ\beta^3} \cdot \dfrac{1}{2}\left(\operatorname{ch}\dfrac{\pi}{2}\sin\dfrac{\pi}{2} + \operatorname{sh}\dfrac{\pi}{2}\cos\dfrac{\pi}{2}\right) \Big/ \operatorname{sh}\dfrac{\pi}{2}$$

$$= \dfrac{P}{8EJ\beta^3}\operatorname{cth}\dfrac{\pi}{2} = 1.090\dfrac{P}{8EJ\beta^3} \tag{13-30}$$

它也是无限长浮桥在集中荷载作用下挠度的 1.090 倍。

三、履带式荷载作用下临界长度浮桥的最大挠度和弯矩

在履带式荷载 Q 作用下，浮桥的临界长度稍大于集中荷载 P 作用下的临界长度，但所增加的长度很小。因此，一般情况下，仍可以用集中荷载作用下的临界长度来计算其最大挠度和最大弯矩。

（一）最大挠度

因 $x = \dfrac{L_K}{2} = \dfrac{\pi}{2\beta}$，根据式（12-70），可得履带式荷载作用下临界长度浮桥中点的挠度为

$$y\left(\frac{L_K}{2}\right) = \frac{Q}{4EJ\beta^4 s} \cdot \left[\operatorname{cth}\left(\frac{\pi}{2}\right) B\left(\frac{s}{2}\right) + 1 - A\left(\frac{s}{2}\right)\right] \tag{13-31}$$

将 $x = \dfrac{s}{2}$ 代入式（13-25）第二式 $B(x)$ 和第一式 $A(x)$ 的表达式，并将其用级数公式展开后略去高阶小项，得

$$B\left(\frac{s}{2}\right) = \frac{1}{2}\left[\operatorname{ch}\left(\frac{\beta s}{2}\right)\sin\left(\frac{\beta s}{2}\right) + \operatorname{sh}\left(\frac{\beta s}{2}\right)\cos\left(\frac{\beta s}{2}\right)\right]$$

$$\approx \frac{1}{2}\left\{\left[1 + \frac{1}{2!}\left(\frac{\beta s}{2}\right)^2\right] \times \left[\frac{\beta s}{2} + \frac{1}{3!}\left(\frac{\beta s}{2}\right)^3\right] + \left[\frac{\beta s}{2} + \frac{1}{3!}\left(\frac{\beta s}{2}\right)^3\right] \times \left[1 - \frac{1}{2!}\left(\frac{\beta s}{2}\right)^2\right]\right\}$$

$$= \frac{\beta s}{2} \tag{13-32}$$

$$A\left(\frac{s}{2}\right) = \operatorname{ch}\left(\frac{\beta s}{2}\right)\cos\left(\frac{\beta s}{2}\right) \approx \left[1 + \frac{1}{2!}\left(\frac{\beta s}{2}\right)^2\right] \times \left[1 - \frac{1}{2!}\left(\frac{\beta s}{2}\right)^2\right] = 1 \tag{13-33}$$

代入式（13-31），得履带式荷载 Q 作用下临界长度浮桥中点挠度的近似值为

$$y\left(\frac{L_K}{2}\right) = 1.090 \frac{Q}{8EJ\beta^3} \tag{13-34}$$

（二）最大弯矩

与求最大挠度一样，根据式（12-71），可得履带式荷载作用下临界长度浮桥中央截面的弯矩为

$$M\left(\frac{L_K}{2}\right) = \frac{Q}{\beta^2 s}\left[\frac{\operatorname{cth}\pi/2}{2} B\left(\frac{s}{2}\right) - C\left(\frac{s}{2}\right)\right] \tag{13-35}$$

将 $x = \dfrac{s}{2}$ 代入式（13-25）第三式 $C(x)$ 的表达式，并将其用级数公式展开后略去高阶小项，得

$$C\left(\frac{s}{2}\right) = \frac{1}{2}\operatorname{sh}\left(\frac{\beta s}{2}\right)\sin\left(\frac{\beta s}{2}\right) \approx \frac{1}{2}\left[\frac{\beta s}{2} + \frac{1}{3!}\left(\frac{\beta s}{2}\right)^3\right] \times \left[\frac{\beta s}{2} - \frac{1}{3!}\left(\frac{\beta s}{2}\right)^3\right] = \frac{\beta^2 s^2}{8} \tag{13-36}$$

将式（13-32）和式（13-36）代入式（13-35），得履带式荷载 Q 作用下临界长度浮桥中央截面弯矩的近似值为

$$M\left(\frac{L_K}{2}\right) = \frac{Q}{4\beta} \cdot \left(1.090 - \frac{\beta s}{2}\right) \tag{13-37}$$

同理，可近似地得出履带式荷载 Q 作用下临界长度浮桥中央桥脚舟反力为

$$R\left(\frac{L_K}{2}\right) = 1.090\frac{Q\beta l}{2} \tag{13-38}$$

在设计舟桥器材时，由于要考虑器材能适用于各种不同宽度的河流，即浮桥要能在各种河幅下顺利通过设计荷载，因此用临界长度作为浮桥设计长度能够满足浮桥的各种使用要求。

第三节　浮桥河中部分末段的计算

一、河中部分末段在荷载作用下的基本方程式

如前所述，连续体系浮桥河中部分末段，是指浮桥河中部分距支承末端小于 π/β 的桥段（参见图13-4）。在活载作用下，其受力情况要受到一端支承的影响，较河中部分中段要复杂，而且端部的支承形式很多，如自由端刚支座、刚支座上预留间隙、带限制铰、带浮游栈桥等，这是根据器材和地形情况确定的。在研究这些问题时都要用到半无限长弹基梁的末端计算公式。

如有集中荷载 P 和弯矩 M 分别作用于半无限长弹基梁的末端，如图13-12所示，与无限长弹基梁一样，其通解可用式(13-2)所示。在图13-12中，取梁左端 O 为坐标原点，远端的边界条件与无限长弹基梁相同，因此式(13-8)仍然成立，即 $y(x) = e^{-\beta x}(A_3\cos\beta x + A_4\sin\beta x)$。

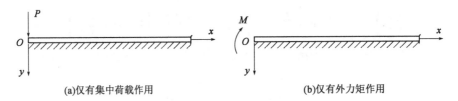

(a)仅有集中荷载作用　　　　　(b)仅有外力矩作用

图13-12　半无限长弹基梁末端

（一）末端仅有集中荷载作用

如图13-12(a)所示，末端 O 仅有 P 作用($M = 0$)，近端边界条件为：$x = 0$，$Q(0) = -P$，$M(0) = 0$，代入式(13-8)及其二阶、三阶导数方程，求得

$$A_3 = \frac{P}{2EJ\beta^3}, A_4 = 0$$

从而可得

$$\begin{cases} y_x = \dfrac{P}{2EJ\beta^3}\eta_4(x) \\ \theta_x = -\dfrac{P}{2EJ\beta^2}\eta_1(x) \\ M_x = -\dfrac{P}{\beta}\eta_2(x) \\ Q_x = -P\eta_3(x) \end{cases} \tag{13-39}$$

(二)末端仅有外力矩作用

如图13-12(b)所示,末端 O 仅有 M 作用 $(P=0)$,近端边界条件为: $x=0$, $Q(0)=0$, $M(0)=M$,代入式(13-8)及其二阶、三阶导数方程,求得

$$A_3 = -\frac{M}{2EJ\beta^2}, A_4 = \frac{M}{2EJ\beta^2}$$

从而可得

$$\begin{cases} y_x = -\dfrac{M}{2EJ\beta^2}\eta_3(x) \\ \theta_x = \dfrac{M}{EJ\beta}\eta_4(x) \\ M_x = M\eta_1(x) \\ Q_x = -2\beta M \eta_2(x) \end{cases} \tag{13-40}$$

二、自由端的浮桥末段

(一)集中荷载作用下的弯矩和变位

利用式(13-39)和式(13-40)可以计算半无限长梁自由端末段上集中荷载 P 作用在某一点 A 上(如与重型机械化桥架设混合浮桥)的受力情况,如图13-12(a)所示。现用卸载法求任一点 X 的弯矩和变位。

首先将自由端向左延长为无限长梁[图13-13(b)],延长部分对 O 点以右的半无限长梁的影响可认为无限长梁内力 M'_O 和 Q'_O 的作用。由式(13-11)可得

$$\begin{cases} M'_O = \dfrac{P}{4\beta}\eta_3(a) \\ Q'_O = \dfrac{P}{2}\eta_4(a) \end{cases} \tag{13-41}$$

式(13-41)中, Q'_O 取正值是由于延长部分为无限长梁左端时的 O 点的剪力。由于 O 点原本是自由端,故应将此"无限长梁"在 O 点切断,再在 O 点作用与 M'_O 和 Q'_O 大小相等而方向相反的 M''_O 和 Q''_O[图13-13(c)],以抵消 O 点以左的半无限长梁的影响。

综合上述分析可知,任一点 X 处的弯矩应由以下三部分组成:

(1)由于 P 作用在无限长梁 A 处所产生的弯矩,其值为 $\dfrac{P}{4\beta}\eta_3(x-a)$;

(2)由于 M''_O 作用在半无限长梁末端所产生的弯矩,其值为 $-\dfrac{P}{4\beta}\eta_3(a)\eta_1(x)$;

(3)由于 Q''_O 作用在半无限长梁末端所产生的弯矩,其值为 $-\dfrac{P}{2\beta}\eta_4(a)\eta_2(x)$。

三部分相加得

$$M^P_{XA} = \frac{P}{4\beta}[\eta_3(x-a) - \eta_3(a)\eta_1(x) - 2\eta_4(a)\eta_2(x)] \tag{13-42}$$

同理,任一点 X 的变位也应由以下三部分组成:

$$y_{XA}^P = \frac{P}{8EJ\beta^3}[\eta_1(x-a) + \eta_3(a)\eta_3(x) + 2\eta_4(a)\eta_4(x)] \qquad (13\text{-}43)$$

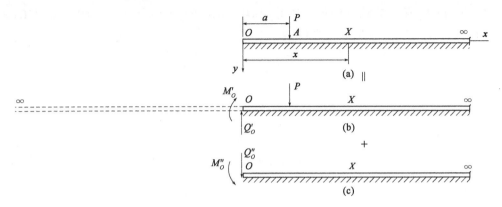

图 13-13　卸载法解自由端

(二)集中荷载作用处弯矩和变位随荷载移动的变化规律

弯矩和变位的最大值通常出现在集中荷载作用点或其附近处。将 $x = a$ 代入式(13-42)和式(13-43),可得在集中荷载 P 作用点 A 处的弯矩和变位为

$$M_{AA}^P = \frac{P}{4\beta}[1 - \eta_1(2a)] \qquad (13\text{-}44)$$

$$y_{AA}^P = \frac{P}{8EJ\beta^3}[1 - \eta_1(2a) + 4\eta_4^2(a)] \qquad (13\text{-}45)$$

根据式(13-44)和式(13-45),可作出自由端浮桥末段集中荷载 P 作用点 A 处的弯矩和变位随作用点 A 而而变化的曲线(图 13-14)。

由式(13-44)、式(13-45)和图 13-14 可知,当 $a = 0$ 时, $M_{AA}^P = 0$;当 $a = \frac{\pi}{\beta}$ 时, $M_{AA}^P = 0.9981 \frac{P}{4\beta}$, $y_{AA}^P = 1.0056 \frac{P}{8EJ\beta^3}$,已接近无限长浮桥河中部分中段弯矩和挠度的最大值,表明自由端浮桥末段的作用范围不超过 $\frac{\pi}{\beta}$ 。

将式(13-44)对 a 求导并令其为零,可求得弯矩最大值及其作用点的位置。

$$\frac{dM_{AA}^P}{da} = \frac{P}{4\beta}[2\beta\eta_2(2a)] = 0$$

解得

$$\sin 2\beta a = 0$$

故

$$a = \frac{\pi}{2\beta}$$

弯矩最大值为

$$M_{AA}^P = \frac{P}{4\beta}\left[1 - \eta_1\left(\frac{\pi}{\beta}\right)\right] = 1.0432 \frac{P}{4\beta} \qquad (13\text{-}46)$$

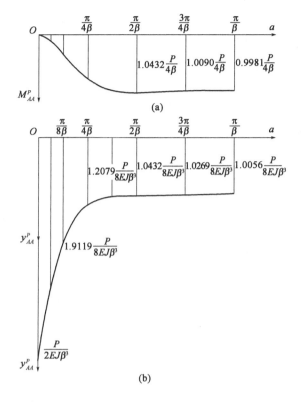

图 13-14 自由端浮桥末段集中荷载 P 作用点 A 处的弯矩和变位变化曲线

此时的变位为 $y_{AA}^P = 1.0432 \dfrac{P}{8EJ\beta^3}$，称该点(距末端 $\dfrac{\pi}{2\beta}$ 处)为自由端浮桥末段的半临界长点，$\dfrac{\pi}{2\beta}$ 为自由端浮桥末段的半临界长。当集中荷载 P 作用于此点时，自由端的挠度为 0。这可以根据半无限长梁端点 O 处作用一集中荷载 P 时在 $x = \dfrac{\pi}{2\beta}$ 处产生的挠度与在 $x = \dfrac{\pi}{2\beta}$ 处作用一集中荷载 P 时在端点 O 处产生的挠度相等的变位互等定理加以证明。即根据式(13-39)，有 $y\left(\dfrac{\pi}{\beta}\right) = \dfrac{P}{2EJ\beta^3}\eta_4\left(\dfrac{\pi}{\beta}\right) = 0$。这就说明，当集中荷载 P 作用于自由端浮桥末段距端点 $\dfrac{\pi}{2\beta}$ 处时，从该点到端点浮桥的状态很类似于临界长度浮桥一半长度的状态。而长浮桥两末段都有一个半临界长点，当浮桥缩短时，这两个半临界长点会逐渐靠近，当两个半临界长点重合时，浮桥的长度即为临界长度了。

同理，将式(13-45)对 a 求导并令其为零，可求得自由端浮桥末段变位最大值及其作用点的位置。即当 $a = 0$ 时，变位最大值为 $y_{AA}^P = \dfrac{P}{2EJ\beta^3}$，是无限长浮桥河中部分中段最大挠度的 4 倍；当 $a = \dfrac{\pi}{4\beta}$ 时，$y_{AA}^P = 1.2079 \dfrac{P}{8EJ\beta^3}$。因此，自由端浮桥末段在使用时应避免荷载作用在末端附近。

三、刚支端的浮桥末段

(一)集中荷载作用下的弯矩和变位

浮桥末端直接支承在固定栈桥或桥脚上,这种支承形式最简单。但因为末段的弯矩比河中部分的弯矩大得多,只有当岸边有足够水深和水位变化不大,且末段的桥跨结构有足够的抗弯强度时,才可以使用这种形式。在集中荷载作用下,该末段的弯矩和变位仍可用卸载法来分析。

当荷载 P 作用于任一点 A[图13-15(a)]时,假定将支座取消,并向左延长为无限长梁,延长部分对 O 点以右的半无限长梁的影响可认为是无限长梁内力 M'_O 和 Q'_O 的作用[图13-15(b),与自由端相同]。

但在实际上,O 点的弯矩 $M_O=0$、变位 $y_O=0$,故必须在自由端上另加弯矩 M''_O 和垂直力 Q''_O[图13-15(c)]。M''_O 与 M'_O 等值反向,而确定 Q''_O 的大小的条件是要使 O 点的最后变位为零。

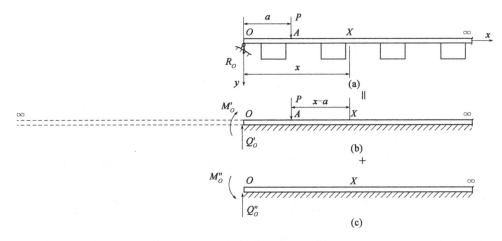

图13-15 卸载法解刚支座末端

O 点的变位由三部分组成:

(1)由于 P 作用在无限长梁 A 处所产生的变位,其值为 $\dfrac{P}{8EJ\beta^3}\eta_1(a)$;

(2)由于 M''_O 作用在半无限长梁末端所产生的变位,其值为 $-\dfrac{P}{4\beta}\eta_3(a)\cdot\left(-\dfrac{1}{2EJ\beta^2}\right)\eta_3(0)$;

(3)由于 Q''_O 作用在半无限长梁末端所产生的变位,其值为 $-\dfrac{Q''_O}{2EJ\beta^3}\eta_4(0)$。

由于 O 点的最后变位为零,故

$$y^P_{OA}=\dfrac{P}{8EJ\beta^3}\eta_1(a)+\dfrac{P}{8EJ\beta^3}\eta_3(a)-\dfrac{Q''_O}{2EJ\beta^3}=0$$

由此求出

$$Q''_O=\dfrac{P}{4}\eta_1(a)+\dfrac{P}{4}\eta_3(a)=\dfrac{P}{2}\eta_4(a) \tag{13-47}$$

任一点 X 的弯矩也由三部分组成:

(1) 由于 P 作用在无限长梁 A 处所产生的弯矩,其值为 $\dfrac{P}{4\beta}\eta_3(x-a)$;

(2) 由于 M''_O 作用在半无限长梁末端所产生的弯矩,其值为 $-\dfrac{P}{4\beta}\eta_3(a)\eta_1(x)$;

(3) 由于 Q''_O 作用在半无限长梁末端所产生的弯矩,其值为 $\dfrac{P}{2\beta}\eta_4(a)\eta_2(x)$。

三部分叠加后,得

$$M^P_{XA} = \frac{P}{4\beta}[\eta_3(x-a) - \eta_3(a)\eta_1(x) + 2\eta_4(a)\eta_2(x)] \tag{13-48}$$

同理,可得

$$y^P_{XA} = \frac{P}{8EJ\beta^3}[\eta_1(x-a) + \eta_3(a)\eta_3(x) - 2\eta_4(a)\eta_4(x)] \tag{13-49}$$

由式(13-41)和式(13-47)可知,刚支座的反力值为

$$R_O = Q'_O + Q''_O = \frac{P}{2}\eta_4(a) + \frac{P}{2}\eta_4(a) = P\eta_4(a) \tag{13-50}$$

(二)集中荷载作用处弯矩和变位随荷载移动的变化规律

将 $x=a$ 代入式(13-48)和式(13-49),可得在荷载 P 作用点 A 处的弯矩和变位为

$$M^P_{AA} = \frac{P}{4\beta}[1 - \eta_3(2a)] \tag{13-51}$$

$$y^P_{AA} = \frac{P}{8EJ\beta^3}[1 - \eta_1(2a)] \tag{13-52}$$

根据式(13-51)和式(13-52),可作出刚支端浮桥末段集中荷载 P 作用点 A 处的弯矩和变位随作用点 A 而变化的曲线(图13-16)。

由式(13-51)、式(13-52)和图13-16可知,当 $a=\dfrac{\pi}{2\beta}$ 时的变位最大值为 $y^P_{AA}=1.0432\dfrac{P}{8EJ\beta^3}$,此时的弯矩为 $M^P_{AA}=1.0432\dfrac{P}{4\beta}$,此点为自由端浮桥末段的半临界长点,而根据式(13-50)可知,此时的刚支座反力 $R_O = P\eta_4\left(\dfrac{\pi}{2\beta}\right) = 0$,说明浮桥端点处于与支座脱离接触的临界状态。

对比图13-14和图13-16可知,当 $a \geqslant \dfrac{\pi}{2\beta}$ 时,刚支端浮桥末段与自由端浮桥末段集中荷载 P 作用点 A 处的弯矩和变位变化曲线完全重合,表明刚支端浮桥末段因端点与支座完全脱离接触而变成自由端末段,端部支承条件不再影响刚支端浮桥末段的受力。

从对自由端浮桥末段和刚支端浮桥末段的计算分析可以看出,半临界长点的存在与端部支承条件无关,因为集中荷载作用于该点时,端点的变位(挠度)为0,故端点即使有支座,此时该支座也不起作用。因此,不论浮桥的岸端采取何种支承方式(自由、刚支、预留间隙还是浮游栈桥),这个半临界长点总是存在的,该点的弯矩和挠度均为无限长浮桥河中部分中段弯矩和挠度最大值的1.0432倍。也正是因为这个原因,临界长度浮桥的特性也不因两端支承条件而改变,其中央的弯矩和挠度恒等于无限长浮桥河中部分中段弯矩和挠度最大值的1.090倍。因此,制式舟桥器材为了适应不同的浮桥长度,应以临界长度为设计长度,而一般架设在宽大江河上的浮桥则需要验算半临界长点的弯矩和吃水。

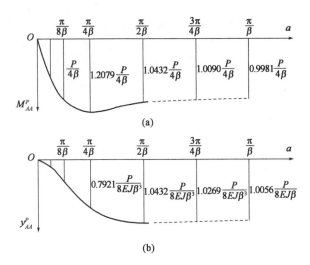

图 13-16　刚支端浮桥末段集中荷载 P 作用点 A 处的弯矩和变位变化曲线

将式(13-51)对 a 求导并令其为零,可求得弯矩最大值及其作用点的位置。

$$\frac{\mathrm{d}M_{AA}^{P}}{\mathrm{d}a} = \frac{P}{4\beta}[2\beta\eta_4(2a)] = 0$$

解得

$$\cos 2\beta a = 0$$

故

$$a = \frac{\pi}{4\beta}$$

弯矩最大值为

$$M_{AA}^{P} = \frac{P}{4\beta}\left[1 - \eta_3\left(\frac{\pi}{2\beta}\right)\right] = 1.2079\frac{P}{4\beta} \tag{13-53}$$

这是刚支端浮桥末段上弯矩最不利点,超过无限长浮桥河中部分中段弯矩的最大值近 21%,说明即使是按临界长度设计的舟桥器材,其末段浮桥的使用安全也不能得到保证。因此,如果采用刚性支座,浮桥的设计强度要么按照无限长浮桥中段最大弯矩的 1.2079 倍设计,要么就需降低 10% 的浮桥荷载。显然,这两种处理方式都会导致器材出现不必要的浪费。

四、刚支座上预留垂直间隙的浮桥末段

(一)集中荷载作用下的弯矩和变位

图 13-17(a) 为一浮桥末段,在末端刚支座上有一间隙,间隙值为 z,其中荷载作用于 A,要求末段任一点 X 的弯矩和变位。这类问题在实际计算时,往往根据浮桥器材本身容许承载的桥跨弯矩和吃水条件,求得较合理的 z 值范围。现先求在有 z 时末段的桥跨弯矩和桥脚吃水。

如图 13-17(b) 所示,先在端点 O 施加一集中力 $P_z = 2EJ\beta^3 z$,根据式(13-39),此时末端正好产生变位 z 值,然后再在末段 A 处加上集中荷载 P,此时,P 就已经作用在刚支座的末段上了,因此这种形式的末段计算可以看作由 P 作用于刚支座末段 A 处和 P_z 作用于自由端末段两部分组成。

根据式(13-39)、式(13-48)和式(13-49),可得任一点 X 的弯矩和变位为

$$M_{XA}^{P+z} = \frac{P}{4\beta}[\eta_3(x-a) - \eta_3(a)\eta_1(x) + 2\eta_4(a)\eta_2(x)] - 2EJ\beta^2 z\eta_2(x) \tag{13-54}$$

$$y_{XA}^{P+z} = \frac{P}{8EJ\beta^3}[\eta_1(x-a) + \eta_3(a)\eta_3(x) - 2\eta_4(a)\eta_4(x)] + z\eta_4(x) \tag{13-55}$$

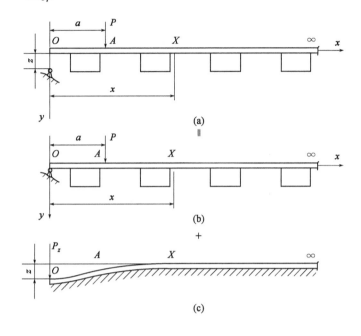

图 13-17 刚支座上预留垂直间隙的浮桥末段

(二)集中荷载作用处弯矩和变位随荷载移动的变化规律

将 $x=a$ 代入式(13-54)和式(13-55),可得在集中荷载 P 作用点 A 处的弯矩和变位为

$$M_{AA}^{P+z} = \frac{P}{4\beta}[1 - \eta_3(2a)] - 2EJ\beta^2 z\eta_2(a) \tag{13-56}$$

$$y_{AA}^{P+z} = \frac{P}{8EJ\beta^3}[1 - \eta_1(2a)] + z\eta_4(a) \tag{13-57}$$

根据式(13-56)和式(13-57)可作出刚支座上预留垂直间隙的浮桥末段集中荷载 P 作用点 A 处的弯矩和变位随作用点 A 而变化的曲线(图 13-18)。

从图 13-18 可以看出,刚支座上预留垂直间隙的浮桥末段的弯矩和变位曲线介于自由端浮桥末段和刚支端浮桥末段之间。z 值越小,曲线越接近刚支端浮桥末段情况;z 值越大,曲线越接近自由端浮桥末段情况;当 z 值大于自由端挠度 $\frac{P}{2EJ\beta^3}$ 时,浮桥末端不会与支座接触。

将式(13-56)对 a 求导并令其为零,可求得弯矩最大值及其作用点的位置。

$$\frac{dM_{AA}^{P+z}}{da} = \frac{P}{4\beta} \cdot 4\beta\eta_4(2a) - 2EJ\beta^2 z \cdot \beta\eta_4(a) = 0$$

解得

$$\cos\beta a - \sin\beta a = 0$$

故

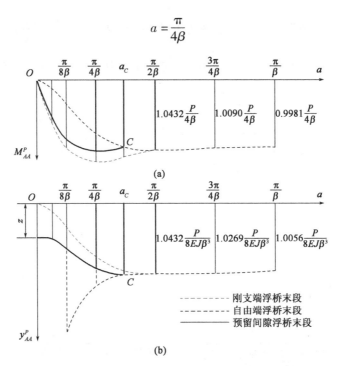

图 13-18　预留垂直间隙的浮桥末段集中荷载 P 作用点 A 处的弯矩和变位变化曲线

这与刚支座浮桥末段的弯矩最大值位置是一致的,说明间隙 z 的存在和大小不会改变刚支座上预留垂直间隙的浮桥末段弯矩最大值的位置。此处的弯矩最大值为

$$M_{AA\max}^{P+z} = \frac{P}{4\beta}\left[1 - \eta_3\left(\frac{\pi}{2\beta}\right)\right] - 2EJ\beta^2 z \eta_2\left(\frac{\pi}{4\beta}\right) = 1.2079\frac{P}{4\beta} - 0.6448 EJ\beta^2 z \quad (13\text{-}58)$$

(三)刚支座上预留垂直间隙的最大值和最小值

式(13-58)求得的刚支座上预留垂直间隙的浮桥末段弯矩最大值应不超过式(13-29)求得的临界长度浮桥弯矩最大值,则间隙 z 应满足

$$z \geqslant 0.366 \frac{P}{8EJ\beta^3} \quad (13\text{-}59)$$

这是按照弯矩条件确定的预留间隙最小值(或称下限)的情况。如果预留间隙太大,浮桥末段的吃水和负弯矩都可能超出设计允许的范围,因此,预留间隙还应该有一个上限。

当集中荷载 P 从刚支座上预留垂直间隙的浮桥末段 O 点沿 x 轴移动时,预留间隙 z 逐渐变小,直至移动到某点 C 时 z 变为零。荷载继续沿 x 轴移动移动,则浮桥末段将变为自由端,即图 13-18 中预留垂直间隙的浮桥末段曲线与自由端末段曲线重合,称此 C 点为浮桥末端脱离支座的脱离点,其距 O 点为 a_C。

对于图 13-17(c)所示的自由端浮桥末段,由变位互等定理可知

$$y_{OC}^P = y_{CO}^P = \frac{P}{2EJ\beta^3}\eta_4(a_C) = z \quad (13\text{-}60)$$

将式(13-60)代入式(13-57),求得集中荷载 P 作用在刚支座上预留垂直间隙的浮桥末段 C 点时的变位为

$$y_{CC}^{P+z} = y_{CC}^P = \frac{P}{8EJ\beta^3}[1 - \eta_1(2a_C) + 4\eta_4^2(a_C)] \tag{13-61}$$

为使此变位值不超过式(13-30)求得的临界长度浮桥变位的最大值,需要利用式(13-60)和式(13-61)建立脱离点变位 y_{CC}^P、距离 a_C 和预留间隙 z 之间的对应关系。只要限定了脱离点的变位值,即确定了预留间隙的最大值或上限。通过试算可以求得脱离点位置

$$a_C = \frac{1.0}{\beta} \tag{13-62}$$

代入式(13-60),可得间隙 z 应满足

$$z \leq 0.795 \frac{P}{8EJ\beta^3} \tag{13-63}$$

比较式(13-59)和式(13-63)可知,刚支座上预留垂直间隙的浮桥末段要同时满足弯矩和变位均不超过临界长度浮桥的最大值是不可能的。实际运用中,应综合考虑浮桥末段弯矩和变位要求,选取主要控制要素,确定合理的预留间隙 z 的范围。

五、带浮游栈桥的浮桥末段

(一)集中荷载作用下的弯矩和变位

这种末段用铰将浮游栈桥与河中部分末段连接起来[图13-19(a)],其结构形式简单,在水位变化不大时能正常使用。从受力情况来看,河中部分末段支承在弹性支座上。

在图13-19(b)中,浮桥末段的变位和浮游栈桥的支承反力成正比,即

$$R = C \cdot y_0 \tag{13-64}$$

式中:C——浮游栈桥的支承刚度系数,为使浮栈端点作单位下沉时所需的力。

当 Q 力作用在浮游栈桥端点 B 时[图13-19(c)],栈桥舟的反力为

$$R_1 = Q \cdot \frac{L_1}{l_1}$$

栈桥舟的吃水为

$$T_1 = \frac{R_1}{\gamma F_1} = \frac{QL_1}{\gamma F_1 l_1}$$

B 点的变位为

$$\delta_B = \frac{Q}{\gamma F_1} \cdot \frac{L_1^2}{l_1^2}$$

故浮游栈桥的支承刚度系数为

$$C = \frac{Q}{\delta_B} = \gamma F_1 \cdot \frac{l_1^2}{L_1^2} \tag{13-65}$$

决定 C 值大小的,主要是浮栈舟的水线面面积 F_1。

浮桥河中部分末段的受力情况可看作由两部分组成:一部分是由荷载 P 作用于自由端浮桥末段的影响,其值为 $\frac{P}{2EJ\beta^3}\eta_4(a)$;另一部分是由弹性反力 $R = C \cdot y_0$ 作用于自由端时的影响,其值为 $-\frac{R}{2EJ\beta^3}$。

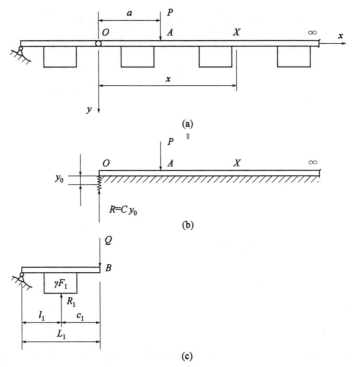

图 13-19 带浮游栈桥的浮桥末段

故浮桥末段的变位为

$$y_0 = \frac{P}{2EJ\beta^3}\eta_4(a) - \frac{C \cdot y_0}{2EJ\beta^3}$$

解得

$$y_0 = \frac{P}{2EJ\beta^3 + C}\eta_4(a) \qquad (13\text{-}66)$$

则支座弹性反力为

$$R = C \cdot y_0 = \frac{C \cdot P}{2EJ\beta^3 + C}\eta_4(a) \qquad (13\text{-}67)$$

浮桥末段上任一点 X 处的弯矩和变位都是由 P 和 R 二力作用在半无限长梁上的影响叠加而成的,即

$$M_{XA}^{P+R} = \frac{P}{4\beta}[\eta_3(x-a) - \eta_3(a)\eta_1(x) - 2\eta_4(a)\eta_2(x)] + \frac{R}{\beta}\eta_2(x) \qquad (13\text{-}68)$$

$$y_{XA}^{P+R} = \frac{P}{8EJ\beta^3}[\eta_1(x-a) + \eta_3(a)\eta_3(x) + 2\eta_4(a)\eta_4(x)] - \frac{R}{2EJ\beta^3}\eta_4(x) \qquad (13\text{-}69)$$

(二)集中荷载作用处弯矩和变位随荷载移动的变化规律

将 $x = a$ 及式(13-67)代入式(13-68)和式(13-69)并整理后,可得集中荷载作用点处的弯矩及变位为

$$M_{AA}^{P+R} = \frac{P}{4\beta}\left[1 - \eta_1(2a) + \frac{2C}{2EJ\beta^3 + C}\eta_2(2a)\right] \qquad (13\text{-}70)$$

$$y_{AA}^{P+R} = \frac{P}{8EJ\beta^3}\left[1 - \eta_1(2a) + \frac{8EJ\beta^3}{2EJ\beta^3 + C}\eta_4^2(a)\right] \tag{13-71}$$

由式(13-70)可知,当支承刚度系数 C 为 0 时,式(13-70)即式(13-44),集中荷载作用点处的弯矩变化与自由端浮桥末段的情况相同;当支承刚度系数 C 为 ∞ 时,式(13-70)即式(13-51),集中荷载作用点处的弯矩变化与刚支端浮桥末段的情况相同;当支承刚度系数 C 为某一定值时,集中荷载作用点处的弯矩变化介于自由端与刚支端浮桥末段的情况之间,不同的 C 值对应不同的曲线。图 13-20(a)和(b)分别为不同 C 值时带浮游栈桥的浮桥末段集中荷载 P 作用点 A 处的弯矩和变位随作用点 A 而变化的曲线。

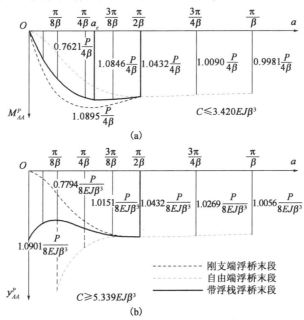

图 13-20 不同 C 值时带浮游栈桥的浮桥末段集中荷载 P 作用点 A 处的弯矩和变位变化曲线

(三)支承刚度系数的最大值和最小值

将式(13-60)对 a 求导并令其为零,可求得弯矩最大值及其作用点的位置。

$$\frac{dM_{AA}^{P+z}}{da} = \frac{P}{4\beta}\left[4\beta\eta_2(2a) + \frac{2C}{2EJ\beta^3 + C}\cdot 2\beta\eta_3(2a)\right] = 0$$

解得

$$C = -2EJ\beta^3\frac{\eta_2(2a)}{\eta_4(2a)} = -2EJ\beta^3\tan(2\beta a) \tag{13-72}$$

式(13-72)反映了最大弯矩值所对应的荷载位置 a 和支承刚度系数 C 的关系。如果 a 已求出,则相应的弯矩值可以通过式(13-70)求出。如果要求弯矩最大值不超过某个容许值,就必须将 C 值控制在某个限定值以内。为了确定这个限定值,可以采用试算法,在 $\frac{\pi}{4\beta}$ 和 $\frac{\pi}{2\beta}$ 之间,给出一系列 a 值,并算出相应的 C 值和弯矩值,以供设计时选用。

通过试算可知,当 $C = -2EJ\beta^3 \tan(2 \times 1.05) = 3.420EJ\beta^3$ 时,即荷载作用在位置 $a = \dfrac{1.05}{\beta}$ 时,浮桥末段的最大弯矩为按式(13-29)计算的临界长度浮桥的最大弯矩,故按临界长度浮桥设计浮桥承重结构时,支承刚度系数 C 应满足

$$C \leqslant 3.420EJ\beta^3 \tag{13-73}$$

根据式(13-71)可知,变位最大值出现在两个位置,一个是端点,变位为 $y_{OO}^P = \dfrac{P}{2EJ\beta^3 + C}$;另一个是半临界长点,变位为 $1.0432\dfrac{P}{8EJ\beta^3}$。要想使端点的变位不超过按式(13-30)求得的临界长度浮桥变位的最大值,支承刚度系数 C 应满足

$$C \geqslant \left(\dfrac{8}{1.090} - 2\right)EJ\beta^3 = 5.339EJ\beta^3 \tag{13-74}$$

比较式(13-73)和式(13-74)可以发现,支承刚度系数 C 的上限小于其下限,说明要想同时满足末段弯矩和变位都不超过临界长度浮桥的最大弯矩和变位的要求是不可能的。按弯矩要求取 C 值,会导致变位过大;按变位要求取 C 值,弯矩又会过大。

经过试算可知,当 $C = 5.854EJ\beta^3$ 时,荷载作用于位置 $a = \dfrac{0.95}{\beta}$ 时的末段弯矩最大值为 $1.1178\dfrac{P}{4\beta}$,仅仅超过按式(13-29)计算的临界长度浮桥的最大弯矩的 2.55%。因此,只按变位条件选取支承刚度系数 C 值,在工程设计上是可以接受的。

六、带限制铰的浮桥末段

(一)集中荷载作用下的弯矩和变位

为了减小刚支座浮桥末段的弯矩,也可以在距刚支座为 b 的地方,设置一个预留的角间隙(图13-21),这个预留角间隙称为限制铰。现在求有限制铰(铰的角间隙为 φ)的条件下,浮桥末段在集中荷载作用下的弯矩和变位。

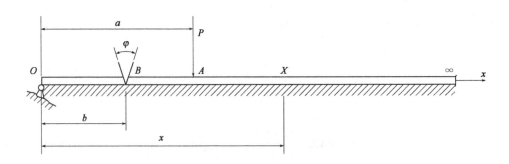

图 13-21 带限制铰的浮桥末段

如在浮桥末段距刚支座为 b 处施加一个相对转角 φ,使限制铰闭合,末段即成为刚支座的浮桥末段了,因此带限制铰的浮桥末段在集中荷载作用下的受力情况是刚支座浮桥末段受集中荷载的作用和距刚支座 b 处施加相对转角 φ 的作用两部分的叠加。

在距刚支座为 b 处施加相对转角 φ 时在任意点 X 产生的垂直变位 y_{XB}^{φ}，根据变位互等定理，它应等于在 X 处施加一垂直力 $Q=\varphi$ 在 b 处所产生的弯矩，即

$$y_{XB}^{\varphi} = M_{BX}^{Q=\varphi} \tag{13-75}$$

根据式(13-48)得

$$y_{XB}^{\varphi} = M_{BX}^{Q=\varphi} = \frac{\varphi}{4\beta}[\eta_3(x-b) - \eta_3(x)\eta_1(b) + 2\eta_4(x)\eta_2(b)] \tag{13-76}$$

在距刚支座为 b 处施加一相对转角 φ 时在任一点 X 处所产生的弯矩为

$$M_{XB}^{\varphi} = -EJ(y_{XB}^{\varphi})''$$

将式(13-76)代入上式，整理后可得

$$M_{XB}^{\varphi} = -\frac{EJ\beta\varphi}{2}[\eta_1(x-b) - \eta_1(x)\eta_1(b) + 2\eta_2(x)\eta_2(b)] \tag{13-77}$$

在距刚支座为 b 处有限制铰 φ 的条件下，A 处集中荷载 P 所产生的 X 处的弯矩为集中荷载 P 在刚支座浮桥末段上的作用再加上在距刚支座为 b 处施加相对转角 φ 的影响，即

$$M_{XA}^{P+\varphi} = \frac{P}{4\beta}[\eta_3(x-a) - \eta_3(a)\eta_1(x) + 2\eta_4(a)\eta_2(x)] - \frac{EJ\beta\varphi}{2}[\eta_1(x-b) - \eta_1(x)\eta_1(b) + 2\eta_2(x)\eta_2(b)] \tag{13-78}$$

同理，A 处集中荷载 P 所产生的 X 处的变位为

$$y_{XA}^{P+\varphi} = \frac{P}{8EJ\beta^3}[\eta_1(x-a) + \eta_3(a)\eta_3(x) - 2\eta_4(a)\eta_4(x)] + \frac{\varphi}{4\beta}[\eta_3(x-b) - \eta_3(x)\eta_1(b) + 2\eta_4(x)\eta_2(b)] \tag{13-79}$$

(二)集中荷载作用处弯矩和变位随荷载移动的变化规律

令 $x=a$，得集中荷载作用处的弯矩和变位为

$$M_{AA}^{P+\varphi} = \frac{P}{4\beta}[1 - \eta_3(2a)] - \frac{EJ\beta\varphi}{2}[\eta_1(a-b) - \eta_1(a)\eta_1(b) + 2\eta_2(a)\eta_2(b)] \tag{13-80}$$

$$y_{AA}^{P+\varphi} = \frac{P}{8EJ\beta^3}[1 - \eta_1(2a)] + \frac{\varphi}{4\beta}[\eta_3(a-b) - \eta_3(a)\eta_1(b) + 2\eta_4(a)\eta_2(b)] \tag{13-81}$$

弯矩 $M_{AA}^{P+\varphi}$ 和变位 $y_{AA}^{P+\varphi}$ 的曲线分别如图 13-22(a)、图 13-22(b)中③所示。

图 13-22 表明：当 $\varphi=0$ 时，带限制铰的浮桥末段曲线同刚支端浮桥末段曲线①；当 $\varphi=\infty$ 时，B 点即为一个完全的铰，则 OB 部分和浮游栈桥一样，其规律同带浮游栈桥的浮桥末段曲线②；当 φ 有定值时，则曲线介于①、②之间，不同的 φ 值对应于不同的曲线③。曲线③和②的交点 C，称为张开点，当荷载自左向右越过此点时，铰开始张开，变成一个真正的铰，故张开点 C 以右的规律遵循带浮游栈桥的浮桥末段曲线②了。

将式(13-80)和式(13-81)分别对 a 求导并令其为零，可求出 $M_{AA}^{P+\varphi}$ 和 $y_{AA}^{P+\varphi}$ 两曲线的最大值点位置和相应的最大值 $M_{\max}$、$y_{\max}$，显然它们是随着不同的 φ 值和 b 值而变化的。

425

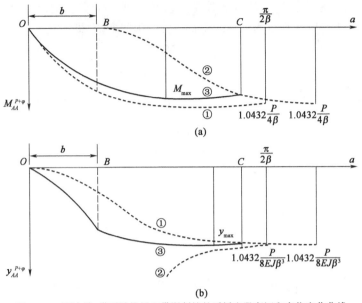

图 13-22　刚支端、带浮游栈桥和带限制铰的浮桥末段弯矩和变位变化曲线
①-刚支端浮桥末段；②-带浮游栈桥的浮桥末段；③-带限制铰的浮桥末段

（三）限制铰的角间隙 φ 的上限和下限

从式(13-80)和式(13-81)可以看出,求解弯矩和变位最大值的工作非常繁琐,而在实际运用中,只需选择一个适当的 φ 值,将弯矩和变位控制在设计要求(如临界长度浮桥最大弯矩和变位)以内,就可以保证浮桥的使用安全。设置限制铰的角间隙 φ 的意图就是通过增加浮桥末段的变位来减小浮桥末段的弯矩,要想保证弯矩不超过临界长度浮桥的最大弯矩,就必须使限制铰的角间隙大于某个数值,此数值即 φ 值的下限,但角间隙太大,又会导致变位超过临界长度浮桥的最大变位,因此,还必须规定 φ 值的上限。

为了确定 φ 的上下限,须用试算法,找出 M_{max} 正好接近于 $1.090\dfrac{P}{4\beta}$ 时的 φ 值即为 φ 的下限,而当 y_{max} 正好接近于 $1.090\dfrac{P}{4\beta}$ 时的 φ 值即为 φ 的上限。

现将常用的 βb 值范围的 φ 的上下限绘成曲线(图 13-23)以备查用。曲线纵坐标是 $\dfrac{P}{EJ\beta^2}$ 的倍数。

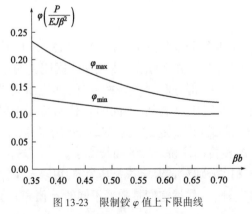

图 13-23　限制铰 φ 值上下限曲线

(四)计算例题

1. 已知数据

(1)某四折带式舟桥，$\beta = 0.0736 \text{m}^{-1}$，桥脚舟高 $H = 0.77\text{m}$，弹性模量 $E = 2.1 \times 10^5 \text{MPa}$，惯性矩 $J = 2.5 \times 10^{-3} \text{m}^4$；

(2)活载 $Q = 50\text{t}$，作用于河中舟上距岸边舟下部限制铰 $b = 5\text{m}$ 处。

2. 计算内容

(1)限制铰 φ 的上下限；

(2)岸边舟承压板间的间隙 δ 的范围。

3. 计算过程

$\beta b = 0.0736 \times 5 = 0.368$

查图 13-23 曲线，可得：

φ 的上限为

$$0.2335 \times \frac{Q}{EJ\beta^2} = 0.2335 \times \frac{50 \times 10^4}{2.1 \times 10^{11} \times 2.5 \times 10^{-3} \times 0.0736^2} = 0.04105(\text{rad})$$

φ 的下限为

$$0.1305 \times \frac{Q}{EJ\beta^2} = 0.1305 \times \frac{50 \times 10^4}{2.1 \times 10^{11} \times 2.5 \times 10^{-3} \times 0.0736^2} = 0.02294(\text{rad})$$

故限制铰 φ 的范围为

$$0.02294\text{rad} < \varphi < 0.04105\text{rad}$$

岸边舟承压板间的间隙 δ 的范围为

$$0.77 \times 0.02294 = 0.0177(\text{m}) \leqslant \delta \leqslant 0.77 \times 0.04105 = 0.0316(\text{m})$$

第四节 连续体系浮桥扭转计算

一、浮桥在偏心荷载下的扭转现象

在本章前几节中，都是认为活载作用在桥轴线上，这时浮桥在自己轴线的铅垂平面内弯曲，浮桥各横断面只有垂直方向的平移，没有横向倾斜或转动，各个桥脚舟只有均匀沉降吃水，首尾吃水相同，舟没有纵倾，浮桥处于"纯弯曲状态"。这时多个桥桁具有相同的弯曲变形，浮桥截面内的总弯矩按照荷载横向分配系数分配给每根桥桁。

但在活载偏离桥轴线行驶时，如偏心值为 e，如图 13-24(a)所示，浮桥除了弯曲变形以外，还要产生扭转变形。这时桥脚舟会产生纵倾，舟首尾吃水不等，浮桥横断面上各桥桁的弯曲程度也不相同，各桥桁所负担的弯矩也不均匀，在荷载偏驶一侧的桥桁承受的弯矩将大于另一侧。

如同在军用桥梁中一样，可以将偏心荷载 P 的作用分解为两部分，如图 13-24(b)所示，一部分为中心荷载 P，另一部分为偏心力矩 Pe。在前一部分作用下，浮桥只产生弯曲变形，桥桁承受弯矩,桥脚舟首尾均匀下沉;在后一部分作用下,浮桥将产生扭转变形,各断面中将有扭矩产生的内力,桥脚舟首尾不均匀下沉。偏心荷载的作用即为弯曲和扭转二者的合成。

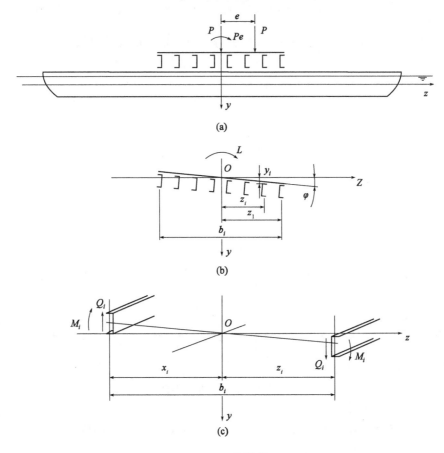

图 13-24 浮桥扭转

在军用桥梁中,采用了"假定桥跨的横向刚度无限大"的假设,认为桥梁在作弯曲或扭转变形时,桥跨的各横断面是不变形的,各桥桁的变位和弯矩都遵守直线分布规律。由于浮游桥脚舟间距较密,舟的刚度很大,在结构上保证了浮桥桥跨横断面的横向刚度,整个横断面产生了一个统一的扭角。

处于扭转状态下的浮桥桥跨横断面在偏心力矩 Pe 作用下产生扭矩 L,在 L 作用下整个横断面产生扭角 φ。浮桥桥跨横断面是怎样承受这个扭矩的呢?桥跨横断面中各根桥桁是不能单独承受扭矩的,只能依靠整个断面中全体桥桁的反对称剪力所产生的剪力矩来承受这个扭矩,桥桁 i 产生剪力 Q_i[图 13-24(c)],则桥跨产生的剪力矩与所受扭矩 L 相平衡,即

$$L = \sum Q_i z_i \tag{13-82}$$

式中:Q_i——桥桁 i 的剪力;

z_i——桥桁 i 到桥轴线的水平距离。

可见浮桥横断面有扭角 φ 和扭矩 L,而各根桥桁中相应地产生反对称挠度 $\pm y_i$ 和反对称剪力 $\pm Q_i$,桥跨抵抗扭矩 L 的剪力矩(内扭矩)仍记为 L(下同),从整桥来说是扭转变形,但对各根桥桁来说,则是反对称的弯曲变形,这两种变形对应地产生于这个统一体中,故可称为

"弯曲扭转"。现将浮桥桥跨横断面中各桥桁的弯曲各元素和浮桥扭转各元素列于表13-1。

弯曲扭转各元素相互关系 表13-1

序号	浮桥扭转元素		桥桁弯曲元素		相 互 关 系
1	扭角	φ	挠度	y_i	$y_i = \varphi z_i$
2	纵向扭率	φ'	纵向倾角	y_i'	$y_i' = \varphi' z_i$
3	内扭矩	L	剪力	Q_i	$L = \sum Q_i z_i$
4	双力矩	B	弯矩	M_i	$B = \sum M_i z_i$
5	扇性惯性矩	J_ω	轴惯性矩	J_i	$J_\omega = \sum J_i z_i^2$

表13-1中引进了两个新的概念。

(1)双力矩 B,它是与桥桁弯矩 M_i 相对应的整桥中的元素。

$$B = \sum M_i z_i \tag{13-83}$$

对应于梁弯曲变形中的公式 $\dfrac{\mathrm{d}M}{\mathrm{d}x} = Q$,在整桥中也有

$$\frac{\mathrm{d}B}{\mathrm{d}x} = \frac{\mathrm{d}\sum M_i z_i}{\mathrm{d}x} = \sum \frac{\mathrm{d}M_i}{\mathrm{d}x} \cdot z_i = \sum Q_i z_i = L \tag{13-84}$$

(2)扇性惯性矩 J_ω,它是与桥桁惯性矩 J_i 相对应的整桥中的元素。

$$J_\omega = \sum J_i z_i^2 \tag{13-85}$$

在梁弯曲变形时,弯矩 $M = -EJy''(x)$,剪力 $Q = -EJy'''(x)$,与此相对应,在整桥中有

$$B = \sum M_i z_i = \sum [-EJ_i y_i''(x)] z_i \tag{13-86}$$

由于 $y_i(x) = \varphi(x) z_i$,代入上式,得

$$B = -E[\sum J_i \varphi''(x) z_i^2] = -EJ_\omega \varphi''(x) \tag{13-87}$$

将上式代入式(13-84),可得桥跨的抵抗扭矩为

$$L = -EJ_\omega \varphi'''(x) \tag{13-88}$$

在表13-1中的相互关系栏中,第三、四行可视为合成关系[式(13-83)和式(13-84)],即 M_i 和 Q_i 可合成 B 和 L。下面推导其分配关系,即已知 B 和 L,如何求出 M_i 和 Q_i。

由式(13-87)可求得

$$\varphi''(x) = -\frac{B}{EJ_\omega} \tag{13-89}$$

因此,可以得到

$$M_i = -EJ_i y''(x) = -EJ_i \varphi''(x) z_i = \frac{B}{J_\omega} J_i z_i \tag{13-90}$$

同理可得

$$Q_i = \frac{L}{J_\omega} J_i z_i \tag{13-91}$$

显然,最大的 M_i 和 Q_i 一般是在最外侧的桥桁(边桁)上。

二、浮桥扭转的计算——拟梁法

(一)拟梁

图13-25(a)为一浮桥,受有集中荷载 P 产生的扭矩 M_k 或均布荷载 Q 产生的扭矩集度 m

的作用,其在桥轴线上 x 处的扭角为 $\varphi(x)$,断面上的双力矩为 $B(x)$。

将式(13-88)两边对 x 求一次导数,可得

$$\frac{\mathrm{d}L}{\mathrm{d}x} = -EJ_\omega \varphi''''(x) \tag{13-92}$$

由表 13-1 可知,浮桥的内扭矩 L、扭角 φ 分别与梁的剪力 Q、挠度 y ——对应,故上式与普通梁弯曲时的挠曲轴微分方程 $\frac{\mathrm{d}Q}{\mathrm{d}x} = -EJy''''(x)$ 是相似的。即浮桥扭转时的扭角微分方程与梁弯曲时的挠曲线微分方程具有相似性,故可以将浮桥桥跨比拟为一根梁,称为"拟梁",用解梁弯曲的计算方法来计算浮桥扭转问题,如图 13-25(b)所示,它的抗弯刚度为 EJ_ω,垂直荷载为外扭矩 M_k 或扭矩集度 m,用弯曲理论来分析计算这根拟梁,求出来的拟梁某处的变位即为浮桥的扭角,某断面上的弯矩即为浮桥的双力矩,某断面上的剪力也就是浮桥的内扭矩了。

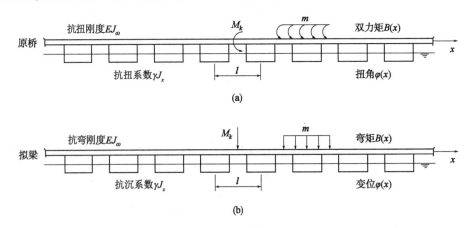

图 13-25　受扭浮桥及其拟梁

(二)考虑浮桥扭转的微分方程式

由于浮桥支承在舟上,当浮桥扭转时,除了桥跨产生的抵抗扭矩 L 之外,桥脚舟还会产生纵倾,并对浮桥提供了反抗扭矩。如在浮桥纵轴线上 x 处的扭角为 $\varphi(x)$,则该处桥脚舟的纵倾角也为 $\varphi(x)$,桥脚舟的浮力因纵倾而提供的反抗扭矩为 $\gamma J_x \varphi(x)$(J_x 为 x 处桥脚舟的水线面面积对桥脚舟纵轴线的惯性矩),即浮桥如在 x 处有单位转角 $\varphi(x) = 1$,该处的舟就能够提供大小为 γJ_x 的反抗扭矩。

在偏心荷载(集中荷载 P 或均布荷载 Q)作用下,浮桥扭转时,桥跨在 x 断面处由于受到相邻断面桥桁和桥脚舟的约束而不能自由扭转,则桥跨产生的内扭矩 L 与桥脚舟的浮力因纵倾而提供的反抗扭矩 $\gamma J_x \varphi(x)$ 的代数和即为外荷载产生的扭矩 M_k。

在图 13-24(c)中的 x 处截取长度 $\mathrm{d}x$ 的微桥桁段为隔离体。由于 $\gamma J_x \varphi(x)$ 的作用范围为桥脚舟宽度,假定 $\gamma J_x \varphi(x)$ 在跨度 l 内均匀分布,则桥脚舟浮力因纵倾而提供的反抗扭矩在桥跨 x 断面处的集度为 $\frac{\gamma J_x \varphi(x)}{l}$。外荷载产生的扭矩集度取为 m。参照图 12-4,由微分关系和平衡条件,求得

$$\frac{\mathrm{d}L}{\mathrm{d}x} = \frac{\gamma J_x \varphi(x)}{l} - m \tag{13-93}$$

将式(13-92)代入上式,可以得到

$$EJ_\omega \varphi''''(x) + \frac{\gamma J_x \varphi(x)}{l} = m \tag{13-94}$$

这与弹性地基梁的挠曲轴微分方程 $EJy''''(x) + 4EJ\beta^4 y(x) = q(x)$ 是相似的。

浮桥扭转和拟梁弯曲的相似性,当然也包括支承条件。这就是说,桥脚舟不但是浮桥弯曲时的弹性支座,也是浮桥扭转时的抗扭弹性支座。将这种抗扭弹性支座比拟为抗扭弹性地基,其地基的抗扭刚度系数为 k_ω,则

$$k_\omega = \frac{\gamma J_x}{l} \tag{13-95}$$

这样,浮桥受扭时的拟梁就是一根弹性地基梁,地基刚度系数为 $k_\omega = \frac{\gamma J_x}{l}$,抗扭特征系数 β_ω 和 α_ω 分别为

$$\beta_\omega = \sqrt[4]{\frac{\gamma J_x}{4EJ_\omega l}} \tag{13-96}$$

$$\alpha_\omega = \frac{\gamma J_x l^3}{6EJ_\omega} \tag{13-97}$$

以上三式中:J_x——桥脚舟的计算水线面面积对浮桥轴线的惯性矩;

其余符号意义同前。

(三)考虑浮桥扭转时的弯矩和吃水

将浮桥的扭转问题转化为拟梁的抗弯曲问题以后,就和梁的抗弯一样,可以利用相同的公式进行浮桥扭转的计算(按作用履带式荷载 Q 考虑)。

1. 桥跨弯矩

桥跨中的最大双力矩为对应为梁的弯矩,则由式(13-19)和式(13-20)可得

$$B = \frac{Qe}{4\beta_\omega} \cdot \left(1 - \frac{\beta_\omega s}{2} + \frac{\beta_\omega^2 s^2}{12}\right) \approx \frac{Qe}{4\beta_\omega} \cdot \left(1 - \frac{\beta_\omega s}{2}\right) \tag{13-98}$$

式中:Q——履带式荷载全重;

s——履带接地长度。

由于一般情况下各根桥桁的 J_i 是相同的,记为 J_1,则式(13-85)可变为

$$J_\omega = \sum_{i=1}^{n} J_i z_i^2 = 2\sum_{i=1}^{n/2} J_1 \left(\frac{b_i}{2}\right)^2 = \frac{1}{2} J_1 \sum_{i=1}^{n/2} b_i^2 \tag{13-99}$$

式中:b_i——对桥轴线对称的一对桥桁的间距,$b_i = 2z_i$。如边桁间距为 $b_1 = 2z_1$,则认为其与桥面等宽。

根据式(13-90),可求得边桁由于扭转所产生的附加弯矩为

$$\Delta M_1 = \pm \frac{B}{J_\omega} J_1 z_1 = \pm \frac{2B z_1}{\sum_{i=1}^{n/2} b_i^2} \tag{13-100}$$

式中:J_1——边桁的惯性矩;

z_1——边桁至桥轴线的距离。

在偏心荷载作用下,浮桥兼有弯曲和扭转两种变形,在不考虑浮桥扭转时荷载冲击影响的情况下,荷载偏心一侧边桁的总弯矩为

$$M_1 = K(1+\mu)M + \Delta M_1 \tag{13-101}$$

式中:M——中心荷载 Q 作用下桥跨截面产生的弯矩,按式计算;

K——荷载横向分配系数,按式(9-25)或式(9-26)计算;

$1+\mu$——活载冲击系数,取 1.15。

2. 桥脚舟吃水

桥跨横断面的最大扭角对应为梁的变位,则由式(13-16)可得

$$\varphi = \frac{Qe\beta_\omega}{2k_\omega} \tag{13-102}$$

由于浮桥扭转所产生的桥脚舟首尾附加吃水为

$$\Delta T = \pm \varphi \frac{L_1}{2} \tag{13-103}$$

式中:L_1——在桥脚分置式浮桥中为桥脚舟计算长度,在带式浮桥中为浮桥河中部分计算宽度。

桥脚舟的首尾总吃水

$$T + \Delta T = \frac{R}{\gamma F_0} \pm \varphi \frac{L_1}{2} \tag{13-104}$$

式中:R——中心荷载 Q 和静载 G 共同作用下桥脚舟上产生的总反力。

第五节　连接间隙对连续体系浮桥的影响

一、计算原理

(一)连接间隙和间隙角

连续体系浮桥的桥桁纵向连接中,其刚性接头往往有一定的间隙,因为连接螺栓的直径一般要比孔径小 1～2mm,目的是连接方便,架设迅速。此外,连接件加工时,也会有一定的尺寸公差,孔壁受力后,逐渐会产生塑性变形。当浮桥受力产生弯曲变形时,在荷载作用的一定范围内,连接间隙将自行闭合,所连接的两构件产生了相对转动,如图 13-21 所示。在连接处产生的相对转角 α 称为间隙角。图 13-26 所示为桥桁连接处的间隙角。

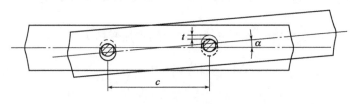

图 13-26　间隙角

从图 13-26 中可以看出,如孔径比螺栓直径大 t,则

$$\alpha = \frac{2t}{c} \tag{13-105}$$

式中:c——接头处一对螺栓孔的距离。

如桥桁是通过短桁连接的,相当于两次连接,故其间隙应加倍。因此,浮桥在每个连接处好像有一个转角限制器(图 13-27),这些转角限制器可在正反两个方向上做 α 角度的转动,如受正弯矩时,则上闭下张,称为正闭合;受负弯矩时,则上张下闭,称为负闭合。各连接处间隙闭合的正负情况要根据该处所受弯矩的正负而定。

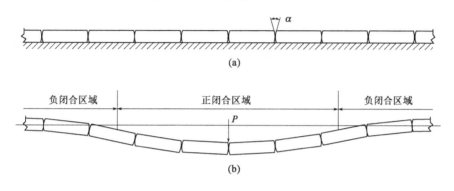

图 13-27 连接间隙的闭合

(二)连接间隙的影响

连接间隙的存在使浮桥的吃水增加、桥跨弯矩减小,可看作增大了浮桥的柔性。在有些情况下,可使吃水增加 10%、弯矩减小 20%,是不可忽视的。

在本节计算中,除采用弹基梁的物理模型外,还采取一个简化假定:只考虑在荷载作用处附近正弯矩范围内的角间隙作正闭合,而忽略离荷载较远处负弯矩区域角间隙作负闭合的影响(图 13-28)。实际上,离荷载较远处的间隙不一定能闭合,即使闭合,它对我们所考虑的断面(一般为荷载作用处的断面)的影响也不大。由于上面的简化,计算结果可能偏大 10% 左右,但因间隙影响只占浮桥弯矩或吃水总额的 10%~20%,故这种计算的误差只占总额的 1%~2%,这在实际中是允许的。

间隙对弯矩和吃水的影响如图 13-28(b)、图 13-28(c)所示。如要计算浮桥 A 处的影响,可先将一单位集中荷载置于该处,作出其弯矩图 $M_{XA}^{P=1}$ [图 13-28(b)],定出其正弯矩范围 λ,以 λ 作为连接间隙正闭合的范围;然后再作出 A 点变位的"转角影响线" $y_{AX}^{\alpha=1}$ [图 13-28(c)],它是 X 处单位转角对 A 点变位的影响值。

根据功的互等定理,可知 $M_{XA}^{P=1} = y_{AX}^{\alpha=1}$,因此图 13-28(b)和图 13-28(c)的图形是相同的,故转角影响线的正号范围 λ_1 也和 λ 相等,在此范围内的间隙都作正闭合,而且都会使吃水增加。最后还须作出 A 点弯矩的"转角影响线" $M_{AX}^{\alpha=1}$ [图 13-28(d)],即在 X 处有单位转角时对 A 点弯矩影响值的曲线,从图中定出正号范围 λ_2,在 λ_2 范围内间隙作正闭合将使 A 点的弯矩减小。一般情况下 $\lambda_2 > \lambda$,为了计算简便且偏于安全,在图 13-28(d)中仍取 λ 为间隙闭合的有效范围。

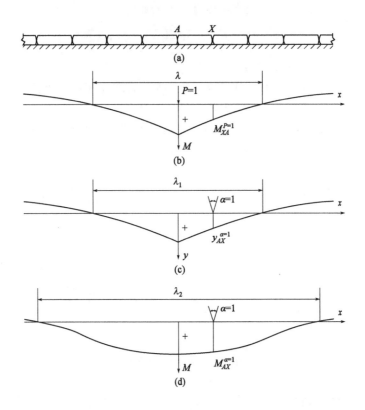

图 13-28 连接间隙的闭合范围

求间隙影响的关键问题是作某点吃水和弯矩的转角影响线(图 13-29)。

有了该影响线,再将各处间隙的转角 α_i 与相应的影响线坐标一一相乘,再将各项叠加起来即可。

$$\begin{cases} y_A^\alpha = \sum\limits_{}^{\lambda} \alpha_i y_{AX}^{\alpha=1}(x_i) \\ M_A^\alpha = \sum\limits_{}^{\lambda} \alpha_i M_{AX}^{\alpha=1}(x_i) \end{cases} \quad (13\text{-}106)$$

式中: α_i ——各连接间隙处的转角值;

$y_{AX}^{\alpha=1}(x_i)$ ——A 点变位的转角影响线在某间隙 x_i 处的坐标;

$M_{AX}^{\alpha=1}(x_i)$ ——A 点弯矩的转角影响线在某间隙 x_i 处的坐标;

λ ——考虑的间隙闭合范围。

二、连接间隙对无限长浮桥中段的影响

(一)对浮桥变位的影响

根据功的互等定理,在任一梁中的 X 处有单位转角 $\alpha=1$ 时,在 A 点产生的垂直变位等于 A 点有单位垂直荷载 $P=1$ 时在 X 处所产生的弯矩,即

$$y_{AX}^{\alpha=1} = M_{XA}^{P=1} \quad (13\text{-}107)$$

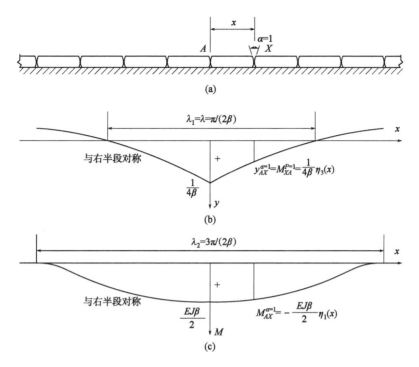

图 13-29 长浮桥中段吃水和弯矩的转角影响线

式(13-107)中,前者是 y_A 的转角影响线,后者是 $P_A=1$ 作用下的弯矩图。对于无限长弹基梁,这两个图形是一样的,它们的图形均如图13-29(b)所示。其数学表达式为

$$y_{AX}^{\alpha=1} = M_{XA}^{P=1} = \frac{1}{4\beta}\eta_3(x) \tag{13-108}$$

可见,A 点吃水的转角影响线的正号范围 λ_1 和荷载作用在 A 点时的正号弯矩范围 λ 是一致的,均为 $\pi/(2\beta)$,在此范围内所有间隙都作正闭合,都使 A 点吃水增加。现以 A 为原点,左右间隙的坐标 x 均取为正值,由于对称性,则总的间隙影响值为

$$y_A^\alpha = \frac{1}{4\beta}\sum_{-\frac{\pi}{4\beta}}^{\frac{\pi}{4\beta}}\alpha_i\eta_3(x_i) = \frac{1}{2\beta}\sum_0^{\frac{\pi}{4\beta}}\alpha_i\eta_3(x_i) \tag{13-109}$$

如各个间隙角 α_i 均相等,记为 α,则

$$y_A^\alpha = \frac{\alpha}{2\beta}\sum_0^{\frac{\pi}{4\beta}}\eta_3(x_i) \tag{13-110}$$

如间隙角距离也是相等的,记为 d,可以近似地将间隙角 α 均匀分配在长度 d 上,相当于有间隙角集度 α/d,则 A 点吃水总影响量可以用积分求得近似公式

$$y_A^\alpha = \frac{1}{2\beta}\cdot\frac{\alpha}{d}\int_0^{\frac{\pi}{4\beta}}\eta_3(x)\mathrm{d}x = \frac{1}{2\beta^2}\cdot\frac{\alpha}{d}\cdot\eta_2(x)\Big|_0^{\frac{\pi}{4\beta}} = 0.1612\frac{\alpha}{\beta^2 d} \tag{13-111}$$

(二)对浮桥弯矩的影响

下面求弯矩的转角影响线 $M_{AX}^{P=1}$ [图13-29(c)]。

由于无限长梁上两点具有对称性,故 A 点有转角 $\alpha_A=1$ 时在 X 处产生的弯矩,应等于 X

处有转角 $\alpha_X = 1$ 时在 A 点产生的弯矩,即

$$M_{XA}^{\alpha=1} = M_{AX}^{\alpha=1} \tag{13-112}$$

同理

$$y_{XA}^{\alpha=1} = y_{AX}^{\alpha=1} \tag{13-113}$$

而弯矩图与变位图有如下二次微分关系

$$M_{XA} = -EJy_{XA}''$$

将式(13-112)和式(13-113)代入上式,得弯矩的转角影响线表达式为

$$M_{XA}^{\alpha=1} = -EJ(y_{XA}^{\alpha=1})'' = -EJ(y_{AX}^{\alpha=1})'' \tag{13-114}$$

将式(13-108)代入式(13-114),得

$$M_{AX}^{\alpha=1} = -\frac{EJ}{4\beta}\eta_3''(x) = -\frac{EJ\beta}{2}\eta_1(x) \tag{13-115}$$

其正号区域 $\left(\lambda_2 = \frac{3}{2}\frac{\pi}{\beta}\right) > \left(\lambda = \frac{\pi}{\beta}\right)$,故仍取 $\frac{\pi}{2\beta}$ 为有效范围。如将 A 点左右的间隙坐标 x 均取为正值,由于对称性,则

$$M_A^\alpha = \sum_0^\lambda \alpha_i M_{AX}^{\alpha=1}(x_i) = -\frac{EJ\beta}{2}\sum_{-\frac{\pi}{4\beta}}^{\frac{\pi}{4\beta}} \alpha_i \eta_1(x_i) = -EJ\beta \sum_0^{\frac{\pi}{4\beta}} \alpha_i \eta_1(x_i) \tag{13-116}$$

如各个间隙角均为 α,则

$$M_A^\alpha = -EJ\beta\alpha \sum_0^{\frac{\pi}{4\beta}} \eta_1(x_i) \tag{13-117}$$

如间隙角间距为 d,则得 A 点弯矩总影响量近似公式

$$M_A^\alpha = -EJ\beta \cdot \frac{\alpha}{d} \int_0^{\frac{\pi}{4\beta}} \eta_1(x)\mathrm{d}x = EJ \cdot \frac{\alpha}{d} \cdot \eta_4(x)\Big|_0^{\frac{\pi}{4\beta}} = -0.6776 EJ\frac{\alpha}{d} \tag{13-118}$$

三、临界长桥连接间隙影响的计算

制式舟桥器材一般需按临界长度设计,此时连接间隙影响不同于无限长桥。下面用初参数法推导临界长桥的连接间隙影响计算公式。

图13-30(a)所示为一临界长桥,其长度为 $\frac{\pi}{\beta}$。

(一)对浮桥变位的影响

当临界长桥中点 A 作用有 $P = 1$ 时[图13-30(b)],4个初参数中,初挠度、初弯矩及初剪力均为零,只有初转角不为零。根据式(13-28)可知初转角为

$$\theta_0 = \frac{P}{4EJ\beta^2 \mathrm{sh}\frac{\pi}{2}} = \frac{1}{9.2052 EJ\beta^2} \tag{13-119}$$

将4个初参数代入式(13-26),可得跨中弯矩方程为

$$M_{XA}^{P=1} = 4EJ\beta\theta_0 D(x) = \frac{0.4345}{\beta}D(x) \tag{13-120}$$

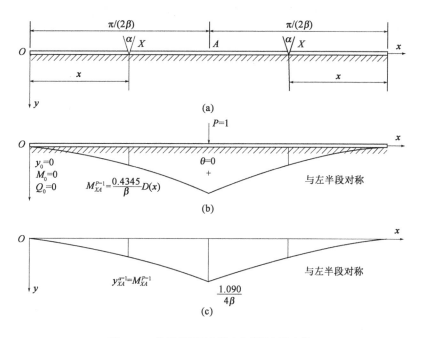

图 13-30 临界长浮桥中段吃水的转角影响线

根据功的互等定理,中点 A 变位的转角影响线 $y_{AX}^{\alpha=1}$,即 $P=1$ 作用在中点 A 时的弯矩图 $M_{XA}^{P=1}$,故

$$y_{AX}^{\alpha=1} = M_{XA}^{P=1} = 4EJ\beta\theta_0 D(x) = \frac{0.4345}{\beta}D(x) \tag{13-121}$$

其正号范围 λ_1 和荷载作用于 A 点的正号弯矩范围是一致的,都是 $\frac{\pi}{\beta}$。由于图形是对称的,故间隙对中点变位的影响值是左右两半段间隙影响值之和,但注意左半段间隙角的坐标 x 须从左端开始算。

$$y_A^{\alpha} = \frac{0.8690}{\beta}\sum_0^{\frac{\pi}{2\beta}}\alpha_i D(x_i) \tag{13-122}$$

如各间隙角均为 α,则

$$y_A^{\alpha} = \frac{0.8690\alpha}{\beta}\sum_0^{\frac{\pi}{2\beta}}D(x_i) \tag{13-123}$$

如间隙角间距均为 d,则可得近似公式

$$y_A^{\alpha} = \frac{0.8690}{\beta}\cdot\frac{\alpha}{d}\int_0^{\frac{\pi}{2\beta}}D(x)\,\mathrm{d}x = -\frac{0.8690}{4\beta^2}\cdot\frac{\alpha}{d}\cdot A(x)\Big|_0^{\frac{\pi}{2\beta}} = \frac{0.2173\alpha}{\beta^2 d} \tag{13-124}$$

与式(13-111)相比,可知间隙对临界长桥吃水的影响要比无限长桥大一些。

(二)对浮桥弯矩的影响

下面求中点弯矩的转角影响线 $M_{AX}^{\alpha=1}$。

再一次运用功的互等定理 $M_{AX}^{\alpha=1} = M_{XA}^{\alpha=1}$,等号右边为中点 A 有单位转角 $\alpha=1$ 作用时的弯

矩图(弯矩方程),这可以用初参数法解图 13-31(a)所示问题而求得。

当临界长桥中点有相对转角 $\alpha=1$ 时,取左半段[图 13-31(b)],初参数 $M_0=0$、$Q_0=0$,另两个初参数 y_0 和 θ_0 须将此半段的右端条件

$$x = \frac{\pi}{2\beta} \text{ 时}, \theta\left(\frac{\pi}{2\beta}\right) = y' = \frac{1}{2}, Q\left(\frac{\pi}{2\beta}\right) = -EJy''' = 0$$

代入式(13-26)转角方程和剪力方程,解得

$$y_0 = -\frac{0.1993}{\beta}, \theta_0 = 0.2173$$

再代入式(13-26)弯矩方程,求得

$$M_{XO}^{\alpha=1} = M_{AX}^{\alpha=1} = 4EJ\beta[0.2173D(x) - 0.1993C(x)] \tag{13-125}$$

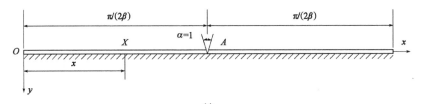

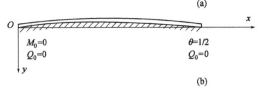

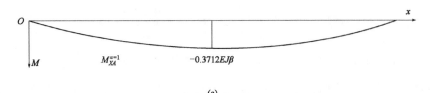

图 13-31　求 $M_{XA}^{\alpha=1}$

连接间隙对中点弯矩的影响值为

$$M_A^\alpha = 4EJ\beta\left[0.4346\sum_0^{\frac{\pi}{2\beta}}\alpha_i D(x_i) - 0.3986\sum_0^{\frac{\pi}{2\beta}}\alpha_i C(x_i)\right] \tag{13-126}$$

各间隙角如均为 α,则

$$M_A^\alpha = 4EJ\beta\alpha\left[0.4346\sum_0^{\frac{\pi}{2\beta}} D(x_i) - 0.3986\sum_0^{\frac{\pi}{2\beta}} C(x_i)\right] \tag{13-127}$$

如间隙角间距为 d,则可得近似公式

$$\begin{aligned} M_A^\alpha &= 4EJ\beta \cdot \frac{\alpha}{d} \cdot \left[0.4346\int_0^{\frac{\pi}{2\beta}} D(x)\,\mathrm{d}x - 0.3986\int_0^{\frac{\pi}{2\beta}} C(x)\,\mathrm{d}x\right] \\ &= 4EJ \cdot \frac{\alpha}{d} \cdot \left[-0.1087A(x)\Big|_0^{\frac{\pi}{2\beta}} - 0.3986D(x)\Big|_0^{\frac{\pi}{2\beta}}\right] \\ &= -0.5654EJ\frac{\alpha}{d} \end{aligned} \tag{13-128}$$

这比无限长桥的数值要小一些。

间隙不但影响临界长桥的吃水和弯矩,而且也对临界长度本身有影响。由于各连接处有间隙角,等于增加了浮桥的柔度,故其临界长度也要减小一些,特别是连接密、间隙大的器材,这种改变是明显的。改变了临界长,自然也就改变了临界长桥的弯矩和吃水,并且改变了间隙角的影响值。例如,二折带式舟桥器材,由于间隙角的影响,临界长度由 37m 变为 28m,间隙角个数由 13 个变为 10 个,弯矩和吃水都有较大的变化,对于这样的器材,不能只将间隙影响当作一项次要的修正值,附加在原来不考虑间隙影响时的弯矩和吃水之上,而必须将间隙条件包括在内,对浮桥进行综合分析来计算其临界长度以及弯矩和吃水。二折带式舟桥器材的纵向接头特别密,是比较特殊的情况,从设计观点来看,我们应尽量使纵向接头间隔越大越好,这样才能增大浮桥的纵向刚度,有利于浮桥的抗弯性能。

四、浮桥末段连接间隙的影响

浮桥末段首先需要考虑的是半临界长点,在长浮桥上,它往往是全桥的最不利点。除了制式器材需要按临界长桥来设计外,一般较长的浮桥常需要验算两端半临界长点的弯矩和吃水,因而也要计算连接间隙对它们的影响。

图 13-32(a)为浮桥末段,半临界长点为 A。图 13-32(b)为单位集中荷载作用在 A 点时的弯矩图 $M_{XA}^{P=1}$,根据前述原理,它即 A 点变位的转角影响线 $y_{AX}^{\alpha=1}$。同理,图 13-32(c)即 A 点弯矩的转角影响线 $M_{AX}^{\alpha=1}$。

推导这两个影响线的原理与前面相同。

变位的转角影响线 $y_{AX}^{\alpha=1}$ 为

左段方程 $\left(x \leqslant \dfrac{\pi}{2\beta} \right)$

$$y_{AX}^{\alpha=1} = \frac{0.4158}{\beta} D(x) \tag{13-129}$$

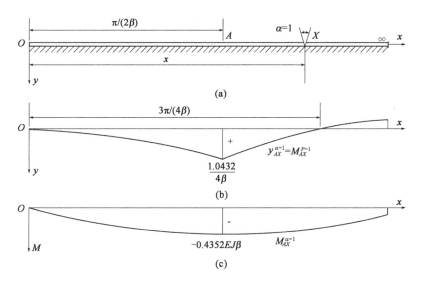

图 13-32　半临界长点的变位和弯矩的转角影响线

右段方程 $\left(x \geqslant \dfrac{\pi}{2\beta}\right)$

$$y_{AX}^{\alpha=1} = \frac{1.2546}{\beta}\eta_1(x) \tag{13-130}$$

正号闭合区域长为 $\dfrac{3\pi}{4\beta}$。

弯矩的转角影响线 $M_{AX}^{\alpha=1}$ 为

左段方程 $\left(x \leqslant \dfrac{\pi}{2\beta}\right)$

$$M_{AX}^{\alpha=1} = EJ\beta[0.8316D(x) - 0.8316C(x)] \tag{13-131}$$

右段方程 $\left(\dfrac{\pi}{2\beta} < x \leqslant \dfrac{3\pi}{4\beta}\right)$

$$M_{AX}^{\alpha=1} = EJ\beta[2.3013D(x) + 0.2079\eta_1(x)] \tag{13-132}$$

连接间隙对半临界长点的吃水影响值为

$$y_A^{\alpha} = \frac{1}{\beta}\left[0.4158\sum_{0}^{x\leqslant\frac{\pi}{2\beta}}\alpha_i D(x_i) + 1.2546\sum_{x>\frac{\pi}{2\beta}}^{x\leqslant\frac{3\pi}{4\beta}}\alpha_i \eta_1(x_i)\right] \tag{13-133}$$

连接间隙对半临界长点的弯矩影响值为

$$M_A^{\alpha} = EJ\beta\left[0.8316\sum_{0}^{x\leqslant\frac{\pi}{2\beta}}\alpha_i D(x_i) - 0.8316\sum_{0}^{x\leqslant\frac{\pi}{2\beta}}\alpha_i C(x_i) + 2.3013\sum_{x>\frac{\pi}{2\beta}}^{x\leqslant\frac{3\pi}{4\beta}}\alpha_i \eta_3(x_i) + 0.2079\sum_{x>\frac{\pi}{2\beta}}^{x\leqslant\frac{3\pi}{4\beta}}\alpha_i \eta_1(x_i)\right]$$
$$\tag{13-134}$$

如各间隙角值和其间距均相等时,也可以用积分推出其近似公式,并与前面推导出的无限长桥中段和临界长桥中点近似公式汇总到表 13-2,以作比较。

连接间隙对浮桥变位和弯矩的影响值   表 13-2

间隙影响值	无限长桥中段	临界长桥中点	浮桥末段半临界长点
变位影响值	$0.1612\dfrac{\alpha}{\beta^2 d}$	$0.2173\dfrac{\alpha}{\beta^2 d}$	$0.1881\dfrac{\alpha}{\beta^2 d}$
弯矩影响值	$-0.6776EJ\dfrac{\alpha}{d}$	$-0.5654EJ\dfrac{\alpha}{d}$	$-0.6238EJ\dfrac{\alpha}{d}$

由表 13-2 可知,就变位(吃水)而言,连接间隙对临界长桥的影响最大,对浮桥末段的影响次之,对无限长桥的影响最小;就弯矩而言,连接间隙对无限长桥的影响最大,对浮桥末段的影响次之,对临界长桥的影响最小。

末段的其他地方,一般不另作弯矩和吃水的专门计算,只按本章所述的原理,即与临界长桥等强度等吃水的原则来选择预留间隙的范围,此时,可认为连接间隙影响和临界长桥上的比例是大体相等的,因此,在决定预留间隙时就排除了这一因素。只有某些特殊情况下需要做精确的验算时,才对末段部分进行连接间隙影响值的计算。

从刚支座上预留间隙和带限制铰的浮桥末段情况看,末段弯矩最不利处在距端点为 $\frac{\pi}{4\beta}$ 处,末段吃水最不利处在 $\frac{1.1}{\beta}$ 处。

连接间隙对距端点 $\frac{\pi}{4\beta}$ 处弯矩的影响值为

$$M_A^\alpha = 4EJ\beta\alpha \left[0.6448 \sum_0^{x \leqslant \frac{\pi}{4\beta}} D(x_i) - 0.3224 \sum_0^{x \leqslant \frac{\pi}{4\beta}} B(x_i) + 0.1612 \sum_{x > \frac{\pi}{4\beta}}^{x \leqslant \frac{1.776}{\beta}} \eta_4(x_i) - 0.7755 \sum_{x > \frac{\pi}{4\beta}}^{x \leqslant \frac{1.776}{\beta}} \eta_2(x_i) \right]$$

(13-135)

连接间隙对距端点 $\frac{1.1}{\beta}$ 处吃水的影响值为

$$y_A^\alpha = \frac{\alpha}{\beta} \left[0.5934 \sum_0^{x \leqslant \frac{1.1}{\beta}} D(x_i) + 0.1509 \sum_0^{x \leqslant \frac{1.1}{\beta}} B(x_i) + 1.0465 \sum_{x > \frac{1.1}{\beta}}^{x \leqslant \frac{1.969}{\beta}} \eta_4(x_i) + 0.4406 \sum_{x > \frac{1.1}{\beta}}^{x \leqslant \frac{1.969}{\beta}} \eta_2(x_i) \right]$$

(13-136)

如各间隙角值和其间距均相等时,也可以用积分推出其近似公式为

$$M_A^\alpha = -0.5436 EJ \frac{\alpha}{d} \tag{13-137}$$

$$y_A^\alpha = 0.2275 \frac{\alpha}{d\beta^2} \tag{13-138}$$

第六节 计 算 例 题

一、已知数据

(1)荷载:履带式荷载 $Q = 500\text{kN}$,履带接地长 $s = 4.5\text{m}$,车体宽 $B_c = 3.3\text{m}$,荷载在桥面上的最大偏心距 $e = 0.4\text{m}$;

(2)桥脚舟:由 1 节方舟和 1 节尖舟组成,计算水线面面积 $F_0 = 24.25\text{m}^2$,舷高 $H = 0.964\text{m}$,自重 $G_0 = 24.3\text{kN}$,舟宽 $B = 2.4\text{m}$,舟的间距 $l = 5.01\text{m}$,如图 13-33 所示;

(3)上部结构:桥桁为 8 根[30a 槽钢,每根桥桁的惯性矩 $J_i = 6048\text{cm}^4$、抵抗矩 $W = 403.2\text{cm}^3$,容许应力 $[\sigma] = 400\text{MPa}$,各桥桁至桥轴线的距离 z_i 为 2.06m、1.65m、1.24m、

0.41m,上部结构每纵长米自重 $g_0 = 6.14 \text{kN/m}$;

(4) 连接接头为刚性接头,间隙 $t = 2.25 \text{mm}$,间隙角 $\alpha = 0.00585 \text{rad}$,每隔 $d = 5.01 \text{m}$ 有一接头。

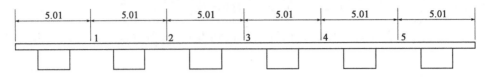

图 13-33 计算例题图(尺寸单位:m)

二、计算内容

(1) 无限长浮桥河中部分在活载作用下的桥跨弯矩和桥脚舟吃水;
(2) 临界长浮桥河中部分在活载作用下的桥跨弯矩和桥脚舟吃水;
(3) 无限长浮桥河中部分在活载偏心作用下的边桁弯矩和桥脚舟吃水;
(4) 连接间隙对桥跨弯矩和桥脚舟吃水的影响。

三、计算过程

(一) 无限长浮桥河中部分在活载作用下的桥跨弯矩和桥脚舟吃水

1. 参数

$$\beta = \sqrt[4]{\frac{\gamma F_0}{4EJl}} = \sqrt[4]{\frac{10 \times 24.25}{4 \times 2.1 \times 10^8 \times 8 \times 6048 \times 10^{-8} \times 5.01}} = 0.1045 (\text{m}^{-1})$$

$$k = \frac{\gamma F_0}{l} = \frac{10 \times 24.25}{5.01} = 48.400 (\text{kPa})$$

$$\beta s = 0.1045 \times 4.5 = 0.470$$

2. 桥跨弯矩

根据式(13-18)得

$$M_2 = \frac{Q}{2\beta^2 s} \eta_2 \left(\frac{s}{2}\right) = \frac{500}{2 \times 0.1045^2 \times 4.5} \times 0.1841 = 936.66 (\text{kN} \cdot \text{m})$$

根据式(13-19)得

$$M_2 = \frac{Q}{4\beta} \cdot \left(1 - \frac{\beta s}{2} + \frac{\beta^2 s^2}{12}\right) = \frac{500}{4 \times 0.1045} \times \left(1 - \frac{0.47}{2} + \frac{0.47^2}{12}\right) = 937.09 (\text{kN} \cdot \text{m})$$

根据式(13-20)得

$$M_2 = \frac{Q}{4\beta} \cdot \left(1 - \frac{\beta s}{2}\right) = \frac{500}{4 \times 0.1045} \times \left(1 - \frac{0.47}{2}\right) = 915.072 (\text{kN} \cdot \text{m})$$

3. 桥脚舟吃水

根据式(13-15)得

$$T_2 = \frac{Q}{sk} \cdot \left[1 - \eta_4\left(\frac{s}{2}\right)\right] = \frac{500}{4.5 \times 48.400} \times (1 - 0.7689) = 0.531 (\text{m})$$

根据式(13-16)得

$$T_2 = \frac{Q\beta}{2k} = \frac{500 \times 0.1045}{2 \times 48.400} = 0.540(\text{m})$$

(二)临界长浮桥河中部分在活载作用下的桥跨弯矩和桥脚舟吃水

1. 临界长度

$$L = \frac{\pi}{\beta} = \frac{3.1416}{0.1405} = 30.063(\text{m})$$

2. 中点弯矩

根据式(13-37)得

$$M_2 = \frac{Q}{4\beta} \cdot \left(1.090 - \frac{\beta s}{2}\right) = \frac{500}{4 \times 0.1045} \times \left(1.090 - \frac{0.47}{2}\right) = 1022.727(\text{kN}\cdot\text{m})$$

3. 活载吃水

根据式(13-34)得

$$T_2 = 1.090 \frac{Q}{8EJ\beta^3} = 1.090 \times \frac{500 \times 0.1045}{8 \times 2.1 \times 10^8 \times 8 \times 6048 \times 10^{-8} \times 0.1045^3} = 0.558(\text{m})$$

(三)无限长浮桥河中部分在活载偏心作用下的边桁弯矩和桥脚舟吃水

1. 活载弯矩

取按无限长梁近似计算公式计算的弯矩值 $M_2 = \frac{Q}{4\beta} \cdot \left(1 - \frac{\beta s}{2}\right) = 915.07 \text{kN}\cdot\text{m}$。

2. 考虑扭转时的边桁弯矩

$$J_\omega = \sum J_i z_i^2 = 6048 \times 10^{-8} \times (2.06^2 + 1.65^2 + 1.24^2 + 0.41^2) \times 2 = 1.049 \times 10^{-3}(\text{m}^6)$$

$$J_x = \frac{F_0^3}{12B^2} = \frac{24.25^3}{12 \times 2.4^2} = 206.315(\text{m}^4)$$

$$\beta_\omega = \sqrt[4]{\frac{\gamma J_x}{4EJ_\omega l}} = \sqrt[4]{\frac{10 \times 206.315}{4 \times 2.1 \times 10^8 \times 1.049 \times 10^{-3} \times 5.01}} = 0.147(\text{m}^{-1})$$

桥跨中的最大双力矩 B

$$B \approx \frac{Qe}{4\beta_\omega} \cdot \left(1 - \frac{\beta_\omega s}{2}\right) = \frac{500 \times 0.4}{4 \times 0.147} \times \left(1 - \frac{0.147 \times 4.5}{2}\right) = 226.64(\text{kN}\cdot\text{m}^2)$$

边桁由于扭转所产生的附加弯矩

$$\Delta M_1 = \pm \frac{B}{J_\omega} J_1 z_1 = \pm \frac{226.64 \times 6048 \times 10^{-8} \times 2.06}{1.049 \times 10^{-3}} = \pm 26.92(\text{kN}\cdot\text{m})$$

荷载横向分配系数

$$K = \frac{1}{n} + \frac{eb_1}{\sum_{i=1}^{n/2} b_i^2} = \frac{1}{8} + \frac{0.4 \times (2 \times 2.06)}{4 \times (2.06^2 + 1.65^2 + 1.24^2 + 0.41^2)} = 0.1725$$

荷载偏心一侧边桁的总弯矩

$$M_1 = K(1+\mu)M + \Delta M_1 = 0.1725 \times 1.15 \times 915.07 + 26.92 = 208.48(\text{kN}\cdot\text{m})$$

3. 考虑浮桥扭转时的桥脚舟吃水

静载吃水

$$T_1 = \frac{g_0 l + G_0}{\gamma F_0} = \frac{6.14 \times 5.01 + 24.3}{10 \times 24.25} = 0.227(\text{m})$$

活载吃水取按无限长梁时的计算值 T_2。

考虑扭转时的桥脚舟吃水计算

$$k_\omega = \frac{\gamma J_x}{l} = \frac{10 \times 206.145}{5.01} = 411.467$$

纵倾角

$$\varphi = \frac{Q e \beta_\omega}{2 k_\omega} = \frac{500 \times 0.4 \times 0.147}{2 \times 411.467} = 3.573 \times 10^{-2} (\text{rad})$$

$$\Delta T = \frac{L}{2} \varphi = \frac{10.10}{2} \times 3.573 \times 10^{-2} = 0.180(\text{m})$$

从而,总吃水为

$$T = T_1 + T_2 + \Delta T = 0.227 + 0.540 + 0.180 = 0.947(\text{m})$$

(四)连接间隙对桥跨弯矩和桥脚舟吃水的影响

1. 附加弯矩

$$M_A^\alpha = -0.6776 E J \frac{\alpha}{d} = -0.6776 \times 2.1 \times 10^8 \times 8 \times 6048 \times 10^{-8} \times \frac{0.00585}{5.01}$$
$$= -80.392(\text{kN} \cdot \text{m})$$

2. 附加吃水

$$\Delta T_A^\alpha = 0.1612 \frac{\alpha}{\beta^2 d} = 0.1612 \times \frac{0.00585}{0.1045^2 \times 5.01} = 0.017(\text{m})$$

复习思考题

1. 用无限长弹性地基梁法计算浮桥河中部分的基本假定有哪些?
2. 无限长弹性地基梁的 K、J、β 确定后,如何确定 A_1、A_2、A_3 和 A_4 这4个积分常数?
3. 无限长弹性地基梁的挠度、转角、弯矩和剪力方程是如何推导出来的?
4. 为什么要引入4个函数符号 η_1、η_2、η_3 和 η_4?
5. 用无限长弹基梁法计算浮桥河中部分中段的条件是什么?
6. 当弹性地基梁为无限长时,为什么梁的弯矩图即为弯矩影响线图?
7. 如何计算移动集中荷载作用下浮桥河中部分的最大弯矩和吃水?
8. 如何计算履带式荷载作用下浮桥河中部分的最大弯矩和吃水?
9. 浮桥长度在什么样的范围内表示这座浮桥是短浮桥?
10. 什么是浮桥的临界长度? 临界长度浮桥的边界条件是什么?

11. 短浮桥及临界长度浮桥的计算理论是什么？
12. 为什么要用初参数法计算短浮桥及临界长度浮桥？
13. 如何用有限长弹基梁的初参数法来计算浮桥在临界长度的弯矩和吃水？
14. 求解临界长度浮桥初参数的边界条件是什么？
15. 临界长浮桥的吃水、内力和无限长浮桥有何区别？
16. 什么是浮桥末段？为什么对浮桥末段要单独进行计算？
17. 浮桥末段计算运用什么基础理论？
18. 半无限长弹性地基梁挠曲线方程的通用表达式是什么？求解的边界条件有哪些？
19. 半无限长弹性地基梁的挠度、转角、弯矩和剪力如何计算？计算表达式是如何推导出来的？
20. 浮桥末段有几种支承形式？
21. 卸载法计算自由端浮桥末段的基本原理是什么？
22. 如何用卸载法计算浮桥末段为自由端的弯矩和吃水？
23. 卸载法计算刚支端浮桥末段的基本原理是什么？
24. 如何用卸载法计算浮桥末段为刚支端的弯矩和吃水？
25. 为什么要在刚支座上预留垂直间隙？
26. 刚支座上预留垂直间隙浮桥末段的计算原理是什么？
27. 如何求解刚支座上预留垂直间隙的最大值和最小值？
28. 为什么要采用带浮游栈桥的浮桥末段？这时的浮桥河中部分末段端部可以看作作用在什么类型支座上？
29. 如何计算带浮游栈桥的浮桥末段的弯矩和吃水？
30. 为什么要采用带限制铰的浮桥末段？
31. 带限制铰的浮桥末段在集中荷载作用下吃水和弯矩的计算原理与方法是什么？
32. 为什么会出现浮桥扭转的情况？
33. 偏心荷载作用下，浮桥的受力、变形规律是怎样的？
34. 拟梁法计算浮桥扭转的基本原理是什么？
35. 如何用拟梁法计算浮桥扭转？
36. 刚性连接的间隙对浮桥中段弯矩和吃水有何影响？
37. 刚性连接的间隙对浮桥中段弯矩和吃水影响的计算原理是什么？
38. 如何计算刚性连接的间隙对长浮桥中段弯矩和吃水的影响？
39. 已知数据：

利用某舟桥器材架设40t浮桥；舟的计算水线面面积 $F_0 = 29.8 \text{m}^2$（包括2个尖舟和1个方舟）；上部结构桥桁12根，单根截面惯性矩 $J_i = 1273 \text{cm}^4$；舟间跨度 $l = 4\text{m}$；履带式荷载全重 $Q = 40\text{t}$，履带接地长 $s = 4\text{m}$。

计算内容：

(1) 活载作用下无限长浮桥河中部分的弯矩和桥脚舟吃水。
(2) 浮桥的临界长度及其相应的最大弯矩和吃水。
(3) 浮桥末段采用刚支座上预留垂直间隙形式时的预留垂直间隙值。
(4) 荷载在浮桥上处于最大偏心位置时，无限长浮桥中段边桁弯矩和桥脚舟首尾吃水。

(附加数据:桥面宽 $b_0 = 3.84\text{m}$,履带式荷载宽 $B_c = 3.2\text{m}$,最大偏心距 $e = 0.32\text{m}$;桥桁12根,各桥桁至桥轴线的距离 z_i 分别为 0.125m、0.457m、0.817m、1.238m、1.469m、1.891m;桥脚舟宽 $B = 2.05\text{m}$。)

(5)连接间隙对长桥中段弯矩和吃水的影响数值。(附加数据:连接处销与孔间隙为 $t = 1.5\text{mm}$,孔间距 $c = 33\text{cm}$,连接间距 $d = 4\text{m}$。)

PART5 第五部分

浮桥固定

第十四章
浮桥固定

第一节　桥脚舟水阻力

一、概述

架设在江河上的浮桥和运动着的门桥,其桥脚舟均处于动水中。桥脚舟在静水中时,舟体浸水表面各点上均受到水静压力的作用。舟体表面水静压力的合力在水平方向的分力为零。桥脚舟在动水中时,舟体浸水表面各点上均受到水动力的作用,它包括黏性摩擦作用力和水动压力两部分。舟体表面水动力的合力在水平方向的分力称为桥脚舟的水阻力。

(一)组成部分

水阻力就物理现象分析,可认为是由三部分组成的,即摩擦阻力、涡流阻力和兴波阻力。

1. 摩擦阻力

摩擦阻力是由水的黏度与舟体表面形成摩擦制动作用所产生的,它与水的黏度、流速、舟体浸水面积、舟体曲度及表面粗糙度等因素有关。

2. 涡流阻力

水阻力中除去摩擦阻力后的剩余部分即为水动压力引起的阻力,称为剩余阻力。由于舟体干扰具有黏性的水流,从而导致舟体周围水流能量的损耗及压能、势能和动能的重新组合,此时舟体周围水流的压能引起了剩余阻力。剩余阻力包括两部分,即涡流阻力和兴波阻力。

涡流阻力是由于水流在舟尾产生旋涡,使舟尾压力降低,从而引起舟体首尾之间存在压力差额而形成的压力阻力。当具有黏性的水流绕流舟体时,紧贴舟体有一层相当厚度的水流(边界层)都受到黏滞力的作用,在流动中不断消耗着水质点的动能。这些水质点到达舟尾时,其中有些水质点因动能不足不能继续前进而停下来,它们在舟尾区外层水流较高的压力作用下,在舟尾形成一些做反向运动的水流,形成了涡流。涡流运动引起舟尾压力下降。涡流阻力与流速、舟型(尤其是尾型)以及水的黏度、舟体浸水部分尺寸(尤其是长宽比)等有关。舟尾呈流线型可以大为减少旋涡的形成,从而可以大为减小舟体的涡流阻力。

3. 兴波阻力

兴波阻力是由于舟体的正面阻水兴波作用,造成舟首压力的增强而形成的压力阻力。由于舟体浸水部分正面阻碍水的流动,改变了舟体周围水流的速度和压力的分布情况,引起恒等于大气压的自由水面发生起伏,继而由于重力作用和惯性作用,水面发生周期性的振荡,此即波浪形成的原因。水面的起伏包括舟首隆起的壅水和舟首、舟尾两个波群,每个波群均包括两组波浪——散波和横波。凡压力大处,水面升高;凡压力小处,水面跌落。因此,壅水和波浪造成了舟首压力的增强和舟首尾压力的差额。兴波阻力与流速、舟型(尤其是首型)及舟体浸水部分尺寸等有关。舟首呈V形的尖形倾斜舟首,可以大为减小舟首正面阻水兴波的作用,从而大为减小兴波阻力。舟首若做成与水流运动方向相垂直的封头,则会引起最严重的阻水兴波作用,从而使兴波阻力大增。

水流绕流桥脚舟时涡流和波浪的状况如图14-1所示。

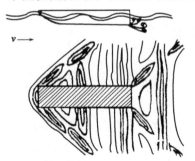

图14-1 水流绕流桥脚舟时涡流和波浪的状况

(二)各部分占比

以上所述是裸舟体的水阻力。桥脚舟裸舟体之外还有一些突出部件,动水对它们的作用同样有上述三种物理现象。突出部引起的水阻力即舟体突出部阻力。对于一般民用船只,突出部主要是舭龙骨、舵、推进器等,突出部阻力在总阻力中仅占很小一部分,为5%~6%。在制式舟中,舟体突出部件主要是舟间连接设备及为满足陆上装车运输要求而设置的装卸车设备、固定设备等,它们体积小、尺寸小,引起的水阻力值极为有限,加以制式舟总水阻力较大(舟体线型差),因而突出部阻力在总阻力中所占比重就比民用船只更小。一般情况下,在计算舟体水阻力时不考虑突出部的影响。但是,在执行任务时如果另外装备了一些构件(如动水板等,构件尺寸较大),突出部阻力就可能是相当明显的了,此时应充分考虑突出部阻力。

当用民舟做桥脚舟时,由于舟体具有良好的流线型,总阻力较小,且在总阻力中摩擦阻力占有较大的比重,其值可达总阻力的70%~80%。当用制式舟做桥脚舟时,由于舟体线型较差,总阻力较大,且在总阻力中,摩擦阻力只占较小的比重,其值往往只占总阻力的5%~10%。因而,涡流阻力、兴波阻力是制式桥脚舟水阻力的基本组成部分。

(三)影响因素

桥脚舟的水阻力,实质上只取决于水流因素(以流速为主要特征)和舟体自身因素(以舟体浸水部分尺寸及首尾线型为主要特征),由于水流因素受到诸如河幅宽窄、河水深浅以及桥脚舟组合配置状况等条件的影响,因此,水阻力和大小还与水的相对深度 h/T(T 为舟体吃水,h 为水深)以及跨度 l 与舟宽 B 的比值 l/B 等因素有关,它们反映了浅水因素和波浪干扰因素的影响。

熟悉水阻力成因及有关因素具有重要意义,它不仅可以指导我们正确地合理地计算浮桥、门桥中的桥脚舟水阻力,而且可以指导我们在必要时采取一系列技术措施(如合理处理首型、尾型,调整舟体的长宽比,调整浮桥、门桥的跨宽比等)有效地减小水阻力。

二、计算公式

我们能够定性地认识桥脚舟水阻力的成因及有关因素,但是要从理论上定量地计算水阻力却是困难的,因为水阻力与一系列水力因素和结构因素有着复杂的函数关系。在实践中,通常只要求确定桥脚舟的总水阻力,而只运用经验公式进行近似计算。

(一)常用经验公式

桥脚舟总水阻力计算的经验公式很多,它们都是通过试验得出的,因为试验中都有一定的条件,所以在运用公式时也必须注意满足其使用条件。否则,计算结果与实际情况相差较多。下面推荐一个常用的经验公式:

$$R = C \cdot \frac{\rho v^2}{2} \cdot \Omega_H \tag{14-1}$$

式中:R——桥脚舟的总水阻力(kN);

ρ——水的密度,淡水取 $1020 N \cdot s^2/m^4$;

Ω_H——桥脚舟浸水部分垂直于水流方向的最大横剖面面积(m^2);

v——计算流速(m/s);

C——总阻力系数(无因次)。

在运用此公式计算桥脚舟水阻力时必须注意该公式的特点。该公式用于具体计算单个桥脚舟的水阻力,但其着眼点却在于整个门桥和浮桥结构物。计算结果不是反映一个孤立的桥脚舟的水阻力值,而是反映在一个特定的门桥、一座特定的浮桥内呈船队性质工作的一系列桥脚舟的水阻力的合理值。因此,在计算桥脚舟水阻力时,必须着眼于门桥、浮桥整体结构物,合理确定 Ω_H、v 及 C 的数值。

(二)参数取值

1. 舟中剖面水下部分面积

舟中剖面水下部分面积 Ω_H 与桥脚舟吃水有关,而门桥、浮桥中各桥脚舟吃水不同,同一桥脚舟的吃水也与结构物上有无活载以及活载位置如何有关。因此,必须注意合理确定吃水值。在计算漕渡门桥的牵引动力以及为设计浮桥上游水平固定系统而计算桥脚舟水阻力时,均按照由静载和活载综合引起的吃水深度计算舟中剖面水下部分面积 Ω_H，其中活载吃水可以取最大活载吃水，也可以取平均活载吃水，按当时具体情况确定(详见后述)；在计算桥节门桥的牵引动力以及为设计浮桥下游水平固定系统而计算桥脚舟水阻力时，通常均按照仅由静载引起的吃水深度计算舟中剖面水下部分面积 Ω_H。

2. 计算流速

计算流速 v 值的确定与结构物类型及其具体运用条件有关。

(1) 浮桥的计算流速

计算浮桥中的桥脚舟水阻力时，首先遇到的问题是各舟处于不同的水流速度中，不能每个舟都各取一个计算流速值。在实际计算时，全桥各舟都取一个共同的计算流速，这就是架桥前江河的平均流速，其值可按下述规律确定：

设江河主流上的最大表面流速实测值为 v_M，则河幅较窄(小于60m)时，v 值取为 $0.75v_M$；河幅较宽时，v 值取为 $0.65v_M$。

对于河幅较为宽阔、河中与岸边部分流速差异较大的江河，可将河幅分成三段(河中及两岸)，分别测出各段最大表面流速，从而按上述规律得出各段的计算流速。

(2) 门桥的计算流速

计算漕渡门桥和桥节门桥中的桥脚舟水阻力时，v 值取门桥的静水航速。因此，门桥逆水航行时，其值为门桥在航道相对岸边的运动速度加上航道上的流速；顺水航行时，其值为门桥相对岸边的运动速度减去航道上的流速。航道上的流速取表面流速。

3. 总水阻力系数

C 是浮桥和门桥桥脚舟的总水阻力系数，通常用三个分系数的乘积表示，其中每一个分系数反映一定的因素对水阻力的影响。这些影响通过深入的理论分析和系统的实验已经得到明确。

$$C = C_0 \cdot C_l \cdot C_h \tag{14-2}$$

(1) 舟型影响系数

第一个分系数 C_0 是水流无限深时孤立的单个桥脚舟的阻力系数，它主要与桥脚舟的线型及其基本尺寸的比值有关。表14-1列出了几种不同桥脚舟的系数 C_0 值。

系 数 C_0 值　　　　　　　　　　　表14-1

外形特征		长宽比 L/B	简　图	系数 C_0
舟首	舟尾			
垂直封头		<3.0	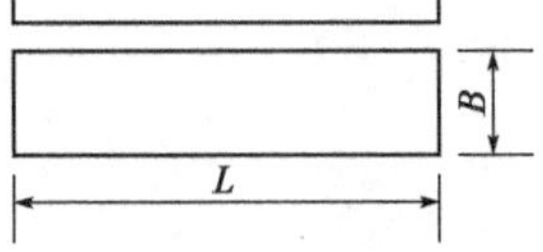	1.25
		>4.5		1.00
雪橇形 $\alpha = 40° \sim 45°$		>4.5	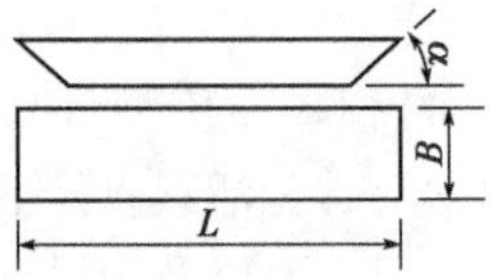	0.50

续上表

外形特征		长宽比 L/B	简图	系数 C_0
舟首	舟尾			
雪橇形 $\alpha=20°\sim25°$	垂直封头	<3.0	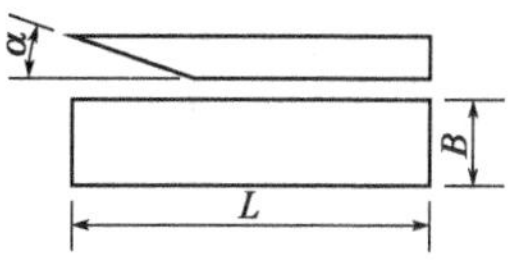	0.60
		>4.5		0.42
雪橇形 $\alpha=20°\sim25°$		>4.5	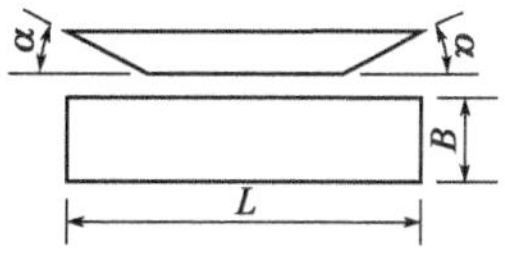	0.38
滑雪板形		>4.5	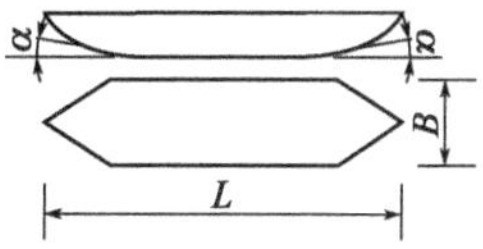	0.32
熨斗形		>4.5	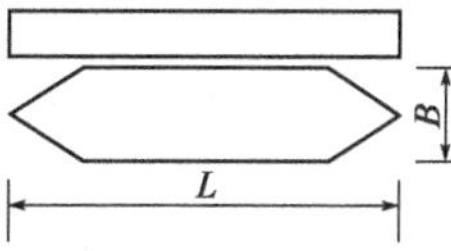	0.29
匙形		>4.5	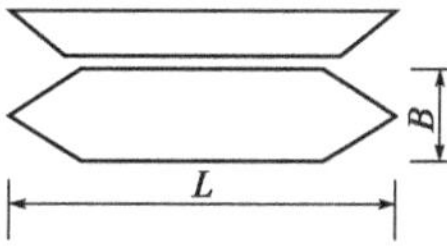	0.26
V形	匙形	>4.5	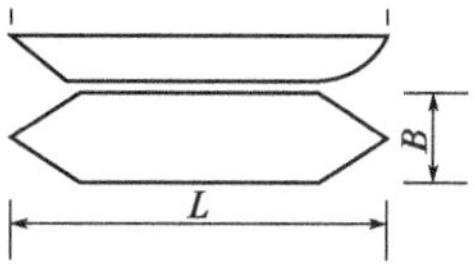	0.23
以舟舷迎向水流运动时的阻力系数			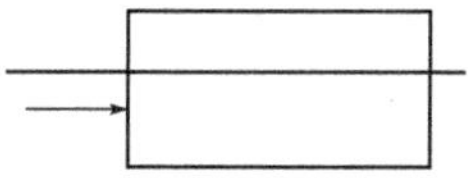	0.90

从表14-1中可以看出，影响水阻力的基本因素是舟体的首型和尾型，另外，桥脚舟越瘦长，水阻力也越小，即长宽比值增大，阻力系数也有所减小。对于制式带式浮桥（带式门桥）来说，当宽度为4～5m时，$C_0=0.6$；当宽度为8～10m时，$C_0=0.5$。平底船横水流方向放置时，$C_0=0.9$。

(2) 门桥影响系数

第二个分系数 C_l 是水流无深时桥脚舟因横向组合编成船队而相互干扰的阻力系数，它主要与浮桥（门桥）的跨度 l 和桥脚舟宽度 B 的比值（跨宽比）有关。阻力系数 C_l 反映出跨宽比的变化对桥脚舟总水阻力的影响，主要反映舟间波浪干扰对总阻力的影响。当跨宽比不当时，舟侧、舟后的波浪会由于相互干扰而得到增强，因而加大了兴波阻力；当跨宽比恰当时，波浪会由于相互干扰而减弱，因而减小了兴波阻力。表14-2列出了随 l/B 值而变化的 C_l 值。

系 数 C_l 值　　　　　　　　　　　　表 14-2

跨宽比(l/B)	1~1.1	1.5~2	2.5~3	>4
C_l	0.8	1	1.2	1

从表 14-2 中可知：当 l/B 在 2.5~3.0 范围内时，波浪干扰产生最为不利的影响；当 l/B = 1 时，即桥脚舟密集配置时，就构成了带式浮桥，桥脚舟侧向的散波系统消失了，只产生舟后的横波系统，因而减小了兴波阻力。带式门桥也有类似的情况。

(3) 水深影响系数

第三个分系数 C_h 是浅水影响阻力系数，它主要与水的相对深度 h/T (h 为水的平均深度，T 为桥脚舟重心位置处的吃水深度)、门桥的静水航速或浮桥渡口架桥前的平均流速 v 以及浮游结构物的类型有关。阻力系数 C_h 反映出桥脚舟由于相对水深的减小而导致总阻力急剧增加的浅水影响作用，在实际计算桥脚舟水阻力时具有重大意义。

在深水江河中，门桥、浮桥的一系列桥脚舟的吃水使水流受到的限制和挤压几乎可以忽略不计。但在浅水江河中，尤其是急流浅水江河中，过水断面很小，门桥、浮桥对水流的限制和挤压就是十分严重的问题了。首先，它使水流流速增加，以确保在被大大压缩了的过水断面上原流量不变。同时，在浅水中，舟体对水流的扰动加剧了，围绕舟体的水流作用使桥脚舟产生进一步的下沉和严重的尾倾并产生很高的波浪，从而进一步加大了阻拦水流的面积和舟下流速并使流态紊乱。水阻力的大小与流态有关，紊流中的摩擦阻力为层流中的摩擦阻力的 50~100 倍；水阻力又与流速的高次方成比例，摩擦阻力大约比例于流速的 1.855 次方，涡流阻力大约比例于流速的 2 次方，兴波阻力则大约比例于流速的 4~6 次方。轻型浮桥深水条件下实船水阻力实验资料表明，桥脚舟总水阻力比例于流速的 2.6~3.2 次方。浅水影响是严重的，桥脚舟在浅水中的总水阻力可以比在深水中大几倍甚至几十倍。因此，在实际架设浮桥和牵引门桥中，注意浅水影响是非常重要的。

阻力系数 C_h 值可依表 14-3 查出。

系 数 C_h 值 (第一列指门桥，第二列指浮桥)　　　　　　表 14-3

结构物的类型	相对水深 (h/T)	门桥航速或断面平均流速 v(m/s)					
		0.5	1	1.5	2	2.5	3
桥脚分开配置的门桥和浮桥	2		1.60	1.65	2.25	3.80	4.50
		1.35	3.50	5.00	8.00	11.00	12.80
	3		1.23	1.27	1.69	2.57	3.58
		1.23	1.95	2.23	3.14	3.88	5.00
	4		1.05	1.07	1.30	1.75	2.70
		1.15	1.35	1.50	2.00	2.70	3.30
	5		1.00	1.02	1.13	1.32	1.77
		1.12	1.20	1.40	1.80	2.28	2.65
	6		1.00	1.02	1.05	1.12	1.25
		1.10	1.20	1.40	1.70	2.00	2.20
	8		1.00	1.00	1.00	1.01	1.05
		1.10	1.15	1.20	1.30	1.35	1.45

续上表

结构物的类型	相对水深 (h/T)	门桥航速或断面平均流速 v(m/s)					
		0.5	1	1.5	2	2.5	3
带式门桥和带式浮桥	3		1.90	2.90	4.60	7.00	10.00
			10.00	27.00	43.00	50.00	65.00
	4		1.50	2.00	2.65	3.34	4.16
			6.10	9.35	14.25	25.50	40.40
	5		1.24	1.36	1.62	1.88	2.11
			3.45	4.30	5.20	13.75	28.00
	6		1.10	1.10	1.15	1.25	1.35
			1.75	2.00	2.50	9.00	20.00
	9		1.01	1.03	1.05	1.08	1.10
			1.35	1.80	2.20	5.00	
	10		1.00	1.00	1.00	1.00	1.00
			1.15	1.30	1.45	1.50	

注:h-水深;T-桥脚舟吃水深度。

查表前应具体确定水的相对深度 h/T,T 的取值与计算 Ω_H 时一致,不考虑舟体倾斜,取重心位置处的吃水值。水深 h,对于浮桥,h 为平均水深,即以浮桥河中部分区段的过水断面面积除以河中部分长度获得;若计算 v 分段时,h 为平均水深;对于门桥,h 为航道水深平均值)。当水的相对深度 $h/T \geq 10 \sim 12$ 时,对于实际遇到的流速来说,浅水的影响可以略去不计,而取 $C_h = 1$,即认为该处河流具有无限的深度。从表14-3 可知,①当 v 值增大时,系数 C_h 值也增大。②浮游结构物的类型对 C_h 值影响很大。③带式门桥和带式浮桥由于其桥脚舟密集配置,比桥脚分置式门桥和浮桥对水流的挤压大得多,浅水影响也大得多。

从表14-3 中可以看出,浮桥的浅水影响系数远大于门桥,这是因为:第一,浮桥在江河全宽内限制水流断面,它对水流的限制大大超过门桥;第二,水深和流速沿江河全宽分布实际上是不均匀的,对于浮桥很可能产生大流速和浅水深的不利组合影响,其中有些是由于主流线的往返摆动形成的。所以,在其他条件都相同的情况下,浮桥的 C_h 值要比门桥的 C_h 值大得多。

式(14-1)较全面细致地反映了门桥、浮桥的结构特点、舟体线型尺度特点以及门桥、浮桥具体运用条件对桥脚舟水阻力的影响,因而运用该公式计算门桥、浮桥的桥脚舟水阻力时,计算结果较为接近实际情况。

第二节 浮桥和门桥的水动力稳定性

一、动水压强引起的桥脚舟的浮性和稳性问题

(一)静水压强及水静力稳定

桥脚舟在静水中漂浮时,不论是正浮状态还是倾斜状态,舟体浸水表面各点仅仅受到压应力的作用,此压应力即静水压强,其方向与该点舟体表面内法线方向一致,大小等于高度为该

点吃水深度的单位面积水柱质量,即 $p = \gamma h$。

桥脚舟浸水表面的静水压强在铅垂方向上的分力的合力即构成舟体的浮力,它的方向垂直向上,大小等于舟体浸水部分的排水质量($D = \gamma V$,γ 是水的重度,V 是排水体积),作用于该排水体积的重心(浮心)上。当舟体受中心荷载作用时,舟体处于正浮状态,在重力和浮力作用下保持平衡状态,即浮力与重力大小相等、方向相反、浮心和重心在同一垂直线上;当舟体受到倾覆力矩作用时,舟体发生 θ 角度的等体积倾斜,浮力不变,浮心位置发生转移,此时浮力仍与重力大小相等、方向相反,但已不作用于同一垂直线上,因而形成一力偶矩——水静力恢复力矩 $M = \gamma J \theta \eta$(γ 是水的重度,J 是桥脚舟水线面面积对倾斜轴的惯性矩,η 是稳心高与稳心半径的比值)。桥脚舟在重力、浮力、倾覆力矩和水静力恢复力矩作用下保持平衡。此即为静水压力引起的浮性和稳性问题。

(二)动水压强及动水力稳定

桥脚舟在动水中漂浮时,舟体浸水表面各点既有压应力又有剪应力,这个压应力即动水压强。桥脚舟浸水表面各点的动水压强在铅垂方向上的分力的合力可分成两个部分:一是相当于静水压强的部分,引起浮力和恢复力矩,二是动能转换为压能的部分,引起舟底的吸附力和附加倾覆力矩。由此可知动水压强比之静水压强,引起桥脚舟浮力的减小和载重力的降低,加大桥脚舟吃水,同时,引起附加倾覆力矩,加大舟体的倾斜。这就是动水压力引起的浮性和稳性问题。

由部分动能转换为压能形成的舟底吸附力如何分布及其合力作用点位于何处完全取决于舟底各处流速分布的状态。通常在深水条件下,首部吸附压强大于尾部,合力作用点偏向倾斜轴的舟首一侧($-e$),引起首倾(图 14-2);在浅水条件下,尾部吸附压强大于首部,合力作用点偏向倾斜轴的舟尾一侧($+e$),引起尾倾(图 14-3)。当舟体受倾覆力矩作用时,吸附力合力作用点常偏向舟体下沉的一侧($\pm e$),即它加大了原倾覆力矩的作用。

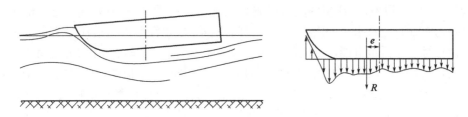

图 14-2 深水条件下舟底动水吸附力分布状况及合力作用位置

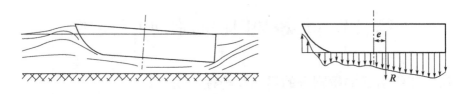

图 14-3 浅水条件下舟底动水吸附力分布状况及合力作用位置

舟底吸附力,由舟的附加吃水产生的附加浮力来平衡;吸附力产生的倾覆力矩,由舟加大倾斜产生的附加恢复力矩来平衡。但随着舟体倾斜的加大,舟体倾斜对水流的限制挤压使舟首浸入水中时,舟体水线面面积缩小,水线面面积惯性矩急剧减小,因而与倾覆力矩相抗衡的恢复力矩急剧减小,当流速达到一定值时,恢复力矩无法与倾覆力矩相平衡,桥脚舟(连同浮桥)就会下沉,失去稳定,这一流速称为临界流速。当门桥的牵引速度超过本身的临界速度时,也会出现沉没、倾覆等丧失动水稳定性的情况。

二、临界流速的确定

可能使浮桥、门桥丧失水动力稳定性的浮桥主流段平均流速或门桥的静水航速,称为临界流速。在实际运用中,浮桥主流段平均流速及门桥牵引、顶推静水航速,均不得超过临界流速。

临界流速的大小与多种因素有关,它们主要是结构物类型、桥脚舟诸元、装载条件以及相对水深条件等。图14-4所示为某重型舟桥50t浮桥的稳定区,它是通过大量的试验数据反映出的该舟桥50t浮桥动水稳定性的规律,其中Ⅰ、Ⅱ两条曲线为临界流速曲线。在Ⅰ、Ⅱ两曲线间的区域为浮桥的不稳定区,即浮桥的桥下平均流速和水深条件处于该区时,浮桥将丧失动稳性;在Ⅰ曲线的左上部为稳定区,在Ⅱ曲线的右下部为浅水稳定区。这两个稳定区很好地说明了水深条件对动稳性的影响:当水深增大时,舟底流速变化减小,因而减弱了舟底的吸附作用,浮桥动水稳定条件大为改善;当水深很浅、流速又很大时,舟体严重挤压过水断面,舟首形成很高的壅水,舟尾后侧形成水跃,因而舟下流速大增,舟底吸附作用增强,并造成舟体尾倾,此时舟首决不会没入水中,因而浮桥不会丧失动稳性。

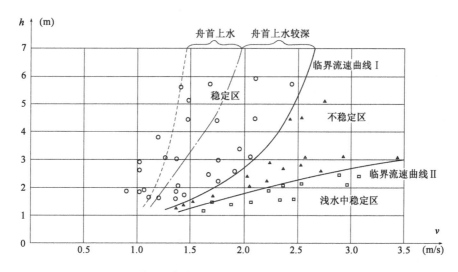

图14-4 某重型舟桥50t浮桥的稳定区(实验数据用点表示)

浮桥的临界平均流速和门桥的临界牵引速度可按下列公式求出:

$$v_0 = \zeta \sqrt{gL} \cdot \sqrt{1 - \frac{D}{\left(1 + \frac{e}{L} \cdot \frac{P}{D}\right)^3 \cdot D_0}} \qquad (14-3)$$

式中:ζ——动力系数,用于考虑结构物的类型和水流深度,按表14-4确定;

g——重力加速度(m/s^2),取9.81m/s^2;

L——浮游桥脚的长度或带式桥的宽度(m),即结构物沿流速方向的尺寸;

e——活载重心偏离浮桥轴线或门桥轴线的距离(m):当活载向下游偏离时取正值,当活载向上游偏离时取负值;

D_0——当浮游桥脚下沉到甲板时门桥的总排水量(kN)或浮桥单位长度的总排水量(kN/m);

D——当活载按计算距离配置时,由静载和动载共同引起的门桥排水量(kN)或浮桥单位长度的排水量(kN/m);

P——门桥上的活载重量(kN),或当活载按计算距离配置时,分配到每米长浮桥上的活载重量(kN/m)。

计算浮桥临界流速的动力系数 ζ 表14-4

结构物类型	相对水深(h/T)				
	2	3	4	6	>9
桥脚分置式浮桥	0.33	0.37	0.41	0.46	0.50
桥脚分置式门桥	0.42	0.45	0.48	0.50	0.54
带式浮桥	—	0.32	0.35	0.40	0.43
带式门桥	—	0.38	0.46	0.52	0.55

对浮桥来说,水动力稳定问题首先发生在流速最大的主流区段上,因此按上式求得的临界平均流速是主流区段上的平均流速,在实际应用中可以当作允许的最大表面流速。这时,浮桥水动力稳定性的安全系数等于该区段上表面流速与平均流速之比,即等于 1.15~1.25。

就便器材浮桥和门桥常常因为其桥脚舟较大(桥脚舟长度 L 较大,储备浮力较大,D/D_0 值大)及舟首干舷较大,浮桥和门桥的动稳性是完全有保证的,因而在实际运用时可不计算其水动力稳定性问题。但相较制式舟桥器材,由于桥脚舟长度小、储备浮力小,浮桥和门桥的水动稳定性便成为一个严重的问题,应予以足够的重视,除进行正确估算临界流速值外,还应适当采取一些提高水动力稳定性的技术措施。

三、提高舟桥装备临界流速值的方法

临界流速值的大小是舟桥器材性能好坏的一个重要标志。实际使用条件往往要求舟桥器材有较高的流速适应性,为此,无论是新设计的舟桥器材还是对原有的舟桥器材,都有必要采取一定的措施以提高其临界流速值。

(一)采用浮桥(门桥)的特种结构形式

采用浮桥(门桥)的特种结构形式,增大浮游桥脚的长度或带式桥的宽度 L,可以提高临界流速值。例如,某重型舟桥器材在流速小于 1.5m/s 的江河上,可以利用长 11m 的两节舟按标准的结构形式架设浮桥;当流速超过 1.5m/s 时,就需要利用长 16m 的三节舟按特殊的结构形式架设浮桥。

这种措施可以大为提高桥脚舟水线面面积对倾斜轴的惯性矩 J,而浮桥(门桥)的恢复力矩是正比于 J 的,这就有效地提高了浮桥(门桥)的动稳性。

(二)增大浮游桥脚舟首部的高度

增大浮游桥脚舟首部的高度,可以提高动力稳定性。基本出发点是增加桥脚舟的恢复力

矩,推迟舟首上水现象的出现时机。例如,二折带式舟桥器材舟体甲板高 840mm,舟首甲板高 1000mm(图 14-5)。

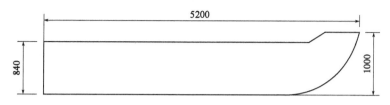

图 14-5 二折带式舟桥首舟外形(尺寸单位:mm)

舟首壅水高度 Δh 可用下式计算:

$$\Delta h = \mu \frac{v^2}{2g} \text{ 或 } \Delta h \approx 0.04v^2 \tag{14-4}$$

式中:v——水流速度(m/s);

g——重力加速度(m/s^2),取 9.81m/s^2;

μ——系数,依舟首外形而定,制式器材中的尖形舟一般取 0.8。

显然,二折带式舟桥器材提高舟首高度 0.16m 能保证在较大流速条件下壅水不至于涌上甲板。

(三)对通行的活载实行某些限制

对通行的活载实行某些限制,可以提高浮桥的水动力稳定性。降低浮桥的载重量、拉大行车距离、限制车速、严格控制车辆的横向偏心等都可以达到这一目的。例如,在美军的条令中就对浮桥的使用有这样的规定,分为"普通渡河""小心渡河"及"危险渡河"三种。这种方法只是一种应急措施,因为它是以牺牲部分通行载重量和通车密度为代价的,故在进行新装备设计时不宜采用,但在战术使用上此方法则有其不容忽视的实用价值。

(四)提高浮桥的刚度

提高浮桥的刚度,特别是抗扭刚度,可以减小初始纵倾角,会对浮桥和门桥的水动力稳定性产生有利影响。

(五)使用水动力舟首板

使用水动力舟首板,可以大大提高浮桥和门桥的稳定性,临界流速值可提高 60% ~ 80%。水动力板沿浮游桥脚舟宽度方向设置在舟首前面约 1m 远处,水动力板的宽度约为 1m,与水平面的夹角为 45°,如图 14-6 所示。

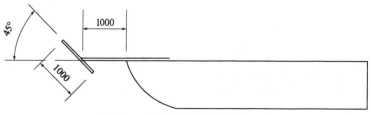

图 14-6 水动力舟首板(尺寸单位:mm)

设置水动力板后,在板的前面形成壅水,并且产生自下向上的水动力分力,防止了舟体纵倾的发展。此外水动力板还有助于平缓从舟下通过的水流,使得垂直压力分布图变得平坦,减小了水动力倾覆力矩,如图 14-7 所示。

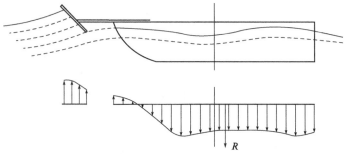

图 14-7　装有水动力板时舟底动水吸附力分布状况及合理作用位置

设置舟首压浪板(图 14-8)也可提高浮游桥脚的水动力稳定性,使临界流速值提高约 30%。压浪板虽不如水动力板的效果大,但其结构简单且引起的阻力增值也小,锚定问题较易解决。压浪板沿浮游桥脚舟宽度方向布置在舟首,与水平面的夹角为 40°~45°,宽度在 0.75m 左右。

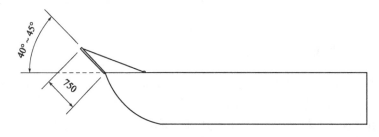

图 14-8　舟首压浪板(尺寸单位:mm)

带式舟桥使用水动力板和压浪板的效果比桥脚分置式舟桥更好,带式浮桥的使用效果又比带式门桥好。

(六)以横张纲固定代替投锚固定

以横张纲固定代替投锚固定(图 14-9),可以提高浮桥的水动力稳定性。因为投锚固定时锚纲张力的垂直分力会引起桥脚舟的首倾,加速了舟首埋入水中的过程。

图 14-9　横张纲固定浮桥

锚纲张力的垂直分力 V 引起桥脚舟的附加吃水 ΔT,其值在连续体系浮桥中为

$$\Delta T = \xi \frac{VL^2}{4\gamma J} \cdot \frac{\beta_\omega^2}{\beta} \tag{14-5}$$

式中：ξ——舟体结构抗扭能力修正系数；开口舟取 1.0，闭口舟取 0.6；

V——锚纲张力的垂直分力(kN)；

L——桥脚舟长度(m)；

γ——水的重度(kN/m^3)，淡水取 $10kN/m^3$；

J——桥脚舟计算水线面面积对舟的横轴的惯性矩(m^4)；

β_ω——浮桥抗扭弹性特征值(m^{-1})；

β——浮桥弯曲弹性特征值(m^{-1})。

横张纲固定浮桥时，系留索呈俯角系留桥脚舟，因而对浮桥的动水稳性十分有利。

为了提高动水稳性而采取的技术措施，常常伴随着桥脚舟水阻力的增大，因此在具体运用时应予以注意，需在浮桥水平固定和门桥牵引动力方面做相应的超载考虑。例如，活载偏向下游以提高浮桥（门桥）动水稳性时，活载偏至下游缘材，水阻力将相应增大 15%（20%）；相反，活载偏至上游缘材，水阻力将相应减小 5%（2%），主要是增减了涡流阻力。再如，由于安装舟首板，水阻力可增大 10%～30%。

四、计算例题

例 14-1：浮桥临界流速的计算。

（一）已知数据

某重型舟桥器材 50t 标准结构浮桥有关参数如下：

(1) 车行部宽 $b_0 = 4m$，跨度 $l = 5.01m$；

(2) 桥脚舟：长 $L = 10.92m$，宽 $B = 2.4m$，有效高度 $H = 0.964m$，计算水线面面积 $F_0 = 24.25m^2$，自重 $G_0 = 24.3kN$；

(3) 上部结构：每纵长米重 $g_0 = 6.14kN/m$；

(4) 活载：履带式活载，全重 $Q = 500kN$，全宽 $B_c = 3.2m$，活载间距 $d = 25m$。

（二）计算内容

该浮桥的临界流速。

（三）计算过程

浮桥的临界平均流速值按公式(14-3)计算。

动力系数 ζ 查表 14-4。桥脚分置式浮桥，相对水深取 2，则 $\zeta = 0.33$

重力加速度 $g = 9.81m/s^2$

浮游桥脚舟的长度 $L = 10.92m$

活载重心偏离浮桥轴线或门桥轴线的距离 e 取负值

$$e = -\frac{b_0 - B_c}{2} = -\frac{4 - 3.2}{2} = -0.4(m)$$

当浮游桥脚舟下沉到甲板时门桥的总排水量 $D_0(\text{kN/m})$ 为

$$D_0 = \frac{\gamma F_0 H}{l} = \frac{10 \times 24.25 \times 0.964}{5.01} = 46.7(\text{kN/m})$$

当活载按计算距离配置时由静载和动载共同引起的门桥排水量 $D(\text{kN/m})$ 为

$$D = g_0 + \frac{G_0}{l} + \frac{Q}{d} = 6.14 + \frac{24.3}{5.01} + \frac{500}{25} = 31(\text{kN/m})$$

活载按计算距离配置时分配到每米长浮桥上的活载重量 $P(\text{kN/m})$ 为

$$P = \frac{Q}{d} = \frac{500}{25} = 20(\text{kN/m})$$

故得

$$v_0 = \zeta \sqrt{gL} \cdot \sqrt{1 - \frac{D}{\left(1 + \frac{e}{L} \cdot \frac{P}{D}\right)^3 \cdot D_0}}$$

$$= 0.33 \times \sqrt{9.81 \times 10.92} \times \sqrt{1 - \frac{31}{\left(1 + \frac{-0.4}{10.92} \times \frac{20}{31}\right)^3 \times 46.7}}$$

$$= 1.84(\text{m/s})$$

第三节 浮桥和门桥上的风压力及活载引起的水平力

一、风压力计算

架设在江河上的浮桥和运动着的门桥,其水面以上部分(结构部分及活载部分)均受到风压力的作用。在设计浮桥的水平固定装置和门桥漕渡设备及计算门桥牵引动力时,必须充分考虑到风压力的作用。

(一)风压强度的确定

在计算浮桥和门桥的风压力之前,首先必须合理地确定风压强度。风压强度是风在某个最大风速时对垂直于风向的平面上所造成的压强,单位是帕(Pa)。我们只考虑稳定风压,即在给定的时间间隔内,认为风对浮桥、门桥的作用力不随时间而改变,即将风的速度、方向以及其他物理量都看成不随时间而改变的量。将风压强度定得过高,会使渡河设备及动力过于浪费,同时不必要地加大了作业量;将风压强度定得偏低,会使渡河设备过弱、动力不足,使渡河变得不安全并难以完成任务。因此,按照具体的器材条件及渡河条件进行具体分析,合理确定风压强度,是计算浮桥、门桥风压力的基础。

由风速变换为风压的计算,可由空气动力学上的伯努利方程来完成。设风速为 v_w,则基本风压 ω_0 可按下列标准风压公式求得

$$\omega_0 = \frac{5}{8} v_w^2 \tag{14-6}$$

作用于浮桥、门桥上的风压强度 ω 为

$$\omega = K \cdot K_Z \cdot \omega_0$$

式中：ω_0——基本风压（Pa）；

K——风载体型系数，即风吹到浮桥、门桥表面引起的压力或吸力反应与原始风速计算得的理论风压的比值，与浮桥、门桥的体型、尺度等有关；

K_Z——风压高度变化系数。

对于一般浮桥、门桥，风压强度可用下式计算

$$\omega = 0.8 v_w^2 \tag{14-7}$$

式中：v_w——风速（m/s）。

根据我国的风力等级表，按上式计算的风速与风压对应关系见表14-5。

风力等级和相当风速、风压值　　　　　　表14-5

风力等级	相当风速（m/s）		相当风压（Pa）	
	范围	平均值	范围	平均值
3	3.4~5.4	4.4	9~23	16
4	5.5~7.9	6.7	24~50	36
5	8.0~10.7	9.4	51~92	71
6	10.8~13.8	12.3	93~152	121
7	13.9~17.1	15.5	153~234	192
8	17.2~20.7	19.0	235~343	288
9	20.8~24.4	22.6	344~476	408
10	24.5~28.4	26.5	480~645	562

由于浮桥、门桥及其附属水上摩托器材抗风浪能力较小，同时它们的建筑高度小，使用期短，因而在考虑风荷载时，风压标准一般定得不高。在具体确定风压强度时，通常有两个途径：其一是直接按给定的风压标准取值，其二是按给定或实测的风级、风速间接换算风压。

（1）为设计制式浮桥器材而考虑风荷载时，风压强度取 $\omega = 500$ Pa，约相当于十级风以下的风压值。

（2）现场设计建筑高度较低的一般浮桥的水平固定装置及一般门桥的系留设备时，风压强度取 $\omega = 300$ Pa，相当于八级风以下的风压值。

（3）现场设计建筑高度较大的浮桥（如桁架式浮桥、铁道浮桥等）的水平固定系统及建筑高度较大的门桥（如铁道门桥、高架作业门桥等）的系留设备、牵引动力时，风压强度应考虑风压高度变化的影响，按下式计算取值

$$\omega = 240 + 27 y_w \tag{14-8}$$

式中：y_w——迎风面重心高出水面的距离（m），计算得出的 ω 值不应小于350Pa。

对于门桥，上式结果应乘以系数1.1，从而确保门桥在相当于九级大风的恶劣条件下仍能安全工作。

（4）临时执行任务或遇其他特殊情况（如时间紧迫、动力短缺、器材不足等），对浮桥架桥点及门桥渡口在使用期间出现的最大风速确有把握时，可运用预计最大风速换算风压强度，即按式（14-7）换算之。由于此时风级通常在6~7级范围内，因此 ω 值一般不超过200Pa。

（5）当执行试验任务，要求较为准确地反映出浮桥、门桥上的风压力值时，应通过浮桥、门

桥上的风速计实测出实际风速值,再按风压强度计算式(14-7)算出风压值。

(二)阻风面积的计算

计算阻风面积时,假设风向与浮桥桥轴线和门桥车行部中心线相垂直。桥脚分置式浮桥阻风面积通常以半门桥为计算单位,带式浮桥阻风面积通常以一只桥脚舟为计算单位,门桥的阻风面积则以整个门桥为计算单位。阻风面积与各计算单位的诸元有关,与有无活荷载及吃水值大小有关,在计算时,应根据设计要求进行具体分析。

1. 设计浮桥上游横向水平固定装置时

考虑浮桥承受来自上游方向的风压,阻风面积按桥上有密布活载计算,活载为设计荷载,活载间距为浮桥通行要求规定的最小间距。此时浮桥桥脚舟吃水深度按静载吃水和活载吃水之和计算。

(1)桥脚分置式浮桥

桥脚分置式浮桥的一个计算单位(半门桥)的阻风面积 Ω 可看成由一只桥脚舟的阻风面积 Ω_1、单节间桥跨部分的阻风面积 Ω_2 和活载的阻风面积 Ω_3 三部分组成(图14-10)。

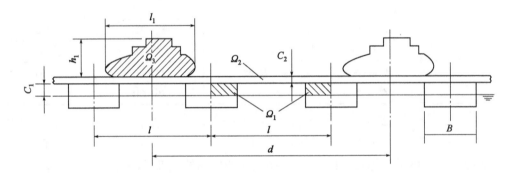

图14-10 在桥脚分置式浮桥中一个半门桥阻风面积计算图

① 一只桥脚舟的阻风面积 $\Omega_1(\mathrm{m}^2)$

$$\Omega_1 = C_1 B \tag{14-9}$$

式中:C_1——舟干舷高(m),$C_1 = H - (T_1 + T_2)$,其中,H 为舟高,T_1 为静载吃水,T_2 为活载吃水;

B——舟宽(m)。

② 单节间桥跨部分的阻风面积 $\Omega_2(\mathrm{m}^2)$

$$\Omega_2 = K C_2 l \tag{14-10}$$

式中:l——浮桥跨度(m);

C_2——桥跨结构物(含缘材、桥板等)高度(m);

K——桥跨结构密实系数(梁式桥跨:$K=1$;桁架式桥跨:桥跨断面内有2片桁架时,$K=0.4$;桥跨断面内有3片或3片以上桁架时,$K=0.5$)。

③活载的阻风面积 $\Omega_3(\mathrm{m}^2)$

$$\Omega_3 = 0.7 l_1 \cdot h_1 \cdot \frac{l}{d} \tag{14-11}$$

式中：l_1——活载车体外廓长度(m)；

h_1——活载车体外廓高度(m)；

l——浮桥跨度(m)；

d——活载间距(m)；

0.7——活载结构密实系数。

故桥脚分置式浮桥一个半门桥计算单位的阻风面积 $\Omega(\mathrm{m}^2,$下同)为

$$\Omega = \Omega_1 + \Omega_2 + \Omega_3 = C_1 B + K C_2 l + 0.7 l_1 h_1 \frac{l}{d} \tag{14-12}$$

（2）带式浮桥

因为带式浮桥的桥跨与桥脚舟合二为一，故 $\Omega_2 = 0$，而

$$\Omega_1' = C_1 l \tag{14-13}$$

式中：l——浮桥跨度(m)，为带式浮桥的桥脚舟长度。

故带式浮桥一个计算单位(桥脚舟)的阻风面积 Ω 为

$$\Omega = \Omega_1 + \Omega_3 = C_1 B + 0.7 l_1 h_1 \frac{l}{d} \tag{14-14}$$

式中各符号意义同前，其值为带式浮桥中相应的值。

2. 设计浮桥下游横向水平固定装置时

考虑浮桥承受来自下游方向的风压，阻风面积通常按桥上无活荷载情况计算，即桥脚舟吃水按静载吃水 T_1 计算，此时 $\Omega_3 = 0, C_1 = H - T_1$。

对于桥脚分置式浮桥，一个计算单位(半门桥)的阻风面积 Ω 为

$$\Omega = C_1 B + K C_2 l \tag{14-15}$$

对于带式浮桥，一个计算单位(桥脚舟)的阻风面积 $\Omega = \Omega'$，Ω' 根据式(14-13)计算。

注意：有时由于桥下流速较小以及桥上按最小允许间距布满轻载车辆时，下游方向的风会对浮桥下游横向水平固定装置带来最不利的影响。此时，应按桥上密布轻型荷载的情况计算阻风面积，亦按此情况计算水阻力值。

3. 计算桥节门桥进入桥轴线的牵引机械动力

考虑风压力时，应以整个门桥为计算单位，按空载情况计算来自上游风的阻风面积。

$$\Omega = n(\Omega_1 + \Omega_2) \tag{14-16}$$

式中：n——桥节门桥中半门桥(桥脚舟)个数；

其余符号意义同前。

对于带式桥节门桥，因 $\Omega_2 = 0$，故一个计算单位(桥脚舟)的阻风面积 $\Omega = \Omega_1'$，而 Ω_1' 按式(14-13)计算。

4. 计算漕渡门桥的牵引机械动力或设计漕渡系留设备(滑纲渡及系留渡等)

考虑风压力时，应以整个门桥为计算单位，按满载情况计算来自上游风的阻风面积。

对于桥脚分置式漕渡门桥,其阻风面积为

$$\Omega = n\Omega_1 + \Omega_2' + \Omega_3' \tag{14-17}$$

式中:n——门桥内桥脚舟数;

Ω_2'——漕渡门桥桥跨结构阻风面积(m^2),$\Omega_2' = KC_2L$,L 为门桥长度(m);

Ω_3'——活载阻风面积(m 个活载)(m^2),$\Omega_3' = m \times 0.7 l_1 h_1$。

其余符号意义同前。

对于带式漕渡门桥,其阻风面积为

$$\Omega = n\Omega_1' + \Omega_3' \tag{14-18}$$

(三)浮桥、门桥计算单位上的横向风压力

$$W_l = \Omega \cdot \omega \tag{14-19}$$

即风压力为阻风面积与风压强度之积,单位为牛(N)。

(四)浮桥纵向风压力

浮桥横向风压力与水阻力一起,引起浮桥的横向定位及水平弯曲问题,对浮桥工作的影响是严重的。浮桥纵向风压力主要引起浮桥纵向定位问题。

由于浮桥沿桥轴线方向(纵向)桥脚舟密集排列,投影重叠,桥跨结构连贯一线,因而阻风面积较小。加以纵向风来自陆岸,不同于横向风来自沿河水面,受地面粗糙系数条件的影响,同样风级条件下,风压较小(按横向最大风压强度的40%计算),因而纵向计算风压力是不大的。纵向风压力以及活载纵向制动力等均由浮桥岸边系留设备承受。但在计算时,纵向风压力不与活载纵向制动力叠加,它们分别单独进行计算,同时,前者又小于后者。因此,在设计计算浮桥岸边系留设备时,可以不计算浮桥纵向风压力。

二、活载引起的水平力

尽管浮桥通行规则明确规定禁止车辆在桥上转向、制动和变速,但是在浮桥使用中,车辆在桥上转向、制动和变速几乎是不可避免的。活载由此引起的水平力对浮桥岸边部分的结构强度及其固定性有着很大的影响,设计固定桥脚和岸边系留固定装置时应将这部分力考虑在内。

1. 活载引起的侧向水平力

因活载转向而产生的瞬时侧向力由于水平固定的柔性而使浮桥产生一定的水平位移。由位移而产生的阻力,平衡和抵消瞬时的侧向力。浮桥端部和岸边部分的固定桥脚和系留固定装置在考虑其承受力时,应相应地将等于活载重量5%的侧向水平力计算在内。

2. 活载引起的纵向水平力

因活载制动或加速而产生的纵向水平力在荷载驶上浮桥或从桥上驶下时是不可避免的。纵向水平力由水平纵向固定装置承受,在考虑水平纵向固定装置的受力时必须将等于活载重量10%的外力考虑在内。

第四节 浮桥的水平固定

一、浮桥水平固定概述

浮桥水平固定(图 14-11)分为承受活载纵向水平力和纵向风压力的纵向固定和承受水流压力、横向风压力和活载侧向水平力的横向固定。

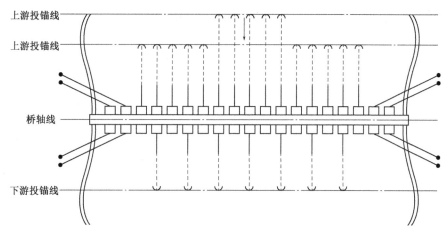

图 14-11 浮桥水平固定

浮桥的纵向水平固定首先由浮桥全长上部结构承重构件的连接物,即纵向接头保证,其次由浮桥两端的岸边固定装置保证。纵向水平固定时应估计到因水位变化和活载作用而引起的浮桥水平投影长度的变化。为此,在较长时间使用的浮桥中央设置一个纵向位移调整器,而在短浮桥上则在任一岸边设置。在短时间使用的浮桥上通常不设置纵向位移调整器:上部结构的两端固定在桥础上,桥础本身则由系留桩固定,而岸边节间和河中部分的上部结构则通过岸边固定钢索(图 14-12)和系留桩固定到河岸上。

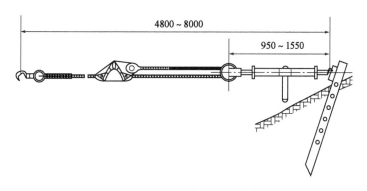

图 14-12 固定钢索和系留桩(尺寸单位:mm)

固定钢索上有一个可供大范围内改变(粗调整)其长度用的钢索调整器和一个供拉紧用的螺旋紧定具。这些固定装置不能承受活载的侧向水平力,类似的制式固定装置在很多情况下不能保证浮桥长时间正常工作。它们在制动力的作用下很快就损坏,浮桥开始产生很大的纵向位移,其进出口就受到损坏。当桥础材设置在荷载通过浮桥而引起波浪的浸水区域内时,这种现象特别容易发生。在这些情况下,常使用就便器材对岸边固定装置进行加固或以更长的固定钢索进行固定,以保证系留桩避开波浪的浸水区域。

在实际运用中,浮桥的纵向水平固定通常是有保证的,只做结构上的考虑(如桥跨接头连接确实、加强岸边固定装置、减缓浮桥进出口坡度等)即可,不必进行设计计算。

浮桥的横向水平固定可采用投锚固定、横张纲固定、斜张纲固定(系留固定)、锚定门桥固定、动力固定以及混合固定等方法,每种固定方法都有自己的特点。具体运用时,在全面分析江河特点、器材条件、架桥时间、浮桥任务等因素的基础上,选择合适的固定方法。从我国江河情况来看,当流速在 2m/s 以下且河底土壤性质良好时,一般可以锚住。因此,投锚固定是我国架设浮桥的基本固定方法。

浮桥横向固定分为承受水压力(浮桥水阻力)、上游风压力的上游固定和承受下游风压力的下游固定。上游固定通常要比下游固定更为牢靠。横向水平固定装置应能保证浮桥在工作中桥轴线始终保持正直状态。当桥轴线发生水平方向弯曲时,水平固定装置应使浮桥水平弯曲强度得到保证。在实际运用中,浮桥横向水平固定按制式浮桥器材使用要求的规定(如有关投锚的具体规定)进行作业时,该固定通常是有保证的。但在特殊情况下(如河底土质不良、流速较大等)浮桥横向水平固定必须进行设计计算。

二、浮桥横向水平系留点的布置及系留桥段的划分

浮桥横向水平固定的方法很多。不论采用哪种方法,浮桥在横方向上都是通过一系列点的固定达成全桥固定的。这些点或是投锚固定中的锚纲固定点,或是斜张纲固定中的斜纲固定点,或是横张纲固定及锚定门桥固定中的系留纲的固定点,或是动力固定中的动力艇的顶推点。当桥轴线正直时,各个系留点都对应一个相应的系留桥段。

(一)系留点的布置

浮桥横向水平固定系留点的布置,应依据下列条件考虑。

1. 与系留点相对应的系留桥段上的计算横向水平力的大小

该计算横向水平力 H(单位为 N)包括水压力 R 和风压力 W:

$$H = R + W = n(R_1 + W_1) \tag{14-20}$$

式中:n——系留桥段中所包含的浮桥计算单位的个数(桥脚分置式浮桥为半门桥个数,带式浮桥为桥脚舟数);

R_1、W_1——一个浮桥计算单位上的水阻力和风压力。

当 H 值较大时,系留点布置较密;当 H 值较小时,系留点布置较稀。由此可知:上游固定的系留点、主流部分的系留点、流速较大情况下的系留点布置较密;相反,下游固定的系留点、岸边部分的系留点以及流速较缓情况下的系留点布置应较稀。一般情况下,用制式浮桥器材作业时,系留点布置可参照有关器材作业教材的规定确定。

2. 浮桥横向水平固定装置的强度条件及锚定力条件

固定装置的强度较高、锚定力较大时,可以允许系留点稀疏布置,使之与较大的 H 值相对应。

3. 浮桥上系留点的局部结构强度条件

制式浮桥器材的系留点即为各桥脚舟的锚纲固定铁;就便器材浮桥的系留点即为各舟的系留柱。布置浮桥系留点时,系留桥段上的 H 值应不超过系留点局部结构强度所能提供的安全系留力。

4. 相邻系留点间浮桥的横向水平弯曲强度条件

当允许系留点稀疏布置时,必须考虑由此而此起的浮桥横向水平弯曲强度。对于桥跨为型钢梁、木桁的桥脚分置式浮桥,由于横向水平弯曲刚度很小,允许有较大的弯曲变形,因此横向水平弯曲强度问题不突出。对于桥跨为桁架的桥脚分置式浮桥,尤其是带式浮桥,由于横向水平弯曲刚度很大,不允许有较大的弯曲变形,因此控制系留点的布置以保证浮桥横向水平弯曲强度就是一个极为重要的问题。此时可以将浮桥看成支承在一系列系留点上的有限刚度(水平刚度)连续梁,当浮桥在水平荷载作用下,会产生水平弯矩和水平弯曲应力;当浮桥上有活载通行时,浮桥会产生垂直方向的弯矩和竖向弯曲应力。水平弯曲应力和竖向弯曲应力的叠加构成了浮桥空间弯曲的强度问题。因此,浮桥容许水平弯矩值与桥上载重因素有关。例如,在四折带式舟桥中明确规定了不同垂直荷载下的容许水平弯矩,见表14-6。

带式浮桥容许水平弯矩 表14-6

垂直荷载(kN)	容许水平弯矩(kN·m)
450	550
350	700
空载	2400

在布置系留点时,必须使浮桥横向水平荷载集度引起的两系留点间的水平弯矩值小于上述规定值。

5. 浮桥架设作业及撤收作业要求

为了减小作业量、减少作业时间,应尽可能增大浮桥系留点的间距,尽量减少系留点的数量。

(二)系留桥段长度的划分

当桥轴线正直时,可以认为浮桥上各系留点共同均衡工作,与系留点相应的系留桥段由左右相邻的系留点间距中线来划分。

当桥轴线总体弯曲或产生局部弯曲时,必然是因为一些系留点发生松动所致。此时各系留点不能共同均衡工作,与系留点相应的系留桥段则发生变化,最不利的系留点(未发生松动或松动较少的系留点)对应的系留桥段长度大为增加。因此,在浮桥使用过程中,通过经常的观察和调整以保持桥轴线的正直是十分重要的。

三、浮桥投锚固定

(一)投锚固定的概念

在投锚固定浮桥时,系留桥段以锚纲通过系留点而固定,锚纲则通过水下锚而固定。诸锚投置在与桥轴线平行的投锚线(投锚线是投锚作业的基准)上,锚纲方向应与投锚线相垂直(图 14-11)。

投锚线分为上游投锚线和下游投锚线。投锚线到桥轴线的距离通常为最大水深的 7～10 倍,但不少于 30m。如果河中有很深的航道部分,则上下游可各标定 2 条投锚线,每条投锚线到桥轴线的距离根据河中相应地段的平均深度而确定,如图 14-13 所示。

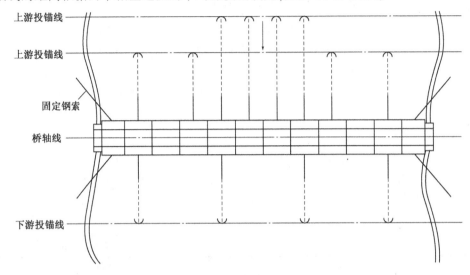

图 14-13 深水江河多道投锚线的设置

在用投锚固定的浮桥中可以设置 1 个或 2 个引出桥节(图 14-14)以通过船只。引出桥节(或引出门桥)的固定特点是采用交叉锚纲,以便更好地操纵桥门开放作业。门旁桥段的端部应加强固定。

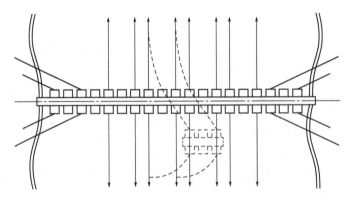

图 14-14 引出桥节的投锚固定

(二)投锚固定的特点

投锚固定的特点是结构简单操作方便;作业准备时间短,完成作业费时少;便于紧急开放桥门和紧急撤收浮桥;安全程度高,锚多且分散工作,一锚松动,其邻近锚可以参加工作,并不会立即危及全桥的安全;锚定的质量与江河水深、流速、河底土质关系密切,同时与锚型的选择以及投锚作业的正确与否有关。

(三)锚和锚缆的工作状态

1. 正常工作状态

受水平力 H 作用的系留桥段,用单位长(在水中)重 p_0 的锚缆固定,如图 14-15 所示。

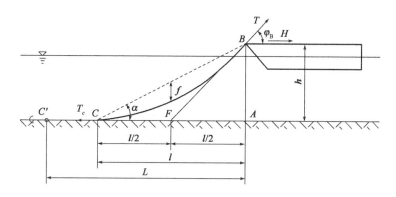

图 14-15 锚和锚缆的正常工作状态

(1)锚缆单位长度重量

锚缆在水中的单位长重 p_0 为

$$p_0 = p - \gamma \cdot \frac{\pi D^2}{4} \tag{14-21}$$

锚缆采用钢索时,其单位长度重量 p 按下式计算:

$$p = WD^2 \tag{14-22}$$

式中:p——钢索单位长度重量($\times 10^{-3}$ kN/m);

γ——水的重度(kN/m³);

D——钢索公称直径(mm);

W——未涂油的某一结构类别钢索单位长度的重量系数[N/(m·mm²)],见表 14-7,表 14-7 中,W_1、W_2、W_3 分别为纤维芯、独立钢芯和钢丝股芯钢索的单位长度重量系数。

钢索重量系数和最小破断拉力系数(GB/T 20118—2017) 表 14-7

钢索类型	钢索类别	天然纤维芯钢索		钢芯钢索			
		重量系数	最小破断拉力系数	重量系数		最小破断拉力系数	
		W_1	K'_1	W_2	W_3	K'_2	K'_3
单层钢索	6×7	0.0351	0.332	0.0387	0.0396	0.359	0.388
	6×12	0.0251	0.209				
	6×15	0.0200	0.180				
	6×19	0.0380	0.330	0.0418		0.356	
	6×24	0.0331	0.291				
	6×36	0.0380	0.330	0.0418		0.356	
	6×19M	0.0351	0.307	0.0400	0.0381	0.332	0.362

续上表

钢索类型	钢索类别	天然纤维芯钢索 重量系数 W_1	天然纤维芯钢索 最小破断拉力系数 K'_1	钢芯钢索 重量系数 W_2	钢芯钢索 重量系数 W_3	钢芯钢索 最小破断拉力系数 K'_2	钢芯钢索 最小破断拉力系数 K'_3
单层钢索	6×24M	0.0318	0.280				
	6×37M	0.0346	0.295	0.0400	0.0381	0.319	0.346
	6×61M	0.0361	0.283	0.0398		0.306	
	8×19M	0.0356	0.261	0.0420		0.310	
	8×37M						
	8×7	0.0327	0.291	0.0391	0.0464	0.359	0.404
	8×19	0.0357	0.293	0.0435		0.346	
	8×36						
	4×19	0.0410	0.360				
	4×36						
异形股钢索	6×V7	0.0412	0.375	0.0437		0.398	
	6×V19	0.0405	0.360	0.0429		0.382	
	6×V37						
	6×V8		0.362				
	6×V25	0.0410	0.351				
	4×V39		0.360				
阻旋转钢索	23×7			0.0470		0.360	
	18×7	0.0390	0.310	0.0430		0.328	
	18×19						
	35W×7			0.0460		0.360[a]	
	35W×19					0.350[b]	
	34M×7	0.0400	0.308	0.0430		0.318	
单股钢索	1×7			0.0522		0.540	
	1×19			0.0507		0.530	
	1×37			0.0501		0.512	
	1×61			0.0487		0.510	

注:1. 6×V21FC、6×V24FC 结构钢索的重量系数和最小破断拉力系数应分别比表中所列数据小 8%。6×V30 结构钢索的最小破断拉力系数应比表中所列数据小 10%。6×V37S 结构钢索的重量系数和最小破断拉力系数应分别比表中所列数据大 3%。合成纤维芯的钢索单位长度重量系数比表中所列 W_1 的数据小 2.5%。复合芯和固态聚合物芯钢索最小破断拉力系数 K'_1 与天然纤维芯钢索相同,重量系数比天然纤维芯钢索数据大 3.5%。

2. [a] 小于或等于1960级钢索。[b] 大于1960级钢索但小于或等于2160级钢索。

3. 重量系数仅供参考。

(2) 投锚线至浮桥系留点的水平距离

锚和锚纲的正常工作状态应当是:锚爪确实抓住河底,邻近锚的锚纲有一段长度($C'—C$)是平卧河底的(谓之卧链长度),然后是悬于水中的锚纲段($C—B$),B 为系留桥段的系留点。这种工作状态依靠合理地控制投锚线到桥轴线的距离及正确地进行投锚作业来保证。锚纲的

C—B 段为一段悬链线。

根据悬索基本原理可知,悬索的抗力 H、跨度 l、单位长度重 p_0 和中矢 f 间的关系为

$$H = \frac{p_0 l^2}{8} \quad (14\text{-}23)$$

由于锚纲悬索 C 点切线水平,悬索斜挂两端点的高差为 h,则悬索垂向中矢 f 为

$$f = \frac{h}{4}$$

由此可得

$$H = \frac{p_0 l^2}{2h} \quad (14\text{-}24)$$

则得投锚线至浮桥系留点水平距离计算式如下

$$l = \sqrt{\frac{2Hh}{p_0}} \quad (14\text{-}25)$$

设锚位距离系留点的水平距离为 L,则有:

(1) 当 $L > \sqrt{\frac{2Hh}{p_0}}$ 时,锚与河底之间不发生竖向脱离,卧链长度为 $L - \sqrt{\frac{2Hh}{p_0}}$。

(2) 当 $L = l = \sqrt{\frac{2Hh}{p_0}}$ 时,锚位处于 C 点,锚位处锚纲的切线呈水平,锚纲恰好全部悬在水中,无卧链。

(3) 当 $L < \sqrt{\frac{2Hh}{p_0}}$ 时,锚位处锚纲切线不水平(当锚足够重时),若锚质量较轻,锚与河底之间会发生竖向脱离。

在前两种情况下,锚仅承受水平力,不承受上拔力。

2. 非正常工作状态

在第三种情况下,锚除承受水平拉力 H 外,还承受竖向上拔力 V 作用,如图 14-16 所示,这是锚和锚纲的不正常工作状态。

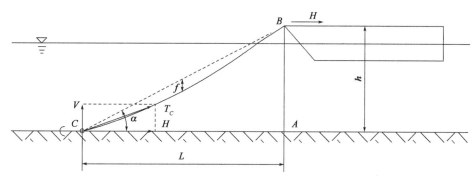

图 14-16 锚和锚纲的非正常工作状态

(四)锚纲的张力计算及锚纲的选择

1. 锚纲的内张力

由锚纲工作状态图可知,锚纲内张力的水平分力恒等于系留桥段的水平力 H。此处忽略

了水流对锚纲的作用力和上下游两面锚定的相互影响。

锚纲任意截面中的内力为

$$T = \frac{H}{\cos\varphi} \tag{14-26}$$

式中：φ——锚纲任意截面处的切线与水平线的夹角。

显然，最大内张力发生在系留桥段的系留点 B（如锚纲固定铁等）处。当锚纲材料为钢索时，由于锚纲自重较重，此时锚纲处于图 14-15 所示的正常工作状态。由图 14-15 可知，悬链线的两端点处切线与通过弦中点且平行于抛物线轴（此处为竖轴）的直线交于一点，因此

$$\tan\varphi_B = \frac{2h}{l}$$

$$\cos\varphi_B = \frac{1}{\sqrt{l^2 + 4h^2}}$$

则内张力为

$$T_B = \frac{H\sqrt{l^2 + 4h^2}}{l} \approx H \cdot \left(1 + \frac{2h^2}{l^2}\right) \tag{14-27}$$

式中：T_B——锚纲 B 点的内张力（N）；
　　　H——系留桥段的水平力（N）；
　　　h——系留桥段处水深（m）；
　　　l——锚纲从系留点到卧链端头 C 的水平距离（m），按式（14-25）确定。

(2) 锚纲采用麻绳或塑料绳时的内张力

当锚纲用麻绳，尤其是用自重很轻的聚乙烯塑料绳时，由于锚纲在水中每纵长米重 p_0 值很小，锚纲工作状态不同于悬链线，可认为锚纲沿直线 $C'B$ 受拉（图 4-16），各点内张力均相同，即

$$T_B = \frac{H}{\cos\alpha} = \frac{H\sqrt{L^2 + h^2}}{L} \approx H \cdot \left(1 + \frac{h^2}{2L^2}\right) \tag{14-28}$$

式中：T——锚纲内张力（N）；
　　　H——系留桥段的水平力（N）；
　　　h——系留桥段处水深（m）；
　　　L——锚位至系留点间的水平距离（m）；
　　　α——锚位和系留点间的连线与水平线的夹角。

(3) 锚纲的内张力

由式（14-27）和式（14-28）可知，不论锚纲材料如何，只要在投锚时保证投锚线至桥轴线距离不小于桥下水深的 7～10 倍，锚纲张力（T_B 或 T）可近似认为

$$T = H \tag{14-29}$$

式中：T——锚纲内张力（N）；
　　　H——系留桥段的水平力（N）。

2. 锚纲的选择

依据计算所得锚纲内张力 T 选择锚纲，T 应不大于锚纲的安全拉力，即

$$T \leq [T] = \frac{S}{K_1} \tag{14-30}$$

式中:S——锚纲破断拉力(N),可查附表 1 ~ 附表 37;

K_1——安全系数:钢索取 2,麻绳和聚乙烯塑料绳取 3。

钢索的最小破断拉力 S(单位:kN)按下式计算:

$$S = \frac{K'D^2R_0}{1000} \tag{14-31}$$

式中:D——钢索公称直径(mm);

R_0——钢索公称抗拉强度(MPa),对于表面为光面和 B 级、AB 级镀层的钢索,取值为 1370MPa、1470MPa、1570MPa、1770MPa、1960MPa、2160MPa,A 级镀层钢索取值不含 2160MPa;

K'——给定某一类别钢索的最小破断拉力系数,见表 14-7,表 14-7 中的 K_1'、K_2'、K_3' 分别为纤维芯、独立和钢丝股芯钢索的最小破断拉力系数。

(五)锚定力的计算及锚的选择

1. 锚定力的计算

根据河底土壤性质和所需锚定力来选用合适的锚。当需要的锚定力比较大,一个锚不够时,可将几个锚连接起来使用。

投锚固定浮桥时,锚和锚纲可能处于正常工作状态,也可能处于非正常工作状态。在正常工作状态下(图 14-15),锚仅受到水平力的作用,没有竖向上拔力,因为卧链部分的张力的方向是水平的,其值等于系留桥段上水平力 H。在非正常工作状态下(图 14-16),锚既受到水平力的作用,又受到竖向上拔力的作用,可以近似将 $C'B$ 看成一条直线,锚纲张力 T 已按式(14-25)求出。

张力 T 在水平方向上的分力 N 即为锚所受到的水平拉力。

$$N = T \cdot \sin \alpha = H \tag{14-32}$$

张力 T 在垂直方向上的分力 V 即为锚所受到的竖向上拔力。

$$V = T \cdot \sin \alpha \approx T \cdot \tan \alpha = H \cdot \left(1 + \frac{h^2}{2L^2}\right) \cdot \frac{h}{L} \tag{14-33}$$

不论采用何种材料的锚纲,锚的受力均按非正常工作状态计算。

2. 锚的选择(校核)

按照锚的受力选择锚以及校核现有锚的锚定力时,必须满足以下两个条件:

(1)锚所受的水平力 N 应不大于锚的安全抓持力。

$$N \leq [N] = \frac{K_2}{1.5}G \tag{14-34}$$

式中:G——锚重(N);

K_2——锚的抓力系数,与锚型及河底土壤性质有关;

1.5——安全系数。

锚的类型有许多种,如图 14-17 ~ 图 14-20 所示。

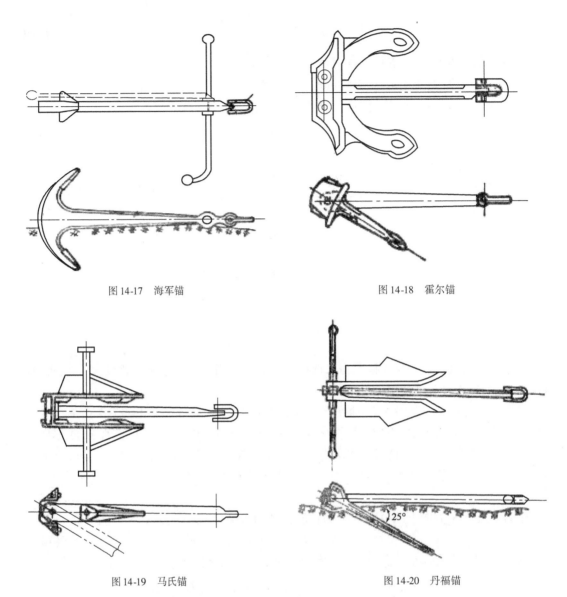

图 14-17 海军锚　　　　　　图 14-18 霍尔锚

图 14-19 马氏锚　　　　　　图 14-20 丹福锚

按抓力产生的方式区分,有抓力锚(依靠锚爪入土产生抓力,如海军锚、丹福锚、二爪锚——霍尔锚、四抓锚及犁锚等)和重力锚(依靠锚自重而产生抓力,如石笼锚和混凝土箱形锚);按锚爪结构区分,有转爪锚(锚爪可以转动,如丹福锚等)和固爪锚(锚爪固定,如海军锚等);按加工制作方法区分,有铸造锚和焊接锚;按装备情况区分,有制式锚(随渡河器材装备到部队的锚)和就便锚(临时收集到的地方锚及现地加工制作的锚,如四爪锚、石笼锚等)。

重力锚的抓力主要依靠其巨大的重量对河底产生正压力,从而在锚有滑动趋势时产生很大的摩擦阻力,形成锚的抓持力。若河底松软,锚的沉陷会引起土壤的变形,并会引起的土壤的阻力,进一步加大了锚的抓力。锚的抓力与锚型、锚重及土壤性质有关。

抓力锚在受力时,入土的锚爪推动爪前土壤做缓慢的运动,使土壤变形、锚受到阻力,因而提供了抓力。此抓力与锚爪因素有关,即与锚爪入土角度和深度、锚爪形式和面积等有关,与锚爪长和锚杆长的比值有关,也与土壤性质有关。抓力锚的自重影响锚爪入土深度,也会引起在河底移动中的摩擦作用,因此,其抓力与锚重也密切相关。

锚的抓持力通常由实验确定。

在使用制式锚时,应熟悉它们的特点。海军锚锚爪易于抓住河底,在水平力超载时,锚爪划开河底土壤发生蠕动漂移,不会立即丧失承载力。丹福锚锚爪如同犁板,在流速较大及河底坚硬条件下较难抓住河底。但是,一旦抓住河底则可提供较大的抓持力。在水平力超载时,犁板会撕开支撑它的棱形土块,突然丧失承载力。因此,丹福锚在使用时其安全可靠程度不及海军锚,霍尔锚介于二者之间。各种制式锚以及应用犁锚的抓力系数(K_2)见表14-8。

各种制式锚以及应用犁锚的抓力系数(K_2) 表14-8

河底土壤	铸造锚		带轻爪的焊接锚			单犁锚	犁锚组
	海军锚	霍尔锚	重量大于1kN的海军锚	汽艇锚	重量在0.5kN以下的丹福锚		
砂土	2.7~3.3	2.0~2.7	4~8	5.2~9.5	44	23~25	23~25
砾石、卵石	2.0~5.3	2.0~2.7	2.7~4.7	3.3~4.7	30~40	—	6~8
淤泥	1.3~2.7	1.3~2.0	7.3~11.5	3.3~16	20~24	19~20	19~22
石砾土	2.0~5.3	2~4	6~12	9.5~18.5	30~40	—	6~8
黏土	7~10	6~9	3.3~6.0	5~9	40~63	14~19	14~19
腐殖土	4~6	3~5	4~8	5~8	44	—	—
各种土壤平均值	2~4	2.0~2.7	4.0~7.3	4.7~12.0	44	14~16	14~16

注:较大数值适于大粒砂砾(圆滑卵石除外)和密实的河底土壤。

当河底土壤是岩石或淤泥时,可采用下列形式的非钢质应用锚:钢筋混凝土块、混凝土块、石笼锚、用碎石压沉的船或已沉没的船只。当这些锚的总重量在150kN以下时,其水平抓力取其在空气中的重量。重量较大的锚或用碎石压沉的船,水平抓力等于它们在水中的重量。带爪板的专用混凝土锚,其水平抓力同样以锚重的倍数(抓力系数)来表示。抓力系数可查表14-9。

带爪板的专用混凝土锚抓力系数(K_2) 表14-9

河底土壤	锚重(kN)				
	20以下	40	60	80~100	150以上
砂土、砂壤土、砂质黏土	2.5	2.0	1.7	1.5	1.2
黏土、砾石、卵石	1.6	1.3	1.1	1.0	0.8

重力锚的实际抓力,有条件时,可通过锚在具体的设置位置进行松弛试验来校核。

(2)锚所受的竖向上拔力V应不大于锚的安全抗拔力。

$$V \leq [V] = \frac{K_3}{1.5}G \tag{14-35}$$

式中:G——锚重(N);

K_3——锚的抗拔阻力系数:对海军锚取1.5,对丹福锚取3.0,对重力锚取1.0;

1.5——安全系数。

(六)投锚固定的几个问题

(1)投锚固定装置的强度条件通常用下列不等式表达：

$$\begin{cases} T \leqslant [T] \\ N \leqslant [N] \\ V \leqslant [V] \end{cases} \tag{14-36}$$

当固定装置和系留桥段均已确定时，即按上述不等式校核固定装置，强度不满足时可调整系留桥段长度；当系留桥段已确定，固定装置未确定时，按上述不等式设计或选择固定装置。

(2)正确地投锚，适时地调整桥轴线，适度地张紧上下游的锚纲，是投锚固定计算设计的基础。因为不正确投锚，会使锚在河底不能正常工作，使锚位至系留桥段的距离不能得到保证，甚至会使锚位交错、锚纲交织；适时调整桥轴线，以保证各系留桥段的固定装置均衡一致地工作，避免出现有些松弛、有些超载的情况。浮桥的锚固是上下游同时进行的双面锚固，当系留桥段上尚未作用有最不利的水平力 H 时，两面的锚纲和锚均处于预应力状态中。因此，在调整桥轴线已达正直之后，不可过度张紧锚纲，以免过分加大锚纲的内张力。一般的张紧锚纲作业所带来的影响在计算锚固装置时可以忽略不计，因为当一面的锚因固定装置上出现最不利荷载时(如出现了大风)，由于锚固装置的弹性变形，必然使一系列系留桥段发生微小的移位，此种移位会减弱甚至消除另一面锚固装置所产生的预抗作用。

(3)锚纲在系留点的竖向分力以及水平分力与系留桥段水平力形成的力偶构成系留桥段上的倾覆力矩，加大了舟首(或舟尾)的吃水，使浮桥车行部发生横倾，影响了活载通行性能，改变了系留桥段上水平力(水阻力部分)的大小，降低了浮桥的动水稳定性。为了平衡此倾覆力矩，可视情况采用向桥脚舟下游移动车行部的措施，以便在通载时形成扶正力矩。在计算锚固装置时，不再考虑系留桥段倾斜带来的水平力对 H 值的影响。

(4)在河水较浅及流速较缓的情况下，锚纲上水压力的作用完全可以忽略不计。但是，当河水较深，尤其是流速湍急时，作用在锚纲上的水压力将在锚纲内引起很大的内张力(T')，从而对锚纲抗拉强度、锚的水平抗拉力、锚的抗拔力以及浮桥下的倾覆力矩增大带来的动稳性问题提出了更高的要求。深水急流河流中架桥的实践及有关锚纲上水压力的实验，都充分证明了这个问题。

当考虑水流对锚纲的压力时，不论锚纲采用何种材料，均认为锚和锚纲处于正常工作状态(图14-21)，同时认为作用在锚纲水平方向上的水压力集度 p，不随水深变化而变化。

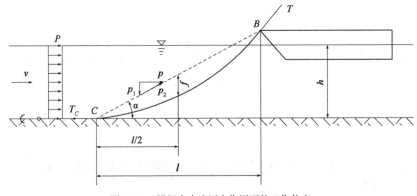

图14-21　锚纲在水流压力作用下的工作状态

水压力集度 p 可按下式计算：

$$p = c \cdot d \cdot \rho \cdot \frac{v^2}{2} \quad (\text{N/m}) \tag{14-37}$$

式中：d——锚缆直径(m)；

ρ——水的密度，取 $1020\text{N} \cdot \text{s}^2/\text{m}^4$；

v——水流沿深度方向上的平均流速(m/s)，取最大表面流速的85%；

c——锚缆截面形状系数，圆形取0.8。

水压力集度 p 可分解为 BC 方向的 p_2 和垂直于水面方向的 p_1 两个分集度：

$$\begin{cases} p_1 = p \cdot \tan^2 \alpha \\ p_2 = \dfrac{p \cdot \tan \alpha}{\cos \alpha} \end{cases} \tag{14-38}$$

锚缆中矢度 $f = \dfrac{l}{4}$。

锚缆计算单位重 p'（在水中）为

$$p' = p_0 + p_1 \tag{14-39}$$

若投放锚缆足够长，锚缆河底有卧链时，则卧链端部至系留点距离 l 为

$$l = \sqrt{\frac{2Hh}{p_0 + p_1}} \tag{14-40}$$

近似计算中可认为

$$\begin{cases} \cos \alpha = \dfrac{l}{\sqrt{l^2 + h^2}} \\ \sin \alpha = \dfrac{h}{\sqrt{l^2 + h^2}} \end{cases} \tag{14-41}$$

若投放锚缆长度有限，锚缆河底无卧链时认为

$$\begin{cases} \cos \alpha = \dfrac{L}{\sqrt{L^2 + h^2}} \\ \sin \alpha = \dfrac{h}{\sqrt{L^2 + h^2}} \end{cases} \tag{14-42}$$

式中：L——投锚线至系留点间水平距离。

由系留桥段水平力 H、锚缆单位纵长米水中垂直荷载 $p' = p_0 + p_1$ 计算引起的锚缆内张力 T'_B 及 T'_C。

有卧链时

$$T'_B = T'_C = H\left(1 + \frac{2h^2}{l^2}\right) \tag{14-43}$$

无卧链时

$$T'_B = T'_C = \frac{H}{\cos \alpha} \tag{14-44}$$

由 BC 方向上的水压力集度分量 p_2 引起的锚缆内张力 T''_B、T''_C 为

$$\begin{cases} T''_B = 0 \\ T''_C = \sqrt{l^2 + h^2} \cdot p_2 \end{cases} \quad (14\text{-}45)$$

故锚纲最大内张力 T_C 可按下式计算

$$T_C = T'_C + T''_C \quad (14\text{-}46)$$

锚最大水平拉力 N

$$N \approx T_C \quad (14\text{-}47)$$

锚最大竖向上拔力 V

$$V \approx T_C \sin\alpha \quad (14\text{-}48)$$

由此可知,锚和锚纲的工作状况和受力大小除与系留桥段水平力 H、水流速 V 有关外,还取决于锚纲投放长度、锚纲材料、直径及每纵长米自重等。

(七)计算例题

例 14-2:浮桥投锚固定的计算。

1. 已知数据

(1)桥脚分置式重型舟桥 50t 大面积漕渡门桥,中心装载重型自行火炮 1 辆(全重 460kN)及战斗人员 20 名(全重 20kN)。装载后门桥边舟平均吃水 0.66m,中舟平均吃水 0.72m,门桥以 1 艘大马力拖艇顶推。该漕渡门桥为三舟门桥,跨度为 5.01m,桥脚舟长 15.9m、宽 2.4m、高 1.15m,舟型首部为雪橇形,$\alpha = 40° \sim 45°$,舟尾为垂直封头。

(2)深水航行时航道平均水深 3.1m,最大静水航速 2.72m/s。

(3)浅水航行时航道平均水深 1.36m,最大静水航速 2.72m/s。

(4)风速 7.1m/s。

(5)该漕渡门桥在水深 20m、平均流速 2.72m/s、河底为砂土的河流中锚定时的锚纲长 200m,锚纲为 GB/T 20118—2017 6×7 类 1570MPa 级纤维芯钢索,直径 $\Phi = 8$mm、每纵长米重 $p = 2.25 \times 10^{-3}$kN/m、最小破断拉力 33.4kN,锚为重 2.5kN 的犁锚组。

2. 计算内容

(1)深水航行时漕渡门桥水阻力计算;

(2)浅水航行时漕渡门桥水阻力计算;

(3)漕渡门桥风压力计算;

(4)漕渡门桥在深水中锚定时的校核。

3. 计算过程

(1)深水航行时,漕渡门桥水阻力的计算

$$\rho = 1020\text{N} \cdot \text{s}^2/\text{m}^4, v = 2.72\text{m/s}$$

$$\Omega_H = B \cdot T = 2.4 \times (0.66 \times 2 + 0.72) = 4.9(\text{m}^2)$$

总水阻力系数 C,需用内插法确定三系数 C_0、C_l 和 C_h。

①确定 C_0 值。根据桥脚舟的长宽比

$$\frac{L}{B} = \frac{15.9}{2.4} = 6.6 > 4.5$$

查表 14-1 知

舟首雪橇形($\alpha=20°\sim25°$),舟尾垂直封头,$L/B>4.5$时,$C_0=0.42$;
舟首雪橇形($\alpha=20°\sim25°$),舟尾同舟首,$L/B>4.5$时,$C_0=0.38$;
舟首雪橇形($\alpha=40°\sim45°$),舟尾同舟首,$L/B>4.5$时,$C_0=0.50$。
比较以上三种情况可得:
舟首雪橇形($\alpha=40°\sim45°$),舟尾垂直封头,$L/B>4.5$时:

$$C_0 = 0.50 \times \frac{0.42}{0.38} = 0.55$$

②确定 C_l 值。
根据桥脚舟的跨宽比 $l/B=5.01/2.4=2.09$
查表14-2可得
当 $l/B=2.09$ 时,$C_l=1.04$
③确定 C_h 值。
由于 $h=3.1$m,$T=(0.66\times2+0.72)/3=0.68$(m),则相对水深 $h/T=3.1/0.68=4.56$。
查表14-3(内插)得 $C_h=1.81$
故

$$C = C_0 \cdot C_l \cdot C_h = 0.55 \times 1.04 \times 1.81 = 1.04$$

$$R = C \cdot \frac{\rho v^2}{2} \cdot \Omega_H = 1.04 \times \frac{1020 \times 2.72^2}{2} \times 4.9 = 19228(\text{N})$$

(2)浅水航行时,漕渡门桥水阻力的计算
因 $h=1.36$m,$T=0.68$m

故相对水深

$$\frac{h}{T} = \frac{1.36}{0.68} = 2.0$$

查表14-3,并用内插公式计算得

$$C_h = 3.8 + \frac{4.5-3.8}{3.0-2.5} \times (2.72-2.5) = 4.108$$

总水阻力系数

$$C = C_0 \cdot C_l \cdot C_h = 0.55 \times 1.04 \times 4.108 = 2.35$$

故得

$$R = C \cdot \frac{\rho v^2}{2} \cdot \Omega_H = 2.35 \times \frac{1020 \times 2.72^2}{2} \times 4.9 = 43448(\text{N})$$

由于大马力拖艇最大牵引力约为21000N,因此运用一个大马力拖艇顶推门桥,在这条浅水航道中,是无法达到2.72m/s 的静水航速的。

(3)风压力计算
漕渡门桥长 $L=16$m,桥桁为槽钢高30cm,桥板为木质板厚75mm,缘材为槽钢高12cm,重型自行火炮车体外廓长 $l_1=6.77$m,车体外廓高 $h_1=2.48$m,则

$$C_1 = \frac{(1.15-0.66)\times2+(1.15-0.72)}{3} = 0.47(\text{m})$$

$$C_2 = 0.075 + 0.12 + 0.30 = 0.495(\text{m})$$

①门桥上的风压强度:

$$\omega = 0.8v_w^2 = 0.8 \times 7.1^2 = 40.3 (\text{Pa})$$

②门桥阻风面积:
$$\Omega = n\Omega_1 + \Omega'_2 + \Omega'_3 = nC_1B + KC_2L + 0.7l_1h_1$$
$$= 3 \times 2.4 \times 0.47 + 1 \times 0.495 \times 16 + 0.7 \times 6.77 \times 2.48$$
$$= 23.05 (\text{m}^2)$$

人员阻风面积,每人按 0.3m^2 计(坐姿),20 人共计 6m^2。

③门桥风压力:
$$W_l = \omega \cdot \sum\Omega = 40.3 \times (23.05 + 6) = 1171 (\text{N})$$

④门桥航行总阻力
$$H = R + W_l = 19228 + 1171 = 20399 (\text{N})$$

(4)槽渡门桥在深水中锚定时的校核

①不考虑水流对锚纲的压力

因相对水深
$$\frac{h}{T} = \frac{20}{0.68} = 29.41 > 12$$

可认为不存在浅水影响,$C_h = 1$。

总水阻力系数
$$C = C_0 \cdot C_l \cdot C_h = 0.55 \times 1.04 \times 1 = 0.572$$

故得
$$R = C \cdot \frac{\rho v^2}{2} \cdot \Omega_H = 0.572 \times \frac{1020 \times 2.72^2}{2} \times 4.9 = 10575 (\text{N})$$

由风速 $v_w = 7.1\text{m/s}$,查表 14-5 得 $\omega = 36\text{Pa}$,则
$$W_l = \omega \cdot \sum\Omega = 36 \times (23.05 + 6) = 1046 (\text{N})$$

门桥总水平力为
$$H = R + W_l = 10575 + 1046 = 11621 (\text{N})$$

若锚纲在河底有卧链,因锚纲每纵长米重 $L' = 7\text{N/m}$,水中重 $p_0 = 0.35p' = 2.45\text{N/m}$,则
$$l = \sqrt{\frac{2Hh}{p_0}} = \sqrt{\frac{2 \times 11621 \times 20}{2.45}} = 436 (\text{N})$$

由于投放锚纲长仅 200m,故锚纲处于非正常工作状态。

锚纲张力、锚的水平力和上拔力为
$$T \approx H = 11621\text{N}$$
$$N \approx H = 11621\text{N}$$
$$V = T\sin\alpha \approx 11621 \times \frac{20}{200} = 1162 (\text{N})$$

锚纲强度和锚定力校核:

查表 14-8 得麻索 $K_1 = 3$,$S = 40130 (\text{N})$

则锚的安全拉力为
$$[T] = \frac{S}{K_1} = \frac{40130}{3} = 13377 (\text{N})$$

锚纲内张力为

$$T \approx H = 11621\text{N} < [T] = 13377(\text{N})$$

故锚纲强度有保证。

锚重 $G = 2500\text{N}$,查表 14-10,$K_2 = 24$,则锚的安全抓持力为

$$[N] = \frac{K_2}{1.5}G = \frac{24}{1.5} \times 2500 = 40000(\text{N})$$

锚的水平力为

$N = 11621\text{N} < [N] = 40000\text{N}$,足够。

锚的抗拔阻力系数 $K_3 = 1.5$,则锚的安全抗拔力为

$$[V] = \frac{K_3}{1.5}G = \frac{1.5}{1.5} \times 2500 = 2500(\text{N})$$

锚所受的竖向上拔力为 $V = 1162\text{N} < [V] = 2500\text{N}$,足够。

② 考虑水流对锚纲的压力

门桥总水平力 $H = 11621\text{N}$

锚纲在水平方向上的水压力集度

$$p = c \cdot d \cdot \rho \cdot \frac{v^2}{2} = 0.8 \times 0.0318 \times 1020 \times \frac{2.72^2}{2} = 96(\text{N/m})$$

设锚纲呈俯角 α,则

$$\tan\alpha = \frac{20}{200} = 0.1$$

垂直于水面方向的分集度

$$p_1 = p\tan^2\alpha = 0.96(\text{N/m})$$

顺沿锚纲方向的分集度

$$p_2 = \frac{p\tan\alpha}{\cos\alpha} = 9.6\text{N/m}$$

若锚纲在河底存在卧链,则

$$l = \sqrt{\frac{2Hh}{p_0 + p_1}} = \sqrt{\frac{2 \times 11621 \times 20}{2.45 + 0.96}} = 369(\text{m})$$

由于投放锚纲长度为 200m,故锚纲仍处于非正常工作状态。

锚纲强度校核:

锚纲最大内张力

$$T_C = T'_C + T''_C = H + L \cdot p_2 = 11621 + 200 \times 9.6 = 13541(\text{N})$$

$$T_C > [T] = 13337\text{N}$$

但仅超过 1.2%,仍认为锚纲强度有保证。

锚定力校核:

锚最大水平拉力为

$N \approx T_C = 13541\text{N} < [N] = 40000\text{N}$,足够。

锚最大竖向上拔力为

$$V \approx T_C \sin \alpha = 13541 \times \frac{20}{200} = 1354(\mathrm{N}) < [V] = 2500\mathrm{N},足够。$$

③考虑水流对锚纲的压力比不考虑该压力时的情况见表 14-10。

锚 纲 受 力   表 14-10

受力及距离	考虑水流对锚纲的压力	不考虑水流对锚纲的压力	差值	百分比(%)
锚纲张力(N)	13541	11621	1920	16.5
锚的最大水平力(N)	13541	11621	1920	16.5
锚的最大竖向上拔力(N)	1354	1162	192	16.5
系留点到卧链端部水平距离(m)	369	436	-67	15.4

四、浮桥横张纲固定

(一)横张纲固定系统及形式

横纲固定系统由横纲、系留钢索、塔架、稳定钢索、稳定钢索锚碇座和横纲锚碇座等组成,位于浮桥的上游,平行于桥轴线跨越江河。在受潮汐影响的河流中,当倒流严重且器材充足时,也用于浮桥下游作辅助固定系统。其最后的工作状态,由于水流对浮桥的作用力而向下游倾斜。

横纲固定一般有三种形式。

1. 单纲固定(图 14-22)

单纲固定架设时间较快,尤其在河幅较小的河流上使用时优势非常明显。对于低流速河流,由于架设设备、钢索尺寸和重量的限制,横纲跨度最大可以达到 450m。

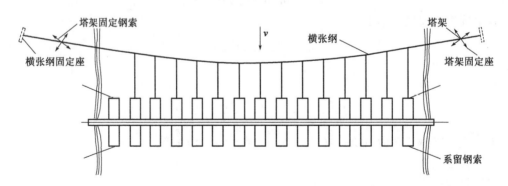

图 14-22 浮桥单纲固定

2. 多纲固定

多纲固定如图 14-23、图 14-24 所示。如果缺少单纲固定系统所需要的大尺寸钢索或所需要的钢索太粗,同系留索和塔架附件配不起来,则需要设置 2 根或更多细一些的钢索。正常情况下,双纲或多纲固定系统采用单塔支承;如在宽大江河和大流速的情况下,则给每根横纲设置专用塔架。

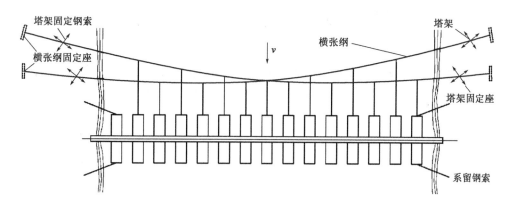

图 14-23　浮桥(交叉)多纲固定

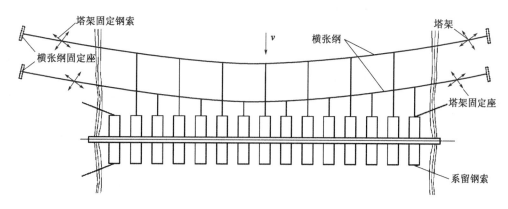

图 14-24　浮桥(平行)多纲固定

3. 带浮游支座的横纲固定

带浮游支座的横纲固定(图 14-25)的目的是降低索内应力。和普通横纲固定一样，也是一根或几根钢索，两岸由塔架支承跨越江河，并且采用相同的方法锚固，横纲在河流中间由锚定门桥或浮游支座托起，其数量和间距要求使横纲保持在水面以上。锚定门桥或浮游支座必须有足够的浮力，以便承受横纲的向下拉力、横纲的重量和系留钢索的拉力，必须保持足够的干舷，使其露出首部于水流兴波之上。

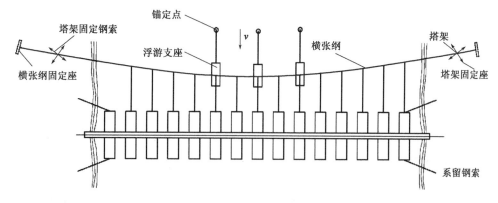

图 14-25　带浮游支座的横纲固定

(二)横张纲固定的特点及使用时机

1. 横张纲固定的特点

(1)横张纲固定是依靠张纲固定装置在水面以上对浮桥实施固定,因而它不受河底土质、水深诸因素的影响。在河底情况复杂时,如河底为坚硬的石质或松软的淤泥,投锚固定困难,横张纲固定是非常适宜的。由于张纲作业及设置塔架作业的困难,横张纲固定适用于较窄的河幅,河幅最好不超过300m。

(2)横张纲固定装置在水面上固定浮桥,因而对提高浮桥的水动力稳定性有利,那种锚纲上缠绕漂浮物的弊病也完全可以避免。在高流速江河里架设浮桥,最好采用横张纲固定。

(3)横张纲固定比其他固定方法在器材、作业和计算上都要复杂,因而采用这种方法固定浮桥时必须器材准备充分、现场设计计算熟练、作业分队训练有素。在一般情况下,横张纲固定浮桥比投锚固定慢,主要是设置两岸锚碇座和塔架,以及张拉主索、调整主索垂度费力费时。

(4)横张纲断绝江河通航,即使浮桥分解了,由于跨河主索未撤,通航仍属不可。因此,对于通航要求较高的江河,不宜采用横张纲法固定浮桥。

(5)在横张纲固定中,不论是主索还是塔架、锚碇座,器材都是集中受力的,一处遭到破坏,则全桥遭到破坏。因此,必须使结构具有足够的安全系数。在采用横张纲固定时,必须事先根据任务情况、江河条件进行简要的设计计算,以确保固定装置系统安全可靠地工作。

2. 横张纲固定法的使用时机

(1)对于预有准备的横张纲固定系统和经过训练的分队,在无通航要求的情况下,横张纲固定可用于架设浮桥的所有时机。

(2)对于预有准备的横张纲固定系统和经过训练的分队,专用于石质、泥沙质河底条件下架设浮桥时的固定,即只有在投锚固定无效时,才使用横张纲固定。

(3)对于河底及水情复杂的重要渡河方向和预备渡口,可采用就便器材或半制式器材设计横张纲固定系统,兼做在必要情况下实施滑纲渡的设备。

(三)横张纲固定系统组成

浮桥横张纲固定系统由横纲、斜纲、组合式塔架、系留索、稳定索和螺旋锚锚碇装置组成(图14-26)。组合式塔架起支撑横纲的作用,由础板、安装架、铰接器、塔体单元、塔帽和吊索器等组成,可以通过调整塔体单元数量实现塔架高度调整;系留索用于横纲和浮桥的连接,将浮桥的水平阻力传递到横纲上;稳定索用于塔架的固定,克服横纲作用于塔架的弯矩;螺旋锚锚碇装置由单叶螺旋锚、群锚组、双叶螺旋锚组成,主要用于系留索、横纲和斜纲的锚定。

在低流速下,横张纲单纲系统可以固定380m左右浮桥,横纲最大跨度450m左右。高流速、宽河幅的河流,可以进行多纲架设或与斜纲混合架设。河幅小于200m、流速1.5m/s以下的河流,可以直接采用斜张纲固定。

1. 横张纲塔架

为架设浮桥而设置的横张纲塔架可以是固定式塔架(图14-27)或用就便器材拼装的简易

塔架(图14-28),需浇筑混凝土基础作为承载平台。塔架高度和承载能力都受到一定的限制,只能在较窄的江河上使用,且适应流速低、作业时间长、安全性较差。

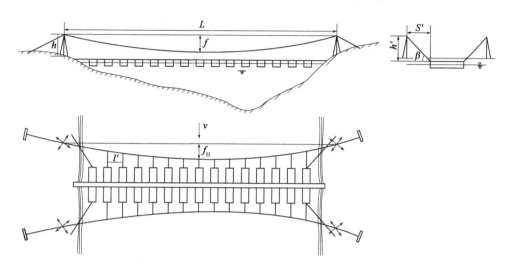

图14-26 浮桥横张纲固定系统工作图

图14-27 固定式横张纲塔架

图14-28 就便式横张纲塔架

美军为IRB带式浮桥配套的制式组合式横张纲塔架(图14-29)由基础板、铰接装置、一节或几节塔体、塔帽和塔帽附加装置组成,通过调整塔体数量可以架设高度11~21m的塔架,每级调整高度为3.3m。

2. 岸边锚碇装置

岸边锚碇装置根据不同的地质情况可采用卧桩、锚杆及螺旋锚等多种方式。

浮桥张纲固定采用的传统锚碇形式多为卧桩锚碇,主要靠土体的被动土压力来抵抗斜纲或横纲的拉力。单个锚碇由锚碇坑、锚梁、被覆木(或称竖木)、锚纲、水平板栅等部分组成(图14-30)。张纲卧式锚碇采用钢制可拼装结构,可提供横纲锚定力400kN。全部采用人工拼装作业、吊车吊装、挖土机挖制锚碇坑和回填(图14-31),作业工程量大、周期长(2个横纲卧桩锚碇用时5d,作业人员达20人)。

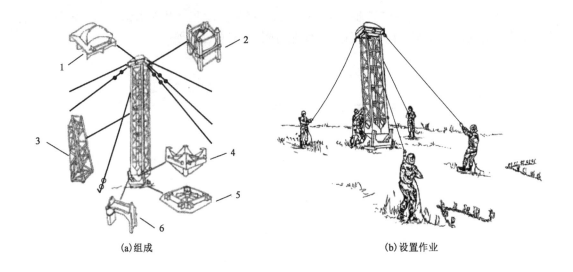

图 14-29　美军 IRB 带式浮桥组合式横张纲塔架
1-塔帽;2-塔帽附加装置;3-塔节;4-连接单元;5-基座;6-竖立装置

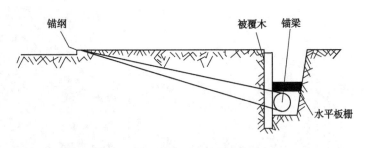

图 14-30　传统卧桩锚碇

　　锚杆锚碇通过锚固于岩层中的锚杆将斜纲或横纲的拉力传给地层。锚杆锚固可以采取机械锚固或用凝结材料将锚杆与岩土黏固。依靠机械的扩张或拉紧装置(底板和楔块)将锚杆根部固定在孔内称为机械锚固(图 14-32)。这种锚固的优点在于直接快速,锚杆一经插入固定,即可承受荷载。在地层中固定锚杆的第二种方法是用一种适当的凝结材料(通常是用水泥砂浆或合成树脂)将锚杆端头一段与孔壁黏结在一起(图 14-33)。注浆凝固硬化以后,通过与接触表面产生剪力将锚杆杆体的拉力传给地层。锚杆是成熟的技术,在护坡及桥梁工程中已广泛应用。但是锚杆的设计施工技术性强,工艺要求高,还未在浮桥张纲固定中得到应用。

　　螺旋锚是一种新的锚固结构,同其他的锚碇方法相比,螺旋锚具有承载快(安装后可立即承载);没有土方工程,施工速度快;需要的施工人员和设备少,可全天候安装;成本低,后期可回收等优点。近年来,一些发达国家,如加拿大、美国等已经开始将螺旋锚用作抗拔基础,特别是在超高压输电线路的基础中更为多见,它既可以承受下压荷载又可以承受上拔力。目前,螺旋锚还被广泛应用于高陡边坡支护、荷载试验的反力装置以及水池、船坞的抗浮等诸多方面。国内许多工程也将螺旋锚用于边坡和基坑的支护,并取得了很好的效果。

图 14-31 卧桩锚碇结构及设置

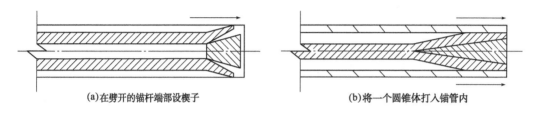

(a)在劈开的锚杆端部设楔子　　　　(b)将一个圆锥体打入锚管内

图 14-32 用机械方法将锚杆固定在岩层中

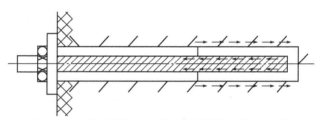

图 14-33 在锚杆孔的底部用凝结材料将锚杆固定在岩层中

(四)横张纲固定系统计算

1. 基本假设

(1)柔性假设。主索是绝对柔性的,不能够承受任何弯矩。

(2)弹性假设。主索材料服从胡克定律。

(3)荷载假设。主索以小垂度柔索形式工作,系留纲较多且分布在主索的大部分长度上,因而可将主索自重及由系留纲传来的集中力全部换算为布满全跨的均布荷载。

(4)共面假设。在系留纲足够短(主索变形线最低点接近或重合于浮桥舟首系留点)以及系留纲张力足够大(浮桥在设计荷载作用下)的条件下,可以认为:主索和一系列系留纲张紧在同一平面内,即忽略了主索、系留纲自重对主索摆动角度和系留纲悬吊角度的影响,认为各系留纲悬吊角度均相同,且同处于主索摆动的平面内,该平面与水平面的夹角为 β。

(5)主索外形假设。主索在张设后架桥前在垂直面内或在水平面内呈抛物线形工作;主索在架桥后的设计荷载作用下,在 β 平面内呈抛物线形工作。

(6)主索截面假设。主索在受力过程中截面不变。计算时不考虑截面的横向增量,即泊

松比 $\mu = 0$。

运用上述假设进行近似计算,可以大大简化计算过程,同时,其计算精度又可以保证实际作业中的要求。

2. 基本参数

(1)主索跨度 L

主索跨度即两岸塔架间的距离。两岸塔架(其连线即塔架轴线应平行于桥轴线)间距应尽量减小,通常可以按下式确定

$$L = 1.2B \tag{14-49}$$

式中:B——河幅宽度(m)。

具体确定塔架位置时,应在考虑水位变化影响及锚碇座设置条件的基础上,尽量靠近河边。

(2)塔架高度 h

当有条件(河幅较小,岸较高或有可架设高塔架的器材设备)时可设置高塔架,即横张主索在初垂度 f_0 条件下,主索底部悬吊离水面1m高,以便水上架设作业。此时,塔架高度 h 为

$$h = (f_0 + 1) - h_1 \tag{14-50}$$

式中:f_0——主索初垂度(m);

h_1——塔架设置点处河岸高出水面的距离(m)。

要求两岸塔架顶部高程相同。由于两岸地形条件不同,所以两岸塔架自身高度可不一致。设置高塔架时,系留纲长度通常都比较长。

当设置高塔架不具备条件时,可设置低塔架。为保证横张主索不垂入水中,需设置一系列浮标浮托主索。此时塔架高由当时条件(岸边地形条件及塔架地形条件等)具体确定。

(3)塔架轴线至系留点的水平距离 L'

L'应保证尽可能缩短系留索的长度,以满足共面假设条件。采用低塔架方案时,距离 L' 近似等于主索的水平垂度 f_H 与浮桥中央系留索长度(可取1m左右)之和,即

$$L' = f_H + 1 \tag{14-51}$$

主索的水平垂度 f_H 可按下式计算

$$f_H = \frac{HL^2}{8l'[T]} \tag{14-52}$$

式中:$[T]$——主索的容许张力(破断拉力的一半)或主索预计达到的张力(小于容许张力)(kN);

f_H——主索的水平垂度(m),一般为主索跨度 L 的5%~10%,如计算后不能满足要求时,则改变主索直径(或根数);

H——系留段的水平力(kN);

l'——单根系留索所对应的系留段长度值(m)。

(4)主索初垂度 f_0

主索初垂度 f_0 的确定应考虑多方面的因素。垂度小,有利于降低塔架高度,有利于浮桥架设作业,有利于保持桥轴线正直。但垂度过小会造成张紧主索费力费时以及主索受力过大,要求用直径更大的钢索做主索等问题。应根据当时的具体作业条件和要求确定初垂度的大小,通常初垂度为(3%~7%)L。在本教材中,采用了先定塔架高度及终垂度,再反算主索初

垂度的方法。

(5)主索弹性模量 E

主索采用钢索材料。钢索在拉伸过程中既有钢丝的弹性变形,也有钢索内部的非弹性几何变形,因此其弹性模量 E 值是一个变化量,可在 $1.0\times10^5\sim1.5\times10^5$ MPa 范围内取值。新索、受力较小的索以及未经预拉的索,E 取较小值。旧索、受力较大的索以及经过预拉的索,E 取较大值。

3.横张纲固定装置系统的计算

(1)系留索纲张力的计算

系留纲受力简图如图 14-34 所示。

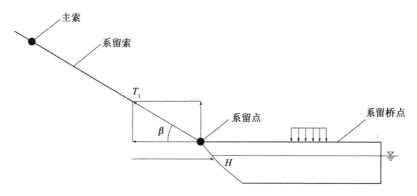

图 14-34 系留纲受力简图

$$T_1 = \frac{H}{\cos\beta} \leqslant \frac{S_1}{K_1} \tag{14-53}$$

式中:T_1——系留纲内张力(N);
  H——系留桥段水平力(N);
  S_1——系留纲的破断拉力(N);
  K_1——安全系数:钢索取 2,麻索及聚乙烯塑料取 3;
  β——系留纲的仰角,近似取主索的摆动角度。

两岸有塔架时:

$$\tan\beta = \frac{h'}{S'} \tag{14-54}$$

式中:S'——塔架轴线到系留点的距离(m);
  h'——塔架顶点高出系留桥段的系留点的距离(m)。

$$h' = h - 岸高 - h_0 \tag{14-55}$$

式中:h_0——舟的干舷高度。

(2)横张主索张力和索长的计算

主索在 β 平面内呈抛物线形式工作(图14-26)。主索上位于 β 平面沿跨长均布的荷载集度 q 为

$$q = \frac{T_1}{l'} + g_0\sin\beta \tag{14-56}$$

式中：T_1——单根系留纲张力(N)；
  l'——单根系留纲对应的系留桥段长度(m)；
  g_0——主索单位纵长米自重(N/m)；
  β——主索所在平面与水平面的夹角。

则主索最大张力发生在塔架鞍部处，其大小为

$$T_{\max} = \frac{qL^2}{8f}\sqrt{1 + 16\left(\frac{f}{L}\right)^2} \approx \frac{qL^2}{8f} \tag{14-57}$$

式中：q——主索上在 β 平面内沿跨长均布的荷载集度(N/m)；
  L——主索跨度(m)；
  f——主索在 β 平面的终垂度(m)。

主索强度条件应满足：

$$T_{\max} \leqslant \frac{S_P}{K_S} \tag{14-58}$$

式中：S_P——用作主索的钢索的破断拉力(N)；
  K_S——安全系数，其值不小于2。

当横张主索中内张力很大时，浮桥采用双纲固定较为适宜(图 14-23、图 14-24)。图中给出的两种双纲固定方式，都使每根主索所受的内力比单纲体系减小一半。其中，图 14-23 中是由于主索上的荷载集度减小了一半，图 14-24 中是由于计算跨度和垂度减小了一半。

在式(14-57)中，f 值可根据塔架高度、塔架轴线到系留点的距离、初步算出的 f_H 等因素从几何关系中求出。

根据共面假设的条件，系留索的长度(在浮桥所有桥脚舟的纵中轴线上)与 f 值相比是很小的，并处于同一平面中(与水平角成 β 角)。

为了保证横张纲索在设计荷载作用下形成以上 f 值，必须在选定的初垂度中给予保证，初垂度应符合计算出的数值。

在初始状态下主索的张力为

$$T_0 = \frac{g_0 L^2}{8f_0} \tag{14-59}$$

索长为

$$L_0 = L \cdot \left[1 + \frac{8}{3}\left(\frac{f_0}{L}\right)^2\right] \tag{14-60}$$

在最终状态下主索张力为

$$T_1 = \frac{qL^2}{8f} \tag{14-61}$$

索长为

$$L_1 = L \cdot \left[1 + \frac{8}{3}\left(\frac{f}{L}\right)^2\right] \tag{14-62}$$

运用胡克定律

$$\Delta L = \frac{\Delta T}{E \cdot F} \cdot L_0 \tag{14-63}$$

式中：ΔT——最终状态和初始状态的张力值差，$\Delta T = T_1 - T_0 = \dfrac{L^2}{8} \cdot \left(\dfrac{q}{f} - \dfrac{g_0}{f_0}\right)$；

ΔL——索长的差值，$\Delta L = L_1 - L_0 = \dfrac{8}{3L}(f^2 - f_0^2)$。

代入胡克定律表达式(14-63)后得到

$$\dfrac{8}{3L}(f^2 - f_0^2) = \dfrac{\dfrac{L^2}{8} \cdot \left(\dfrac{q}{f} - \dfrac{g_0}{f_0}\right)}{E \cdot F} \cdot L_0 \qquad (14\text{-}64)$$

在求 f_0 时，上式简化后为（在这里显然可以忽略 L 和 L_0 的差值）

$$f_0^3 + \left(\dfrac{3L^4 q}{64EFf} - f^2\right) \cdot f_0 - \dfrac{3L^4 g_0}{64EF} = 0 \qquad (14\text{-}65)$$

式中：f——主索终垂度(m)；

L——主索跨度(两岸塔架间距)(m)；

L_0——主索初始状态长度(m)；

g_0——主索单位纵长米自重(N/m)；

f_0——主索初始垂度(m)；

EF——主索抗拉刚度(N)，其中 E 为弹性模量，F 为主索横截面积。

综上所述，主索计算按下列步骤进行。

①按式(14-49)确定主索的跨度 L，根据式(14-52)计算主索的水平终垂度 f_H、式(14-55)计算塔架顶点高出系留段系留点的距离 h'、式(14-51)计算塔架轴线至系留点的水平距离 L'。

②根据式(14-54)计算主索摆动平面与水平面的夹角 β，按下式计算 β 平面内主索的垂度 f 并校核其是否满足 $(3\% \sim 7\%)L$。

$$f = \dfrac{f_H}{\cos\beta} \qquad (14\text{-}66)$$

③根据式(14-53)计算系留索的内张力 T，并校核。

④根据式(14-56)计算主索上的均布荷载集度 q。

⑤根据式(14-57)计算主索的最大张力 T_{max}，按式(14-58)校核其强度。

⑥根据式(14-65)计算主索的初始垂度 f_0，根据式(14-60)计算初始索长 L_0。

例 14-3：浮桥横张纲主索计算。

已知：某浮桥拟以横张纲法固定。

河幅 $B = 200$m，两岸高出水面 2m，依据现有器材，塔架可架高至 9m。

按浮桥的水阻力、风压力计算及系留点长度的划分得系留桥段长 $l' = 10$m，系留桥段总的横向水平力 $H = 7000$N（注：计算 H 时，舟体活载吃水按最大活载吃水的一半考虑，因为横张纲固定是整体性固定，活载吃水按浮桥上一个临界长度内的平均活载吃水考虑）。浮游桥脚在计算吃水时，干舷高 0.5m。

用作系留索的钢索为 GB/T 20118—2017 6×12 类 1570MPa 级钢索，$\phi = 9$mm，$g_0 = 2.03 \times 10^{-3}$kN/m，最小破断拉力 $S = 26.6$kN。用做主索的钢索为 GB/T 20118—2017 8×19 类 1570MPa 级纤维芯钢索，$\phi = 40$mm，$g_0 = 57.1 \times 10^{-3}$kN/m，最小破断拉力 $S_P = 736$kN，钢索使用过多次。拟用 9m 高塔架。

试计算主索最大张力,确定初垂度及投放于两岸塔架索鞍间的索长。

解:

①确定主索跨度 L

$$L = 1.2B = 1.2 \times 200 = 240 \text{ (m)}$$

塔架顶点高度高出系留段系留接触点距离 h'

$$h' = (2 + 9) - 0.5 = 10.5 \text{ (m)}$$

主索水平终垂度 f_H

$$f_H = \frac{HL^2}{8l'[T]} = \frac{7000 \times 240^2}{8 \times 10 \times 368000} = 13.7 \text{ (m)}$$

塔架轴线到系留点距离 S'

$$S' = f_H + 1 = 14.7 \text{ (m)}$$

②主索摆动平面与水平面夹角 β

$$\tan\beta = \frac{h'}{S'} = \frac{10.5}{14.7} = 0.714$$

β 平面内主索垂度 f

$$f = \frac{f_H}{\cos\beta} = \frac{13.7}{0.814} = 16.83 \text{ (m)} \quad (f = 7\% L)$$

③系留纲张力 q_1

$$T_1 = \frac{H}{\cos\beta} = \frac{7000}{0.814} = 8603 \text{ (N)}$$

④主索上的荷载集度 T_1

$$q = \frac{T_1}{l'} + g_0 \sin\beta = \frac{8603}{10} + 56.6 \times 0.581 = 893 \text{ (N/m)}$$

⑤主索最大张力 T_{max}

$$T_{max} = \frac{qL^2}{8f} = \frac{893 \times 240^2}{8 \times 16.83} = 382475 \text{ (N)} > [T] = \frac{S_P}{K_S} = \frac{736000}{2} = 368000 \text{ (N)}$$

但 $\dfrac{T_{max} - [T]}{[T]} = 3.8\% < 5\%$,满足要求。

⑥主索初始垂度 f_0 和投放索长度 L_0

主索横截面积为

$$F = \frac{\pi D^2}{4} = \frac{3.14 \times 4.1^2}{4} = 13.2 \text{ cm}^2 = 1320 \text{ (mm}^2)$$

由于是旧索,取 $E = 1.4 \times 10^5$ MPa,于是主索抗拉刚度为

$$EF = 1.4 \times 10^5 \times 1320 = 18.48 \times 10^7 \text{ (N)}$$

将各相应值代入初垂度的三次方程式(14-57)得

$$f_0^3 + \left(\frac{3 \times 240^4 \times 893}{64 \times 18.48 \times 10^7 \times 16.83} - 16.83^2\right) \cdot f_0 - \frac{3 \times 240^4 \times 56.6}{64 \times 18.48 \times 10^7} = 0$$

整理后得到

$$f_0^3 - 238.7 f_0 - 47.6 = 0$$

解出

$$f_0 = 15.55\text{m}$$

从而得索长

$$L_0 = L \cdot \left[1 + \frac{8}{3}\left(\frac{f_0}{L}\right)^2\right] = 240 \times \left[1 + \frac{8}{3} \times \left(\frac{15.55}{240}\right)^2\right] = 242.69(\text{m})$$

(3) 塔架的计算

塔架的作用在于支承和抬高主索。主索通过塔架顶部鞍座与锚碇座引出的后拉钢索连接起来，必须保证锚碇座、后拉钢索和塔架所形成的立面与主索端部相切，从而使主索在最大受力时不对塔架产生侧向作用，而使塔架仅受轴向力作用。这一点可通过张纲固定装置系统的现场经始作业来保证。

通过系留纲和主索的设计计算，我们已经确定了下列因素：桥轴线位置、塔架轴线位置、塔架设置点位置、塔架高度、塔架顶点到水面的高度、主索和系留纲共面及与水平面的夹角、主索跨度、主索初垂度及终垂度等。这些就是经始作业的基础，通过上述因素可以准确定出锚碇座的位置和方向。

横张纲固定装置系统经始作业如图 14-35 所示。图中 B 为锚碇座位置，A 为塔架位置，C 为塔架顶点，h 为塔架高度，y 为锚碇座偏离塔架轴线的距离，x 为锚碇座位于塔架后的距离，z 为锚碇座与塔架间的距离。BCO 为主索，CO 段为跨中主索，BO 段为后拉钢索，γ 为后拉钢索倾角，φ 为后拉钢索与塔架间的夹角，θ_1 为主索端部水平投影与塔架轴线间的夹角，θ_2 为主索端部在垂直立面上的投影与水平面间的夹角。

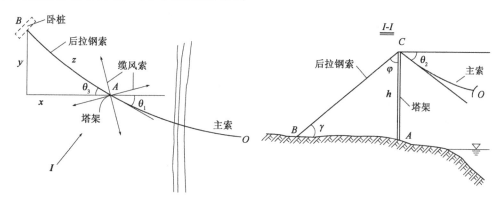

图 14-35 横张纲固定装置系统经始作业

为保证锚碇座、后拉钢索和塔架所形成的立面与主索端部相切，须使 $\theta_1 = \theta_3$。
由于

$$\theta_1 = \arctan\left(\frac{y}{x}\right) \tag{14-67}$$

$$\theta_3 = \arctan\left(\frac{4f_x}{L}\right) = \arctan\left(\frac{4f\cos\beta}{L}\right) \tag{14-68}$$

故锚碇座的方向（后拉钢索的方向）必须满足下式要求：

$$\frac{y}{x} = \frac{4f\cos\beta}{L} \tag{14-69}$$

锚碇座的具体位置视 y、x 的具体位置而定，其根据是选择便于构筑锚碇座的地点。

在确定了锚碇座的方向和位置后,即可知道后拉钢索与塔架间的夹角 φ,就可以计算出主索通过塔架顶部索鞍时对塔架的压力 N。

设后拉钢索张力为 T',主索跨端张力为 T_{max}。由 C 点各水平方向的平衡条件可得

$$T_{max} \cos \theta_2 = T' \sin \varphi \tag{14-70}$$

则

$$T' = \frac{T_{max} \cos \theta_2}{\sin \varphi} \tag{14-71}$$

式中,

$$T_{max} = \frac{qL^2}{8f} \sqrt{1 + 16\left(\frac{f}{l}\right)^2} \approx \frac{qL^2}{8f}$$

$$\varphi = \arctan \frac{z}{h}, z = \sqrt{x^2 + y^2} \tag{14-72}$$

$$\theta_2 = \arctan \left(\frac{4f_y}{L}\right) = \arctan \left(\frac{4f \sin \beta}{L}\right) \tag{14-73}$$

塔架正压力 N 为

$$N = T_{max} \sin \theta_2 + T' \cos \varphi \tag{14-74}$$

常用独根圆木做成独脚塔架,对独脚塔架按压杆稳定条件进行校核:

$$\sigma = \frac{N}{F} \leqslant [\sigma_K] = \varphi[\sigma] \tag{14-75}$$

式中:N——塔架正压力(N);

F——塔架横截面面积(m^2);

$[\sigma]$——塔架材料允许应力(MPa);

φ——容许应力折减系数。

折减系数 φ 是压杆的长细比 λ 的函数。φ 与 λ 的对应关系见表 14-11。

φ 与 λ 的对应关系   表 14-11

λ	φ	λ	φ	λ	φ
0	1.00	70	0.60	140	0.16
10	0.99	80	0.48	150	0.14
20	0.97	90	0.38	160	0.12
30	0.93	100	0.31	170	0.11
40	0.87	110	0.25	180	0.10
50	0.80	120	0.22	190	0.09
60	0.71	130	0.18	200	0.08

长细比

$$\lambda = \frac{l_K}{i} \tag{14-76}$$

式中:l_K——塔架计算长度,与塔架两端支承的方式有关,顶端因有抗风缆索牵制,可当铰支座

考虑,因此塔架计算长度取决于下端固定情况:

当下端采取埋桩形式,深度 1.2~1.5m,并确实嵌固,可按固定端考虑,则塔架为一端铰支一端固定的压杆。塔架计算长度 $l_K = 0.7h$。

当下端采取支托形式定位固定时,可按铰支端考虑,则塔架为两端铰支的压杆,塔架的计算长度 $l_K = h$。

i——回转半径,$i = \sqrt{J/F}$(J 和 F 分别为塔架横截面的惯性矩和面积)。当独脚塔架为圆木时,$i = r/2$,r 为圆木半径。

(4)锚碇座的形式及设计

在采用横张纲固定浮桥的作业中,构筑锚碇座是重要工程作业之一。横张主索上受到浮桥上全部水压力和风压力的作用,主索内部产生巨大的张力,这就要求以直径较大的高强度钢索充当主索,其极限强度达一百多 kN 到几百 kN。然而,只有锚碇座也具有与设计所要求的主索同等极限强度时,主索的安全工作才是有保证的。因此,对锚碇座的设计计算与对主索和塔架的设计计算具有同样的重要性。

此外,锚碇座的构筑又往往是最费力费时的。往往由于锚碇座工程的拖延,使浮桥迟迟不能够架设起来,影响到渡河工程保障任务的完成。因此,合理地确定锚碇座的结构形式和尺寸,快速地确定其承载力,快速地进行锚碇座构筑作业,是实现横张纲固定浮桥作业的重要要求。

①横张纲固定装置系统对锚碇的要求

a. 锚碇座的位置

由塔架的设计计算可知,锚碇座应位于塔架与后拉钢索形成的平面内。后拉钢索延伸线与地面的交点即锚碇座位置。

b. 安全锚定力的大小和方向

锚碇座的安全锚定力一般取 $2T'$,锚定力的方向即为后拉钢索的张力 T' 的方向。

②横张纲固定浮桥时常用的锚碇形式

a. 卧桩锚碇座

卧桩锚碇座又称水平锚碇座,是由一根或几根圆木捆在一起,水平横置埋入土中做系留横木(卧桩),在横木上缠绕锚碇钢索,并按后拉钢索同样方向引出地面可以提供锚碇力的结构物(图 14-31)。卧桩埋入深度应根据锚定力大小、方向以及土质情况决定,一般为 1.5~3.5m,能够提供的锚碇力为 30~400kN。当荷载超过 75kN 时,锚碇常用水平栅或圆木作成的木壁加强。卧桩锚碇座结构简单,使用方便。

在实际运用此种锚碇座时,可在现场对锚碇座进行具体的结构设计。通过对锚碇座在垂直力作用下的稳定性、在水平力作用下的土压力以及水平系留横木的强度条件三个方面的计算,也可通过查阅参考资料直接选用合乎锚碇力要求的水平锚碇座结构标准方案。

前一种方法虽然能够灵活处理各种情况,但过于烦琐,很难满足野战条件下的快速设计;后一种方法虽然简单快速,但不能够灵活机动因地制宜。因此,下面介绍一种综合设计方法,它是利用卧桩锚碇力的一些实验基本数据,根据构筑作业时的具体要求和具体条件(如后拉钢索角度、卧桩材料条件以及卧桩埋设条件等),进行现场快速设计的方法。

根据试验研究,卧桩单位承载面积的安全抗力与卧桩埋设深度、锚碇钢索张力方向等有表 14-12 所示的关系。综合设计方法即以此为基础。

卧桩单位承载面积的安全抗力（N/m²）   表 14-12

平均埋设深度 (m)	缆索方向				
	垂直	1/1 (45°)	1/2 (26.5°)	1/3 (18.5°)	1/4 (14°)
0.91	29300	46400	64300	70900	73400
1.22	51400	85500	107300	126900	132000
1.52	83000	136800	175900	195500	200000
1.83	117000	185200	249000	282200	293500
2.13	157000	249000	341800	391000	410800

注：在硬土或石质介质中，表中安全抗力应乘以 5；在高含水率的细粒土壤中，表中安全抗力应乘以 0.5。

例如，有一锚碇座，其后拉钢索拟采用 1/4(14°) 的倾角，钢索最大计算张力 T' 为 65kN，即要求锚碇座提供锚碇力 $2T'$ 为 130kN，则卧桩尺寸及埋设深度可以有以下多种组合（表 14-13）。

卧桩尺寸及埋设深度组合   表 14-13

埋深(m)	卧桩所需承重面积(m²)	埋深(m)	卧桩所需承重面积(m²)
1.22	1	1.83	0.45
0.91	2		

这些组合情况的选定依据现场卧桩木料、土层情况、开挖基坑时间等条件。

当卧桩长度与直径的比值 L/D（L 为长度，D 为直径）满足下列要求时，抗弯强度即可有保证，不必进行计算：方木 $L/D \leq 9$，圆木 $L/D \leq 5$。

卧桩护板应有足够的抗弯强度，当护板（钢质）$L'/t \leq 9$（L' 为长度，t 为厚度），抗弯强度即可保证。

关于后拉钢索倾角的确定：后拉钢索的倾角依据构筑锚碇座地点的地形条件、土质条件，即依据锚碇座和塔架的经始位置、作业条件确定。后拉钢索倾角越小，对锚碇座及塔架的稳固越有利。反之，后拉钢索倾角越大，对锚碇座及塔架的稳固越不利。但倾角也不是越小越好，倾角的大小与多方面因素有关，只有按实际情况决定。后拉钢索倾角最好不大于 30°。

例 14-4：卧桩锚碇设计。

已知：某浮桥以横张纲法固定。对张纲固定装置系统中的系留纲、主索、塔架完成设计后求得后拉钢索计算张力 $T' = 200$kN（后拉钢索采用 GB/T 20118—2017 8×19 类 1570MPa 级纤维芯钢索，$\phi = 40$mm，最小破断拉力 $S_p = 736$kN）。因塔架周围是石质地基，只有离开塔架位置（在后拉钢索方向上）2m 处有可开挖的中等密实土壤，可开挖深度 3m 以上。锚碇座设于此处时，后拉钢索倾角为 26.5°。土方作业时间较为充裕。

试按现地条件运用综合设计法设计卧桩锚碇。

解：确定锚碇座的锚碇力：$2T' = 400000$N

后拉钢索倾角为 1/2(26.5°)。

依据表 14-12 选择较深的开挖深度：

后拉钢索倾角 1/2，卧桩埋深 2.13m，安全抗力 341800N/m²。

确定卧桩所需(在后拉钢索方向上的)承重面积$S(m^2)$：
$S = 400000/341800 = 1.17(m^2)$
依据S选取卧桩尺寸：
假定现有方木正面高为40cm，所需卧桩长度为$L = 1.17 \times 100^2/40 = 293(cm)$
还要增加30cm的钢索钩，卧桩长度应为$293 + 30 = 323(cm)$，取330cm。
确定方木厚度$D = 330/9 = 36.67(cm)$，取37cm，卧桩尺寸为37cm×40cm×330cm。
选择卧桩护板：
所需承压护板的面积$F = 2T'/[\sigma_C] = 400000/600 = 666.7(cm^2)$
选承压护板比卧桩宽5cm并折边，以免钢索切割方木。
护板长度：$L' = 666.7/40 = 16.67(cm)$，取20cm。
护板厚度：$t = L'/9 = 20/9 = 2.22(cm)$，取2.3cm。

b. 竖桩锚碇座

植入土壤中的桩柱(木桩、混凝土桩等)，不仅具有轴向承载能力，而且具有横向承载能力。因此，桩顶可对缠绕其上的缆索提供锚碇力。

垂直桩的横向承载力问题很复杂，因此，计算结果常与实际情况出入较大，横向承载力取决于桩在土中的嵌固条件、桩与土的变形性质、桩本身的强度条件以及土壤的承压能力。

桩横向承载能力的计算也是以桩的水平荷载实验为基础的。在工程中，常常直接用单桩水平荷载实验确定单桩的横向承载能力。

竖桩锚碇座可以分为单桩、并列桩(由系材连接的2个单桩)、群桩(图14-36)以及有支撑圆木加固的桩。其使用时机一般有：

单桩用于土壤可植(埋)桩、锚碇力要求10～20kN；
并列桩用于土壤可植(埋)桩、锚碇力要求30～50kN；
群桩用于土壤可植(埋)桩、锚碇力要求30～100kN；
有支撑圆木加固的桩用于松软土壤。

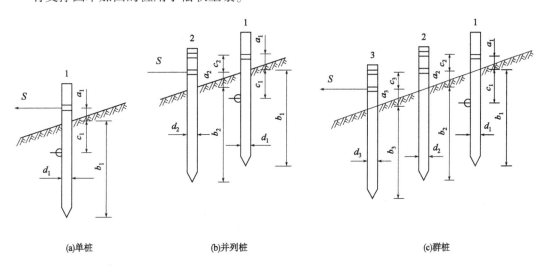

图14-36　植桩的单桩、并列桩和群桩图例

竖桩锚碇座在使用时可查表确定相关尺寸、桩类和桩数。在查表设计时,依据所需的锚碇力,参照竖桩锚碇座的典型图例(埋桩或植桩、单桩或桩群),查竖桩锚碇座尺寸表(表 14-14,表中锚碇力是横向承载力)。由于竖桩锚碇座的锚碇力通常较小(不大于 100kN),因此在横张纲固定中很少使用,若使用也是用作辅助措施。

竖桩锚碇座尺寸　　　　　　　　　　　　　表 14-14

锚碇力 (kN)	尺寸(cm)											
	1 号桩				2 号桩				3 号桩			
	a_1	b_1	c_1	d_1	a_2	b_2	c_2	d_2	a_3	b_3	c_3	d_3
10	30	150	40	18								
15	30	150	40	20								
20	30	150	40	26								
30	30	150	40	20	30	150	90	22				
40	30	150	40	22	30	150	90	25				
50	30	150	40	24	30	150	90	26				
60	30	150	40	20	30	150	90	22	30	150	90	28
80	30	150	40	22	30	150	90	25	30	150	90	30
100	30	150	40	24	30	150	90	26	30	150	90	33

由于群桩不能很好地共同工作,所以后桩不能充分发挥作用。在群桩中,总是前桩尺寸较大,承受总锚碇力的百分比较大,中桩次之,后桩较小。而群桩总体的锚碇力比群桩中各单桩的锚碇力之和要小。

若已知竖桩的竖向承载力,也可估算得知横向承载力。横向承载力约为竖向承载力的 1/6。

c. 重力式锚碇座

任何一个重物都可以当作锚碇座设施,如停下的汽车、拖拉机、巨大的石块等。这种设施叫作重力式锚碇座或压载锚碇座。

锚碇座需要进行以下三个方面的估算:

ⓐ系留缆索点的结构强度(抗弯、抗剪、挤压等强度);

ⓑ压载重物与地面的摩擦力;

ⓒ压载重物倾倒的稳定性及竖向稳定性。

例如,竖向稳定性。一个混凝土块锚碇座,其质量应相当于后拉钢索垂直上拔力的 4.8 ~ 6.0 倍,以此来确定混凝土块的体积(G/γ)。若缆索固定点与岩石接触,则岩石承受应力应小于 1MPa。

压载锚碇座常与桩式锚碇座共同使用,以压载加强桩式锚碇座或以桩式锚碇座加强压载锚碇座。

d. 综合措施锚碇座

有些锚碇座是多种工程措施综合工作的。例如,在沙洲上构筑锚碇座,就常将埋设水平桩、植桩、压载等措施综合使用。因为沙质松软,摩擦角小,所以基坑挖不大、挖不深,在卧桩之前都必须植桩,上部回填必须混合以杂草等物。除此之外,上部以沙袋确实进行压载。在沙洲上也可用单纯的桩式锚碇,但必须植桩很深,数量也较多。

③地形、地物的利用

a. 石嘴锚碇座

突出的生根孤石也可以用作锚碇座,但石嘴直径需较大且突出较多。钢索缠绕时,为防止岩石割坏缆索,钢索与石嘴之间应垫钢钎。

b. 树干锚碇座

根深叶茂的大树,树干经过采取措施保护不被钢索切割时,可用作锚碇座。但热带山区江河岸边的大树,木质松软,多无主根,根须多靠近地面,有时河谷中风大,树干摇动厉害,故不宜做锚碇座。

c. 建筑物的利用

如桥梁遭破坏后,墩台可作锚碇座使用。

d. 坑洞式锚碇座

当渡口进出路受到山地地形的限制,不可能有足够的直线段时,可采用坑洞式锚碇座。它的位置可靠近山脚也可在山腹。坑洞应按后拉钢索倾斜角开掘,并被覆(岩石紧硬系数在8级以上不用被覆),在坑底构筑木质、钢筋混凝土或型钢锚碇座。系留纲在锚碇座上缠绕一周后引出坑洞再以索卡固定。坑洞不必回填。洞口开挖尺寸依具体情况确定。

④锚碇座构筑作业

往往由于作业量较大和作业正面小而展不开兵力,不能快速开设锚碇座,拖长了整个架设浮桥(或开设滑纲渡口)的时间。

为解决这个矛盾,必须从以下四个方面进行研究:

a. 机动灵活地决定锚碇座的形式

根据具体地形、土质、材料、工具、所需锚碇力及作业时间要求等条件,灵活地决定锚碇类型。例如,适当增大基坑长度、减小深度以增大作业面、加快作业速度。

b. 要有标准格式

既要做到心中有数,又要大大简化运算。

c. 采用预制构件

锚碇座必须准备质量好的木材、混凝土构件或型钢,必要时可采用桥桁、桥板代替。较长时间埋设地下的卧桩必须做防腐处理。最好采用单独的锚碇座钢索(15~20m),这样就可在主索张设作业之前(或同时)完成锚碇作业,不必等待主索缠绕卧桩。锚碇座钢索绕过卧桩通过索道孔(以木板被覆保证钢索不被土掩埋,不被其他物体卡结)引出,与主索卡结。在撤收器材时间紧迫时,可自由抽出锚碇座钢索而丢弃卧桩。

d. 开设基坑,快速出土。尤其是坚硬土质条件,作业十分困难,基坑位置应及早经始(以便及早投入作业),并尽量选择易于开挖的地段。作业中应善于组织作业力突击,并尽可能采用机械机具和爆破技术。

五、浮桥斜张纲固定

用岸边斜张钢索固定系留桥段,即为斜张纲固定法,又叫系留固定法,如图14-37所示。斜张纲固定浮桥的器材及作业都比较简单,只要用系留索将系留桥段系在岸边的系留桩柱、锚环或锚碇座上并紧定即可。这一切作业均在桥头(投掷绳、系留索)及岸边(固定、紧定系留索)进行。

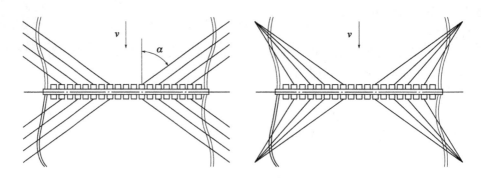

图 14-37 斜张纲固定浮桥

系留索的直径大小和数量与系留桥段上的水平力 H 的大小、系留索和桥脚舟轴线间的夹角 α 等有关。系留索内张力按下式计算：

$$T = \frac{H}{\cos \alpha} \tag{14-77}$$

式中, α 角应为 30°~60°。

得到系留索内张力 T 后，即可按下式校核系留索强度：

$$T \leqslant \frac{S}{K} \tag{14-78}$$

式中：S——系留索破断拉力(N)；

K——安全系数,麻绳、聚乙烯塑料绳取 3,钢索取 2。

若浮桥短期使用,在风力作用不大、江河流速较缓、河幅不宽时,一座浮桥可以用少数几根系留索就有效地固定住。例如,固定纵长 100m 的浮桥仅用 4 根上游系留索即可。对具有较大水平刚度的浮桥,如带式浮桥,在不宽的河上,可以仅仅采用岸边系留索固定,如图 14-38 所示,浮桥中段可不必固定,但此时必须注意,浮桥横向水平弯矩值不得超过规定的要求。

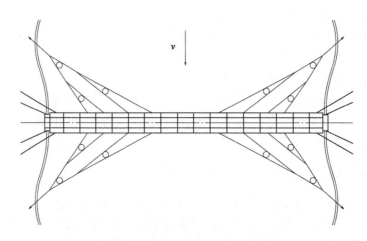

图 14-38 带式浮桥的斜张纲固定

采用系留固定浮桥时,河面不能过宽,因为浮桥过长则带来系留索过长过多的问题,系留索与桥轴线的夹角也难以保持在30°~60°范围内,系留索的固定也是问题。同时,由于系留固定给浮桥带来很大的轴向力以及系留索本身对水上机动造成的障碍,浮桥的架设、撤收作业都比较困难,如必须从两岸向河中架设,必须从河中向两岸分解,河中闭塞会遇到流速大、岸边部分难以移动的复杂情况。

系留固定多在流速大、石质河底、河幅在100m以下的江河上架设浮桥时使用。对于较宽大的江河,系留固定多作为辅助固定方法,用于固定近岸的桥段(20~30m),这时,系留固定部分只使用原有的锚和锚纲采用设置陆锚的形式即可,无须增设器材。

六、其他固定方法简介

(一)混合固定

混合固定是指多种固定措施的综合,如投锚与系留综合、投锚与张纲综合、张纲与系留综合等。只要依据具体情况灵活运用,就可以得到较为合理的浮桥固定方案(图14-39)。

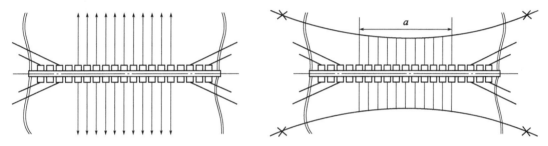

图14-39 混合固定浮桥

混合固定的计算,依据各系留桥段固定方法的不同分别按投锚、斜张纲、横张纲固定进行计算。其中横张纲部分,由于承载部分只是一段长度 a,引起的主索最大张力 T_{max} 可按荷载布满全跨 L 时引起的 T 折减计算。可认为:

$$a = 0.5L, T_{max} = 0.75T$$
$$a = 0.6L, T_{max} = 0.84T$$
$$a = 0.7L, T_{max} = 0.91T$$
$$a = 0.8L, T_{max} = 0.96T$$

(二)动力固定

动力固定是指用汽艇逆水顶推系留桥段或自行浮桥器材桥段依其自身动力发出的推力平衡该桥段上的横向水平荷载,以实现浮桥的固定。

动力固定所需的水上摩托器材有效功率 N(单位为 hp,1hp=745.7W)依据系留桥段上的计算横向水平荷载 H(单位为 N)及江河平均流速 v(单位为 m/s)而定:

$$N = \frac{Hv}{7.50\eta} \quad (14\text{-}79)$$

式中:η——推进效率系数:对于功率≥300hp 的,取0.35;对于功率<300hp 的,取0.30;由车辆装载或拖带运输的汽艇,取0.20。

若已知摩托器材的牵引力,则按牵引力不小于系留桥段上的总横向水平力 H 来考虑摩托器材的布置及总的数量要求。

(三)锚定门桥(舟)固定

锚定门桥(舟)固定法(图14-40)是在浮桥的上游投重达 2000～4000N 的犁锚或其他重锚,用于固定锚定门桥(舟),再用系留纲将 30～60m 桥段系留于锚定门桥(舟)的固定装置上,以此来固定浮桥。此法常在河宽、水深、流速大、河底松软易受冲刷等情况且采用其他固定方法难以奏效时采用。

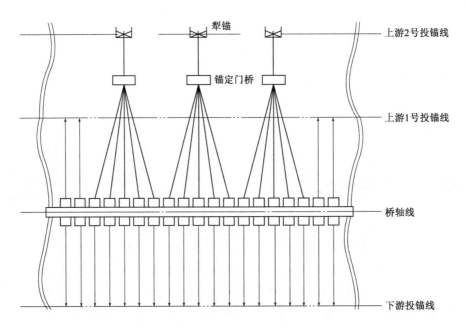

图14-40　锚定门桥(舟)固定法

锚定门桥(舟)的设置距离,应根据固定半门桥的数量和边舟系留纲与桥轴线的夹角(不小于50°)而定,通常在上游离桥轴线 60～70m 处。锚定门桥的投锚线距离,为水深的 7～10 倍。为了使锚定门桥(舟)有准确的固定位置,不因偏流或风的影响而漂动,可在其两侧各斜投 1 个上游锚。

锚定门桥(舟)要有足够的浮力、稳定性和作业面。锚定门桥可用制式器材或民用器材结构,其上应设有投起锚机械、吊杆、锚纲和投起锚钢索。如用桥脚分置式浮桥器材结合锚定门桥时,通常用 2 个半门桥结合,每个半门桥用 2～3 个节套舟。

锚定门桥(舟)固定的计算(图14-41)区分为两部分:其一是该门桥(舟)的下游部分,以一系列系留纲系留若干个系留桥段,这是一个斜张纲系留固定计算问题;其二是该门桥(舟)的上游部分,以 1 条或 2 条锚纲及重锚固定,承受所有系留纲传递到门桥(舟)上的水平力,这是一个投锚固定计算问题。除此之外,还应对若干横向、纵向水平力给门桥(舟)带来的稳性问题进行校核。

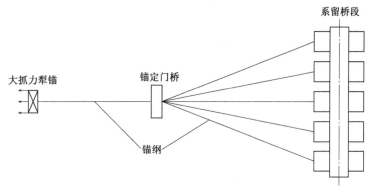

图 14-41　锚定门桥(舟)固定计算图

复习思考题

1. 在浮桥正常使用时,作用在浮桥上的外力除活载本身外还会受到哪些外力作用?
2. 就物理现象分析,桥脚舟的水阻力由几部分组成? 涡流阻力和兴波阻力又可以称为什么阻力?
3. 摩擦阻力是怎样产生的? 它与哪些因素有关?
4. 涡流阻力是怎样产生的? 它与哪些因素有关?
5. 兴波阻力是怎样产生的? 它与哪些因素有关?
6. 桥脚舟阻力除了裸舟体的水阻力外,在水中运动时还可能会受到什么阻力?
7. 桥脚舟的水阻力实质上取决于水流因素和舟体自身因素。水流因素和舟体自身因素都包括哪些?
8. 桥脚舟水阻力的近似计算公式是什么? 其中各系数的工程含义是什么?
9. 运用桥脚舟水阻力的近似计算公式时,应如何着眼于公式特点进行水阻力计算?
10. 与水阻力相关的桥脚舟舟中剖面水下部分的面积如何计算?
11. 与水阻力相关的流速 V 如何确定?
12. 总阻力系数 C 通常用哪三个分系数的乘积表示? 每个分系数反映了什么因素对水阻力的影响?
13. 什么是浮桥和门桥的水动力稳定性问题?
14. 桥脚舟浸水表面各点的动水压强在铅垂方向上的分力的合力可分成几个部分? 每一部分的力学作用是什么?
15. 动水中舟底的吸附力如何分布取决于什么? 在深水和浅水中舟体倾斜表现出什么特性?
16. 临界流速的定义是什么? 门桥牵引、顶推静水航速有临界值吗?
17. 浮桥的临界平均流速和门桥的临界牵引速度的计算公式是什么? 公式中符号各表示什么?
18. 提高舟桥装备临界流速值的工程措施有哪些?
19. 浮桥和门桥上的风压力计算需要考虑哪些结构的风力作用?

20. 风压强度的定义是什么？什么是稳定风压？

21. 浮桥和门桥上的基本风压和风压强度的计算公式有哪两个？公式中符号各表示什么？

22. 在具体确定风压强度时，通常由哪两个途径确定？针对具体结构如何确定风压强度？

23. 计算阻风面积时，风向与浮桥桥轴线和门桥车行部中心线应该是个什么样的相对位置？计算单位如何确定？

24. 设计浮桥上游横向水平固定装置时，考虑浮桥承受来自上游方向的风压，怎样计算阻风面积？此时桥脚舟的吃水深度应包括哪些？

25. 桥脚分置式浮桥一个半门桥的阻风面积 Ω 可看成由哪三部分组成？如何进行计算？

26. 设计浮桥下游横向水平固定装置时，考虑浮桥承受来自下游方向的风压，怎样计算阻风面积？此时桥脚舟的吃水深度应包括哪些？

27. 浮桥、门桥计算单位上的横向风压力如何计算？在设计计算浮桥岸边系留设备时需要考虑浮桥纵向风压力吗？

28. 活载引起的水平力包括哪些？什么构件或者系统在设计计算时要考虑活载引起的侧向水平力的影响？此时侧向水平力怎样计算？

29. 什么固定装置的设计要考虑活载引起的纵向水平力？此时纵向水平力怎么计算？

30. 浮桥的水平固定有哪几种？分别承受哪几种荷载？

31. 浮桥的纵向水平固定由哪些连接物保证？

32. 浮桥的横向水平固定可采用哪几种方法？浮桥横向水平固定的基本方法是什么？

33. 根据水流速度方向来分，浮桥横向水平固定可以分为哪几种？各自承受什么外力作用？对它的基本要求是什么？

34. 浮桥横向水平固定点由哪五个条件决定？

35. 简述锚和锚纲的工作状态。

36. 浮桥投锚固定需要注意的四个问题是什么？

37. 锚有很多种，可分为哪几类？

38. 浮桥投锚固定需要解决哪三个问题？

39. 投锚固定装置的强度条件是什么？在选择锚纲和锚时如何运用？

40. 设计计算某重型舟桥50t浮桥通过40t履带式荷载时的水平固定系统。

(1) 计算水阻力；

(2) 计算风压力；

(3) 采用投锚固定，投锚线长40m，采用丹福锚（K_2取平均值），选择上游固定（两个舟投一个锚）时的锚纲（麻绳、塑料绳）及锚。

已知数据：

(1) 荷载：$Q=400$kN，间距25m，长6.04m，高2.4m，全宽3.2m。

(2) 桥脚舟：由一尖一方两节舟组成，自重 $G_0=24.3$kN，全舟平均长度 $L=10.10$m，舟宽 $B=2.4$m，舷高 $H=0.964$m，舟的间距 $l=5.01$m，计算水线面面积 $F_0=24.25$m^2，艏部为雪撬形 $\alpha=40°\sim50°$，舟尾为垂直封头。

(3) 上部结构：自重 $g_0=6.14$kN/m，桥桁为8根[30a，每根桥桁的惯性矩 $J_i=6048$cm^4，缘材高0.12m，桥板厚0.075m，车行部宽4m。

(4) 河流：河幅200m，平均水深5m，最大表面流速3m/s，风力8级，河底土壤为淤泥。

PART6 第六部分

制式舟桥器材设计与制造

第十五章

制式舟桥设计与制造简介

第一节 制式舟桥设计

一、方案设计

制式舟桥的设计是一项复杂的系统工程。本节简要介绍制式舟桥的方案设计和技术设计。

(一)材料、结构形式和浮桥体系

方案设计是整个设计工作中最关键的一个步骤,它对设计的成败、优劣起着决定性的作用。一般根据要求和可能,拟定出几个方案,加以全面比较和论证,选出较好的方案。

1. 材料

选取材料的原则是质量好而又经济。

所谓质量好,不只是指强度高,还要对材料的强度、比重、弹性模量、韧性和焊接性能作一全面综合的评价。由于舟桥器材中很多是薄壁结构,由稳定条件控制,强度高的材料并不一定能发挥作用,也可以根据各部分结构的任务,分别采用不同的材料。

所谓经济,是指尽量采用廉价的材料,以降低造价。

选用材料时,还要注意来源是否可靠,即是否已经成批生产、性能是否稳定,制造工厂的加工工艺、焊接技术等是否能够相适应等。

2. 结构形式

由桥脚分置式向带式桥的过渡,这是总的方向,但这并不排斥在某些情况下,仍然采用桥脚分置式的结构形式。

3. 浮桥体系

迄今为止,制式舟桥器材多采用连续体系。连续体系能够节省舟,而且通行性能好。连续体系的缺点是桥桁连接复杂,制作费时。但这一缺点已被四折带式舟桥克服了。四折带式舟桥的纵向连接,上面以顶紧传压为主,受拉构件较小;下面的拉力集中到 2 个大销子上,且在桥面上控制作业,连接作业量已基本和铰接体系相当。这样处理的好处是很多的,不但可以简化作业,而且可以简化结构,使传力途径更加顺畅,并可以减轻连接件的重量。

(二)河中部分方案

河中部分是浮桥的主要部分,占舟桥器材的绝大多数。决定器材优越与否的很多指标,如每纵长米的重量、运输车辆数等,都由河中部分决定。

先讨论桥脚分置式连续体系的河中部分器材的方案设计,包括下列几项。

1. 桥脚舟的组合形式

由于受运输车辆尺寸的限制,桥脚舟一般都分成若干节。单节舟的尺寸由运输汽车的装载能力决定。这使得过去许多舟桥器材的单节舟尺寸相差不大。宽度一般在 2.4m 以内,长度一般在 8.0m 以内,而高度则需考虑到要适应岸边浅水,一般在 1.0m 以内。

根据荷载作用下浮力的要求,可以确定需要由几个单节舟组成桥脚。中间舟为方形,首尾舟为尖形,以减小水流阻力。

单节舟的尺寸以及桥脚舟的节数拟定后,可以估计出桥脚舟的水线面面积 F_0 以及它所能承受的活载反力 $[R_2]$ 或允许活载吃水 $[T_2]$。

2. 上部结构的组成形式

桥脚分置式浮桥的上部结构,一般都是桥桁分散配置(等距离或车辙式),上铺桥板,并用缘材固定。桥桁数一般为桥脚舟中舟节数的整数倍,即每舟上配备的数量相同。这样便于配套运输和装卸,便于变化组合形式和适应不同吨位。

如每根桥桁的抗弯刚度为 EJ、根数为 n、舟间跨度为 l,则浮桥的特征系数 β 为

$$\beta = \sqrt[4]{\frac{\gamma F_0}{4nEJl}} \tag{15-1}$$

3. 河中部分方案拟定原理和步骤

(1)原理

要拟定河中部分方案,就要确定下述 4 个参数:即桥脚舟水线面面积 F_0、舟间跨度 l、桥桁截面惯性矩 J 或抵抗矩 W 和根数 n,称它们为河中部分设计中的设计变量。

需要满足的条件有两个:

①吃水条件,可按下面简化公式计算:
$$R = \frac{1.10Q\beta l}{2} \leq [R_2] = \gamma F_0 [T_2] \tag{15-2}$$
式中:1.10——临界长浮桥最大反力的系数。

②弯矩条件,可按下面简化公式计算:
$$M = K(1+\mu)\frac{Q}{4\beta} \cdot \left(1.10 - \frac{\beta s}{2}\right) \leq nW[\sigma] \tag{15-3}$$
式中:K——横向分配不均匀系数;

$1+\mu$——冲击系数;

$[\sigma]$——桥桁材料的允许应力。

只有2个条件不能决定4个设计变量。一般需要先假定2个,再求其他2个。可以先假定F_0和n,因为这两者比较容易由其他因素拟定(由汽车运输条件可定出单节舟的尺寸,根据荷载等级和变化要求可以拟定舟的节数),则F_0可以大致拟定了。每个单节舟对应的桥桁根数不能太少(因为要考虑到用单节舟架设成轻吨位浮桥时的情况),一般不少于4根,故总根数也可以拟定了。

于是其他两个变量就可以由式(15-1)和式(15-2)拟定出。

(2)步骤

①根据已有舟桥器材的β值,先假定一个β值。

②根据吃水条件求舟间跨度l,由式(15-2)得
$$l = \frac{\gamma F_0 [T_2]}{0.55Q\beta} \tag{15-4}$$

③由弯矩条件求抵抗矩W,由式(15-3)得
$$W = \frac{K(1+\mu)\frac{Q}{4\beta} \cdot \left(1.10 - \frac{\beta s}{2}\right)}{n[\sigma]} \tag{15-5}$$

由W查出所需的桥桁型号和相应的J值。

④将求得的l及J值代入式(15-1)求β,和原假定的β值不一致时,以新β值代替原值。

⑤再由新β求l及W,重复上述步骤,直到前后两个β值相差不大为止。

从上述步骤中可以看出,从数学本质上来讲,是用式(15-1)、式(15-4)和式(15-5)三个方程式联立求解β、l、J(或W)三个未知数。由于不好直接联解(如J和W的关系是隐式的),故用迭代法求其数值解。

4. 讨论

(1)4个设计变量,只有2个条件,必须先假定2个,再求其他2个,而假定是有任意性的,故不会是唯一解,而会有很多个解,它们都能满足条件。这些满足条件的解称为"可行解"。而在设计时,要全面列举一些可行解进行比较,权衡利弊,而选其较优的。

(2)某2个变量一经假定后,按上述式(15-4)和式(15-5)二式即可求出其他2个变量,这个解自然是唯一的,认为它是在某2个设计变量已定的条件下的"最优解"。因为式(15-4)和式(15-5)已将原来的不等式条件改为等式条件。它不只是"满足",而是"恰恰刚好满足"吃水和强度两个条件,意味着将桥脚舟的浮力和桥桁的强度都充分地利用起来了,即安全又不浪

费,即所谓"恰到好处",故认为是最优的,这是我们在设计中一直惯用的古典最优准则。

(3)在现代的优化设计理论中,已经直接利用结构重量或造价为指标的"目标函数"来衡量方案的优劣,它的概念比较明确而直接。因为用重量或造价为标准,总会有一个最优的,而满足"充分利用"并不一定是重量最轻或造价最低。现代优化理论已指明:在一些情况下这二者是等价的;另一些情况下,二者是相近的;也有一些情况下,则是相差较远的。因此,我们应该探索适用于舟桥器材的优化设计理论和方法,设计出真正优越的舟桥器材。

带式舟桥尽管在结构形式上和桥脚分置式舟桥有很大的差别,但其设计原理是类似的。一般是先由车辆运载条件拟定舟体的尺寸,由结构考虑拟定主桁(即龙骨)及其连接的数量,然后由吃水条件和强度条件联合决定舟的高度和主桁及其连接件的断面。

(三)浮桥吨位变化和漕渡门桥

1. 浮桥吨位变化

为了适应不同的荷载,制式舟桥器材应能变化组合方式,架设几种不同吨位的浮桥。

在桥脚分置式舟桥器材中,如果桥脚舟中的单节舟与一定数量的桥桁配套,则吨位大致与浮桥横断面中的舟节数成比例。例如某中型舟桥器材架设的三种浮桥,其横断面采用单节舟4桁时为12t浮桥、双节舟8桁时为25t浮桥($\approx 12 \times 2 = 24t$)、三节舟12桁时为40t浮桥($\approx 12 \times 3 = 36t$)。

这种吨位变化规律是很好理解的。在这三种组合中,跨度l和桥桁的惯性矩J均不变,只有F_0和n相应成比例变化,可知其β值是基本不变的。在吃水条件式(15-2)中,Q和F_0是成正比的;在弯矩条件式(15-3)中,Q和n也大致成正比(K值与n也有关系)。这就构成了吨位数与节舟数的大致正比关系。当然这种关系是大致的。当节舟数较多、桥脚舟较长时,增加了浮桥的横向稳定性,对强度和吃水都带来好处,故多节舟的浮桥的吨位,可以比单节舟的浮桥的吨位乘以相应的倍数还要略大一些。某中型舟桥器材三种浮桥的吨位变化规律,充分证明了这一点。

变更浮桥横断面中的节舟数是变化吨位的主要方法,既方便又合理。这种变化,基本上还能保持浮力和强度充分利用的设计准则。也就是说,不但其吨位是合适的,它的几种变化吨位都是合适的。吨位减少的比例大致等于浮桥加长的比例。

如果桥桁间采用搭接方式时,还可以利用变化舟间跨度的方法来变化浮桥吨位。如二折带式舟桥的浮桥就有几种吨位是利用变化跨度来得到的。应该指出,这种变化方式的效率是不高的。因为这种变化使桥桁和舟不相匹配,破坏了浮力和强度都能充分利用的准则。例如二折带式舟桥器材的浮,由$50t(l=5.01m)$变化为$22t(l=7.04m)$时,舟长增加仅1.4倍,而吨位却减少1/3。因此,它只能作为一种辅助的吨位变化方式。

一般以浮桥的最大吨位作为主要吨位,按此确定各主要设计变量和基本组合形式,然后对其能变化吨位的各种组合形式进行验算,以确定其相应的吨位。为了照顾与当前的规范中规定的浮桥吨位一致或满足多数吨位的需要,也可以对方案中的设计变量作某些调整。

由于浮桥不同吨位变化时,其桥板数量只与浮桥长度成正比变化,而不与节舟数成正比变化,因此,不论浮桥吨位如何变化,每纵长米浮桥所需的桥板数总是不变的。因而,除需要为主要吨位浮桥的节舟配备一定数量的桥板外,还要为较轻吨位而长度较大的浮桥配备一定数量的桥板和缘材,并由专门的桥板车来运输。

较轻吨位的浮桥横断面内的桥桁根数较少,在桥桁作合理配置后,边桁有时不能对准缘材,缘材的固定必须另行处理(如二折带式舟桥 22t 浮桥)。

2. 漕渡门桥

为了便于迅速地将浮桥渡河转变为门桥渡河,一般将浮桥拆开后,即用为漕渡门桥。由不同的跨度和节舟数,构成各种不同的漕渡门桥。这样组成的重吨位门桥,由于跨数较多,门桥太长,可将舟靠拢,或改用更多的节舟数以缩小门桥长度。为了一次能漕渡较多的轻型车辆,可专门结合多车道的大面积门桥,以增大漕运量。

(四)岸边部分方案

1. 固定栈桥

桥脚分置式连续体系浮桥,一般需要在两岸设置固定栈桥(图 15-1)。它的任务是连接两岸与河中部分。因为河中部分的桥脚舟,需要位于有一定水深的地方,而桥础一般需要位于岸边离水约 1m 之处,两者之间有一定的距离,必须用栈桥来过渡。岸坡越平缓,则此距离越长。只有在岸边特陡的地方,才可以不需要栈桥,而将河中部分末端直接支承在桥础上。制式舟桥要适应各种江河情况,要求它有适应一定平缓程度的岸坡的能力,故需配备一定长度的栈桥器材,以便与河中部分器材配套使用。

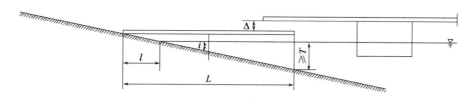

图 15-1　岸边部分结构方案 1:固定栈桥

如岸坡为 i,桥脚舟的吃水深度为 $[T]$,则固定栈桥的长度 L 必须满足:

$$L \geq \frac{[T]}{i} + 1 \tag{15-6}$$

另外,还要考虑两个因素:

(1)水涨可能淹没桥础,而水落又可能使舟底下水深度不够。如要求不移动栈桥而能适应水位涨落幅度 Δh,则栈桥需要增加 $\Delta h/i$ 的长度。

(2)当需要用移动栈桥的方法来闭塞浮桥时,则每岸栈桥至少需增加 $l/2$ 的长度(l 为闭塞长度),即引入(出)的闭塞(半)门桥的长度。

一般制式舟桥器材都要为浮桥两岸配备 2 跨栈桥器材,才能适应一定的岸坡和上述诸要求。

固定栈桥实际上是一段低水桥,一般采用与河中部分相同的桥桁和桥板,桥脚则需要用固定桥脚,显然它必须是能调整高度的。

在架设浮桥时,河中部分末端与栈桥水侧端支承水面之间,需预留一定空间,以使河中部分末端与河中部分中端有相同的吃水和弯矩。当采用框架桥脚时,可将栈桥桥桁、河中部分末端桥桁和冠材连接在一起,而将桥脚柱插栓插在冠材下预留间隙距离的位置上。

设置、撤收和移动固定栈桥,是浮桥架设作业中最吃力而费时的工作,是桥脚分置式舟桥器材的一大要害。与此相关联的门桥漕渡时的码头设置,也是如此。特别是在强渡江河作战的第一阶段,使用门桥漕渡坦克时要到对岸去设置码头,更是相当困难。

为了简化和加速固定栈桥及码头的作业,曾将框架式舟桥改成具有一定浮力的结构,如三角桥脚和滚动桥脚,后者还可以沿地滚动。

2. 浮游栈桥

更老式的舟桥器材曾采用过浮游栈桥作为连续体系的过渡部分。在第十三章中已计算过,连续体系浮桥采用浮游栈桥是不太合适的,因为浮游栈桥与河中部分以铰相连,铰侧舟常会产生过大的吃水。但浮游栈桥也有其优越的一面,就是它能和河中部分一样整体泛水、浮运就位,作业方便而迅速。

为了保持浮游栈桥的优点而克服其缺点,于是就产生了改进的浮游栈桥,并在二折带式舟桥器材中采用了。

改进的浮游栈桥如图 15-2 所示,其特点有二:一是栈桥本身只由二舟体组成,没有桥桁和桥板。陆侧舟底可以承压,并带有跳板与岸相连。二是栈桥在水侧带有二支腿,包括桥脚柱和础板,桥脚柱可以调整高度,舟端支承面较河中部分末端低,保留一定预留间隙,并有小跳板来过渡。这种改进的浮游栈桥,其泛水和设置作业比固定栈桥要轻快方便得多,受到部队的欢迎。

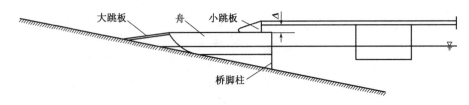

图 15-2 岸边部分结构方案 2:浮游栈桥

3. 岸边舟

更先进的是四折带式舟桥所采用的办法:它的岸边桥节可以直接着陆承压,水侧与河中部分的桥节门桥以限制铰相连,在限制铰处用小铰车将岸边桥节抬起,以便靠岸。这样,就彻底排除了过渡栈桥这一概念,整个浮桥可以完全漂浮在水中,与河岸没有太多的固定联系了。

四折带式舟桥的这种优点,当它作为门桥漕渡时更为突出。各门桥均自带跳板,随处都可自行靠岸、装卸车辆,迅速而且方便,这在战术上也是极为可取的。

(五)运输和架设方案

1. 运输方案

一般舟桥器材需要有专门配备的汽车来运输。选择合适的运输车辆,对于器材的性能关系很大。为了提高舟桥器材的战术技术性能,总是尽量做成较大的整体结构,如果我们有越野性能好、载重量大和车厢尺寸大的汽车,无疑会为设计出性能更好的器材创造条件。因此,有无合适的运输车辆,往往成为方案可行与否的关键问题,如四折带式舟桥方案早就提出来了,但只有在有了黄河车之后,这个方案才有成为现实的可能。

为了作业迅速,现在都是采用按节套舟装车运输的方式,即一台车负责运输浮桥的一个完整的局部,而不采用过去按构件类型装车的办法。因为前者便于整体泛水和架设作业,即使损坏了也不会影响到浮桥全局。

可以利用汽车的动力实行装车和卸车的机械化。现在都是采用在岸坡上直接将节套舟滑到河中和利用绞盘及起吊设备将节套舟由水中拉上汽车的办法。因此,要对汽车实行改装,要设计专门的装载和固定设备及装卸载机构。

2. 架设方案

目前,单舟架设法已经很少使用了,普遍使用的是门桥架设法。为了减少河中的作业量、加快架设速度,如条件可能时应尽量采用长门桥、长桥段以至旋转架设法。

由于在实战情况下,事先不可能将架桥点的河幅测量得很准确,因此浮桥的闭塞工作总是临时见机行事的。除了某重型舟桥器材那样的桥桁搭接方式可以结构伸缩门桥外,一般只能增减1个门桥或1个半门桥的长度,而且靠移动栈桥来调整距离。采用浮游栈桥或不用栈桥,可以大大方便浮桥的闭塞工作。

迄今为止,浮桥的水平固定还是以投锚为主要手段。但对于流速特大的江河或河底情况不适于投锚时,就要考虑采用张纲固定的方法。如水深特大、锚索太长不便作业时,可考虑采用锚定门桥等方法。

四折带式舟桥架设速度很快,来不及投锚固定时,可以先用汽艇将浮桥在桥轴线上临时顶住(即动力锚定),先行通车,然后再投锚进行正常固定。

(六)方案比较

将上列各项都逐一拟定后,即构成一个完整的方案。可以提出若干个方案,经过详尽的比较和论证,选出一个较优的。方案比较可以通过实际指标来定出优劣。主要的指标有:

(1)通行能力:单位时间内的通行量;
(2)架设速度:架设一定长度浮桥所需的时间和人力;
(3)适应性:适应的流速、岸坡、吨位变化和漕渡能力等;
(4)机动性:单位长度桥的运输车辆数;
(5)经济性:单位长度桥的重量和造价。

在方案设计中,需综合考虑各个方面的因素,决定大的布置方案和轮廓;采用一些简便近似的计算方法,确定大致的主要尺寸;在一些主要问题上判明该方案是否可行和是否先进。在某些对方案是否成立和是否起关键作用的问题上,则要进行详细的分析和计算。有些问题,特别是采用创新的办法时,如果没有成熟的理论或经验,则还要进行必要的实验,以获得能说明问题的必要数据。总之,方案设计虽然粗线条,但它是粗中有细,而且必须是扎实可靠的。

二、技术设计

通过方案设计与方案比较,确定出某一较好的方案后,即可进行详细的技术设计。技术设计的内容包括下面两个部分:

(1)总体计算。根据方案设计中拟定的大致数据和尺寸,进行详细准确的计算。在技术设计中,可以修改及调整方案设计中的一些数字,使之更加准确和合理。

(2)细部设计。对各部分结构进行细部设计,定出各个部件的尺寸和规格,以便制图交付工厂试制。

因此，技术设计是完成设计的主要工作阶段，花费时间和人力最多，有时还要配合做一些实验和专题研究。它对于保证和提高器材的性能、提高设计理论和技术水平都是很重要的。

(一)总体计算

总体计算是对方案设计中的一些复核。方案设计中用的是简易计算的方法，误差很大。在技术设计中需要有精确的物理模型和设计方法，并要考虑各种次要因素的影响。

对于桥脚分置式浮桥，如系舟中心支承，应用弹支梁物理模型；如系舟舷支承，则应用双联弹支梁模型。而四折带式舟桥则需用箱体铺装结构的弹性地基梁物理模型。由于计算较繁，一般都要在电子计算机上进行计算。

总体计算中，应将荷载偏心作用和连接间隙影响等次要因素综合考虑进去，而不简单地作为一个修正项进行修正。为了寻找某些设计变量的最佳值，可以使它们在一定范围内变化，观察其影响，以便找出规律，采用最佳数值。最好能运用优化设计方法，以方案值为初始值，经过优化处理，求出在一定条件下的最优解，以达到减轻重量、降低造价的目的。

舟桥器材是一种比较庞大而复杂的结构系统，它的设计和计算，一般要分两步来进行，即先总体、后细部。由总体计算中得出的内力，例如上部结构对桥脚舟的压力、浮桥横断面中的总弯矩等，就成为局部结构的荷载，由此再对局部结构进行设计。当然在总体计算时，也要先拟定局部结构的一些尺寸和数据，而在细部设计计算时，还要复核一下这些尺寸数据，并进一步确定局部结构的全部尺寸和数据，有时细部结构也可能会引起对总体结构的某些修正。

(二)细部设计

舟桥器材的细部设计，主要包括下列几个方面。

1. 舟体及舟间连接的设计

(1)舟体设计

桥脚舟需要进行水力性能和强度两方面的计算，前者又包括静水性能和动水性能。

按静力学原理计算舟在各种组合荷载情况下的重心、浮心位置和稳定性，使其在各种情况下，特别是在设计荷载下，能保持平稳的状态。

按理论公式计算或用实验方法求出桥脚舟在各种流速、水深下的阻力，并校核其动力稳定性。

桥脚舟的强度计算，包括总强度、龙骨及壳板等细部的强度验算。

(2)舟间连接设计

桥脚分置式舟桥器材的桥脚舟，以承受正弯矩为主。舟间连接的上面一般采用顶紧传压，而下面则需设计抗拉接头。带式舟桥的桥脚舟甲板直接承受车辆荷载，需要配备甲板下的纵横梁，按板架理论进行计算。

(3)特殊问题

与一般民用船舶相比，舟桥器材中的舟是很小的，但却有其独到之处，有许多问题需要进行特殊的设计和计算。迄今为止，尚有一些问题没有成熟的设计理论和计算方法，需要我们去探讨和研究。这些问题有：

①水阻力及临界流速问题

虽然在研制器材和使用器材时，做过很多实验，测得不少数据，但尚未能总结、提高，得出较普遍的简明公式。

②压筋问题

由于舟体上普遍采用压筋以加强壳板,它的存在会改变舟的抗弯和抗扭性能,尚未有满意的理论来估计这种影响。

③甲板直接承受车轮荷载时的计算

甲板直接承受车轮荷载时的计算也是一个较难的研究课题。由于甲板和纵横梁连接成为整体,情况复杂,而且板还属于大挠度板,有时还会出现塑性变形。

2. 上部结构及其连接的设计

(1) 上部结构设计

①桥脚分置式舟桥

桥脚分置式舟桥如果采用单桁式,则除了要验算桥桁在总弯矩作用下的应力外,主要是要细致地计算横向分配问题。这里包括在整个浮桥扭转时的刚性分配和舟间桥板下的弹性分配两部分。

如果桥桁不是型钢而是有较复杂的断面形式,如组合断面、箱形断面或桥桁,则需进行相应的断面设计。对于桁架,除需分别设计其上下弦杆及腹杆断面外,还可能要考虑由于上弦节点间受载而产生的局部弯曲问题和由于节点偏心而产生的次应力问题。

桥板一般应按桥桁配置最疏而轮压最重的情况设计。根据桥板的刚度与桥桁刚度的比例分别采用简支梁、弹支梁或弹基梁的理论计算。

复杂的桥面系,可以包括横梁和纵梁,须进行相应的设计。

②带式舟桥

带式舟桥没有独立的上部结构,承受弯矩的桥桁已经变成舟体中的纵向骨架。如果舟身是横向放置的,例如二折带式舟桥器材,则该骨架的受力情况基本上与桥脚分置式浮桥的桥桁相同,可按桥桁的方法设计。但如舟身是纵向放置,例如四折带式舟桥,则舟壳板将参加承受弯矩。此时应该使纵向连接处的集中力尽快扩散到舟壳板中,以充分发挥舟壳板的作用,减少纵向骨架的断面以达到减轻重量的目的。

带式舟桥的纵向承重结构主要承受浮桥总纵弯曲产生的弯矩和剪力,同时还承受通行车辆和水压产生的局部弯曲作用,它是带式舟桥最基本、最重要的结构。带式舟桥采用空心梁,空心梁的翼板是车行部甲板纵向构件和甲板以及舟底的纵向构件和底板。

位于浮桥或漕渡门桥中的每个全形舟,在活载和水浮力作用下将产生如一般船舶一样沿舟体首尾方向的总纵弯曲,因此必须在甲板下、底板上设置沿全形舟首尾方向的骨架构件,并尽可能与竖向骨架构件相对应,组成若干闭合框架和桁架以承受舟体总纵弯曲及甲板上活载、底板下水压力引起的局部弯曲。沿全形舟首尾方向的这些框架或桁架组成的带式舟桥横向承重结构对于增强浮桥的抗扭性能也是至关重要的。

四折带式舟桥拼装单元沿舟长方向分成4节,全形舟的宽度(沿桥长方向尺度)为6.74m,全形舟长度(桥宽)约8m,每节舟的宽度只有2.0m左右。其横向承重构件由每个舟节的两端板(习惯上称舟节平行于桥轴线两个侧面的壳板为舷板,而垂直于桥轴线的封板为端板)板架、水平隔舱板板架及其间的数道肋骨框架组成,首尾尖舟节和中间方舟节的肋骨框架数量相同并相互对应。端板板架由上下角钢、竖角钢、肋骨(含压筋)及端板构成,与相邻舟节的端板板架通过横向连接接头连成一片整体的板架,形成带式舟桥主要的横向承重结构,承受全形舟的总纵弯曲(图15-3)。舟节中间还有数道由甲板下横梁、底板上肋骨及舷板内肋骨(含压筋)组成的肋骨框架(图15-4),这些肋骨框架在舟节间虽然彼此相对应,但没有全部连成整体框架,主要作用是承受局部弯曲和增强舟节的抗扭刚度。有时为了增强舟节的抗扭刚度和提高抗沉性,在舟节中剖面处还设置有水密隔舱板架(图15-5)。

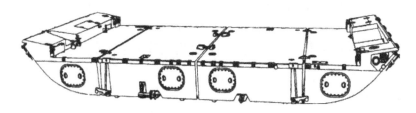

图15-3　四折带式舟桥端部结构

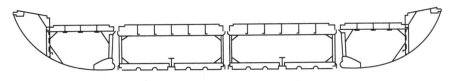

图15-4　四折带式舟桥肋骨框架

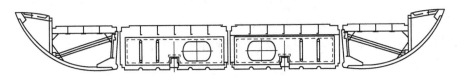

图15-5　四折带式舟桥水密隔舱

在舟体结构中,舟体骨架通常占舟体结构用料的40%左右,因此其构件剖面尺寸的合理选择不仅对保证舟体结构强度,而且对减轻结构自重、节约结构用料具有重要意义。有一些舟体结构中的骨架构件仅承受拉伸或压缩荷载的作用,如支柱、桁架和斜杆等,这类构件剖面的设计比较简单,且在材料力学中有充分的讨论。另一些(舟体结构中绝大部分构件)主要承受弯曲,即作为"梁"使用。承受弯曲的梁剖面的设计问题是舟体构件剖面设计的主要问题。舟体结构中的骨架梁大多由轧制型钢(大多为角钢)、焊接T型材或折边板材等制成,它们与舟体壳板焊接形成组合梁(等值梁),共同抵抗弯曲。其中焊接T型材和折边板材剖面最佳尺寸的确定又是等值梁剖面设计的主要问题。

等值梁剖面设计应符合下列要求:

a. 具有足够的强度、刚度和稳定性。

b. 应尽可能符合生产与工艺方面的要求,如制造简单、施工质量高。

c. 满足特殊结构与使用的要求,如为保证舟体内部施工而限制梁剖面高度及因腐蚀磨损而要求最小板厚等。

d. 剖面内材料分布合理而使所得结构重量最轻,这是结构工程师的首要设计目标。

(2)上部结构的连接装置

对于桥脚分置式舟桥器材,在上部结构细部设计中,必须细致地安排桥桁和舟舷上连接孔的位置,以适应各种吨位浮桥和门桥的连接要求。

带式舟桥系现场拼装的可分解器材,舟体之间的连接装置形式直接影响到连接作业的速度和器材的使用性能,为此要求设计的连接装置受力合理、结构简单、连接便捷、可靠性和互换性良好、重量轻。

根据带式舟桥的结构特点,其舟间连接装置分为纵向连接装置和横向接头两类。其中纵向连接装置是带式舟桥的关键部件,在浮桥和门桥中承受荷载下的总弯矩,受力可达100多吨。下面主要介绍纵向连接装置。

四折带式舟桥纵向连接装置下部采用单销连接接头(纵向受拉接头),上部采用顶紧承压面板和纵向拉紧装置的形式。目前国内外研制的四折带式舟桥均采用这种纵向连接装置形式(图15-6)。

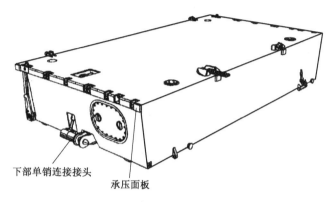

图15-6 四折带式舟桥纵向连接装置

对于四折带式舟桥的纵向连接装置,浮桥弯矩由下部单销连接接头和上部承压面板承受,浮桥剪力、负弯矩和扭矩由下部单销连接接头和上部纵向拉紧装置共同承担。

连接装置设计步骤如下:首先根据设计准则,初步确定连接装置尺寸;其次利用参数化三维造型系统进行连接装置造型与装配;再次利用优化设计仿真分析系统进行连接构件弹塑性分析、连接机构接触分析、连接装置疲劳分析、连接装置优化设计;经过多次优化设计循环,最终确定连接装置设计方案,如图15-7所示。

3. 岸边部分的设计

岸边固定栈桥的细部设计,相当于一座可分解桥梁。框架桥脚的设计可根据"军用桥梁工程"课程中的原理和方法进行。三角桥脚和滚筒桥脚的计算,可参看《浮桥设计》教材(1963年版)。

4. 车辆改装、浮桥架设及锚定等设计

技术设计中还包括:

(1)运输车辆改装设计,包括装载平台、固定设备、装卸滑道和拖拉起吊等设备。

(2)架设用的辅助设备及工具的设计,包括绞盘、绞车和牵引架等。

(3)锚定系统设计,包括锚纲、锚及络车等。如果考虑张纲固定,尚须设计钢索、塔架和锚碇座等。

可见一套舟桥器材的技术设计内容是很多而繁杂的,所牵涉的理论和实际知识也很麻烦,在学校中不可能都能学到,有许多问题需要在研制器材中边干边学,还会碰到许多没有现成理论和解决办法的问题,需要专门组织力量进行探索和研究。另外,舟桥器材设计中牵涉的机械问题很多,需要有机械方面的技术人员参加共同设计。

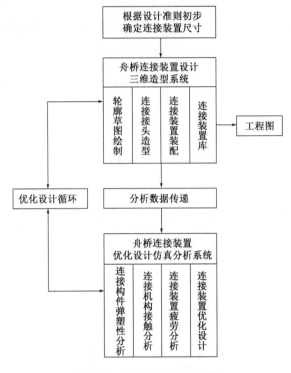

图15-7　舟桥连接装置设计步骤

根据多年来舟桥器材研制的经验,应该加强经常性的应用理论和技术的研究工作。对于在舟桥设计中经常遇到的一些重要问题,应该在平时组织力量进行深入的研究。而这些问题不是结合任务临时现抓所能解决的,必须将长期的应用理论的预先研究工作和短期的项目研制工作结合起来,才能更好更快地提高舟桥器材的设计水平。

第二节　制式舟桥制造

本节以钢质带式舟桥的制造为例,介绍舟桥制造的准备工作、舟桥器材的零部件加工、舟桥结构的装配与焊接等。

带式舟桥的制造从本质上讲属于以结构件加工为主,机械加工和外购件配套、改装为辅的成套装备制造。因此,它同民用钢船制造、钢桥制造在工艺上有许多雷同的地方,如放样、下料、构件加工、焊接装配、表面处理等过程。但由于带式舟桥特殊的技术要求,在制造中也有不少特殊的地方,如舟体壳板过薄和重要连接件采用高强度钢材对焊接制造提出了特殊的要求。又如零部件均批量生产,需保证互换性,则对加工制造公差精度要求高,需使用特制的胎架模具。

带式舟桥制造的工艺过程一般有放样、原材料进厂复验、下料加工、锻造、机加工、热处理、部件装焊与矫正、分段装焊与矫正、总体装焊与矫正、舾装与焊接、舟车改装、表面处理、帆缆件制作、工厂试验等,它们的相互关系如图 15-8 所示。分段指的是按照施工程序将舟体划分为便于制造的几大部分,如甲板分段、底板分段、侧板分段、端板分段等,有的还有桁架分段、隔舱板分段。舾装指的是在舟体上安装具有各类功能的零部件,有时也称为舾装件。

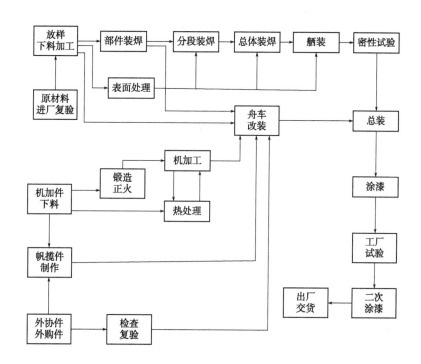

图 15-8　带式舟桥制造工艺过程关系示意图

一、准备工作

(一)工艺设计

工艺设计的主要任务是根据设计图样和技术文件的要求,按照制造工厂和协作工厂的设备条件制定带式舟桥的制造实施方案。内容主要包括:

(1)确定产品制造工艺阶段划分,提出主要原材料及外购件清单,包括品种、数量、规格等。

(2)编制各种工艺文件,如工艺总线路和下料加工工艺、材料工艺定额、机加工工艺、热处理工艺、锻造工艺、表面处理工艺等。

(3)制定各道工序所必需的工艺操作规程,如装焊工艺规程、总装舾装工艺规程、舟车改装工艺规程、工厂试验工艺规程等,并据此设计和选择相应的工艺装备和设施。

(4)按产品制造精度的要求制定各项施工精度标准及其相应的测量方法。

(二)常用钢材

按照带式舟桥各零部件的使用要求和功能不同,常用钢材可分为三大类。

(1)普通低合金钢,主要用于制作舟体、骨架和其他受力构件。常用的普通低合金钢有

16Mn、15MnV、15MnTi、902和903即14MnVTiRe等(GB 1591)。它们的材料屈服极限一般为350～450MPa。

(2)碳素结构钢,包括普通碳素钢和优质碳素钢,前者主要用于制作一般结构件,后者主要用于制作零件,也可用于制作一般结构件。常用的普通碳素钢有Q195、Q215、Q235、Q255等(GB 700),常用的优质碳素钢有08、10、20、35、45等(GB 699)。

(3)合金结构钢,这类钢易于淬硬,不易变形和开裂。通过适当的热处理能显著改善材料的机械性能,主要用于制作关键受力构件如接头、销轴等。常用的合金结构钢有20Cr、30Cr、40Cr、20CrMnTi、30CrMnTi、30CrMnSiA等(GB 3077)。

(三)工装胎架制造

为了提高带式舟桥及其零部件的制造精度,控制焊接变形,保证互换性要求,带式舟桥制造中需使用大量的、各种类别的工装胎架,主要有部件装焊胎架、分段装焊胎架(图15-9)、舟体总装胎架(图15-10)、舟体舾装胎架、舟车平台装焊胎架等。其中,又按河中舟和岸边舟、方舟和尖舟的不同需求制造各自的工装胎架。

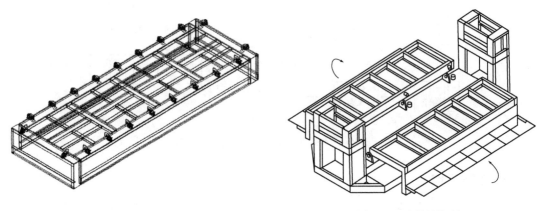

图15-9　分段装焊胎架　　　　　　　图15-10　舟体总装胎架

对工装胎架的要求主要是:尺寸应保证精确,刚度应足够大,以控制焊接引起的变形。胎架的安排应使施工尽可能方便,以改善工人的劳动强度,提高生产效率。

工装胎架需按要求作专门的设计,并根据带式舟桥的生产工艺流程选择适当的位置、场地安装,以减少工件倒转的时间。具体的安装程序是先制作胎架的基础框架,并与地基固定牢靠,然后加工、安装各舾装定位座。要严格控制各舾装定位座的安装尺寸。

所有的工装胎架必须经过检查,符合设计要求后才能投入带式舟桥的装焊生产中。要按照规定在生产过程中做定期检查,如发现不符合设计要求的情况应立即停止使用,待校正合格后再转入生产中。

二、零部件加工

(一)放样与下料

1.放样

工艺设计完成后,要按生产施工图样所标的尺寸和技术要求用1∶1或其他较大的比例在样台上画出舟体及其他构件的光顺线形,确定构件精确的几何形状和展开尺寸,这个工艺过程称为放样。放样是带式舟桥制造的第一道工序,它不仅要正确地反映设计思想,而且要对设计进行检验、修正,并为后续工序提供施工依据,因此放样是保证带式舟桥制造质量和提高生产效率的一个重要工序。

放样的任务是:

(1)确定舟体的型值,保证舟体有光顺的外形。

(2)精确确定构件的几何形状和尺寸,以作为制作样板和样杆的依据。

(3)将外板与构件展开,确定展开后的形状和尺寸。

(4)确定螺栓和单销孔的相应位置尺寸以及构件、壳件的拼装缝位置和折边线位置等加工线,并放出加工余量。

2. 下料

将构件或构件展开后的真实形状、尺寸注上加工说明,通过样板、样杆或草图等各种方法画在板材或型材上,这种工艺过程称为下料,是舟体或其他构件加工的第二道工序。

带式舟桥生产中下料的方法一般有样板下料和草图下料两种,并普遍采用下料标记。下料标记是在长期生产实践中形成的一套加工符号,能清晰简便地表示出构件的加工内容。

下料时应按加工要求放出加工余量。需要冷弯、热弯和冲压成型的构件,下料时只做初步划线,俗称下毛料,待加工后再做第二次划线下料。

(二)钢料的加工

钢料加工的任务是按下料时画在钢料上的构件轮廓形状进行切割分离,并将其加工成构件的实际形状。钢料加工是带式舟桥生产的一个重要环节,加工质量的好坏直接影响器材的性能。应根据带式舟桥的设计要求和工厂的具体条件选择适当的加工方法,制订合理的加工工艺程序,以保证产品质量、提高劳动生产率和降低成本。

钢料加工的方法很多,但基本上可分为热加工和冷加工两大类。热加工是指构件在加热状态下(一般为600℃以上)利用材料的塑性达到弯曲成型的目的,它主要用于外形复杂、具有双向曲率的板材或型材,在构件型线比较简单的带式舟桥生产中较少使用。带式舟桥的钢料加工主要采用冷加工方法。

从钢材加工成零件的受力情况来分析,冷加工有两种情况:

第一种是外力引起的零件的材料应力超过材料的屈服强度而小于它的极限强度,此时钢材虽产生永久性变形,但材料的连续性并没有破坏,如压弯、辊弯、折边和矫正等加工都是属于这一种情况。

第二种是外力引起的零件的材料应力不仅超过屈服强度,而且超过材料的剪切极限强度,在加工过程中材料发生剪切断裂,使一部分材料与零件主体分离,如冲孔、钻孔和扩孔等加工都属于这一种情况。

由于冷加工时外力引起的材料应力都要超过材料的屈服强度,使零件不可避免地产生局部冷硬现象,对材料的力学性能有一定的影响。这种影响对于承受冲击荷载作用的带式舟桥来说是比较危险的,必须在工艺设计中予以妥善解决,例如重要的连接件(螺栓、单销等)在冷加工后应进行热处理。有的构件在剪切后还要进行刨边,刨去冷硬部分材料,以便保证零件材料具有良好的力学性能。

(三)零部件的热处理

热处理是通过改变钢材的金相结构来改善其机械性能的一种加工工艺方法。

带式舟桥热处理零件的种类主要有:销、轴、套、齿轮、蜗轮、蜗杆、弹簧、扭力杆、接头装焊组合件等。所采用的设备主要有中温箱式电阻加热炉、井式回火电阻加热炉、中温盐浴炉、硝盐炉等。

热处理的方法与设备是根据热处理零件技术要求选取的。各种铸铁、有色金属零件及锻件、铸钢零件等一般都采用中温箱式电阻加热炉或井式回火电阻加热炉进行退火或正火处理。退火或正火处理调整了零件的硬度,消除了内应力,均匀了化学成分,细化了材料组织,提高了尺寸的稳定性。

带式舟桥的纵向接头总成一般采用中温盐浴炉局部加热淬火处理,一方面保证了接头头部坚硬,满足其硬度、强度要求,另一方面有利于防止焊接时对热处理过的零件的影响及焊接缺陷的产生,提高装焊时的焊接质量。淬火前应增加消除焊接应力的去应力退火处理,完全消除接头总成焊接产生的应力,有效地防止淬火开裂和变形。

齿轮、蜗轮、蜗杆、轴、套类零件一般均做调质处理(淬火加高温回火)。调质处理的零件具有较高的强度和韧性,综合力学性能较好。一些重要零件为进一步提高疲劳强度和耐磨性能,调质处理后再经表面高频淬火处理,其使用寿命可提高50%以上。

弹簧类零件主要采用冷拉弹簧钢丝或经专业厂家热处理过的成品弹簧钢丝绕制,成形后工厂只做去应力回火处理,以消除热处理缺陷。蝶形弹簧为板材冲压成形,采用中温盐浴炉加热淬火,淬火前要进行消除冲压内应力的去应力退火处理,淬火后就不会出现淬火裂纹等热处理缺陷。

扭力杆是用于带式舟桥舟体展开时的功能部件。舟体运输状态折叠时扭力杆储藏能量,舟体泛水展开时释放能量,使用要求比较高。一般应采用中温盐浴炉加热淬火,用硝盐炉回火。这两种设备加热速度快,零件受热均匀,变形小,无氧化、脱碳等热处理缺陷,生产的产品质量较好,能满足设计技术的要求。

三、装配与焊接

带式舟桥的桥节是由许多零、部件焊接而成的。在焊接前需将这些零、部件按一定的顺序和精度要求装配在一起,并用定位点焊或机械夹具固定好,然后再施焊。有些比较复杂的结构,如舟体等部件的装配和焊接是交替进行的。装焊在带式舟桥制造中占有最大的工作量,对产品的质量具有十分重要的影响。

(一)带式舟桥的装焊特点

1. 精度要求高

为了保证带式舟桥具有良好的互换性,装焊的精度要求相当高,特别是对连接件的安装尺寸要求很严。

2. 结构刚度小、易变形

带式舟桥的大部分构件都是薄壁构件,刚度较小。舟体器材的各种构件,甚至于整个舟体在制造过程中很容易变形,这种变形将严重影响器材的使用性能,因此在生产过程中应采取相应的工艺措施加以限制和矫正。

3. 广泛采用胎架

胎架是一种保证部件、分段和总体尺寸正确,在生产过程中限制它们变形的一种工艺装备。为了保证产品质量,首先必须保证胎架有正确的控制尺寸和足够大的刚度。同时,使用胎架能使仰焊和立焊改变为俯焊,大大改善了劳动条件,提高了焊接质量和生产效率。

(二)部件装焊

部件装焊一般在部件装焊胎架上进行,是带式舟桥生产的基本环节。

在分段装焊之前,设立部件装焊工艺阶段既可扩大装焊的作业面,改善焊接条件,又可提高分段装焊胎架的利用效率,缩短分段的建造周期。同时,由于部件装焊中产生的变形可以在分段装焊前得到及时的矫正,避免分段合龙后舟体由于焊接变形和装配误差集中在一起而难于矫正。

1. T形构件装焊

在带式舟桥器材中有很多构件是T形构件。T形构件由腹板和翼板组成,通常在胎架上装配。T形构件有两种装配方法:倒装和侧装。板面平直的T形构件一般采用倒装法装配,在倒装时可在腹板与翼板定位焊的一侧预先施加一个角反变形,即让翼板与腹板的夹角大于90°,以抵消定位焊引起的角变形。侧装法主要适用于有曲度的翼板。

2. 舟体壳板焊接

舟体甲板、底板、端板和舷板分段的外壳板都是由几块带压筋的钢板拼装而成,在拼装前先要用砂轮清除板边的铁锈和毛刺,然后在各自的胎架上拼成整块壳板。在拼板时应注意基准端对准并紧靠胎架的基准线,当板上有压筋时还需保证拼接处相邻压筋间距的公差要求,然后用定位点焊固定,待拼板全部定位焊结束后再施焊。在带式舟桥的生产中,拼板和分段装配通常是合在一个工序进行,此时要待分段的所有零件都用定位焊固定后再进行最后焊接。

(三)分段装焊工艺

分段装焊是介于带式舟桥总体装焊和部件装焊之间的一个过渡装焊阶段,是带式舟桥装焊生产中工作量最大而极其重要的一个工艺阶段。分段的外型尺寸、形状和骨架的安装是否正确,不仅关系到分段本身的制造质量,而且直接影响器材的总装质量和速度。

1. 分段的划分原则

分段划分是否合理是评定带式舟桥工艺设计好坏的重要指标之一,在工艺设计时应按以下原则划分分段。

(1)适度扩大装焊作业面,从总体上保证均衡生产。

(2)尽可能改善装焊条件,将仰焊、立焊等施工困难的作业改变为俯焊。

(3)尽可能减少总装时零星构件的数量,保证总装时只有几个大分段及少数必要的立柱、斜撑等装焊作业。

(4)分段应有足够的刚度,以免在吊运、翻身等过程中出现过大的变形而影响总装的质量和速度。对于拼成的大平板(如甲板)分段可以在装配时临时加焊辅助构件来增强分段的刚性(在总装前撤除)。

(5)分段的尺寸和**重量**应与制造厂的厂房条件和起重设备相适应。

根据上述原则,在带式舟桥的舟体生产中一般是将其划分成若干个平面分段,如底板分段、甲板分段、舷板分段、端板分段以及桁架分段等。

2. 分段装焊示例

带式舟桥各种分段的装焊方法和顺序大体相似,现以四折带式舟桥河中方舟甲板分段的装焊为例加以详细说明,通常采用"倒装法"装焊。所谓倒装法,就是在装焊时甲板所处的位置与它的使用位置相反,即甲板面朝下,甲板下纵梁等构件在甲板上方。用这种方法装焊甲板分段,可将大量的仰焊变为俯焊。

装焊工序主要有:

(1)将拼焊好的甲板矫平,放在甲板分段的装焊胎架上定位,并标出中心线,打上样冲眼。考虑到焊接后甲板的收缩变形,按经验加放焊接反变形余量。

(2)在甲板上画出装配定位线。

(3)按定位线安装纵横骨架并施焊。

(4)将装焊好的甲板分段脱离胎架放在平台上矫正,主要矫正甲板的局部挠曲度,一般用人工方法矫正(火焰与锤击相结合)。

(四)舟体总装

舟体总装包括舟体装配和舟体焊接两道工序,这两道工序实际上是交错进行的,故在一起介绍。舟体总装是舟体成型的最后阶段,总装质量的优劣直接影响器材的外表和内在质量。

1. 总装方法

根据总装时舟体位置不同有"倒装法"和"侧装法"两种方法。

(1)倒装法

倒装法总装时,舟体的位置是甲板在下,底板朝上水平放置。其装配顺序一般为:甲板分段→端板分段→舷板分段→底板分段(包括平底和曲底)→各种连接件等。

倒装法的优点是对厂房高度要求低,胎架放置平稳,刚度较大,而且总装时装焊的零部件数量较少,总装周期较短,生产效率较高。缺点是舟体高度较小,一般都在1m以下,在舟内装焊工作条件较差。

(2)侧装法

用侧装法总装时,甲板和底板在竖直位置下装焊。这种方法的最大优点是焊工在舟体内装焊时可以直立,舟宽一般在2m以上,焊接条件较好,焊接质量比较有保证,在厂房高度许可时采用。四折带式舟桥的舟体总装就采用此法。

2. 总装示例

四折带式舟桥河中方舟采用侧装法总装,其主要工序为:

(1)方舟内侧板分段吊上总装胎架,将侧板的基准线和中心线对准胎架的基准线和中心线,施定位焊。

(2)方舟甲板分段吊上总装胎架,将甲板分段的基准线和中心线对准胎架的基准线和中心线,施定位焊。

(3)方舟底板分段吊上总装胎架,将底板分段的基准线和中心线对准胎架的基准线和中心线,施定位焊。

(4)分段合龙,将方舟甲板分段和底板分段由水平位置转为竖直位置,牢靠固定。

(5)将隔仓板吊上总装胎架,按装配线落位,施定位焊。

(6)将方舟外侧板分段吊上总装胎架,用线垂找正外侧板分段基准线和中心线与总装胎架基准线和中心线,施定位焊。

(7)装配甲板分段与侧板分段、底板分段与侧板分段之间的连接肘板、竖角钢及封槽角钢。

(8)装配立柱、连接肘板、栏杆插座及垫板。

(9)将端板分段中的双耳右端板分段、单耳左端板分段吊上总装胎架,按装配线落位,施定位焊。

(10)装配斜封板及板条。

(11)报检舟内装配件,焊接。

(12)拆除全部定位焊点及紧固件,将胎架甲板分段托架由竖直位置转为水平位置,舟体吊下胎架,将胎架底板分段托架由竖直位置转为水平位置。

(13)按装配线装配端板分段中的双耳左端板分段、单耳右端板分段,按装配线装配防滑、防护条并焊接。

(五)焊接方法要点

为保证带式舟桥的焊接质量,必须按照带式舟桥图样、生产验收技术条件和有关国家标准、军用标准的规定要求制订焊接工艺规程,并严格执行。

舟体甲板、底板及各舷板分段的拼板对接应采用 CO_2 气体保护单面焊双面成型自动焊(在专用的自动拼板焊机上进行)。其余各板材的拼接双面焊应优先采用 CO_2 气体保护焊,尽量少用手工电弧焊。先焊正面焊缝,再翻面碳刨清根进行封底焊。

T形构件中凡焊缝高度 $K>6mm$ 的角焊缝应采用两层或多层焊完成,层间焊渣须清理干净,各焊道接头须相互错开。

焊缝长度≥1m 时,应采用分中退焊法施焊。所谓分中退焊法,就是从焊缝长度的中心点向两边施焊,一般应由 2 名焊工同时对称施焊。同时有对接焊和角接焊焊缝时,应先焊对接焊缝,后焊角接焊缝。同时有平角焊和立角焊焊缝时,应先焊立角焊缝,后焊平角焊缝。

主龙骨同带式舟桥纵向连接装置相连,是很重要的受力构件,其焊接应采用 CO_2 气体保护半自动焊。在无工作平台的情况下,应先将工件垫平,为克服工件自重下挠,应在下翼板下全长范围内置多处垫块。焊接时,应先焊如图 15-11 所示的 1、2 焊缝的 50% ~ 70%,然后焊完 3、4 焊缝,最后焊 1、2 焊缝的其余部分。在焊每条焊缝时应采用分中退焊法。

分段的焊接(包括跳板、搭板)应采用 CO_2 气体保护半自动焊。甲板、底板分段内部焊缝的焊接应在胎架上进行,壳板外表的焊缝待分段下胎架翻面后再焊。甲板、底板周边骨架如各边梁、端梁、端角钢、首弯板相互间的连接焊缝均应朝内开坡口,内面先焊后外面碳刨清根封底焊。

舟体的总装连接焊缝均采用手工电弧焊在胎架上完成,甲板、底板、舷板合龙的各端梁、边梁、侧角钢、竖角钢等相互间的对接缝均应朝内开坡口,内面先焊后外面碳刨清根封底焊。内部焊缝须先焊所有构架间的连接缝,后焊各撑、柱、连接件与相邻骨架的角焊缝,最后焊各构件上的三角板、肘板、加强板等。先焊立焊缝,后焊平焊缝。

舟体壳板周边与骨架的搭接外缝按图 15-12 中的 1~6 顺序进行。

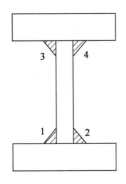
图 15-11 工字梁焊接顺序

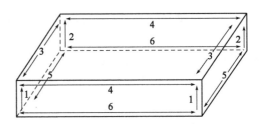
图 15-12 舟体各分段总装焊接顺序

舾装焊接时,凡必须在胎架上焊接的均采用手工电弧焊,可在胎架下焊接的均采用 CO_2 气体保护半自动焊。纵向接头受力大,通常采用中碳合金结构钢,其可焊性较差,焊前需预热,焊后及时热处理才能保证其机械强度和焊缝质量,因此需采用过渡板技术。过渡板与舟体材料相同,先同接头焊在一起,然后整体进行热处理,再将过渡板与舟体焊在一起。纵向接头单双耳的上、下过渡板与主龙骨焊接时环境温度应大于 5℃,角焊缝表面状态须成凹形或略平。各支座、耳板、耳座等与舟体的焊接均采用两层焊道施焊,先焊各舾装件与舟体构件的连接缝,再焊外部的连接缝。

(六)减少焊接变形和焊接残余应力的方法

焊接变形和焊接残余应力的存在是焊接的固有特点,它对带式舟桥的互换性和承载能力有很大的影响,在设计和施工中必须加以限制。对于超过图纸规定公差的焊接变形应加以矫正,重要零部件如连接装置构件的焊接应力还必须通过热处理消除掉。

减少焊接变形和焊接残余应力,除了设计时应选定合理的结构形式以最大限度地减少结构的焊接变形和焊接应力外,还可从施工工艺上采用以下措施。

1. 先进的焊接方法

如舟桥壳板之间的拼接采用缝焊,壳板与骨架的连接采用点焊,尽量采用 CO_2 气体保护细丝焊装焊舟体,以减少焊接过程中产生的热量。

2. 合理的装配顺序

相同的结构如果采用不同的装配顺序,结构的焊接变形和焊接残余则大不一样。以图 5-11 中的焊接工字梁为例,应按照先将上、下翼板和腹板定位,然后再点焊成工字形的顺序进行。这样在焊接过程中结构的刚度变化不大,焊接上下翼板产生的焊接变形基本上可以相互抵消,整个工字梁的变形就大大减少了。

3. 合理的焊接顺序

在装配顺序相同的情况下,如果焊接顺序不同,产生的焊接变形和焊接残余应力也不同。在选择焊接顺序时应考虑以下几点:

(1)尽可能地使焊缝自由收缩。大型构件应从中间向四周焊接,如四折带式舟桥方舟的焊接顺序(参见图 15-12)。

(2)对称的焊缝应由 2 名焊工按对称或反对称的顺序施焊(参见图 15-12)。

(3)收缩量大的焊缝应先焊。同时存在横向和纵向焊缝时,一般应先焊横向焊缝;同时存在对接缝和贴角缝时,应先焊对接缝。

(4)较长的焊缝可以采取逐步退焊法、分中退焊法、跳焊法和交替焊法,中等长度的焊缝可以采用分中对称焊法。

4. 反变形法

反变形法就是在施焊前给焊件一个与焊接变形方向相反、大小相等的变形来抵消焊接变形。带式舟桥生产中反变形的数值是根据以往舟桥生产中焊接变形的数值通过统计方法逐步确定的。反变形法的优点是构件内部的焊接应力较小,特别适合在大批量生产中使用。

5. 刚性固定法

刚性固定法是采用强制的手段限制结构的焊接变形,因此又称为"强制变形法"。强制变形的手段很多,如采用夹具固定、点焊固定和采用胎架装焊等。

刚性固定法可有效地减少结构的焊接变形,但是由于结构材料有弹性,在撤除夹具或凿去固定的点焊后仍会留下一定的弹性变形,同时会在结构内部产生很大的焊接应力。对于由塑性较好的低碳钢和普通低合金钢制成的结构,这种残留在结构内部的焊接应力不会引起结构开裂破坏,而随着时间的推移会逐渐减少甚至消失。但对于塑性较差的中碳钢和中碳合金结构钢却有着致命的危害,它不仅会使结构的承载能力降低,而且会因出现裂缝而使结构破坏,所以刚性固定法仅适用于低碳钢和普通低合金钢制成的结构物。

6. 较小的焊接规范

焊接规范通常是指焊条牌号、焊接电流和焊接层数等参数。

所谓较小的焊接规范就是指采用较细的焊条和较小的焊接电流施焊。当焊接电流降低时,电焊产生的热量也会相应减少。

对于超过图样尺寸公差规定的焊接变形必须进行矫正,矫正的方法一般采用火工矫正或机械矫正。舟桥结构的火工矫正是舟桥零件局部热加工的逆过程,就是在已变形的结构中形成新的永久变形的过程。要达到上述目的,必须在构件上的适当位置补充局部加热面积,加热部分金属以形成不可逆转的塑性变形,即永久变形,这样在加热区外部就会产生极大的拉应力。在这种拉应力的作用下,已经变形的结构就会恢复平直。

复习思考题

1. 制式舟桥器材的方案设计包括哪几项?
2. 制式舟桥器材河中部分方案拟定的步骤有哪些?
3. 制式舟桥器材方案比较时主要指标有哪些?
4. 制式舟桥器材技术设计包括哪两部分?

5. 制式舟桥器材的细部设计主要包括哪些方面？
6. 制式舟桥器材细部设计中需要探讨和研究的问题有哪些？
7. 带式舟桥的桥脚舟按等值梁设计时应符合哪些要求？
8. 制式舟桥器材连接装置设计的步骤有哪些？
9. 带式舟桥制造的工艺过程一般有些？
10. 什么是分段？什么是舾装？
11. 工艺设计的主要任务是什么？主要内容有哪些？
12. 按照带式舟桥各零部件的使用要求和功能不同，常用钢材可分为哪三大类？
13. 对工装胎架的要求主要有哪些？
14. 什么是放样？其任务是什么？
15. 什么是下料？什么是下料标记？
16. 钢料加工的任务是什么？其方法分为哪两类？
17. 什么是热处理？带式舟桥热处理零件的种类主要有哪些？
18. 带式舟桥的装焊有什么特点？
19. T形构件有哪两种装配方法？
20. 什么是分段装焊？分段划分的原则有哪些？
21. 河中方舟甲板分段的装焊工序主要有哪些？
22. 舟体总装包括哪两道工序？
23. 根据总装时舟体位置的不同，划分为哪两种方法？
24. 倒装法的装配顺序一般是什么？
25. 河中方舟采用侧装法总装的主要工序有哪些？
26. 什么是分中退焊法？

附表　钢索、麻绳和塑料绳力学性能

6×7类钢索(GB/T 20118—2017)力学性能　　　附表1

典型结构 6×7-FC 6×7-WSC	钢索结构	股结构	外层钢丝数		钢索直径范围 (mm)
			总数	每股	
	6×7	1-6	36	6	2~44

公称直径 D(mm)	重量 p ($\times 10^{-3}$kN/m)		公称抗拉强度 R_0(MPa)					
			1570		1770		1960	
			最小破断拉力 S(kN)					
	纤维芯	钢芯	纤维芯	钢芯	纤维芯	钢芯	纤维芯	钢芯
2	0.140	0.155	2.08	2.25	2.35	2.54	2.60	2.81
3	0.316	0.348	4.69	5.07	5.29	5.72	5.86	6.33
4	0.562	0.619	8.34	9.02	9.40	10.2	10.4	11.3
5	0.878	0.968	13.0	14.1	14.7	15.9	16.3	17.6
6	1.26	1.39	18.8	20.3	21.2	22.9	23.4	25.3
7	1.72	1.90	25.5	27.6	28.8	31.1	31.9	34.5
8	2.25	2.48	33.4	36.1	37.6	40.7	41.6	45.0
9	2.84	3.13	42.2	45.7	47.6	51.5	52.7	57.0
10	3.51	3.87	52.1	56.4	58.8	63.5	65.1	70.4
11	4.25	4.68	63.1	68.2	71.1	76.9	78.7	85.1
12	5.05	5.57	75.1	81.2	84.6	91.5	93.7	101
13	5.93	6.54	88.1	95.3	99.3	107	110	119
14	6.88	7.59	102	110	115	125	128	138
16	8.99	9.91	133	144	150	163	167	180
18	11.4	12.5	169	183	190	206	211	228
20	14.0	15.5	208	225	235	254	260	281
22	17.0	18.7	252	273	284	308	315	341
24	20.2	22.3	300	325	338	366	375	405
26	23.7	26.2	352	381	397	430	440	476
28	27.5	30.3	409	442	461	498	510	552
32	35.9	39.6	534	577	602	651	666	721
36	45.5	50.2	676	730	762	824	843	912
38	56.2	61.9	834	902	940	1020	1041	1130
40	68.0	74.9	1010	1090	1140	1230	1260	1360

注：直径2~7mm的钢索采用钢丝股芯(WSC)，破断拉力用K'_3计算。表中给出的钢芯是独立钢芯(IWRC)的数据。

6×19M 类钢索(GB/T 20118—2017)力学性能　　附表2

典型结构 6×19M-FC 6×19M-IWRC	钢索结构	股结构	外层钢丝数		钢索直径范围 (mm)
			总数	每股	
	6×19M	1-6/12	72	12	3～52

公称直径 D(mm)	重量 p ($\times 10^{-3}$kN/m)		公称抗拉强度 R_0(MPa)					
			1570		1770		1960	
			最小破断拉力 S(kN)					
	纤维芯	钢芯	纤维芯	钢芯	纤维芯	钢芯	纤维芯	钢芯
3	0.316	0.360	4.34	4.69	4.89	5.29	5.42	5.86
4	0.562	0.640	7.71	8.34	8.69	9.40	9.63	10.4
5	0.878	1.00	12.0	13.0	13.6	14.7	15.0	16.3
6	1.26	1.44	17.4	18.8	19.6	21.2	21.7	23.4
7	1.72	1.96	23.6	25.5	26.6	28.8	29.5	31.9
8	2.25	2.56	30.8	33.4	34.8	37.6	38.5	41.6
9	2.84	3.24	39.0	42.2	44.0	47.6	48.7	52.7
10	3.51	4.00	48.2	52.1	54.3	58.8	60.2	65.1
11	4.25	4.84	58.3	63.1	65.8	71.1	72.8	78.7
12	5.05	5.76	69.4	75.1	78.2	84.6	86.6	93.7
13	5.93	6.76	81.5	88.1	91.8	99.3	102	110
14	6.88	7.84	94.5	102	107	115	118	128
16	8.99	10.2	123	133	139	150	154	167
18	11.4	13.0	156	169	176	190	195	211
20	14.0	16.0	193	208	217	235	241	260
22	17.0	19.4	233	252	263	284	291	315
24	20.2	23.0	278	300	313	338	347	375
26	23.7	27.0	326	352	367	397	407	440
28	27.5	31.4	378	409	426	461	472	510
32	35.9	41.0	494	534	556	602	616	666
36	45.5	51.8	625	676	704	762	780	843
40	56.2	64.0	771	834	869	940	963	1041
44	68.0	77.4	933	1010	1050	1140	1160	1260
48	80.9	92.2	1110	1200	1250	1350	1390	1500
52	94.9	108.0	1300	1410	1470	1590	1630	1760

注:直径 3～7mm 的钢索采用钢丝股芯(WSC),破断拉力用 K'_3 计算。表中给出的钢芯是独立钢芯(IWRC)的数据。

6×12 类钢索(GB/T 20118—2017)力学性能　　　　　　附表3

公称直径 D(mm)	重量 p ($\times 10^{-3}$ kN/m)	公称抗拉强度 R_0(MPa)	
		1570	1770
		最小破断拉力 S(kN)	
6	0.904	11.8	13.3
7	1.23	16.1	18.1
8	1.61	21.0	23.7
9	2.03	26.6	30.0
10	2.51	32.8	37.0
11	3.04	39.7	44.8
12	3.61	47.3	53.3
13	4.24	55.5	62.5
14	4.92	64.3	72.5
16	6.43	84.0	94.7
18	8.13	106	120
20	10.0	131	148
22	12.1	159	179
24	14.5	189	213
26	17.0	222	250
28	19.7	257	290
32	25.7	336	379

6×15 类钢索(GB/T 20118—2017)力学性能　　　　　　附表4

典型结构 6×15FC-FC	钢索结构	股结构	外层钢丝数		钢索直径范围 (mm)
			总数	每股	
	6×15FC-FC	FC-15	90	15	6~52

公称直径 D(mm)	重量 p ($\times 10^{-3}$ kN/m)	公称抗拉强度 R_0(MPa)	
		1570	1770
		最小破断拉力 S(kN)	
8	1.28	18.1	20.4
9	1.62	22.9	25.8
10	2.00	28.3	31.9
11	2.42	34.2	38.6
12	2.88	40.7	45.9
13	3.38	47.8	53.8

续上表

公称直径 D(mm)	重量 p ($\times 10^{-3}$kN/m)	公称抗拉强度 R_0(MPa)	
		1570	1770
		最小破断拉力 S(kN)	
14	3.92	55.4	62.4
15	4.50	63.6	71.7
16	5.12	72.3	81.6
18	6.48	91.6	103
20	8.00	113	127
22	9.68	137	154
24	11.5	163	184
26	13.5	191	215
28	15.7	222	250
30	18.0	254	287
32	20.5	289	326

6×24M 类钢索(GB/T 20118—2017)力学性能   附表5

典型结构 6×24MFC-FC	钢索结构	股结构	外层钢丝数		钢索直径范围 (mm)
			总数	每股	
	6×24MFC-FC	FC-9/15	90	15	8~44
公称直径 D(mm)	重量 p ($\times 10^{-3}$kN/m)	公称抗拉强度 R_0(MPa)			
		1570		1770	
		最小破断拉力 S(kN)			
8	2.04	28.1		31.7	
9	2.58	35.6		40.1	
10	3.18	44.0		49.6	
11	3.85	53.2		60.0	
12	4.58	63.3		71.4	
13	5.37	74.3		83.8	
14	6.23	86.2		97.1	
15	7.16	98.9		112	
16	8.14	113		127	
18	10.3	142		161	
20	12.7	176		198	
22	15.4	213		240	

续上表

公称直径 D(mm)	重量 p ($\times 10^{-3}$ kN/m)	公称抗拉强度 R_0 (MPa)	
		1570	1770
		最小破断拉力 S (kN)	
24	18.3	253	285
26	21.5	297	335
28	24.9	345	389
30	28.6	396	446
32	32.6	450	507
36	41.2	570	642
40	50.9	703	793
44	61.6	851	959

6×37M 类钢索(GB/T 20118—2017)力学性能　　　　附表6

典型结构 6×37M-FC 6×37M-IWRC	钢索结构	股结构	外层钢丝数		钢索直径范围 (mm)
			总数	每股	
	6×37M	1-6/12/18	108	18	5~60

公称直径 D(mm)	重量 p ($\times 10^{-3}$ kN/m)		公称抗拉强度 R_0 (MPa)					
			1570		1770		1960	
			最小破断拉力 S (kN)					
	纤维芯	钢芯	纤维芯	钢芯	纤维芯	钢芯	纤维芯	钢芯
5	0.865	1.00	11.6	12.5	13.1	14.1	14.5	15.6
6	1.25	1.44	16.7	18.0	18.8	20.3	20.8	22.5
7	1.70	1.96	22.7	24.5	25.6	27.7	28.3	30.6
8	2.21	2.56	29.6	32.1	33.4	36.1	37.0	40.0
9	2.80	3.24	37.5	40.6	42.3	45.7	46.8	50.6
10	3.46	4.00	46.3	50.1	52.2	56.5	57.8	62.5
11	4.19	4.84	56.0	60.6	63.2	68.3	70.0	75.7
12	4.98	5.76	66.7	72.1	75.2	81.3	83.3	90.0
13	5.85	6.76	78.3	84.6	88.2	95.4	97.7	106
14	6.78	7.84	90.8	98.2	102	111	113	123
16	8.86	10.2	119	128	134	145	148	160
18	11.2	13.0	150	162	169	183	187	203
20	13.8	16.0	185	200	209	226	231	250
22	16.7	19.4	224	242	253	273	280	303
24	19.9	23.0	267	288	301	325	333	360
26	23.4	27.0	313	339	353	382	391	423

续上表

公称直径 D(mm)	重量 p ($\times 10^{-3}$kN/m)		公称抗拉强度 R_0(MPa)					
			1570		1770		1960	
			最小破断拉力 S(kN)					
	纤维芯	钢芯	纤维芯	钢芯	纤维芯	钢芯	纤维芯	钢芯
28	27.1	31.4	363	393	409	443	453	490
32	35.4	41.0	474	513	535	578	592	640
36	44.8	51.8	600	649	677	732	749	810
40	55.4	64.0	741	801	835	903	925	1000
44	67.0	77.4	897	970	1010	1090	1120	1210
48	79.7	92.2	1070	1150	1200	1300	1330	1440
52	93.6	108.2	1250	1350	1410	1530	1560	1690
56	109	125.4	1450	1570	1640	1770	1810	1960
60	125	144.0	1670	1800	1880	2030	2080	2250

注：直径 5~7mm 的钢索采用钢丝股芯(WSC)，破断拉力用 K_3' 计算。表中给出的钢芯是独立钢芯(IWRC)的数据。

6×61M 类钢索(GB/T 20118—2017)力学性能 附表7

典型结构 6×61M-FC 6×61M-IWRC	钢索结构	股结构	外层钢丝数		钢索直径范围 (mm)
			总数	每股	
	6×61M	1-6/12/18/24	144	24	18~60

公称直径 D(mm)	重量 p ($\times 10^{-3}$kN/m)		公称抗拉强度 R_0(MPa)					
			1570		1770		1960	
			最小破断拉力 S(kN)					
	纤维芯	钢芯	纤维芯	钢芯	纤维芯	钢芯	纤维芯	钢芯
18	11.7	12.9	144	156	162	175	180	194
20	14.4	15.9	178	192	200	217	222	240
22	17.5	19.3	215	232	242	262	268	290
24	20.8	22.9	256	277	288	312	319	345
26	24.4	26.9	300	325	339	366	375	405
28	28.3	31.2	348	377	393	425	435	470
32	37.0	40.8	455	492	513	555	568	614
36	46.8	51.6	576	623	649	702	719	777
40	57.8	63.7	711	769	801	867	887	960
44	69.9	77.1	860	930	970	1050	1070	1160
48	83.2	91.7	1020	1110	1150	1250	1280	1380
52	97.6	108	1200	1300	1350	1460	1500	1620
56	113	125	1390	1510	1570	1700	1740	1880
60	130	143	1600	1730	1800	1950	2000	2160

6×19 类钢索(GB/T 20118—2017)力学性能　　　　　附表 8

公称直径 D(mm)	重量 p ($\times 10^{-3}$kN/m)		公称抗拉强度 R_0(MPa)							
			1570		1770		1960		2160	
			最小破断拉力 S(kN)							
	纤维芯	钢芯	纤维芯	钢芯	纤维芯	钢芯	纤维芯	钢芯	纤维芯	钢芯
6	1.37	1.50	18.7	20.1	21.0	22.7	23.3	25.1	25.7	27.7
7	1.86	2.05	25.4	27.4	28.6	30.9	31.7	34.2	34.9	37.7
8	2.43	2.68	33.2	35.8	37.4	40.3	41.4	44.6	45.6	49.2
9	3.08	3.39	42.0	45.3	47.3	51.0	52.4	56.5	57.7	62.3
10	3.80	4.18	51.8	55.9	58.4	63.0	64.7	69.8	71.3	76.9
11	4.60	5.06	62.7	67.6	70.7	76.2	78.3	84.4	86.2	93.0
12	5.47	6.02	74.6	80.5	84.1	90.7	93.1	100	103	111
13	6.42	7.06	87.6	94.5	98.7	106	109	118	120	130
14	7.45	8.19	102	110	114	124	127	137	140	151
16	9.73	10.7	133	143	150	161	166	179	182	197
18	12.3	13.5	168	181	189	204	210	226	231	249
20	15.2	16.7	207	224	234	252	259	279	285	308
22	18.4	20.2	251	271	283	305	313	338	345	372
24	21.9	24.1	298	322	336	363	373	402	411	443
26	25.7	28.3	350	378	395	426	437	472	482	520
28	29.8	32.8	406	438	458	494	507	547	559	603
32	38.9	42.8	531	572	598	645	662	715	730	787
36	49.2	54.2	671	724	757	817	838	904	924	997
40	60.8	66.9	829	894	935	1010	1030	1120	1140	1230
44	73.6	80.9	1000	1080	1130	1220	1250	1350	1380	1490
48	87.6	96.3	1190	1290	1350	1450	1490	1610	1640	1770
52	103	113	1400	1510	1580	1700	1750	1890	1930	2080
56	119	131	1620	1750	1830	1980	2030	2190	2240	2410

6×24 类钢索（GB/T 20118—2017）力学性能　　　　　　　　附表 9

典型结构 6×24SFC-FC	钢索结构	股结构	外层钢丝数		钢索直径范围（mm）
			总数	每股	
	6×24SFC	FC-12-12	72	12	8~40

公称直径 D(mm)	重量 p ($\times 10^{-3}$kN/m)	公称抗拉强度 R_0(MPa)	
		1570	1770
		最小破断拉力 S(kN)	
8	2.12	29.2	33.0
9	2.68	37.0	41.7
10	3.31	45.7	51.5
11	4.01	55.3	62.3
12	4.77	65.8	74.2
13	5.59	77.2	87.0
14	6.49	89.5	101
15	7.45	103	116
16	8.47	117	132
18	10.7	148	167
20	13.2	183	206
22	16.0	221	249
24	19.1	263	297
26	22.4	309	348
28	26.0	358	404
30	29.8	411	464
32	33.9	468	527
36	42.9	592	668
40	53.0	731	824

6×36 类钢索（GB/T 20118—2017）力学性能　　　　　　　　附表 10

典型结构 6×36WS-FC 6×36WS-IWRC	钢索结构	股结构	外层钢丝数		钢索直径范围（mm）
			总数	每股	
	6×31WS	1-6-6+6-12	72	12	8~60
	6×29F	1-7-7F-14	84	14	8~60
	6×36WS	1-7-7+7-14	84	14	8~60
	6×37FF	1-6-6F-12-12	72	12	10~60
	6×41WS	1-8-8+8-16	96	16	34~60
	6×46WS	1-9-9+9-18	108	18	40~60
	6×49SWS	1-8-8-8+8-16	96	16	42~60
	6×55SWS	1-9-9-9+9-18	108	18	44~60

续上表

公称直径 D(mm)	重量 p ($\times 10^{-3}$kN/m)		公称抗拉强度 R_0(MPa)							
			1570		1770		1960		2160	
			最小破断拉力 S(kN)							
	纤维芯	钢芯	纤维芯	钢芯	纤维芯	钢芯	纤维芯	钢芯	纤维芯	钢芯
8	2.43	2.68	33.2	35.8	37.4	40.3	41.4	44.7	45.6	49.2
9	3.08	3.39	42.0	45.3	47.3	51.0	52.4	56.5	57.7	62.3
10	3.80	4.18	51.8	55.9	58.4	63.0	64.7	69.8	71.3	76.9
11	4.60	5.06	62.7	67.6	70.7	76.2	78.3	84.4	86.2	93.0
12	5.47	6.02	74.6	80.5	84.1	90.7	93.1	100	103	111
13	6.42	7.06	87.6	94.5	98.7	106	109	118	120	130
14	7.45	8.19	102	110	114	124	127	137	140	151
16	9.73	10.7	133	143	150	161	166	179	182	197
18	12.3	13.5	168	181	189	204	210	226	231	249
20	15.2	16.7	207	224	234	252	259	279	285	308
22	18.4	20.2	251	271	283	305	313	338	345	372
24	21.9	24.1	298	322	336	363	373	402	411	443
26	25.7	28.3	350	378	395	426	437	472	482	520
28	29.8	32.8	406	438	458	494	507	547	559	603
32	38.9	42.8	531	572	598	645	662	715	730	787
36	49.2	54.2	671	724	757	817	838	904	924	997
40	60.8	66.9	829	894	935	1010	1030	1120	1140	1230
44	73.6	80.9	1000	1080	1130	1220	1250	1350	1380	1490
48	87.6	96.3	1190	1290	1350	1450	1490	1610	1640	1770
52	103	113	1400	1510	1580	1700	1750	1890	1930	2080
56	119	131	1620	1750	1830	1980	2030	2190	2240	2410
60	137	150	1870	2010	2100	2270	2330	2510	2570	2770

6 × V7 类钢索(GB/T 20118—2017)力学性能　　　　附表 11

典型结构	钢索结构	股结构	外层钢丝数		钢索直径范围 (mm)
6 × V19-FC			总数	每股	
6 × V19-IWRC	6 × V18	/3 × 2 - 3/ - 9	54	9	18 ~ 40
	6 × V19	/1 × 7 - 3/ - 9	54	9	18 ~ 40

公称直径 D(mm)	重量 p ($\times 10^{-3}$ kN/m)	公称抗拉强度 R_0(MPa)					
		1570		1770		1960	
		最小破断拉力 S(kN)					
	纤维芯	钢芯	纤维芯	钢芯	纤维芯	钢芯	纤维芯	钢芯
18	13.3	14.2	191	202	215	228	238	253
20	16.5	17.5	236	250	266	282	294	312
22	19.9	21.2	285	302	321	341	356	378
24	23.7	25.2	339	360	382	406	423	449
26	27.9	29.5	398	422	449	476	497	527
28	32.3	34.3	462	490	520	552	576	612
30	37.1	39.3	530	562	597	634	662	702
32	42.2	44.7	603	640	680	721	753	799
36	53.4	56.6	763	810	860	913	953	1010
40	65.9	69.9	942	1000	1060	1130	1180	1250

6 × V19 类钢索(GB/T 20118—2017)力学性能　　　　附表 12

典型结构	钢索结构	股结构	外层钢丝数		钢索直径范围 (mm)
6 × V21FC-FC			总数	每股	
6 × V24FC-FC	6 × V21FC-FC	FC-9/12	72	12	14 ~ 40
	6 × V24FC-FC	FC-12-12	72	12	14 ~ 40

公称直径 D(mm)	重量 p ($\times 10^{-3}$ kN/m)	公称抗拉强度 R_0(MPa)		
		1570	1770	1960
		最小破断拉力 S(kN)		
14	7.30	102	115	127
16	9.54	133	150	166
18	12.1	168	190	210
20	14.9	208	234	260
22	18.0	252	284	314
24	21.5	300	338	374
26	25.2	352	396	439

续上表

公称直径 D(mm)	重量 p ($\times 10^{-3}$ kN/m)	公称抗拉强度 R_0(MPa)		
		1570	1770	1960
		最小破断拉力 S(kN)		
28	29.2	408	460	509
30	33.5	468	528	584
32	38.2	532	600	665
36	48.3	674	760	841
40	59.6	832	938	1040

6×V19 类钢索(GB/T 20118—2017)力学性能 附表 13

典型结构 6×V30-FC 6×V30-IWRC	钢索结构	股结构	外层钢丝数		钢索直径范围 (mm)
			总数	每股	
	6×V30	/6/-12-12	72	12	18~44

公称直径 D(mm)	重量 p ($\times 10^{-3}$ kN/m)		公称抗拉强度 R_0(MPa)					
			1570		1770		1960	
			最小破断拉力 S(kN)					
	纤维芯	钢芯	纤维芯	钢芯	纤维芯	钢芯	纤维芯	钢芯
18	13.1	13.9	165	175	186	197	206	218
20	16.2	17.2	203	216	229	243	254	270
22	19.6	20.8	246	261	278	295	307	326
24	23.3	24.7	293	311	330	351	366	388
26	27.4	29.0	344	365	388	411	429	456
28	31.8	33.6	399	423	450	477	498	528
30	36.5	38.6	458	486	516	548	572	606
32	41.5	43.9	521	553	587	623	650	690
36	52.5	55.6	659	700	743	789	823	873
40	64.8	68.6	814	864	918	974	1020	1080
44	78.4	83.1	985	1040	1110	1180	1230	1300

6×V19 类钢索（GB/T 20118—2017）力学性能　　　　　附表 14

典型结构	钢索结构	股结构	外层钢丝数		钢索直径范围
6×V34-FC			总数	每股	（mm）
6×V34-IWRC	6×V34	/1×7-3/-12-12	72	12	24~48

公称直径 D(mm)	重量 p ($\times 10^{-3}$kN/m)		公称抗拉强度 R_0 (MPa)					
			1570		1770		1960	
			最小破断拉力 S(kN)					
	纤维芯	钢芯	纤维芯	钢芯	纤维芯	钢芯	纤维芯	钢芯
24	23.3	24.7	326	345	367	389	406	431
26	27.4	29.0	382	405	431	457	477	506
28	31.8	33.6	443	470	500	530	553	587
30	36.5	38.6	509	540	573	609	635	674
32	41.5	43.9	579	614	652	692	723	767
36	52.5	55.6	732	777	826	876	914	970
40	64.8	68.6	904	960	1020	1080	1130	1200
44	78.4	83.1	1090	1160	1230	1310	1370	1450
48	93.3	98.8	1300	1380	1470	1560	1630	1720

6×V37 类钢索（GB/T 20118—2017）力学性能　　　　　附表 15

典型结构	钢索结构	股结构	外层钢丝数		钢索直径范围
6×V37-FC			总数	每股	（mm）
6×V37-IWRC	6×V37	/1×7-3/-12-15	90	15	24~56
	6×V43	/1×7-3/-15-18	108	18	28~60

公称直径 D(mm)	重量 p ($\times 10^{-3}$kN/m)		公称抗拉强度 R_0 (MPa)					
			1570		1770		1960	
			最小破断拉力 S(kN)					
	纤维芯	钢芯	纤维芯	钢芯	纤维芯	钢芯	纤维芯	钢芯
24	23.3	24.7	326	345	367	389	406	431
26	27.4	29.0	382	405	431	457	477	506
28	31.8	33.6	443	470	500	530	553	587
30	36.5	38.6	509	540	573	609	635	674
32	41.5	43.9	579	614	652	692	723	767
36	52.5	55.6	732	777	826	876	914	970
40	64.8	68.6	904	960	1020	1080	1130	1200
44	78.4	83.1	1090	1160	1230	1310	1370	1450
48	93.3	98.8	1300	1380	1470	1560	1630	1720
52	109	116	1530	1620	1720	1830	1910	2020

续上表

公称直径 D(mm)	重量 p ($\times 10^{-3}$ kN/m)		公称抗拉强度 R_0(MPa)					
			1570		1770		1960	
			最小破断拉力 S(kN)					
	纤维芯	钢芯	纤维芯	钢芯	纤维芯	钢芯	纤维芯	钢芯
56	127	134	1770	1880	2000	2120	2210	2350
60	146	154	2030	2160	2290	2430	2540	2700

6×V37 类钢索(GB/T 20118—2017)力学性能 附表16

典型结构 6×V37S-FC 6×V37S+IWRC	钢索结构	股结构	外层钢丝数		钢索直径范围 (mm)
			总数	每股	
	6×V37S	/1×7-3/-12-15	90	15	24~56

公称直径 D(mm)	重量 p ($\times 10^{-3}$ kN/m)		公称抗拉强度 R_0(MPa)					
			1570		1770		1960	
			最小破断拉力 S(kN)					
	纤维芯	钢芯	纤维芯	钢芯	纤维芯	钢芯	纤维芯	钢芯
24	24.0	25.5	335	356	378	401	419	444
26	28.2	29.9	394	418	444	471	491	521
28	32.7	34.6	456	484	515	546	570	605
30	37.5	39.8	524	556	591	627	654	694
32	42.7	45.2	596	633	672	713	744	790
36	54.1	57.3	754	801	851	903	942	999
40	66.7	70.7	931	988	1050	1114	1160	1230
44	80.8	85.5	1130	1200	1270	1348	1410	1490
48	96.1	102	1340	1420	1510	1600	1670	1780
52	113	119	1570	1670	1770	1880	1970	2090
56	131	139	1830	1940	2060	2180	2280	2420

6×V8 类钢索（GB/T 20118—2017）力学性能　　　　附表 17

典型结构 6×V10-FC	钢索结构	股结构	外层钢丝数		钢索直径范围 （mm）
			总数	每股	
	6×V10	▲-9	54	9	20~32

公称直径 D(mm)	重量 p （×10^{-3}kN/m）	公称抗拉强度 R_0(MPa)		
		1570	1770	1960
		最小破断拉力 S(kN)		
20	17.0	227	256	284
22	20.6	275	310	343
24	24.5	327	369	409
26	28.7	384	433	480
28	33.3	446	502	556
30	38.3	512	577	639
32	43.5	582	656	727

6×V25 类钢索（GB/T 20118—2017）力学性能　　　　附表 18

典型结构 6×V28B-FC	钢索结构	股结构	外层钢丝数		钢索直径范围 （mm）
			总数	每股	
	6×V25B	▲-12-12	72	12	24~44
	6×V28B	▲-12-15	90	15	24~56
	6×V31B	▲-12-18	108	18	26~60

公称直径 D(mm)	重量 p （×10^{-3}kN/m）	公称抗拉强度 R_0(MPa)		
		1570	1770	1960
		最小破断拉力 S(kN)		
24	24.5	317	358	396
26	28.7	373	420	465
28	33.3	432	487	539
30	38.3	496	559	619
32	43.5	564	636	704
36	55.1	714	805	892
40	68.0	882	994	1100
44	82.3	1070	1200	1330
48	97.9	1270	1430	1580
52	115	1490	1680	1860
56	133	1730	1950	2160
60	153	1980	2240	2480

8×7类钢索（GB/T 20118—2017）力学性能 附表19

典型结构 8×7-FC 8×7-IWRC	钢索结构	股结构	外层钢丝数		钢索直径范围 (mm)
			总数	每股	
	8×7	1-6	48	6	6~36

公称直径 D(mm)	重量 p ($\times 10^{-3}$kN/m)		公称抗拉强度 R_0(MPa)					
			1570		1770		1960	
			最小破断拉力 S(kN)					
	纤维芯	钢芯	纤维芯	钢芯	纤维芯	钢芯	纤维芯	钢芯
6	1.18	1.41	16.4	20.3	18.5	22.9	20.5	25.3
7	1.60	1.92	22.4	27.6	25.2	31.1	27.9	34.5
8	2.09	2.50	29.2	36.1	33.0	40.7	46.5	45.0
9	2.65	3.17	37.0	45.7	41.7	51.5	46.2	57.0
10	3.27	3.91	45.7	56.4	51.5	63.5	57.0	70.4
11	3.96	4.73	55.3	68.2	62.3	76.9	69.0	85.1
12	4.71	5.63	65.8	81.2	74.2	91.5	82.1	101
13	5.53	6.61	77.2	95.3	87.0	107	96.4	119
14	6.41	7.66	89.5	110	101	125	112	138
16	8.37	10.0	117	144	132	163	146	180
18	10.6	12.7	148	183	167	206	185	228
20	13.1	15.6	183	225	206	254	228	281
22	15.8	18.9	221	273	249	308	276	341
24	18.8	22.5	263	325	297	366	329	405
26	22.1	26.4	309	381	348	430	386	476
28	25.6	30.7	358	442	404	498	447	552
32	33.5	40.0	468	577	527	651	584	721
36	42.4	50.7	592	730	668	824	739	912

注：直径6~7mm的钢索采用钢丝股芯（WSC），破断拉力用 K'_3 计算。表中给出的钢芯是独立钢芯（IWRC）的数据。

8×19类钢索（GB/T 20118—2017）力学性能 附表20

	钢索结构	股结构	外层钢丝数		钢索直径范围 (mm)
			总数	每股	
典型结构 8×19S-FC 8×19S-IWRC	8×17S	1-8-8	64	8	8~36
	8×19S	1-9-9	72	9	8~52
	8×21F	1-5-5F-10	80	10	8~52
	8×26WS	1-5-5+5-10	80	10	12~52
	8×19W	1-6-6+6	96	12	12~52
	8×25F	1-6-6F-12	96	12	12~60

续上表

公称直径 D(mm)	重量 p ($\times 10^{-3}$kN/m)		公称抗拉强度 R_0(MPa)							
			1570		1770		1960		2160	
			最小破断拉力 S(kN)							
	纤维芯	钢芯	纤维芯	钢芯	纤维芯	钢芯	纤维芯	钢芯	纤维芯	钢芯
8	2.28	2.78	29.4	34.8	33.2	39.2	36.8	43.4	40.5	47.8
9	2.89	3.52	37.3	44.0	42.0	49.6	46.5	54.9	51.3	60.5
10	3.57	4.35	46.0	54.3	51.9	61.2	57.4	67.8	63.3	74.7
11	4.32	5.26	55.7	65.7	62.8	74.1	69.5	82.1	76.6	90.4
12	5.14	6.26	66.2	78.2	74.7	88.2	82.7	97.7	91.1	108
13	6.03	7.35	77.7	91.8	87.6	103	97.1	115	107	126
14	7.00	8.53	90.2	106	102	120	113	133	124	146
16	9.14	11.1	118	139	133	157	147	174	162	191
18	11.6	14.1	149	176	168	198	186	220	205	242
20	14.3	17.4	184	217	207	245	230	271	253	299
22	17.3	21.1	223	263	251	296	278	328	306	362
24	20.6	25.1	265	313	299	353	331	391	365	430
26	24.1	29.4	311	367	351	414	388	458	428	505
28	28.0	34.1	361	426	407	480	450	532	496	586
32	36.6	44.5	471	556	531	627	588	694	648	765
36	46.3	56.4	596	704	672	794	744	879	820	969
40	57.1	69.6	736	869	830	980	919	1090	1010	1200
44	69.1	84.2	891	1050	1000	1190	1110	1310	1230	1450
48	82.3	100	1060	1250	1190	1410	1320	1560	1460	1720
52	96.5	118	1240	1470	1400	1660	1550	1830	1710	2020
56	112	136	1440	1700	1630	1920	1800	2130	1980	2340
60	129	157	1660	1960	1870	2200	2070	2440	2280	2690

8×36 类钢索（GB/T 20118—2017）力学性能　　　附表 21

典型结构 8×36WS-FC 8×36WS-IWRC	钢索结构	股结构	外层钢丝数		钢索直径范围（mm）
			总数	每股	
	8×31WS	1-6-6+6-12	72	12	10~60
	8×29F	1-7-7F-14	84	14	10~60
	8×36WS	1-7-7+7-14	84	14	12~60
	8×37FS	1-6-6F-12-12	72	12	12~60
	8×41WS	1-8-8+8-16	96	16	34~60
	8×46WS	1-9-9+9-18	108	18	40~60
	8×49SWS	1-8-8-8+8-16	96	16	42~60
	8×55SWS	1-9-9-9+9-18	108	18	44~60

公称直径 D(mm)	重量 p ($\times 10^{-3}$kN/m)		公称抗拉强度 R_0(MPa)							
			1570		1770		1960		2160	
			最小破断拉力 S(kN)							
	纤维芯	钢芯	纤维芯	钢芯	纤维芯	钢芯	纤维芯	钢芯	纤维芯	钢芯
12	5.14	6.26	66.2	78.2	74.7	88.2	82.7	97.7	91.1	108
13	6.03	7.35	77.7	91.8	87.6	103	97.1	115	107	126
14	7.00	8.53	90.2	106	102	120	113	133	124	146
16	9.14	11.1	118	139	133	157	147	174	162	191
18	11.6	14.1	149	176	168	198	186	220	205	242
20	14.3	17.4	184	217	207	245	230	271	253	299
22	17.3	21.1	223	263	251	296	278	328	306	362
24	20.6	25.1	265	313	299	353	331	391	365	430
26	24.1	29.4	311	367	351	414	388	458	428	505
28	28.0	34.1	361	426	407	480	450	532	496	586
32	36.6	44.5	471	556	531	627	588	694	648	765
36	46.3	56.4	596	704	672	794	744	879	820	969
40	57.1	69.6	736	869	830	980	919	1090	1010	1200
44	69.1	84.2	891	1050	1000	1190	1110	1310	1230	1450
48	82.3	100	1060	1250	1190	1410	1320	1560	1460	1720
52	96.5	118	1240	1470	1400	1660	1550	1830	1710	2020
56	112	136	1440	1700	1630	1920	1800	2130	1980	2340
60	129	157	1660	1960	1870	2200	2070	2440	2280	2690

$8 \times 19M$ 和 $8 \times 37M$ 类钢索（GB/T 20118—2017）力学性能　　　　附表 22

典型结构 $8 \times 37M$-FC $8 \times 37M$-IWRC	钢索结构	股结构	外层钢丝数		钢索直径范围（mm）
			总数	每股	
	$8 \times 19M$	1-6/12	96	12	10～52
	$8 \times 37M$	1-6/12/18	144	18	16～60

公称直径 D(mm)	重量 p ($\times 10^{-3}$ kN/m)		公称抗拉强度 R_0 (MPa)					
			1570		1770		1960	
			最小破断拉力 S(kN)					
	纤维芯	钢芯	纤维芯	钢芯	纤维芯	钢芯	纤维芯	钢芯
10	3.56	4.20	41.0	48.7	46.2	54.9	51.2	60.8
11	4.31	5.08	49.6	58.9	55.9	66.4	61.9	73.5
12	5.13	6.05	59.0	70.1	66.5	79.0	73.7	87.5
13	6.02	7.10	69.3	82.3	78.1	92.7	86.5	103
14	6.98	8.23	80.3	95.4	90.5	108	100	119
16	9.11	10.8	105	125	118	140	131	156
18	11.5	13.6	133	158	150	178	166	197
20	14.2	16.8	164	195	185	219	205	243
22	17.2	20.3	198	236	224	266	248	294
24	20.5	24.2	236	280	266	316	295	350
26	24.1	28.4	277	329	312	371	346	411
28	27.9	32.9	321	382	362	430	401	476
32	36.5	43.0	420	498	473	562	524	622
36	46.1	54.4	531	631	599	711	663	787
40	57.0	67.2	656	779	739	878	818	972
44	68.9	81.3	793	942	894	1060	990	1180
48	82.0	96.8	944	1120	1060	1260	1180	1400
52	96.3	114	1110	1320	1250	1480	1380	1640
56	112	132	1280	1530	1450	1720	1600	1900
60	128	151	1470	1750	1660	1970	1840	2190

23×7 类钢索（GB/T 20118—2017）力学性能　　　　附表 23

典型结构 15×7:IWRC 16×7:IWRC	钢索结构	股结构	外层钢丝数		钢索直径范围（mm）
			总数	每股	
	15×7	1-6	90	6	14～52
	16×7	1-6	96	6	18～56

公称直径 D(mm)	重量 p ($\times 10^{-3}$ kN/m)	公称抗拉强度 R_0 (MPa)			
		1570	1770	1960	2160
		最小破断拉力 S(kN)			
14	9.20	111	125	138	152
16	12.0	145	163	181	199

续上表

公称直径 D(mm)	重量 p ($\times 10^{-3}$ kN/m)	公称抗拉强度 R_0 (MPa)			
		1570	1770	1960	2160
		最小破断拉力 S (kN)			
18	15.2	183	206	229	252
20	18.8	226	255	282	311
22	22.7	274	308	342	376
24	27.1	326	367	406	448
26	31.8	382	431	477	526
28	36.8	443	500	553	610
32	42.3	509	573	635	700
36	48.1	579	652	723	796
40	60.9	732	826	914	1010
44	75.2	904	1020	1130	1240
48	91.0	1090	1230	1370	—
52	108	1300	1470	1630	—
56	127	1530	1720	1910	—
	147	1770	2000	2210	—

18×7 类和 18×19 类钢索（GB/T 20118—2017）力学性能　　附表24

典型结构 18×7-FC 18×7-WSC	钢索结构	股结构	外层钢丝数		钢索直径范围 (mm)
			总数	每股	
	17×7	1-6	66	6	6~52
	18×7	1-6	72	6	6~60
	18×19S	1-9-9	108	9	14~60
	18×19W	1-6-6+6	144	12	14~60
	18×19M	1-6/12	144	12	14~60

公称直径 D(mm)	重量 p ($\times 10^{-3}$ kN/m)		公称抗拉强度 R_0 (MPa)							
			1570		1770		1960		2160	
			最小破断拉力 S (kN)							
	纤维芯	钢芯	纤维芯	钢芯	纤维芯	钢芯	纤维芯	钢芯	纤维芯	钢芯
6	1.40	1.55	17.5	18.5	19.8	20.9	21.9	23.1	24.1	25.5
7	1.91	2.11	23.8	25.2	26.9	28.4	29.8	31.5	32.8	34.7

续上表

公称直径 D(mm)	重量 p ($\times 10^{-3}$kN/m)		公称抗拉强度 R_0(MPa)							
			1570		1770		1960		2160	
			最小破断拉力 S(kN)							
	纤维芯	钢芯	纤维芯	钢芯	纤维芯	钢芯	纤维芯	钢芯	纤维芯	钢芯
8	2.50	2.75	31.1	33.0	35.1	37.2	38.9	41.1	42.9	45.3
9	3.16	3.48	39.4	41.7	44.4	47.0	49.2	52.1	54.2	57.4
10	3.90	4.30	48.7	51.5	54.9	58.1	60.8	64.3	67.0	70.8
11	4.72	5.20	58.9	62.3	66.4	70.2	73.5	77.8	81.0	85.7
12	5.62	6.19	70.1	74.2	79.0	83.6	87.5	92.6	96.4	102
13	6.59	7.27	82.3	87.0	92.7	98.1	103	109	113	120
14	7.64	8.43	95.4	101	108	114	119	126	131	139
16	10.0	11.0	125	132	140	149	156	165	171	181
18	12.6	13.9	158	167	178	188	197	208	217	230
20	15.6	17.2	195	206	219	232	243	257	268	283
22	18.9	20.8	236	249	266	281	294	311	324	343
24	22.5	24.8	280	297	316	334	350	370	386	408
26	26.4	29.1	329	348	371	392	411	435	453	479
28	30.6	33.7	382	404	430	455	476	504	525	555
30	35.1	38.7	438	463	494	523	547	579	603	638
32	39.9	44.0	498	527	562	594	622	658	686	725
36	50.5	55.7	631	667	711	752	787	833	868	918
40	62.4	68.8	779	824	878	929	972	1030	1070	1130
44	75.5	83.2	942	997	1060	1120	1180	1240	1300	1370
48	89.9	99.1	1120	1190	1260	1340	1400	1480	1540	1630
52	105	116	1320	1390	1480	1570	1640	1740	1810	1920
56	122	135	1530	1610	1720	1820	1910	2020	2100	2220
60	140	155	1750	1850	1980	2090	2190	2310	2410	2550

34M×7 类钢索（GB/T 20118—2017）力学性能

附表 25

典型结构 34M×7-FC 34M×7-WSC	钢索结构	股结构	外层钢丝数		钢索直径范围 （mm）
			总数	每股	
	34M×7	1-6	102	6	10~60
	36M×7	1-6	108	6	16~60

公称直径 D(mm)	重量 p ($\times 10^{-3}$kN/m)		公称抗拉强度 R_0(MPa)					
			1570		1770		1960	
			最小破断拉力 S(kN)					
	纤维芯	钢芯	纤维芯	钢芯	纤维芯	钢芯	纤维芯	钢芯
10	4.00	4.30	48.4	49.9	54.5	56.3	60.4	62.3
11	4.84	5.20	58.5	60.4	66.0	68.1	73.0	75.4
12	5.76	6.19	69.6	71.9	78.5	81.1	86.9	89.8
13	6.76	7.27	81.7	84.4	92.1	95.1	102	105
14	7.84	8.43	94.8	97.9	107	110	118	122
16	10.2	11.0	124	128	140	144	155	160
18	13.0	13.9	157	162	177	182	196	202
20	16.0	17.2	193	200	218	225	241	249
22	19.4	20.8	234	242	264	272	292	302
24	23.0	24.8	279	288	314	324	348	359
26	27.0	29.1	327	337	369	380	408	421
28	31.4	33.7	379	391	427	441	473	489
30	36.0	38.7	435	449	491	507	543	561
32	41.0	44.0	495	511	558	576	618	638
36	51.8	55.7	627	647	707	729	782	808
40	64.0	68.8	774	799	872	901	966	997
44	77.4	83.2	936	967	1060	1090	1170	1210
48	92.2	99.1	1110	1150	1260	1300	1390	1440
52	108	116	1310	1350	1470	1520	1630	1690
56	125	135	1520	1570	1710	1770	1890	1950
60	144	155	1740	1800	1960	2030	2170	2240

35W×7 类和 35W×19 类钢索（GB/T 20118—2017）力学性能

附表 26

典型结构 35W×7	钢索结构	股结构	外层钢丝数		钢索直径范围 （mm）
			总数	每股	
	35W×7	1-9	96	6	10~56
	40W×7	1-6	108	6	28~60
	35W×19S	1-9-9	144	9	36~60
	40W×19W	1-6-6/6	192	12	36~60

续上表

公称直径 D(mm)	重量 p ($\times 10^{-3}$kN/m)	公称抗拉强度 R_0(MPa)			
		1570	1770	1960	2160
		最小破断拉力 S(kN)			
10	4.60	56.5	63.7	70.6	75.6
11	5.57	68.4	77.1	85.4	91.5
12	6.62	81.4	91.8	102	109
13	7.77	95.5	108	119	128
14	9.02	111	125	138	148
16	11.8	145	163	181	194
18	14.9	183	206	229	245
20	18.4	226	255	282	302
22	22.3	274	308	342	366
24	26.5	326	367	406	435
26	31.1	382	431	477	511
28	36.1	443	500	553	593
30	41.4	509	573	635	680
32	47.1	579	652	723	774
36	59.6	732	826	914	980
40	73.6	904	1020	1130	1210
44	89.1	1090	1230	1370	1460
48	106	1300	1470	1630	1740
52	124	1530	1720	1910	2040
56	144	1770	2000	2210	2370
60	147	2030	2290	2540	2740

4×19 类和 4×36 类钢索（GB/T 20118—2017）力学性能 附表27

	钢索结构	股结构	外层钢丝数		钢索直径范围 (mm)
			总数	每股	
典型结构 4×19S-FC	4×19S	1-9-9	36	9	8~26
	4×25F	1-6-6F-12	48	12	8~32
	4×26WS	1-5-5+5-10	40	10	8~32
	4×31WS	1-6-6+6-12	48	12	8~32
	4×36WS	1-7-7+7F-14	56	14	10~36

公称直径 D(mm)	重量 p ($\times 10^{-3}$kN/m)	公称抗拉强度 R_0(MPa)		
		1570	1770	1960
		最小破断拉力 S(kN)		
8	2.62	36.2	40.8	45.2
9	3.32	45.8	51.6	57.2

续上表

公称直径 D(mm)	重量 p ($\times 10^{-3}$ kN/m)	公称抗拉强度 R_0(MPa)		
		1570	1770	1960
		最小破断拉力 S(kN)		
10	4.10	56.5	63.7	70.6
11	4.96	68.4	77.1	85.4
12	5.90	81.4	91.8	102
13	6.93	95.5	108	119
14	8.04	111	125	138
16	10.5	145	163	181
18	13.3	183	206	229
20	16.4	226	255	282
22	19.8	274	308	342
24	23.6	326	367	406
26	27.7	382	431	477
28	32.1	443	500	553
30	36.9	509	573	635
32	42.0	579	652	723
36	53.1	732	826	914

4×V39 类钢索（GB/T 20118—2017）力学性能　　附表28

典型结构 4×V39FC-FC	钢索结构	股结构	外层钢丝数		钢索直径范围（mm）
			总数	每股	
	4×V39FC	FC-9/15-15	60	15	10~44
	4×V48SFC	FC-12/18-18	72	18	16~48

公称直径 D(mm)	重量 p ($\times 10^{-3}$ kN/m)	公称抗拉强度 R_0(MPa)		
		1570	1770	1960
		最小破断拉力 S(kN)		
10	4.10	56.5	63.7	70.6
11	4.96	68.4	77.1	85.4
12	5.90	81.4	91.8	102
13	6.93	95.5	108	119
14	8.04	111	125	138
16	10.5	145	163	181

续上表

公称直径 D(mm)	重量 p ($\times 10^{-3}$ kN/m)	公称抗拉强度 R_0 (MPa)		
		1570	1770	1960
		最小破断拉力 S (kN)		
18	13.3	183	206	229
20	16.4	226	255	282
22	19.8	274	308	342
24	23.6	326	367	406
26	27.7	382	431	477
28	32.1	443	500	553
30	36.9	509	573	635
32	42.0	579	652	723
36	53.1	732	826	914
40	65.6	904	1020	1130
44	79.4	1090	1230	1370
48	94.5	1300	1470	1630

1×7 单股钢索 (GB/T 20118—2017) 力学性能   附表29

公称直径 D(mm)	重量 p ($\times 10^{-3}$ kN/m)	公称抗拉强度 R_0 (MPa)		
		1570	1770	1960
		最小破断拉力 S (kN)		
0.6	0.019	0.31	0.34	0.38
1.2	0.075	1.22	1.38	1.52
1.5	0.117	1.91	2.15	2.38
1.8	0.169	2.75	3.10	3.43
2	0.230	3.74	4.22	4.23
3	0.470	7.63	8.60	9.53
4	0.835	13.6	15.3	16.9
5	1.31	21.2	23.9	26.5
6	1.88	30.5	34.4	38.1
7	2.56	41.5	46.8	51.9
8	3.34	54.3	61.2	67.7
9	4.23	68.7	77.4	85.7

续上表

公称直径 D(mm)	重量 p ($\times 10^{-3}$kN/m)	公称抗拉强度 R_0(MPa)		
		1570	1770	1960
		最小破断拉力 S(kN)		
10	5.22	84.8	95.6	106
11	6.32	103	116	128
12	7.52	122	138	152

1×19 单股钢索(GB/T 20118—2017)力学性能　　附表30

公称直径 D(mm)	重量 p ($\times 10^{-3}$kN/m)	公称抗拉强度 R_0(MPa)		
		1570	1770	1960
		最小破断拉力 S(kN)		
1	0.051	0.83	0.94	1.04
2	0.203	3.33	3.75	4.16
3	0.456	7.49	8.44	9.35
4	0.811	13.3	15.0	16.6
5	1.27	20.8	23.5	26.0
6	1.83	30.0	33.8	37.4
7	2.48	40.8	46.0	50.9
8	3.24	53.3	60.0	66.5
9	4.11	67.4	76.0	84.1
10	5.07	83.2	93.8	104
11	6.13	101	114	126
12	7.30	120	135	150
13	8.57	141	159	176
14	9.94	163	184	204
15	11.4	187	211	234
16	13.0	213	240	266
18	16.4	270	304	337
20	20.3	333	375	416

1×37 单股钢索(GB/T 20118—2017)力学性能　　附表31

公称直径 D(mm)	重量 p ($\times 10^{-3}$kN/m)	公称抗拉强度 R_0(MPa)		
		1570	1770	1960
		最小破断拉力 S(kN)		
1.4	0.098	1.51	1.70	1.97
2.1	0.221	3.39	3.82	4.43
3	0.451	7.23	8.16	9.03

续上表

公称直径 D(mm)	重量 p ($\times 10^{-3}$kN/m)	公称抗拉强度 R_0(MPa)		
		1570	1770	1960
		最小破断拉力 S(kN)		
4	0.802	12.9	14.5	16.1
5	1.25	20.1	22.7	25.1
6	1.80	28.9	32.6	36.1
7	2.45	39.4	44.4	49.2
8	3.21	51.4	58.0	64.2
9	4.06	65.1	73.4	81.3
10	5.01	80.4	90.6	100
11	6.06	97.3	110	121
12	7.21	116	130	145
13	8.47	136	153	170
14	9.82	158	178	197
15	11.3	181	204	226
16	12.8	206	232	257
18	16.2	260	294	325
20	20.0	322	362	401
22	24.2	389	439	484
24	28.9	463	522	576
26	33.9	543	613	676
28	39.3	630	710	784

1×61 单股钢索(GB/T 20118—2017)力学性能　　　　　附表32

公称直径 D(mm)	重量 p ($\times 10^{-3}$kN/m)	公称抗拉强度 R_0(MPa)		
		1570	1770	1960
		最小破断拉力 S(kN)		
16	12.5	205	231	256
17	14.1	231	261	289
18	15.8	259	292	324
19	17.6	289	326	361
20	19.5	320	361	400
22	23.6	388	437	484
24	28.1	461	520	576
26	32.9	541	610	676
28	38.2	673	759	841
30	43.8	721	812	900

续上表

公称直径 D(mm)	重量 p ($\times 10^{-3}$kN/m)	公称抗拉强度 R_0(MPa)		
		1570	1770	1960
		最小破断拉力 S(kN)		
32	49.9	820	924	1020
34	56.3	926	1040	1160
36	63.1	1040	1170	1290

剑麻白棕绳力学性能（GB/T 15029—2009） 附表33

公称直径 D(mm)	捻绞3股绳和4股绳				编绞8股绳	
	重量 p ($\times 10^{-3}$kN/m)	最低断裂强力 S(kN)			重量 p ($\times 10^{-3}$kN/m)	最低断裂强力 S(kN)
		优等品	一等品	合格品		
6	0.29	2.55	2.40	2.30	—	—
8	0.54	4.73	4.50	4.25	—	—
10	0.68	6.22	5.90	5.60	—	—
12	1.05	9.36	8.90	8.40	—	—
14	1.40	12.60	12.00	11.30	—	—
16	1.90	17.70	16.80	15.90	1.77	17.20
18	2.20	21.00	19.90	18.90	2.25	21.60
20	2.75	27.90	26.50	25.10	2.77	26.50
22	3.30	33.40	31.70	30.10	3.35	31.90
24	4.00	39.90	37.90	35.90	3.99	37.80
26	4.70	46.40	44.10	41.80	4.68	44.20
28	5.30	52.20	49.60	47.00	5.43	51.00
30	6.25	59.80	56.80	53.80	6.24	58.30
32	7.00	67.30	63.90	60.60	7.10	66.00
36	8.90	85.30	81.10	76.80	8.98	82.90
40	11.00	103.00	97.90	95.90	11.10	102.00
44	13.40	125.00	118.80	112.50	13.40	122.00
48	15.80	145.00	137.80	130.50	16.00	145.00
52	18.70	170.00	161.50	153.00	18.70	169.00
56	21.50	195.00	185.30	175.50	21.70	195.00
60	24.80	222.00	210.90	199.80	24.90	223.00
64	—	—	—	—	28.40	253.00
68	—	—	—	—	32.00	284.00
72	—	—	—	—	35.90	317.00
76	—	—	—	—	40.00	352.00

续上表

公称直径 D(mm)	捻绞3股绳和4股绳				编绞8股绳	
	重量 p ($\times 10^{-3}$kN/m)	最低断裂强力 S(kN)			重量 p ($\times 10^{-3}$kN/m)	最低断裂强力 S(kN)
		优等品	一等品	合格品		
80	—	—	—	—	44.40	389.00
88	—	—	—	—	53.70	468.00
96	—	—	—	—	63.90	553.00

注:1. 捻绞绳是通过加捻而绞合制成的绳索,分为代号A型的无绳芯结构3股绳和代号B型的有绳芯结构4股绳两种。
2. 编绞绳是具有编织结构的绳索,分为代号L型的有绳芯结构8股绳、12股绳和16股绳(后两种在代号L后加入产品股数以示区别作为产品代号)。
3. 公称直径为10mm的3股剑麻白棕绳,其标记为:剑麻白棕绳GB/T 15029-A-10。

3股(A型)和4股(B型)聚酯纤维拧绞绳力学性能(GB/T 11787—2017) 附表34

绳索代号[a]	重量 p^b ($\times 10^{-3}$kN/m)	最低断裂强力[c] S(kN)			
		3股聚酯纤维拧绞绳(A型)		4股聚酯纤维拧绞绳(B型)	
		未插接绳索	两端插接眼环绳索	未插接绳索	两端插接眼环绳索
4	0.121	2.80	2.52	—	—
4.5	0.153	3.51	3.19	—	—
5	0.190	4.25	3.82	—	—
6	0.273	6.00	5.40	5.60	5.04
8	0.485	10.6	9.54	9.50	8.55
9	0.614	13.2	11.88	—	—
10	0.758	16.0	14.4	16.0	14.4
12	1.09	22.4	20.2	22.4	20.2
14	1.49	30.0	27.0	30.0	27.0
16	1.94	40.0	36.0	35.5	32.0
18	2.46	50.0	45.0	45.0	40.5
20	3.03	60.0	54.0	56.0	50.4
22	3.67	71.0	63.9	67.0	60.3
24	4.37	85.0	76.5	80.0	72.0
26	5.12	100	90.0	90.0	81.0
28	5.94	118	106	106	95.4
30	6.82	132	119	118	106
32	7.76	150	135	132	119
36	9.82	190	171	170	153
40	12.10	236	212	212	191
44	14.70	280	252	250	225
48	17.50	335	302	300	270
52	20.50	375	338	335	302
56	23.80	425	383	400	360

续上表

绳索代号[a]	重量 p[b] ($\times 10^{-3}$ kN/m)	最低断裂强力[c] S(kN)			
		3 股聚酯纤维拧绞绳(A 型)		4 股聚酯纤维拧绞绳(B 型)	
		未插接绳索	两端插接眼环绳索	未插接绳索	两端插接眼环绳索
60	27.30	500	450	450	405
64	31.00	560	504	500	450
72	39.30	710	639	630	567
80	48.50	850	765	800	720
88	58.70	1060	954	950	855
96	69.90	1250	1125	1120	1008
104	82.00	1400	1260	1320	1188
112	95.10	1600	1440	1500	1350
120	109.00	1900	1710	1700	1530
128	124.00	2120	1908	1900	1710
136	140.00	2360	2124	2120	1908
144	157.00	2650	2385	2360	2124
160	194.00	3350	3015	3000	2700

注：[a] 绳索代号相当于其以 mm 计的近似直径 D。
[b] 重量 p 为线密度，相当于绳索单位长度的净重量，单位为 ktex(用 g/m 或 kg/km 表示)，表中单位为 10^{-3} kN/m。
[c] 断裂强力 S 与新制绳索的干态和湿态有关。该最低断裂强力值是依据 ISO 2307 规定的试验方法和试验条件下测得的，不代表其他环境和使用场合下的实际断裂强力值。力的加载速率类型和种类、预处理条件和施加于绳索的预加张力都明显影响断裂强力。当绳索卷绕于柱桩、绞盘、滑轮或滑车上，可能在低于此强力值时断裂。打结或扭曲的绳索将大为降低其断裂强力。

8 股和 12 股聚酯纤维编绳(L 型和 T 形)力学性能(GB/T 11787—2017)　　附表 35

绳索代号[a]	重量 p[b] ($\times 10^{-3}$ kN/m)	最低断裂强力[c] S(kN)			
		8 股		12 股	
		未插接绳索	两端插接眼环绳索	未插接绳索	两端插接眼环绳索
12	1.09	23.0	20.7	25.0	22.5
16	1.94	40.0	36.0	42.5	38.3
20	3.04	63.0	56.7	67.0	60.3
24	4.37	90.0	81.0	95.5	85.5
28	5.95	118	106	125	113
30	0.683	132	119	140	126
32	7.77	150	135	160	144
36	9.84	190	171	200	180
40	12.10	236	212	250	225
44	14.70	280	252	300	270
48	17.50	335	302	355	320
52	20.50	400	360	425	383

续上表

绳索代号[a]	重量 p[b] ($\times 10^{-3}$ kN/m)	最低断裂强力[c] S(kN)			
		8 股		12 股	
		未插接绳索	两端插接眼环绳索	未插接绳索	两端插接眼环绳索
56	23.80	450	405	475	428
60	27.30	500	450	530	477
64	31.10	560	504	600	540
72	39.30	710	639	750	675
80	48.60	900	810	950	855
88	58.80	1060	954	1120	1008
96	69.90	1250	1125	1320	1188
104	82.10	1500	1350	1600	1440
112	95.20	1700	1530	1800	1620
120	109.00	1900	1710	2000	1800
128	124.00	2240	2016	2360	2124
136	140.00	2500	2250	2650	2385
144	157.00	2800	2520	3000	2700
160	194.00	3350	3015	3550	3195

注:1. [a]、[b] 和 [c] 同附表 34。

2. 绳索参考代号(D)和最低断裂强力(S)的关系符合以下方程式:

未插接 8 股聚酯纤维编绳　　$D = 2.349 \times S^{0.520}$

未插接 12 股聚酯纤维编绳　　$D = 2.265 \times S^{0.520}$

聚酯与聚烯烃双纤维绳(尾段插接眼环绳)**力学性能**(GB/T 30667—2014)　　附表 36

绳索代号[a]	3 股(A 型)、8 股(L 型)、12 股(T 形)			高强度 3 股(A 型)、8 股(L 型)、12 股(T 形)		
	重量 p[b] ($\times 10^{-3}$ kN/m)	最低断裂强力[c] S(kN)		重量 p[b] ($\times 10^{-3}$ kN/m)	最低断裂强力[c] S(kN)	
		高强级	普通级		高强级	普通级
6	0.175	6.10	5.50	0.199	6.80	6.10
8	0.310	10.7	9.60	0.354	11.9	10.7
10	0.485	16.4	14.8	0.553	18.2	16.4
12	0.699	23.1	20.8	0.796	25.7	23.1
14	0.951	31.2	28.1	1.08	34.7	31.2
16	1.24	40.3	36.3	1.42	44.8	40.3
18	1.57	50.5	45.5	1.79	56.1	50.5
20	1.94	61.8	55.6	2.21	68.7	61.8
22	2.35	73.9	66.5	2.68	82.1	73.9
24	2.79	86.7	78.0	3.19	96.0	86.4
26	3.28	102	91.8	3.74	113	102
28	3.80	117	105	4.34	130	117
30	4.37	133	120	4.98	148	133

续上表

绳索代号[a]	3股(A型)、8股(L型)、12股(T形)			高强度3股(A型)、8股(L型)、12股(T形)		
	重量p[b] ($\times 10^{-3}$kN/m)	最低断裂强力[c] S(kN)		重量p[b] ($\times 10^{-3}$kN/m)	最低断裂强力[c] S(kN)	
		高强级	普通级		高强级	普通级
32	4.97	150	135	5.66	167	150
36	6.29	189	170	7.17	210	189
40	7.76	231	208	8.85	257	231
44	9.39	277	249	10.7	308	277
48	11.1	328	295	12.7	364	328
52	13.2	382	344	15.0	424	382
56	15.2	440	396	17.3	489	440
60	17.5	502	452	19.9	558	502
64	19.9	568	511	22.7	631	568
68	22.5	636	572	25.6	707	636
72	25.2	710	639	28.7	789	710
80	31.1	867	780	35.4	963	867
88	37.5	1040	936	42.8	1160	1040
96	47.7	1230	1110	51.0	1370	1230
104	52.5	1430	1290	60.0	1590	1430
112	60.5	1660	1490	69.0	1840	1660
120	69.8	1890	1700	79.6	2100	1890
128	79.5	2130	1920	90.6	2370	2130
136	89.5	2390	2150	102	2660	2390
144	101	2670	2400	115	2970	2670
152	113	2960	2660	128	3290	2960
160	125	3270	2940	142	3630	3270

注:1. [a]绳索代号、[b]重量p(线密度)和[c]断裂强力S同附表34。不同之处在于:线密度在加以GB/T 8834规定的预加张力时测量。最低断裂强力值是依据GB/T 8834指定的试验方法和试验条件下测得的,尾段未插接绳索会比尾段插接眼环绳索的断裂强力高10%,供设计使用时参考。

2. 聚丙烯指聚丙烯纤维或为聚丙烯加上质量比15%～50%的聚乙烯的双组分纤维。

3. 3股拧绞绳代号为20(A型),线密度近似194ktex的聚酯与聚烯烃双纤维绳索可表示为:纤维绳索GB/T 30667-A-20-PET/PO;12股编绳代号为20(T形),线密度近似221ktex的高强度聚酯与聚烯烃双纤维绳索可表示为:纤维绳索GB/T 30667-T-20-PET/PO(高强)。

超高分子量聚乙烯纤维8股、12股编绳和复编绳索(尾段插接眼环绳) 附表37
力学性能(GB/T 30668—2014)

绳索代号[a]	8股(L型)和12股(T形)编绳			复编绳(C型)		
	重量p[b] ($\times 10^{-3}$kN/m)	最低断裂强力[c] S(kN)		重量p[b] ($\times 10^{-3}$kN/m)	最低断裂强力[c] S(kN)	
		超高强度	高强级		超高强度	高强级
6	0.23	33.0	29.7	—	—	—
8	0.40	58.7	52.8	—	—	—

续上表

绳索代号[a]	8股(L型)和12股(T形)编绳			复编绳(C型)		
	重量 p[b] ($\times 10^{-3}$ kN/m)	最低断裂强力[c] S(kN)		重量 p[b] ($\times 10^{-3}$ kN/m)	最低断裂强力[c] S(kN)	
		超高强度	高强级		超高强度	高强级
10	0.61	92.0	828.8	—	—	—
12	0.87	132	119	—	—	—
14	1.17	180	162	—	—	—
16	1.51	235	212	—	—	—
18	1.90	283	255	—	—	—
20	2.32	340	306	2.40	244	220
22	2.81	400	360	2.90	307	276
24	3.31	470	423	3.40	362	326
26	3.84	540	486	4.00	424	382
28	4.45	610	549	4.60	494	445
30	5.06	690	621	5.30	573	516
32	5.75	780	702	6.00	662	596
34	6.48	860	774	6.80	742	668
36	7.20	940	846	7.70	821	739
38	7.98	1040	936	8.50	909	818
40	8.81	1130	1020	9.40	1030	927
44	10.6	1310	1180	11.5	1240	1120
48	12.5	1530	1380	13.6	1450	1310
52	14.6	1770	1590	16.0	1730	1560
56	16.9	2030	1830	18.5	1970	1770
60	19.3	2280	2050	21.2	2270	2040
64	22.0	2560	2300	24.0	2590	2330
68	24.8	2850	2560	27.2	2930	2640
72	27.8	3170	2850	30.7	3270	2940
76	30.9	3500	3150	34.0	3620	3260
80	34.3	3870	3480	37.5	4060	3650
88	41.7	4680	4210	45.0	4820	4340
96	49.7	5560	5000	53.0	5650	5080

注:1. [a]、[b]和[c]同附表36。

2. 100%超高分子量聚乙烯纤维绳索是浮性的,复编结构外层材料密度较高且比例较大时绳索会不浮于水。超高分子量聚乙烯纤维具抗轴向压力,有很好的抗弯曲疲劳强度。需要时,纤维制造商应提供蠕变性能的信息。超高分子量聚乙烯纤维具有低摩擦系数和耐磨性能好的特性。但给绳索增加涂层后摩擦系数可能会改变。

3. 12股编绳代号为20(T形),线密度近似232ktex的超高分子量聚乙烯纤维绳索可表示为:纤维绳索 GB/T 30668-T-20-UHMWPE。

参 考 文 献

[1] 孙文俊,刘建勋.渡河桥梁装备设计与计算[M].北京:国防工业出版社,2013.
[2] 吴培德,刘建成,林铸明.带式舟桥[M].北京:国防工业出版社,2005.
[3] 程建生.舟艇原理与强度[M].北京:人民交通出版社股份有限公司,2015.
[4] 王建平,程建生.舟桥设计理论[M].北京:国防工业出版社,2011.
[5] 孙文俊.渡河桥梁装备研究方法[M].北京:国防工业出版社,2003.
[6] 侯祖开.弹性基础梁和薄壁杆件[M].南京:工程兵工程学院训练部,1984.
[7] 董涤新,洪修和,王景全,等.浮桥结构与计算[M].南京:工程兵工程学院训练部,1982.
[8] 王家麟,李志刚,袁辉,等.舟桥结构与计算[M].南京:工程兵工程学院训练部,1995.
[9] 中国人民解放军总参谋部军训和兵种部.工程兵专业技术教材—渡河[M].北京:解放军出版社,2011.
[10] 军用桥梁设计准则:GJB 1162—91[S].北京:国防科学技术工业委员会,1991.
[11] 军用桥梁设计荷载:GJB 435—88[S].北京:国防科学技术工业委员会,1988.
[12] 中华人民共和国国家质量监督检验检疫总局,中国国家标准化管理委员会.钢丝绳通用技术条件:GB/T 20118—2017[S].北京:中国标准出版社,2017.
[13] 中华人民共和国国家质量监督检验检疫总局,中国国家标准化管理委员会.重要用途钢丝绳:GB/T 8918—2006[S].北京:中国标准出版社,2017.
[14] 中华人民共和国国家质量监督检验检疫总局,中国国家标准化管理委员会.剑麻白棕绳:GB/T 15029—2009[S].北京:中国标准出版社,2009.
[15] 中华人民共和国国家质量监督检验检疫总局,中国国家标准化管理委员会.纤维绳索 聚酯 3 股、4 股、8 股和 12 股绳索:GB/T 11787—2017/ISO 1141:2012[S].北京:中国标准出版社,2017.
[16] 中华人民共和国国家质量监督检验检疫总局,中国国家标准化管理委员会.聚酯与聚烯烃双纤维绳索:GB/T 30667—2014[S].北京:中国标准出版社,2015.
[17] 中华人民共和国国家质量监督检验检疫总局,中国国家标准化管理委员会.超高分子量聚乙烯纤维 8 股、12 股编绳和复编绳索:GB/T 30668—2014,[S].北京:中国标准出版社,2015.